宁夏财政年鉴

2023

宁夏财政年鉴编纂委员会　编

图书在版编目（CIP）数据

宁夏财政年鉴. 2023 / 宁夏财政年鉴编纂委员会编
. -- 银川：宁夏人民出版社，2023.12
ISBN 978-7-227-07933-0

Ⅰ. ①宁… Ⅱ. ①宁… Ⅲ. ①地方财政-宁夏-2023 - 年鉴 Ⅳ. ①F812.743-54

中国国家版本馆CIP数据核字（2023）第256527号

宁夏财政年鉴2023　　宁夏财政年鉴编纂委员会 编

责任编辑 陈 浪
责任校对 赵 亮
封面设计 梁 娜
责任印制 侯 俊

黄河出版传媒集团 宁夏人民出版社 出版发行

出 版 人 薛文斌
地　　址 宁夏银川市北京东路139号出版大厦（750001）
网　　址 http://www.yrpubm.com
网上书店 http://www.hh-book.com
电子信箱 nxrmcbs@126.com
邮购电话 0951-5052104 5052106
经　　销 全国新华书店
印刷装订 宁夏银报智能印刷科技有限公司
印刷委托书号 （宁）0028484

开　　本 880mm×1230mm 1/16
印　　张 31.75
字　　数 900千字
版　　次 2023年12月第1版
印　　次 2023年12月第1次印刷
书　　号 ISBN 978-7-227-07933-0
定　　价 330.00元

《宁夏财政年鉴2023》编纂委员会

《宁夏财政年鉴2023》编辑部

《宁夏财政年鉴2023》特约通讯员名单

唐雅芳　（财政部宁夏监管局）
靳旭旭　（国家税务总局宁夏回族自治区税务局）
胥瑞智　（财政厅办公室）
张　青　（财政厅人事与老干部处）
聂来健　（财政厅综合处）
黑小娟　（财政厅税政条法处）
徐　佳　（财政厅预算处）
穆战鹏　（财政厅绩效管理处）
张鹏飞　（财政厅债务管理处）
马秋浓　（财政厅国库处）
章晓婷　（财政厅行政政法处）
马海涛　（财政厅教科文处）
石　晶　（财政厅经建处）
张　雪　（财政厅自然资源与生态环境处）
陈　亮　（财政厅农业农村处）
张艺楠　（财政厅社会保障处）
孙　亮　（财政厅金融处）
张卫琦　（财政厅会计处）
舒　心　（财政厅政府采购管理处）
任建军　（财政厅监督评价局）
王少红　（财政厅资产管理处）
李　莹　（财政厅机关党委）
成孝平　（驻财政厅纪检监察组）
袁晨琛　（自治区非税收入管理中心）
雷　卿　（财政厅国库支付中心）
王富强　（自治区财政政策研究中心）
樊银芳　（自治区财政宣传教育中心）
肖安国　（自治区财会函授学校）
王端阳　（宁夏财政信息中心）
李凤芸　（宁夏注册会计师和资产评估师管理中心）
伏永胜　（自治区财政预算评审中心）
李　华　（宁夏财政社会保险基金管理中心）
刘中山　（自治区政府债务管理中心）
柳　静　（财政厅政务服务大厅）
黄赵滨　（宁夏惠民投融资有限公司）
周晓丽　（宁夏农业信贷融资担保有限责任公司）
武　楠　（银川市财政局）
刘　叡　（兴庆区财政局）
宋世杰　（金凤区财政局）
董倩瑜　（西夏区财政局）
海　燕　（银川开发区财政审计局）
马文梅　（永宁县财政局）
李　瑞　（贺兰县财政局）
张宁宁　（灵武市财政局）
王华俊　（宁东财政金融局）
杨月雯　（苏银产业园财政局）
武建炜　（石嘴山市财政局）
张琳雅　（大武口区财政局）
刘锦媛　（惠农区财政局）
杨　扬　（平罗县财政局）
马玉龙　（吴忠市财政局）
陈治虎　（利通区财政局）
李　慧　（红寺堡区财政局）
李文慧　（青铜峡市财政局）
蒋　磊　（盐池县财政局）
杨志新　（同心县财政局）
黄　琰　（太阳山开发区财政局）
何建平　（中卫市财政局）
杜春晓　（沙坡头财政局）
尹晨辉　（中宁县财政局）
马贵成　（海原县财政局）
王　刚　（固原市财政局）
冯　敏　（原州区财政局）
李亚莉　（西吉县财政局）
胡义龙　（隆德县财政局）
马鹏杰　（泾源县财政局）
王玉帆　（彭阳县财政局）

财政厅党组书记喜清江主持召开民主生活会

财政厅党组副书记、厅长孙志宣讲自治区第十三次党代会精神

财政厅党组成员、自治区纪委监委驻财政厅纪检监察组组长白德东主持召开专项整治动员会议

财政厅党组成员、副厅长杨冬梅主持召开分管处室工作会议

财政厅党组成员、副厅长何天文主持召开资环处会议

财政厅党组成员、总会计师党进平讲授专题党课

财政厅二级巡视员孙海慧主持召开《关于深化生态保护补偿制度改革的实施意见（送审稿）》社会稳定风险专家评估专题会议

财政厅二级巡视员侯江华主持召开宁夏注册会计师行业和资产评估行业党委（扩大）会议

财政厅党组书记喜清江检查安全生产工作

财政厅党组副书记、厅长孙志带队慰问下沉社区疫情防控干部

财政厅党组成员、自治区纪委监委驻财政厅纪检监察组组长白德东参加全国会计考试巡考工作

财政厅党组成员、副厅长杨冬梅对宁夏图书馆进行调研

财政厅党组成员、副厅长何天文在吴忠市观摩调研企业情况

财政厅党组成员、总会计师党进平在自治区残疾人康复中心调研

财政厅二级巡视员孙海慧带队参观吴忠市利通区“初心馆”

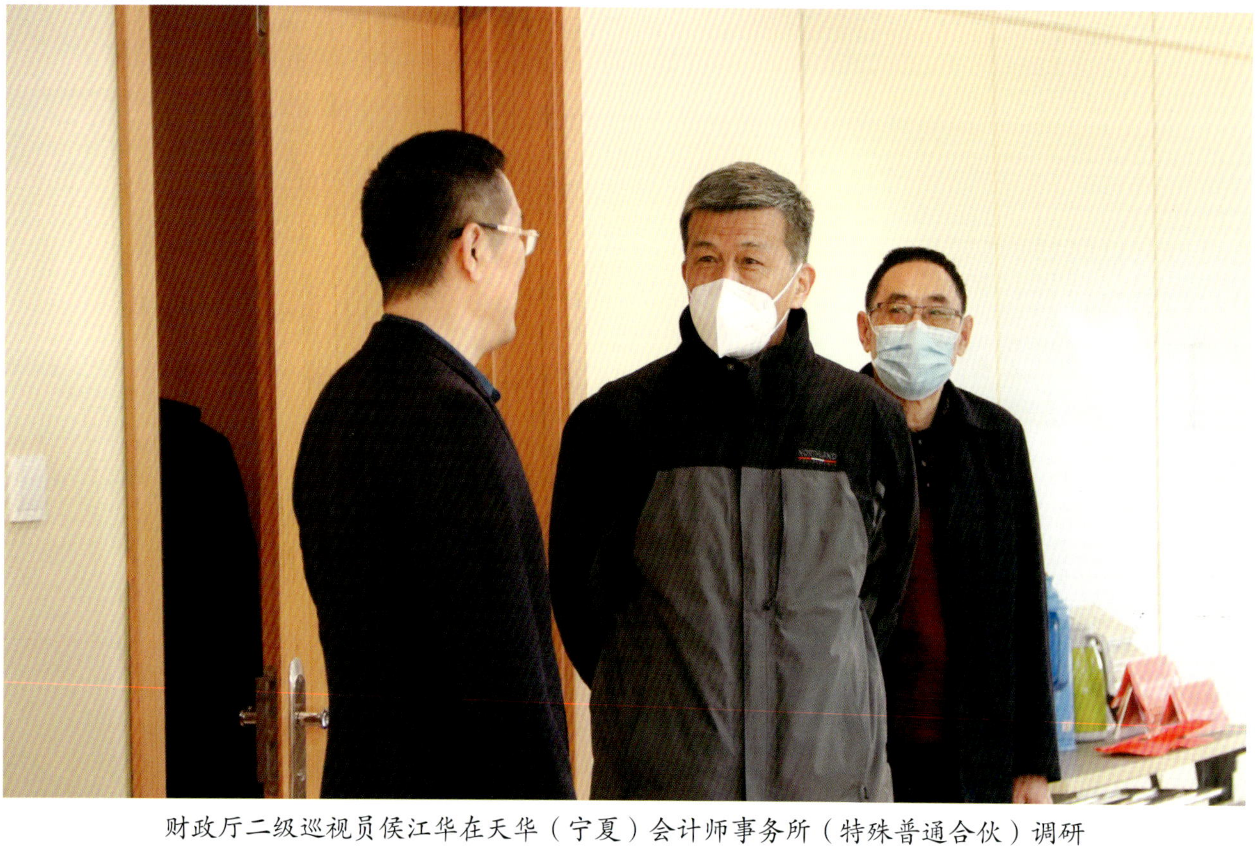

财政厅二级巡视员侯江华在天华（宁夏）会计师事务所（特殊普通合伙）调研

2022年1月7日，全区财政工作视频会议召开

2022年1月14日，财政厅召开干部大会

2022年1月25日，财政厅召开党史学习教育专题民主生活会征求意见座谈会

2022年1月29日，财政厅党组慰问退休老干部

2022年3月8日，财政厅组织女职工赴闽宁镇观摩葡萄酒产业发展情况

2022年3月21日，财政厅组织召开全区中央财政支持公立医院改革与高质量发展示范项目竞争性评审会议

2022年一季度，财政厅荣获政务大厅“红旗窗口”称号

2022年6月15日，财政厅党组理论学习中心组以“科技创新推动高质量发展实现新突破”为主题赴吴忠集中观摩学习

2022年6月18日，财政厅组织召开区属文化和金融企业国有产权交易突出问题专项治理重点检查工作会议

2022年7月4日，财政厅为驻村干部送行

2022年7月6日，财政厅举办深入学习贯彻自治区第十三次党代会精神培训班

2022年7月21日，财政部综合司专题调研宁夏财政电子票据管理改革推进情况

2022年8月22日，财政厅在沙湖培训中心举办全区国库支付综合业务暨直达资金监控工作培训班

2022年9月27日，财政厅开展2022年宁夏财政网络安全应急演练工作

2022年10月16日，财政厅组织观看党的二十大开幕式

2022年10月25日，财政厅传达贯彻党的二十大精神

2022年12月16日，财政厅举办“全面贯彻二十大 踔厉奋发新时代”主题演讲比赛

2022年，银川市财政局通过安排科技创新重大重点专项资金等举措，鼓励引导企业持续加大研发投入，强化企业创新主体地位

2022年3月16日，兴庆区财政局组织开展2022年一事一议项目评审会

2022年5月22日，金凤区财政局观摩现代农业设施

2022年9月14日，西夏区财政局组织召开“稳经济，保增长，纾困解难促发展”政银企推介座谈会

2022年10月16日，银川经开区财审局组织观看党的二十大开幕式

2022年11月17日，永宁县财政局组织发改局、教体局、公安局、税务局、自然资源局等部门召开综合治税联席会议

2022年6月9日，贺兰县财政局联合中国农业银行在贺兰县欣兰广场开展“打击养老诈骗犯罪，铲除非法集资土壤”主题宣传活动

2022年7月7日，灵武市财政支农政策培训班顺利开班

2022年8月4日，宁东管委会财政金融局组织召开政银企对接会，帮助企业解决融资难题，协调筹集项目建设资金

2022年11月22日，苏银产业园财政审计局组织召开园区内控体系建设培训会

2022年7月2日，石嘴山市财政局开展“立足岗位做贡献 我为党旗添光彩”主题党日活动

2022年8月26日，大武口区财政局开展金融政策下乡宣传活动

惠农区财政局支持红崖子乡红翔新村奶牛合作项目建设

2022年2月28日，平罗县财政局召开“工作落实年”动员大会

2022年6月28日，吴忠市财政局全体党员干部赴宁夏移民博物馆开展主题党日活动

利通区财政局筹集资金支持养殖业发展

2022年6月28日，红寺堡区财政局宣讲自治区第十三次党代会精神

2022年3月9日，青铜峡市财政局开展“保护黄河母亲”志愿服务活动

2022年3月4日，盐池县财政局慰问天使特教中心全体师生

2022年12月13日，同心县财政局组织干部职工开展国家公祭日主题教育活动

2022年6月24日，中卫市财政局组织开展宁夏国资国企中卫行项目合作洽谈签约仪式

2022年1月18日，沙坡头区财政局组织开展政策性农业保险政策宣讲

2022年8月16日，中宁县财政局组织开展2022年绩效管理培训

2022年6月24日，固原市财政局在消防支队开展消防安全主题教育活动

原州区财政局支持引进国内蛋鸡龙头企业合作共建“原州区高品蛋鸡产业园项目”

2022年9月15日，西吉县财政局党支部会同财政厅国库处党支部、财政厅信息中心党支部赴将台堡红军长征纪念园开展“学讲话、悟思想、见行动、当先锋——社会主义是干出来的”联合主题党日活动

隆德县财政大力支持肉牛产业全链条发展

2022年5月22日，泾源县财政局组织开展财政惠民政策广场宣传活动

2022年11月23日，彭阳县财政局开展学习贯彻党的二十大精神专题宣讲会

目 录

第四部分　市县财政工作概况

第五部分　财税法规选编

第六部分　财经文选

第七部分　财税机构人员

第八部分 获奖一览表

第九部分 财经统计资料

第一部分
重要财经文献

政府工作报告

——2023年1月13日在宁夏回族自治区第十三届人民代表大会第一次会议上

自治区主席　张雨浦

各位代表：

现在，我代表自治区人民政府向大会报告工作，请予审议，并请各位政协委员和其他列席人员提出意见。

一、过去五年工作回顾和2022年工作总结

2018年以来的五年，是我区全面发展、全面进步的五年。习近平总书记高度重视宁夏发展，2018年专门为自治区成立60周年题写“建设美丽新宁夏 共圆伟大中国梦”贺匾，2020年明确提出“继续建设经济繁荣、民族团结、环境优美、人民富裕的美丽新宁夏”“努力建设黄河流域生态保护和高质量发展先行区”的战略定位和发展目标，为我们指明了前进方向、提供了根本遵循。在自治区党委的坚强领导下，全区上下坚持以习近平新时代中国特色社会主义思想为指导，全面贯彻党的十九大、二十大精神，一体贯彻习近平总书记两次视察宁夏重要讲话精神，认真落实党中央、国务院决策部署，推动“十三五”规划顺利完成、“十四五”规划加快实施，各项事业取得历史性成就。

五年来，我们坚定担当重大使命，先行区建设迈上新台阶。牢记习近平总书记殷切嘱托，争取国务院批复“支持宁夏建设先行区实施方案”，11个部委出台支持性政策，为宁夏发展注入了强劲动力。自治区实施“三大战略”、守好“三条生命线”、开启“三区建设”，出台先行区建设“条例”“规划”和“实施意见”，编制17个专项规划，率先开展“四水四定”，一批重点工程项目实施。“一河三山”保护修复持续推进，环保督察反馈的黄河“四乱”和腾格里沙漠污染、星海湖挖湖造景等问题有效整改。地级市空气优良天数比例达83%以上，森林覆盖率由2017年的14%提高到18%，黄河宁夏段水质保持Ⅱ类进出，贺兰山综合治理入选全国生态修复十大典型案例。创建5个“两山”实践创新基地，石嘴山获评全国资源综合利用示范基地，吴忠、固原成为国家生态文明建设示范市，银川荣获全球首批国际湿地城市。深入推动流域合作，签订河湖管理和水污染事件联防联控协议，承办黄河流域省际合作联席会议，共同奏响了新时代“黄河大合唱”。

五年来，我们深入贯彻新发展理念，经济高质量发展取得新成就。地区生产总值由3200亿元提高到5000亿元以上，年均增长6%左右。人均地区生产总值由4.6万元增加到6.8万元以上，年均增长5%左右。累计完成固定资产投资近1万亿元。特色产业不断发展，粮食生产“十九连丰”，年产超过75亿斤。年产葡萄酒1.38亿瓶，居全国酒庄酒产量第一位，获批全球葡萄酒旅游目的地。奶牛存栏增速、牛奶瓜菜人均占有量均居全国第一位，获批国家农业绿色发展先行区。绿氢、芳纶、氰胺产能等跃居全国第一位，宁东成为全国最大的煤制油、煤基烯烃生产基地，居全国化工园区第五位，国家新能源综合示范区加快建设。新兴产业加快发展，宁夏成为国家唯一的网络枢纽和互联网交换“双中心”省区，率先在全国实现电子商务进农村综合示范省域全覆盖。加强科技攻关，煤间接液化成套

技术实现国家科技进步奖一等奖零的突破，3D铸造打印技术率先实现产业化应用，借智创新的“宁夏模式”在全国推广，科技创新能力明显提升。

五年来，我们圆满完成脱贫攻坚任务，全面建成小康社会夺取新胜利。全面落实“六个精准”和“五个一批”要求，累计投入扶贫资金500多亿元，彻底结束了西海固“苦瘠甲天下”的历史，实现了80.3万农村贫困人口全部脱贫、9个贫困县全部摘帽、1100个贫困村全部出列，贫困人口全部实现“两不愁三保障”和人均收入翻番目标。特别是习近平总书记亲自推动的闽宁协作成为全国样板示范，亲自命名的闽宁镇荣获“全国脱贫攻坚楷模”称号，闽宁镇由昔日的干沙滩变成今日的“金沙滩”，《山海情》故事传遍大江南北。持续提升整体发展水平，宁夏人民实现了全面建成小康社会的梦想。

五年来，我们统筹推进区域协调发展，城乡面貌发生新变化。全区国土空间布局不断优化，新型城镇化加快推进，城镇化率达66.7%。基础设施极大提升，全区高速公路通车里程突破2000公里，实现了县县通高速路、乡乡通干线路、村村通硬化路，银川河东国际机场晋升千万级机场，银西高铁全线通车。城乡环境大幅改善，农村人居环境整治三年行动圆满完成，建制村自来水、动力电、光纤网、标准化卫生室实现全覆盖，农村自来水普及率达96.5%、高于全国近10个百分点，获批全国首个全域乡村治理示范创建省区，新建美丽城镇、美丽村庄458个，美丽新宁夏更加靓丽。

五年来，我们持续深化重点领域改革，对外开放开创新局面。“四权”改革初见成效并扩展为“六权”改革，国企改革三年行动圆满完成，农业农村改革等走在全国前列。一体化政务服务能力连续5年稳居西北第一位。上市企业达16家。银川成为中国营商环境标杆城市，经济和人口首位度均列全国第二位。获批全国唯一国家葡萄及葡萄酒产业开放发展综合试验区、中国（银川）跨境电子商务综合试验区，成功举办两届中国—阿拉伯国家博览会、两届中国（宁夏）国际葡萄酒文旅博览会，世界或中国500强企业入驻74家，国际友城达60个，经贸合作扩大到169个国家和地区，对外开放水平逐步提高。

五年来，我们始终坚持把人民利益摆在首位，群众生活质量得到新提升。坚持每年将75%以上的财力用于民生事业，深入实施“四大提升行动”并拓展为“六大提升行动”，城乡居民人均可支配收入分别由29400元、10700元提高到40200元、16400元，年均增长6.4%、8.8%，超过GDP增速。“互联网+教育”“互联网+医疗健康”“互联网+城乡供水”示范区建设走在全国前列。率先在西部实现义务教育基本均衡发展目标，劳动年龄人口平均受教育年限从10年提高到11年。率先在全国建成五级远程医疗服务体系，人均预期寿命由74.7岁提高到76.9岁。秦腔现代戏《王贵与李香香》、音乐剧《花儿与号手》摘取“文华”大奖，广场舞作品《塞上儿女心向党》夺得“群星奖”，6部作品荣获“五个一工程”奖。全区城市社区15分钟健身圈基本建成，村级健身工程实现全覆盖。连续5年提高城乡居民和机关企事业单位养老金、医保、低保标准，群众跨省异地就医结算更加便捷，残疾人托养服务比例居西部第一位。累计投入252亿元为民办实事，人民群众获得感幸福感安全感明显增强。

五年来，我们依法全面履行政府职能，各项工作展现新成效。全面落实新时代党的建设总要求，持续加强政府自身建设，法治政府、数字政府建设全面提速。严格执行重大事项请示报告制度。提请自治区人大常委会制定、修改和废止地方性法规93件。办理人大代表建议921件、政协委员提案2287件，按期办结答复率100%。深入贯彻党的民族政策和宗教工作基本方针，5个市、20个县（区）荣获全国民族团结进步示范市、县（区），宗教依法治理取得明显成效。安全生产和消防工作连续6年被国家考核为优秀等次。连续5年超额完成隐性债务化解任务，守住了不发生系统性区域性风险的底线。国防动员、双拥优抚、审计统计、气象地震、新闻出版、广播电视、参事文史等工作不断进步。全面落实中央八项规定及其实施细则精神，持续减轻基层负担，逐年压缩“三公”经费，政府公信力进一步提升。

各位代表，在过去五年中，2022年是极不平凡、极为特殊的一年。面对需求收缩、供给冲击、预期转弱三重压力，以及疫情反复冲击等超预期因素叠加影响，我们坚决落实以习近平同志为核心的党中央重大决策部署，统筹疫情防控和经济社会发展、统筹发展和安全，迎难而进、逆势而上，取得了殊为不易、弥足珍贵的成绩，宁夏高质量发展迈入了快车道。二季度和上半年，地区生产总值增长均居全国第一位，创造了历史最好成绩。全年预计地区生产总值突破5000亿元、同比增长5%左右，地方一般公共预算收入同口径增长13.7%，规上工业增加值增长8%左右，农业增加值增长5%左右，社会消费品零售总额与上年持平，进出口总额增长20%左右。主要指标基本完成，多项指标进入全国前列，经济总体平稳、稳中有进、稳中向好。重点抓了五件大事：

一是坚决落实党的二十大精神，全力推动自治区第十三次党代会部署落地见效。坚持把学习贯彻党的二十大精神作为首要政治任务，认真开展“大学习、大讨论、大宣传、大实践”活动，政府党组会、党组中心组学习会等开展15次集体学习。特别是改进学习方式，实行专题式、研讨式学习，围绕西部地区现代化建设、民族地区共同富裕、内陆地区扩大开放等重点专题，形成了建设现代化产业体系、“七大产业基地”“十条产业链”等多项工作思路和对策。同时，创建落实习近平总书记重要讲话重要指示批示专项工作机制，以及党的二十大报告任务和自治区第十三次党代会精神目标化、项目化、清单化、责任化制度，制定贯彻落实党的二十大和自治区第十三次党代会精神任务分工方案。出台促进数字宁夏建设、帮扶中小微企业纾困解难、推进内外贸一体化发展政策措施等60多个配套性文件，确保学有成效、干有实效。

二是坚决落实“疫情要防住”的重要要求，全力打赢疫情防控攻坚战。2020年新冠疫情发生以来，我们始终坚持人民至上、生命至上，举全区之力打赢了一系列战役，特别是2022年成功处置了“4·06”“9·20”等90多起突发疫情。加大基础设施保障力度，自治区政府投入10亿多元，建成8个平战结合型方舱医院及1万多间隔离板房，新购6辆移动检测车，创建疫情诊疗咨询服务平台，在关键时刻发挥了重要作用。新冠疫苗接种、全员核酸检测、阳性感染者治疗费用等全部由政府承担。按照“二十条”“新十条”要求，不断优化防疫措施，最大程度保护了人民生命安全和身体健康，最大限度减少了疫情对经济社会发展的影响。三年来，我们共同经受住了前所未有的重大考验，全区广大干部群众特别是医务人员、基层工作者、公安民警等一线人员，付出了无数艰辛努力，书写了无数感人事迹，彰显了伟大抗疫精神，诠释了宁夏人民众志成城、团结奉献的宝贵品质。

三是坚决落实“经济要稳住”的重要要求，全力加快高质量发展。坚持稳字当头、稳中求进，突出加强“稳保促”工作，迅速启动“七大战役”，压茬开展“大干40天奋战200日行动”和“稳经济保民生百日行动”，制定“1+N+1”等900多条政策措施，实施了一整套有力有效的组合拳，在关键时期稳住了经济大局。加大助企纾困力度，拿出真金白银，为各类企业和个体工商户退减缓税费234亿元，是2021年的3.7倍，新增贷款600多亿元，新增市场主体11.5万户。小牛自动化、东方钽业、天地奔牛入选国家制造业单项冠军示范企业（产品）。强力推进国能宁煤增资、西部创业大股东股权转让、北京宁夏大厦股权优化等难点改革，区属国企营业收入增幅居全国第二位。加大有效投资力度，完成固定资产投资2008亿元，增长10.2%，增幅居全国第三位，为近年来增速最高的一年。全国单厂规模最大的宝丰储能电池全产业链、世界最大的生态型葡萄酒产业园、闽宁产业园等20个重大项目开工建设，全球单体最大的中环太阳能级单晶硅材料智慧工厂、韩国晓星氨纶和泰和芳纶等100多个项目加快推进，全国单体最大的蒙牛高端数智化工厂一期、鲲鹏年产40万吨乙二醇项目一期、穆和独立储能电站、润阳科技园等338个大项目建成投产。加大促进消费力度，安排扩大消费资金3亿多元，举办各类促消费活动700余场，撬动社会消费近44亿元，总体上稳住了市场消费。银川获批商贸服务型国家物流枢纽和供应链创新与应用示范城市。加大“数字宁夏”建设力度，强力推进“五个一”组织体系构建，完成大数据中心、数字宁夏公司筹建，举办首届西部数谷算力产业大会，签约项目投资额700多亿元。加大科技创新力度，实施“双百科技支撑行动”，国能宁煤气相法生产聚丙烯技术打破了国外技术壁垒，灵武奶牛体外胚胎繁育技术在全国首次实现批量繁育，神州轮胎达到C919国产大飞机装机技术标准，宁夏大学草坪节水灌溉技术走进卡塔尔世界杯绿茵场。成功举办东西部科技合作推进会、绿色发展国际科技创新大会，获批全国首个东西部科技合作引领区。加大开放合作力度，新设外商投资企业22家，实际利用外资同比增长55%，闽粤两省招商项目到位资金70亿元，全年招商引资到位资金1785亿元。积极融入“西部大通道”，银兰高铁全线通车，银昆、乌玛、海平高速公路加快推进，黄河黑山峡水利枢纽工程实质性启动，银川河东国际机场总体规划、腾格里沙漠东南部大型风光基地获批，为可持续发展创造了重要条件。

四是坚决落实“发展要安全”的重要要求，全力维护社会大局和谐稳定。全面强化应急体系和安全能力建设，实施“四防”常态化督查机制。围绕生产安全，自治区政府集中投入12亿元加强安全基础，是历史上专项投入最多的一年。深入开展自建房、燃气、煤矿、危化等15个重点领域专项整治，化工园区（集中区）安全风险等级全部降至一般风险等级，全区生产安全事故起数和死亡人数分别下降8.8%和9.6%。围绕能源安全，全力加强保畅保供，新增煤炭产能460万吨，总产量达9400万吨；新增电力装机200万千瓦，总量达6400多万千瓦，外送电940亿度，创历史新高。围绕生态安全，制定碳达峰碳中和实施意见，启动贺兰山、六盘山创建国家公园工作，完成黄河流域生态环境警示片披露问题、平罗园区煤企偷排废水等问题整改，全区地级市空气优良天数比例和$PM_{2.5}$浓度均超额完成国家考核目标。公众气象总体满意度居全国第二位，为历年最好。围绕粮食安全，新建高标准农田96万多亩，大力实施种业振兴“五大行动”，首次开展大豆玉米带状复合种植，自治区储备小麦自给率由7%提升到24%，地方储备粮能力由4.5个月提高到6个月。耕地面积、粮食产量和储量均超额完成任务。围绕金融安全，建立金融突发事件应急等工作机制，推动企业和金融风险有效化解，政府总体债务规模、债务率实现双下降。坚持以铸牢中华民族共同体意识为主线，坚持我国宗教中国化方向，依法管理水平进一步提高，新增10个全国民族团结进步示范区示范单位。创新基层治理，实现95%以上的矛盾纠纷在基层化解，重点信访事项化解率居全国前列，“保交楼”任务有效推进，治安整治“百日行动”成效显著，平安宁夏建设持续推进。

五是坚决落实以人民为中心的发展思想，全力保障改善民生。突出抓好就业创业，创建政企联动模式，城镇新增就业7.9万人，农村劳动力转移就业82万人，高校毕业生总体就业去向落实率同比增幅全国第一位，城镇调查失业率控制在5.5%左右。推动巩固拓展脱贫攻坚成果同乡村振兴有效衔接，脱贫人口人均纯收入增长16.3%，脱贫县农村居民人均可支配收入增长8.5%，实现了“两个高于”目标，进入全国前列。全体居民人均可支配收入增长6.1%，其中城镇和农村居民人均可支配收入分别增长5%和7.1%，在全国的排位分别是第六位、第五位、第四位，在西北五省（区）的排位均为第一位。加大教育投入，新建扩建学校、幼儿园41所，新增城镇义务教育学位1.2万个、公办幼儿园学位3600个。一批制约高校发展的问题得到有效解决。深入推进“三医联动”改革，北大第一医院宁夏妇儿医院落地运营，紧密型县域医共体实现全覆盖，新增医院床位2560张、养老机构床位2100张。在全国率先启动“全域崇军行动”，退役军人安置工作受到全国通报表扬。出台困难群众基本生活保障“20条”政策，城乡低保标准每人每年分别提高600元、960元，累计发放困难群众补助资金近30亿元。推动银川试点，历史遗留的40多万群众房产证“办证难”问题基本解决。年度10个方面28项民生实事全部完成，兑现了向全区人民作出的庄严承诺。

各位代表，过去五年所有成绩的取得，根本在于习近平总书记的掌舵领航，在于习近平新时代中国特色社会主义思想的科学指引，也是自治区党委坚强领导，自治区人大、政协鼎力支持和全区人民拼搏奉献的结果。在此，我代表自治区人民政府，向全区各族人民，向人大代表、政协委员、各民主党派、工商联和各界人士，向中央驻宁单位、驻宁人民解放军指战员、武警部队官兵、公安干警和消防救援队伍指战员，向所有关心支持宁夏发展的国家部委、兄弟省区市、港澳台同胞、海外侨胞和国际友人表示衷心感谢！

在肯定成绩的同时，我们也清醒地认识到挑战和问题。发展不平衡不充分仍是宁夏最突出的矛盾，特别是经济总量偏小、产业结构偏重、质量效益偏低、环境容量和资源约束偏紧仍是最现实的问题；人才不足、创新不足、开放不足仍是突出短板；民生工作和社会治理仍有不少弱项；部分干部观念、能力、作风等尚不能完全适应新形势新任务；等等。我们必须正视问题、切实解决问题，决不辜负全区人民期望。

二、今后五年发展的主要目标

今后五年，是全面建设社会主义现代化国家开局起步的关键时期。抓好这五年的工作，意义重大、影响深远。

我们要坚持以习近平新时代中国特色社会主义思想为指导，把全面贯彻落实党的二十大精神、习近平总书记对宁夏重要讲话重要指示精神和自治区第十三次党代会确定的“12345”总体部署结合起来，紧紧围绕中心任务，牢牢抓住首要任务，为实现中国式现代化宏伟目标作出宁夏贡献。

主要目标任务是：到 2027 年，社会主义现代化美丽新宁夏建设迈出坚实步伐，“五大战略”深入实施，黄河流域生态保护和高质量发展先行区、乡村全面振兴样板区、铸牢中华民族共同体意识示范区建设取得标志性成果，综合竞争力显著增强，新型工业化、信息化、城镇化、农业现代化和治理体系治理能力现代化等全面推进，现代化框架体系初步形成，为 2035 年基本实现社会主义现代化奠定坚实基础。

——奋力开创经济繁荣新局面，走好高质量发展的现代化之路。坚持把实现高质量发展作为现代化建设的本质要求，推动经济发展质量效益和总量速度明显提升，力争地区生产总值达到 8000 亿元，年均增长 6% 左右，人均地区生产总值超过 10 万元。市场主体达到 100 万户左右，民营经济占比达到 50% 以上。产业转型升级明显加快，战略性新兴产业、高技术产业占比分别达 10%、15% 以上，数字经济规模占比达 40% 以上。科技创新水平明显提高，全社会研发经费投入年均增长 10% 以上，公民具备科学素质的比例超过 13.5%。资源能源保障能力明显增强，煤炭产能达到 1.6 亿吨，发电总量 2000 亿千瓦时以上。改革开放取得重大突破，现代化经济体系、产业体系、高标准市场体系、开放型经济新体制等基本形成，综合经济实力跃上新台阶。

——奋力开创民族团结新局面，走好各族人民共同奋斗的现代化之路。坚持以铸牢中华民族共同体意识为主线，坚持和落实民族区域自治制度，推动新时代民族工作高质量发展走在全国前列，全国民族团结进步示范市、县（区）创建率达到 100%。坚持我国宗教中国化方向，积极引导宗教与社会主义社会相适应，宗教领域问题依法治理取得显著成效。民族和睦、宗教和顺良好局面持续巩固，民族宗教事务治理体系和治理能力现代化水平明显提升，形成中国式现代化建设和中华民族伟大复兴的强大共识与合力。

——奋力开创环境优美新局面，走好人与自然和谐共生的现代化之路。坚持生态优先、节约优先、保护优先、自然恢复为主的方针，强化国土空间规划引领，加快构建“一带三区”总体布局，全区域全方位加强生态环境保护，黄河大保护大治理协同推进，山水林田湖草沙一体化保护和系统治理取得更大成效，国家西北重要生态安全屏障更加巩固。“四水四定”“双碳”“双控”工作取得重大进展。黄河宁夏段水质保持Ⅱ类进出，环境空气质量稳定达到国家二级标准，森林覆盖率提高到 20%。单位 GDP 能耗、二氧化碳排放完成国家下达目标任务，单位工业增加值能耗下降 15%。城市再生水利用率达到 50% 以上，5 个地级市全部达到国家节水型城市标准。全区生态环境、生产环境、生活环境明显改善，绿色发展走在沿黄省区前列。

——奋力开创人民富裕新局面，走好全体人民共同富裕的现代化之路。坚持把人民对美好生活的向往作为现代化建设的出发点和落脚点。民生领域财政投入稳步增长，“六大提升行动”“七项民生工程”取得重大成果。就业更加充分更有质量，居民收入增长和经济增长基本同步、劳动报酬提高与劳动生产率提高基本同步，区域差距、城乡差距、收入差距明显缩小。保持脱贫群众收入增速高于全区农村居民收入增速、移民群众收入增速高于全区农村居民收入增速、农村居民收入增速高于城镇居民收入增速、全区城乡居民收入增速高于经济增速、全区居民收入增速高于全国平均增速等“五个高于”，力争人均收入达到4万元以上，赶上全国平均水平。全区总人口达到750万左右，城镇化率达到70%，人均预期寿命达到78.7岁，劳动年龄人口平均受教育年限达到11.5年。社会保障体系更加健全，基本公共服务达到全国中上水平。基本养老保险参保率达到95%，基本医疗保险参保率持续稳定在95%以上。养老机构护理型床位占比达到60%，每千人口3岁以下婴幼儿托位数达到4.5个。城镇户籍低保、低收入家庭住房保障率达到100%，既有老旧小区和棚户区改造任务基本完成。着力推进物质文明与精神文明相协调的现代化，群众精神文化生活更加丰富、更有品质，让现代化建设成果更多更公平惠及全区人民。

三、2023年重点工作

2023年，是全面贯彻党的二十大精神的开局之年，是落实自治区第十三次党代会部署、实施“十四五”规划的关键一年，也是新一届政府履责的第一年。面对严峻复杂、深刻变化的国际形势，面对百舸争流、千帆竞发的发展态势，我们必须坚持以习近平新时代中国特色社会主义思想为指导，全面贯彻党的二十大和中央经济工作会议精神，深入落实习近平总书记视察宁夏重要讲话精神，按照自治区党委部署，坚持稳字当头、稳中求进，完整准确全面贯彻新发展理念，突出做好“三稳”工作，科学把握“六个统筹”，聚焦“三区建设”，致力“七大突破”，奋力实现全年发展目标，全力以赴起好步开好局。

主要预期目标是：地区生产总值增长6.5%左右，规上工业、农业、服务业增加值分别增长8%、5%、6.5%以上，城镇调查失业率控制在5.5%以内，居民消费价格涨幅控制在3%左右，城乡居民收入分别增长6.5%和7.5%，地方一般公共预算收入增长5.5%，固定资产投资增长10%，社会消费品零售总额增长5%，粮食播种面积、粮食总产量、单位GDP能耗、二氧化碳排放和其他污染物排放指标等全面完成国家下达的目标任务。重点抓好以下工作：

（一）坚持第一要务，着力推动经济高质量发展实现新突破

坚持以高质量发展为主题，大抓发展、抓大发展、抓高质量发展，把实施扩大内需战略同深化供给侧结构性改革有机结合起来，坚持需求牵引供给、供给创造需求双向发力，优化战略布局，强化系统推进，全面实施经济发展“六大提质升级行动”，着力培育新的增长点、打造新的增长极、形成新的动力源。

大力实施扩大内需提质升级行动。坚决落实扩大内需战略，把内需拉动作为经济增长的首要任务，出台扩大内需政策措施，加快建立完整的内需体系。充分发挥投资的关键作用，把项目建设作为主要引擎。全面开展项目“五比”活动，强化项目推进机制，完成区、市、县三级项目库全面更新升级，形成“五个一批”梯度结构，着力解决“资金等项目”问题。全区计划实施重点项目1000个以上，完成固定资产投资2200亿元以上。重点实施银川4580大化肥、石嘴山高分子材料、吴忠万头奶牛标准化牧场等526个产业项目，银昆高速、六盘山机场扩建、固海扩灌扬水工程等400个基础设施项目，自治区疾控中心迁建、基础教育质量提升等163个社会事业项目，城镇老旧小区改造、公共实训基地建设等62个民生保障项目。全面加大招商引资力度，确保实际到位资金1870亿元以上，切实形成全区上下大抓项目、大抓招商的工作合力。充分发挥消费的基础性作用，把恢复和扩大消费摆在优先位置。着力开展“消费需求促进年”活动，有效解决消费能力、消费环境和消费政策限制等问题，加力提升本地产品供给数量和质量。积极支持扩大餐饮购物、住房出行、新能源汽车、家电家具等基础性消费，扩大养老育儿、休闲康养、文化旅游、教育医疗等服务性消费。加快培育新型消费，推动“无接触交易服务”等新业态新模式发展，发展“新个体经济”，促进消费线上线下深度融合，实物商品网上零售额增长15%以上，让消费市场更加兴旺活跃。

大力实施产业体系提质升级行动。加快建设高端化、智能化、绿色化、融合化的现代化产业体系。着力推进产业振兴战略，大力发展“六新六特六优”产业，实施实体经济、新型工业和制造业强区联动

计划，重点建设“七大产业基地”、打造“十条产业链”。抓好传统优势产业，加强产业基础再造和重大技术装备攻关，实施全产业链补短板项目50个，高技术制造业和战略性新兴产业分别增长10%以上。实施产业园区创新发展“四大工程”，完善24个园区基础设施，打造1个千亿级园区、12个百亿级园区，力争全区园区总产值达到6000亿元，增长10%以上。实施现代服务业扩容提质工程，启动银川商贸服务型国家物流枢纽建设，加快推进食品产供销冷链全覆盖，力争社会物流总额超过1万亿元。大力培育本土电商企业、网红达人、网货品牌，建设区域性电商快递物流分拨中心，深化电子商务融合创新。实施“文旅创新升级”工程，推动“提点连线结网”，办好全国旅行商大会，游客人数和旅游收入分别增长20%以上。重点打造贺兰公园、大漠星空、科创宁东、闽宁新貌等升级版的“宁夏二十一景”，并着力把这些美景如珍珠项链一样串联起来，以推动全域旅游，加快建设国际旅游目的地，让宁夏的美食美酒美景走向全国、走向世界。

大力实施市场主体提质升级行动。切实落实“两个毫不动摇”，把市场主体作为经济发展的根基，把企业作为经济发展的支柱，着力改善市场预期、提振市场信心、增强市场活力。坚持国企、民企、外企平等对待，国资、民资、外资平等保护，坚决拆除各种限制性藩篱、打破各种不平等限制。实施企业梯度培育计划，坚持存量增量齐抓、助强扶弱并举，不断壮大市场微观主体，推进“个转企、小升规、规改股、股上市”，新增规上限上企业200家以上。支持形成一批头部企业、链主企业，培育引进一批雏鹰企业、瞪羚企业、独角兽企业，打造更多单项冠军和“专精特新”小巨人企业。全面强化企业服务机制，建立企业咨询投诉平台，加大各类企业和个体工商户纾困帮扶力度，尽快帮助减产停产企业恢复元气正常经营。继续实施减税退税降费政策，降低实体经济成本100亿元以上。召开全区促进民营经济发展大会，推动民营经济更快更大发展。大力弘扬企业家精神，加快形成一支优秀企业家队伍，为企业家创业兴业创造更好条件。

大力实施能源保障提质升级行动。落实国家能源安全战略，高水平建设国家新能源综合示范区，打造绿色能源产业基地。增强当前资源紧缺和未来资源枯竭的危机感，制定煤炭及关联产业安全发展十年战略规划，充分发挥资源能源比较优势。千方百计加大内增产能、外增供给力度，实施能源扩增计划。加快释放煤炭先进产能，加大矿产资源勘查力度，加快双马二矿、马儿庄、韦四、月儿湾等新建煤矿核准建设，新增煤炭产能240万吨，总产量达到1亿吨左右。加快提升火电配套产能，开工建设六盘山2×100万千瓦热电、灵武2×66万千瓦火电项目，加快推进中卫4×66万千瓦火电项目，力争电力装机年内达到6800万千瓦。加快气田开发建设，推动盐池千亿方级大型气田、石嘴山煤层气开发利用，开工建设158口气井，力争日产气量达到85万立方米。加快推进绿能开发，构建新能源供给消纳体系，抓好10个大型风电水电基地、11个光伏园区建设，新增新能源装机300万千瓦，占比达到50%，绿氢产能达到2.5万吨，全面强化煤电油气产运供保障，为宁夏可持续发展提供可靠保障。

大力实施数字宁夏提质升级行动。坚持把数字经济作为决定未来竞争的关键，高质量建设西部数谷，启动实施“1244+N”行动计划，数字信息产业产值达到850亿元。着力实施数字产业化工程，新增超大型数据中心5个、服务器装机能力超过125万台，5G基站达到1.2万座、5G网络行政村覆盖率达到95%。着力实施产业数字化工程，制定“数字＋产业”倍增计划，实施“上云用数赋智”行动，加快“5G＋工业互联网”应用，推进智慧园区建设，建成智能工厂15个、产业互联网平台30个，新增上云企业1000家。着力实施数字化政务工程，建设全区一体化政务大数据中心，打造“一网通办”升级版，政务服务全程网办率达到50%以上。着力实施数字化社会工程，加快环保、交通、金融、文化等领域数字化转型，推动“互联网＋教育、＋医疗健康、＋城乡供水”等加快提质增效，力推“互联网＋宁夏”全面升级。

大力实施营商环境提质升级行动。坚持把营商环境作为补短扬长的有效竞争力，建立全区营商环境评价体系。加强政务环境建设，靠服务聚人聚财。

纵深推进“放管服”改革，全面实行行政许可事项清单管理，力推网上办、一次办、入户办、免申办、容缺办等服务，最大限度提高办事效率、降低交易成本。加强政策环境建设，靠政策聚人聚财。围绕招商引资、项目建设、企业发展、产业升级，制定更加科学有效，更有吸引力、竞争力的政策，充分发挥政策优势。加强法治环境建设，靠法治聚人聚财。依法规范和引导资本健康发展，依法加强知识产权创造保护运用，依法平等保护各类市场主体产权和合法权益，确保经济发展始终在法治轨道上运行。加强诚信环境建设，靠诚信聚人聚财。健全社会信用体系，实施企业信用风险分类管理，让守法诚信经营者一路绿灯、让违法失信者无路可行，特别是各级政府要带头遵守契约，着力打造全国一流的市场化、法治化、国际化营商环境。

（二）坚持改革先导，着力推动高水平开放体系建设实现新突破

改革开放是实现宁夏经济崛起的开山斧、金钥匙。要进一步解放思想、更新观念、转变思维，全面加大改革开放力度，为现代化建设不断注入新动能。

深化市场化改革，不断增强发展动力。不断增强改革的系统性、整体性、协调性。坚持市场和政府两手发力，推动有效市场和有为政府更好结合。深化“六权”改革，加大试点县政策倾斜，提高资源市场化配置效率。全面加大各类闲置资源有效利用力度，打破体制壁垒，严控新增投入，让沉睡的资产资源高效利用起来。稳步推进混合所有制改革，扎实稳妥推进农村综合改革。启动实施财源建设工程，优化重点税源产业支持政策，深化自治区以下财政体制改革，切实提高财政资金使用效益，以高质量改革推动高质量发展。

扩大高水平开放，不断增强发展活力。牢固树立世界眼光、全球观念、国际视野，增强不沿边不靠海照样可以搞开放的信心决心。坚持对内开放与对外开放相结合，更加主动融入双循环新发展格局，积极加入共建“一带一路”和“西部陆海新通道”，高水平建设国家“三个试验区”，加快建设开放型省区。创新区域合作模式和机制，用好部区、央地和省际战略合作平台，加强与沿黄地区和京津冀、长三角、粤港澳大湾区务实合作，在合作中开辟新领域新赛道、塑造新动能新优势。加快现代交通物流体系建设，力争银川河东国际机场扩建工程开工建设、包银高铁2025年建成通车，早日实现宁夏人民更快进京的梦想。带头落实首届中阿峰会《中阿全面合作规划纲要》，与主宾国沙特、主题省广东共同务实办好第六届中国—阿拉伯国家博览会，加快推进中沙（吉赞）产业园建设。创新办好第二届西部数谷算力产业大会、第三届中国（宁夏）国际葡萄酒文旅博览会，加快宁夏国家葡萄及葡萄酒产业开放发展综合试验区建设。实施“外资三年外贸五年倍增计划”，强化银川综保区、石嘴山保税物流中心、中国（银川）跨境电商综试区等平台载体功能，建设国际贸易单一窗口宁夏版。巩固欧美、日韩等传统市场，拓展“一带一路”共建国家、区域全面经济伙伴关系协定成员方等新兴市场，实施开放型经济主体培育壮大计划。发展航空经济、跨境电商、海外仓、服务贸易等新业态新模式，着力扩大进出口贸易规模，进出口总值和实际利用外资额分别增长10%、20%以上，让更多宁夏制造打入国内外市场，以高水平开放促进高质量发展。

（三）坚持创新驱动，着力推动教育科技高质量发展实现新突破

坚持把教育、科技、创新作为现代化建设的基础性、战略性支撑，深入实施科教兴宁战略、人才强区战略、创新驱动战略，着力塑造宁夏高质量发展新优势。

坚持教育优先发展。教育是欠发达地区实现全面发展的重要基石。办好人民满意的教育，必须确保财政教育经费支出增幅超过全国平均水平。实施教育质量提升行动，建设高质量教育体系，大力发展素质教育，促进教育公平。推动学前教育普及普惠发展，加快义务教育优质均衡发展和城乡一体化，深化集团化办学。新建、扩建130所中小学校和幼儿园校舍，新增义务教育学位1.5万个、学前教育学位2700个。培育全区特色高中10所。加快现代职业教育体系建设，建设5个国家级产教融合实训基地，建成17个现代产业学院。实施高等教育办学能力提升工程，力争实现宁夏师范大学、宁夏卫生健康职业技术学院、宁夏交通职业技术学院3所

大学升格，启动建设宁夏职业技术大学、宁夏工商职业技术大学、宁夏闽江应用技术学院3所本科高校，建好20个优势学科，实现宁夏高等教育发展新突破。深化教育领域综合改革，完善学校管理和教育评价体系，加强教材建设管理，稳妥推进考试招生制度改革，启动建设国家基础教育改革试验区。实施新时代强师计划，弘扬尊师重教社会风尚。开展国家智慧教育平台整省试点，建成智慧校园示范学校20所。进一步办好特殊教育、规范民办教育、抓好老年教育、强化继续教育，为全民终身学习创造条件。加强家庭经济困难学生资助，实施农村义务教育学生营养改善计划，努力让每个孩子都能享有公平而有质量的教育。

坚持科技支撑发展。科技是欠发达地区实现快速发展的强大支撑。坚持“四个面向”，大力实施科技创新“四大工程”，高水平建设全国东西部科技合作引领区。加强科技基础能力建设，抓好林木资源高效生产全国重点实验室建设，积极推进装备制造、新材料领域建设自治区实验室，新培育各类科技创新平台30家。围绕重点产业及产业链升级，实行科研任务“揭榜挂帅”、“赛马”制度，鼓励科技领军人才挂帅出征，实施重点科技项目100个，转移转化重点科技成果100项。新培育国家高新技术企业100家，支持企业牵头组建创新联合体、建设研发机构和中试平台。加强全域科普工作，开展“科创中国”宁夏行动。推进科技体制改革攻坚，健全科技评价体系，深化财政科技经费分配使用机制改革，推动更多科研成果走出实验室、走向生产线，不断提升科技对高质量发展的贡献率。

坚持创新引领发展。创新是欠发达地区实现跨越发展的第一动力。要突出创新在宁夏发展中的核心地位，充分发挥政府组织推动作用，大力提升创新能力、培育创新文化、营造创新环境，形成创新发展新格局，把创新变成宁夏发展的最大增量。着力推进创新型政府和创新型城市创建，支持创新型企业和各类创新中心建设，新培育创新型示范企业20家，激发企业和高校院所创新活力，推动创新链产业链资金链人才链深度融合。全面落实人才政策，积极支持“才聚宁夏1134行动”，支持海归小镇等人才平台建设，推动“塞上工匠”等人才选树活动，培育引进各领域急需紧缺创新人才1万人以上、创新团队15个以上。着力推动审批、包抓、帮扶、落实等机制创新，以及政策、方式、模式等全方位创新，努力形成“干部敢为、地方敢闯、企业敢干、群众敢首创”的生动局面。

（四）坚持生态优先，着力推动绿色低碳高质量发展实现新突破

牢固树立绿水青山就是金山银山的理念，全面加强生态保护修复，协同推进降碳、节水、减污、扩绿、增长，深入实施全面节约战略，真抓生态、大抓生态、抓好生态，守好宁夏生态环境生命线。

坚决打好全域“四水四定”主动战。始终把水资源作为宁夏生存和发展的第一资源，制定“四水四定”实施方案。切实抓好黄河大保护大治理，确保母亲河健康安澜。力争完成黄河黑山峡水利枢纽工程开工要件准备工作，实施黄河河道三期治理，实现黄河堤防全域贯通目标。完善防洪减灾体系布局，实施贺兰山东麓和重点城市防洪工程，完成20座病险水库、15条河沟治理。加快现代水网体系建设，推行城乡供水一体化管理，打通中部干旱带各县区水网，全面建设“互联网+城乡供水”示范区。实施深度节水控水行动，城市再生水回用率达到35%，万元GDP用水量、万元工业增加值用水量分别下降3%、2%。加快省级节水型社会示范区建设，实施典农河、渝河等河湖生态修复工程，持续开展区域水系连通、水美乡村建设，积极创建全国美丽河湖。实施灌区现代化改造、工业园区供水、数字孪生水网等工程，建成银川都市圈、清水河流域城乡供水等跨区域调水工程，让“天下黄河富宁夏”永惠子孙后代。

坚决打好蓝天碧水净土保卫战。实施水源涵养、国土整治、防沙治沙等重大生态工程，持续推进以“一河三山”为重点的生态保护修复，加强生物多样性保护，加快全国科学绿化示范区建设，争创贺兰山、六盘山国家公园。全年完成营造林和草原修复120万亩，保护修复湿地20万亩，治理荒漠化土地60万亩、盐碱地等退化耕地10万亩、水土流失面积930平方公里。地级市空气优良天数比例达到84%，地表水国控断面水质优良比例达到80%，工业固废综合利用率达到45%，城市生活垃圾回收

利用率达到32%。建立生态产品价值实现机制，完善生态保护补偿和损害赔偿制度，支持生态环境公益诉讼，用好生态环保督察制度“利剑”。全面加快中央生态环保督察反馈问题整改，力争国家污染防治攻坚战成效考核进入优秀等次，全力以赴守护好宁夏的绿水青山。

坚决打好绿色低碳发展整体战。坚持走绿色发展之路，既是宁夏解决生态脆弱问题的必然要求，也是宁夏发挥资源优势的必然选择。强化绿色GDP意识，不以牺牲环境换项目、不以损害生态换增长，加快构建绿色低碳循环发展经济体系。突出抓好绿色企业、绿色产业、绿色园区和绿色单位创建，大力推动产业生态化、生态产业化。加快发展节能环保和废旧物资循环利用产业，加大生态环保设施建设和采购绿色低碳产品力度，积极推广利用绿色技术，推动垃圾发电地级市全覆盖。积极实施“碳达峰十大行动”，坚决遏制“两高一低”项目盲目发展，坚决不上环保不达标项目，推动能耗“双控”逐步向碳排放“双控”转变，单位GDP能耗下降3.2%左右，单位GDP二氧化碳排放下降3.4%。完善碳排放统计核算制度、碳交易制度，建设中国气象局温室气体及碳中和监测评估中心宁夏分中心。出台全面加强资源节约工作实施意见，每年6月在全区开展“黄河流域生态保护主题宣传实践月”活动，努力走出一条宁夏特色的绿色低碳发展新路子。

（五）坚持区域协同，着力推动城乡山川高质量发展实现新突破

促进区域协调发展是推进现代化建设的重要举措。全面落实国家区域重大战略、主体功能区战略，增强发展的整体性、协调性，提升城乡区域一体化发展水平。

全面优化区域布局。充分利用国家支持西部地区、革命老区、民族地区发展的政策叠加优势，系统构建覆盖五级五市的区域经济格局。紧紧围绕加快先行区建设，建立全面科学的考核评价指标体系，推动各项工作细化量化实化。围绕五市和宁东功能定位，支持加快构建“一主一带一副”经济发展格局，实施“强首府”战略，启动宁东基地“二次创业”行动计划。围绕强县强区建设，出台县域经济和城区经济高质量发展实施方案，制定山区、川区、干旱区差异化支持政策，开展强县强区分类评比活动，力争县域经济占比超过50%。围绕新型城镇化建设，制定产业强镇强乡建设指导意见，创建国家级农业产业强镇，打造20个重点小城镇，城镇化率提高到67.6%。围绕农村经济发展，制定村级产业发展指导意见。支持央企、区属国企与地方融合发展。抓好第五次全国经济普查，为推动区域高质量发展提供科学依据。

全面推进乡村振兴。紧紧围绕建设农业强国和农业农村现代化目标，坚持农业农村优先发展，全面加强“五大振兴”。突出加强产业振兴。坚持依靠科技和改革双轮驱动，加大以产业防返贫、以产业助致富力度，重点抓好多元化新型农业经营主体培育、农业社会化服务体系建设，实施农产品加工提升行动和出村进城工程，精心做好“土特产”大文章，加快实现由“原字号”向“精字号”转变、由“种得好”向“卖得好”转变、由“名气高”向“收益高”转变，让更多“宁字号”走向国内外市场。更加主动加强闽宁协作，闽宁产业园年内落地企业不少于20家。更加密切加强与中央帮扶单位衔接，组织新一轮项目对接活动。坚持在强主体、强融合、强政策等“十强”上下功夫，坚决防止发生规模性返贫，更好实现农业提效、农民增收、农村致富。加快建设世界葡萄酒之都、牛羊肉国家储备中心，加力创建国家级农业现代化示范区、国家农村产业融合发展示范园，推动国家农业绿色发展先行区建设取得实质性突破。系统加强生态振兴。全面完成村庄规划编制，加快宜居宜业和美乡村建设，着力改善生活生产生态环境。推进基础设施向村覆盖，实施提升农村公路质量服务乡村振兴三年攻坚行动，年内完成农村公路改造提升4500公里，确保20户以上具备条件的自然村全部通上硬化路。分类梯次开展卫生、厕所、污水、垃圾等人居环境专项治理，新改建户厕2.56万户。建设美丽宜居村庄50个，开展创建全国村庄清洁先进县活动。统筹推进全面振兴。实施高素质农民培训计划、乡村振兴人才支持计划，为农业农村现代化打好人才基础。创建民主法治示范村35个、乡村治理示范村镇75个，完成整省域乡村治理示范创建任务。

开展县域内破除城乡二元结构试点，加快农村转移人口及农民工市民化，推动“乡村全面振兴样板区”取得实质性进展，用心用情用力谱写好宁夏脱贫攻坚、乡村振兴、共同富裕“三部曲”。

全面提升城市品质。坚持以人为本，着力提高城市规划建设治理水平，力求精心规划、精美设计、精致建设、精细管理。提升城市承载力。实施城市更新改造“十项工程”，提升一批老旧小区、传统商圈、特色街区、产业遗存，改造“四类”管线300公里。加快改善大循环、畅通微循环，新建一批疏堵路、停车位、充电桩等。积极推进“海绵城市”“无废城市”“清洁取暖城市”建设和“十小便民工程”。提升城市治理力。加快建设智慧城市，建立快速反应机制，建设一体化城市运管服平台。科学规范物业、出租车、网约车、共享单车等运营管理。积极为环卫工人、快递小哥、外卖骑手等提供暖心服务。有效应对洪涝、风沙、雨雪等自然灾害，确保城市安全。提升城市吸引力。有机融合地方风情、西北风骨、江南风韵、园林风格和现代风貌，着力打造更有韧性、更有智慧、更有魅力的塞上江南。

（六）坚持人民至上，着力推动民生社会事业高质量发展实现新突破

坚持把人民利益、人民需要、人民满意作为政府一切工作的出发点和落脚点，把造福人民作为最重要的政绩。围绕群众急难愁盼的现实问题，系统化规划、工程化实施，投入68亿元全力办好10个方面30项民生实事，不断实现群众对美好生活的向往。

实施就业创业优先工程。坚持把就业作为最大的民生工程、民心工程，实施就业优先战略，开展“就业创业促进年”活动，加大稳就业力度。创建政府与企业联动、就业与创业互补、数量与质量并重等“七项机制”，把困难群体、脱贫人口、退役军人、青年特别是高校毕业生就业摆在更加突出位置，确保完成城镇新增就业8万人、农村劳动力转移就业80万人以上、高校毕业生总体就业去向落实率90%以上的重要任务。开展“技能宁夏”行动，组织补贴性职业技能培训5万人次，缓解“就业难”“用工难”结构性矛盾。开展“创业宁夏”行动，对毕业两年内初次创业学生给予创业补助，支持城市灵活就业人员从事电商、快递、送餐、家政等行业，新增创业担保贷款10亿元以上，培育创业实体9000个。深化就业兜底援助行动，打好援企稳岗、助企扩岗等“组合拳”，扩大“三支一扶”“西部计划”等基层服务项目规模，开发城乡公益性岗位9000个，确保每个家庭至少有一人稳定就业。

实施居民增收致富工程。坚持把提高全体居民收入作为政府工作的主要任务，力保脱贫群众、移民群众、农村居民等收入实现“五个高于”目标。健全工资合理增长和支付保障机制，着力提高城乡居民财产性收入、经营性收入和工资性收入。全面落实机关事业单位工资津补贴政策，完善体现岗位绩效和分级分类管理的事业单位薪酬制度。坚持面向基层倾斜，提高医务人员、义务教育教师、社区工作者等群体待遇，加大保障农民工工资按时足额发放工作力度。完善收入分配制度，科学构建“三次分配”制度体系，增加低收入者收入、扩大中等收入群体、调节过高收入、取缔非法收入、保护合法收入，科学制定最低工资标准和工资增长制度，为共同富裕打下良好基础。统筹抓好内部生产和外部供应，全面做好“稳物价”工作，提升粮油肉蛋奶果蔬生产能力，提高储备、物流和应急保障能力，加强价格监测预警，严厉打击各种价格违法行为，让全区人民生产生活得到有效保障。

实施医疗健康保障工程。坚持把保障群众健康和生命安全作为健康宁夏建设的重中之重，深入实施健康水平提升行动，加快构建平急结合的公共卫生体系、优质均衡的医疗服务体系、全民全程的健康保障体系，推动医疗服务以治病为中心向以健康为中心转变。深化医药卫生体制改革，深入推进分级诊疗，促进中医药传承创新，启动国家中医区域医疗中心和省级区域医疗中心建设，实施银川市人民医院扩建、中卫市公立医院高质量发展示范项目，推动8家城市医疗集团和14家县域医共体一体化运行，县内就诊率达到90%以上，年内实现急诊急救“五大中心”县域全覆盖，两年内实现三甲医院市级全覆盖。健全重特大疾病医疗保险和救助制度，住院费用跨省直接结算率提高到60%，将贫困患者大病保险起付线由平均9000元降低到3000元、

年度最高救助金额统一提高到16万元，将低保边缘人口和因病致贫重病患者救助起付标准分别由2万元、3万元降低到3000元、7000元，着力破解群众看病难问题。深化爱国卫生运动，倡导文明健康生活方式，全面提高公众健康素养和全民健康水平。

实施住房安居宜居工程。坚持“房住不炒”定位，坚持因城施策，建立多主体供给、多渠道保障、租购并举的住房制度，支持刚性和改善性住房需求，积极推动房地产市场平稳健康发展。全面抓好回迁难、办证难、烂尾楼、自建房、保交楼等专项工作。扩大保障性住房覆盖面，解决新市民、青年人等重点群体住房困难问题。新改造城镇老旧小区2万户、棚户区住房3000套，建设保障性租赁住房6000套，推动抗震宜居农房愿改尽改，实现农村危窑危房动态清零。深入开展冬季清洁取暖试点，加快推进全区居民供热室温达到20℃以上，让老百姓住得更安心、更舒心、更暖心。

实施社保扩面提标工程。坚持把社会保障作为人民生活的安全网和社会运行的稳定器，提升基本公共服务均等化水平，织密基本民生保障网。巩固拓展全民参保计划成果，基本养老、医疗、失业、工伤保险参保人数分别达到508万、655万、117万、146万。推进企业职工基本养老保险全国统筹，推动失业、工伤保险省级统收统支和基本医疗保险省级统筹。继续提高退休人员基本养老金，城乡居民基础养老金每人年度提高120元，稳妥开展个人养老金制度试点。积极发展社会福利、公益慈善、志愿服务、社会工作等事业。做好优抚优待工作，加强妇女、未成年人关心关爱和权益保障。完善残疾人保障制度和服务体系，实施困难残疾人家庭无障碍改造3000户以上。加大低保扩围提质力度，新增纳入低保对象6.8万人，逐步推进城乡低保标准“两线合一”，加强低收入家庭、生活困难群众基本生活救助，切实兜住兜牢基本民生底线。

实施养老育幼服务工程。坚持把完善“一老一幼”服务作为改善民生的重要任务，积极应对老龄化和少子化趋势，推进养老托育服务提质扩容，切实解决“养”的难题和“育”的困扰。积极发展养老事业和养老产业，优化基本养老服务供给，加快补齐农村养老服务短板，完善公建民营、民办公助支持政策。将80岁以上老人高龄津贴由原来低收入群体扩增到全区所有高龄老人。新改建5个综合养老服务中心，实施困难老人居家适老化改造6000户，65岁以上老年人健康管理率达到71%。按国家规定实施渐进式延迟法定退休年龄政策。建立完善生育支持政策体系，完善三孩生育配套措施，试行宁夏户籍生育二孩及以上家庭发放育儿补贴金制度。新建一批公办托育和社会托育服务机构，健全园区、企业、社区婴幼儿活动场所和服务设施，每千人托位数达到2.4个。全面加强社区建设，创建全国示范性老年友好型、青年发展友好型和儿童友好型社区（城市），启动完整社区、未来社区试点，努力让老年人安享幸福生活、让孩子们健康快乐成长。

实施文体惠民提升工程。坚持以社会主义核心价值观为引领，深化文明素养提升行动，支持创建文明城市和国家公共文化服务体系示范区，城乡文化惠民示范项目实现县级全覆盖。深化国有文艺院团改革，支持民营文艺团体发展，支持优秀文化作品创作。积极发展文化创意产业，强化文物保护利用和非物质文化遗产传承，建成宁夏引黄古灌区世界灌溉工程遗产展示中心，推进长城、长征、黄河三大国家文化公园（宁夏段）建设，培育5个自治区级文化生态保护区，让宁夏的文化遗产资源“活起来”“用起来”。举办自治区第十六届运动会、首届残疾人运动会暨特奥会，新建多功能运动场、体育公园25个，实现体育公园县级全覆盖，促进群众体育和竞技体育全面发展。

（七）坚持安全发展，着力推动高水平安全体系建设实现新突破

坚定不移贯彻总体国家安全观，着力推进安全体系和应急体系现代化，突出抓好重点领域安全，以新安全格局保障新发展格局。

切实保障公共安全。坚决落实党中央决策部署，主动适应新型冠状病毒感染疫情防控新阶段新要求，认真落实“乙类乙管”措施，统筹抓好后疫情时代各项工作。坚持把防重症、防病亡、保健康、保生命作为主要目标，把提高自我防护能力和医疗救治能力作为主要措施，把重点人群保护、重点机构防控、重点行业防控、大型密闭场所和大型活动防控等作为重点工作任务。坚持全力保障好群众就

医用药需求。加大政府投入力度，尽快建成自治区重大疫情救治基地、银川重症定点治疗医院，重症床位数提高到每10万人12张以上，全区二级以上医院、基层医疗机构发热门诊应设尽设，疫苗全程接种率提高到95%以上。加快建设卫生健康国家智能社会治理特色实验基地、自治区生物安全三级实验室，实现全区疾控机构全覆盖，竭尽全力保护好全区人民群众的生命安全和身体健康。

切实保障粮食安全。严格执行粮食安全、耕地保护和“米袋子”“菜篮子”责任制。抓好第三次全国土壤普查，全面推行耕地保护六级责任制，坚决遏制耕地“非农化”、基本农田“非粮化”，力争用三年时间创建全国整省域高标准农田示范区。严守粮食产量不减、储备充足底线，全面落实国家新一轮千亿斤粮食产能提升行动，大力发展现代设施农业，实施高效节水农业“三个百万亩”工程，五年内实现永久基本农田高标准建设全覆盖。年内新增高标准农田94万亩、高效节水农业74万亩，粮食种植面积稳定在1000万亩以上、总产稳定在75亿斤以上。开展种业振兴行动，建设酿酒葡萄、枸杞、奶牛等13个良种繁育基地，主要农作物良种覆盖率达到97%以上，综合机械化率达到83%以上，全方位夯实粮食安全根基。

切实保障生产安全。坚持以“安全城市”为基础、以“本质安全”为目标、以整治隐患为手段、以资金投入为保障、以责任落实为根本，全面强化煤矿、危化、燃气、交通、消防、网络运行等重点领域风险隐患源头整治，力争2025年前全区正常生产煤矿全部达到安全生产标准化三级及以上、化工园区（集中区）安全风险等级全部降到低风险等级，坚决遏制重大事故。建立区市县乡村五级灾害预报预警、快速处置等机制，优化防灾减灾救灾体制机制，强化气象、地质、地震联动服务，提高森林草原火灾、水旱灾害、极端天气等重大灾害应对能力。巩固全域创建食品药品安全区成果，坚决守护群众“舌尖上的安全”。

切实保障金融安全。充分发挥金融在现代经济中的“血脉”作用，推动农商行和中小法人银行健康发展，积极发展普惠金融、绿色金融。完善“政银企”常态化对接机制，争取全年新增贷款500亿元以上。全面加强地方政府债务管理，坚决遏制增量、化解存量，保持总规模处于合理水平，债务风险等级持续下降。切实加强“三保”工作，保证基层财政平稳运行。严防国有平台公司风险，担起省级政府主体责任，压实地方属地、金融监管、企业主体责任，全面加强村镇银行、小贷公司等管理，严厉打击非法金融活动，高度警惕关联性、传染性，有效防范化解重大金融风险。

切实保障社会安全。推进基层治理创新，提高城乡社区为民服务能力和水平。完善信访工作“一重点两重复双交办”化解机制，高效解决群众反映集中的问题。加强社会治安防控体系建设，深入开展专项打击整治行动，推动建设更高水平的平安宁夏。牢牢把握铸牢中华民族共同体意识主线，扎实有效推进示范区建设，全面促进各民族共同团结奋斗、共同繁荣发展。牢牢把握坚持我国宗教中国化方向，积极引导宗教与社会主义社会相适应，进一步加大依法治理力度，持续巩固和谐稳定局面。积极做好新时代国防动员、双拥共建、退役军人服务保障等工作，为实现建军一百年奋斗目标作出宁夏贡献。

四、全力建设人民满意政府

打铁必须自身硬，干事必须干部硬。抓现代化建设、抓高质量发展，必须有一支政治过硬、适应新时代要求、具备领导现代化建设能力的干部队伍。我们要始终牢记习近平总书记“长征永远在路上”的重要嘱托，自觉践行“社会主义是干出来的”伟大号召，大力弘扬“不到长城非好汉”的革命精神，带头落实“三个务必”和“四个特别”的重要要求。

一是强化政治建设，让政治忠诚成为政府的首要品质。旗帜鲜明把党的政治建设摆在首位，深刻领悟“两个确立”的决定性意义，把增强“四个意识”、坚定“四个自信”、做到“两个维护”落实到政府具体工作中、体现到干部实际行动上。坚持用习近平新时代中国特色社会主义思想凝心铸魂，深入学习贯彻党的二十大精神，继续贯彻落实自治区第十三次党代会精神，认真开展主题教育和“四大”活动。严守政治纪律和政治规矩，勇于自我革命，增强斗争精神和斗争本领，不断提高政治判断力、政治领悟力、政治执行力，确保政府各项工作始终沿着正确政治方向前进。

二是强化法治建设，让依法行政成为政府的基本准则。深入贯彻习近平法治思想，加强法治政府建设。全面实行重大行政决策程序制度、政府常务会议会前学法制度、法律顾问制度，全面推行行政机关负责人出庭应诉制度，强化行政复议工作，着力深化行政执法体制机制改革，切实加强和改进政府立法、执法工作，确保政府各项工作始终在法治轨道上运行。更加自觉接受人大及其常委会法律监督、政协民主监督和社会舆论监督，不断提升人大代表建议和政协委员提案办理工作水平。完善加强政府部门与民主党派、工商联对口联系。更加广泛听取群众意见建议，听民声重民意顺民心，确保政府工作充分体现人民的意愿。

三是强化作风建设，让实干担当成为政府的鲜明特征。空谈误国、实干兴邦。现代化建设最需要的是实干，最迫切需要大批能挑重担、干重活的实干家。实现各项目标，关键在加快行动速度、加大落实力度。坚决反对各种形式主义、官僚主义，坚持敢于担当、善于担当、体现担当。大力倡导“严细深实勤俭廉+快”和“五个到群众中去”的工作作风，着力提升工作质效和专业水平。突出实干、实效、实绩导向，常态化实行集中办公、联合办公、现场办公、视频办公，深入开展会议、文件、督检、微群等“十减行动”，强化研究式、指导式、帮助式、服务式工作方式，为集中精力抓落实创造良好条件。

四是强化廉政建设，让清正廉洁成为政府的立身之本。坚决落实全面从严治党要求，认真履行“一岗双责”。严格落实中央八项规定及其实施细则精神，严格执行“三重一大”决策程序，坚决纠治各种损害群众利益行为。坚持为人民聚财理财，健全现代预算制度，落实“过紧日子”要求，确保有限的资金用在刀刃上。自觉遵守廉洁从政各项规定，正确把握、带头建立亲清统一的新型政商关系，切实做到政府清廉、政风清朗、干部清正。

各位代表，今后五年，是为实现先行区建设光荣使命奋力拼搏的五年、是为实现现代化建设战略目标奋力奠基的五年、是为实现新宁夏建设宏伟蓝图奋力开拓的五年，我们将共同担起这份重大责任，不负历史、不负时代、不负人民！

各位代表，伟大事业始于梦想、基于创新、成于实干。让我们更加紧密地团结在以习近平同志为核心的党中央周围，在自治区党委的坚强领导下，牢记嘱托、坚定信心、真抓实干、奋发有为，为建设美丽新宁夏、共圆伟大中国梦而团结奋斗！

宁夏回族自治区2022年国民经济和社会发展统计公报[1]

宁夏回族自治区统计局　国家统计局宁夏调查总队

2022年，在自治区党委和政府的正确领导下，全区上下深入学习贯彻习近平总书记视察宁夏重要讲话和重要指示批示精神，完整、准确、全面贯彻新发展理念，坚决落实党中央、国务院各项决策部署，高效统筹疫情防控和经济社会发展，全区经济运行总体平稳，转型升级步伐加快，发展动能持续增强，质量效益不断提升，民生保障有力有效，先行区建设迈上新台阶，社会主义现代化美丽新宁夏建设迈出坚实步伐。

一、综合

初步核算，全年全区实现生产总值[2] 5069.57亿元，按不变价格计算，比上年增长4.0%。其中，第一产业增加值407.48亿元，增长4.7%；第二产业增加值2449.10亿元，增长6.1%；第三产业增加值2212.99亿元，增长2.1%。第一产业增加值占地区生产总值的比重为8.0%，第二产业增加值比重为48.3%，第三产业增加值比重为43.7%。按常住人口计算，人均地区生产总值69781元，增长3.5%。

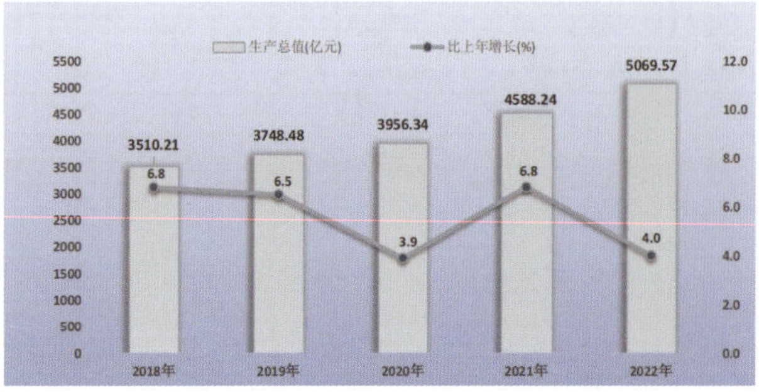

图1　2018—2022年全区生产总值及其增长速度

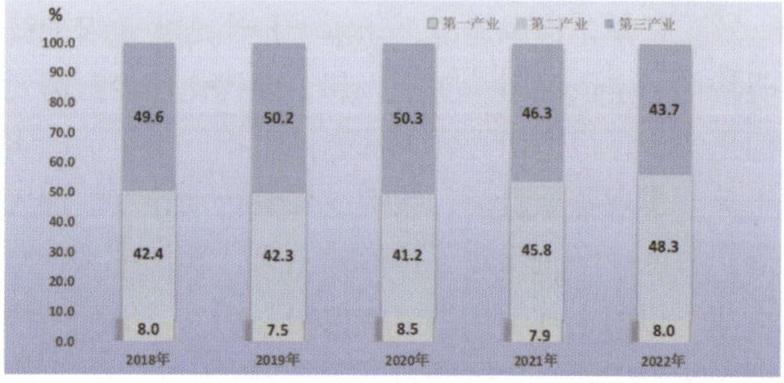

图2　2018—2022年全区三次产业增加值占地区生产总值比重

年末全区常住人口728万人，比上年末增加3万人。其中城镇常住人口483万人，占常住人口比重（常住人口城镇化率）为66.34%，比上年末提高0.3个百分点。全年全区出生人口7.7万人，出生率为10.60‰；死亡人口4.5万人，死亡率为6.19‰；自然增长率为4.41‰。

表1　2022年年末全区人口数及其结构

指　标	年末数（万人）	比重（%）
年末常住人口	728	100.00
其中：城镇	483	66.34
乡村	245	33.66
其中：男性	371	50.96
女性	357	49.04
其中：0-15周岁（含不满16周岁）	153	21.01
16-59周岁（含不满60周岁）	471	64.70
60周岁及以上	104	14.29
65周岁及以上	76	10.44

全年全区城镇新增就业7.95万人，农村劳动力转移就业82.30万人，年末全区城镇调查失业率

为 5.3%。全年全区农民工[3]总量为 103.8 万人，比上年增加 4.3 万人，增长 4.3%。其中，外出农民工 79.4 万人，增加 3.1 万人，增长 4.1%；本地农民工 24.5 万人，增加 1.3 万人，增长 5.6%。

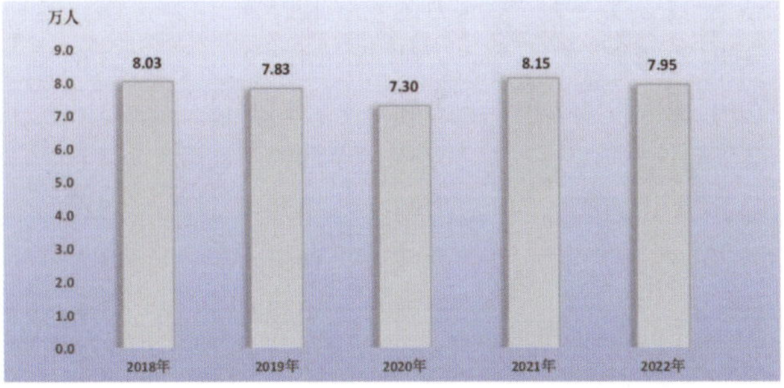

图3　2018—2022年全区城镇新增就业人数

全年全区居民消费价格比上年上涨 2.3%，工业生产者出厂价格上涨 11.1%，工业生产者购进价格上涨 17.6%，农产品生产者价格[4]下跌 1.7%。

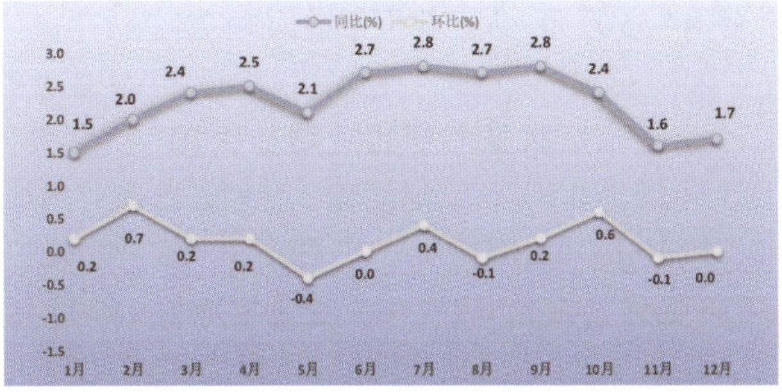

图4　2022年全区居民消费价格月度同比涨跌幅度

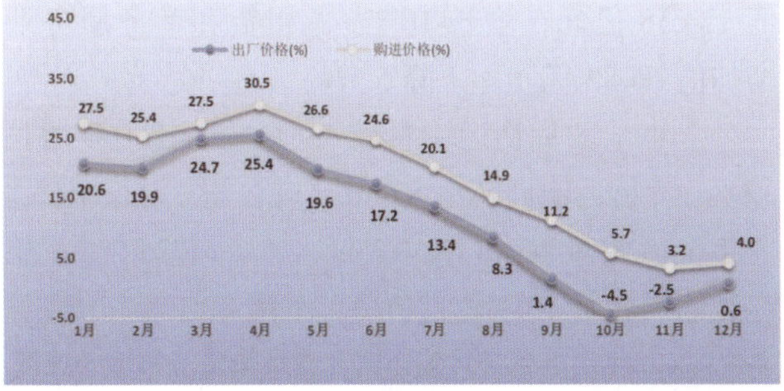

图5　2022年全区工业生产者出厂价格和购进价格月度涨跌幅度

新兴动能茁壮成长。高技术和装备制造业快速增长。全年全区规模以上高技术制造业[5]增加值比上年增长 31.7%，装备制造业[6]增加值比上年增长 24.6%，分别比全部规模以上工业增加值增速高 24.7 个和 17.6 个百分点。水电、风电、太阳能等可再生能源发电量 513.9 亿千瓦时，增长 5.9%。互联网经济快速发展。全年全区网上零售额[7]167.3 亿元，其中，实物商品网上零售额 108.2 亿元，增长 19.3%。

二、农业

全年全区粮食播种面积 1038.44 万亩，比上年增加 4.51 万亩。其中，小麦播种面积 122.03 万亩，增加 21.47 万亩；水稻播种面积 44.06 万亩，减少 32.19 万亩；玉米播种面积 548.39 万亩，减少 2.74 万亩；马铃薯播种面积 121.01 万亩，减少 28.96 万亩。油料播种面积 39.98 万亩，减少 0.90 万亩。蔬菜播种面积 194.10 万亩，减少 3.59 万亩。瓜果播种面积 78.26 万亩，减少 6.10 万亩。园林水果面积 156.24 万亩，增加 0.18 万亩。

全年全区粮食总产量 375.83 万吨，比上年增产 7.39 万吨，增长 2.0%，实现十九连丰。其中，夏粮产量 27.86 万吨，增长 41.2%；秋粮产量 347.97 万吨，下降 0.2%。全年全区小麦产量 27.27 万吨，增长 43.9%；水稻产量 23.66 万吨，下降 42.3%；玉米产量 276.63 万吨，增长 5.0%；马铃薯产量（折粮）32.59 万吨，下降 9.9%。

全年全区蔬菜产量 527.92 万吨，比上年下降 1.0%；红枣产量 9.67 万吨，增长 25.6%；枸杞产量 8.63 万吨，增长 0.4%；油料产量 4.54 万吨，下降 5.8%。全年全区肉类总产量 36.77 万吨，比上年增长 4.1%。其中，猪肉产量 9.03 万吨，下降 0.9%；牛肉产量 12.47 万吨，增长 5.4%；羊肉产量 12.48 万吨，增长 8.8%；禽肉产量 2.55 万吨，下降 0.8%。禽蛋产量 13.21 万吨，增长 2.7%。牛奶产量 342.50 万吨，增长 22.1%。水产品产量 17.04 万吨，增长 2.7%。年末全区生猪存栏 74.26 万头，下降 13.1%；肉牛存栏 148.39 万头，增长 7.8%；奶牛存栏 83.69 万头，增长 19.2%；羊存栏 710.55 万只，增长 4.9%；活家禽存栏 1512.66 万只，增长 22.9%。全年生猪出栏 110.79 万头，下降 1.5%；肉牛出栏 76.14 万头，增长 5.3%；羊出栏 702.28 万只，增长 8.8%；活家禽出栏 1216.32 万只，下降 0.7%。

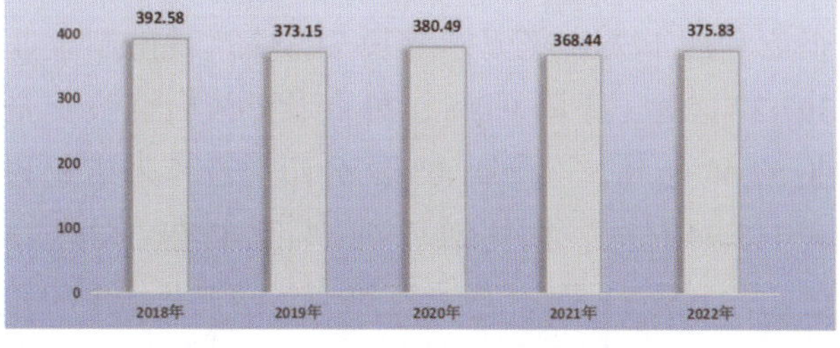

图6　2018—2022年全区粮食产量

表2　2022年全区主要农林牧渔业产品产量及其增长速度

指　标	产量（万吨）	比上年增长（%）
粮食	375.83	2.0
小麦	27.27	43.9
水稻	23.66	-42.3
玉米	276.63	5.0
油料	4.54	5.8
蔬菜	527.92	-1.0
瓜果	201.04	8.6
枸杞	8.63	0.4
肉类总产量	36.77	4.1
其中：猪、牛、羊肉产量	33.98	4.8
禽蛋	13.21	2.7
牛奶	342.50	22.1
水产品	17.04	2.7

三、工业和建筑业

全年全区工业增加值2093.96亿元，比上年增长6.4%。规模以上工业增加值增长7.0%。在规模以上工业中，分轻重工业看，轻工业增加值增长13.8%，重工业增长6.4%。分经济类型看，国有控股企业增加值增长3.0%；股份制企业增长6.2%，外商及港澳台商投资企业增长12.4%；非公有工业增长10.4%，其中，私营企业增长10.8%。分门类看，采矿业增加值增长6.0%，制造业增长9.0%，电力、热力、燃气及水生产和供应业增长0.7%。

年末全区发电装机容量6474.5万千瓦，比上年末增长4.2%。其中，火电装机容量3303.8万千瓦，下降0.9%；水电装机容量42.6万千瓦，与上年持平；风电装机容量1456.7万千瓦，增长0.1%；太阳能发电装机容量1583.7万千瓦，增长14.4%。

全年全区规模以上工业企业利润412.72亿元，比上年下降10.9%。分经济类型看，国有控股企业利润172.69亿元，增长71.3%；股份制企业307.27亿元，下降9.0%；外商及港澳台商投资企业57.46亿元，下降41.0%。分门类看，采矿业利润112.94亿元，同比增长68.1%；制造业268.33亿元，下降31.3%；电力、热力、燃气及水生产和供应业31.45亿元，增长4.6倍。

表3　2022年全区主要工业产品产量及其增长速度

指　标	单位	产量	比上年增长（%）
原　煤	万吨	9479.3	9.3
发电量	亿千瓦时	2235.1	7.3
焦　炭	万吨	1225.4	18.0
原铝（电解铝）	万吨	125.2	3.6
农用化肥（折纯）	万吨	71.0	13.8
精甲醇	万吨	997.2	14.1
电石（碳化钙）	万吨	470.4	5.6
水　泥	万吨	1667.4	-13.2
铁合金	万吨	383.8	3.4
乳制品	万吨	235.4	29.5
金属切削机床	台	2639.0	-0.7

全区具有资质等级的总承包和专业承包建筑业企业816家，全年完成建筑业总产值725.85亿元，比上年增长6.5%。按建筑业总产值计算的劳动生产率44.55万元/人，比上年增长14.7%。

四、服务业

全年全区批发和零售业增加值218.83亿元，比上年增长0.5%；交通运输、仓储和邮政业增加值213.50亿元，增长0.2%；住宿和餐饮业增加值54.10亿元，增长0.2%；金融业增加值352.17亿元，增长4.2%；房地产业增加值185.07亿元，下降4.5%；信息传输、软件和信息技术服务业增加值174.58亿元，增长10.7%；租赁和商务服务业增加值66.82亿元，下降5.5%。

全年全区货物运输总量4.9亿吨，比上年增长3.6%；货物运输周转量874.0亿吨公里，增长7.6%。全年全区旅客运输总量0.3亿人，下降25.7%；旅客运输周转量63.1亿人公里，下降40.1%。

表4　2022年全区各种运输方式完成运输量及其增长速度

运输方式	货物				旅客			
	运输总量		运输周转量		运输总量		运输周转量	
	绝对值（万吨）	比上年增长（%）	绝对值（亿吨公里）	比上年增长（%）	绝对值（万人）	比上年增长（%）	绝对值（亿人公里）	比上年增长（%）
总计	48624.2	3.6	874.0	7.6	2805.3	-25.7	63.1	-40.1
铁路	10159.8	7.8	276.0	17.7	433.9	-39.8	17.5	-39.6
公路	38462.9	2.6	597.8	3.5	2195.1	-19.1	19.0	-29.2
航空	1.4	-36.6	0.2	-29.1	176.3	-48.3	26.6	-46.3

全年全区邮政行业寄递业务累计完成19267.1万件，比上年增长2.0%。邮政业完成邮政函件业

务201.1万件；包裹业务4.5万件；快递业务量9905.9万件，快递业务收入15.6亿元。全年全区完成电信业务总量[8] 106.9亿元，增长22.6%。年末全区电话用户总数938.4万户，其中移动电话用户891.0万户。（固定）互联网宽带接入用户349.4万户，比上年增加32.3万户。移动互联网用户787.9万户，比上年增加37.1万户；移动互联网接入流量18.0亿GB，增长20.9%。

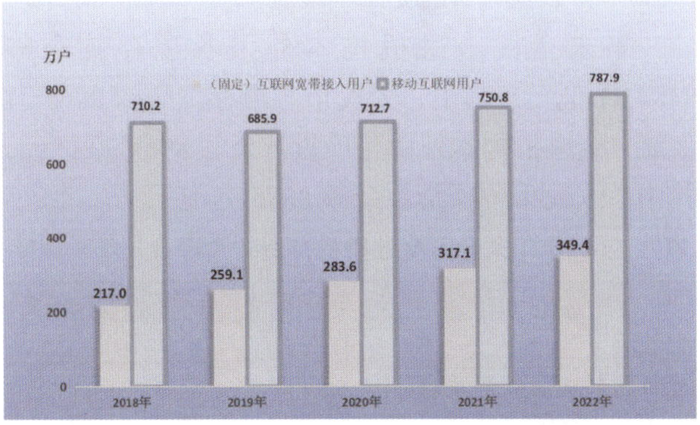

图7　2018—2022年全区（固定）互联网宽带接入用户数和移动互联网用户数

五、固定资产投资

全年全区全社会固定资产投资比上年增长8.2%。其中，固定资产投资（不含农户）增长10.2%。

在固定资产投资（不含农户）中，第一产业投资比上年下降10.0%，第二产业投资增长23.3%，第三产业投资增长1.1%。工业投资增长23.2%，占固定资产投资（不含农户）的比重为49.0%。基础设施投资[9] 增长19.1%，占固定资产投资（不含农户）的比重为17.9%。民间固定资产投资[10] 增长10.7%，占固定资产投资（不含农户）的比重为57.7%。

表5　2022年全区房地产开发和销售主要指标及其增长速度

指　标	单位	绝对值	比上年增长（%）
房地产开发投资	亿元	419.95	-10.1
房屋施工面积	万平方米	4918.44	-12.3
其中：住宅	万平方米	3402.57	-9.5
其中：本年新开工面积	万平方米	766.18	-45.1
房屋竣工面积	万平方米	627.13	-45.2
房地产开发投资	亿元	419.95	-10.1
房屋施工面积	万平方米	4918.44	-12.3
其中：住宅	万平方米	3402.57	-9.5
其中：本年新开工面积	万平方米	766.18	-45.1
房屋竣工面积	万平方米	627.13	-45.2
其中：住宅	万平方米	483.13	-36.7
商品房销售面积	万平方米	715.60	-29.5
其中：住宅	万平方米	650.74	-23.1
商品房待售面积	万平方米	817.55	-20.4
其中：住宅	万平方米	258.49	-16.6
商品房销售额	亿元	502.07	-25.6
其中：住宅	亿元	450.95	-22.9
本年实际到位资金	亿元	627.90	-14.5
其中：国内贷款	亿元	44.84	15.2
自筹资金	亿元	126.44	-2.2
其他资金来源	亿元	456.61	-19.3

全年全区房地产开发投资419.95亿元，比上年下降10.1%。其中，住宅投资316.17亿元，下降8.2%；办公楼投资2.84亿元，增长45.0%；商业营业用房投资42.63亿元，下降22.6%。

六、国内贸易

全年全区实现社会消费品零售总额1338.44亿元，比上年增长0.2%。按经营地统计，城镇消费品零售额1162.82亿元，增长0.6%；乡村消费品零售额175.62亿元，下降1.8%。按消费类型统计，商品零售额1172.69亿元，增长0.4%；餐饮收入额165.76亿元，下降0.6%。

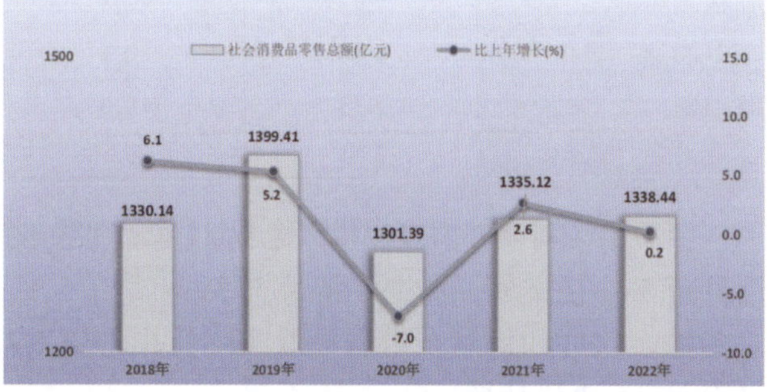

图8　2018—2022年全区社会消费品零售总额及其增长速度

在限额以上单位商品零售额中，粮油、食品类零售额比上年增长7.4%，饮料类增长27.7%，烟酒类增长18.9%，服装、鞋帽、针纺织品类下降9.3%，化妆品类下降10.8%，金银珠宝类下降14.3%，日用品类增长22.1%，体育娱乐用品类下降17.2%，书报杂志类增长19.9%，家用电器和音像器材类增长 0.3%，中西药品类增长 6.7%，文化办公用品类下降 11.7%，通信器材类增长 7.5%，石油及制品类增长 4.6%，汽车类增长 1.8%。

七、对外经济[11]

全年全区货物进出口总额 257.38 亿元，比上年增长 23.7%。其中，出口 196.78 亿元，增长 16.6%；进口 60.60 亿元，增长 54.5%。货物进出口差额（出口减进口）136.18 亿元。对“一带一路”共建国家进出口总额 80.20 亿元，增长 23.7%。其中，出口 76.36 亿元，增长 25.7%；进口 3.84 亿元，下降 6.1%。

图9　2018—2022年全区货物进出口总额

表6　2022年全区主要商品出口金额及其增长速度

商品名称	出口值（亿元）	比上年增长（%）
枸杞	2.05	-6.6
泰乐菌素	7.55	2.1
维生素 C 及其衍生物	2.45	-23.4
双氰胺	12.39	12.1
金属锰	10.28	-4.5
钽铌铍制品	4.26	-1.4
机床及铸件	7.23	83.3
赖氨酸酯及盐	5.19	4.7
蛋氨酸	2.73	16.6
碳化硅	2.63	99.5

全年全区新设外商直接投资企业 22 个，实际使用外资 3.43 亿美元，比上年增长 55.3%。其中，信息传输、软件和信息技术服务业实际使用外资 0.9 亿美元，与上年持平。

八、财政金融

全年全区一般公共预算总收入[12] 765.97 亿元，比上年下降 3.7%。其中，地方一般公共预算收入 460.14 亿元，同口径（扣除留抵退税因素后）增长 13.7%。在地方一般公共预算收入中，税收收入 306.82 亿元，同口径增长 22.3%，占地方一般公共预算收入的 66.7%。

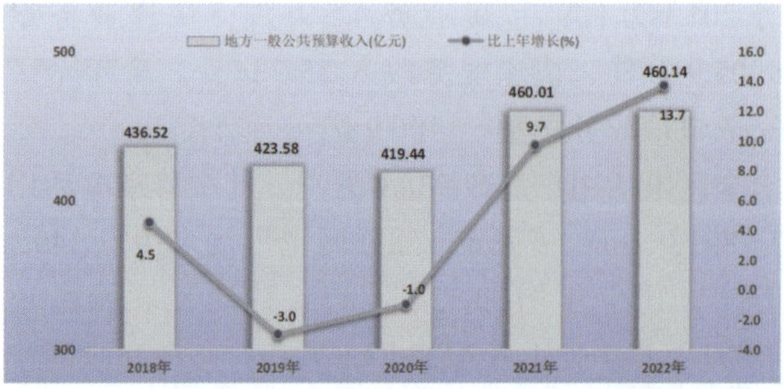

图10　2018—2022年全区地方一般公共预算收入及其增长速度

年末全区金融机构本外币各项存款余额 8484.87 亿元，其中，人民币各项存款余额 8465.31 亿元。金融机构本外币各项贷款余额 8969.70 亿元，其中，人民币各项贷款余额 8885.35 亿元。

表7　2022年年末全区金融机构存贷款余额及其增长速度

指　标	年末数（亿元）	比上年末增长（%）
本外币各项存款余额	8484.87	13.4
人民币存款余额	8465.31	13.4
其中：住户存款	4899.59	14.8
非金融企业存款	1533.73	4.8
机关团体及财政性存款	1757.22	16.8
本外币各项贷款余额	8969.70	6.0
人民币贷款余额	8885.35	7.3
其中：短期贷款	1965.07	-6.0
中长期贷款	6014.62	13.1
票据融资	892.94	3.5

年末全区共有上市公司 15 家，总股本 209.22 亿股，总市值 1619.19 亿元，比上年末下降 23.8%。其中，流通市值 964 亿元，下降 14.7%。全年证券交易额 12083.28 亿元，下降 14.0%。年末全区在全国中小企业股份转让系统[13] 挂牌公司 40 家，比上年末下降 2.4%。

年末全区共有省级营业性保险分公司 25 家，全年实现保费收入 215.83 亿元，比上年增长 2.2%。其中，财产险收入 70.84 亿元，增长 8.4%；寿险收入 102.32 亿元，增长 1.5%；健康险收入 36.14 亿元，下降 5.0%；意外伤害险收入 6.54 亿元，下降 5.9%。支付各类赔款和给付 72.16 亿元，下降 1.2%。其中，财产险赔付 43.18 亿元，下降 5.8%；寿险业务赔付 15.98 亿元，增长 15.9%；健康险赔付 10.85 亿元，下降 3.1%；意外伤害险赔付 2.15 亿元，下降 3.8%。

九、居民收入消费和社会保障

全年全区全体居民人均可支配收入 29599 元，比上年增长 6.1%。按常住地分，城镇居民人均可支配收入 40194 元，增长 5.0%；农村居民人均可支配收入 16430 元，增长 7.1%。

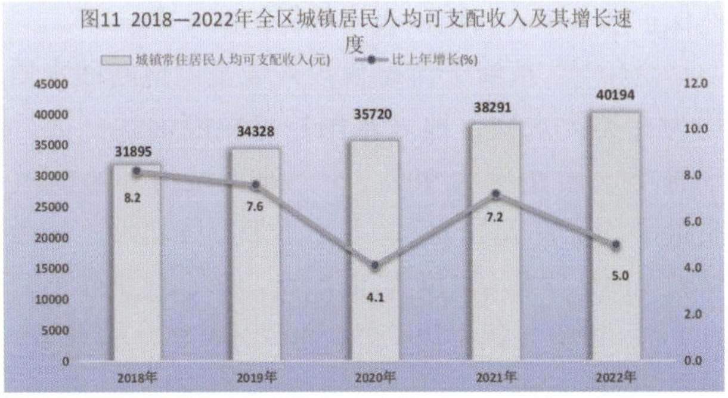

图11　2018—2022年全区城镇居民人均可支配收入及其增长速度

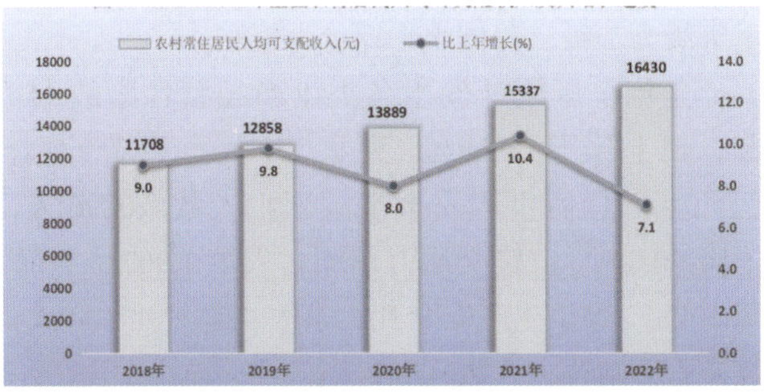

图12　2018—2022年全区农村居民人均可支配收入及其增长速度

全年全区全体居民人均消费支出 19136 元，比上年下降 4.4%。按常住地分，城镇居民人均消费支出 24213 元，下降 4.6%；农村居民人均消费支出 12825 元，下降 5.2%。全区全体居民恩格尔系数为 29.5%，其中城镇为 28.7%，农村为 31.4%。

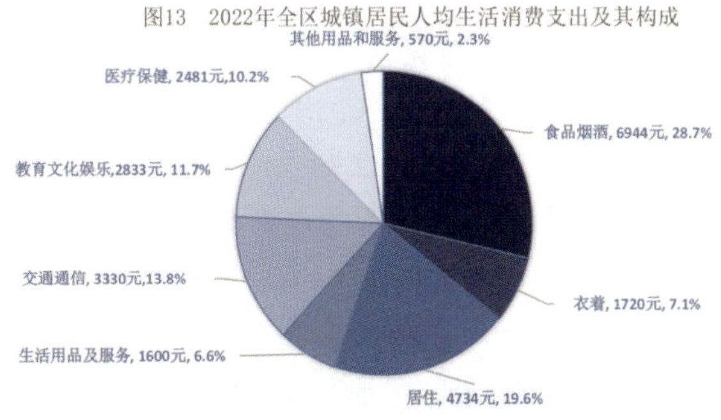

图13　2022年全区城镇居民人均生活消费支出及其构成

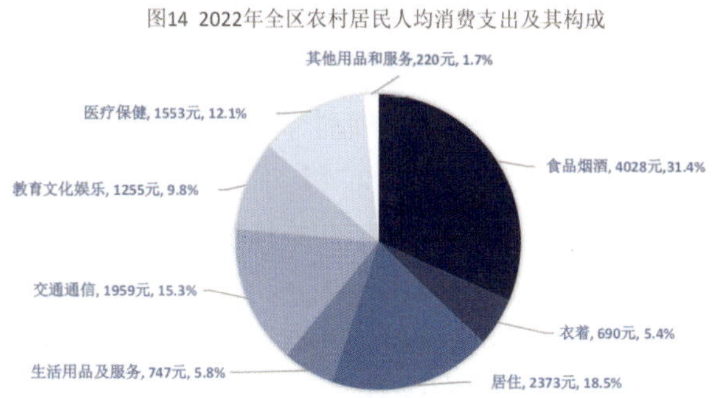

图14　2022年全区农村居民人均消费支出及其构成

年末全区参加城镇职工基本养老保险人数 283.79 万人，比上年末增加 31.68 万人。参加城乡居民基本养老保险人数 235.89 万人，减少 5.15 万人。参加基本医疗保险人数 662.81 万人，减少 0.6 万人。其中，参加城镇职工基本医疗保险 162.37 万人，增加 2.78 万人；参加城乡居民基本医疗保险 500.44 万人，减少 3.38 万人。参加失业保险人数 117.43 万人，增加 8.36 万人。参加工伤保险人数 147.33 万人，增加 3.54 万人。参加生育保险人数 114.08 万人，增加 2.58 万人。

十、教育、科学技术和文化体育

2022 年末，全区共有各级各类学校 3307 所（含小学教学点 345 所），教职工 12.64 万人。全年全区学前教育毛入园率 91.3%，小学学龄人口入学率 100%，初中阶段毛入学率 104.5%，高中阶段毛入学率 94.7%，高等教育毛入学率 59.9%，九年义务教育巩固率为 99.3%。

表8　2022年全区各级教育招生、在校、毕业生人数

类别	校数（所）	招生数（人）	在校学生数（人）	毕业学生数（人）
普通高等学校	20	57225	185194	43995
＃研究生	0	4837	12737	3509
成人高等学校	1	18468	51952	16308
中等职业教育学校	32	28930	77874	23672
普通中学	320	155737	456555	153012
＃高中（含完全中学）	70	58653	172385	53161
初中（含完全中学）	250	97084	284170	99851
普通小学（含教学点）	1446	101742	609840	97329
幼儿园	1473	97492	255799	107869
特殊教育学校	15	1169	7127	1500

2022 年，全区登记自治区级科技成果 802 项，

比上年增长27.7%。其中，基础理论成果118项，应用技术成果628项，软科学成果56项。专利授权量12451件，下降3.4%。其中，发明专利授权量1204件，增长9.1%。全年共签订技术合同3594项，技术合同成交金额34.37亿元。

年末全区拥有国家级工程技术研究中心3个，自治区级工程技术研究中心83个；国家级重点实验室3个，自治区级重点实验室39个；自治区级产业技术协同创新中心5个，自治区临床医学研究中心29个，自治区技术创新中心565个；国家级企业（集团）技术中心（含分中心）11个，自治区级企业（集团）技术中心95个；国家地方联合工程研究中心26个，自治区工程研究中心54个。

全年我区运动员参加国际国内比赛共取得金牌6枚，银牌6枚，铜牌3枚。全年有1人获得国际级运动健将等级称号，3人获得国家级运动健将等级称号，232人获得国家一级运动员等级称号，547人获得国家二级运动员等级称号，1人获得国际级裁判员等级称号，5人获得国家级裁判员等级称号，42人获得国家一级裁判员等级称号。

十一、旅游和社会服务

全年全区接待国内游客3882.48万人次，比上年增长7.2%。国内旅游收入304.28亿元，增长6.3%。

年末[14]全区共有各类提供住宿的社会服务机构157个，其中养老服务机构134个，儿童收养救助服务机构11个。社会服务床位29394张（不包括社区床位数），其中养老机构床位27484张（不包括社区日间照料床位5530张、社区全托服务床位739张），儿童福利和救助机构床位1070张。年末全区共有社区服务机构和设施3020个（不包括社区养老服务机构和设施），社区服务中心44个，社区服务站2852个。

十二、资源、环境和应急管理

全年全区水资源总量8.92亿立方米。平均降水量254毫米，比上年下降7.3%。总用水量66.33亿立方米，下降2.6%。其中，生活用水3.70亿立方米，增长0.7%；工业用水4.46亿立方米，增长5.1%；农业用水53.64亿立方米，下降5.7%；人工生态环境用水4.53亿立方米，增长36.5%。万元地区生产总值用水量[15]130.84（当年价）立方米，比2020年下降15.2%；万元工业增加值用水量21.3（当年价）立方米，比2020年下降12.2%。

全年全区完成营造林面积10.05万公顷，其中人工造林面积4.56万公顷。森林抚育面积1.60万公顷。年末全区自然保护区13个，其中国家级自然保护区9个，自治区级自然保护区4个。

全年[16]黄河干流宁夏段入境至出境断面水质均为Ⅱ类优水质，地表水国控考核断面达到或好于Ⅲ类水质比例为90%。5个地级城市环境空气质量平均优良天数为307天，比例为84.2%，细微颗粒（$PM_{2.5}$）平均浓度为30微克/米^3，比上年上升11.1%；可吸入颗粒物（PM_{10}）平均浓度为64微克/米^3，上升3.2%。

2022年，全区城市区域昼间平均等效声级为51.7分贝，同比减少0.3分贝，昼间区域声环境质量等级为二级，总体水平评价为较好。

全年全区累计发生各类生产经营性事故156起，比上年下降8.8%，死亡150人，下降9.6%。亿元生产总值生产安全事故死亡人数0.0296人，下降20.0%。道路交通万车死亡人数1.907人，下降5.4%。煤矿生产安全死亡事故4起，死亡4人，煤矿百万吨死亡人数0.042人。

注释：

[1] 本公报中数据均为初步统计数，正式数据以《宁夏统计年鉴–2023》为准。部分数据因四舍五入的原因，存在总计与分项合计不等的情况。

[2] 地区生产总值、各产业增加值绝对值按现价计算，增长速度按不变价格计算。

[3] 年度农民工数量包括年内在本乡镇以外从业6个月及以上的外出农民工和在本乡镇内从事非农产业6个月及以上的本地农民工。

[4] 农产品生产者价格是指农产品生产者直接出售其产品时的价格。

[5] 高技术制造业包括医药制造业，航空、航天器及设备制造业，电子及通信设备制造业，计算机及办公设备制造业，医疗仪器设备及仪器仪表制造业，信息化学品制造业。

[6] 装备制造业包括金属制品业，通用设备制造

业，专用设备制造业，汽车制造业，铁路、船舶、航空航天和其他运输设备制造业，电气机械和器材制造业，计算机、通信和其他电子设备制造业，仪器仪表制造业。

[7] 网上零售额是指通过公共网络交易平台（包括自建网站和第三方平台）实现的商品和服务零售额之和。商品和服务包括实物商品和非实物商品（如虚拟商品、服务类商品等）。

[8] 电信业务总量按2021年价格计算。

[9] 基础设施投资包括交通运输、邮政业，电信、广播电视和卫星传输服务业，互联网和相关服务业，水利、环境和公共设施管理业投资。

[10] 民间固定资产投资是指具有集体、私营、个人性质的内资调查单位以及由其控股（包括绝对控股和相对控股）的调查单位建造或购置固定资产的投资。

[11] 货物进出口采用人民币计价。实际使用外商直接投资由于技术原因仍主要沿用美元计价。

[12] 2022年数据为初步数，正式数据以自治区财政厅决算数据为准。

[13] 全国中小企业股份转让系统又称“新三板”，是2012年经国务院批准设立的全国性证券交易场所。

[14] 此部分数据为民政厅预计数，正式数据以民政厅公布数据为准。

[15] 万元地区生产总值用水量、万元工业增加值用水量比2020年增减幅度按2020年价格计算。

[16] 数据来源于《2022年宁夏生态环境质量状况》。地表水达到或好于Ⅲ类水体比例为15个国控断面监测统计结果；环境空气质量优良天数及比例为未剔除沙尘天气数据，PM_{10}、$PM_{2.5}$平均浓度均为剔除沙尘天气后数据。

资料来源：

本公报中城镇新增就业、社会保障数据来自自治区人力资源和社会保障厅；财政数据来自自治区财政厅；水资源数据来自自治区水利厅；林业数据来自自治区林业和草原局；发电装机容量数据来自国网宁夏电力公司；铁路运输数据来自中国铁路兰州局集团有限公司；公路运输数据来自自治区交通运输厅；民航数据来自西部机场集团宁夏机场有限公司；电信业务总量、电话用户、宽带用户、移动互联网接入流量、互联网普及率等数据来自宁夏通信管理局；货物进出口数据来自银川海关；外商直接投资等数据来自自治区商务厅；邮政业务数据来自宁夏邮政管理局；货币金融数据来自人民银行银川中心支行；上市公司数据来自宁夏证监局；保险业数据来自宁夏银保监局；社会服务数据来自自治区民政厅；教育数据来自自治区教育厅；国家工程研究中心、国家工程实验室、企业技术中心等数据来自自治区科技厅；专利数据来自自治区市场监管厅（自治区知识产权局）；体育数据来自自治区体育局；环境监测数据来自自治区生态环境厅；安全生产数据来自自治区应急管理厅；道路交通事故数据来自自治区公安厅；其他数据均来自自治区统计局和国家统计局宁夏调查总队。

落实积极财政政策　提升统筹保障能力

财政厅党组书记　喜清江

今年，中央提出继续实施积极的财政政策，自治区围绕“积极的财政政策提升效能，更加注重精准、可持续”，出台多项政策措施，有效应对经济下行压力，确保经济运行在合理区间。财政部门坚决贯彻中央和自治区部署要求，以最快速度推动政策落地，最大限度释放政策红利，着力提升统筹保障能力，扎实落实积极财政政策，以提升财政政策效能和统筹保障水平，促进全区经济社会持续健康发展。

一、突出以政领财，增强落实合力

实施积极的财政政策，必须深入贯彻习近平新时代中国特色社会主义思想，坚持从政治上看、政治上抓，切实增强前瞻性、把握规律性、突出实效性。

在强化政治统领中把正工作方向。坚持党的领导，持续深入学习贯彻习近平新时代中国特色社会主义思想，坚定捍卫“两个确立”、坚决做到“两个维护”。扎实开展“喜迎党代会·献礼二十大·争做先行区建设的先行者”主题活动，深入学习宣传党的二十大和自治区第十三次党代会精神，凝聚强大合力，鼓舞干劲斗志。加强政治建设，实施政治能力提升工程，落实思想政治工作定期分析报告等制度，确保财政干部绝对忠诚可靠。始终以习近平总书记视察宁夏重要讲话精神统一思想、统领发展，在常态化开展习近平总书记重要指示批示精神贯彻落实情况“回头看”中，不断对标对表、强化担当、忠诚践行，指引财政事业行稳致远、突破发展。

在贯彻重大部署中把准政策落点。围绕“积极的财政政策提升效能，更加注重精准、可持续”扎实开展专题调研，深入市县部门、基层一线问计问需，主动向自治区第十三次党代会献计献策。完整准确全面贯彻新发展理念，聚焦高质量发展主题，健全支持政策体系，强化政策集成和资金协同，推动重大经济结构协调和生产力布局优化。认真落实“稳字当头，稳中求进”要求，加强经济形势分析和前瞻性研究，在持续做好“六稳”“六保”工作的基础上，积极创新推出有利于增强后劲的政策措施，加大对重点行业领域支持力度，更好发挥财政在构建新发展格局中的保障带动作用。

在全面从严治党中把握实干要求。严格落实管党治党主体责任和领导干部一岗双责，健全知事识人、从严管理、正向激励、容错纠错等制度机制，着力营造风清气正政治生态和干事创业工作氛围。巩固“基层党建全面提升年”成果，持续推进机关党支部标准化规范化建设，建强引领攻坚克难的过硬战斗堡垒。大力正风肃纪反腐，以实施“四警六廉”工程为重点加强日常警示教育，持续推进工程建设、政府采购等领域突出问题整治，引导党员干部清正廉洁、担当作为。积极创建“五型”模范机关，建立重点工作“月督查、季通报”和周工作动态制度，推动“马上就办”“转身落实”成为常态、形成自觉。

二、突出定向施策，稳定经济底盘

今年世纪疫情和百年变局交织叠加，外部环境更趋复杂严峻，经济面临“三重压力”，实施积极的财政政策，必须把握合理力度与节奏，适当靠前发力，发挥熨平经济波动、促进结构调整、增强发展后劲的作用。

加大减负纾困力度，有效激发市场主体活力。在积极落实中央新的组合式规模性减税降费政策基础上，自治区在西部省区率先出台并顶格减免“六税两费”，预计全年减税退税160亿元，达到历史最大规模、最广范围，重点突出制造业、科学研究和技术服务业、电力热力燃气及水生产和供应业、软件和信息技术服务业、生态环保和环境治理业、交通运输仓储和邮政业等6个行业，为企业更好发展赋能助力，着力稳企业保就业。同时，完善对市县转移支付制度，将更多资金纳入直达范围，推动资金快速精准下达和使用，全力支持市县退税减税政策落实。加强对中小微企业融资等支持，综合运用融资担保、贷款贴息、奖励补助等方式，引导金融资源流向中小微企业。

保持适度财政支出强度，精准支持扩大有效投资和消费。更加注重挖掘内需潜力，充分发挥财政稳投资、促消费作用。聚焦自治区确定的交通、能源、水利等领域重大项目，用好98亿元新增债务，创新奖补激励、基金撬动、PPP运行等政策措施，支持扩大政府投资、撬动社会投资、激发民间投资。认真落实新能源汽车购置补贴等政策，研究完善教育、养老、医疗、育幼、住房等财政支持政策体系，促进消费持续恢复。用好财政物流专项资金，支持实施流通降本增效工程和县域商业建设行动，办好首届“宁夏物流梦计划”活动。推动重点领域政府购买服务改革，更好满足公共服务需求。

充分发挥财政政策资金导向作用，促进经济高质量发展。主动担当先行区建设的使命任务，推动宁夏先行区基金项目落地，积极参股国家黄河流域生态保护和高质量发展基金，推进建立宁夏与甘肃、内蒙古跨省流域生态补偿机制，支持巩固提升污染防治和生态保护成果。以供给侧结构性改革为主线，大力支持自治区重点产业发展，加快推动调结构、转方式、换动能。今年安排40亿元实施创新驱动发展战略，健全市县科技创新以奖代补激励机制，落实将科技型中小企业研发费用加计扣除比例提高至100%等政策，增强创新动力和活力。加快建立权责清晰、财力协调、区域均衡的财政关系，完善均衡性转移支付制度，助推解决发展不平衡不充分问题，推动山川统筹、城乡一体、共同繁荣。积极贯彻落实《关于加快建设全国统一大市场的意见》，全力服务保障好共建“一带一路”、重点园区开放发展等工作，提升对外开放水平。

聚焦重点领域和短板弱项，提升民生保障水平。深入贯彻以人民为中心的发展思想，始终把实施积极财政政策的出发点和落脚点放在保障改善民生上，集中70%以上财力用于民生领域，确保基本民生支出只增不减。持续加大资金统筹整合力度，土地出让收入50%以上用于农业农村，全力支持巩固拓展脱贫攻坚成果同乡村振兴有效衔接。统筹资金70亿元，办好自治区确定的人居环境改善、饮水安全保障等10个方面28件民生事实。完善支持疫情防控政策措施，持续做好常态化疫情防控、疫苗接种、防疫设施建设等工作。建立激励机制，鼓励市县发展富民产业，多渠道增加城乡居民收入，切实在发展中增进民生福祉。

三、突出内挖潜能，提升保障能力

当前减收增支因素显著增多，必须摒弃“大水漫灌”观念，落实“精细滴灌”措施，坚持开源、节流、提效并重，提高财政保障能力，增强积极财政政策持续性。

注重标本兼治，壮大地方财政实力。加强财源建设研究，针对性完善财政“放水养鱼”制度机制和政策措施，努力实现“水多鱼多”。修订市县预算执行考核办法，定期研判形势、考核通报，确保完成全年目标任务。抢抓政策机遇，积极争取中央财力补助资金，支持五个地级市争取北方地区清洁取暖、山水林田湖草试点示范、公立医院改革与高质量发展、海绵城市建设、农村综合性改革示范等中央财政专项资金，夯实保障重大战略部署实施、重点工作任务落实的财力基础。

强化财政管理，提升资金使用效益。聚焦建立现代财政制度目标，深化财政体制改革，加快健全内控管理制度体系，提升财政管理效率和治理效能。把“过紧日子”作为预算管理的长期制度，大力优化支出结构，自治区本级“三公”经费预算下降18%，坚决取消无效低效支出，腾出更多财政资源，用于改善基本民生和支持市场主体发展。全面推进预算绩效管理，完善预算绩效一体化管理机制，推动绩效管理覆盖全部财政资金和重大支出政策，把钱用在“刀刃上”。

创新支持方式，增强激励撬动作用。健全完善部门预算安排与预算编制水平、绩效评价结果、预算支出进度、项目资金结转“四个挂钩”机制，探索在更多领域采取竞争性评审、以奖代补等多种方式分配财政资金。建立奖励机制，鼓励引导市县积极培育 PPP 项目,充分发挥财政资金“四两拨千斤”作用。促进出台推动区域性股权市场高质量发展的实施意见，落实好企业上市奖补和发债贴息政策，拓宽市场化投融资渠道。

四、突出底线思维，防范化解重大风险

实施积极财政政策，必须平衡好促发展和防风险的关系，下好“先手棋”、打好主动仗，统筹发展和安全，增强忧患意识，做到居安思危。

严密防范化解“三保”运行风险。坚持把做好“三保”放在防范系统性、区域性风险的突出位置，加大财力下沉力度，适当向困难市县倾斜。建立市县“三保”支出测算、资金落实、项目安排全流程审核机制，规范标准和范围，杜绝甩口子和挤占挪用现象。完善财政运行信息化、穿透式监管模式，全面准确掌握基层财力状况，精准用好风险应对资金、财政库款调度等措施，做到风险隐患早发现、早预警、早处置。

坚决防范化解政府债务风险。完善防范化解隐性债务长效机制，坚持“一县一债一策”化债思路，遏制增量、化解存量。扎实开展财经秩序专项整治，严肃整饬财经秩序，坚决不搞政绩工程、形象工程，让财经纪律成为不可触碰的“高压线”。规范法定政府债券使用，建立财政承受能力评估机制，紧密结合项目储备、风险管控等统筹安排债券资金，保持全区债务风险总体可控，风险等级不上升。

积极防范化解社会稳定风险。始终着眼大局、主动作为，全力支持做好粮食安全、生态环保和安全生产等工作，注重防范金融、社保等领域传导过来的风险，严防各类风险叠加共振，切实以财政政策的确定性应对各类风险挑战带来的不确定性，维护国家安全和社会大局和谐稳定。

始终坚持发展第一要务 着力在推动高质量发展上取得新突破

财政厅党组副书记、厅长 孙 志

党的二十大报告提出，发展是党执政兴国的第一要务，高质量发展是全面建设社会主义现代化的国家的首要任务。自治区第十三次党代会指出:“综合实力不强、发展质量不高仍然是新时代社会主要矛盾的主要方面，大抓发展、抓大发展、抓高质量发展仍然是全区上下的第一要务，是解决宁夏一切问题的基础和关键。”当前，宁夏高质量发展具备了一定基础，今后一段时期，宁夏财政多做打基础利长远的事情，更要在以国内大循环为主、国内国际双循环的新发展格局下谋划全区重点产业发展，推动宁夏对外开放合作，在重点领域重点环节能够有新的突破，着力支持构建支撑现代化建设的产业体系、市场体系与治理体系等。

一、财政职能充分发挥，高质量发展基实步稳

2018年以来的五年，宁夏财政厅认真贯彻习近平总书记关于黄河流域生态保护和高质量发展重要讲话精神，坚定不移推进黄河大保护大治理，将财政政策资金向自治区党委决策部署聚焦用力，大力推动黄河流域生态保护和高质量发展先行区建设，突出财政支持重点，创新完善财政运行机制，建立了完整政策体系。率先研究创新政策措施。出台《支持建设黄河流域生态保护和高质量发展先行区的财政政策》《支持九大重点产业加快发展若干财政措施》《深化生态补偿制度改革的实施意见》《财政支持做好碳达峰碳中和工作的实施方案》，研究制定支持优质粮食、奶牛、肉牛和滩羊、冷凉蔬菜、枸杞、葡萄为主的优势特色产业发展财政扶持政策，形成加快推进先行区建设的一揽子政策体系和资金多元投入机制。加快推动高质量发展。建立支持科技创新驱动投入的稳定增长机制，财政R & D经费投入年均增长30%以上。设立总规模100亿元先行区建设投资基金与规模100亿元的产业引导基金，新材料、新食品、新能源产业项目加快释放先进产能。在全国首家出台促进经济平稳运行21条财政政策措施，在西部省区率先顶格出台小微企业“六税两费”等“硬核”财税政策措施，五年累计新增减税降费567.5亿元，宁夏成为全国税费优惠力度最大的省区之一。

二、创新完善财政支持政策，促进高质量发展取得实效

2022年，面临百年未有之大变局与世纪疫情的严峻考验，在自治区党委和政府的坚强领导下，宁夏财政按照“疫情要防住，经济要稳住，发展要安全”的总体要求，切实发挥财政职能，扎实做好各项工作，一年多来，财政在支持高质量发展方面，不断探索路径方法，想方设法创新政策体系，加强政策调节，加大资金投入，力争在支持全区高质量发展方面实现新突破。加快培育重点产业形成新的经济增长点打造增长极。高质量发展的基础在于产业。财政厅研究穿透到具体产业与重点项目，结合全区资源禀赋、发展前景和产业基础，对全区重点产业及税收贡献做了梳理分类，形成了支持重点税源产业的路线图。制定财政支持“六新六特六优”产业政策。紧跟产业变革趋势，按照抓增量、优存量、增变量的路径，聚焦“六新六特六优”产业发展，根据各产业所处不同发展阶段与具备特点，有针对

性地制定财政支持政策。“六新”方面，统筹安排资金9.83亿元，集中支持“链主”培育、优质大企业培育、中小企业培育、加强开发区建设、加强技术改造、提升综合服务能力。“六特”方面，统筹资金42.21亿元，重点引导支持“六特”产业良种繁育、基地建设、精深加工提升、品牌建设、绿色发展、产业融合等提档升级。“六优”方面，整合资金7.6亿元，对会展博览、文化旅游、现代物流、现代金融、健康养老、电子商务等产业加大支持力度。深入推动更多领域和产业由跟跑向领跑并跑转变。财政厅认真分析全区处于领跑、并跑、跟跑阶段的科技项目与产业，梳理完善财政政策体系，针对处于不同阶段的技术项目，实行差异化的支持政策，更加有效地配置财政资金资源，支持宁夏科技创新跑出“加速度”。

三、坚持发展第一要务，在推动高质量发展上加力提效

财政是党和国家事业的重要组成部分，在全面建设社会主义现代化国家、实现中华民族伟大复兴中国梦的进程中肩负着重要职责，必须在全面学习、全面把握、全面落实党的二十大精神上持续下功夫，以高度的思想自觉、政治自觉、行动自觉奋力推进经济社会高质量发展。当前，宁夏正处于跨越发展、赶超发展的关键时期，促进全区高质量发展，抓大项目、抓高质量项目，支持实体经济发展，构建现代化产业体系，各方面支出需求都在不断增加，促发展的任务比较重，面对当前错综复杂的形势，宁夏财政要用全面、辩证、长远的眼光看待，既要把握发展大势，坚定发展信心，也要保持清醒认识，树牢底线思维，有中央和自治区党委、政府的坚强领导，有难得的发展机遇，有一定的增长空间，有强大的政策支持，只要我们坚定战略自信，正确把握形与势的变化、危与机的转换，对形势发展心中有数、应对挑战手中有策，抢抓机遇行动有力，充分发挥财政职能作用，就一定能够促进经济社会实现更高质量发展。坚持提高站位，服务大局。坚持以政领财、以财辅政，确保中央和自治区的重大战略、重大政策、重大改革落到实处。坚持统筹兼顾，有保有压。严控一般性支出，强化财政资源统筹，大力调整优化支出结构，强化重点领域财力保障。坚持优化结构，支持发展。在有效保障基本民生、债务还本付息与法定支出等基础上，通过新增债券安排、增加产业引导基金规模等方式，调动更多资源向高质量发展聚焦发力。特别是加大对产业发展的财政支持，坚持以质取胜，在提高质量效益的基础上保持合理的经济增长。坚持底线思维，防范风险。强化政府债务管理，坚决遏制新增隐性债务，加强财政承受能力评估，在有效支持高质量发展中保障财政可持续和地方政府债务风险可控。

四、突出提升核心竞争力与增加附加值，支持建设现代化产业体系

高质量发展的根基在于产业，随着宁夏一大批新兴产业具备了良好的发展基础，正在展现良好的发展势头，2023年将是宁夏发展重点产业力争实现新突破、最值得期待的一年。2023年自治区财政预算安排支持产业发展资金比2022年增长22.9%。支持重点产业发展投资。牢固树立产业投资为主的理念。通过贷款贴息、政府基金等方式，积极引导社会资本投向重点产业。强化部门协同，提前谋划并加强项目申报储备，将新能源项目和新型基础设施项目纳入支持范围，支持布局重大产业项目，重点向园区和市政基础设施、高效节水农业项目倾斜。支持乡村振兴产业发展。坚持农业农村优先发展，持续推动产业、人才、文化、生态、组织“五个振兴”，巩固脱贫攻坚成果同乡村振兴有效衔接，衔接资金用于产业的比例达到60%，支持做好“土特产”大文章，挖掘多元价值效益，促进一二三产业融合发展，不断增强产业对农民增收的拉动作用。巩固提升传统产业，按照“中央经济工作会提出了加强储备，平战结合，提升国家战略物资储备保障能力和能源资源安全保障能力”，财政将积极推动扩大实施400万吨煤制油项目、推动腾格里沙漠东南部大型风电光伏基地、千亿级大型气田等重点项目建设。加速发展新兴产业。财政通过构建产业基金，搭建投资平台等方式，提升对具有很好发展前景10条重点产业链延链补链强链壮链的支持能级，支持宁夏龙头企业形成扩大竞争优势，支持开辟新领域、制胜新赛道。支持发展数字经济。2023年首次单列财政专项资金，支持中卫大数据基础设施建设，加快推进数字产业化和产业数字化，做大做

强数字经济。支持服务业扩容增量。支持办好第六届中阿博览会,支持打造升级版的“宁夏二十一景”,加快推动文旅产业发展等。持续加大教育科技投入。统筹安排教育资金增长4.3%,存量资金将主要用于引导教育资源优化配置,增量资金将主要用于支持职业教育发展。预算安排增长10.9%,更加有效地支持科技创新,切实发挥出资金引导、带动、撬动作用,落实自治区党代会提出的研发经费增长10%以及实施“创新力量厚植、创新主体培育、创新协同联动、创新生态涵养”四项工程,提升关键领域、核心环节产业竞争力,推动更多的产业和领域由跟跑向并跑领跑转变。

关于管好用好政府采购领域评审专家的调研报告

财政厅党组成员、自治区纪委监委驻财政厅纪检监察组组长　白德东

在政府采购活动中，评审专家作为“评卷人”和“裁判员”，利用专业优势对政府采购项目实施独立评审，其专业技术水平和职业道德直接决定政府采购活动的成败。近年来，随着宁夏全区工程建设政府采购等重点领域突出问题专项治理的深入开展，全区政府采购领域市场环境持续优化、行业秩序逐步规范，但从收到的信访举报和投诉质疑来看，评审专家“专家不专”、违规评审等问题仍然突出，直接影响了政府采购工作的顺利开展和公平公正，严重损害了政府形象，给政府采购监管工作造成了很大压力。

今年以来，驻财政厅纪检监察组为持续巩固和深化专项治理成效，以“管好用好政府采购评审专家”为课题，对财政厅政府采购管理处、公共资源交易管理局服务管理处等8个处室开展调研督查，查找问题症结，探索破解良方，督促整改落实，实现监督闭环管理，真正发挥评审专家的专业优势和辅助决策作用，确保政府采购工作公平公正、规范透明。

一、政府采购评审专家目前存在的突出问题及原因分析

（一）“专家不专”

有的评审专家“只专技术，不专采购”，对招投标文件的审核把关不严，不能及时发现招投标文件中的问题和缺陷，导致评标不规范，原因在于评审专家对政府采购的相关法律、政策法规不熟悉；有的评审专家“只有职称，没有经验”，对招投标文件中的技术要求把握不准，导致做出不合理的评审意见，原因在于政府采购项目类别多，评审专家虽然有职称但知识结构单一，没有相关政府采购项目类别的工作经验。

（二）违规评审

有的评审专家不按照规定进行独立评审，发表倾向性、歧视性言论和意见，徇私舞弊、违规违法评审打分，原因在于评审专家与采购人、供应商、代理机构存在利益输送，或者与供应商存在利害关系不回避；有的评审专家“抱团评标”“熟人评标”，原因在于部分政府采购项目类别专家数量少，经统计，政府采购三级评审品目共有317个，其中193个评审品目专家数低于20人，既影响了评审质量，同时容易造成评审专家被供应商围猎，评审专家相互熟悉也容易形成利益结盟。

（三）敷衍塞责

有的评审专家随波逐流，不能坚持原则独立评审，迎合采购人代表在评标时发表的倾向性言论进行倾向性评分，有的评审专家责任心不强、随意评审、评审不公，只想着获取评审报酬。其原因，一是评标环节中采购人主体责任缺失和代理机构的监督缺失，给予专家较大的自由裁量权，不能够及时指出问题。二是对于专家的信用评价和监督制约不够有效。

（四）高频抽取

有的评审专家抽取次数异常，呈现高频次抽取，几乎每天都在参与评标。经统计，2021年1月1日至2022年5月31日，自治区政府采购专家库有11名专家的累计抽取次数分别超过200次，最高

的达到272次。原因一方面是这些专家的评审专业属于热门专业、采购项目多、专家数量少，导致抽中概率高；另一方面是采购人在设置回避单位时，将采购人及其监管和下属单位均回避，导致回避范围过大，剩余符合条件专家数量过少，个别专家涉及特定行业的项目时被高频抽取。

（五）专业超标

按照规定，每位评审专家最多只能申请5个三级评审专业品目，但是经调阅专家库数据，部分评审专家的专业超过标准，有的甚至超过10个专业，原因在于专家库管理软件的设计功能有缺陷、数据更新机制不合逻辑、主管部门未定期对专家库进行核实。

二、管好用好政府采购评审专家的实践探索

针对“专家不专”、违规评审等突出问题，驻财政厅纪检监察组一方面牵头财政厅政府采购管理处、公共资源交易管理局服务管理处和信息化建设处进行反复论证、分析探讨，另一方面会同公共资源交易管理局聘请第三方技术服务公司，对政府采购专家库和专家抽取系统进行评估检测，查找出专家库存在主管部门审核不严监管缺失、内部管理机制特别是监管部门与运行平台管理协调不畅不完善、运维企业系统功能设计有缺陷等3个方面问题，查找出专家抽取系统存在内部管理机制和设计缺陷方面的8个问题。

驻财政厅纪检监察组全面梳理评审专家管理存在的突出问题和原因，及时向财政厅党组提交调研反馈意见，建议要提升政府采购监管部门工作人员履行行政审批和行政执法能力；向财政厅政府采购管理处下发工作建议书，要求认真研究整改评审专家管理存在的问题；向公共资源交易管理局提出立即盘查和整改评审专家库和专家抽取系统存在的问题，对前期在专家抽取工作中负有工作责任的2名处级干部进行问责处理。通过强有力的督导和全程参与，督促财政厅共出台政府采购评审专家管理制度8项，全面清理整顿专家库，建立评审专家管理制度、培训考试机制、信用评价机制、数据互联互通共享机制、采购人主体责任落实机制，完善评审专家库和专家抽取系统功能，评审专家的管理进一步科学规范，有效地保障了政府采购工作公平公正、规范透明。

（一）全面清理整顿评审专家库

督促财政厅于今年6月制定下发《宁夏回族自治区财政厅关于重新征集政府采购评审专家的通知》，对政府采购专家进行全面清理整顿，根据采购评审特点和要求明确征集条件，完善基础专业技术职称、评审专业及回避单位等信息，增设申报承诺书单位确认环节，防止虚假申请信息。进一步健全评审专家动态征集机制，重点加强专家基础资格、评审专业与专业职称和工作履历的符合度审核，压实评审专家承诺责任，严把专家入口关。评审专家清理征集审核工作已于9月完成，共征集政府采购评审专家2780名。

（二）建立评审专家管理制度

督促财政厅于今年10月出台《宁夏回族自治区政府采购评审专家管理暂行办法》，明确评审专家适用范围、聘用和解聘管理、抽取使用规则等，细化评审专家回避责任、享有的权利和义务及评审专家法律责任等，从制度层面进一步规范评审专家评审行为，提高评审质量。建立评审专家年检制度，定期审核和更新专家评审信息，确保基本信息完整、专业能力符合、评审专业对口、回避单位准确。

（三）建立健全评审专家培训考试机制

督促财政厅依托“宁夏财政干部教育培训”平台，搭建政府采购培训考试系统，围绕政府采购法律法规及实务操作等开展专题培训和考试，考试成绩合格后方可履行专家评审职责。同时，建立评审专家常态化教育机制，完善评审专家培训档案登记工作，力争打造一支综合素质和业务能力过硬的评审专家队伍。今年11月份，培训考试系统已上线运行。

（四）建立评审专家信用评价机制

督促财政厅和公共资源交易管理局联合出台《宁夏回族自治区政府采购信用评价管理暂行办法》，建立政府采购评审专家信用评价机制，完善专家信用评价指标，综合采购人、代理机构、供应商对评审专家的日常评价和财政部门的监管评价，形成评审专家信用评价结果。截至2022年11月，全区各相关评价主体共评价评审专家行为1.7万余次，涉嫌违法违纪行为16条，有16.67%的评审专家信用等级下降为B级，处罚有违法违纪行为评审

专家10人，罚款2万元。同时，联合发改、住建、公共资源交易管理局等部门建立公共资源交易领域严重违法失信主体联合惩戒机制，对被认定为严重违法失信主体的评审专家开展联合惩戒，予以解聘并清理出政府采购评审专家库。

（五）建立数据互联互通共享机制

督促财政厅梳理更新公共资源交易系统现有评审专家库信息，重新推送全部专家信息，确保信息一致；优化完善数据接口，实现信息实时传输、实时接收、实时更新；建立定期核对工作机制，监督公共资源交易系统及时完善随机抽取评审专家规则，明确随机抽取算法，防范抽取使用风险；与发改部门共同推进政府采购评审专家库和工程建设评标专家库融合工作，统一资源，互通共享，规范使用。

（六）健全采购人主体责任落实机制

督促财政厅印发《关于加强政府采购活动内部控制管理的指导意见》《关于开展政府采购履约验收信息公开工作的通知》等文件，压紧压实采购人主体责任，严堵采购人内部管理漏洞，增强采购单位履约验收管理意识，防止采购人主体责任缺失造成专家拥有较大的自由裁量权。截至2022年6月，全区共有2652家采购单位建立和完善了内控管理制度，政府采购网已公开5315个项目履约验收信息，初步建立以制度管人管事的机制，政府采购项目公开招标达到80%，电子化交易率同比提高40个百分点、达到80%。

（七）完善评审专家库和专家抽取系统功能

督促公共资源交易管理局立即整改政府采购专家库和专家抽取系统评估检测出的问题，通过健全内部管理机制、修复专家库设计缺陷，解决评审专家“专业超标”等问题。通过完善专家抽取系统信息管理功能、抽取功能、系统安全管理、运维审批机制等方面的9条措施，解决评审专家“专家处罚未到期参与评标”等问题。

三、进一步管好用好政府采购评审专家的对策建议

（一）坚持问题导向，健全完善政府采购评审机制

现行政府采购评审机制从客观上分解了采购决策权，采购人、采购代理机构和评审专家都是按程序履职，使得评审专家拥有一锤定音的自由裁量权，容易造成评审行为不规范，而且评审专家与采购人、代理机构、供应商之间的利益输送很隐蔽，现有的监督机制很难发现。因此，要从评审专家违纪违法的具体情形入手，进一步研究破解的制度政策，着力补齐短板、堵住漏洞，通过完善政府采购评审机制有效防止专家评审行为的不规范。

（二）压实主体责任，明晰理顺采购人和评审专家权责

政府采购活动中，评审作为关键环节，涉及采购人、代理机构、评审专家、供应商和监管部门等，而真正参与评审并决定采购结果的只涉及采购人和评审专家，表面上看，评审专家出现的问题是因为水平不高、受利益驱动、现场管理不到位等，深层次原因是采购人主体责任落实不到位，采购人过度依赖专家，认为评审环节交给专家就行了，不关自己的事。因此，要督促采购人进一步健全内控制度，落实第一责任人的主体责任，明确专家参谋咨询的辅助定位，理顺采购人、代理机构和评审专家的权责关系，强化“谁采购，谁负责”的原则，确保采购程序合规、结果满足需求。

（三）加强现场管理，严格规范政府采购评审过程

专家独立评审原则是政府采购公平公正的基石，而评审现场管理规范程度直接影响专家的依法正确履职和独立评审。因此，采购人、代理机构、监管部门要严格按照法律法规规定，进一步做好评审现场的组织管理工作，完善和规范录音录像和视频监控等监督设施，探索远程异地评标、席位制评标等新举措，加强现场监督，确保专家独立评审，确保评审过程的规范有序和采购结果的公平公正。

（四）严肃问责处罚，强力警示震慑违规违法行为

评审专家评审行为的规范与否，直接关系采购的公平公正。因此要进一步加大对评审专家违法违规评审的处罚力度，通过行政处罚、信用评价、联合惩戒等多种方式，强化法律制度的约束力，促进评审专家牢固树立法纪意识，知敬畏，守底线，严格遵守评审工作纪律，按照客观、公正、审慎的原则，根据采购文件规定的评审程序、方法和标准进行独立评审，规范评审行为，提高评审质量。

投入+机制+减负+激励
——宁夏以财政科研经费管理改革激发创新创造活力

财政厅党组成员、副厅长 杨冬梅

近年来，在习近平总书记视察宁夏重要讲话重要指示批示的指引下，自治区党委、政府将创新驱动作为首要战略，财政部门坚持将科技创新作为优先保障的重点领域，通过强化投入、完善机制、松绑减负、放权激励的一系列"组合拳"，综合施策，精准发力，让科研人员经费使用自主权更大，财政科研政策激励力度更强，全社会科技创新环境更优，助推科技创新为先行区建设和高质量发展赋能。

一、高质量投入为科技创新"强动力"

一是财政投入放量增长。2017—2021 年，宁夏财政累计投入 168 亿元统筹用于实施创新驱动战略、人才强区战略及科技创新力量壮大，其中，财政 R&D 经费投入年均增幅超过 30%，带动全社会 R&D 投入强度实现快速增长。近日，国家统计局、财政部、科技部发布《2021 年全国科技经费投入统计公报》显示，2021 年宁夏 R&D 经费投入达到 70.4 亿元，同比增长 18.12%，高于全国平均增速 3.5 个百分点，增速居全国第 8 位；R&D 投入强度达到 1.56%，排在全国第 19 位、西北第 2 位；综合科技创新水平指数达到 56.11%，位居全国第 18 位。二是资金拨付简化提速。优化资金拨付流程，将经费计划与项目立项紧密衔接，财政在部门预算批复前预拨科研经费，尽力压缩资金在途时间，确保科研经费在项目任务书签订后 30 日内拨付到位，最大限度地满足科研经费拨付需求。对多个单位合作开展的项目，由牵头单位根据项目负责人意见及时将经费拨付至参与单位，以财政资金"高流速"保障科研项目"高效益"。三是政策资金撬动增效。充分发挥财税政策和财政资金的杠杆效应与导向作用，通过前引导、后补助、风险补偿、以奖代补、产业基金、研发费用加计扣除等措施，引导企业、社会、金融机构加大科技投入，聚焦重点产业发展、创新主体培育、科技成果转移转化，集中支持开展关键技术攻关、东西部科技合作、引才引智和高层次人才培养、新技术推广应用等，为宁夏创新发展驶入"快车道"提供强有力保障。

二、完善机制为科技创新"添活力"

一是完善财政政策体系。自 2017 年以来，自治区财政牵头，联合自治区科技厅、教育厅、人才办等部门，在科研项目资金管理、科研人员激励、科技企业梯次培育、创新平台和载体建设、科技服务业发展等方面，先后出台近百项制度，形成较为完整的财政科研政策体系。近日，自治区又出台《关于改革完善自治区财政科研经费管理的实施意见》，通过 7 个方面 25 条措施以及 2 项配套制度，进一步完善财政科研经费管理运行机制，激发全社会创新创造活力。二是优化科研绩效管理。积极探索健全差异化绩效评价指标体系，对自由探索型（初创型）科研项目，突出原创性、前沿性，避免唯数量的评价；任务导向型科研项目，突出任务完成情况，避免唯论文的倾向。加强评价结果应用，在资源配置上体现绩效导向，谁能干、谁干得好，就支持谁。三是探索推行负面清单。支持新型研发机构实行"预算+负面清单"管理模式，除特殊规定外，对财政资金支持产生的科技成果及知识产权由新型研发机构自主决定转化及推广应用。明确科研项目经费使用禁止性行为，对尽职无过错的科研人员实行免责。四是完善监督检查机制。加强审计监督、财会监督与日常监督的贯通协调，充分利用大数据等信息技术手段，提高监督检查效率，推进监督检查数据交汇共享和结果互认，增强监督合力。强化项目单位主体责任，加强科研经费信用管理，对严重失信行为实行追责和惩戒，对尽职无过错科研人员免予问责。

三、松绑减负为科技创新“消阻力”

一是对科研经费开支实行单独管理。与党政机关经费管理区别对待，创新制定《科研差旅费管理办法》和《专家咨询费管理办法》，对科研会议费、交通费、住宿费、咨询费等提格设定标准，对伙食补助费、市内交通费和难以取得发票的住宿费推行包干制，明确科研经费中列支的国际合作与交流费用不纳入“三公”经费统计范围，不受零增长要求限制，为科研活动特殊需求创新提供制度保障，让科研人员无后顾之忧。二是减轻科研人员事务性负担。配备科研项目财务助理，为科研人员提供专业化服务，不再让科研人员在科研预算编制、经费报销上花费精力。简化项目验收结题财务管理，选择部分高校、科研院所进行试点，由其自行出具科研项目经费决算报表作为结题依据。探索推进无纸化报销试点，利用信息化手段减轻科研人员报销负担。三是优化科研仪器设备采购管理。明确高校、科研院所科研急需设备、实验材料、耗材，可不进行招标投标程序，实行先采购后备案。申请变更政府采购方式的，实行限时办结，充分满足科研需求，既放权又提效。

四、放权激励为科技创新“增推力”

一是坚持能放则放、应放尽放，赋予科研人员更大的经费使用自主权。在预算编制上，将预算科目从9个以上精简为设备费、业务费、劳务费3个；在预算调剂上，将设备费调增权下放到项目承担单位，其他费用调剂权下放给项目负责人，实现“买酱油的钱可以用来打醋”；在经费包干上，从科研项目扩大到科研机构，鼓励高校和科研院所开展试点；在结余管理上，取消2年期限规定，明确项目结余资金全部留归项目承担单位自主使用。二是坚持人才是科技创新核心要素的价值导向，提高科研经费用于“人”的比例。改革提高间接费用比例，对500万元以下的部分，间接费用比例从不超过20%提高到30%，500万元至1000万元的部分从不超过15%提高到25%，1000万元以上的部分从不超过13%提高到20%；对数学等纯理论基础研究项目，可提高到不超过60%。扩大劳务费开支范围，明确科研聘用人员的劳务费和“五险一金”均可从科研经费中列支。绩效工资政策向承担科研任务较多、成效突出的科研人员倾斜，鼓励对急需紧缺、业内认可、业绩突出的极少数高层次人才实行年薪制。加大科技成果转化激励，通过市场化转化的科研成果收益，可对职务科技成果完成人和为科技成果转化作出重要贡献的人员给予奖励和报酬。三是坚持基层培育科技创新力量的主体作用，建立奖补机制激发内生动力。统筹6000万元设立自治区引导市县科技发展奖补资金，根据市县（区）落实科技发展政策、优化科技创新环境、提升科技创新能力等因素，自治区财政给予以奖代补，激励引导市县（区）加大研发投入，凝聚科技创新的合力。2021年全区R&D人员2.95万人，比2017年增长71.5%；登记科技成果628项，比2017年增长136.1%。

持续发力 锲而不舍 推进老旧小区改造 做好为民办实事

——宁夏老旧小区改造现状的调研报告

财政厅党组成员、副厅长 何天文

老旧小区改造是改善居住条件、构建和谐社区、提升城市良好形象的重大民生工程和发展工程。自2019年宁夏实施城镇老旧小区改造以来，以构建共建共治共享社区治理体系为老旧小区的改造目标，坚持尽力而为、量力而行，压实市县主体责任，改造内容逐年丰富，改造效果不断升级，人民群众满意度持续上升，幸福指数不断上涨，老旧小区改造已成为群众最为期盼的民生实事之一。同时，在改造中也不断暴露出一些问题，需要我们在工作中不断改进完善。为进一步科学有序地推进宁夏老旧小工改造工作，自治区财政厅在历年财政承受能力评估、财政资金绩效评价的基础上，采取书面调研与实地调研相结合方式，认真总结工作做法和取得实效，分析存在问题，提出下一步措施和相关建议。

一、宁夏老旧小区改造的现状

（一）改造任务状况

2020年，宁夏对2000年底前建成的老旧小区全面排摸，全区待改造老旧小区1485个23.5万户6354栋楼，建筑面积1740.4万平方米。2021年，根据住建部等三部委文件精神，对2000年后建成、公共设施落后影响居民基本生活、居民改造意愿强烈的住宅小区进行摸底，需要改造的老旧小区598个17.2万户4984栋楼，建筑面积1941.2万平方米。剔除2019年、2020年已改造的老旧小区，“十四五”期间，宁夏需改造老旧小区共计1687个32.7万户9127栋楼，建筑面积3050.2万平方米，其中，2000年底前建成的小区1089个15.5万户4143栋楼，建筑面积1109万平方米。截至2021年底，已开工改造老旧小区786个12.8万户3663栋楼，1044.7

表1 宁夏老旧小区已改造和待改造情况统计表

项目分类	2019年改造	2020年改造	2021年改造		2022年计划改造		2023年以后待改造	
			2000年底前	2000年以后且需改造	2000年底前	2000年以后且需改造	2000年底前	2000年以后且需改造
小区（个）	131	265	329	61	283	91	477	446
户数（户）	28155	52285	40682	6734	36998	14013	77194	151505
楼栋数（栋）	731	1480	1240	212	935	434	1968	4338
建筑面积（万平方米）	221.98	409.42	339.98	73.36	284.69	146.27	484.33	1721.6

万平方米（见表 1）。

经统计，宁夏待改造老旧小区存量较多的市县分别是银川市、吴忠市、石嘴山市、中宁县，待改造的小区数量分别为 232 个、158 个、142 个、83 个。其中，2000 年底前建成的小区分别为 197 个、100 个、96 个、40 个，占全区 2000 年底前建成的待改造小区总量的 90.8%。

（二）改造内容及成本

2020 年，宁夏老旧小区改造共完成投资 15.42 亿元，实际改造 52468 户，改造面积 411.48 万平方米，户均改造成本 2.94 万元，每平方米改造成本 374.74 元；2021 年，宁夏老旧小区改造共完成投资 12.8 亿元，实际改造 47536 户，改造面积 398.46 万平方米，户均改造成本 2.69 万元，每平方米改造成本 321.24 元。

2021 年，宁夏共改造 393 个老旧小区，涉及 23 项改造内容，其中，基础类 13 项，占全部改造内容的 56.5%，分别为建筑节能、供暖管线、供水管线、排水管线、供气管线、供电线路、垃圾分类、消防设施、楼本体防水、楼梯间粉刷、路面修复、弱电、助老助残设施等；完善类 7 项，占全部改造内容的 30.4%，分别为停车场、绿化、照明亮化、监控安防、体育健身、休闲娱乐、充电设施等；提升类 3 项，占全部改造内容 13%，分别为养老服务、社区管理服务、邮政快递末端服务站。改造数量最多的项目依次为：建筑节能改造 364 个，亮化照明 348 个，路面修复硬化 327 个，供暖管线改造 310 个，楼梯间粉刷 284 个，屋面防水 278 个，弱电改造 269 个，监控安防 259 个。

以银川市、青铜峡市为例，2021 年，银川市户均改造成本 2.65 万元，每平方米改造成本 358.5 元；青铜峡市户均改造成本 1.72 万元，每平方米改造成本 223.36 元。2 个城市的主要改造项目及改造成本因改造内容不同，所需资金差异较大（见表 2）。

表2　银川市、青铜峡市老旧小区改造项目及成本统计表

（金额单位 :万元）

项目	银川市（改造 73 个小区）			青铜峡市（改造 20 个小区）		
	涉及改造小区	占比	项目户均改造成本（万元）	涉及改造小区	占比	项目户均改造成本（万元）
建筑节能	50	68.5%	1.91	9	45%	0.33
供暖	22	30.1%	0.34	6	30%	0.14
供水	43	58.9%	0.37	12	60%	0.04
排水	61	83.6%	0.57	12	60%	0.05
供气	22	30.1%	0.12	0		
供电	49	63%	0.19	16	80%	0.15
垃圾分类	55	75.3%	0.02	16	80%	0.01
弱电	49	67.1%	0.22	16	80%	0.12
楼体防水	57	78.1%	0.25	12	60%	0.29
楼体公共部位	46	63%	0.14	20	100%	0.06
小区道路	57	78.1%	0.33	16	80%	0.89
绿化	34	46.6%	0.8	6	30%	0.14
照明亮化	55	75.3%	0.07	20	100%	0.01
安防	50	68.5%	0.04	16	80%	0.03

续表

项目	银川市（改造73个小区）			青铜峡市（改造20个小区）		
	涉及改造小区	占比	项目户均改造成本（万元）	涉及改造小区	占比	项目户均改造成本（万元）
体育健身	35	47.9%	0.01	5	25%	0.01
休闲娱乐	11	15.1%	0.03	8	40%	0.03
充电设施	40	54.8%	0.12	1	5%	0.15
邮政快递	44	60.3%	0.01			

注：1.户均改造成本不等于各项目户均改造成本之和。

2.青铜峡已于2018年以前自行对老旧小区进行建筑节能改造，此次改造成本为维修成本，不具备参考价值。

3.青铜峡水暖管线改造只限于散水线至化粪池之间管道改造。

表3　2020—2021年宁夏城镇老旧小区改造资金投入情况表

单位：亿元

年度	总投资额	中央投入			自治区投入		市县投入				社会居民自筹	
		财政补助资金	预算内投资	占比（%）	财政补助资金	占比（%）	一般债券资金	专项债券资金	自有财力	占比（%）	筹措资金	占比（%）
2020	15.42	2.94	2.91	37.9%	0.3	1.9%	1.44	0.04	1.25	17.7%	3.15	20.24%
2021	12.8	2.84	1.96	37.5%	0.5	3.9%	1.81		0.95	21.6%	1.42	11.1%
总计	28.22	5.78	4.87	37.7%	0.8	2.8%	3.25	0.04	2.2	19.5%	4.57	16.2%

（三）资金筹措情况

2020—2021年，宁夏城镇老旧小区改造总投资28.22亿元。截至目前，共筹措资金21.51亿元，占总投资的76.2%。其中，中央财政补助资金5.79亿元，占总投资的20.5%；中央预算内投资4.87亿元，占总投资的17.3%；自治区本级安排0.8亿元，占总投资的2.8%；一般债券资金3.25亿元，占总投资11.5%；专项债券资金0.04亿元，占总投资0.1%；各市县财政投入2.2亿元，占总投资7.8%，企业和居民等社会资本投资4.57亿元，占总投资的16.2%。老旧小区改造的资金缺口由市县财政统筹解决（见表3）。

二、老旧小区改造好的做法和取得的成效

自治区党委和政府高度重视老旧小区改造工作，自2020年起，连续三年将老旧小区改造列入政府工作报告和民生实事。通过对水、暖、气、路等基础设施的完善，对建筑节能、停车扩容、景观绿化、公共空间改造等项目的优化升级，群众普遍反映“环境美了，住得舒心了，生活方便了，心气儿更顺了”，城市发展内涵不断提升，真正改出了新变化、新面貌、新气象。

（一）主要做法

一是突出一个“合”字，不断完善政府主导多方参与的工作机制。部分市县建立了政府搭台，住建部门牵头协调、组织实施的工作机制，整合部门、企业，统筹建设项目，形成合力，有效缩短摸底、设计、审批、施工等时间，推动老旧小区改造又快又好实施。如，青铜峡市政府、街道、居委会等上下联合，快速、全面、准确地摸清了小区现状及改造需求；组织居委会、业主委员会、居民党员、网格员，上门开展政策宣传、化解改造矛盾纠纷等工作，减轻改造中的阻力；协调相关部门按规定简化

审批流程，缩短审批时间，统筹部门企业集中开展改造工作，最大限度地减少对群众生活的干扰；引导物业、网络电信等企业积极参与前期工作，将经营优先权与参与改造情况相挂钩，实现了多主体参与改造的局面。二是注重一个“准”字，摸底调查提升改造针对性。重视改造前老旧小区现状、居民改造需求摸底，是宁夏各市县的普遍做法。石嘴山市、青铜峡市等地，就改造前期工作，分别创立“两摸两排三清”“两清两访四公开”等工作法，通过街道办事处、居委会、聘请社会中介机构及设计院开展入户宣传，填写问卷、召开座谈会，公开设计方案等，摸清老旧小区存在的短板，了解最迫切解决的改造需求，“问计、问需、问效”于民，全面深度知民需，最大限度解民忧，使改造有的放矢，充分发挥财政资金惠民生的作用。三是坚持一个“宜”字，量体裁衣彰显城市特色。银川市坚持“一区一特色”“一街一景致”原则，充分利用各街巷特色和现有条件，统一对该区域的基础设施、老旧小区、街区开展区域化改造，改造效果与周边街区的整体风貌相一致。如银川市宗睦巷依托现有老旧街区业态基础和区位特点，充分考虑受众群体、周边环境、商业传统等因素，在更新基础设施，街区外立面亮化、美化，规范停车位等工作中，做到修旧如旧，改造后的街区能够融入周边环境中，在缓解停车难题，完善城市服务功能的同时，留住城市烟火气和人情味。青铜峡市坚持因地制宜、分类施策，统筹老城区空间布局，将全市老旧小区分为基础完善型、环境美化型、功能提升型，制定不同侧重点的改造方案，在改造中有机融入黄河文化元素，形成“一小区一侧重、一小区一特色”的改造格局。四是着重一个“领”字，以党建引领实现小区治理规范化、常态化。按照“区域归整，管理方便，集中服务”原则，部分市县充分发挥基层党组织在社区治理体系建设中的战斗堡垒作用，组织党员、居委会、业主委员会走家入户讲政策，挨家挨户做工作，消除疑虑、达成共识。通过拆除围墙围栏、连通内部道路、配套基础设施，银川市开展了“三合院”“四合院”改造，青铜峡市将小小区、独栋楼整合为综合性住宅小区，不仅把街巷贯通，形成小街区、密路网，让城市交通更加便捷，有效解决小区规模小、物业公司不愿进驻的瓶颈问题。石嘴山市针对居民收入水平低的小区，通过业委会、居委会组建管养队伍，吸纳小区内低收入、赋闲人员进行基础性管护，实现了所有老旧小区日常维护全覆盖。青铜峡市在全区率先进行物管体制改革，赋予街道（社区）物业企业监督管理权、评价考核权，建立物业管理“评星定级”机制，对配合度不高、居民不满意的,实行“黑名单”或“降星”管理，确保物业服务跟得上、小区管得好。吴忠市充分调动居民党员积极性，负责所在单元的管理、矛盾化解工作，当好楼道“红管家”，党员在社区管理中发挥了骨干作用、模范带头作用，探索建立“1123红色物业”工作法，以党建引领社会治理，实现小区环境治理好、物业服务好、群众反映好、物业矛盾少“三好一少”的局面。五是体现一个“效”字，充分发挥绩效评价“指挥棒”作用。宁夏连续六年聘用第三方机构，对全区城镇保障性安居工程开展全覆盖绩效评价工作。加强评价结果的运用，建立绩效评价结果与任务申报、资金分配相挂钩机制，倒逼市县不断完善工作程序、方法。建立问题清单，财政、住建部门合力督导问题整改，采取抽查、跟踪督查、部门联合实地办公、约谈相关领导和负责人等方式，及时解决问题，不断完善、细化改造中的措施、要求，提升改造效果。

（二）取得的成效

一是基础设施更加完善，居住品质显著提升。宁夏地处高寒地区，建筑节能改造是改造意愿最强烈的项目，按照尽力而为、量力而行的原则，各市县统筹安排资金优先用于建筑节能、供暖管线、屋面防水等项目的改造，分别占改造小区总数的92.6%、78.9%、70.7%。通过水暖气管线更新改造、道路修复硬化、拆除违章搭盖、架空线路规整迁改、建筑节能改造等一系列举措，全区700多个小区整体面貌有了很大改观，“脏、乱、差”变成“净、畅、美”。二是街区改造特色鲜明，城市活力增强。银川市宗睦巷依托现有老旧街区业态基础和区位特点，充分考虑受众群体、周边环境、商业传统等因素，结合老旧小区改造，整体推进区域化更新改造。在更新基础设施，街区外立面亮化、美化改造，规范停车位等工作中，注重原有风貌的保持，做到修旧如旧，改造后的街区能够融入周边环境中。通过改造，缓解停车难题，完善城市服务功能，实现错层发展，满足分层消费，做到既满足中高端消费需求，又能留住城市烟火气和人情味。三是带动居民消费，促进经济增长。改造老旧小区使城市旧貌换新颜，带动了建筑领域投资、生产，促进城市经济增长。宁夏三年共改造城镇老旧小区 786 个，直接和间接拉动近 35 亿元更新改造投资，撬动居民户内改造、装饰装修、家电更新消费等，带动多个行业发展，对经济增长有着重要支撑作用。通过老旧小区改造，有力改善房屋性能和提升市场吸引力，满足居民高品质住房需求。如石嘴山市啤酒厂小区，在整治改造前，房屋售价平均为 2600 元 / 米 ^{2}、租赁价格为 400 元 / 月，整治改造后房屋售价攀升至 3500 元 / 米 ^{2}、租赁价格为 800 平 / 月；青铜峡市完成全部改造任务后，老旧小区房价平均每平方米增加 500 元。四是密切党群干群关系，夯实基层执政基础。老旧小区改造有效激发了小区居民参与社区管理的热情，使居民从小区建设的"局外人"，成为小区改造提升的"主人翁"，基层党组织在社区治理体系建设中的领导作用，在改造中得到了充分发挥，城镇老旧小区改造持续成为宁夏老百姓关注度高的民生实事之一，被高度认可，真正体现了党和政府对人民群众的关心关怀，成为基层社会治理的生动实践。2019 年实施老旧小区改造以来，宁夏坚持问题导向，以绩效评价为抓手，瞄准改造中的难点、堵点，靶向发力，老旧小区改造工作连续三年被自治区政府办公厅通报表扬。近六年，财政部 5 次对宁夏城镇保障性安居工程绩效评价工作通报表扬。

三、存在的短板及原因分析

（一）统筹规划不科学，失效增压影响改造效果

一是未合理安排老旧小区改造时序，政策红利不能应享尽享。部分市县对中央中长期支持改造的政策理解把握不到位，没有统筹考虑辖区内老旧小区的存量、自身财政能力、中央和自治区支持周期等因素，盲目申报年度改造计划，未能科学安排项目改造时序。有 8 个市、县（区）将 2000 年底前建成的老旧小区，全部列入 2019—2022 年改造计划，时间紧，任务集中，配套资金多，推动难度大，在中央财政支持老旧小区改造力度不变的情况下，后期既不能享受中央政策红利，也造成自身财力负担沉重。二是实际改造项目与年度计划不相符，影响全区年度计划任务完成。部分市县在实际改造中，调整了待改造小区，致使实际改造的小区个数、户数、楼栋数、建筑面积不能同时完成年度计划任务，影响了全区绩效考核得分，进而影响到争取下一年度中央财政资金。三是改造工作程序不完善，改造效果与群众期盼有偏差。在确定改造方案环节，居民参与度不够，部分改造没有解决居民最期盼的问题。一方面确定改造方案时，没有广泛征求居民的意见；另一方面受制于自身财力，改造项目单一，未能满足群众的期盼。

（二）长效机制亟待完善，制约老旧小区前期改造与后期管理

宁夏制订老旧小区改造实施意见及"十四五"改造规划，但部分涉及老旧小区改造的政策尚未细化、明确，制约着老旧小区改造实施和改造后的维护管理。一是统筹管线单位共同改造难度大。老旧小区改造中，水电气热暖等管线企业"各干各的活、各算各的账"，不同管线改造之间、管线改造与道路维修之间的施工难以同步，存在交叉实施的情况，造成施工成本高、资金浪费、因改造扰民时间长等问题。二是老旧小区改造及后期维护政策难落地。一方面，建设部于 1999 年才推行了住宅公用部位维修基金制度，2000 年底以前建成的小区，基本未缴纳住宅专项维修基金，改造后仅有小部分业主进行了缴纳，加之部分业主认为按当前的住宅建设造价缴纳维修资金不合理，不愿缴纳，造成老旧小区改造后维护管理资金来源严重匮乏。另一方面，目前对不缴纳住宅专项维修资金等行为缺乏相应的制约机制，对专项维修资金用于老旧小区改造、提取住房公积金用于加装电梯等事项，也未明确具体操作办法，导致老旧小区前期改造难度大、后期维护管理难以持续。

（三）改造资金主要来源于财政资金，地方政府负担过重

受经济发展水平低、社会资本薄弱等因素制约，宁夏老旧小区改造主要以政府投入为主，社会参与度不高，市场化运作程度偏低。一是改造主要依靠

政府投入，财政资金撬动作用不明显。2020 年老旧小区改造实际到位资金 12.02 亿元，其中，财政资金 8.88 亿元，占比 73.8%，企业及居民等社会资本共投入 3.14 亿元，占比 26.2%；2021 年老旧小区改造实际到位资金 9.48 亿元，其中，财政资金 8.06 亿元，占比 85%，企业及居民等社会资本共投入 1.42 亿元，占比 15%。总体上，宁夏老旧小区改造在吸引企业投资、动员居民出资方面还有很多不足，受财力限制，财政资金不能满足小区改造的全部需求，以社会资本投入老旧小区改造还有很大的空间没有挖掘出来。二是地方财政负担不断加大。经统计，2020—2021 年宁夏各市县财政实际需要配套的资金为 10.79 亿元。在疫情防控和经济下行压力加大的情况下，中央和自治区财政持续加大补助力度，但支持有限，改造任务量越多，地方财政负担越重。建筑节能改造作为宁夏群众改造意愿最为强烈的内容之一，银川市的建筑节能改造户均成本在 1.9 万元，2021 年上级补助户均 0.7 万元，市本级财政每户需要配套 1.2 万元。银川市兴庆区因本级财力有限，难以解决老旧小区改造资金缺口，2018 年以前使用自有财力改造的部分小区，因无后续配套资金，未能列入“十四五”改造计划。三是市场化运作存在短板。调研发现，大多市县的老旧小区改造，企业仅从事改造方案设计、施工及物业管理，没有作为运营主体全程参与规划、设计、施工、运营、管理等工作。负责给水管网、燃气管网等管线单位参与改造的意愿逐年降低。如中铁水务，明确表示由于资金问题不再参与兴庆区 2022 年老旧小区改造项目；哈纳斯燃气集团尚未提供兴庆区 2022 年老旧小区改造的小区燃气管网相关图纸，导致无法核算项目投资。其他社会资本受自身财力、投资收益等因素影响，参与老旧小区改造较少。四是居民出资积极性不高。居民出资额少、没有投工投劳是大多数市县在改造中普遍存在的问题。部分市县政府部门“大包大揽”，动员、宣传工作缺乏耐心，不细致、不充分，未明确居民出资责任，居民认为老旧小区改造是政府的事，出资参与改造意愿不强烈。加之老旧小区居民以老年人、中低收入群体居多，无能力出资参与小区改造。

四、推进思路

实施好老旧小区改造，是转变城市建设方式推进城市更新的重要内容，必须持续发力、锲而不舍地做好改造提质工程。

（一）合理有序推进老旧小区改造

省级财政部门根据中央财政补助资金下达情况，精准测算相关数据，调整优化本级资金结构，尽量维持上级补助户均水平不变，稳定市县预期，引导市县稳妥有序申报改造计划。省级住建部门引导市县结合待改造老旧小区存量、自身财力状况，按照尽力而为、量力而行的原则，合理申报改造计划，防止因抢机遇、出政绩，超出自身财力盲目申报改造计划，而造成改造内容少、标准低、效果差。县级政府及财政部门结合城市更新推进老旧小区区域化改造，在年度预算中安排配套资金。县级住建部门进一步完善细化老旧小区项目库，摸准改造需求，摸清现状，统计改造成本，为本级政府决策提供数据支撑。

（二）持续完善工作机制，形成协同效应

系统推进老旧小区改造，由碎片化改造向区域化改造转变。一是进一步细化工作协调机制。加大年度效能考核力度，赋予市县牵头部门一定考核分数，明确相关部门职责，便于组织协调开展工作。对水电暖器等专营企业，要运用市场化手段，引入多主体提供服务，通过竞争手段倒逼企业参与改造。结合绩效评价指标表完善工作程序，让居民全程、深入参与老旧小区改造，形成多部门、多主体共同实施老旧小区改造。二是探索多种改造后小区的管理模式。归并整合片区内有公共改造需求的零星、分散楼栋和相邻小区，统一规划，同步改造。鼓励相近或相连的老旧小区拆除围墙等障碍物，整合共享公共资源，完善服务配套设施，形成组团、成片式的物业管理规模，便于后续统一运营管理。针对部分“三无”小区，采取引入物业管理、社区兜底、居民自治等多种模式，建立健全长效管护机制。推动成立业主委员会或业主自治小组，引导业主自主选择专业化社区物业服务单位，实现自我管理。对改造好的小区可通过公共房屋出租、停车收费等形式，盘活小区资源，增强小区“造血功能”，为后期维护管理提供保障。

（三）持续完善资金多元筹措机制，破解财政独撑和后继乏力难题

把坚持原则、建立机制、探索创新、积极有为、有效投资作为改造提质的新动能。一是强化改造筹资主体责任。坚持“市县主导，政策支持，业主参与，市场运作”的改造模式。强化市县主体责任，组织街道、居委会对改造政策的宣传力度，教育引导群众作为老旧小区的主人，应投入相应的人力、财力参与改造，培养居民家园意识。二是落实资金筹措机制。按照“谁受益，谁出资”的原则，建立“小区业主自筹，地方财政补助，专营单位支持，社会力量参与”的资金筹措机制，解决“钱怎么出”的问题。积极扩大财政投入效果，对配套基础设施差、居民出资能力弱的老旧小区重点支持，加大补助投入力度。三是创新有效投资模式。探索成立改造运营公司，或引进有实力的地产物业公司，把老旧小区的设施配套项目、完善提升项目等统一打包，算好资金平衡账，作为 PPP 项目运作，推行工程项目设计、投资、建设、运营一体化。

（四）健全群众共建共治共享机制，推动共同缔造和基层治理能力提升

把基层党建统领、群众依法自治、社区治理建设作为改造提质的组织保证。一是以党建引领社会治理。结合改造工作，积极开展美好环境与幸福生活共同缔造活动，同步建立社区党组织统筹领导，居委会、业主委员会、物业服务企业等多主体参与的小区管理联席会议机制，注重在改造中强化红色阵地建设，开展绿色社区创建。二是以群众依法自治推动提质增效。建立和完善党建引领城市基层治理机制，搭建沟通议事平台，利用“互联网＋共建共治共享”等线上线下手段，开展小区党组织引领的多种形式基层协商，充分采纳汲取群众需求、建议，落实到具体改造项目，努力实现决策共谋、发展共建、建设共管、效果共评、成果共享。

五、有关建议

经济不发达地区，地方各级财力紧张，在满足“三保”等刚性支出后，建设资金捉襟见肘，稳定的上级补助户均水平，有利于市县根据政策预期及自身财力，合理安排改造计划，有序实施老旧小区改造。建议：一是国家相关部委合理明确各省年度改造计划任务量的上限，维持全国年度计划任务总量稳定，保持中央财政支持力度平稳，力争将中央财政补助户均水平控制在合理区间。二是充分考虑西部欠发达省份的财力状况，城市基础设施底子差，历史欠账较多，改造资金需求量较大等客观实际，加大中央财政对西部地区的支持力度。

关于进一步加强宁夏地方政府专项债券管理使用的思考

财政厅党组成员、总会计师　党进平

地方政府专项债券是落实积极财政政策的重要抓手，在带动扩大有效投资、稳定宏观经济等方面发挥着重要作用。为切实用好用足政府专项债券，进一步提升政策效能，现就进一步加强宁夏地方政府专项债券管理使用谈一点认识思考。

一、基本情况

截至 2022 年底，全区专项债券规模为 506.5 亿元，其中，普通专项债券 293.5 亿元，占 58%；项目收益专项债券 213 亿元，占 42%。从级次看，自治区本级 117.5 亿元，占 23%；市县级 389 亿元，占 77%。从投向看，主要用于保障性住房 141.1 亿元，占 28%；交通 108.9 亿元，占 21%；土地储备 76.8 亿元，占 15.2%；农林水利 34.9 亿元，占 7%；生态环保 17.7 亿元，占 3.5%；医疗卫生 11.3 亿元，占 2.2%。从期限和利率看，平均到期年限为 6 年，平均发行利率为 3.6%，2022 年地方政府债券平均发行利率较 2020 年下降 0.74 个百分点。

二、建制度强管理，有效发挥专项债券对投资拉动作用

近年来，通过优化资金投向、规范债券发行、扩大使用范围、严控债务风险等举措，宁夏专项债券管理工作得到不断完善和加强，专项债券对于提升积极财政政策效能、带动有效投资的作用正在逐步显现。

（一）管理制度体系不断健全

一是制定出台《宁夏回族自治区政府专项债券项目资金绩效管理办法》，通过绩效目标管理、运行监控、评价管理、结果应用等环节，推动提升债券资金配置效率和使用效益。二是对专项债券实施穿透式监测。通过完善信息化手段，逐步实现对专项债券项目全周期、常态化风险监控。三是建立违规使用专项债券处理处罚机制。通过扣减新增专项债务限额、收回闲置资金、通报负面典型等办法措施，进一步规范专项债券资金使用。

（二）债券发行管理日益完善

近年来，随着发行规模的扩大和发行批次的增加，对政府债券发行工作提出了更高的要求。财政厅积极对接财政部、发行机构、金融机构、项目单位和市县财政部门，认真分析债券市场运行状况，充分考虑项目准备、资金需求、市场利率等因素，主动把握发行节奏，合理选择发行窗口，不断降低政府融资成本，地方政府债券全部成功发行，有力地维护了自治区政府信用。

（三）专项债项目储备进一步加强

建立重点项目储备机制，严格按照债券资金管理使用规范，科学设置储备项目申报要素，经常性对接辅导重点部门和市县开展常态化项目储备，引入金融机构、第三方中介机构及行业专家技术和智力支持，建立分级次、分地区、分类型的项目储备清单，储备一批聚焦自治区第十三次党代会重点工作和重大任务、聚焦宁夏经济社会发展短板弱项，经济社会效益明显、带动效应强的重大项目，为债券项目库扩容提质、用好用足宝贵的债券资金夯实了基础。

（四）资金投向领域稳步拓展

在中央政策指导下，不断创新和丰富专项债券

品种，全力推动改革创新，在有序发行棚户区改造、土地储备、政府收费公路等专项债券基础上，紧紧围绕脱贫攻坚、污染防治、乡村振兴、基本公共服务设施等中央和自治区重大战略部署，创新发行了多个专项债券品种，包括重大水利、污水处理、垃圾处理、教育医疗、园区改造等，并积极向新能源、新基础领域拓展，为相关领域改革发展提供了有力的资金支持，有效发挥专项债券稳经济、增效能、促发展的积极作用。

（五）拉动投资作用初步显现

2018—2022 年，全区累计发行专项债券 288 亿元，涉及总投资 1058.06 亿元，有力地保障了清水河流域城乡供水工程、银川都市圈城乡东线、中线供水工程、银西铁路、京藏高速公路等重大基础建设项目的顺利推进，同时积极支持医疗卫生、文化教育等民生事业补短板、强弱项，例如，2019 年安排自治区人民医院儿童医疗中心专项债券 1.3 亿元，占项目总投资的 51%，项目 2020 年底建成投入使用后，有效地改善了银川医疗资源不足和分布不均的状况，极大地方便了周边群众看病就医，患者的满意度和就医感受大幅度提升。全年共发行政府专项债券 18 亿元，主要投向环保、医疗、棚改等重点领域。

三、存在的主要问题

（一）部分市县专项债务存在风险

根据财政部通报，截至 2021 年，有 11 个市县专项债务偿债资金保障倍数低于财政部警戒线。预计 2022 年仍有个别地区因专项债务偿债资金保障倍数低于财政部警戒线被列入风险地区。同时，部分市县在前期申报项目时项目收益目标预期较高，受经济下行加大和疫情等因素影响，项目本身产生的收益远低于预期收益，无法依靠项目自身运营收益偿还本息。

（二）资金效益需要进一步提升

个别地区或部门由于前期准备工作不足、债券资金筹集与项目进度不衔接、疫情影响等原因，造成政府债券资金闲置，债券资金未能发挥应有的效果。据统计，2018—2022 年宁夏发行专项债券中，申请项目调整 23 亿元，占发行规模的 10.8%，在一定程度上影响了全区专项债券总体效益的发挥。

（三）项目储备力度需要进一步加大

总体看，宁夏政府专项债项目储备整体不足，一是宁夏政府投资基础设施建设项目公益属性明显，大部分不以营利为目的，有一定收益且收益能覆盖成本的公益性建设项目数量较少。二是市县、部门对专项债项目谋划的思路较窄、办法不多、能力不足。三是金融机构、第三方咨询机构等专业力量在项目谋划储备方面参与度不够，辅助支撑作用发挥不明显。

四、完善和加强专项债券管理的举措和建议

实施政府专项债券全生命周期管理，进一步加强和改进专项债项目管理，努力实现专项债券“发得准，管得严，还得上，用得好”。

（一）提高项目储备质量，确保“发得准”

一是精准谋划项目。针对宁夏专项债券项目储备谋划能力弱的问题，联合发改、行业主管部门、金融机构、咨询机构等多方力量，引入专家智力支撑，通过实地调研、专题培训、集中会审等方式，进一步加强对专项债项目管理的业务指导力度，分行业、分领域，精准谋划一批高质量专项债项目。二是实施常态化储备。建立“能进能出”的专项债券项目常态化储备机制，符合条件的专项债券项目随时纳入项目储备库并实施动态滚动管理，实现从“钱等项目”到“项目等钱”的转变。三是严格项目审核。引入部门联合评审和竞争性评审机制，对专项债券项目实施“四性一度”立体审核，即“必要性、合规性、公益性、收益性和成熟度”审核，保证项目规划合理、方案可行、资金来源有保障。

（二）加强专项债券预算管理，确保“管得严”

一是在限额分配上，充分考虑各地区财力和债务风险水平，向财政实力强、债务风险低、前期准备工作充分和重点项目多的地区予以倾斜，对违反财经纪律和资金使用进度慢的地区扣减额度。二是在资金使用上，严格执行专项债券负面清单管理，严禁专项债券用于政绩工程、形象工程建设，严禁专项债券用于经常性支出和平衡预算，同时联合相关审计、监管部门加大监督检查力度，确保专项债券资金用在全区经济社会发展的紧要处、关键处。三是在投后管理上，开展债券项目资金执行情况跟

踪并定期分析通报，掌握资金使用、项目建设进度、运营管理、会计核算、资产管理等情况，发现问题及时纠正并督促加快执行进度，避免债券资金沉淀闲置。

（三）强化债券资金偿还管理，确保“还得快”

一是设立偿债准备金。根据专项债务规模和到期情况定期、多渠道、多形式筹集资金补充偿债准备金，用于增加债券还本付息保障，降低偿债资金不足风险。项目取得经营性专项收入及政府性基金收入应按比例及时纳入对应项目的账户，专门用于偿还债券本息。二是优化发行管理。在按照市场化原则保障债权人合法权益的前提下，采取到期偿还、提前偿还、分年偿还、发行含权债券等本金偿还方式，降低资金闲置风险和政府融资成本，尽早释放专项债务空间，平滑债券存续期内集中偿债压力。三是实行专账管理。指导项目单位对专项债券资金和对应项目形成的收入和支出进行专账核算，准确反映资金收支情况。组合使用专项债券和市场化融资的项目，项目收入实行分账管理。项目对应的政府性基金收入和用于偿还专项债券的专项收入及时足额缴入国库，纳入政府性基金预算管理，确保专项债券还本付息资金安全。

（四）强化债券资金绩效管理，确保“用得好”

一是实施绩效闭环管理，项目储备阶段，联合相关部门及机构对所有项目进行集中会商评审。发行使用阶段，对债券资金使用和绩效目标实现情况进行“双监控”。项目完成后，抽取一定比例项目开展重点绩效评价。二是聚焦重点支持领域，根据当前面临的经济形势和市场需要，有重点、有针对性地进行债券投资，补短板、强弱项、增后劲，支持完善基础设施建设，推动投资加码发力，筑稳投资底盘，同时托住民生保障，进一步提高政策精准性。三是加强评价结果运用，将专项债券资金使用和绩效评价情况作为转移支付资金安排、新增债务限额分配、政府债务管理工作考核、部门年度预算编制的重要参考因素，进一步强化绩效管理意识，激励引导市县和项目单位规范高效使用专项债券资金。四是充分发挥引导功能。积极适应非标融资管理趋严，审计、监管态势持续收紧的政策环境，将专项债券用作项目资本金的重大项目作为优先支持对象，积极发挥专项债的引导功能，形成对社会资本的带动效应。同时积极探索“专项债+REITs”“专项债+EOD”等新型融资模式，进一步拓宽社会资本参与基础设施建设渠道，实现基础设施建设领域投融资良性循环。

宁夏国有土地储备及资金使用情况的调研报告

财政厅二级巡视员　孙海慧

为加强和规范土地储备管理，了解掌握宁夏国有土地供应和土地储备的基本情况，土地储备资金来源及使用情况，当前土地储备管理工作的经验做法和存在的困难，自治区财政厅、自治区自然资源厅对全区各市、县的国有土地储备及资金使用情况进行调研分析，现将有关情况报告如下。

一、基本情况

（一）土地供应和土地储备基本情况

一是土地供应情况。2017—2021 年全区共计供应土地面积 35290.02 公顷，其中净地供应面积 33927.22 公顷。按机构来源分，来源于土地储备机构面积 393.23 公顷，来源于各类开发区（园区）管委会面积 3725.83 公顷，来源于相关单位（自然资源局征收）面积 31170.96 公顷；按供应方式分，出让土地面积 9992.63 公顷，划拨土地面积 25238.17 公顷，其他供应方式（租赁和作价出资）供应土地面积 59.22 公顷；按供应用途分，商服用地面积 1035.2 公顷，工矿仓储用地面积 7904.51 公顷，住宅用地面积 2484.67 公顷，公共管理与公共服务用地面积 15242.69 公顷，其他用地面积 8622.95 公顷。二是土地储备情况。2017—2021 年全区在库储备土地面积共计 2866.58 公顷。按前期开发阶段分，待施储备土地面积 610.31 公顷，待供储备土地面积 2256.27 公顷。按来源分，来源于新增建设用地面积 734.89 公顷，来源于存量建设用地面积 2131.69 公顷。

（二）土地储备资金情况

2017—2021 年全区土地储备资金需求共计 328102.27 万元，实际到账资金 286693.19 万元，资金缺口 41409.08 万元。实际到账资金中，土地出让收入安排资金 124684.99 万元，土地储备专项债券资金 145900 万元，其他财政资金 8440.19 万元，其他资金 7668.01 万元。2022 年拟收储项目 28 个，资金预计需求 130878.67 万元，预计资金缺口 58000 万元。

（三）土地储备专项债券情况

2017 年以来，全区共发行土储专项债券 14.59 亿元。其中，2018 年发行专项债券 6 亿元（银川市 5 亿元、青铜峡市 1 亿元）；2019 年发行专项债券 8.59 亿元（银川市 3 亿元，固原市 2 亿元，中卫市 0.5 亿元，平罗县 3.09 亿元）。2020 年后由于政策性原因未发行土储债券。

（四）土地出让及成本情况

2017—2021 年，全区已供应储备土地总收入 120915.45 万元，其中，出让价款 100846.35 万元，划拨价款 4.07 万元，其他供应方式收入 20065.03 万元。已供应储备土地的成本支出为 15220.71 万元，其中，土地取得支出 10409.36 万元，前期开发支出 2500.16 万元，其他支出 2311.19 万元。

（五）土地储备资金缺口及影响

土地储备专项债券停发后，宁夏发行债券的有关市、县政府财政资金基本可以及时、足额支付土地出让成本，未出现因资金困难导致土地储备项目成为“半拉子”工程。但受制于土地储备资金来源单一，市、县无力提供多余储备资金，只能做到有限度的储备，尚不能按规划和需求进行土地储备。未发行专项债的他市、县，因地方财力有限，土地储备工作基本停滞。

二、土地出让及土地储备工作中存在的问题和建议

（一）储备土地积极性普遍不高

宁夏地处西北经济欠发达地区，与中东部相比，在经济社会发展、地方财力、金融市场等方面相对滞后。近年来，受投资增速放缓导致的用地需求不足以及房地产市场波动导致土地出让面积减少等因素影响，宁夏土地交易量、交易价格呈现持续走低态势。受市场需求和融资影响，宁夏大部分土地储备机构尚未开展实质性工作，各地土地储备工作进展停滞。与此同时，由于政策层面的原因，即使不经过土地收储，也不影响土地供应，导致土地储备机构供地占全区供地面积的比例较低，未能全面发挥土地储备对城乡统一建设用地市场的调控和保障能力。

（二）储备土地前期开发困难较大

近年来，市、县财政用于土地储备的金额较少，拨款和土地储备资金需求存在时间差，且缺乏连续性和稳定性；土地储备专项债券发行程序较为复杂，额度有限，加上土地储备专项债券暂停发行，影响了土地储备工作的有效运转。同时受土地市场不活跃、成交量较低等因素影响，大部分市县土地项目落地依赖于招商引资，成片开发土地尚不成熟，储备土地前期开发工作相对迟缓。

（三）有关建议

一是完善现有政策体系。在储备系统升级改造的基础上，进一步构建和完善土地“批—储—供—用”全生命周期管理链条，实现土地资产闭环管理，确保所有权人到位、所有者权益得到全面落实和保障，在促进储备土地资产价值和投资效益双提升的同时，大力优化土地市场营商环境。二是进一步健全和完善国有土地收益基金制度。明确国有土地收益基金计提比例并将计提资金足额拨付土地储备机构专项用于土地储备，同时规范专项债券调整适用范围、适用条件及程序等，允许省级政府按程序调整所筹资金用途，滚动用于其他土地储备项目。三是制定灵活的差别化的土地储备政策。允许西部欠发达地区多渠道融资，通过吸收社会资金参与土地储备，与土地储备机构联合开展收储和前期开发工作，确保土地储备成本得到保障，形成“多元融资，长期增值，自我发展，良性循环”的资金运作体系，在有效防范风险的基础上，解决土地储备资金不足问题，满足地方经济社会发展需求。

三、典型案例

经梳理，宁夏银川市、贺兰县、平罗县在保障用地、助推生态文明建设等方面，发挥了土地储备积极作用。为推动全区土地储备工作持续向好，现将相关典型案例介绍如下：

（一）中关村双创科技园项目

在银川市财政资金紧张的状况下，通过发行土地储备专项债券，为中关村双创科技园项目土地征收、基础设施建设等工作提供了坚强的资金保障。2020年项目园区计划实施重点项目11个，总投资63亿元，年度计划投资9亿元。其中，宁夏储芯集成电路研发中心项目，占地面积约3.33公顷，土地招拍挂总价1300万元，计划投资4亿元，分两期实施。项目建成后，将成为集研发、生产、检测于一体的综合性生产研发基地，填补宁夏集成电路与存储产业空白。物美集团数据中心、新零售研发及体验中心项目，占地面积6.73公顷，土地招拍挂总价4448万元，计划总投资5亿元，新建数据中心和新零售研发及体验中心，归集管理物美全国数据服务器，并开展新零售研发等。葡萄酒产业技术研究院项目，项目占地6.67公顷，土地招拍挂总价2240万元，计划总投资3亿元，新建研发实验功能区，包括行政办公室、研究室、实验室、品酒室、培训中心等。项目建成后将推动知名高校、科研院等科技成果转移转化。在专项债券资金的有效保障下，进一步优化了园区营商环境，吸引了一大批项目落户产业基地。

（二）银川经济技术开发区（西区）飞地工业园区土地储备项目

该项目充分扩展了银川经开区范围内储备土地存量，为银川市整体招商引资工作夯实了基础。项目申请的专项债券资金，不但为银川经开区内土地征收工作提供了充足的资金保障，也进一步发挥了土地集约利用的价值，对加快推进园区建设具有重大意义。截至2022年底，银川经开区已完成该区域内全部土地征收，园区内道路、绿化等项目立项

和招标工作已实施，银川市西南部景观水系及给水管道工程正在进行。在系统性保障完善基础设施建设的同时，多个重点项目也陆续快速引进。其中，针对中节能公司 110 千伏变电站工程项目 1.38 公顷（20.63 亩）土地，银川经开区以约 10 万 / 亩的征地价格获取土地，后以约 23 万 / 亩的价格有偿划拨给中节能公司使用，充分发挥了储备土地的应用价值。同时，计划引进的天通公司蓝宝石产业链延伸项目，因储备土地存量充足，规划选址也直接选定在该范围内，提升债券资金使用效率及价值，推进飞地工业园项目的建设速度和效率。

（三）贺兰县“市县一体化”集中供热项目

该项目是涉及千家万户的民生工程，项目共收储土地面积 10.74 公顷。该项目在替代原有锅炉基础上，新建 8 座中心供热站、中继泵站 1 座，统筹规划现有县域 5 家供热企业管网布局，按照新的行业标准要求重新设计，整体实现贺兰县城 1149 万平方米的冬季清洁采暖全覆盖，居民供热节能减排完全达到国家标准，项目建成后，县城集中供热普及率达到 90%，燃煤锅炉逐步实现全部替代和拆除，总体综合能耗和环保 100% 达标，为 2021 年如期供暖提供了保障。

（四）平罗县崇岗煤基炭材特色小镇区域环境整治土地储备项目

该项目位于平罗县崇岗镇煤炭集中区，涉及收储土地面积 246.74 公顷，拆除建筑面积 20.59 公顷，收储的 89 家工业企业多为 20 世纪 80 年代末 90 年代初自发形成的煤炭粗加工企业，企业规模小，环境污染严重。为深入贯彻宁夏贺兰山国家级自然保护区整治的工作要求，经自治区、市、县政府分别印发批准实施方案，项目于 2019 年 5 月实施，利用 2019 年宁夏回族自治区平罗县土地储备专项债券（第二批）资金，拆除“僵尸企业”和低效污染企业，彻底解决环境污染顽固问题，有效提升贺兰山自然保护区外围环境整治综合管理水平。截至 2022 年底，该片区已供应土地 174 公顷，出让价款约 1.3 亿，加快了产业转型升级，促进了资源优化配置，走出了一条经济新常态下盘活存量的新路子，有力助推了平罗县经济转型升级。

稳预期　强信心　不断完善税收政策的思考

财政厅二级巡视员　侯江华

税收是政府财政收入的最主要来源，也是宏观调控的重要手段，对于促进高质量发展具有基础性、支柱性、保障性作用。党的十八届三中全会提出："完善税收制度，深化税收制度改革，完善地方税体系，逐步提高直接税比重。"《中华人民共和国国民经济和社会发展第十四个五年规划和2035年远景目标纲要》提出"完善现代税收制度，优化税制结构，健全直接税体系"。党的二十大报告提出要以中国式现代化全面推进中华民族伟大复兴，税收制度作为国家治理和经济社会发展的基础性制度，在实现中国式现代化道路上发挥着极其重要作用。

近年来，国家和自治区不断优化税收政策，实施税制改革和减税降费政策，对于稳增长、保主体、促就业、防通胀，保持经济运行在合理区间发挥了重要作用。当前和今后一个时期，经济发展处于重要战略机遇期，仍面临着国际国内诸多风险挑战，迫切需要构建以国内大循环为主体、国内国际双循环相互促进的新发展格局，在积极财政政策加力提效的要求下，税收政策必然需要发挥更加积极的作用，现代税收制度的完善迫在眉睫。

一、近年来税收政策优化情况

党的十八大以来，宁夏各级财政部门坚持以习近平新时代中国特色社会主义思想为指导，坚持以政领财、以财辅政，认真贯彻落实党中央、国务院决策部署，按照"税种科学，结构优化，法律健全，规范公平"的要求，坚持"三位一体"推进税制改革、税收立法、减税降费，积极发挥税收制度改革的"突破口"和"先行军"作用，推动经济运行保持在合理区间。一是深化税制改革，推进税收法定。2013年以来，按照中央统一部署和安排，宁夏各项税收制度改革有力推进，不断取得新成效，通过深化增值税改革、实施个人所得税改革，完善消费税制度，推进资源环境税制度改革，不断健全地方税体系，同时，按照中央规定的步骤和时间节点，积极推进环境保护税法、烟叶税法、船舶吨税法、契税法、城市维护建设税法等税收立法事项在宁夏顺利落地，初步建立了与高质量发展相适应的税制体系。二是落实减税降费，提振实体经济。减税降费是落实积极财政政策最重要、最直接的体现，对于帮助企业纾困发展、稳定经济预期具有直接作用。从2012年"结构性减税"到2015年"定向减税和普遍性降费"，从2019年"更大规模减税降费"到2022年"阶段性措施和制度性安排相结合，减税与退税并举"，减税降费政策年年加力、步步扩围、层层递进，减负力度之大前所未有，惠及范围之广前所未有，我国宏观税负从2012年的18.7%降至2022年的13.8%，极大地减轻了企业负担，激发了市场活力。从宁夏的情况看，2017年以来全区累计新增退税减税降费及缓税缓费598亿元，宁夏成为全国税费优惠力度最大的省区之一。其中，2022年，全区累计新增退税减税降费及缓税缓费247.3亿元，是2021年的近4倍，为历史规模最大，极大地减轻了企业负担，缓解了企业发展资金压力，有效增强了企业发展动能，取得了对冲疫情影响、激发市场主体活力，推动高质量发展等方面综合效应，进一步推动全区产业结构不断调整和优化，为经济社会发展提供了有力的资金保障。2022年，全区生产总值同比增长4%，高于全国平均水平；一般公共预算收入同口径增长13.7%，排名位居全国第六；税收同口径增长22.3%，排名位居全国第六，经济运行总体平稳、好于预期。

十年来宁夏税制改革总体呈现三个特点：一是始终围绕党中央重大决策部署，服务国家重大战略，坚持完善税制与减税并重，助力经济社会高质量发展。二是注重税制的规范化、法制化建设，初步建立了现代税收制度，税收在国家治理中的作用不断增强。三是税制结构不断优化，直接税比重显著提升。全区财政治理水平和服务效能不断提升，为推进基本公共服务均等化、推动经济社会高质量发展提供了有力保障。

二、当前宁夏经济发展面临的新形势

2022年以来，世界疫情和百年变局交织叠加，外部环境更趋严峻复杂和不确定性，面临着国际国内诸多风险挑战，“需求不足，供给冲击，预期转弱”的三重压力依然存在，国民经济顶住压力持续发展，多数生产需求指标同比增速提升，高技术制造业和装备制造业较快增长，固定资产投资平稳增长，服务业保持恢复，经济总量再上新台阶。和全国形势一样，宁夏经济运行呈现总体平稳、稳中有进的发展态势，但同时也面临着不少困难和问题，稳定增长基础不牢等问题比较突出。

工业经济占宁夏经济的“半壁江山”，四季度以来，世界范围内能源价格开始震荡下行，对宁夏以能源为主导的产业有一定的影响。截至12月31日，动力煤（5000大卡）均价888元/吨，比四季度最高位价格回落37元/吨。国际原油（WIT）价格回落至78.4美元/桶，环比下降2.67%。大宗工业商品国内需求不足、价格下跌，叠加疫情影响将对宁夏工业增长形成抑制。1—11月全区规模以上工业企业利润下降0.2%。税收政策作为积极财政政策的重要组成部分，是实现跨周期和逆周期调节的重要手段。税收政策既要立足当前，巩固经济稳步回升的良好局面和发展趋势；更要放眼长远，稳预期、强信心，为实现中国式现代化建设奠定财力基础，为经济社会高质量发展提供制度支撑和保障。

三、优化税收政策，积极推进中国式现代化的政策建议

2023年是中国式现代化建设的开局之年，意义重大。党的二十大报告指出，把实施扩大内需战略同深化供给侧结构性改革有机结合起来。这是党中央应对国内外环境变化、增强发展主动性的长久之策。虽然当前宁夏经济全面恢复、向上向好，但总需求不足问题仍然突出，财政政策资金调节更要因时因势利导，紧紧围绕扩大内需战略和深化供给侧结构性改革，在需求侧，应从优化税制结构、加强税收征管等方面入手，缩小居民收入分配差距，延续“稳就业”税费优惠政策，提振居民消费信心，增强内需拉动经济增长的主引擎作用；在供给侧，完善减税降费政策，提高政策精准度，降低制造业企业、科技型企业的税费负担，促进三次产业协同发展。同时，税收政策应逐步从企业纾困型政策向支持高质量发展政策转变，从措施型减税向制度型轻税转变，从普惠性减税向有增有减的结构性税收调控转变。

（一）注重优化税制结构，努力提高居民消费需求

当前，疫情过后居民消费仍处于逐步恢复中，整体消费能力不足、消费需求收缩，扩大需求、提振信心是税收政策调整的重要着力点。首先在稳就业方面，大力拓宽就业渠道，增强创业带动就业的作用，加大税收政策对企业稳岗扩岗的支持力度，给予承载就业最多的中小微企业更多的税收优惠政策。此外，建议积极采用税收手段调节收入分配，进一步提高个人所得税起征点和扩大个人所得税专项附加扣除范围，进一步优化我国的税制结构，建立健全直接税体系。

（二）注重税收政策与其他财政资源统筹运用，促进三次产业协同发展

统筹运用税收政策、资金投入、金融支持、产业政策等政策工具，形成合理分工、相互配合、系统集成的高效政策投入体系，促进三次产业协同发展。一是巩固传统产业，促进资源优势转化为经济优势，夯实煤炭、石油产业税源“压舱石”作用。二是壮大新兴产业，坚持把新材料、新能源等战略性新兴产业作为财源培育的重要方向，促进全区经

济结构调整和转型升级，打造新兴税源增长点。三是提升第三产业，促进金融更好地服务于实体经济发展，支持房地产业健康发展，推动生产性服务业增容扩量、生活性服务业提质升级、新兴服务业发展壮大，不断提高税收贡献度。

（三）注重从延续助企纾困支持，逐步过渡到重点支持企业高质量发展

我国近几年税收政策的重点是减税，其中，许多减税政策属于特殊经济环境下帮助企业渡过难关的纾困型减税，实施阶段性政策措施达到了纾困惠企、促进稳定的良好效果。在当前经济恢复的基础尚不稳固的情况下，需要减税降费政策继续保持一定的力度，以提振信心、稳定预期，持续推进我国经济稳固恢复、整体好转、长期增长。但经济恢复向好发展，纾困型减税政策应逐步淡出，税收政策应更多着眼于契合新发展理念的长远发展，基于企业和市场的“创新点”和“发展点”，从供需两侧、延链强链、畅通循环、优化结构、创业就业等方面形成对经济高质量发展的持续性政策支持和制度保障，将中小企业作为后续产业的培育重点，完善促进企业发展的税收政策体系，继续落实减税降费、援企稳岗等政策举措，支持企业发展壮大，进一步稳定税收基础。

（四）注重推进税收法定，进一步提高税收政策刚性约束

税收作为国家治理的基础，必须依靠完善的法律体系来保障。依法治税，是全面依法治国的必然要求，更是推进国家治理体系和治理能力现代化的内在需求。党的十八大以来，国家不断强化税收法定原则，税收立法取得了显著进展。我国 18 个税种中已完成立法的有 12 个，截至 2022 年 7 月尚未完成立法的有 6 个税种，下一步仍需加快推进增值税、消费税、房地产税等税种的立法工作，不断完善税收法律体系。

第二部分
财政厅党组、厅长办公会议情况

2022 年自治区财政厅党组会议情况

2022 年，在自治区党委和政府坚强领导下，财政厅进一步解放思想，坚持思路创新、政策创新与工作创新，主动站位全局拓宽视野，坚持科学细致狠抓落实，高效统筹财政收支，推动全区经济较快增长，扎实促进高质量发展，切实保障改善民生，有效防范与化解风险，以踏踏实实的工作形成对各方有力财政保障，为推动社会主义现代化美丽新宁夏建设做出积极贡献，

2022 年，共召开党组会议 39 次，制发会议纪要 39 期，议题涉及学习宣传贯彻落实党的二十大精神，传达学习习近平总书记重要讲话精神，落实自治区第十三次党代会部署要求，贯彻落实党中央和自治区重大决策部署、党建和党风廉政建设、财税体制改革、预算执行安排、人事变动等方面。

2022年自治区财政厅党组会议主要议题一览表

会议纪要编号	主要议题	决定事项
〔2022〕02 号	一、研究党的二十大代表候选人推荐事宜	会议听取机关党委关于财政厅党的二十大代表候选人推荐人选的建议汇报。 会议决定，同意机关党委建议的省级党员领导干部代表候选人推荐人选和厅级及以下党员领导干部、生产和工作第一线党员代表候选人推荐人选。
	二、研究财政厅无党派人士拟推荐人选事宜	会议听取人事与老干部处关于无党派人士拟推荐人选的建议汇报。 会议决定，同意人事与老干部处建议的无党派人士认定人选。
	三、研究“应急协调保障职能”调整事宜	会议听取人事与老干部处关于“应急协调保障职能”调整的建议汇报。 会议决定，同意人事与老干部处的建议，启动“应急协调保障职能”调整工作，将“应急协调保障职能”由经济建设处划转自然资源与生态环境处，按程序报自治区党委编办审批。由刘守保同志牵头，人事与老干部处加强与自治区党委编办沟通协调，并与各市县（区）、相关部门做好对接。由何天文同志牵头，召集有关处室参加的专题会议，提前做好职能划转和工作交接准备，确保职能有序划转、工作有效衔接。
〔2022〕03 号	研究党的二十大代表候选人推荐事宜	会议决定，同意机关党委建议的生产和工作第一线党员干部候选人，按程序报区直机关工委。

续表

会议纪要编号	主要议题	决定事项
〔2022〕04号	一、传达学习十九届中央纪委六次全会精神、中共中央办公厅印发《关于2021年中央政治局贯彻执行八项规定情况的报告》《关于持续解决形式主义问题深化拓展基层减负工作情况的报告》的通知和自治区纪委十二届六次全会精神，研究贯彻意见	会议要求，深入学习贯彻习近平总书记重要讲话精神，以迎接党的二十大为主线，坚决落实中央和自治区决策部署，坚持严的主基调不动摇，切实把全面从严治党的要求贯穿到财政事业发展全过程各方面，以优异成绩迎接党的二十大胜利召开。一要坚持不懈把财政全面从严治党向纵深推进。坚持以党的政治建设为统领，巩固深化党史学习教育成果，持续强化政治监督，深入学习贯彻习近平总书记关于全面从严治党的一系列重要指示批示精神，不断提高政治判断力、政治领悟力、政治执行力，切实把全面从严治党的战略方针贯彻好、把自我革命的历史经验传承好、把正风肃纪反腐的工作举措落实好，以绝对忠诚坚决拥护"两个确立"、坚决做到"两个维护"。二要持之以恒抓好党风廉政建设。严格执行中央八项规定精神和自治区"八条禁令"，锲而不舍纠"四风"树新风，深化拓展为基层减负工作成效，以永远在路上的定力将作风建设不断引向深入，真管真严、敢管敢严、长管长严，推动形成求真务实、清正廉洁的新风正气。三要认真履行管党治党政治责任。逐级压实全面从严治党政治责任，坚持抓住"关键少数"以上率下，处级以上党员领导干部带头落实"一岗双责"、勤政廉政。大力支持驻厅纪检监察组工作，深化运用"四种形态"，严密防范重点领域、关键岗位、重大项目等廉政风险，完善监督体系，注重标本兼治，确保不发生违规违纪问题。
	二、传达学习习近平总书记关于党内法规制度建设的重要指示和王沪宁同志在全国党内法规工作会议上的讲话，研究贯彻意见	会议强调，党的十八大以来，以习近平同志为核心的党中央把加强党内法规制度建设作为全面从严治党的长远之策、根本之策，开辟了新时代依规治党新境界。要从增强"四个意识"、坚定"四个自信"、做到"两个维护"的政治高度，深入学习习近平总书记关于党内法规制度建设的重要指示，结合财政工作实际，抓好贯彻落实。一要增强依规治党的自觉性和坚定性，把牢政治方向，提高政治站位，扛起政治责任，以习近平总书记关于依规治党的重要论述指导引领党内法规工作，学深悟透习近平总书记重要论述和重要指示精神，紧紧围绕中央和自治区重大决策部署，进一步完善制度体系，推动我厅党内法规制度建设迈出新步伐。二要切实抓好党内法规学习宣传。突出抓好"关键少数"，党员领导干部特别是厅领导班子成员、第一责任人要以身作则、率先垂范，带头尊规学规守规用规，抓好党内法规制度学习宣传，推动制度优势转化为治理效能。三要全面提高党内法规工作质量。加强组织领导，厅机关党内法规工作，由厅党组统一领导，机关党委牵头，办公室、人事与老干部处等相关处室配合，党员领导干部认真履行"一岗双责"，逐级压实责任，形成工作合力。要切实维护党内法规制度权威，驻厅纪检监察组要加大监督执纪力度，以钉钉子精神从严从紧抓好党内法规监督执行。
	三、传达自治区"两会"精神，研究贯彻意见	会议要求，结合财政工作实际，抓好学习宣传贯彻。一要提高政治站位。把学习宣传贯彻自治区"两会"精神作为当前一项重要政治任务，与学习贯彻中央和自治区党委经济工作会议、中纪委六次全会、全国财政工作会议等有效衔接起来、融会贯通起来，领会精神实质，切实把思想和行动统一到中央和自治区重大决策部署上来。二要抓好贯彻落实。按照自治区工作要点和部署要求，高标准谋划今年工作思路，尽快将政府工作报告中涉及财政任务进行细化分工，分管领导、各处室、单位要抓紧形成重点工作、创新工作、日常工作"三个清单"，定好时间表、路径图，实行挂图作战、挂账销号，确保各项工作按时限按要求高标准高质量完成。三要抓实各项工作。一分部署，九分落实。各处室、单位要发扬实干精神，主动作为、攻坚克难，善于从中央和自治区政策资金投向变化中找方向、找思路，结合自身实际找准着力点、定准突破口，切实把各项工作抓紧抓准抓实，争取实现"开门红"。

续表

会议纪要编号	主要议题	决定事项
〔2022〕04号	四、研究部署节日安全和党风廉政工作	会议要求，一要扎实做好值班应急工作。当前，疫情防控形势依然严峻复杂，全厅上下要严守工作纪律，带班领导坚持在岗值班，值班人员要24小时坚守岗位，不得擅离职守或私自换班、找人代班。如遇群体突发事件和重要紧急情况，按规定第一时间报告带班领导和值班负责人，并按照应急预案做好应急处置工作。二要切实做好安全管理工作。认真做好重点部位安全检查，严格落实用电用水管理规定，确保厅机关安全稳定。加强重要物品、涉密文件管理，严防丢失泄密事件发生。加强干部职工安全教育，严格落实请销假制度，认真遵守交通管理规定，确保出行安全。严格遵守自治区疫情防控有关规定要求，减少流动、减少聚集、减少走访，非必要不外出，切实降低疫情风险。三要严格遵守廉洁自律各项规定。认真落实廉洁纪律，严禁接收管理和服务对象宴请，严禁违规收受礼品、礼金，严禁违规出入私人会所、高档餐厅，严禁酒后驾驶机动车辆。坚持把自治区“八条禁令”作为刚性约束，狠刹吃喝歪风，切实过一个祥和、廉洁、安全、愉快的假期。
	五、研究厅机关2021年度效能目标管理考核事宜	会议决定，预算处、农业农村处、经济建设处、教科文处为部门预算处室优秀等次；办公室、机关党委、人事与老干部处为非预算业务处室优秀等次；信息中心、社保基金管理中心、国库支付中心、预算评审中心为参公及事业单位优秀等次；其他处室、单位均为良好等次。会后以财政厅文件印发通报。
〔2022〕06号	一、传达学习自治区党委人才工作会议精神，研究贯彻意见	会议要求，一要深刻领会习近平总书记关于新时代人才工作的新理念新战略新举措。深入学习贯彻习近平总书记重要讲话精神，深刻认识到人才资源的重要性，认识到做好新时代人才工作是完成党的执政使命、巩固党的执政地位的必然要求，是推动高质量发展、建设美丽新宁夏的迫切需要，自觉全面贯彻新时代人才工作新理念新战略新举措，切实把思想和行动统一到党中央和自治区党委关于新时代人才工作决策部署上来。二要积极推动人才强区战略落地落实。认真贯彻落实自治区党委人才工作会议精神，聚焦自治区“四大人才工程”，继续加大人才资金投入，建立刚性增长机制，优化支出结构；修订资金管理办法，加大人才绩效管理，保障各类人才政策、人才待遇及时有效落实；全力配合组织部等部门单位，做好人才发展总体规划编制和配套管理办法制定，合力推动新时代人才强区战略实施。三要切实抓好全区财政系统人才队伍建设。严把“入口关”，加大高素质人才选招力度；强化教育培训，全面提高人才业务素质和本领；建立健全人才激励机制，充分调动人才内生动力。刘守保同志负责，人事与老干部处牵头落实，研究制定《加强财政人才队伍建设的意见》。
	二、传达学习全区组织部长会议精神，研究贯彻意见	会议强调，要认真学习领会全区组织部长会议精神，紧密结合财政工作实际，抓好贯彻落实。一要旗帜鲜明讲政治。全力推动学习贯彻习近平新时代中国特色社会主义思想走深走实，教育引导党员干部始终把“两个确立”作为最根本的政治标尺，增强“四个意识”，坚定“四个自信”做到“两个维护”，善于从政治上分析财政问题、谋划财政工作，始终围绕中央和自治区重大决策部署配置财政资源，财政政策制定、资金安排向重大工程项目聚焦用力、提供保障。二要突出基层组织建设。聚焦创建模范机关，持续强化大抓基层、大抓支部的鲜明导向，巩固深化“基层党建全面提升年”活动成果，层层压实党建工作责任，逐步建立科学的机关党建制度新体系，抓实支部标准化规范化建设，推动基层党组织全面进步、全面过硬。三要加强干部队伍建设。坚决贯彻新时代党的组织路线，落实好干部标准，用足用好职务与职级两类职数，严格按程序选人用人，优化干部队伍结构。完善干部素质培养、知事识人、选拔任用、从严管理和正向激励机制，注重凭素质、看担当、靠实绩、在一线考察考核干部。大力实施政治能力提升和干部专业化能力提升工程，进一步健全教育培训、岗位历练、基层锻炼等多渠道培养体系，提升财政干部制定政策、推进改革、应对风险、抓好落实的能力。

续表

会议纪要编号	主要议题	决定事项
〔2022〕06 号	三、传达学习自治区新材料产业高质量发展现场会精神，研究贯彻意见	会议要求，认真学习领会会议精神，切实把思想和行动统一到自治区党委和政府的决策部署上来，全面对标开创新局面、实现新目标、展现新作为的各项要求，以最坚决的态度、最迅速的行动、最有力的举措率先发力。一要咬定青山不放松。紧紧围绕自治区打造“新硅都”、发展重点产业等重大决策部署，不断提高贯彻新发展理念的能力和水平，主动融入新发展格局，把握好发展目标、政策取向，强化财政政策支持和资金保障，为建设新材料基地、推动我区新材料产业发展贡献财政力量。二要强化保障不缺位。按照自治区产业发展“十四五”规划，结合当前我区新材料产业结构特点和发展阶段，落实落细扶持新材料产业财政政策，引领和带动我区产业发展。坚定不移减税降费，用足用好产业基金、融资担保、专项资金等政策，全力支持重点项目建设、创新驱动、升级改造、企业培育等项目，提高资金使用效益。三要凝聚合力促发展。充分发挥主观能动性，强化责任担当，积极争取国家部委更多财政政策支持。按照部门分工，聚焦产业发展，积极协调配合发展改革委、工业和信息化厅等相关部门，合力推动产业发展。加强对市县财政部门的工作指导，形成工作合力，确保各项重点工作落实到位。
	四、审议 2022 年度干部教育培训计划	会议决定，原则同意干教中心《财政厅 2022 年度干部教育培训计划》，由商艳臣同志负责，干教中心牵头落实，根据会议讨论情况，进一步修改完善，再次征求意见后印发执行。
〔2022〕07 号	研究党风廉政建设工作	会议传达学习习近平总书记在第十九届中央纪律检查委员会第六次全体会议上的讲话、赵乐际同志在第十九届中央纪律检查委员会第六次全体会议上的报告和自治区纪委十二届六次全会精神。 会议决定，原则同意机关党委关于贯彻自治区党委办公厅《关于加强区直机关部门（单位）机关纪委建设的若干措施》的意见、《财政厅党组 2022 年党风廉政建设主体责任工作要点》、关于召开全区财政党建暨党风廉政建设工作会议的方案。杨冬梅同志负责，机关党委牵头落实，根据会议讨论意见，贯彻自治区党委、纪委部署要求，突出工作重点，结合财政工作实际，进一步修改完善《财政厅党组 2022 年党风廉政建设主体责任工作要点》，再次征求意见后印发执行。
〔2022〕08 号	一、传达学习自治区党委办公厅关于《对十二届自治区党委巡视反馈问题整改落实情况开展“回头看”的通知》精神，研究贯彻意见	会议要求，各处室、单位思想要高度重视，切实把开展“回头看”作为重要政治任务，狠抓各项工作落实，确保问题按要求整改到位。一要提高政治站位。此次“回头看”是自治区党委坚决贯彻落实党中央关于巡视工作决策部署的实际行动，是对巡视整改工作的再督导、再强化，充分体现了自治区党委积极营造良好环境、服务政治之年的政治敏锐性，体现了久久为功盯着抓落实的韧劲和决心。各处室、单位要深入学习党中央关于巡视整改的决策部署和自治区党委工作要求，切实强化思想认识，以高度的政治责任感和严肃认真的态度，积极推进巡视整改，确保问题及时归零。二要全力支持配合。全力支持配合好开展“回头看”，是对我们政治能力和责任担当的一次重要考验。严格按照自治区党委办公厅《通知》要求，围绕 3 个方面的内容，逐项梳理自查，拉出整改清单，拿出“问题不解决彻底不放手”的狠劲，既要抓好已整改问题的巩固深化，更要抓好未整改问题的攻坚克难。“回头看”期间，各处室、单位无论提供什么材料、数据或进行谈话，有就有，没有就没有，是什么问题就说什么问题，决不允许弄虚作假、欺瞒组织。同时，所有谈话对象、涉及处室和单位都要认真负责，严守政治纪律和政治规矩，以实际行动支持此次“回头看”。三要加强组织领导。巡视整改领导小组加强工作协调，压紧压实落实责任，注重形成工作合力。办公室负责“回头看”联络、协调工作，人事与老干部处负责“选人用人”专项检查反馈问题整改落实情况。

续表

会议纪要编号	主要议题	决定事项
〔2022〕08 号	二、传达学习自治区党委办公厅关于做好习近平总书记重要指示批示贯彻落实情况“回头看”工作的通知精神，研究贯彻意见	会议要求，一要强化思想认识。从坚定捍卫“两个确立”、坚决做到“两个维护”的政治高度，把开展“回头看”作为重大政治任务，把抓好习近平总书记对宁夏重要指示批示精神的贯彻落实作为政治纪律、政治规矩、政治责任，认真对标对表，贯彻政治要求，切实把思想和行动统一到党中央和自治区党委的决策部署上来。二要突出工作重点。重点聚焦习近平总书记2020年视察宁夏重要讲话和重要指示批示贯彻落实，2016年视察宁夏重要讲话、党的十八大以来对宁夏作出的需长期执行的重要指示批示贯彻落实情况，全面梳理贯彻落实情况，进一步完善工作台账。三要压实落实责任。办公室牵头，相关处室、单位配合，按照自治区党委“1+1+X”的要求，对照责任分工，逐项梳理自查，举一反三整改落实，按时限要求尽快形成相关报告材料上报，以实绩实效践行“两个维护”。
〔2022〕10 号	传达学习全国“两会”精神和全区传达贯彻全国“两会”精神会议精神，研究贯彻意见	会议要求，按照自治区关于内陆省要有大格局、小省区要有大担当、欠发达要有大作为的要求，加强“两会”精神学习宣传贯彻，全力以赴推动重大任务落地落实。一要提高思想境界，在深化学思践悟中筑牢绝对忠诚。始终牢记财政部门首先是政治机关，旗帜鲜明讲政治。始终坚持坚定的政治信仰。把学习好、宣传好、贯彻好全国“两会”精神作为一项重要政治任务，深入学习领会习近平总书记重要讲话精神，精心组织、周密部署，深入学习、全面领会，切实把思想和行动统一到习近平总书记重要讲话精神上来，把智慧和力量汇聚到“两会”确定的目标任务上来，以优异成绩迎接党的二十大和自治区第十三次党代会胜利召开。始终把牢正确的政治方向。深刻领悟“两个确立”的决定性意义，切实转化为坚决做到“两个维护”的高度自觉，自觉同以习近平同志为核心的党中央保持高度一致，站在全局和战略高度想问题、办事情，不断提高政治判断力、政治领悟力、政治执行力，沿着习近平总书记指引的航向，锚定自治区明确的目标任务，推动财政事业勇毅前行。二要心怀“国之大者”，在落实重大部署中展现更大作为。政府工作报告15次提及财政，多项工作涉及财政，人大代表和政协委员所提的意见建议也有很多聚焦财政，体现了中央对财政的高度重视、社会各界和广大群众对财政的充分信赖，也是对财政工作的更高要求和殷切期盼，我们必须制定好“落实篇”、展现好“成效篇”。做好通盘谋划。三要增进精诚团结，在聚力共克时艰中接续砥砺奋斗。当前改革发展任务繁重，财政面临的困难挑战增多，只有在党的领导下共同团结奋斗，不断攻坚克难，才能取得新的更大成绩。四要发扬斗争精神，在深化改革创新中提升保障能力。政府工作报告把深化改革确定为重点工作之一，提出多项重大改革举措，明确要深化省以下财政体制改革。要抓住政府与市场关系这一关键，找准财政发力方向和着力点，全力支持“四权”改革、国企改革三年行动、深化混合所有制改革等重大改革举措落实落地，不断释放发展动力和活力。坚持问题导向，以“将改革进行到底”的毅力和魄力，加快梳理和完善财政管理制度，切实把“过紧日子”、税收征管、直达资金管理等要求落到实处，提升财政管理水平和治理效能，更好地围绕中心、服务大局。

续表

会议纪要编号	主要议题	决定事项
〔2022〕11号	一、传达学习自治区工程建设政府采购等重点领域突出问题专项治理工作领导小组第三次会议精神和《全区卫生健康领域突出问题专项治理工作方案》《2022年全区深化工程建设政府采购等领域专项治理开展国有产权土地矿产权交易等重点领域突出问题专项治理工作方案》,研究贯彻意见	会议决定,根据自治区部署要求,对自治区财政厅政府采购领域突出问题专项治理工作领导小组成员进行调整,由喜清江同志、孙志同志任组长,相关分管厅领导任副组长,各市、县(区)财政局、宁东财政金融局主要负责人为成员,加强组织领导,形成工作合力,确保专项治理工作有序推进。原则同意选派资产管理处陈君山同志赴自治区专项治理办协助开展国有产权交易领域专项治理工作,政府采购处宋晓雨同志返回原岗位,继续配合做好2022年深化政府采购领域专项治理工作。
	二、审议《2022年自治区财政厅党组理论学习中心组专题学习计划》	会议决定,原则同意机关党委提出的《2022年自治区财政厅党组理论学习中心组专题学习计划》,按照会议要求,进一步修改完善后印发执行。
	三、审议《自治区财政厅2022年领导干部廉政警示教育周活动方案》	会议决定,原则同意机关党委制订的《自治区财政厅2022年领导干部廉政警示教育周活动方案》,按照会议要求,修改完善后印发并抓好落实。
	四、研究推荐全国和全区"人民满意的公务员""人民满意的公务员集体"事宜	会议决定,原则同意机关党委的意见,推荐李国强同志为全区"人民满意的公务员",预算处为全区"人民满意的公务员集体",按照规定和程序做好推荐报送工作。
〔2022〕14号	一、传达学习中共中央办公厅关于印发《中央层面整治形式主义为基层减负专项工作机制2022年工作要点》的通知精神,研究贯彻意见	会议强调,作风建设永远在路上。2022年,将迎来党的二十大和自治区第十三次党代会,是实施"十四五"规划的重要时期,也是先行区建设取得成效的关键之年。加强作风建设面临新的形势、肩负新的任务。财政部门要认真学习领会中共中央文件精神,结合实际抓好贯彻落实。一要贯彻落实政治要求。深入学习贯彻习近平总书记关于深化整治形式主义为基层减负等重要指示批示精神,严格落实党中央决策部署和《中央层面整治形式主义为基层减负专项工作机制2022年工作要点》,持续筑牢思想政治根基,加强党的优良传统作风教育,引导广大党员干部树牢正确的权力观、政绩观、事业观,切实把党的作风建设优势转化为发展优势,推动各项工作落到实处、见到实效。二要突出重点问题整治。始终保持"赶考"的清醒和斗争的定力,严格落实中央八项规定精神和自治区"八条禁令",力戒形式主义、官僚主义,紧盯中央和自治区决策部署贯彻落实不够有力、文山会海反弹回潮等新老问题扭住不放,持续整治政府采购等重点领域不正之风,积极营造风清气正的政治生态,保障财政事业高质量发展。三要巩固落实长效机制。坚决落实管党治党政治责任,领导班子成员和处级领导干部带头履行"一岗双责",常态化开展蹲点调研,深入基层问需问计,准确掌握财政政策落实、资金使用等情况,推动各项工作落细落实,让减负成果更好惠及基层群众。机关党委牵头,根据党中央和自治区党委部署要求,结合财政实际,抓紧研究贯彻落实意见措施。

续表

会议纪要编号	主要议题	决定事项
〔2022〕14号	二、传达学习中共中央关于印发《在全党开展党史学习教育总结报告》的通知精神，研究贯彻意见	会议要求，各级党组织要按照党中央和自治区党委的部署要求，持续推进党史学习教育走深走实，凝聚强大力量推动财政各项工作有效落实。一要全面总结党史学习教育的实践经验。这次党史学习教育中，各级党组织坚持以上率下、示范引领，坚持教育党员、带动群众，坚持继承传统、创新传承，坚持正本清源、固本培元，坚持分类指导、严督实导，为开展党内集中学习教育积累了新的经验、提供了新的启示。下一步，要全面总结党史学习教育的实践经验，固化好的做法，建立常态化长效化制度机制，把党史学习教育的好经验、好传统传承下去。二要巩固拓展党史学习教育的有效成果。强化理论武装、推动走深走心走实，感悟思想伟力、坚定信仰之魂，掌握思想武器、筑牢信念之基，加强思想引领、厚植信心之源。加强政治建设、坚定捍卫"两个确立"，把牢政治方向，锤炼政治忠诚，提高政治能力，严守政治纪律，不断增强拥戴核心、维护核心、紧跟核心的自觉性和坚定性。践行为民初心、持续增进民生福祉，持续将70%以上的财力投向民生领域，强化财政兜底保障，努力使人民群众获得感成色更足、幸福感更可持续、安全感更有保障。三要大力弘扬伟大建党精神。把弘扬传承伟大建党精神作为党员领导干部的重要职责，工作中时时处处对标对表建党精神，弘扬光荣传统，赓续红色血脉，发扬奋斗精神，胸怀"两个大局"，心系"国之大者"，主动担当先行区建设时代使命，抢抓历史发展机遇，大力支持打造"中国新硅都"、九个重点产业发展、"十大工程项目"、"四大提升行动"、"四权"改革等决策部署落地落实，以实际行动迎接党的二十大和自治区第十三次党代会胜利召开。
	三、通报2021年度效能目标管理考核结果	会议要求，厅效能目标管理考核领导小组负责，办公室牵头，全面分析梳理2021年效能目标管理考核情况，印发各位厅领导和各处室、单位。各处室、单位对照考核结果，找准存在问题，定实改进措施，确保工作有创新、有突破、有成效，在今年考核中争得分、多加分、不丢分，争取连续四年荣获优秀等次。
	四、通报自治区党委第一巡视组"回头看"情况	会议要求，厅巡视整改领导小组负责，由刘守保同志牵头组织，办公室协调督促，各责任处室、单位积极配合，严格按照《自治区财政厅关于做好巡视"回头看"反馈问题整改工作的通知》要求，认真剖析原因，找出问题根源，精准对症下药，深入研究整改，下大力气抓好巡视整改各项任务落实。关于"长期整改事项"，各责任处室、单位要按照进度持续抓好整改，并将最新进展情况报送办公室。关于"立行立改问题"，各责任处室、单位于4月12日前将详细整改措施及整改进展情况经分管厅领导审签后报送办公室。
	五、审议《自治区财政厅干部教育培训学员管理规定》	会议决定，原则同意干教中心《自治区财政厅干部教育培训学员管理规定(送审稿)》，以自治区财政厅文件印发执行。
	六、研究推荐2022年度自治区三八红旗手(集体)事宜	会议决定，原则同意机关党委意见，马春梅同志为"自治区三八红旗手"推荐对象，国库处为"自治区三八红旗集体"推荐对象。
	七、研究推荐出席自治区第十三次党代会代表候选人事宜	会议决定，原则同意机关党委建议的财政厅出席自治区第十三次党代会代表候选人。

续表

会议纪要编号	主要议题	决定事项
〔2022〕15 号	一、传达学习自治区党委办公厅关于印发《自治区党的建设领导小组 2022 年工作要点》,研究贯彻意见	会议要求,从讲政治的高度深刻认识加强党的建设的重要性,按照自治区党委部署要求,坚决履行管党治党政治责任,坚定不移加强党的全面领导,不断提高党的建设质量,推动各项工作落到实处、见到实效。一要坚持党的全面领导。坚持党对财政工作的全面领导,坚持用习近平新时代中国特色社会主义思想武装头脑、指导实践、推动工作,坚持把习近平总书记视察宁夏重要讲话精神作为一切工作的根本遵循,坚持把坚定捍卫“两个确立”、坚决做到“两个维护”体现到财政改革发展各方面全过程,切实把思想和行动统一到中央和自治区决策部署上来,确保财政工作始终沿着正确方向前进。二要久久为功加强干部队伍建设。突出政治标准,坚持正确导向,完善优秀年轻干部发现培养机制,实现老中青梯次搭配。大力实施干部政治能力和专业能力提升工程,持续大规模、精准化加强干部教育培训,不断提高实干本领。坚持严管与厚爱相结合、解决思想问题与实际问题相结合,抓实抓好干部思想教育,正确引导疏导、及时化解矛盾。三要持续深入推进党风廉政建设。坚定不移纠“四风”正作风,严格贯彻执行中央八项规定精神和自治区“八条禁令”,坚决查处政府采购、医疗卫生等重点领域腐败问题,着力整治群众身边不正之风,把严的主基调长期坚持下去。 会议决定,由机关党委牵头,紧密结合财政实际,严格对标对表,研究制订党建工作实施方案。
	二、听取减税降费工作情况汇报,安排部署有关工作	会议强调,随着经济下行压力持续加大、疫情防控等不确定不稳定因素增多,实施减税降费政策面对的压力和困难比较大。各处室、单位要进一步提高政治站位,担当政治责任,严密组织实施,确保减税降费政策落到实处、见到成效。一要提高思想认识,深刻把握减税降费工作的重大意义。减税降费是党中央、国务院的重大决策部署。各处室、单位要从坚定捍卫“两个确立”、坚决做到“两个维护”的政治高度,切实把思想和行动统一到习近平总书记重要指示批示精神上来,统一到党中央、国务院的重大决策部署上来,深刻认识做好减税降费工作的重大意义,切实增强贯彻落实的思想自觉、政治自觉和行动自觉,以更高的标准、更严的要求、更实的举措,确保减税降费政策落实落地落细。二要周密组织实施,确保各项政策措施落实到位。税政与条法处牵头,相关处室、单位配合,按照自治区和财政厅等部署要求,严格执行工作分工,细化具体措施、周密组织实施,推动各项减税降费政策尽快落实,确保惠企利民政策执行到位。同时,强化督促检查,相关处室、单位要密切跟踪政策执行情况,及时研究解决存在问题,坚决打通政策执行的“中梗阻”和“最后一公里”。三要着眼长远发展,确保财政收支稳健运行。长远来看,减税措施实际上是扩大税源的措施,减税减得好的地方将来发展潜力会更大,比较优势会更突出。要坚持算政治账、长远账,克服一切困难,确保财政稳健运行。一方面加大“开源”力度,主动挖掘增收潜力,培植税源、扩大税基。另一方面做好“节流”工作,牢固树立过紧日子思想,腾出更多财政资金用到发展紧要处、民生急需上。 会议决定,原则同意税政与条法处《自治区财政厅贯彻落实减税降费政策分工方案》,分管领导和相关处室、单位抓好落实。

续表

会议纪要编号	主要议题	决定事项
〔2022〕17号	一、传达全区一季度经济形势分析会精神，研究贯彻意见	会议要求，一要加强财政经济形势研判，确保收支平稳运行。深入分析当前我区财政工作面临的新情况、新特点、新矛盾，紧盯收支目标，倒排工期，逐月细化任务，确保完成预期收入目标任务。抢抓政策机遇，积极争取中央财力补助资金，配合有关部门和5个地市做好竞争性评审等工作，最大力度争取专项资金，持续加快支出进度、优化支出结构，推动自治区重大战略部署落地落实。二要充分发挥财政职能作用，促进稳定全区经济大盘。加强财政资源统筹，加强与其他政策协同，全力支持先行区建设、扩大有效投资、推进创新驱动、保市场主体等工作，有效应对经济“三重压力”。落实落细减税降费政策，加强区市县三级纵向联动，主动与税务、人社等部门横向衔接，帮助企业渡过难关，增强发展信心。积极研究完善财政支持生态环保和绿色发展政策体系，优化财政科技投入机制，支持自治区重点产业发展，加快推动调结构、转方式、换动能，积极融入国内统一大市场建设，实施扩大内需战略。三要聚焦兜底线补短板强弱项，全力保障改善民生。持续加大财政民生投入，全力支持巩固拓展脱贫攻坚成果同全面推进乡村振兴有效衔接，办好自治区民生实事，解决好基层群众就业、教育、医疗等急难愁盼问题。注重激发内生动力，研究完善激励机制，鼓励引导市县基层发展富民产业，增加城乡居民收入，切实在发展中增进民生福祉。四要牢固树立底线思维，有效防范化解重大风险。研究完善财政支持常态化疫情防控政策措施，及时足额保障疫情防控经费，支持自治区重大公共卫生项目建设和防疫物资保障，决不能因为财政问题影响疫情防控工作。统筹发展和安全，始终坚持在财力可承受范围内办事情，严密防范“三保”运行、政府债务等风险，全力支持做好粮食安全、生态环保和安全生产等工作，主动防范金融、社保等其他领域传导过来的风险，确保全区财政平稳健康运行。五要开展财经秩序专项整治，严肃财经纪律、提升财政效能。以深入开展财经秩序专项整治为抓手，针对自治区财政管理方面存在的短板弱项，进一步制订细化整治方案，确定工作目标，重点解决地方“三保”预算安排不到位、国库管理不规范、暂付款规模居高不下、超越财政承受能力项目安排等问题，进一步严肃财经秩序，不断提升财政管理水平。
	二、传达自治区人民政府廉政工作电视电话会议精神，研究落实意见	会议强调，廉洁是财政工作的底线，财政部门要深刻把握“越往后执纪越严”的鲜明要求，以“永远在路上”的清醒深化廉政建设认识，紧紧扭住全面从严治党不放松，忠诚履职、敢于担当，加强财政系统党风廉政建设和反腐败各项工作。一要认清形势，切实增强抓好廉政建设的责任感、紧迫感。必须清醒地认识到，党内存在的思想不纯、政治不纯、组织不纯、作风不纯等突出问题尚未得到根本性解决，违规违纪问题时有发生。特别是今年，将召开党的二十大和自治区第十三次党代会，对廉政建设提出了更高要求。绝不能滋生厌战情绪、懈怠思想，要始终保持思想上的冷静清醒，坚决扛起全面从严治党政治责任，持之以恒推进正风肃纪，继续把党风廉政建设和反腐败斗争推向深入。二要突出重点，不断提高财政系统廉政建设的针对性、有效性。财政部门必须以自我革命精神深化作风治理、解决作风问题、推动作风转变，切实把廉政建设的成效体现在实际工作中。要驰而不息纠治“四风”，严格落实中央八项规定精神和自治区“八条禁令”，坚决纠治形式主义、官僚主义问题，推动基层减负常态化。要狠抓重点领域监管，扎实推进预算管理、国库管理、资产管理、债务管理等领域财经纪律专项整治，切实管出公平、效率和安全。要推动惠企利民政策落地，加强靠前服务、提速提效，强化助企纾困、公共服务和民生保障，全力推动减税降费等各项政策措施落地见效。三要压实责任，着力营造财政系统风清气正政治生态。强化全面从严治党主体责任和“一岗双责”，真正把党风廉政建设作为分内之事、应尽之责，常研究、常部署，确保党风廉政建设与业务工作同部署、同落实、同考核。大力推动党风廉政建设责任清单、党支部书记述责述廉等制度落实，强化常态化监督检查，层层压实全面从严治党主体责任。积极支持配合驻厅纪检监察组监督监察工作，加大执纪监督问责力度，切实兜牢不发生违规违纪问题底线。

续表

会议纪要编号	主要议题	决定事项
〔2022〕17号	三、传达学习自治区党委 人民政府关于深入实施新时代人才强区战略的意见,研究贯彻意见	会议决定,由杨冬梅同志负责,行政政法处牵头,预算处、教科文处等配合,抓好自治区《关于深入实施新时代人才强区战略的意见》贯彻落实。人事与老干部处牵头,细化完善《加强财政人才队伍建设的意见》。
	四、传达学习自治区整治形式主义为基层减负专项工作机制办公室《自治区整治形式主义为基层减负2022年工作要点及分工方案》通知精神,研究贯彻意见	会议要求,财政部门要进一步提高政治站位,认真学习领会党中央、自治区党委文件精神,紧密结合财政实际,抓好贯彻落实。一要强化政治自觉。深入学习贯彻习近平总书记关于深化整治形式主义为基层减负等重要指示批示精神,将整治形式主义为基层减负纳入党史学习教育常态化长效化制度机制,深化党的优良传统作风,树立正确的权力观、政绩观、事业观,切实担负起整治形式主义政治责任,坚决防反弹回潮、防隐形变异、防疲劳厌战,推动作风建设取得新成效。二要突出整治重点。对照自治区文件要求,坚持举一反三,坚决守住精文减会硬杠杠,紧盯中央和自治区决策部署贯彻落实不够有力、文山会海反弹回潮等新老问题扭住不放,紧盯社会关注、人民群众关心的实际问题,整治政府采购、医疗卫生等重点领域不正之风,积极营造风清气正的政治生态,为党的二十大和自治区第十三次党代会胜利召开提供坚实作风保证。三要巩固整治成果。结合修订厅机关规章制度,健全文件会议预警提醒和动态检测,以及督查检查考核制度,将整治形式主义为基层减负纳入各级党组织综合考核评价,不断完善调查研究统筹协调制度,常态化开展"我为群众办实事"实践活动,让减负成果更好惠及基层群众。会议决定,办公室牵头,人事与老干部处、政府采购处、机关党委、监督评价局等配合,根据党中央和自治区的部署要求,结合财政工作实际,细化完善贯彻落实的意见措施。
	五、研究厅机关内部管理制度修订事宜	会议决定,原则同意办公室意见,成立由商艳臣同志为主任、办公室主任为副主任,办公室、人事与老干部处、预算处、税政与条法处、行政政法处、机关党委、监督评价局、会计处、信息中心、预算评审中心等为成员的工作专班,各处室、单位指派1名处级干部为联络员,并聘请2名有经验的专家参与制度修订,费用按相关规定执行,启动厅内部管理制度修订完善工作。
	六、研究深化"智慧党建"运用事宜	会议决定,原则同意机关党委意见。根据会议讨论情况,进一步修改完善,再次征求意见后实施。
	七、研究加强厅属企业党的领导事宜	会议决定,由杨冬梅、何天文、李守银、商艳臣等同志负责,机关党委牵头,3家厅属企业积极参与配合,扎实调研厅属企业党组织建设情况,尽快形成加强厅属企业党的领导工作方案,提交党组会研究。
	八、听取政府采购领域专项治理工作情况汇报	会议强调,今年自治区将在持续推进工程建设政府采购等重点领域突出问题专项治理的基础上,部署在国有产权交易、国有建设用地使用权出让、矿业权交易、医疗卫生四个重点领域开展专项治理,每一项都和财政息息相关。财政部门要高度重视,认真抓好落实。一要提高政治站位。从讲政治、讲大局、讲纪律的高度,充分认识全区开展专项治理工作是推进全面从严治党向纵深发展的重要举措,是优化营商环境的必然要求,对于增强财政干部拒腐防变能力,从源头上预防和治理腐败,扎实推进财政系统反腐倡廉建设,保证财政事业高质量发展具有重要意义。要强化思想认识,贯彻政治要求,切实把思想和行动统一到自治区党委和政府决策部署上来,确保专项治理工作取得实效。二要巩固深化成果。增强斗争精神,敢于动真碰硬,坚持改革创新,持续巩固深化政府采购领域治理成果,推动行业系统管理持续规范,治理能力持续提高。特别是针对医疗卫生等领域,积极吸取去年专项治理好的经验做法,紧盯目标任务,突出"治"的重点、紧盯"查"的成效、压实"改"的责任、构筑"建"的体系、发挥"督"的作用,推动专项治理取得成效。三要压实工作责任。按照自治区部署要求,在财政厅专项治理工作领导小组领导下,根据人员调整实际,进一步健全专班机制,加强统筹协调,形成工作合力,扎实开展专项治理。

续表

会议纪要编号	主要议题	决定事项
〔2022〕17号	九、审议《2022年自治区财政厅党组工作要点》	会议决定,原则同意办公室意见。根据会议讨论情况,进一步修改完善,再次征求意见后,印发《2022年自治区财政厅党组工作要点》。
〔2022〕18号	一、传达习近平总书记在庆祝中国共产主义青年团成立100周年大会上的重要讲话精神	会议要求,一要学深悟透习近平总书记重要讲话精神。把学习贯彻习近平总书记重要讲话精神作为当前和今后一个时期的重要政治任务抓实抓好,全面系统学,联系实际学,充分认识习近平总书记重要讲话的重大意义和深刻内涵,深刻领会一百年来共青团组织所作出的重要贡献,牢记共青团坚定不移跟党走、为党和人民奋斗的初心使命,更好地把共青团组织和青年团结起来、组织起来、动员起来,引导青年不负习近平总书记嘱托,坚决当好党的忠实助手和可靠后备军。二要加强青年的教育培养。按照习近平总书记提出的"五个模范"重要要求,引导青年认真接受政治训练、加强政治锻炼、追求政治进步。持续推动习近平新时代中国特色社会主义思想在青年中走深走实,持续开展党史学习教育,大力培育社会主义核心价值观,坚定听党话、跟党走的信念追求。积极引导青年投身先行区建设、乡村振兴、高质量发展等中心工作,努力成长为有理想、敢担当、能吃苦、肯奋斗的新时代好青年。深入开展"我为青年办实事"等活动,积极选树工人先锋号、青年文明号、巾帼文明岗等先进典型,激发比学赶超的干事创业热情。三要抓好对共青团的帮带。坚持把党的全面领导落实到共青团工作的全过程各方面,落实好党建带团建制度机制,定期研究解决共青团工作中的矛盾问题,积极培养发展青年党员,大力支持机关团委、工会按照群团工作特点和规律创造性地开展工作,加大团干部培训力度,为群团组织履行职责创造良好条件。
	二、传达自治区信访局关于转发《中央信访工作联席会议关于印发郭声琨、肖捷同志在学习贯彻〈信访工作条例〉座谈会上讲话的通知》的通知精神、关于印发陈雍、杨东同志在自治区信访工作联席会议2022年第一次全体会议上讲话的通知精神,研究贯彻意见	会议要求,结合财政实际,抓好贯彻落实。一要提高政治站位。深入学习习近平总书记关于加强和改进人民信访工作的重要思想,不断增强"四个意识"、坚定"四个自信"、做到"两个维护",坚持党对信访工作的全面领导,坚持以人民为中心,扎实做好新时代信访工作,切实维护群众合法权益,促进社会和谐稳定。二要抓好学习教育。结合党组中心组理论学习、党支部集中学习、理论培训等时机,原原本本学习宣传贯彻《信访工作条例》,引导广大干部职工养成办事依法、遇事找法、解决问题用法、化解矛盾靠法的良好习惯。三要扎实做好信访工作。准备把握新时代信访工作原则和要求,牢记"为民解难、为党分忧"的政治责任,坚守人民情怀,坚持底线思维,不断完善信访工作各项制度办法,高标准、高质量做好2022年信访工作,切实把群众呼声反映好、信访事项处理好、合法权益维护好,确保中央和自治区关于信访工作的决策部署在财政部门落到实处,为党的二十大胜利召开营造和谐稳定社会环境。
	三、传达中共宁夏回族自治区委员会国家安全委员会关于印发《自治区党委国家安全委员会2022年工作要点》的通知精神,研究贯彻意见	会议决定,由商艳臣同志负责,办公室牵头,健全财政厅国家安全人民防线建设小组,抓紧完善工作机制,制定贯彻《要点》的具体措施。
〔2022〕19号	研究宁夏财政干部教育中心更名事宜	会议决定,原则同意人事与老干部处意见,将宁夏财政干部教育中心更名为宁夏回族自治区财政宣传教育中心。其职能调整为:参与并协助做好自治区财政宣传工作;负责财政厅内、外网站及新媒体平台的运营管理、宣传发布工作;参与制定全区财政系统教育培训规划、计划和教育培训工作相关制度;承担自治区财政厅教育培训工作,负责财政教育知识读本、教学案例、专题汇编等材料编写和师资库建设等工作;完成自治区财政厅交办的其他任务。按程序上报自治区党委编办。

续表

会议纪要编号	主要议题	决定事项
〔2022〕21号	一、传达全国稳住经济大盘电视电话会议、自治区党委2022年第21次常委会会议、全区稳经济保增长促发展电视电话会议和全国财政支持稳住经济大盘工作视频会议精神，研究贯彻意见	会议决定，（一）由刘守保、党进平同志负责，预算处牵头，各部门预算处室积极配合，进一步梳理细化任务清单，积极争取中央政策、项目、资金支持。（二）由何天文、李守银、商艳臣同志负责，办公室牵头，督察督导国家和自治区一揽子政策落实情况，分类向党组汇报，并督促有关部门、市县（区）抓好整改落实。（三）由党进平、杨金忠同志负责，密切跟踪基层财政运行情况，特别是“三保”情况，督促市县切实兜牢“三保”底线。同时，严格监管政府债务情况，严禁新增隐性债务。（四）由杨冬梅同志负责，研究制定“过紧日子”具体措施。（五）由商艳臣同志负责，办公室牵头，加强财政政策宣传，加大财政工作宣传力度，加强迎接党的二十大和自治区第十三次党代会宣传。
	二、通报有关违规违纪违法案件	会议强调，今年是我国踏上全面建设社会主义现代化国家、向第二个百年奋斗目标进军新征程的重要一年。财政部门要坚决落实中央和自治区决策部署，坚持严的主基调不动摇，切实把全面从严治党、推动自我革命的要求贯穿到财政事业发展全过程各方面，以优异成绩迎接党的二十大和自治区第十三次党代会胜利召开。一要坚持不懈纵深推进全面从严治党。深入学习习近平总书记关于全面从严治党的重要论述，坚持以党的政治建设为统领，持续巩固深化党史学习教育成果，深入开展理想信念、警示教育，引导党员干部善于从政治上认识和把握作风建设问题，大力弘扬党的光荣传统和优良作风，切实把全面从严治党的战略方针贯彻好、把自我革命的历史经验传承好、把正风肃纪反腐的工作举措落实好，以绝对忠诚坚定捍卫“两个确立”、坚决做到“两个维护”。二要持之以恒加强作风建设。严格执行中央八项规定精神和自治区“八条禁令”，锲而不舍纠“四风”树新风，深化拓展为基层减负工作成效，狠刹吃喝歪风，以永远在路上的定力将作风建设不断引向深入，坚持真管真严、敢管敢严、长管长严，推动形成求真务实、清正廉洁的新风正气。三要夯实管党治党政治责任。坚持抓住“关键少数”带动“绝大多数”，层层压实责任。处级以上党员领导干部要带头落实“一岗双责”，坚持严于律己、以上率下，加强对党员干部的监督管理，敢抓敢管，决不当“好好先生”。大力支持驻厅纪检监察组工作，深化运用“四种形态”，严密防范重点领域、关键岗位、重大项目等廉政风险，不断完善管思想、管工作、管作风、管纪律的从严管理制度机制，继续把党风廉政建设和反腐败斗争推向深入。
	三、审议《宁夏财政改革创新发展文集》工作方案	会议要求，（一）加强组织领导。成立由财政厅领导担任主任、副主任，财政厅机关各处室、单位负责人和各市县（区）财政局局长为委员的编纂委员会，成立由财政厅1名领导担任主编，办公室、政策研究中心等相关负责人为副主编，相关人员为编辑的编审组，由政策研究中心组织推进工作落实。（二）强化精品意识。各处室、单位积极配合征稿工作，主要负责同志履行好文稿质量审核把关责任，严把政治关、质量关、保密关、文字关，将有深度、可借鉴、高质量的财政文稿及时梳理出来，积极支持编纂工作。《文集》编纂根据工作进度适时邀请自治区有关专家进行评审指导，向全区财政系统广泛征集稿件，择优选用、宁缺毋滥，确保思想能引领，理论能指导，实践能提升，真正拿出向党的二十大和自治区第十三次党代会献礼的精品力作。（三）严格规范程序。严格按照图书公开发行有关要求，按照厅内有关规定，采购编管和印刷等服务，落实好报批和“三审三校”等编审制度。加强预算管理，预算经费科学、合理安排、精打细算，切实把资金用好，确保把好事办好。 会议决定，根据会议讨论意见，进一步修改完善《宁夏财政改革发展文集》工作方案后实施。

续表

会议纪要编号	主要议题	决定事项
〔2022〕22 号	传达自治区第十三次党代会精神，研究贯彻意见	（一）由刘守保、杨冬梅、商艳臣等同志负责，机关党委牵头，办公室、人事处、干教中心积极配合，各处室单位全面参与，按照自治区党委统一部署，抓紧研究制定落实学习宣传贯彻自治区第十三次党代会实施方案。（二）由商艳臣同志负责，办公室牵头，各处室单位积极配合，对照党代会报告任务分工，细化责任清单，建立工作台账，紧盯督导落实。
〔2022〕25 号	审议《自治区财政厅深入学习宣传贯彻自治区第十三次党代会精神工作方案》	会议要求，（一）加强学习。由杨冬梅同志负责，机关党委牵头，办公室、人事与老干部处、注册会计师与资产评估师管理中心、信息中心、财政宣传教育中心及厅属企业积极配合、各负其责、履职尽责，对照自治区要求，结合财政实际，于 6 月 27 日前对方案进行再修改、再细化、再完善，进一步指导推动学习宣传贯彻党代会精神走深走实。（二）深入研讨。由杨冬梅同志负责，机关党委牵头，围绕党代会重大决策部署，制定财政开展“大讨论”工作计划，聚焦重点领域精准选题，及时在全厅扎实组织开展分层次、分领域、分专题交流研讨。（三）广泛宣传。由商艳臣同志负责，办公室牵头，信息中心、财政政策研究中心、财政宣传教育中心配合，加快搭建宣传平台、创新宣传载体、拓宽宣传渠道，加大对党代会精神、财政落实措施和经验做法的宣传力度，持续营造浓厚氛围。（四）积极实践。由刘守保同志和党进平同志负责，办公室牵头，各业务处室及事业企业单位全面参与，逐项逐条对照自治区要求，细化落实党代会重点任务分工，建立任务清单、责任清单、落实清单，6 月 29 日前提交厅党组会研究。（五）强化督导。由白德东同志负责，驻厅纪检监察组牵头，办公室配合，把党代会精神学习宣传贯彻情况作为政治督查的重要内容，纳入重点任务一月一督查和财政周工作动态通报范围，加大督导力度，持续紧盯落实。 会议决定，原则同意机关党委拟定的《自治区财政厅深入学习宣传贯彻自治区第十三次党代会精神工作方案》，按照会议要求进一步修改完善后，印发执行。
〔2022〕26 号	一、传达自治区党委人民政府印发《关于深入贯彻落实习近平总书记重要讲话精神推动黄河流域生态保护和高质量发展先行区建设取得新突破的意见》的通知精神，研究贯彻意见	会议决定，（一）由自然资源与生态环境处牵头，密切跟踪中央最新政策导向，研究出台进一步支持先行区建设财税政策实施方案，为统筹资源、深入推进先行区建设取得新突破提供政策支撑。（二）由预算处牵头，结合 2023 年预算编制，加大财政资金筹措力度，积极盘活存量资金，逐步加大对先行区建设的财政支持力度。（三）由自然资源与生态环境处牵头，抓紧修改完善《关于深化生态补偿制度改革的实施意见》，按程序提请会议研究；研究出台《财政支持做好碳达峰碳中和工作实施方案》，推动减污降碳协同增效。（四）由税政与条法处牵头，会同自治区税务局继续落实好增值税留抵退税政策。（五）由经济建设处、农业农村处、教科文处、自然资源与生态环境处分别牵头，主动会同相关部门在组织实施好重大项目的同时，围绕城乡节水、产业转型升级、高效节水型产业、生态保护和污染治理领域谋划新的重大项目，积极争取中央财政支持。（六）由债务管理处牵头，做好地方政府债券发行和项目审核，将符合条件的项目纳入债券支持范围。

续表

会议纪要编号	主要议题	决定事项
〔2022〕26 号	二、听取稳经济保增长促发展政策措施督查落实情况	会议要求，(一)对标对表中央和自治区一揽子措施，进一步细化完善财政支持政策。紧盯中央和自治区稳住宏观经济大盘一揽子政策措施，重点围绕保市场主体、稳就业促增收、粮食能源安全、财政金融支持、稳投资促消费、保产业链供应链稳定、保基本惠民生等重点领域，跟进完善自治区财政进一步加力提效支持稳经济保增长促发展的支持政策，各项支持性财政政策应出尽出，积极做好财政资金政策保障，加快推动我区稳经济保增长促发展政策措施落实落地。(二)全力以赴稳住市场主体，支持中小微企业纾困解难健康发展。用好政府性融资担保政策，加强自治区政府性融资担保体系建设，引导政府性融资担保业务扩面、增量、控风险，更好发挥为小微企业、"三农" 融资增信作用。研究政策措施，提高预留比例，加大政府采购支持中小企业力度。全面落实全额退还留抵税额政策，持续加快留抵退税进度，在企业自愿申请的基础上，确保 6 月底前基本完成小微企业和制造业等"六大行业" 存量留抵税额退还工作。全面落实扩围企业按月全额退还增量留抵税额、一次性全额退还存量留抵税额政策。(三)加快财政支出进度、应支尽支，尽早发挥资金和政策效益。紧盯自治区党委、政府确定的重大项目、重点领域和民生等刚性支出，强化预算执行管理，加大财政支出强度，督促自治区部门和市县加快债券项目实施，抓紧按照既定项目和事业发展计划尽快支出、应支尽支，力求尽早见效。(四)持续加力扩大消费，最大限度释放内需潜力。持续抓好政策落实，激励五地市开展好各类促消费活动，切实发挥消费对经济循环的牵引作用。(五)支持保产业链供应链稳定，推动畅通经济循环。严格落实中央阶段性实施客运航班运行补贴政策，做好资金测算和统筹保障，支持民航业安全稳定和纾困发展。加大国家物流枢纽与骨干冷链物流基地等建设项目储备，积极争取中央财政资金支持，加快我区农产品供应链体系建设。细化完善税收减免政策，会同自治区行业主管部门，推动降低市场主体用水用电用网等成本。
	三、审议《自治区财政厅关于落实〈自治区第十三次党代会报告主要任务分工落实方案〉的任务分工》	会议决定，原则同意办公室《自治区财政厅关于落实〈自治区第十三次党代会报告主要任务分工落实方案〉的任务分工》，以自治区财政厅名义印发实施。
〔2022〕27 号	一、传达全区上半年经济形势分析会精神，听取 2022 年上半年财政运行情况	会议要求，(一)坚决贯彻落实自治区党代会决策部署，全力做好财政政策资金保障。紧盯党代会确定的各项目标任务，财政政策更加注重精准可持续，抢抓重要窗口机遇期，增补财政政策措施，加大资金保障力度，坚持将财政政策资金向"大抓发展、抓大发展、抓高质量发展" 聚焦用力，向"三区建设""四新任务""五大战略"，以及"六新六特六优" 产业发展、20 个重点项目建设聚焦用力，向稳住市场主体、有效扩大投资和消费、支持产业链供应链稳定、保障基本民生等方面聚焦用力，全力稳住我区良好发展势头，全力支持全区高质量发展。(二)积极统筹财政收支平衡，全力促进经济平稳运行。深入开展财经形势分析，及时预判宏观经济走势，研究把握财政收入增长点、突破口，抢抓重要窗口期，打造增长极，保持财政增收的稳定性和可持续性。强化收入征管，依法依规组织收入，实现应减尽减、应退尽退、应征尽征。强化预算执行控制，加强支出统筹调度，保持支出强度，加快支出进度，切实发挥资金使用效益。(三)统筹发展和安全，牢牢守住风险底线。坚持把"三保" 放在

续表

会议纪要编号	主要议题	决定事项
〔2022〕27 号	一、传达全区上半年经济形势分析会精神，听取 2022 年上半年财政运行情况	突出位置，持续完善县区财政运行监测机制，加大对市县支持，兜牢“三保”底线。扎实推进政府债务风险防范与化解工作，坚决遏制新增隐性债务，统筹各类资源化解隐性债务。高度关注并采取措施防止金融风险、国有企业债务风险向财政传导，增强对重点地区政府债务预警监测，确保债务总额持续下降、风险等级不反弹，牢牢守住不发生系统性风险的底线。
	二、传达自治区党委办公厅关于印发《全区开展违规收送红包礼金和不当收益及违规借转贷或高额放贷专项整治工作方案》的通知精神，审议《财政厅开展违规收送红包礼金和不当收益及违规借转贷或高额放贷专项整治工作方案》	会议决定，原则通过《财政厅开展违规收送红包礼金和不当收益及违规借转贷或高额放贷专项整治工作方案》，根据会议审议意见修改完善，经分管厅领导审核后印发。召开动员会，安排部署专项整治工作。
	三、听取 2022 年上半年意识形态领域工作情况	会议要求，（一）强化理论武装。坚持用党的创新理论固本培元聚魂，坚持用习近平新时代中国特色社会主义思想武装头脑，深入学习贯彻习近平总书记视察宁夏重要讲话、十九届历次全会和自治区第十三次党代会精神，读原著、学原文、悟原理，切实站稳政治立场、坚定政治信念，进一步增强“四个意识”、坚定“四个自信”，坚决做到“两个维护”，坚定捍卫“两个维护”，始终在思想上政治上行动上同党中央保持高度一致，夯实听党话、跟党走的思想根基。（二）加强阵地建设。进一步加强意识形态领域阵地建设与管理，充分发挥《宁夏财政》、财政厅门户网站、财政内网党建专栏等平台载体的宣传引导作用，积极唱响迎接党的二十大、学习宣传贯彻自治区第十三次党代会等主旋律，不断巩固壮大主流思想舆论阵地，坚决抵制各种错误言论和社会思潮。（三）强化责任落实。全面贯彻落实中央及自治区关于意识形态工作的决策部署，进一步健全意识形态工作责任制，把意识形态工作作为党建的重要内容，同安排、同部署、同落实，强化意识形态工作责任制督查，切实做到守土有责、守土尽责。定期开展意识形态工作研判，及时发现苗头和问题，第一时间采取措施解决。
〔2022〕28 号	研究党风廉政建设有关工作	会议决定，原则通过《财政厅关于开展“争创五个一流、强化作风建设”活动的实施方案》，根据会议审议意见修改完善，按规定和要求实施。

续表

会议纪要编号	主要议题	决定事项
〔2022〕29号	一、传达自治区党委2022年第八次常委会会议和全区重大项目建设观摩推进会精神	会议要求,(一)深入学习贯彻习近平总书记重要讲话精神。习近平总书记重要讲话站位高远、内涵丰富,进一步明确了当前经济形势怎么看、下半年经济工作怎么干等重大问题,为做好下半年工作指明了方向、提供了遵循。要充分认识到,正是因为有总书记的掌舵领航,在习近平新时代中国特色社会主义思想特别是习近平经济思想的科学指引下,我们才有了把准经济规律、把握发展脉搏、打好政策"组合拳"的基本遵循和坚强后盾。要深入学习贯彻总书记重要讲话精神,始终坚持"总书记怎么说、我们就怎么做",把总书记重要讲话精神作为开展一切工作的行动纲领,按照中央和自治区部署要求,抢抓重要窗口期,全力做好下半年工作,为稳经济、保增长、促发展做出财政贡献。(二)咬定目标任务不放松。财政工作要围绕年初各项目标任务,紧跟时间进度抓推进、抓落实,继续保持"百米冲刺"的状态决战三季度、决胜下半年,统筹抓好收支平衡,调整资金使用结构,全力支持重大项目建设、扩大有效投资和消费、推动重点产业发展,努力完成全年目标、实现更好结果。全厅上下都要围绕效能目标考核"五连冠"这一目标团结一心、奋力拼搏,努力在年底全区效能目标考核中连续五年获得优秀等次,继续走在区直机关前列,保持领先位次。(三)大力弘扬"社会主义是干出来的"的实干精神。经济形势越是严峻复杂、越考验干部的担当和能力。实现今年财政预期目标,关键看担当、看干劲、看执行力。要大力发扬"社会主义是干出来的"的实干精神,开展厅机关争创"五个一流"强化作风建设活动,开足马力、铆足干劲,比速度、比进度、比成果、比质效、比作风,引导全厅上下把更多精力投入工作中。党员领导干部要带领大家一起理清路子、开好方子,撸起袖子、扑下身子,重点工作亲自推动、亲自协调、亲自落实,在全厅形成真抓实干的浓厚氛围,确保中央和自治区重大决策部署落到实处、见到实效。
	二、传达自治区党委《关于广泛开展习近平总书记视察宁夏重要讲话和重要指示批示精神"大学习、大讨论、大宣传、大实践"活动的实施意见》精神,审议《财政厅开展习近平总书记视察宁夏重要讲话和重要指示批示精神"大学习、大讨论、大宣传、大实践"活动实施方案》	会议决定,原则通过《财政厅开展习近平总书记视察宁夏重要讲话和重要指示批示精神"大学习、大讨论、大宣传、大实践"活动实施方案》,经分管领导审核后印发实施。
	三、听取推进产权交易领域深化政府采购领域专项治理工作情况汇报	会议要求,(一)坚决扛起专项治理责任。自治区第十三次党代会将专项治理作为自治区党委、政府部署的重点工作写入党代会报告,明确要"保持高压态势,有案必查、有腐必反、有贪必肃,开展重点领域和突出问题专项治理,大力整治群众身边腐败和不正之风,不断实现不敢腐、不能腐、不想腐一体推进的战略目标"。要进一步提高政治站位,充分认清开展专项治理是正风肃纪反腐的重要抓手,强化思想认识,担当政治责任,切实把思想和行动统一到自治区党委部署要求上来,拿出"不解决问题不撒手"的狠劲韧劲,深入推进专项治理取得更大成效。(二)着力提升专项治理实效。专项治理到目前已进入"深水区""攻坚区",

续表

会议纪要编号	主要议题	决定事项
〔2022〕29 号	三、听取推进产权交易领域深化政府采购领域专项治理工作情况汇报	浮在面上容易解决的问题都已得到治理，剩下的都是难啃的“硬骨头”。要严格对照自治区专项治理工作方案和自治区专治办年初明确的目标任务，逐项梳理，对未完成事项要细化工作措施，明确责任人及完成时限，高标准完成既定目标任务；对年初未列入目标任务，但在专项治理过程中新发现的突出问题，积极研究解决措施，强化源头治理、综合治理，及时解决苗头性倾向性问题，最大限度挤压权力寻租空间，让权力在阳光下运行。（三）着力提升监管能力和水平。在深化政府采购领域专项治理方面，要深入推进数字化监管手段的有效运用，不断提升监管效能，切实发挥好政府采购监督职能作用。在新推进的行政事业性产权交易领域专项治理方面，要积极开拓思路，创新监管方式，针对存在的典型问题，深入分析解决问题方式方法，探索全流程电子化监管方式，实现产权交易项目实时动态监测，切实增强部门单位主体责任。（四）切实推进长效治理。开展专项治理，最终目标是通过加强建章立制，重塑管理体系、监督体系、评价体系，逐步建立起用制度管人管事管权的长效监管机制，实现长效常治。要紧盯突出问题，深入剖析根源，进一步建立健全政府采购及产权交易方面监督管理制度，堵塞制度监管漏洞，深化标本兼治，织密织牢制度与程序监管笼子，进一步提升制度的完备性、权威性和可操作性，推动专项治理取得更大成效。
〔2022〕30 号	一、传达自治区党委2022 年第十次常委会精神	会议要求，（一）充分认清形势。财政是经济社会发展的“晴雨表”，当前全区经济稳中有进、稳中向好，但也面临不少困难挑战，自治区党委常委会分析指出的 4 个方面问题，都与财政密切相关，既有影响收入的不利因素，也有增加支出的潜在需求，又有带来风险的多重隐患，一旦处理不好就会传导到财政，加大财政平稳运行压力。财政部门一定要增强底线思维和忧患意识，始终保持清醒头脑和客观冷静，尽可能把困难想得多一点、把准备做的足一些，坚持靠前发力解决问题、持续用力破解难题，做到未雨绸缪、沉着应对。（二）积极优化措施。不折不扣落实好自治区党委常委会重大决策部署，自觉对标转观念、找答案、学方法，切实增强前有标兵、后有追兵的紧迫感，进一步研究建立和健全完善财经形势月度分析、重点工作定期督查通报、周工作动态反映等制度机制，切实解放思想大胆干、团结一心加油干、压实责任抓紧干，推动各项工作超前排工期、赶进度，努力在完成自治区确定的各项目标任务中走在前、做表率。（三）加大调控力度。充分发挥财政职能作用，持续落实好减税降费、援企稳岗纾困等政策，综合运用产业引导基金、贷款贴息、财政补贴、融资担保等财政金融工具，瞄准扩大有效投资消费、重点产业发展、常态化疫情防控等领域，精准加大财政投入和政策支持力度，全力以赴支持巩固扩大优势、补齐短板弱项、厚植内生潜力，以有力的财政供给防止经济回落下滑、维护社会大局和谐稳定。

续表

会议纪要编号	主要议题	决定事项
〔2022〕30号	二、听取关于1—8月财政工作和效能目标考核工作任务推进情况的综合汇报	会议要求,(一)深入学习宣传贯彻党的二十大精神。以关于广泛开展习近平总书记视察宁夏重要讲话和重要指示批示精神“大学习、大讨论、大宣传、大实践”活动为抓手,多措并举迎接党的二十大胜利召开,掀起学习宣传贯彻热潮,努力走在区直机关前列。(二)深入推进作风建设和内控建设。作风建设要深入开展“争创五个一流、强化作风建设”活动,大力弘扬“严细深实勤俭廉+快”的工作作风,不断提升财政服务大局和作风建设水平,努力争当作风建设示范部门。内控建设要持续抓好7类65项制度规定的修订完善工作,规范日常管理,严格督导考核,提升内控管理水平。(三)持续强化“稳保促”财政保障。一是以更大力度抢抓中央出台稳经济一揽子政策及接续措施重大政策机遇,加大财政政策供给,落实落细“稳保促”35条、支持“六新六特六优”产业高质量发展等一揽子政策措施,释放更多政策红利。二是千方百计推动重大项目建设,建立健全重大项目要素保障联合工作机制,对近期具备实施条件的项目,加快制定项目融资方案,统筹各类资金,加大对政策含金量高的专项债券、建设基金、“保交楼”专项借款等争取力度,加大对重点项目支持力度,推动重点项目实现新突破。三是持续支持消费迅速恢复,有效接续前期消费支持政策,落实好国家近期出台的扩大消费政策措施,完善新能源汽车、绿色家电等大宗商品财政支持政策。(四)切实守住安全发展底线。一是严格落实“两个优先”,严格控制一般性支出,加强“三保”监测,指导督促市县财政优先做好“三保”工作,全力保障全年预算收支平衡,兜牢“三保”底线。二是加强重点风险防范和化解,坚决遏制新增隐性债务,统筹各类资源化解隐性债务,加强对重点地区政府债务预警监测,确保债务总额持续下降、风险等级不反弹。
	三、听取自治区党委巡视工作领导小组反馈财政厅督促指导责任主要任务推进情况	会议决定,原则通过《自治区党委巡视工作领导小组反馈财政厅督促指导责任主要任务分工方案》。
	四、研究2022年党员发展	会议决定,原则同意机关党委的意见,按相关规定办理接收赵钦、周晓丽为中共预备党员和黄元相、方昕、任瑞、赖特、黄赵滨、李晨之、林涛、朱晓苗、陈香龙、刘洋10名中共预备党员按期转正手续。
〔2022〕31号	一、传达自治区党委应对新冠肺炎疫情工作领导小组第三十次会议、自治区安委会办公室关于落实自治区安委会2022年第四次全体(扩大)会议精神的通知和全区安全生产电视电话会议精神,研究贯彻意见	会议强调,各处室、单位要深刻理解、坚决落实、深入贯彻习近平总书记关于安全生产重要论述和重要指示精神,全面落实中央及自治区部署要求,按照自治区安委会2022年第四次全体(扩大)会议和全区安全生产电视电话会议安排,进一步提高政治站位、政治认识,增强责任意识、危机意识,强化底线思维、极限思维,把安全生产作为当前一段时间重中之重的政治任务,积极统筹财政资金,细化完善财政政策,紧盯财政资金落实,加大对安全生产支持力度,为营造平稳健康的经济环境、国泰民安的社会环境、风清气正的政治环境,切实保障人民群众生命财产安全提供有力保障。同时,要强化责任落实,分管厅领导、处室和单位负责人带头落实安全生产责任,牢固树立“管行业必须管安全、管业务必须管安全、管生产经营必须管安全”的意识,从严排查和整治各类问题隐患,从严管理重点人员、重点部位、重点领域,切实守住安全底线,努力为党的二十大胜利召开营造安全稳定环境。

续表

会议纪要编号	主要议题	决定事项
〔2022〕31 号	二、传达习近平总书记关于全面深化改革的重要论述、全区全面深化改革推进落实会议暨党委改革系统专题培训班精神，研究贯彻意见	会议要求，(一)提高站位强化政治责任。全面深化改革是以习近平同志为核心的党中央从党和国家事业发展全局的高度作出的重大决策部署，是推进国家治理体系和治理能力现代化的一场深刻变革。自治区党委深改委多次召开深改会和专题会对深改工作进行研究部署，梁言顺书记强调要从“两个维护”的政治高度，以将改革进行到底的精神，进一步推进改革往深里走、往实里落。雷东生常委讲话要求必须以“改革永远在路上”的韧劲和“将改革进行到底”的精神，以更大决心、更大勇敢、更大力度纵深推进改革。各处室(单位)要深入学习习近平总书记关于全面深化改革的重要论述和视察宁夏重要讲话精神，深刻认识全面深化改革工作的重大意义，进一步凝聚改革共识、坚定改革意志、破解改革难题，努力在深化改革工作上走在前、作表率，确保中央和自治区党委各项改革部署不折不扣落实。(二)积极作为扎实推进工作。目前，我厅尚未启动的 2 项改革任务，主要涉及政府采购领域。这些改革工作是因为中央未出台相关政策导致无法开展。办公室与政府采购管理处要加强与党委改革办沟通对接，讲明客观原因，积极对接建议销号；对目前正在推进改革工作，相关处室(单位)主要负责人要高度重视，拿出管用的攻坚措施，亲自包抓、责任到人，明确节点、倒排工期，办公室要加强督导，一月一盘点，确保党的二十大召开之前完成所有改革任务。(三)开拓创新深化财税改革。财税是地方发展的“活水”，推进财税改革就是要把有限的财力用在刀刃上、发挥最大效能。要坚持以深化改革激发新发展活力，准确把握好政府与市场、财政与经济、当前与长远的关系，努力实现财税体制、预算管理、绩效评价等改革实现新突破，全力服务推动科技、经济、社会等领域改革走向深入，不断破解制约高质量发展的体制机制障碍。特别是要大力支持实施创新驱动战略，完善财政支持政策措施，突出科技创新的战略支撑地位，支持打造科技、教育、产业、金融紧密结合的创新体系，全力破解“卡脖子”问题、加快高质量发展。
〔2022〕32 号	传达贯彻党的二十大精神及自治区传达贯彻党的二十大精神会议精神，研究贯彻意见	会议强调，学习宣传贯彻党的二十大精神，是当前和今后一个时期的重大政治任务。全厅各级党组织要深入开展总书记视察宁夏重要讲话和重要指示批示精神“大学习、大讨论、大宣传、大实践”活动，全面动员、精心组织、狠抓落实，迅速掀起学习宣传贯彻党的二十大精神热潮。一要认真深入学习。要把握主题学，深刻领会过去五年的伟大成就和新时代十年的伟大变革，深刻领会新时代新征程中国共产党的使命任务，深刻领会全面建设社会主义现代化国家的重点任务和重大原则，深刻领会推进新时代党的建设新的伟大工程，确保在思想上政治上行动上始终与以习近平同志为核心的党中央保持高度一致。要深入思考学，深刻领悟报告蕴含的新思想、新理念、新论断、新要求，全面精准把握全面建设社会主义现代化国家、全面推进中华民族伟大复兴的方向原则、目标任务和实现路径，真正学全、学深、学透。要联系实际学，在贯彻落实上见行见效，把学习成效转化为推进财政改革事业发展的具体举措，把报告中的新思想、新理念融入完成全年目标、谋划明年工作中去，对工作思路再完善、目标任务再聚焦、具体举措再细化，做到学思用贯通、知信行统一。二要精心组织宣传。充分利用财政系统各种宣传载体，大力宣传党的二十大的重大意义，宣传过去 5 年工作和新时代 10 年伟大变革，宣传党的二十大提出的一系列新的重要思想、重要观点、重大论断、重大举措，宣传财政部门学习贯彻的具体举措、实际行动、解决问题的新进展，及时反映财政部门学习贯彻党的二十大精神的做法成效、典型事例和良好风貌，让党的二十大精神飞入寻常百姓家、传入田间地头里，营造学习宣传贯彻的浓厚氛围。三要压实工作责任。厅党组按照党中央及自治区党委部署要求，作出安排部署，提出具体要求，组织抓好落实。

续表

<table>
<tr><th>会议纪要编号</th><th>主要议题</th><th>决定事项</th></tr>
<tr><td>〔2022〕32 号</td><td>传达贯彻党的二十大精神及自治区传达贯彻党的二十大精神会议精神，研究贯彻意见</td><td>机关党委负责，对标对表要求，尽快制定《深入学习宣传贯彻党的二十大精神的实施方案》，有计划、分步骤学习，列专题、分领域研讨，全覆盖、分批次培训。办公室、机关党委、财政宣传教育中心负责，扎实做好党的二十大精神宣传工作，营造浓厚氛围。办公室、机关党委加强工作指导，经常督促检查，务求取得实效，切忌形式主义。各党支部要切实抓好本处室、单位学习宣传贯彻党的二十大精神，切实把广大党员的思想和行动统一到党的二十大精神上来。</td></tr>
<tr><td rowspan="2">〔2022〕33 号</td><td>一、传达学习自治区党委十三届二次全会和自治区党委 2022 年第十八、十九次常委会会议精神，《中共中央关于认真学习宣传贯彻党的二十大精神的决定》《中共宁夏回族自治区委员会关于学习宣传贯彻党的二十大精神的意见》《中共宁夏区直机关工委关于学习宣传贯彻党的二十大精神的通知》精神，审议《自治区财政厅关于深入学习宣传贯彻党的二十大精神的实施方案》</td><td>会议决定，原则通过《自治区财政厅关于深入学习宣传贯彻党的二十大精神的实施方案》，根据会议讨论情况，进一步修订完善后印发实施。</td></tr>
<tr><td>二、传达中共中央关于印发《中国共产党处分违纪党员批准权限和程序规定》的通知精神，以及梁言顺同志批示，研究贯彻意见</td><td>会议指出，《规定》以习近平新时代中国特色社会主义思想为指导，以党章为根本依据，总结吸收党的十八大以来管党治党实践创新和制度创新成果，对党的各级各类组织处分违纪党员批准权限和程序作出系统规范和明确规定，充分彰显了我们党勇于自我革命的鲜明品格，对于深入贯彻全面从严治党战略方针、深入推进依规治党，具有重要意义。
会议要求，(一)切实强化政治自觉。认真学习贯彻习近平总书记关于全面从严治党的重要论述，把坚决做到“两个维护”作为最高政治原则和根本政治责任，全面加强党的纪律建设，切实增强全面从严治党永远在路上的政治自觉，继续打好党风廉政建设和反腐败斗争攻坚战、持久战，不断清除一切损害党的先进性和纯洁性的因素，不断清除一切侵蚀党的健康肌体的病毒，确保党不变质、不变色、不变味。(二)坚决履行管党治党责任。深刻认识履行全面从严治党主体责任的极端重要性，牢固树立抓好全面从严治党是本职、不抓全面从严治党是失职的观念，坚持党纪面前一律平等、实事求是、民主集中制和惩前毖后、治病救人原则，以对党的事业和党员干部高度负责的态度，严格执行《党委(党组)全面从严治党主体责任规定》，严格遵守、维护和执行党的纪律，切实把全面从严治党的各项要求落到实处。(三)认真学习贯彻《规定》。切实抓好《规定》的学习宣传和贯彻落实，将《规定》纳入党组理论学习中心组、党支部集中学习的学习内容，深入细致学习领会《规定》的重大意义、权限规定和程序要求，强化日常管理和监督，强化依规治党的意识，使党的纪律真正转化为党员、干部的日常习惯和自觉遵循。</td></tr>
</table>

续表

会议纪要编号	主要议题	决定事项
〔2022〕33号	三、传达中共中央办公厅关于浙江省嘉兴市违规扩建南湖宾馆问题查处情况的通报，以及张雨浦同志批示，研究贯彻意见	会议强调，一定要坚持举一反三、汲取教训，从政治和大局高度来认识，坚决防止此类问题在我区财政系统发生。一要切实提高思想认识。进一步增强“四个意识”、坚定“四个自信”、做到“两个维护”，对“国之大者”做到心中有数，切实把思想和行动统一到中央及自治区决策部署上来，不折不扣地抓好贯彻落实。要严明政治纪律和政治规矩，切实提高政治判断力、政治领悟力、政治执行力，坚决防止在重大原则问题上立场不稳，严格落实重大事项请示报告报备制度，自觉做政治上的明白人、老实人。二要全面开展自查自纠。借鉴去年全面清理楼堂馆所的经验做法，用好预算管理一体化系统等信息化手段，全面清查财政资金有无以任何方式进入具有餐饮、会议、接待功能的新建设施与场所，对存在的违法违规行为始终保持高压态势，严肃查处、问责到人，坚决杜绝违规使用财政资金。三要从严落实财经纪律。坚持把党政机关过紧日子、严控楼堂馆所建设作为重要财经纪律落实到位。坚持依法行政、依法理财，推进财政法治建设，细化实化管理措施，大力压缩自由裁量权，扎紧扎密制度篱笆，消除漏洞和盲点。硬化预算约束，严格遵循先有预算、后有支出原则，把严把紧预算支出关口。
	四、传达中共中央办公厅印发《十九届中央政治局贯彻执行中央八项规定情况报告》《关于党的十九大以来整治形式主义为基层减负工作情况的报告》的通知精神，研究贯彻意见	会议要求，(一)持之以恒加强作风建设。深入学习贯彻习近平总书记关于加强作风建设的重要论述，深刻领悟“两个确立”的决定性意义，不断增强“四个意识”、坚定“四个自信”、做到“两个维护”，坚定不移推动全面从严治党向纵深发展，把作风建设作为党的建设的重要着力点，准确把握新形势下反“四风”的规律特点和工作要求，把严的主基调长期坚持下去，继续在常和长、严和实、深和细上下功夫，持续推进作风建设常态化长效化，真正管出习惯、化风成俗，维护好风清气正的良好政治生态。(二)扎紧财政制度笼子。坚持把制度建设作为加强作风建设的重要抓手，注重标本兼治、精准发力，确保作风建设持续向好。紧盯重要风险点和关键环节，建立健全财政资金分配使用全程留痕、责任可追溯监管机制，强化和规范财政资金监管，确保资金使用安全。突出疫情防控、乡村振兴、金融、生态环保等重点工作、重要领域，加大财政政策和资金落实情况监督检查力度，坚决维护财经纪律的严肃性和财会制度的权威性。(三)坚决落实作风建设政治责任。认真落实党组全面从严治党主体责任，党组成员和各支部书记要履行好“一岗双责”，切实把从严管党治党责任传导到“神经末梢”、落实到“基层细胞”。党员领导干部要身体力行、以上率下，带头遵守中央八项规定精神和自治区“八条禁令”等规定。要将作风建设、整治形式主义为基层减负作为领导班子、领导干部考核的重要内容，引导党员领导干部树立正确政绩观。

续表

会议纪要编号	主要议题	决定事项
〔2022〕33 号	五、传达自治区党委关于印发《中共宁夏回族自治区委员会巡视工作规 划(2022—2027 年)(试行)》的通知精神	会议强调,巡视是党章赋予的重要职责,是加强党的建设的重要举措,是全面从严治党、维护党纪的重要手段,是加强党内监督的重要形式。要把贯彻落实自治区党委《巡视工作规划》作为一项重要政治任务,提高政治站位,担当政治责任,切实把思想和行动统一到习近平总书记关于巡视工作的重要指示精神上来,统一到党中央及自治区党委关于巡视工作的决策部署上来。一要深入学习领会习近平总书记关于巡视工作重要指示精神。党的十八大以来,习近平总书记高度重视巡视工作,多次发表重要讲话,作出一系列重要论述,深刻阐述了巡视工作的定位、作用、方针,对深化政治巡视、创新组织制度和方式方法、落实巡视整改主体责任和监督责任、强化巡视成果运用、推进巡视巡察全覆盖、构建上下联动监督网、加强规范化建设和队伍建设等提出明确要求,涵盖了巡视工作的方方面面,是巡视工作深化发展的思想武器和行动指南。各级党组织和全体党员干部要切实强化政治意识,深刻认识开展巡视监督对推动财政事业改革发展的重要作用,以高度的政治责任感和严肃认真的态度,全力支持、配合巡视工作。二要准确把握政治巡视这一定位。深刻理解强化政治监督的重大意义,准确把握政治监督内涵,层层落实政治监督要求,深入检查落实党的路线方针政策和党中央、自治区党委重大决策部署情况,落实全面从严治党主体责任情况,落实党建工作责任制特别是组织建设和选人用人责任情况,用实际行动践行“两个维护”。三要持续做好巡视整改“下半篇文章”。一季度,自治区党委专门部署对十二届自治区党委巡视反馈问题整改落实情况开展“回头看”,确保十二届自治区党委巡视反馈问题不拖延到下一届。巡视整改领导小组要加强工作协调,压紧压实落实责任,拿出“问题不解决彻底不放手”的狠劲,既要抓好已整改问题的巩固深化,更要抓好未整改问题的攻坚克难,切实把整改成效落实到末端。
	六、传达中共中央办公厅《纪检监察机关派驻机构工作规则》	会议要求,各处室、单位要认真学习《规则》,强化思想认识,全力支持配合驻厅纪检监察组发挥监督职能作用,齐心协力纵深推进全面从严治党,不断营造风清气正良好氛围。
〔2022〕34 号	传达自治区党委《关于深入开展党的二十大和习近平总书记视察宁夏重要讲话指示批示精神“大学习、大讨论、大宣传、大实践”活动的实施方案》,审议《自治区财政厅关于深入开展党的二十大和习近平总书记视察宁夏重要讲话指示批示精神“大学习、大讨论、大宣传、大实践”活动的实施方案》	会议要求,(一)认真对标对表。认真对照党中央及自治区党委最新部署、最新要求,把学习宣传贯彻党的二十大精神与深入学习贯彻习近平总书记视察宁夏重要讲话指示批示精神结合起来,从“两个维护”的政治高度,进一步细化完善学习宣传贯彻党的二十大精神的方案措施,着力在入脑入心、走深走实、见行见效上持续用力,切实把广大党员干部的思想和行动统一到党的二十大精神上来。(二)注重工作实效。坚持把深入开展党的二十大和习近平总书记视察宁夏重要讲话指示批示精神“大学习、大讨论、大宣传、大实践”活动,同常态化长效化开展党史学习教育相结合,同开展的各类主题教育相结合,同推进财政改革长远发展相结合,同做好今年财政各项工作相结合,切实把党的二十大精神转化为坚定理想、锤炼党性、推动工作的强大力量,增强推动高质量发展的本领、服务群众的本领、防范化解风险的本领,确保党的二十大精神在财政落实落地。(三)强化落实责任。加强工作指导和督促检查,通过互观互检、“晒比促”、“五个争一流”、年度效能目标管理考核等抓手,强化跟踪问效,注重过程评估与结果评估相结合,从党员干部素质提升、解决问题成效、群众评价反映等方面进行定性定量评估,切实做到政治忠诚受洗礼、理论学习有进步、思想观念大解放、团结奋斗开新局、为民服务解难题、干事创业勇担当,切实为实现党的二十大及自治区第十三次党代会确立的目标任务作出新的财政贡献。 会议决定,原则通过《自治区财政厅关于深入开展党的二十大和习近平总书记视察宁夏重要讲话指示批示精神“大学习、大讨论、大宣传、大实践”活动的实施方案》,根据会议讨论意见,进一步修改完善后印发实施。

续表

会议纪要编号	主要议题	决定事项
〔2022〕37号	一、传达全区统战工作和宗教工作会议精神，及中共宁夏回族自治区委员会贯彻落实《中共中央关于加强新时代统一战线工作的意见》，自治区党委办公厅、人民政府办公厅印发《关于加快建设铸牢中华民族共同体意识示范区的实施方案》的通知，自治区党委、人民政府贯彻落实《中共中央、国务院关于坚持我国宗教中国化方向做好新时代党的宗教工作的意见》的实施意见，研究贯彻意见	会议强调，习近平总书记关于做好新时代党的统一战线工作的重要思想，进一步阐明了新时代统战工作的根本性要求、全局性任务、时代性课题，开辟了马克思主义统一战线理论中国化时代化的新境界，指明了新时代统战工作的前进方向。一要认真贯彻落实习近平总书记关于做好新时代党的统一战线工作的重要思想。准确把握新时代爱国统一战线的历史方位、深刻理解百年统一战线一以贯之地凝聚人心这一核心任务，深刻认识新时代爱国统一战线面临的复杂形势和艰巨任务，始终以习近平总书记关于做好新时代党的统一战线工作的重要思想武装头脑、指导实践、推动工作，切实把党的领导落实到统战工作方方面面，不断巩固和发展统一战线团结、奋进、开拓、活跃的良好局面。二要铸牢中华民族共同体意识。坚持以铸牢中华民族共同体意识为鲜明主线，坚持党的宗教工作基本方针，全面贯彻党的民族宗教政策，深入开展“传承党的百年光辉史基因、铸牢中华民族共同体意识”主题教育活动，持续深化民族团结进步教育，扎实开展民族团结进步创建，引导各族干部群众树立正确的国家观、历史观、民族观、文化观、宗教观，团结引导干部各族群众共同为全面建设社会主义现代化美丽新宁夏而努力奋斗。三要大力支持统战工作和宗教工作。积极做好经费保障，大力支持宣教体系建设，推动爱国主义教育进学校、进课堂、进书本，支持实施党员干部培元固本、青少年学生夯基育苗、各族群众凝心铸魂工程、社科理论正本清源等工程。积极为各民族广泛交往、全面交流、深度交融创造条件，统筹公共服务资源配置，严格落实基层组织运转经费保障，全力支持全国民族团结进步示范区建设，促进各民族共居共学、共建共享、共事共乐，让中华民族共同体意识深入人心。
	二、传达自治区党委印发《自治区党委常委会关于坚定维护以习近平同志为核心的党中央集中统一领导的若干规定》的通知和《自治区党委常委会关于贯彻落实中央八项规定及其实施细则精神的若干意见》的通知精神	会议要求，(一)旗帜鲜明讲政治。深刻领悟“两个确立”的决定性意义，始终把“两个维护”作为最高政治原则，坚决忠诚核心、拥护核心、追随核心、捍卫核心，时时处处向总书记看齐、向党中央看齐，自觉在思想上政治上行动上同以习近平同志为核心的党中央保持高度一致，坚决把维护党中央集中统一领导贯穿于想问题、做决策、抓落实的全过程各方面，把财政各项工作放在全国全区大局中考量，把党中央的决策、自治区的部署落实到具体工作中、体现到一言一行上。严守党的政治纪律和政治规矩，不断提高政治判断力、政治领悟力、政治执行力，坚持“五个必须”，防止“七个有之”，自觉同违反党章、破坏党的纪律、危害党中央集中统一领导和团结统一的言行做斗争。(二)持之以恒强化作风建设。党员领导干部要带头在履行管党治党责任上树标杆、作示范，带头对标对表党中央、自治区党委规定要求，带头执行中央八项规定实施细则精神、自治区关于加强作风建设的若干意见规定，带头改进工作作风，带头深入基层调查研究，带头密切联系群众，带头解决实际问题，严于律己、严负其责、严管所辖，以“关键少数”的自身严带动“绝大多数”的全面严。(三)加强常态化督察检查。由杨冬梅同志、何天文同志负责，办公室、人事与老干部处、机关党委密切配合，对标对表规定要求，加强督促检查、跟踪问效，定期不定期开展互观互检，通过每周动态、财政内网等载体进行通报，并会同驻厅纪检监察组，对贯彻落实党中央《若干规定》《实施细则》及自治区党委《若干规定》《若干意见》打折扣、搞变通、做选择，以及不作为、慢作为、乱作为等问题真督实查、动真碰硬，确保党中央、自治区党委部署要求在宁夏财政系统落实落地、见行见效。

续表

会议纪要编号	主要议题	决定事项
〔2022〕37号	三、传达自治区党委2022年第二十三次常委会和自治区党委专题会会议精神，研究贯彻意见	会议强调，要充分认清形势，正视存在问题，坚定发展信心，以拼出来、干出来、奋斗出来的精神状态，努力全年争取最好成绩。一要抓好年底收官，全面盘点各项工作任务完成情况，梳理已出台财政政策措施落实情况，在圆满完成目标任务、指标要求上下功夫。二要抓好效能目标管理考核，发扬“晒比促”的拼搏精神，形成奋勇争先的良好氛围，努力争满分、多争分、少丢分，在努力取得“五连冠”上下功夫。三要抓好年度工作总结，切实总结出成绩亮点、总结出规律特点、总结出原因教训，在总结提高、促进发展上下功夫。四要抓好明年工作谋划，对标对表中央及自治区部署要求，以及政策动向、资金投向，集中力量科学筹划明年工作思路，在细致、融合上下功夫。五要抓好疫情防控工作，充分认清当前疫情防控形势，持续落实好疫情防控规定要求，做好个人和公共场所防护，在确保零感染、零风险上下功夫。
	四、研究党风廉政建设工作	会议强调，今年已到年尾，是决战决胜全年目标任务的冲刺期和攻坚期，更需要落实全面从严治党主体责任，坚持不懈推进全面从严治党向纵深发展，纯正风气、激发干劲，凝聚起干事创业强大合力。一要贯彻落实全面从严治党方针。时刻保持解决大党独有难题的清醒和坚定，时刻保持永远在路上的坚韧和执着，进一步增强坚定不移全面从严治党的政治定力，把严的基调、严的措施、严的氛围长期坚持下去，切实把全面从严治党的战略方针贯彻好、把自我革命的历史经验传承好、把正风肃纪反腐的工作举措落实好，以绝对忠诚坚决拥护“两个确立”、坚决做到“两个维护”。二要始终扭住思想政治建设不放松。始终把讲政治作为根本要求，不折不扣地贯彻落实中央和自治区重大决策部署，更加自觉地增强“四个意识”、坚定“四个自信”、做到“两个维护”。坚持习近平新时代中国特色社会主义思想的指导地位，聚焦学习贯彻党的二十大精神这一首要政治任务，持续深入开展党的二十大精神和习近平总书记视察宁夏重要讲话指示批示精神“大学习、大讨论、大宣传、大实践”活动，落实好常态化学习制度，切实把学习成效真正体现在引领财政事业发展上。三要坚持不懈推进正风肃纪反腐。坚决履行管党治党政治责任，加固中央八项规定堤坝，对“四风”问题、违纪行为从严查处，坚决防反弹回潮、防隐性变异、防疲劳厌战，重点纠治形式主义、官僚主义，紧盯工作中层层加码、麻痹松懈、任性用权、不担当不作为等问题，科学精准靶向整治。巩固深化违规收送红包礼金和不当收益及违规借转贷或高额放贷专项整治成果，持续开展政府采购等重点领域整治、财经秩序专项治理，以“零容忍”态度整改存在问题，确保不发生违规违纪问题。

续表

会议纪要编号	主要议题	决定事项
〔2022〕38 号	一、传达学习区直机关服务型机关建设推进会精神和《关于印发〈关于加强服务型机关建设的若干意见〉的通知》，研究贯彻落实意见	会议强调，财政厅机关是自治区政府重要组成部门，也是联系服务群众的重要桥梁纽带，必须按照党的二十大“全面提高机关党建质量”的部署，落实梁言顺书记“深入创建‘五型’模范机关”和张雨浦主席“严实新细勤俭廉 + 快”的要求，坚持把服务作为根本价值取向、崇高精神追求，深刻认识建设服务型机关的重要意义，切实增强抓好服务型机关创建工作的思想自觉、政治自觉和行动自觉。一要担当服务中心的使命任务。紧扣学习宣传贯彻党的二十大精神，围绕自治区第十三次党代会提出的“12345”总体部署，以大抓服务促进大抓发展、抓大发展、抓高质量发展，以抓大服务保安全、护稳定、促和谐。要围绕今年工作目标、明年工作开局，围绕抓好发展、安全、党的建设，特别是围绕经济增速保持全国“第一方阵”，精心谋划、主动对接，多出主意、多想办法，真正动起来、跑起来、干起来，更好地为全区发展大局献计出力。二要把握服务基层的工作重点。落实好领导干部基层联系点、领导班子支部联系点等制度，深入实施“机关党建助力乡村振兴、打造塞上乡村乐园”行动，扎实开展“三下三帮”活动，努力在服务型机关建设上走在前、作表率，形成机关重视基层、领导关注基层、干部服务基层的良好局面。三要坚守服务群众的价值取向。坚持“人民就是江山，江山就是人民”的情怀，心向基层、服务基层，急群众之所急、解群众之所难，认真落实重大决策调研、听证论证、党员干部直接联系服务群众等制度，开展更多惠民生、暖民心活动，把“菜单式”服务和“点单式”服务结合起来，把“送上门”服务和“沉下去”服务结合起来，巩固拓展“我为群众办实事”实践活动成果。 会议决定，由杨冬梅同志负责，机关党委牵头，研究制定《关于加强服务型机关建设的实施方案》，推动财政厅服务型机关建设。
	二、审议厅机关 2023 年预算研究贯彻意见	会议决定，原则同意 2023 年厅机关预算方案。由杨冬梅同志牵头，何天文同志配合，相关处室紧密协作，按照自治区党委、政府和财政部部署要求，学习借鉴兄弟省区市的经验做法，凝聚合力加快推进财政数字化信息化建设。
	三、审议《宁夏财政改革创新发展文集》	会议决定，原则通过《宁夏财政改革创新发展文集》，办公室和政策研究中心加强与出版社沟通协调，完成最终编审及印刷。由何天文、商艳臣同志负责，把好政治关，坚持文责自负 ；把好质量关，主编和副主编全面认真审核，确保准确无误 ；把好程序关，严格按照出版规定程序、经费预算安排办理，确保依法合规。
	四、审议《自治区财政厅内部管理制度汇编（送审稿）》	会议决定，原则通过《自治区财政厅内部管理制度汇编（送审稿）》，由何天文同志负责，根据会议讨论意见，组织相关处室、单位进一步修改核对，2023 年 1 月 1 日印发实施。人事与老干部处、机关党委、驻厅纪检监察组加强对制度落实的监督检查。
〔2022〕39 号	听取了 2022 年全区及区本级预算执行情况和 2023 年全区及区本级预算草案的汇报	会议决定，原则通过《2022 年全区及区本级预算执行情况和 2023 年全区及区本级预算草案的报告》，根据会议讨论意见，进一步修改完善后，按有关规定和程序提请审议。

2022年自治区财政厅厅长办公会议情况

2022年，自治区财政厅厅长办公会议坚持以习近平新时代中国特色社会主义思想为指导，全面贯彻党的二十大精神、中央经济工作会议精神、习近平总书记视察宁夏重要讲话精神和自治区党委十三次全会精神，紧紧围绕自治区党委、政府决策部署和经济社会发展目标，依法决策、科学决策、民主决策，合力谋发展、促改革、惠民生，统筹疫情防控和经济社会发展取得重大成果，全区财政事业发展迈上新高度。

2022年，财政厅机关共召开厅长办公会议10次，研究议题30项。主要内容包括传达学习习近平新时代中国特色社会主义思想、上级重要政策、指示、决定和会议精神，研究向上级机关请示、报告的重大事项和自治区财政中长期发展规划、财政宏观调控政策、财政改革政策措施、起草的重要文件和工作报告，代拟的地方性法规、政府规章草案、政府规范性文件草案，财政年度预算、决算草案以及政务管理、财务管理、事务管理等事项。

2022年自治区财政厅厅长办公会议研究议题一览表

会议纪要编号	主要议题	决定事项
2022年 第1次	传达学习自治区“两会”精神和自治区政府扩大会议精神，研究贯彻落实措施	会议强调，自治区人大对2021年全区及区本级预算执行情况和2022年全区及区本级预算决议给予充分肯定，高票通过，是对我厅工作的充分肯定。各处室（单位）要认真传达自治区人大会议《关于2021年全区及区本级预算执行情况和2022年全区及区本级预算决议》的审议情况，进一步激发全体干部职工的集体荣誉感和工作热情，激励全体干部职工把工作干到每一名人大代表的心坎上、干到每一名群众的心坎上，不断做好本职工作。 会议要求，要主动对标对表抓落实，深刻领会和准确把握自治区两会提出的新目标、新任务、新要求、新举措，结合我厅实际找准切入点和着力点，切实把自治区两会精神体现到我厅的工作举措落实中，把认识变为实践、把实践变为成果，切实把学习贯彻的过程转化为谋发展、抓发展、促发展的过程。
	安排部署自治区财政厅2022年工作要点	会议要求，各处室（单位）要站位全局，把握大势，群策群力、齐心协力谋划好2022年工作。要拿出苦干实干的劲头，深入研究共同事权转移支付、减税降费、支持“九大产业”发展和“四大提升”行动、四权改革、清洁能源试点竞争性评审等各项工作，找出短板弱项、拿出工作举措，以“项目化”“清单化”“工程化”思维推动各项工作落地见效。要打好开局之战，尽快召开“加快支出进度、保持支出强度”推进会。 会议强调，各处室（单位）要加大财政奖补政策的研究力度，充分发挥财政资金的撬动作用，调动各方力量，奋力为建设黄河流域生态保护和高质量发展先行区贡献力量。 会议要求，各处室（单位）要迅速调整工作状态，不断强化集体荣誉感，扎实转变工作作风，坚持求真务实、真抓实干，以等不起、坐不住、慢不得的危机感紧迫感，跑起来、抢时间、争一流，担当作为，开拓创新、攻坚克难、狠抓落实，以“开局即决战、起步就冲刺”的决心和“争取一切可能、努力到最后一分钟”的韧劲干好每一项工作。

续表

会议纪要编号	主要议题	决定事项
2022年第2次	研究审议3家企业财政违法违规行为行政处罚事宜	会议强调，财政部门要严格按照法定权限审核、评估行政处罚事项，依法依规进行行政处罚。要提升行政处罚效能，提高执法公信力。要加强对行政处罚程序合法性审核。 会议决定，监督评价局牵头负责，税政与条法处、会计处、注管中心配合，按程序依法依规对3家企业实施行政处罚。
	听取地方财经秩序专项整治行动情况汇报，研究落实措施	会议要求，各处室（单位）要严格按照时间节点完成专项整治行动“自查、复查、问责、总结”各项工作，要紧抓地方财经秩序专项整治行动有利契机，借力提升财政管理水平。一要对标对表深入查摆。相关处室（单位）要对照自查评估7个方面内容，逐项分解、建立台账、深入查找，确保自查自纠工作精准高效、务实有序。二要统筹协调合理安排。各牵头处室要聚焦7个专项整治内容，统筹协调、分工协作，科学合理安排检查复查工作，既要全面落实，也要事半功倍，不增加基层负担。三要明确方向有序推进。坚持“稳”字当头，准确把握严肃财经纪律和经济发展之间的关系，以查促改，切实抓好专项整治行动落实。四要建立机制长远规划。要以专项整治行动为契机，针对暴露出的问题和薄弱环节，分析原因，查漏补缺，对现有管理制度、工作流程进行完善，通过完善规章制度，堵塞漏洞、推进工作。
	听取全区基层“三保”工作情况汇报，研究落实措施	会议要求，各处室（单位）一是要充分认识加强“三保”工作的重要性，坚持将“三保”工作作为重要的政治任务来抓，全面落实“三保”保障责任。二是要加强工作调研，切实搞清弄明市县（区）财政运行实际状况，做到情况清、底数明。三是预算处要进一步修改调研报告，做到问题反映务实有效、遣词造句精确无误。
	研究二季度以自治区党委、政府名义召开会议、印发文件事宜	会议决定，原则同意办公室关于二季度以自治区党委、政府名义召开会议印发文件的情况汇报。二季度以自治区党委名义召开的会议1次，以自治区人民政府名义召开的会议1次；以自治区党委办公厅、政府办公厅名义印发的文件2件，以自治区人民政府办公厅名义印发的文件3件。
2022年第3次	研究审议《自治区四权抵押贷款贴息资金管理办法（送审稿）》《自治区绿色信贷奖励资金管理办法（送审稿）》	会议决定，原则同意金融处关于《自治区四权抵押贷款贴息资金管理办法（送审稿）》《自治区绿色信贷奖励资金管理办法（送审稿）》的起草情况汇报。根据会议讨论意见，按照“贯彻自治区第十三次党代会精神、全面体现财政工作效力”的原则对两个办法进一步修改完善后，报自治区人民政府审核。
	研究审议2021年度重点项目绩效评价相关事宜	会议决定，原则同意预算评审中心关于开展2021年度绩效评价工作的情况汇报。预算评审中心严格按照程序依法依规组织实施，购买第三方机构服务经费控制在237.26万元，在预算额度内据实结算。
	研究审议采购会计师事务所开展区属文化企业2021—2023年度财务会计报告等审计服务事宜	会议决定，原则同意教科文处关于采购会计师事务所开展区属文化企业2021—2023年度财务会计报告等审计服务事宜的情况汇报。教科文处严格按照政府采购程序依法依规组织实施，购买第三方机构服务经费三年控制在294万元，按年度从部门预算中列支，每年98万元，在预算额度内按照招标结果据实结算。

续表

会议纪要编号	主要议题	决定事项
2022 年第 4 次	研究稳经济保增长促发展财政政策事宜。	会议要求，一是要发挥财政支出支撑作用、健全政策直达机制全力稳住社会预期。二是要建立重点建设项目清单对接支持机制、高质量实施北方地区冬季清洁取暖、海绵城市示范等中央财政奖补试点项目、加强自治区重大项目资金要素保障、加大对扩大消费政策支持力度、建立市场化手段扩大消费长效机制。三是要支持“六新六特六优”产业高质量发展、推动新增产业重点项目落地建设、支持重点产业链补链强链壮链、推动产业持续技术改造、推进交通物流枢纽建设。四是要支持打好关键核心技术攻坚战、培育壮大科技创新主体、着力厚植科技创新力量。五是要促进居民持续增收、持续加大教育投入、全力支持构建优质均衡的医疗服务体系、全力做好社会民生兜底保障、加大农业转移人口支持力度。六是要筑牢兜实基层“三保”底线、坚决守住政府债务风险底线、切实增强常态化疫情防控能力、提高安全生产应急保障能力、提高粮食安全保障能力、支持煤炭等能源资源增产增储。 会议决定，原则同意关于稳经济保增长促发展财政政策措施。根据会议讨论意见，预算处进一步修改完善后，按程序提请自治区人民政府审定。
2022 年第 5 次	研究支持“六新”“六特”“六优”产业高质量发展财政政策事宜。	会议要求，一是支持“六新”产业发展要聚焦资金使用分散、使用效益不高等突出问题，对资金使用进一步优化整合，搭建新的支持政策体系。二是支持“六特”产业发展要聚焦科技创新能力不强、产品深加工不足、缺乏大型龙头企业带动、营销体系不完善、品牌影响力弱等短板弱项，找准发力点。三是支持“六优”产业发展要着眼现代服务业发展未来，重点支持行业的关键领域与重点环节。 会议决定，原则同意关于“六新六特六优”产业高质量发展财政政策。根据会议讨论意见，预算处、经济建设处、农业农村处进一步修改完善后，按照程序报自治区人民政府审定。
2022 年第 6 次	研究审议《自治区本级行政事业单位国有资产处置管理办法(送审稿)》	会议强调，相关处室、单位要高度重视行政事业单位国有资产处置管理工作，切实扛起责任、勇挑重担，认真研究上位政策，结合实际细化完善，切忌“上下一般粗”，确保我区行政事业单位国有资产处置管理规范、科学、高效、可操作。 会议决定，原则同意资产处关于《自治区本级行政事业单位国有资产处置管理办法(送审稿)》的起草情况汇报。根据会议讨论意见，资产处对资产处置金额审批权限调整修改后，按程序报自治区人民政府审定。
	研究审议《关于深化生态保护补偿制度改革的实施意见(送审稿)》	会议强调，研究制定宁夏生态保护补偿制度改革实施意见，要吃透中央改革精神，结合自治区生态系统特点和财政可承受能力设定改革事项目标，起草情况汇报要简明扼要、突出亮点。 会议决定，原则同意自然资源与生态环境处关于《关于深化生态保护补偿制度改革的实施意见(送审稿)》的情况汇报。根据会议讨论意见，自然资源与生态环境处按照“务实管用、操作可行、表述精准”的原则进一步修改完善后按程序报自治区人民政府审议。
	研究审议购买预算管理一体化系统运维服务事宜	会议决定，原则同意信息中心关于购买预算管理一体化系统运维服务事宜的情况汇报。商艳臣同志负责，信息中心严格按照政府采购程序依法依规组织实施，宁夏财政预算管理一体化运维服务项目经费控制在 530.34 万元，项目运维期一年，从财政厅部门预算安排的财政信息化资金中列支，在预算额度内按照招标结果据实结算。

续表

会议纪要编号	主要议题	决定事项
2022 年第 6 次	研究审议宁夏国库集中支付电子化系统运维服务事宜	会议决定，原则同意信息中心关于宁夏国库集中支付电子化系统运维服务事宜的情况汇报。由商艳臣同志负责，信息中心严格按照政府采购程序依法依规组织实施，宁夏国库集中支付电子化系统运维服务项目经费控制在 120.8 万元，项目运维期一年，从我厅部门预算安排的财政信息化资金中列支，在预算额度内按照招标结果据实结算。
	研究审议采购新闻宣传服务主体相关事宜	会议强调，办公室、机关党委、宣教中心负责，各处室、单位配合，要强化宣传意识，创新宣传手段和方式，不断增强宣传的吸引力和感染力；要大力培养“专精”宣传人员，持续提高宣传工作人员自身素养和能力水平，不断夯实我厅宣传工作基础；要充分发挥职能作用，加强与国家及自治区主流媒体及相关单位的沟通对接，在文稿策划、摄影摄像、视频制作、新媒体运用管理等方面给予我厅有效支持。
2022 年第 7 次	研究财政支持保民生政策措施有关事宜。	会议要求，各处室（单位）要深刻认识做好基本民生保障的重大意义，把增进民生福祉作为重要政治任务抓紧抓好。一是要突出基本民生保障。加强疫情对就业、养老、医疗等基本民生保障可能形成冲击的分析研判，加大就业创业支持力度、保障职工群众养老医疗待遇、完善高龄津贴政策，确保群众民生待遇落实落地。二是要突出困难群体保障。积极做好疫情受困群众临时救助、阶段性价格补贴发放、特殊群体慰问关怀等，全力保障好困难群众基本生活。三是要突出基层运行保障。强化工资兜底保障，提升运转保障能力，努力确保基层财政平稳运行。 会议决定，原则同意关于财政支持保民生政策措施。根据会议讨论意见，社会保障处进一步修改完善后，提请自治区人民政府审定。
2022 年第 8 次	研究审议《关于加快推进山林权改革促进林下经济高质量发展的财政扶持政策及实施办法（送审稿）》	会议强调，研究制定推进山林权改革促进林下经济高质量发展财政政策要创新思路、深入研究，要站位全局、统筹谋划，要靶向施策、精准发力，增强政策措施的针对性和实效性。 会议决定，原则同意《关于加快推进山林权改革促进林下经济高质量发展的财政扶持政策及实施办法（送审稿）》。根据会议讨论意见，自然资源与生态环境处进一步修改完善后，按程序报自治区人民政府审议。
	研究审议《关于财政支持做好碳达峰碳中和工作实施方案（送审稿）》	会议强调，支持做好碳达峰碳中和工作，要立足长远、逐步深入，要摸清底数、有的放矢，要以点带面、精准有效。 会议决定，原则同意《关于财政支持做好碳达峰碳中和工作实施方案（送审稿）》。根据会议讨论意见，自然资源与生态环境处进一步修改完善后，按程序报自治区人民政府审议。
	研究审议专项债务结存限额安排及自治区本级预算调整方案（第三次）	会议强调，财政部下达我区专项债务结存限额的安排，要聚焦自治区党委、政府重大决策部署，重点向自治区第十三次党代会确定的 20 个重大项目、工业园区基础设施建设、“六新六特六优”产业及基本民生领域等重点建设项目倾斜。要积极主动作为，加强与市、县（区）对接，启发思路高标准谋划、拿出范例高效率推进，确保专项债发行使用取得实效。 会议决定，原则同意《关于专项债务结存限额安排及自治区本级预算调整方案（第三次）》，按程序提请自治区人民政府审议。

续表

<table>
<tr><th>会议纪要编号</th><th>主要议题</th><th>决定事项</th></tr>
<tr><td rowspan="2">2022 年
第 8 次</td><td>研究审议采购厅机关食堂服务团队和食材供应商事宜</td><td>会议决定，原则同意办公室关于采购厅机关食堂服务团队和食材供应商有关事宜的情况汇报。何天文同志负责，办公室严格按照政府采购程序依法依规组织实施。厅机关食堂服务团队预算金额每年 100 万元，采用竞争性磋商方式采购，服务履行期 3 年，合同每年一签，因临时性任务所产生的加班费用，按照国家规定的加班费标准另行结算。食材采购按照每人每月 400 元标准据实核算。其中，牛奶采购采用“简单比价法”合理确定，服务履行期 1 年，合同每年一签；其他食材采购采用公开招标方式分标段招标采购，服务履行期 1 年，合同每年一签。</td></tr>
<tr><td>研究审议招标采购宁夏财政网络及业务应用运维服务项目事宜</td><td>会议决定，原则同意信息中心关于招标采购宁夏财政网络及业务应用运维服务项目事宜的情况汇报。由商艳臣同志负责，信息中心严格按照政府采购程序依法依规组织实施，宁夏财政网络及业务应用运维服务项目经费控制在每年 303.25 万元以内，项目运维期 3 年，合同每年一签，从财政厅部门预算安排的财政信息化资金中列支，在预算额度内按照招标结果据实结算。</td></tr>
<tr><td rowspan="3">2022 年
第 9 次</td><td>传达学习自治区党委 2022 年第二十三次常委会会议精神，研究贯彻落实意见</td><td>会议要求，各处室（单位）要深入学习贯彻自治区党委常委会会议精神，切实把思想和行动统一到自治区党委和政府的工作要求上来，激励党员干部保持晚睡早起的工作状态，争当业务能手，奋力推动全区经济社会持续健康发展。要狠抓工作落实，紧盯中央和自治区决策部署，持续强化责任担当，切实提升履职水平，围绕财政中心工作，拓宽思维，主动出招，迎难而上，实干为先，奋力冲刺，科学编制 2023 年预算、全力抓好财政收支、兜牢兜实基层“三保”、深入开展法制宣传、推动完成制度汇编、做好横向生态保护补偿、着手准备财政工作会议、精准做好审计、效能目标考核等，盘点好工作总结出亮点，创新好思路谋划好发展，确保年底前各项工作高质高效完成。要持续增强疫情防控意识，坚决做到守土有责、守土尽责，强化干部职工思想教育，有效应对疫情，确保疫情防控工作有力有序。</td></tr>
<tr><td>研究审议《自治区财政厅 2022 年度效能目标管理考核方案（送审稿）》</td><td>会议强调，效能目标管理考核是落实决策、推动发展的重要抓手，是衡量工作、评价业绩的重要标尺，也是改进作风、提高效能的重要手段。厅机关效能目标管理考核要坚持正确导向，突出考核重点，对标对表自治区党委政府要求，有效发挥“指挥棒”和“风向标”作用。各处室（单位）要高度重视厅机关效能目标管理考核工作，盯紧目标任务，落实分工责任，把各项考核任务抓实、抓细、抓到位；要统筹安排自治区对我厅和厅机关内部考核，体现创新亮点、补齐短板不足，确保自治区和厅内效能目标管理考核各项工作顺利完成，再上新台阶。
会议决定，原则同意《自治区财政厅 2022 年度效能目标管理考核方案（送审稿）》，尽快印发执行。</td></tr>
<tr><td>研究审议 2023 年财政厅机关预算事宜</td><td>会议要求，财政厅机关要带头严格落实政府“过紧日子”要求，按照“量力而行，讲求绩效，收支平衡”的原则，统筹兼顾、科学编制年度预算；要加强年度工作谋划，增强预算编制前瞻性，刚性事项充分保障；要加强绩效管理，加快预算执行进度，有效发挥财政资金作用。
会议决定，原则同意 2023 年度财政厅机关预算安排。2023 年财政厅机关预算安排 13698.85 万元，包括基本支出、财政系统信息化建设经费、综合业务经费。厅机关大楼维修经费根据安全鉴定情况按照程序从自治区本级总预算中申请解决。2023 年财政厅机关预算批复后，按规定将会计考试考务费、全区财政业务知识培训费、预算绩效管理经费、注会行业党建经费直接拨付相关单位。</td></tr>
</table>

续表

会议纪要编号	主要议题	决定事项
2022 年 第 9 次	研究审议《2022—2024 年自治区本级中期财政规划草案(送审稿)》	会议指出,实施中期财政规划管理,是贯彻党中央和自治区党委、政府决策部署,加快建立现代财政制度、改进预算管理的重要举措,对于提高财政资金使用效率,促使各类规划与财政预算安排相衔接,实现经济可持续发展,具有重要而深远的意义。 会议决定,原则同意《2022—2024 年自治区本级中期财政规划草案(送审稿)》,按程序报自治区人民政府审定后向财政部报备。
	研究审议《宁夏回族自治区水资源税改革试点实施办法(送审稿)》事宜	会议指出,实施水资源税改革是党中央、国务院赋予我区的试点任务,也是 2022 年自治区党委深化改革工作委员会重点督办财政厅的改革任务。相关处室、单位要高度重视、深入研究、全力推进。 会议决定,原则同意《宁夏回族自治区水资源税改革试点实施办法》。根据会议讨论意见,进一步修改完善后按程序报自治区人民政府审定。
	研究审议非税收入收缴管理系统升级改造项目建设事宜	会议决定,原则同意非税收入收缴管理系统升级改造项目建设。非税收入收缴管理系统升级改造项目建设经费控制在 190.66 万元,采用公开招标方式采购,从财政厅部门预算安排的财政信息化资金中列支,在预算额度内按照招标结果据实结算。非税收入管理中心、信息中心、综合处按照职责分工抓好落实。
	研究审议预算管理一体化地方应用软件整合项目建设事宜	会议决定,原则同意预算管理一体化地方应用软件整合项目建设。信息中心严格按照政府采购程序依法依规组织实施,其中,行政事业单位资产管理系统项目建设经费控制在 380.42 万元,地方政府性债务系统项目建设经费控制在 209.58 万元,从我厅部门预算安排的财政信息化资金中列支,在预算额度内按照招标结果据实结算。以后涉及财政的信息化维保项目统一归口信息中心负责。
2022 年 第 10 次	研究审议《2022 年全区及区本级预算执行情况和 2023 年全区及区本级预算草案的报告(送审稿)》	会议强调,2023 年,是贯彻党的二十大精神的开局之年,是落实自治区第十三次党代会部署、实施“十四五”规划的关键一年,财政预算编制要坚持稳中求进工作总基调,全面贯彻新发展理念,加快融入新发展格局,着力推动高质量发展;要严格按照《预算法》等法律法规要求,完善工作机制和程序,提高预算编制法治化、科学化、规范化、精细化水平;要树牢“过紧日子”思想,优化支出结构,全力支持产业发展、中小企业扶持、改革创新、文明创建、乡村振兴、生态文明建设、疫情防控等关键领域和重点民生事业发展;要积极争取中央资金和项目支持,加强政府债务风险防控,加大资金统筹力度,确保财政收支平衡,确保党中央决策部署和自治区党委、政府工作要求得到有效贯彻落实,增强人民群众获得感。 会议决定,原则同意《2022 年全区及区本级预算执行情况和 2023 年全区及区本级预算草案的报告(送审稿)》。根据会议讨论意见,进一步修改完善后提请厅党组会研究审议。

第三部分
全区财税工作概况

全区财政工作综述

2022年，在自治区党委和政府坚强领导下，财政厅进一步解放思想，坚持思路创新、政策创新与工作创新，坚持拓宽视野站位全局，坚持科学细致狠抓落实，高效统筹财政收支，推动全区经济较快增长，扎实促进高质量发展，切实保障改善民生，有效防范与化解风险，以踏踏实实的工作形成对各方有力财政保障，为推动社会主义现代化美丽新宁夏建设作出积极贡献，现将一年来的工作简述如下：

一、高效统筹财政收支，财政收支增速均为历史高水平

全年全区地方一般公共预算收入同口径增长13.7%，位次在全国居前，是多年来的好成绩。争取中央财政转移支付在2021年首次突破千亿元大关后，2022年达到1185.8亿元，再度增长167.8亿元，增幅达16.5%。特别是竞争性项目评审取得较大突破，北方地区清洁取暖项目评审，银川市、中卫市、固原市获得奖励资金39亿元，银川市排名全国第四，无论是争取的资金总规模，还是宁夏城市排名，均取得历史最好成绩；海绵城市竞争性评审银川市获奖励11亿元。地方一般公共预算收入再加上争取的中央财政转移支付，宁夏可用财力增加，全区一般公共预算支出1587.8亿元，为全区各类事业发展提供了有力的财力保障。

二、切实加大财政支持力度，努力推动宁夏经济增长保持在全国排头兵位置

2022年，面对经济下行压力，中央做出了稳经济大盘的战略部署，要求力争实现最好的结果，有条件的省份要完成全年经济社会发展目标。自治区党委书记梁言顺要求保持百米冲刺的状态，咬定全年绝对增速指标和全国排位相对目标不动摇。自治区主席张雨浦迅速带领启动“七大战役”，开展“大干40天奋战200日”行动与“稳经济保民生”行动。财政部门认真贯彻落实，创新政策工具，运用财税杠杆，精准发力促进经济增长。坚持月度财经形势分析，主动站位全区经济社会发展大局，深入政策研究与分析，动态感知存在的困难与问题，提出有价值的意见与建议；组织实施大规模退税减税降费，全年共退税减税降费及缓税缓费225亿元，为历史规模最大，有效增强企业发展动能；创新支持扩大消费，按照梁言顺“扩大消费杀出一条血路来”的要求，创新财政政策工具，深入研究财政支持扩大消费的政策路径，制定出台政策措施，运用发放政府消费券的方式，理顺政策传导机制，建立日报制度，加大组织实施，取得较好政策效果，直接撬动社会消费35.2亿元；财政支持扩大有效投资，通过政府债券等资金渠道，切实加大财政支持力度；深化基础设施投融资改革，研究建立铁路，公路新的筹资模式，破解当前融资难题；牵头制定银川机场改扩建四期等重点项目筹资方案，得到党委和政府领导的肯定。

三、创新完善财政支持政策，高质量发展取得积极成效

自治区党委书记梁言顺指出，“大抓发展，抓大发展，抓高质量发展，是解决宁夏一切问题的关键和基础，要用系统观念、战略思维谋准谋实谋好项目”。自治区主席张雨浦要求围绕国家导向、比较优势、市场主体、三次产业、“三驾马车”等培育新的经济增长点，打造经济增长极。财政部门深入研究思考，打造平台抓手，一年来，在推动高质量发展方面破题开局。在创新驱动方面，高质量发展的动力来源于科技创新，按照梁言顺提出的“推动更多的产业和领域由跟跑向并跑领跑转变”要求，系统梳理宁夏科技创新与产业发展在国内所处阶段，分门别类提出推动发展的政策建议，将工作要求落实落地。在产业培育方面，高质量发展的基础在于产业，结合宁夏资源禀赋、产业基础以及税收贡献，财政研究穿透至具体产业与项目，描绘财政支持重点税源路线图，发挥煤炭和石油“原字头”产业“压舱石”作用，做大做强煤制油产业、巩固提升传统产业、加快发展新兴产业等，得到自治区领导肯定；在政策扶持方面，今年以来，国家出台了系列政策措施，按照书记、主席的要求，抢抓政策机遇，扑下身子加强对市县的指导，努力提升项目谋划的能力和水平，在申请运用专项债结存限额、政策性开发性金融工具、重大设备贷款贴息等政策

支持方面，积极主动作为，把握了政策机遇。

四、财政统筹兼顾突出重点，精准保障与改善民生推出新举措

2022年财政用于民生领域的投入进一步增加，达到1198亿元，占到财政支出75.7%。特别是2022年结合宁夏发展需要、民生所盼，财政主动建议有针对性地出台实施部分民生政策，取得很好的效果。在就业优先方面，针对疫情压力下可能出现的大学生就业难、未雨绸缪提前行动，统筹安排资金3.35亿元，增加岗位4760个，并支持市场化就业安排，推动实现宁夏毕业大学生就业率全国第一。在面对疫情民生保障方面，宁夏率先在全国发放一次性生活困难救助，针对受疫情影响较大的灵活就业人员，财政建议实施临时困难救助，实现了精准保障；在出台实施民生政策组合方面，通过优化结构，出台实施的14条民生政策含金量足，且财政可承受。今年支持启动国家区域医疗中心—北京大学第一医院宁夏妇女儿童医院顺利落地建设运营，将为全区人民带来更加优质的医疗资源。

五、全力保障发展和安全，有效支持防范化解重大风险

梁言顺书记多次强调，要统筹发展与安全，以“时时放心不下”的责任感和“睁着眼睡觉”的警惕性，高效统筹疫情防控和经济社会发展。张雨浦主席就加大安全领域财政投入提出明确要求。财政部门认真贯彻落实。一是支持打赢疫情防控阻击战。自治区财政在全国率先制定出台支持疫情防控的财政政策，积极筹措资金对标对表，疫情防控硬件全部配齐，为后续抗击疫情提供了坚实的基础。“9·20”疫情暴发后，疫情防控资金支出大幅增加，迅速达到40亿元，对财政系统是严峻的考验，财政部门调整结构，优先保证疫情防控资金需要；在费用结算上，按轻重缓急，由市县加强同企业的协商，做到“费用能结算，财政可承受”；明确疫情防控分级负担机制，加强疫情防控费用审计，及时确定抗疫形成资产运管管护责任，从而多管齐下，有效保障疫情防控支出。二是切实防范化解地方债务风险。连续五年超额完成化债任务，宁夏地方债务规模、债务率双下降；市场化化债取得重大进展，经过充分沟通协调，历时4年的140亿元交投债务成功剥离；规范地方融资平台管理，进一步摸清融资平台资产负债底数，推动妥善化解债务风险，加快推进融资平台市场化转型，切实防范化解财政金融风险。三是加大安全生产投入。针对安全生产短板弱项，主动建议利用一般债券资金等补齐城市防水排涝、应急保障救援、工业园区安全保障等短板弱项。2022年投入安全生产方面资金28.1亿元，是历史上一次性投入最多的一年，得到自治区主要领导的肯定。

另外，自治区财政厅在推进乡村振兴与农业农村优先发展；支持污染治理与生态环境保护；兜牢兜实“三保”底线，确保基层平稳运行；加强财政管理，提高资金使用效益；深化财税体制改革，支持深化其他领域重点改革等方面，做了大量工作，取得较好的成绩。

一年来，自治区财政厅注重加强学习，将梁言顺书记、张雨浦主席重要讲话汇编成册，领导干部带头学反复学，从中悟出道理，理清工作方向，找到解决问题的方式方法，将相关工作要求充分体现在政策设计与预算安排中，使得财政工作始终保持着正确的方向。一年来，自治区财政厅进一步解放思想，转变工作作风，坚决克服小富即安、小成则满的思想，敢于胜利，开拓创新，推动将更多的不可能变为可能；大力弘扬“严细深实勤俭廉+快”的工作作风，将各项工作往实里做，往深里研，提升工作效率，注重工作效果。一年来，自治区财政真抓实干，担当作为，以晚睡早起的状态干实事创实绩求实效，以踏踏实实地工作与付出，获得更多中央财政支持；全厅上下团结奋斗，迎难而上，敢于攻坚克难，创造了良好的工作业绩。

展望2023年，财政厅将认真贯彻党的二十大精神和习近平总书记重要讲话指示批示精神，全面落实自治区第十三次党代会精神，按照中央经济工作会议部署，积极的财政政策加力提效，突出中国式现代化中心任务，牢牢把握高质量发展第一要务，坚持融入新发展格局重大战略，站稳人民至上根本立场，促进质的有效提升与量的合理增长，为全面建设社会主义现代化美丽新宁夏提供坚实的财力保障。

全区税收工作综述

2022年，国家税务总局宁夏回族自治区税务局（以下简称宁夏税务局）坚持以习近平新时代中国特色社会主义思想为指导，深入学习贯彻落实党的二十大精神以及自治区第十三次党代会精神，围绕“抓好党务，干好税务，带好队伍”工作目标，认真落实自治区党委、政府和税务总局党委决策部署，高效统筹税收现代化建设、疫情防控和服务经济社会发展，为建设社会主义现代化美丽新宁夏贡献税务力量。

一、突出政治机关建设，加强党对税收工作的全面领导

始终把深刻领悟“两个确立”、坚决做到“两个维护”作为最大的政治，自觉用习近平新时代中国特色社会主义思想武装头脑指导实践推动工作，坚定站稳“第一方阵”。

（一）学思践悟固本培元强武装

把学习宣传贯彻党的二十大精神作为首要政治任务，把习近平总书记视察宁夏重要讲话指示批示精神，以及习近平总书记关于税收工作重要论述和重要指示批示精神作为“第一议题”来学习、“第一遵循”来贯彻、“第一要件”来落实。深入开展“大学习、大讨论、大宣讲、大实践”活动，紧密结合自治区第十三次党代会和自治区党委经济工作会议部署，广泛开展“税收现代化服务中国式现代化”大讨论，举办全系统专题培训班，组织开展先进典型宣讲活动，建好“四类课堂”，创新“八学联动”，运用支部书记领学、专家讲学、青年研学等多种形式，开展420场培训学习活动，引导党员干部自觉把党的二十大精神转化为推动地方经济社会发展的生动实践。

（二）聚精会神高效融合强党建

树牢“抓好党建是最大的政绩”理念，认真落实“纵合横通强党建”机制制度体系，顺利完成党建高质量发展两年行动方案工作任务。实施“五创五促”工程，制订“三年三步走”计划，全系统74%的单位成功创建“让党中央放心、让人民群众满意的模范机关”，78%的党组织达到“三星级”标准，95%以上单位党建工作考评成绩稳居地方“第一梯队”、党支部标准化规范化达标率进入地方“第一序列”，不断增强基层党组织的政治功能和组织功能。深入开展文明单位创建，全系统新增省部级以上荣誉28项，20个集体被团中央授予“一星级全国青年文明号”集体，“全国文明单位”占七成以上，涌现出全国“五一劳动奖章”“宁夏好人”等一批先进典型。

（三）全面从严综合施治强监管

着力构建“六位一体”全面从严治党新格局，积极完善“1+1+5+N”一体化综合监督体系框架，创新实施提级审查模式，提升“大纪检”监督治理效能，一体推进不敢腐、不能腐、不想腐。综合运用“四种形态”全面提升监督执纪质效，推动解决三大类10个方面问题，不断强化对广大税务干部特别是青年干部教育监督管理，积极营造风清气正的干事氛围。切实抓好中央巡视问题联动整改，制定整改措施134项，做实做细巡视整改“后半篇文章”。严格落实意识形态和网络意识形态工作责任制，意识形态阵地建设和管理进一步加强。

二、高效落实惠民暖政，着力退税减税降费助企纾困

坚持“快退税款，狠打骗退，严查内错，欢迎外督，持续宣传”五措并举，丰富完善和全面运用“十个一”工作法，全年新增减税降费及退税、缓税、缓费247.3亿元，受益市场主体42.2万户，为自治区稳经济、保增长、促发展发挥了积极作用。

（一）加强统筹部署力度

逐级健全“政府牵头，部门协作，税务主责”工作机制，推动地方和系统“双重管”的体制优势转化成“两边促”的成效叠加。构建税务、财政、公安、人民银行等多方共治格局，确保退税进度与财政资金动态平衡。建立“一竿子到底”抓落实、保落实制度机制，实体化运作72个工作专班，项目化承接152项任务要求，滚动式落实350项计划任务，全面实现“一表掌进度、一图揽全局”目标。

（二）加快红利落袋速度

运用“智慧税务”建设成果，开通云办税、云

辅导、云咨询等绿色通道，扩大“非接触式”办税缴费范围，打通政务服务平台和“我的宁夏”APP融合通道，开设2个税务专区，实现90%的涉税事项、99%的退税申请“码上可知，线上可答，网上可办，掌上可行”。对符合政策条件的低风险纳税人，简化退税流程，制造业增量留抵退税到账时间压缩至2个工作日内。通过“一键办理、自动抵扣”功能，实现“六税两费”退抵税费快捷办理。税费优惠政策层层递进、步步加力，精准落实，有效助力企业轻装上阵。

（三）加大风险防控强度

聚焦“事前、事中、事后”三个环节，建立一体化风险防控机制，扫描处置1000余项风险点，追回退税1.8亿元。建立六部门协同联动指挥中心，组建跨部门常态化打击虚开骗税专家组，聚力查办团伙式、跨区域、恶意造假骗取留抵退税等违法行为，挽回税款损失2.64亿元，打掉3个骗税团伙，抓捕27名犯罪嫌疑人。

三、积极发挥职能作用，用心用力服务地方发展大局

主动把握经济税收运行规律，在保障财力、激发活力、增强动力等方面发挥税务部门职能优势，有效助力地方高质量发展。

（一）量优质兼完成收入任务

把握全区经济运行“稳快好”的特点，妥善处理好减税降费与组织收入的关系，牢牢守住“底线”、不踩“红线”。持续提升征管质效，依法依规增收促收。全年组织各项收入1230.7亿元，同比增长20.6%。其中，税收收入605.3亿元，扣除留抵退税因素后增长16.9%；地方级收入283.1亿元，扣除留抵退税因素后增长15.7%；社保费375亿元，同比增长18.9%；非税收入205.7亿元，同比增长2.8倍；其他收入56亿元，同比增长58%，为自治区经济社会高质量发展提供了可靠财力保障。

（二）善扬优势服务经济发展

聚焦自治区第十三次党代会重要部署，建立落实自治区“六大提升行动”、“六新六特六优”产业和重大项目工作机制，制订任务实施方案，梳理汇编四大类24个方面1222条税费优惠政策，推出23条服务措施。发挥税收大数据优势，强化以税辅政职能，深化黄河流域生态保护和高质量发展财税政策研究，分行业、分产业推出328篇税收分析“拳头”产品，获各级党政领导批示58次。联合18家签约银行和金融机构推出“税易贷”等10余种金融服务产品，帮助1.6万余户中小微企业获得纳税信用担保贷款70亿元，执行优惠利率降低融资成本9000万元，有效缓解了企业融资难题。

（三）强化担当助力地方建设

创新实施不动产登记“证缴分离”，为229个小区14万户居民解决“办证难”遗留问题。运用“全国纳税人供应链查询”功能，助力124户企业实现购销对接，推动成交金额1.3亿元。选派9名“乡村振兴”驻村工作队员，落实8个项目及配套资金60万元，帮扶点实施的“强化党建引领以工代赈高效助力乡村振兴”项目，被评为区直机关“三下三帮”优秀项目。全系统累计组织3500余名党员团员下沉一线开展疫情防控志愿服务，有力彰显了税务担当。

四、攻坚深化征管改革，全面推进提升税收治理效能

深耕《关于进一步深化税收征管改革的意见》落实，加快构建“以数治税”征管体系，税收征管数字化升级和智能化改造取得积极进展，税收现代化服务效能显著增强。

（一）推进智慧税务建设提能增智

积极推进智慧税务建设融入数字政府建设，持续打造“2+5”数字政府互动平台。广泛引入云计算、5G应用、大数据、虚拟场景等前沿科技，新建6个智慧办税服务厅，改扩建30个24小时自助办税服务厅，税费业务办理提速20%以上。大力拓展“云端”和数字化建设，构建税源信息“一员式”归集移动管理专区，推行“区域＋团队＋网格单元”矩阵式管理。有序推进数电发票受票扩围，普通发票代开实现全流程“不进厅，线上办”。出台数据安全管理办法，实施共享数据分级分类管理。打造非税收入“风控＋分析”双平台，实现四级税务机关“一键可查、一键归集、一键可视”。

（二）推进税务精确执法提标增力

全面落实行政执法“三项制度”，严格审核2200项重大执法决定，公示17万条执法信息。推

行23项“首违不罚”事项清单。在县级局建立13个“公职律师涉税争议咨询调解中心”,推动实现“小事不出大厅，大事不出分局，难事不出县局”的工作目标。持续开展层级督审、专项审计、现金税费征缴专项整治，查改各类问题158个。扎实做好内外部审计发现问题整改，有效防范“两权”运行风险。宁夏税务局法治税务建设品牌入选自治区法治政府建设示范项目。

（三）推进税务精准监管提质增效

探索动态“信用+风险”监管方式,全面深化“双随机，一公开”监管，初步建立数字化税收风险防御体系。构建“数据集成+风险识别+提示纠错+依法查处”闭环监管体系，为加油站税收管理服务提供宁夏经验。积极推进跨部门协同监管，与自治区发改委等25个单位建立信息共享机制。优化稽查案件项目制管理，立案检查499户（次），与公安厅实施联合惩戒141件。扎实开展企业所得税核定征收、汇总纳税及跨地区经营等专项整治，深化推进“两管联动”。构建高收入人员税费服务与监管新模式，全面规范经营所得个人所得税管理。制定资源和环境税管理指引,强化各环节全流程管理。创新土地增值税清算工作模式，房地产项目清算数量增长121%。严厉打击国际逃避税行为，调增应纳税所得额1.1亿元，查补税额及利息691万元。

五、提档升级纳税服务，持续改进优化税收营商环境

坚持以纳税人缴费人为中心，进一步加大“放管服”改革力度，持续优化智能高效税费服务。

（一）打造更便利的办税缴费流程

连续第9年开展“便民办税春风行动”，集成推出六大类21项127条便民服务举措。优化涉税事项区内通办规程，梳理57项“最多跑一次”事项清单，升级202项办税指南，简化60余类表证单书。推行多费种跨部门跨系统跨层级的全流程电子化办理，实现残保金相关信息交互共享。强化税费协同管理和城乡两险网格化管理，健全完善4000个基层征缴服务点，覆盖面达到98%。

（二）打造更个性的服务品牌

建立“一对一”网格化政策辅导、诉求响应、跟踪服务联系机制，设置12366“远程坐席”专岗，增设语音导航服务，进一步拓展个性化、智能化服务方式。发挥“马丽工作室”辐射效应，建成7个各具特色的工作分室，开辟64个“马丽服务窗口”,催生出“银川一刻钟办税圈”“六盘税桥”“杞云e税”“小税帮您办”等一批区域服务品牌。“复制推广马丽工作室”经验做法被税务总局列入2022年“便民办税春风行动”意见。

（三）打造更优质的营商环境

对照自治区《优化营商环境 助力高质量发展实施方案》,深化细化8类25项税收管理服务任务。连续第8年开展服务“一带一路”系列宣传活动，与中国和沙特产能合作推进领导小组办公室建立合作机制，跟踪对接第五届中阿博览会引进项目，深入宣传落实税收优惠政策。签订大企业纳税服务与留抵退税遵从合作协议，全方位做好大企业服务升级。开展“春雨润苗”专项行动，探索“税务+工商联+政府”服务模式，联合举办税费政策辅导培训120场,精准推送税费服务信息30类130余万条，惠及10万户中小微市场主体。在全区营商环境评价中，5个牵头指标评价均为“好”的等级，位列第一名。

六、淬火锻造干部队伍，厚植向上向善干事创业动力

坚持严管和厚爱结合、激励和约束并重，充分激发干部职工干事创业活力，打造忠诚干净担当税务铁军。

（一）加强班子建设，增强整体功能

结合实际调任3名事业单位正处级领导干部，选拔配备20名副处级领导干部，交流调整2名市局主要负责人、2名班子副职，晋升职级867人，推动各级领导班子结构持续优化。开展领导干部任前集体谈话，对班子成员分级分批开展轮训、调训，充分发挥绩效管理抓班子作用，提升班子整体功能。

（二）优化干部结构，激发队伍活力

加强职级公务员规范管理，优化完善绩效考评和数字人事结果运用办法，强化考评结果在干部任用、年度考核、评先评优等方面的“刚性挂钩”“硬性运用”。深化拓展公务员分类管理改革，评定专业技术任职资格44人，套转职级35人。推进事业单位改革，62名事业人员晋升岗位等级，打通了

事业人员成长通道。

（三）提升干部素质，培养税务铁军

开展税务党校教学能力提升行动，实施“春学、夏练、秋比、冬补”常态化学习培训，搭建“青年理论讲堂”等学习交流平台。举办各类业务培训班36期，累计培训4500人次。实施“2341”人才培育工程，制订“宁税徕凤”计划，开展“四立”铸魂行动，探索青年才俊“三年培育期”动态管理机制。2名干部入选税务领军人才，71名干部入选全区税务系统专业骨干、岗位能手，40名干部入选全区税务系统专业人才库，选拔首批青年才俊45人，为税收事业可持续发展储备了人才力量。

财政部宁夏监管局工作综述

2022年，财政部宁夏监管局坚持以习近平新时代中国特色社会主义思想为指导，在财政部党组、自治区党委和政府坚强领导下，深入学习贯彻党的二十大精神，全面贯彻落实全国财政工作会议、监管局工作会议和监管局党的建设工作会议精神，按照“高实深广”的工作思路和“提质增效”的工作目标，机关党建全面加强，监管工作走深走实，队伍建设坚强有力，全年工作成效显著。

一、践行“高实深广”工作思路，推进各项工作迈上新台阶

宁夏监管局党组提出“高实深广”的工作思路，引领带动全局干部职工讲政治、强监管、深调研、促发展，坚决推动中央重大财税政策落地见效。突出“高”。提高政治站位，强化政治机关意识，认真学习贯彻习近平总书记重要讲话精神和党中央决策部署，坚决贯彻落实部党组各项工作要求，以做好财政监管工作的实际行动践行“两个维护”。立足“实”。弘扬求实务实，准确把握贯彻落实中央重大决策部署和服务地方经济社会发展的结合点，既坚持原则，担当作为，站稳中央财政立场，坚决维护财经纪律，又秉持“实事求是，换位思考”的监管理念，区分对待体制机制问题和具体管理问题。聚焦“深”。坚持精耕细作，以常规工作+重点工作+创新工作的方式开展分类监管，深入基层一线，深挖工作成果，把强化监管和优化服务相结合、发现问题和督促整改相结合，着力提升监管效能。注重“广”。加强广泛协作，主动“借力”履职，加强与自治区组织部门、区直机关工委、其他监管部门、中央驻宁机构、全国两会代表委员、驻地高校等联系，增强财会监督影响力，凝聚监管合力。全年工作得到财政部、自治区领导批示34次，获得财政部、自治区表彰12人次。

二、加强政治型机关建设，引领践行“两个维护”

（一）加强政治学习，不断提高“政治三力”

一是自觉用党的创新理论武装头脑。把学习宣传贯彻党的二十大精神作为首要政治任务，深入组织学习习近平总书记系列重要讲话精神，建立党组领学、支部深学、干部自学、辅导助学、活动促学、以行践学“六学”联动机制，推动全局干部学思用贯通、知信行统一。全年学习80余次。二是扎实开展“大学习、大讨论、大宣传、大实践”活动。制定4个方面重点任务和11项具体措施，组织学习《习近平谈治国理政》第四卷，以及习近平经济思想、习近平生态文明思想等，举办深化学习贯彻习近平新时代中国特色社会主义思想暨习近平总书记视察宁夏重要讲话和重要指示批示精神宣讲报告会，持续推动学习入脑入心、走深走实。三是注重提高青年干部政治能力。组织青年理论学习小组交流党的二十大精神学习体会，开展以高质量党建推动落实习近平总书记重要指示批示和党中央经济工作决策部署专项工作、参加“更好按经济规律办事，财政青年怎么办”主题征文等，增强理论学习的自觉性、针对性、实效性。

（二）树牢政治意识，坚决做到“以政领财，以财辅政”

一是牢牢把握监管局首先是政治机关属性。坚持把党的政治建设摆在首位，以“强政治意识、建政治机关，强党性锻炼、建忠诚队伍”为重点，开展政治教育、忠诚教育、纪律教育、意识形态教育，教育引导党员干部坚定捍卫“两个确立”、坚决做到“两个维护”，自觉把财政监管工作放在党的工

作全局中思考、大局下行动。二是进一步推进党建工作高质量发展。贯彻落实监管局党的建设工作会议精神，研究制订《关于落实〈关于进一步加强监管局党建工作的意见〉的实施方案》，建立局党组、机关党委、党支部“三级书记”抓党建机制。主动向地方党委、政府报告有关情况，选优配强机关党委专职副书记，全面加强机关党委工作。三是深化五星级党组织创建。树立“党的一切工作到支部”的鲜明导向，制订支部工作计划、全面从严治党主体责任重点工作清单，完善党支部书记述职评议考核方式，推动党支部筑牢战斗堡垒。

（三）强化政治引领，凝聚昂扬奋进的精神力量

一是充分发挥政治引领作用。开展转型三周年“新职能、新思路、新作为”学习研讨，财政部宁夏监管局领导通过全局干部大会、干部职工座谈会、逐一谈心谈话、专题党课等方式，大力推进落实党中央及部党组赋予监管局的新职能、新使命、新要求，树立鲜明的实干实绩奋斗导向，干部队伍凝聚力和战斗力明显增强。二是严格落实意识形态工作责任制。局领导与各处室负责人签订《意识形态工作责任书》。实行对外信息宣传逐级审批等制度。利用会议、审核、调研等机会，积极主动发声，加强正面宣传，积极引导和营造良好社会舆论环境。三是注重在财政监管、为民服务、急难险重任务第一线锤炼干部。克服局内人员少的困难，选派8人次干部参加部内挂职锻炼、巡视、专项工作等，选派1名副处长担任驻村第一书记、2名干部参加社区疫情防控。

（四）增强政治定力，巩固风清气正的政治生态

一是担牢党风廉政主体责任。坚持专题研究全面从严治党工作，开展局内政治生态和党风廉政形势分析研判。局领导带头落实中央八项规定精神不动摇，加强春节、端午、中秋等重大节假日作风和廉政监督，进行集体廉政谈话。开展作风建设专项整治行动，持之以恒纠治“四风”。二是发挥警示教育强震慑固防线作用。传达学习财政部、自治区违纪违法典型案例通报，对照自警自省、引以为戒。3月下旬和7月上旬分别按自治区和财政部要求开展“领导干部廉政警示教育周”和“警示教育周”活动，通过召开警示教育大会、中心组学习、主题党日、接受现场警示教育学习等形式，鞭策党员干部始终做到对党忠诚、廉洁自律。三是健全内控制度防范廉政风险。贯彻落实部内控委决策部署，压实内控委、内控办、各处室的三级责任。创新运用内部控制和风险自我评估（CSA）方法开展内控自查，推进内控责任落到实处、内控作用充分发挥。组织制定修订相关制度，健全不敢腐、不能腐、不想腐的制度保障。

三、发挥“探头、哨兵、参谋”作用，服务宁夏经济社会高质量发展

（一）不断擦亮1+3+N监管品牌

立足宁夏实际，创建“1+3+N”财政监管品牌。“1个核心”，即以坚决推动中央重大决策部署落地见效为核心；“3个重点”，即以转移支付监管、地方政府债务监管、地方财政运行监管三大业务为重点；“N”即其他监管常规业务；通过不断探索建设“1+3+N”监管品牌，“探头、哨兵、参谋”作用充分发挥。统筹全局力量组建专项工作组，有力地保障了中央重大财税政策和重大区域战略落实落地。高位谋划、重点推进政府债务监管、转移支付监管、财政运行监控等各项工作，相关工作报告得到自治区党委政府领导批示肯定。

（二）积极创新监管方式方法

综合使用监控、核查、核实、调研、评估等多种监管方式，注重提高监管“附加值”、突出“小切口”做“大文章”，多种形式提高监管质效、传导监管压力。严格把关强指导，局领导加强跟踪指导，做好“指挥员”“辅导员”，每月局长办公会议听取各处室重大业务、重要工作进度汇报，确保工作方向不偏、保质保量；建立局内对绩效评价结果、专项检查结果的会审机制，确保结果客观公正、依据合理。紧盯整改促规范，把推动长效规范整改摆在突出位置，下发监管函、移送函、管理建议书，及时提醒警示相关部门，修订相关制度，推进问题解决。大数据监管提质效，利用系统审核城乡居民基本医保补助资金，审核结果被社保司采纳，《中国财经报》专版刊发宁夏监管局工作做法。协调联动聚合力，深化与自治区财政部门的联合联动机制，加强与自治区国库、统计、税务、金融等部门数据信息共享，密切与全国“两会”代表委员、自治区人大和政协

的联系，凝聚各方力量推进工作。服务地方促发展，充分发挥政策把关作用，对涉及财政相关议题提出意见建议。

（三）强化监管和服务助力美丽新宁夏建设

1. 有力推动中央重大财税政策在宁夏有效落实。推动减税降费政策红利落地。强化与地方财税部门协调联动，召集小微、制造业、科技创新企业3场座谈会，形成相关信息报送上级机关。助推国家重大区域战略实施。聚焦黄河流域生态保护和高质量发展区域战略，形成上报调研报告，为推动区域战略实施建言献策。贯彻落实习近平总书记2次视察宁夏对宁夏葡萄酒产业发展的重要指示精神，形成调研报告报财政部，主动服务地方经济社会发展。高站位助推疫情防控资金保障政策落地见效。关注宁夏疫苗接种、医保基金结算和新冠患者医疗费用清算等情况，针对审核发现的问题，督促相关部门及时调整。

2. 防范地方政府债务风险和金融风险。专题向地方报告债务监管情况，利用自治区政府会议、市县调研等机会，加大政策宣传力度，推动落实管理主体责任。组织开展各项债务专项工作。密切关注宁夏金融运行情况，与自治区地方金融监督管理局建立地方金融风险监管合作机制；强化属地国有金融企业国有金融资本运行、财务制度执行监管。

3. 促进县区财政平稳运行。加强与地方财税、国库等部门配合，将重点监测县区确定为联系点，重点关注基层财政收入质量、债务率、暂存暂付款、库款保障水平等指标，跟进关注省以下财政体制改革，以及减税降费、疫情防控对财政运行的影响。探索建立有宁夏特色的县区财政运行“立体画像”指标体系。

4. 提升转移支付资金使用绩效。会同自治区财政厅制定《宁夏中央转移支付监管工作细则》，形成事前介入、事中监管、事后评价的闭环管理模式，全覆盖监控中央转移支付资金、直达资金。聚焦民生社保、生态环保、基础设施建设等领域，加强中央转移支付资金申报审核、执行监控、绩效评价全链条监管。

5. 维护宁夏财经秩序。关注地方重点企业会计信息质量，开展地方预决算公开情况和“三公”经费专项检查，督促有关部门纠正存在的问题。落实检查后续处理与督促整改，向市县政府及地方财政等移交相关问题。强化与地方财政部门、行业协会、相关监管部门、各会计师事务所沟通协作，加强对属地注册会计师行业日常监管。

6. 部门预算监管不断加强。贯彻落实“过紧日子”要求，完成部门预算编制审核、决算编制审核、银行账户管理等，加大授权支付资金监控力度，纠正违规支出。组织召开部门预算监管会议，督促各单位强化预算约束、严格执行财经法规和管理制度。

7. 服务地方建言献策成效显著。结合区域特点和监管工作实际，组织开展黄河流域生态保护和高质量发展战略贯彻落实、宁夏葡萄酒产业发展、中欧班列运行、清洁取暖改造运营、高校毕业生就业、疫情防控下中小微企业融资等调研，多篇信息材料被财政部，自治区党委、政府采用。

8. 服务全国“两会”代表委员工作精准高效。建立完善分类沟通、提醒通报、沟通联络等机制，强化与部办公厅、国合司、自治区人大和政协等沟通，全年沟通联络率100%，邀请代表委员参与专项调研等工作。

财政厅办公室工作综述

2022年，财政厅办公室坚持以习近平新时代中国特色社会主义思想为指导，深入学习贯彻党的二十大精神、自治区第十三次党代会精神和全区财政工作会议精神，着眼常态化疫情防控形势下经济社会发展，紧紧围绕财政中心工作和厅党组各项决策部署，以打造“忠诚站队，服务先锋”支部品牌为抓手，坚持“稳中求进，进中求好”工作思路，不断加强自身建设，着力提高办文办会、文稿起草、信息报送、机要保密、后勤保障等工作能力和水平，确保厅党组决策的贯彻落实和整体工作的高效运转。

一、聚焦主责，以文辅政能力持续提升

始终坚持精品意识，不断提高文字材料质量。

认真学习和领会自治区党委、政府的重要会议和文件精神，紧紧围绕财政中心工作，努力贴近领导思路，精雕细刻文章，确保全厅各种综合性材料保质保量按时完成。2022年，先后完成全区财政工作会议讲话、党建和党风廉政建设会议讲话、财政工作报告等综合材料60余篇，筹备组织厅党组会、厅长办公会49次，编发会议纪要49期，审核公文1600余件，接收分办各类文件4800余件。按照通知要求安排厅领导、处室参加各项会务活动1900余次；圆满完成全区财政工作会议、党风廉政工作会议等大型会议组织工作，受到一致好评。

二、注重落点，督查督办高效有力

2022年，办公室对事关工作全局的重大问题、月度工作重点和阶段性工作，探索实施整体工作定期全面督查、中心工作适时专项督查、领导指示事项立即督查相结合的方式，加大督查、督办力度，确保各项工作有效落实。建立深化改革、民生实事、“稳保促”、政府工作报告、巡视整改等6类15项重点工作台账，一件一件销号，一件一件落实，较好地推动了各项目标任务的全面完成。研究制订《自治区党委巡视办移交财政厅巡视整改未到位问题及督促指导整改任务落实工作方案》，建立整改任务进展定期督办制度，每月15日、30日定期开展督查，全程跟踪落实，确保巡视反馈任务整改有序推进。督促做好人大代表建议政协委员提案议案238件，财政厅办公室荣获自治区十二届人大代表“议案建议办理先进单位”荣誉称号。督办完成人民网领导留言、主席信箱和“12345”热线共35件，办理、督办自治区党委政府督查件29件，统筹落实精文简会要求，年内共制发文件62件，召开会议5次。编印《每周工作动态》36期，表扬“新、亮、快、实、好”工作，通报“慢、拖、迟、虚、差”问题，督促各处室（单位）有效提升抓工作的积极性。

三、确保时效，信息报送积极主动

围绕全厅重点任务，加强与主流媒体、上级信息宣传部门的沟通协调，实现全厅重点工作和重大活动“报纸有文字，电视有图像，广播有声音”。2022年，在《宁夏日报》《中国财经报》《中国财政》等新闻媒体刊发稿件90余篇，向自治区党委、政府和财政部报送信息采用53篇，有2篇被自治区党委评选为“好信息”，1篇获自治区领导肯定性批示，1篇被中办采用。收集、处理厅机关处室和市县（区）财政部门信息3544条，编发《财政信息》88期，采编信息142条，审编《财政简报》33期，审核发布图片新闻223条。尤其是在党的二十大和自治区第十三次党代会召开之际，以高度的政治责任感和敏锐的洞察力及时捕捉相关信息，协助新闻媒体做好对财政厅的访谈工作，共推送网络信息50余条，被各级媒体采用10余条，在《宁夏日报》刊登《以时间不等人、机遇不等人、发展不等人的紧迫感和使命感投入到实干中去》等专题稿件3篇，在宁夏电视台推出对话党代表《同心向党合力奋进身肩使命勇毅前行》专题访谈，有力地展示了宁夏财政良好形象。

四、规范管理，服务保障再上台阶

始终坚持规范化管理，把“服务好，效率高”作为办公室工作标准，严格量化执行。一是加强制度建设。按照厅党组工作部署，组织开展厅内部管理制度修订工作，形成包括综合、党的建设、人事管理、政务管理、法治建设、财务管理、后勤管理7类65项制度，使广大干部职工开展工作有章可循、有规可依，进一步提高单位制度化管理水平和科学执政、民主执政、依法执政水平。二是积极改善办公条件。按照相对集中、适度优化的原则，对各处室、单位办公室布局进行了调整；对原羽毛球馆进行改造，将运维人员统一安排到附楼和原羽毛球馆集中办公；对厅机关卫生间进行优化，合理设置卫生间布局，体现人性化；维修、保养了健身器材，提高健身器材使用率。三是重视内部安全工作。认真开展保密法制宣传月、保密自查自纠活动，严格“三密”文件管理，确保国家秘密安全；狠抓财政厅网评员队伍建设，及时有效地跟进网评管理；严格执行财经纪律，做好财务核算工作，全年审核财务报销3000余笔，全部依法合规；扎实开展固定资产清查、管理、处置工作，清理报废历史遗留资产400余件；整理归档年度文件档案7500余份，会计凭证240余册，资料齐全有序。严格落实疫情防控要求，累计配发消毒液120余瓶，口罩1万余个，采取“分餐配送”方式，保障工作人员用餐，督导物业公司每天不少于2次对办公楼的电梯、走廊、卫生间等公共区域进行全面消毒处理，对所有进入厅办公楼人员进行体温检测登记，确保办公区域防护到位。抓好全厅节假日值班工作，累计安排值班人员132人次，财政厅值班工作被自治区政府办公厅通报表扬。派遣公务用车280余次，接待来访群众46人次，处理信访件8件，认真接访，主动回应，切实保障信访者的权利，有效地展示了财政部门的良好形象。

五、严格要求，自身建设稳步推进

坚持把理论学习作为统思想、强认识、抓落实的有效措施，采取集中学、会议学、领导讲和自主学、网上学等多种方式，深入学习习近平新时代中国特色社会主义思想，持续抓好习近平总书记视察宁夏重要讲话精神学习，及时跟进党的二十大精神和习近平总书记最新重要讲话精神学习，以及自治区党委政府及厅党组重要会议精神。2022年，累计开展集中学习20次，开展研讨交流3次，党员的政治意识进一步牢固。持续擦亮办公室支部“忠诚战队，服务先锋”党建品牌，开展办公室“服务提升九项行动”，严格落实党支部“三会一课”制度，全体党员干部凝聚力、向心力进一步增强。

人事教育与老干部工作综述

2022年以来，宁夏财政人事与老干部工作聚焦自治区第十三次党代会确定的目标任务，深入学习贯彻党的二十大和习近平总书记视察宁夏重要讲话指示批示精神，加大干部选用管育力度，持续推进干部人才队伍建设，为财政工作提供了有力保障。

一、坚持正确导向，加强干部队伍建设

始终突出政治标准，坚持事业为上、公道正派，完善选人用人机制，提高选人用人公信力和满意度。一是加大干部选用力度。先后向地市和自治区部门推荐交流干部4名，厅内提拔交流轮岗、岗位聘用干部102名，干部队伍结构不断优化，干事创业氛围更加浓厚。二是加强干部交流轮岗。坚决打通“三支队伍”壁垒，安排4名机关干部到事业单位任职，从事业单位选拔12人到机关工作，大力选用各年龄段优秀干部人才，有效地调动了干部工作的积极性。三是坚持多渠道培育锻炼干部。尊重干部成长规律，优化成长路径，积极推荐26名干部参加巡视、专项治理、岗位锻炼、大厅服务、挂职锻炼等工作，能力素质不断提升。四是大力引进年轻优秀干部。扎实做好公务员遴选、名校优生选调、事业单位公开招聘等工作，共新录用11名干部，平均年龄32岁，为机关及时补充新鲜血液。五是精准选派夯实乡村振兴干部队伍。统筹调配驻村工作力量，优化选派人员结构，持续选派3名干部参加驻村帮扶工作，驻村帮扶工作轮换有序完成。

二、强化监督，严格干部管理

始终牢固树立“好干部是选出来的，也是管出来的”这一理念，注重严管厚爱、激励约束多措并举，提升干部队伍精气神。一是全面梳理和建立完善严管厚爱制度体系。针对干部考核、日常管理、离任交接、在职教育等14项人事管理制度规定进行修订和新立，认真研究中央精神和上级要求，积极稳妥提出改进意见，确保制度合规、有效、务实、管用，最大程度地激发干部干事创业的内生动力。二是扎实锤炼工作作风。牵头负责厅机关作风建设活动，认真制订方案，创新提出“争创五个一流”的目标，明确4个方面10多项具体措施，先后推动召开党组会、专题会、协调会6次听取工作，研判问题，扎实推进集中学习、整改问题、实践提升。先后查摆与整改各类问题275条，机关风貌焕然一新，干部作风明显转变，“严细深实勤俭廉+快”的氛围日益浓厚。三是认真落实任前谈话制度。2次组织新任职干部集体谈话，明确履职要求，强化纪律意识，有效教育引导新人事干部适应新要求、履行新职责、胜任新岗位。四是健全干事激励机制。扎实做好平安宁夏建设先进集体和个人评选、“最美退役军人”推荐等评先评优工作，选树先进典型，激发干部的荣誉感、使命感和责任感。广泛开展无党派人士认定和民主党派省级层面代表人士动态更新工作，推荐10名政治坚定、业绩突出、群众认同的优秀干部被认定为无党派人士。五是严格个人事项审核。坚持把个人有关事项报告作为监督管理干

部的重要抓手，举办专题辅导，认真组织89名填报对象及时填报，如实报告率达到95.35%，较上年提升了11个百分点。认真做好重点查核工作，严格按要求完成两项重点工作清理规范。六是规范干部考核。建立完善工作实绩考核差别化指标，上线运行考核考评系统，量化考核指标内容，聚焦岗位职责特点，定期下发处室评议、领导评议任务单，不断优化考核评价机制，推动考核工作更加精准有效。差别化平时考核工作被财政部予以肯定。七是强化监督问责。严格考勤管理和外出报告报备制度，严明纪律规矩。多次配合驻厅纪检监察组、机关纪委做好档案资料提供、线索查核等工作，对领导干部个人事项报告填报信息不一致的2名干部给予批评教育。

三、扎实推进财政系统人才队伍建设，强化财政事业智力支撑

坚决贯彻落实中央、财政部和自治区人才工作部署要求，大力培养优秀财政人才。一是加强全面统筹谋划。通盘考虑全区财政人才队伍发展思路，对标中央和自治区人才工作会议精神，制定未来5—10年人才发展规划，初步形成总体规划、实施方案、管理办法等一整套规范管理制度机制，为人才队伍长远发展打下基础。二是全面梳理盘点人才。扎实组织全区财政系统人事教育统计培训班，认真盘点全区财政系统干部学历、年龄、专业、特长等情况，全面分析全区财政系统干部队伍现状情况，形成全区及本级财政干部队伍分析报告，为财政事业发展和中心工作提供数据支撑。三是强化人才培养。认真组织初任培训、干部岗前培训，积极选派干部参加党校调训、党外干部培训和各类专题培训班，配合财政部做好向国际组织推荐对外财经人才工作，1名干部被选派驻英使馆工作，2名干部参加外交部外派财务干部专业培训。四是稳步推进人才库建设。初步构建“1+11+N”人才库框架，面向财政系统各领域及系统外充实壮大人才库，入库各类人才5130人。积极推荐人才参加财政部人才库选拔，新入选财政部外经人才库2名、社保人才库3名，累计入选财政部人才库23名，财政人才“蓄水池”不断充盈。

四、围绕中心，强化服务保障

始终牢固树立“一盘棋”意识，坚持围绕中心、服务大局，不折不扣地完成好厅党组交办的各项重点工作。一是配合完成政治素质考察工作。积极沟通协调，做好充分准备，编印《财政厅领导班子自评及班子成员现实表现材料汇编》，配合完成考察谈话，为政治素质考察提供多维指标支撑。二是用心服务党组中心工作。认真完成党组各项工作部署，牵头推进和完成厅党组会确定的59项任务。牵头负责专题民主生活会事宜，扎实做好2次民主生活会方案制订、征求意见、会务服务等基础工作，为高质量开好专题民主生活会提供有力保障。三是严密做好疫情防控工作。累计梳理排查223批次，每批次近700人。无差错报送疫情防控统计数据，自9月以来，连续5个月无间断进行每日封控人员梳理统计、核酸检测情况统计。分级分类做好全员疫情防控培训，坚持政策培训和技术培训同步推进，编印《下沉社区干部疫情防护指南》，强化突发疫情应急处置能力。四是细致做实人事服务工作。及时回应干部群众关切事宜，按规定全力保障相关待遇，组织全厅在编及离退休干部396人参加健康体检，办理工资变动手续、社会保险管理、退休人员养老待遇申领等业务94人次。开展“干部人事档案收集月”活动，严把档案收集、审核、归档、管理四道“关口”，补充完善干部人事档案材料。

五、强化政治学习，提升支部建设水平

始终把强化政治学习作为提升支部建设的重要举措。一是多措并举，深入贯彻党的二十大精神和十三次党代会精神。制订周密计划，精心组织实施，创新“周末主题学习日”、“晨读班”、“沉浸式”读书班等学习形式，开展新时代长征故事宣讲，激励党员学习主动性和自觉性，推动党的二十大精神和十三次党代会精神学习入脑入心。二是强化学习，提升党员政治理论水平。创新加强“三心”（学习有恒心、读书悟初心、讲台树信心）建设，进一步完善常态化学习制度，创新建立“延伸阅读”机制，定期开展组工干部“业务课堂”活动，组织开展基层观摩学习活动，支部党员政治判断力、政治领悟力、政治执行力持续提升。三是规范制度，提升支部建设水平。坚持每周学习机制，严格按时落实主题党日、党员大会、党课、组织生活会等组织生活制度。坚持以谈心谈话为抓手，每季度了解分析党

员思想动态，深入开展意识形态领域问题排查，持续提升规范支部建设。四是压实责任，强化党风廉政建设。紧盯腐败易发多发领域和部位，排查岗位廉政风险点，针对性开展廉政谈话共59人次，强化廉政警示教育，扎实开展违规收送红包礼金和不当收益及违规借转贷或高额放贷专项整治工作，深入研讨检视，教育引导党员干部知敬畏、存戒惧、守底线，筑牢拒腐防变的思想防线。

综合财政工作综述

2022年，宁夏综合财政工作以习近平新时代中国特色社会主义思想为指导，以学习贯彻党的二十大和自治区第十三次党代会精神为主线，促进党建业务全面提升、见实效，在谋划和推动高质量发展中勇担当、创新路，努力完成财政综合各项工作。

一、坚持党建引领带动，强化思想武装

重点围绕学习宣传贯彻党的二十大和自治区第十三次党代会精神，主要抓好四项活动：一是认真抓好大学习活动。强化学习之风，涵养研究之气，增强各岗交流互动，提倡一专多能、岗位互通，体现专精博新、链接兼容。树好示范岗，育好带头人，抓好分内事，把精益求精的标准与理念变为思想自觉与履职追求。注重学习借鉴，抓好实践培养，采取以老带新、现场教学、讲评总结等方法，切实提升综合办文办会质量。二是广泛开展大讨论活动。结合各自岗位职责，对标任务分工，广泛开展大讨论活动，以党代会任务分工为牵引，主动学思践悟，善于去陈纳新，积极适应新形势，敏锐捕捉新信息，综合研判新情况，妥善解决新问题，强化业务学习提升，注重岗位服务践行，全处"贯彻党代会，人人当主角"的氛围日趋浓厚。三是积极开展大宣传活动。抓好"四个宣传"，即日常业务开展不忘宣传、思想潜移默化自觉宣传、工作争先创优实绩宣传、注重总结归纳亮点宣传。加强教育引导，开展好经常性谈心谈话活动，将解决思想问题与推进工作实效有机统一，确保工作不分心、干事无情绪。抓好学思悟，搞好传帮带，把干中学、学中干的理念与要求真正融入思想、付诸行动。相关文章做法被财政部、自治区政办、宁夏电视台、《宁夏财政》等刊发。四是深入开展大实践活动。持续打造"综合促发展 实干创一流"的党支部党建品牌，注重"五抓五强"（抓学习教育强化理论武装，抓制度落实强化规范管理，抓难题破解强化作用发挥，抓创先争优强化业务能力，抓廉政建设强化纪律作风），争创"五个一流"，为争当作风建设示范处室奠定良好的基础。严格按照《财政厅开展违规收送红包礼金和不当收益及违规借转贷和高额放贷专项整治工作方案》要求，认真组织开展活动，坚持处室清单集体研究讨论，个人清单处长把关审核，把清单式自查、销号式整改、开放式互检的要求落到实处。全年开展主题党课4次，学习讨论12次，累计集中谈话11次、个别谈话27次，形成自查报告9份。

二、研判出台政策制度，当好参谋助手

一是加强宏观分析研究。全力筹备、圆满完成全区近5年财政工作素材归整提炼和下个5年的工作考虑，为自治区第十三次党代会召开提供科学翔实的数据与政策支撑。深入分析研判全区财政经济运行情况，按季度向财政部上报全区财经形势分析报告4篇。服务中心大局，积极开展全区国有土地储备及资金使用情况、城镇老旧小区改造、养老服务业发展、城市建设重点项目等专项调研，提出对策建议，其中《持续发力 锲而不舍 推进老旧小区改造做好为民办实事——宁夏老旧小区改造现状的调研报告》被自治区党委表彰为优秀调研报告，被自治区政府政务信息采用。按照自治区主要领导指示精神，对2022年宁夏机关事业人员收入与重要经济指标相关情况进行分析研究，形成《关于机关事业人员津补贴对城镇居民收入影响情况的报告》《关于我区非营利性服务业工资总额指标有关情况专报》，综合参谋助手作用发挥明显。二是出台系列惠民政策。研究制定宁夏土地出让收入支农政策，提请自治区党委办公厅、人民政府办公厅印发《关于调整完善土地出让收入使用范围优先支持乡村振兴的实施意见》，制订全区水土保持费、公路路产赔补偿等收费办法，为实现"农业强、农村美、农民富"的美丽新宁夏提供制度保障。下达2022年第二批土地指标跨省域调剂收入安排的

支出预算1.7亿元，为宁夏乡村振兴提供“真金白银”。严格贯彻落实国家实施的更大力度降费政策，全区“9·20”疫情突发后，集中于四季度对全区企业、个体工商户应缴纳的耕地开垦费、土地复垦费等14项行政事业性收费，自应缴之日起缓缴一个季度，不收滞纳金，积极为企业个人纾困解难。继续免征相关防疫药品注册费和医疗器械产品注册费等，让政策红利最大限度地惠及企业和群众。动态更新收费基金目录。在财政部、宁夏财政厅、宁夏政务服务官网三网同步发布全区最新的收费基金目录清单和缓缴清单，便于群众实时查询，确保市场主体应享尽享。三是不断完善收入分配制度。完成基本工资政策调整，会同组织、人社等部门及时将全区机关事业单位工作人员基本工资及离休人员离休费兑付到位，月人均增资约300元。提前研判谋划，提出政策建议，组织市县5月底前发放年度考核奖，9月底一次性预发放取暖费补贴、未休假补贴等，发放总额共60.7亿元，有效提升全区前三季度非营利性服务业工资总额增速实现7.4%的增长，为宁夏经济增长做出积极贡献。深化医药卫生体制改革，落实“一类保障、二类管理”，配合人社厅、卫健委印发《自治人力资源和社会保障厅、财政厅、卫生健康委医疗保障局关于深化公立医院薪酬制度改革的实施意见》。

三、扎实推进重点工作，提升服务质效

（一）推进落实全区规范津补贴工作

一是完善制度体系。制订上报全区规范实施方案，经中央批复后，以两办名义印发宁夏规范公务员工资津贴补贴实施方案，明确宁夏总体规范政策。按照批复的实施方案确定各市县收入水平，会同自治区党委组织部、监委、人社厅等部门联合批复27个市、县（区）及宁东管委会、银川经开区规范实施方案。研究制定自治区本级公务员综合考评奖发放管理办法，明确发放范围、考评方式等内容。二是统筹考虑其他群体。对义务教育教师等事业单位工作人员，按照规范公务员工资津贴补贴的原则和方法，合理调控全区事业单位规范后津补贴水平。对机关事业单位退休人员，在保持总体稳定的基础上，兼顾公平，确保改革实施平稳有序。三是推进规范政策落实落地。按时上报全区整改情况及规范工作实施情况的报告，指导市县结合本地区实际开展清算，稳妥做好全区发放工作，切实将规范津补贴各项工作落实落地。严格贯彻落实中央关于“基础绩效奖和年度考核奖计入住房公积金缴存基数，基础绩效奖计入养老保险缴费工资基数”的政策规定，修订印发住房公积金、养老保险有关管理办法。四是认真细致开展专项检查。会同组织、人社、审计部门建立工资津贴补贴工作联席会议制度，按中央有关要求认真开展专项检查并上报自查报告，持续巩固清理规范工作成果。作为实地检查省份，积极主动配合检查组提供相关资料，圆满完成重点检查工作。

（二）城镇保障性安居工程持续向好

积极支持老旧小区改造，安排资金2.53亿元，帮助4.35万户群众改善居住环境。大力支持保障性租赁住房筹集，安排资金2.41亿元，通过新建、改建等方式筹集住房5179套，解决新市民、新毕业大学生、外来务工人员等群体的住房困难。稳妥做好棚户区改造资金保障，安排资金1.57亿元，改善3810户群众居住条件。做好低收入家庭租房资金保障，安排资金0.25亿元，对符合条件的家庭发放租赁补贴，支持城市低收入住房困难群众通过市场租房解决住房需求。严格做好财政可承受能力评估，指导市县做好城镇保障性安居工程资金筹措工作，坚决遏制地方政府隐性债务增量。按照直达资金管理要求，加强保障性安居工程资金监管，督促市县加快资金分配和落实问题整改。修订完善《自治区城镇保障性财政资金管理办法》，进一步明确资金分配、下达的相关事项，细化绩效评价评分细则，加强政策解读培训，提高资金使用效益。对各市县城镇保障性安居工程财政资金使用开展全覆盖绩效评价，督促市县完善工作流程、提高工作标准，推动全区城镇保障性安居工程高质量实施；积极对接综合司和财政部驻宁夏监管局，积极争取中央财政资金支持。财政厅支持2021年度城镇住房保障工作受到自治区推进新型城镇化领导小组通报表扬。

（三）用足用好跨省域补充耕地资金

会同自然资源厅积极对接国家相关部委，把宁夏承担国家统筹补充耕地项目列为优先交易序列，

获中央下达宁夏土地指标跨省域调剂收入5.7亿元，全部用于支持宁夏实施乡村振兴战略和巩固脱贫攻坚成果。按照中央和自治区有关政策规定，在“3个1/3”分配比例的基础上，适当向市县倾斜。2.3亿元分配至相关市县主要用于乡村振兴；1.7亿元用于支持我区农业重点产业“最短板”“最需要”“最受益”项目，主要是春小麦种植、枸杞、葡萄酒、肉牛和滩羊、奶产业等；1.7亿元用于支持符合乡村振兴战略范围的“三山”生态保护修复及市县新增耕地。

（四）社会公益事业发展保障有力

统筹安排中央、自治区彩票公益金4.2亿元，抓住“十四五”期间中央专项彩票公益金支持革命老区社会公益事业的有利契机，聚焦文化、体育、养老等社会公益事业发展，好中选优，突出重点，着力解决民生领域突出难题。紧盯彩票资金入库情况，合理适度调整预算支出，督促部门、市县加快预算执行进度，保障重点项目实施。加强彩票市场监管，严格管理彩票销售机构销售行为，及时核查、处置有关问题。提高彩票公益金、彩票销售机构业务费使用效率，抓好资金使用的绩效评价、整改落实。按时向社会公告2021年中央专项彩票公益金、自治区彩票公益金支持社会公益事业发展资金分配和使用情况，主动接受社会监督，加大财政资金支持公益事业宣传。

四、大力强化服务监管，优化综合保障

（一）持续深化财政电子票据改革

为进一步深化医疗电子票据改革，在区、市、县公立医院成功上线运营的基础上，着力惠民增效，合力推进“最多跑一次”改革向社区卫生站、乡村卫生室等基层一线延伸。创新引入区块链、大数据先进技术，对现有的宁夏财政电子票据管理系统进行升级改造，搭建宁夏医疗健康一站式结算电子票据平台，覆盖全区基层乡镇卫生院、村卫生室、社区卫生服务中心（站）及妇幼保健机构，全区2629家基层医疗卫生机构实现“全上链”，打通患者就医挂号、就诊、交费、票据交付全流程电子化管理，实现区、市、县、乡四级全覆盖，基层医疗缴费获票“零接触”。在7月份全国全面深化财政电子票据改革培训班上，宁夏做了经验分享和交流发言。

（二）深入开展涉企违规收费专项整治

按照国家和自治区统一安排部署，2022年8月，对2020年以来全区各级行政机关、事业单位、代行政府职能的社会团体征收的涉企行政事业性收费和政府性基金进行自查。重点聚焦公安、自然资源、住房和城乡建设、工业和信息化、林业和草原、卫生健康、人防、市场监管8个部门，坚持边查边改，标本兼治，积极研究解决乱收费、乱罚款、乱摊派问题，层层压实责任，确保工作实效。

（三）持续加强彩票行业监管

按照财政部开展地方彩票市场有关情况核实调查的部署安排，对彩票市场摸排核查发现的问题提出处理意见，巩固深化彩票监管“回头看”活动成果，查遗补漏，强化管理。继续清查擅自利用互联网销售彩票行为，严格落实彩票游戏调整规则。建立常态化彩票监管机制，做好彩票销售活动报备工作，建立定期报送彩票监管信息机制。指导彩票销售机构加大彩票监管巡查力度，做到有台账可查、有专人管理、有责任落实。

税政与法治财政工作综述

2022年，宁夏税政与法治财政工作坚持以习近平新时代中国特色社会主义思想为指导，紧紧围绕学习贯彻党的二十大和习近平总书记视察宁夏重要讲话指示批示精神，对照自治区第十三次党代会工作部署，始终坚定政治定力、围绕中心工作、主动担当作为，全面落实年度中心工作和重点任务，圆满完成各项工作。

一、坚持协同发力，全面落实组合式减税降费政策

2022年国家实施大规模组合式退税减税降费政策，我们坚决抓好贯彻落实，确保政策红利应享尽享、早享快享。

（一）健全完善工作机制

根据国务院减税降费工作部署，及时草拟《深

入推进减税降费工作实施方案》并提请自治区政府印发，从工作目标、工作任务、工作步骤和工作要求进行谋划安排。联合宁夏税务局、人民银行银川中心支行印发《关于全面落实2022年增值税留抵退税政策工作方案》，建立三部门会商协调、问题快速应对和信息共享机制，压实部门责任，紧盯关键环节，协商处理减税降费政策落实中出现的各类问题，确保全区减税降费工作稳步推进。

（二）加大组织实施力度

开展形式多样的宣传活动，组织召开新闻发布会，送政策上门入户进企业，向企业发放减税降费政策选编3万余册，组织开展减税降费网络答题累计6.7万余人次参与，通过“获得”平台向企业直推政策电子书，覆盖全区40万户市场主体。坚持强化基层调研和检查评估两方面工作,坚决打通“中梗阻”，畅通政策落实“最后一公里”，确保减税降费政策执行“不打折、不走样”。每月撰写留抵退税简报向自治区党委、政府主要领导报送；深入梳理总结退税减税降费落实情况、深挖成效，会同预算处形成《上半年我区退税减税降费落实情况报告》，得到自治区主要领导的肯定性批示；加强政策落实跟踪问效，组织开展2022年大规模组合式退税减税降费政策评估工作，确保政策不折不扣扎实落地。

（三）切实加强财力保障

针对大规模留抵退税导致地区财政收支平衡压力加大问题，积极争取中央减税降费转移支付资金，对留抵退税专项资金单独调拨，重点向留抵退税规模大和财力困难市县倾斜。全年全区42.2万户市场主体累计新增退税减税降费及缓税缓费233.9亿元，其中：增值税留抵退税171.4亿元，超过去年全年退税规模的4.2倍，新增减税28.7亿元，降费8.2亿元，缓税缓费25.6亿元。减税降费总规模超过去年的3.7倍，政策扎实落地，纾困稳企效果持续显现。2022年，宁夏减税降费重点提案办理工作获通报肯定。

（四）主动创新优惠政策。

深入贯彻落实国家新的更大力度组合式减税降费精神，进一步减轻小微企业负担，在中央政策允许的范围内率先扩围顶格出台小微企业“六税两费”减免政策，将“六税两费”减免政策适用主体范围扩大至全部小型微利企业和个体工商户，并按照50%的减征额度顶格减免“六税两费”，为小微企业更好发展赋能助力。

二、加强财源建设，对培育经济增长点进行研究

按照自治区党委、政府关于经济工作的重大决策部署，积极开展税源分析，加大财源建设力度。

（一）深入开展产业研究

密切关注当前财政经济运行态势，结合宁夏重点产业税收贡献、发展态势开展分析，就寻找增长点、打造经济增长极进行了认真研究，形成《关于寻找增长点打造经济增长极的研究报告》，得到自治区政府主要领导的肯定性批示。调研中卫市大数据产业发展情况，并结合福建数字经济发展情况，借鉴比较形成《我区数字经济发展情况调研报告》，报自治区党委、政府。

（二）实施重点税源监测预警

用足用好大数据等手段，按照“重点税源＋重点产业”原则兼顾在全区地方级税收收入占比情况和各产业行业重点企业分布情况，确定全区地方级纳税前200名企业名单，通过重点税源企业所属行业主要产品及价格、产量变动情况，企业年度税收完成及增减变化情况等指标，充分掌握重点税源企业税收情况全貌，进行税源结构现状及问题分析，提出对策建议。

（三）积极回应企业涉税诉求

鼓励和支持企业进行商品储备，经自治区人民政府同意，出台宁夏商品储备企业房产税、城镇土地使用税和印花税减免政策；用好税收政策工具，帮助生产经营困难企业走出困境，对西夏王酒业、西部机场、宝塔实业、昊凯生物等企业提出的涉税诉求，及时会同税务部门深入调研，并向自治区人民政府办公厅提出合理化建议。优化税收服务，为方便纳税人跨区域设置非独立核算分支机构开展经营活动，对成都屈臣氏个人用品商店有限公司宁夏分公司及其分支机构等4户企业实行销售收入占比方式申报缴纳增值税。

（四）积极组织税收收入

通过强化财税联席协调机制，紧盯收入目标任

务，与税务部门月沟通、周督促，加强分析和预判。运用综合治税平台，督促税务部门加强征管、堵塞漏洞、应收尽收。2022 年，全区地方级税收收入累计完成 306.8 亿元，自然口径增长 2.0%，环比下降 0.1 个百分点，完成年度预算的 92.8%，剔除留抵退税因素，同口径增长 22.3%，持续展现高位增长态势，位居全国前列。五是积极推进水资源税改革。按照自治区党委、政府“四权”改革中关于调整城市生活、工业公共供水管网等取水的计税环节，改末端征税为取水端征税，倒逼公共供水单位降低管网漏损率，优化完善水资源税税额标准，促进水资源节约和合理开发利用的要求。切实抓好改革任务落实，会同税务、水利、发改等部门研究，代政府起草了《关于修订〈宁夏回族自治区水资源税改革试点实施办法〉的通知（征求意见稿）》，并多次征求各市县（区）、相关厅局以及城镇公共供水企业意见建议，在充分吸收采纳的基础上形成《关于修订〈宁夏回族自治区水资源税改革试点实施办法〉的通知（送审稿）》，经风险评估、专家论证、集体讨论后，已按照规定程序报请自治区人民政府审定。

三、加强推进法治财政建设，优化政务服务水平

深入学习贯彻落实习近平法治思想，积极推进自治区党委全面依法治区工作要点有关要求，切实履行处室牵头职责，进一步加强法治财政建设。

（一）加强执法监督，规范执法行为

进一步强化执法监督，规范财政行政执法行为。坚持依法行政、持证上岗，全面完成厅机关行政执法证件清查和国家统一执法证件申领工作。健全完善行政执法制度体系，制定《宁夏回族自治区财政行政处罚自由裁量权适用规则》《财政行政处罚裁量基准》，修订《自治区财政厅行政执法和决策事项合法性审查办法》《财政行政执法三项制度规定实施细则》，编制财政行政执法音像记录和重大行政执法决定法制审核目录“两个清单”。妥善化解行政纠纷，兜牢法治底线，严格合法性审核机制。2022 年共审核行政许可 4 件，行政处理、行政裁决 53 件，行政处罚 69 件，政府信息公开答复 43 件，人大、政协提案议案 213 件，合同、招标文件文件 173 件、做到合法性审核全覆盖，切实加强源头风险防控。同时，被行政复议案件 9 件，全部按照自治区人民政府行政复议机构要求，严格按照法定时限依法依规答复，案件处理过程积极沟通协调案情，未发生被撤销处理处罚决定情况。

（二）坚持备案原则，抓好备案工作

持续抓好行政规范性文件备案工作，坚持“有件必备，有备必审”，对已制定印发的 24 件行政规范性文件，全部进行合法性审核，并严格依规报送自治区人民政府备案审查。开展行政规范性文件全面集中清理，累计清查规范性文件 139 件，实现财政领域规范性文件的有序管理。在自治区人民政府办公厅《关于 2021 年度政府规章和行政规范性文件备案审查情况的通报》中，财政厅行政规范性文件备案审查工作报备率、及时率、规范率均达 100%，是 32 家区直部门和直属机构中仅有的 5 家之一，也是财政厅连续第五年行政规范性文件备案审查工作成果被自治区通报肯定。

（三）聚焦财政领域，深入推进普法宣传

推进财政领域普法宣传教育，坚持以习近平法治思想为引领，深入推进“八五”普法，落实党组会会前和党组理论学习中心组学法机制，积极推进主要负责人讲法，制定《财政厅领导干部学法清单制度实施细则》和《财政厅普法责任制“四个清单”》。开展形式多样的宣传活动，组织开展《民法典》宣传月活动，印发《财政惠民政策》35000 册，举办“财政法规政策微信有奖知识竞答”，活动累计参与 6.7 万余人次。开展宪法宣传周活动，动员各处室、单位开展宪法主题宣传。

（四）深化“放管服”改革，优化行政审批

全面实行行政许可事项清单管理是 2022 年“放管服”改革的重点任务。根据国家和自治区统一部署，对照中央层面设定许可清单，对 4 项行政许可事项（中介机构从事代理记账业务审批、注册会计师注册、会计师事务所及其分支机构设立审批、境外会计师事务所来内地临时办理审计业务审批）全面梳理职权依据、审批层级等次，按照“全区统一，分级负责，权责清晰，规范实施”的原则完成全区财政系统行政许可事项清单编制工作。

预算管理工作综述

2022年，宁夏财政预算管理工作坚决落实自治区党委和政府决策部署，积极应对复杂严峻的经济形势，充分发挥职能作用，牢固树立"过紧日子"思想，加强财政收支管理，硬化预算约束，兜牢兜实"三保"底线，全力做好自治区重大战略、重点任务财力保障，为推动全区高质量发展和社会大局和谐稳定做出了积极贡献。

一、坚持政治引领，不断凝聚预算工作合力

始终坚持"以政领财，以财辅政"，坚决做到旗帜鲜明讲政治。一是强化思想政治建设。始终把"政治建设上争一流"作为支部工作的首要目标，深入学习领会习近平新时代中国特色社会主义思想、习近平总书记重要讲话和重要指示批示精神，坚持将学习贯彻党的二十大精神、自治区第十三次党代会精神作为支部"三会一课"、主题党日、学习研讨交流的重中之重，坚持学原文、悟原理，在学懂弄通做实上下功夫。全年共组织集中学习30次，学习篇目100余篇，开展研讨交流8次，撰写发言材料30余篇。二是持续提升支部党建质量。严格执行"九项基本制度""三强九严""四项报告制度"等制度规定。扎实开展党的二十大和习近平总书记视察宁夏重要讲话指示批示精神"大学习、大讨论、大宣传、大实践"活动、"争创五个一流强化作风建设"等活动，大力弘扬"严细深实勤俭廉+快"工作作风，对标"五型"模范机关创建要求，严格落实各项制度规定。共组织召开支委会议12次、党员大会5次，讲党课6次，专题组织生活会2次，开展主题党日活动12次。代表厅机关，在区直机关工委"实干型"机关建设观摩推进会上，作为6个先进典型之一做经验交流发言，自治区党委常委雷东生在会上指出"财政厅预算处党支部抢机遇、争项目、挖潜力"，对财政工作经验做法表示肯定。支部党建品牌"聚焦预算抓党建 抓好党建促预算"作为区直机关7个先进典型之一成功选入首批"党建示范名录"。预算处党支部相关重点工作得到梁言顺、张雨浦等自治区领导28次肯定性批示，党支部战斗堡垒作用充分发挥。三是全面落实党风廉政建设。始终将从严管党治党贯穿预算工作始终，持续强化法治纪律，严格落实廉政谈话制度，共组织开展廉政谈话17次，累计谈话42人次，党员干部拒腐防变、勤政廉政和依法执政意识不断强化。

二、坚持多措并举，千方百计确保财政运行平稳

面对复杂严峻的经济形势以及大规模退税减税降费带来的财政减收影响，千方百计组织财政收入。一是积极作为，加大争取中央资金力度。2022年全年争取中央一般公共预算转移支付资金1185.8亿元，较上年增加167.8亿元，增长16.5%，是近年来争取中央财政转移支付力度最大的一年。其中，一般性转移支付1030.8亿元，增长17.8%；专项转移支付106.6亿元，增长12.2%。二是多措并举，狠抓财政收支执行。2022年，全区地方一般公共预算收入完成460.1亿元，同口径增长13.7%，位居全国第6位，较上年提升11个位次；财政支出完成1587.8亿元，支出规模迈上新台阶。财政收支、争取资金等多项重点工作得到自治区主要领导多频次肯定性批示，梁言顺批示："再接再厉。"张雨浦批示："财政总体运行良好，抓好收官和开局，特别是保重点"。陈春平批示："财政厅落实书记、主席赴财政部会谈精神积极主动，体现了担当作为、狠抓落实的优良工作作风。"赵永清批示："上半年财政工作成效显著，予以表扬。上半年财政收支情况良好，为全年经济社会发展奠定了基础，为'稳保促'活动提供了支撑。第三季度要继续发力，争取保持平稳增长态势。"三是担当尽责，主动研究制定稳经济政策。牵头制定35条稳经济政策措施，配合起草财政支持保民生政策措施，有效落实中央和自治区稳经济决策部署。建立财政经济形势分析制度，提出财政部门贯彻的着力点、财政政策制定的发力点及前瞻性意见建议，牵头撰写的多篇分析报告得到自治区领导肯定性批示。撰写的《宁夏地方政府财政收入风险分析及对策建议》获自治区党委优秀调研报告，并被中共中央办公厅采纳。

三、强化预算管理，持续提升财政管理水平

坚持压一般、保重点，切实把宝贵财政资金用

好、用在刀刃上。一是牢固树立“过紧日子”思想。坚决落实厉行节约办一切事业，研究制定《关于进一步加强“三公”经费管理严控一般性支出的通知》等11个制度办法，严格执行项目支出预算审核，在2023年部门预算编制过程中，共清理一次性项目、错茬项目和政策到期项目52个，压减资金17.5亿元，切实将党政机关“过紧日子”要求落到实处。二是严格预算编制，规范预算执行。建立预算编制“五个挂钩”机制，形成“奖优罚劣”的激励政策导向，提升财政资金管理质效。研究制定《宁夏回族自治区财政预算执行考核暂行办法》等制度办法11个，严把财政收支关口，堵塞管理漏洞。三是积极统筹财力，全力保障重点领域支出。坚持财政资金更多向保障和改善民生、稳住宏观经济大盘等重点领域倾斜。2022年，全区民生支出1211.7亿元，占全区财政支出比重76.3%，重点保障民生实事落实落好。四是稳步推进省以下财政体制改革。出台《自治区财政厅关于推进省以下财政体制改革工作方案》等制度办法，健全工作机制，建立改革任务清单，明确改革时间点，路线图，进一步理顺全区政府间财政关系，推动建立健全权责配置更为合理、收入划分更加规范、财力分布相对均衡、基层保障更加有力的省以下财政体制。

四、加强基层财力保障，筑牢兜实“三保”底线

始终把基层“三保”作为各项工作的重中之重，主动作为，狠抓落实，全力防范化解基层财政运行风险。一是想方设法筹措资金，加大财力下沉力度。2022年累计下达市县一般公共预算转移支付资金923.4亿元，超出上年全年补助规模125.2亿元，增长15.7%，缓解市县财政困难，提高“三保”保障能力。二是加强市县“三保”预审，强化县区保障责任。建立自治区和地级市两级“三保”预算审核机制，推进预算管理一体化系统审核，实现全区市县“三保”预审全覆盖。三是加强动态监测预警，防范化解财政运行风险。建立市县“三保”运行和库款运行监测系统，加大对收支矛盾突出、财力保障偏紧、暂付款规模大、债务率高、库款保障倍数偏低的市县监测力度。提请自治区政府召开加强基层“三保”工作专题会，督促市县落实主体责任，确保全年预算平衡。

五、健全体制机制，全面落实大规模“组合式”减税降费政策

2022年，中央实施大规模退税减税降费，是稳定宏观经济的关键举措。一是压实主体责任，完善留抵退税工作机制。联合宁夏税务局、人民银行银川中心支行印发《关于全面落实2022年增值税留抵退税政策工作方案》，明确留抵退税工作的时间点、路线图、任务表，建立财政、税务、人民银行三部门留抵退税政策落实会商协调、重大事项请示汇报、问题快速应对和信息共享机制，确保将中央各项减税降费政策不折不扣贯彻落实到位。二是提高省级退税比例，切实减轻市县退税压力。将自治区本级与市县退税比例明确为70%：30%，市县退税比例减半，从退税环节直接减轻市县退税负担。放缓自治区本级垫付资金清算节奏，切实减轻市县短期内资金周转。三是强化资金保障，夯实市县财力基础。积极争取中央增值税留抵退税及补充县区转移支付资金104.5亿元，加大对留抵退税规模大和财力困难市县的支持力度，进一步夯实市县留抵退税财力基础。四是完善库款调度机制，有效保障退税需求。建立留抵退税补助资金单独调拨机制，加大其他财政性资金调度力度，有效提升市县库款保障水平。张雨浦批示：“要充分肯定。”赵永清批示：“我区上半年退税减税降费工作力度大，成效显著，为取得历史性成绩发挥了重要作用。”

六、严肃财经纪律，扎实开展财经秩序专项整治行动

按照财政部统一部署，牵头组织在全区范围内扎实开展财经秩序专项整治行动。一是强化组织领导，压实工作责任。迅速成立工作专班，明确职责分工，层层压实责任，积极搭建区、市、县三级联动机制，为高效完成整治任务提供保障。二是稳步推进任务落实，组织召开基层财政运行暨地方财经秩序专项整治工作推进会，聚焦7个重点领域，逐一开展自查，确保专项整治全覆盖、无遗漏。强化查纠并举，督促指导自治区161个本级单位、28个市、县（区）及宁东管委会完成自查自纠工作。建立完善自治区和市级两级复查工作机制，统筹做好全区财经秩序专项整治行动复查工作，复查覆盖

面达到100%，高于财政部30%要求70个百分点。三是全面落实问题整改，督促县区落实主体责任，加强整改，逐项销号，及时修订完善相关制度规定，严肃财经纪律，确保专项整治行动取得实效。

七、积极主动高效服务，全力配合做好审查监督工作

高度重视人大、审计相关审议意见和建议。一是积极做好与人大的汇报对接。坚决贯彻落实自治区人大有关决议意见，自觉接受监督，吸收采纳建议，建立常态化联系汇报机制，做到全面工作定期汇报、特别事项专题汇报、重大事项及时汇报、交办任务如期汇报。严格贯彻落实好预算审查监督重点向支出预算和政策拓展的实施意见，按程序和规定提请自治区人大审议批准《2021年全区和区本级财政决算草案报告》《2022年1—9月全区和区本级财政预算执行报告》，得到自治区人大有关领导和代表委员的一致肯定和好评。在自治区第十三届人民代表大会第一次会议上，2022年预算执行情况及2023年预算草案得到充分肯定，全票通过。二是严格落实审计牵头责任。加强与审计部门沟通对接，着力做到在协调上高效有力，在配合上积极主动，在保障上周密细致，在资料提供上及时准确，在整改上扎实有效，确保审计工作顺利进行。全年共牵头配合完成3项审计工作，区本级零重大审计问题，审计厅出具的财政审计报告对财政工作给予积极评价。全面做好审计整改工作，推进财政预算管理效能提升。

绩效管理工作综述

2022年，宁夏财政绩效管理工作坚持以习近平新时代中国特色社会主义思想为指导，深入学习贯彻党的二十大、习近平总书记视察宁夏重要讲话指示批示精神和自治区第十三次党代会精神，严格按照中央和自治区全面实施预算绩效管理的总体要求，坚持目标导向、问题导向、结果导向，着力构建“全方位，全过程，全覆盖”和“有评估，有目标，有监控，有评价，有应用”的预算绩效管理体系，形成管理责任清晰、评价效果清晰、绩效与预算管理关系清晰的良性“大绩效”格局。

一、加强党支部建设，夯实战斗堡垒作用

强化引领抓党建。一是旗帜鲜明讲政治。把学深悟透习近平新时代中国特色社会主义思想、党的二十大报告、习近平总书记来宁夏视察重要讲话指示批示精神作为首要任务、头等大事，在学思践悟中坚定理想信念，增强政治判断力、政治领悟力和政治执行力，进一步增强“四个意识”，坚定“四个自信”，做到“两个维护”。二是加强理论武装。坚持集中与自学、专题与研讨、领读与解读、线上与线下相结合。通过干部网络学院、学习强国APP、参观展览、网络答题，党课辅导和座谈交流等多种形式，原原本本学，逐字逐句学，学懂弄通其中的思想精髓、核心要义、战略部署，对“是什么、干什么、怎么干”了然于胸，为贯彻落实打下坚实基础。三是学懂弄通做实。将学习与财政改革发展结合起来，与预算绩效一体化管理结合起来，在对中央相关制度充分研学的基础上，结合全区实际，精抠细研，掌握政策，指导实践。由业务能手授课，集体学习全面实施预算绩效管理政策制度15次。线上集中学习上海会计学院和厦门会计学院绩效管理授课，使党员干部学有所思、学有所获、学有所用。四是着力夯基固本。全年召开组织生活会2次、党员大会6次、主题党日活动12次、交流研讨12人次，讲授党课4次，撰写心得体会14篇。以开展“让党中央放心，让人民群众满意”模范机关创建活动为抓手，深入开展“大学习、大讨论、大宣传、大实践”“三强化四过硬五带头”等主题活动，创新落实“三强九严工程”，“争创五个一流，强化作风建设”，巩固“不忘初心、牢记使命”主题教育成果。五是牢牢把握意识形态工作的主动权和话语权。严格落实谈心谈话制度，开展谈心谈话9次；加强QQ群、微信群管理。强化意识形态管理，对苗头性问题早提醒、早纠正，开展违规收送红包礼金和不当收益及违规借转贷或高额放贷专项整治活动和党员干部不信教参教专题组织生活会，进一步坚定理想信仰，筑牢马克思民族观宗教观的思想根基。六是抓党建促业务。全力打造“抓绩效聚财力，保重点保民生”党建品牌，实现党建与业务融合发展、

相互促进。积极响应厅党组号召，先后选派5名党员干部下沉社区参与“战‘疫’有我”志愿服务队，全体人员严格落实疫情防控要求，特殊时期吃住在单位，认真履行职责，积极践行党员誓言。扎实开展“模范机关”和“文明处室”创建活动，着力打造一支学习型、服务型干部队伍，营造文明友善、务实肯干工作氛围。

二、2022年预算绩效管理工作情况

强化规范严管控。一是制定绩效管理配套制度。从事前、事中和事后全链条预算绩效管理入手，进一步补齐制度建设空白点。印发《项目支出绩效评价暂行办法》《事前绩效评估管理指南》，草拟《预算绩效目标编制审核指南》及指引等。明确责任分工，理顺工作程序，规范评价流程，夯实管理基础，不断提高财政资源配置效率和使用效益。严格按照《预算绩效评价结果应用管理暂行办法》，突出结果导向，建立绩效激励约束机制。二是深入推进指标体系建设。从绩效管理源头——绩效目标设置质量提升入手，全面梳理629家区级部门及下属预算单位项目绩效指标52192条，逐步形成指标清晰、简单易行、科学标准的绩效指标体系。建成十四大类74个一级指标、187个二级指标，并细化至1911个三级核心绩效评价指标，逐年在各专项类别下建设项目绩效评价个性指标，逐步形成指标清晰、简单易行、科学标准的绩效指标体系。完善项目库绩效指标常态化储备功能，将与专项资金对应的绩效指标，全部导入财政项目库系统，通过智能推荐、模板化管理，进一步推动绩效指标编制的科学化、规范化和信息化。在各部门门户网站公开区本级部门项目预算绩效目标和绩效自评情况，覆盖所有非涉密部门和项目，“阳光绩效”的范围进一步扩大。建立全区预算绩效管理综合考评机制，部门自评和重点评价作为一项重要内容纳入绩效综合考评范围。自治区财政厅年初组织对自治区本级和市、县（区）分别开展综合考评，考评结果通报全区。推进各部门从制度建设、绩效评价规范管理等方面进行扎扎实实的整改，进一步提高部门财政管理水平。

强化考评重实效。一是开展全面考评。组织单位自评、部门重点评价、财政重点评价、转移支付评价四个方面相结合，建立财政支出绩效评价分级管理机制，自治区本级部门（单位）绩效自评达到全覆盖。突出部门评价，在单位自评全覆盖的基础上，各部门选取本部门重点项目开展第三方绩效评价，共计组织开展64个重点项目绩效评价，涉及资金64.3亿元。以问题为导向，以绩效评价为手段，不断提升部门预算管理水平。财政重点评价，在单位自评和部门重点评价的基础上，2020年以来，自治区财政厅牵头组织开展8个重大支出政策和重点项目第三方绩效评价，涉及资金53亿元，重点关注中央和自治区重大支出政策和民生项目的落实，以“财”辅“政”的质量和水平进一步提升。组织部门和市县对中央专项转移支付和自治区对市县专项转移支付，开展全覆盖绩效自评，涵盖一般公共预算、政府性基金预算、国有资本经营预算380.9亿元，其中，中央对地方转移支付317.8亿元，自治区对市县专项转移支付63.1亿元，确保中央和自治区相关政策落地落实。二是加强结果应用。针对绩效评价结果应用尚未完全落地、绩效约束激励还不强等问题，建立整改、上报、公开和预算挂钩的结果应用机制。将绩效综合考评列入自治区党委、政府效能目标考核中的“高质量发展综合绩效考核”范围。财政厅将全区绩效综合考评结果上报自治区党委、政府，纳入效能目标考核范围，将预算绩效管理上升至政府绩效管理层面，成为高质量发展的重要抓手。将自治区本级绩效综合考评结果与部门预算编制控制数挂钩。按照绩效综合考评结果“优、良、中、差”的等级，核减比例控制在拟安排部门项目预算规模数的0、1%、3%、5%以内。市县绩效综合考评结果纳入市县基本财力转移支付分配办法中的预算综合奖励范围。根据《自治区财政县级基本财力保障机制奖补资金分配办法》，按照市县绩效综合考评结果分档给予奖励。预算绩效管理综合考评机制和预算挂钩激励约束机制已经建立。

强化调研敢担当。积极探索实践预算绩效管理改革工作，完成《二十年宁夏政府支出绩效分析及对策研究》《市县（区）全面实施一般公共预算绩效管理 推动宁夏经济社会高质量发展》《关于绩效管理机构设置的调研报告》和《用好绩效管理工具促进PPP高质量发展》等5篇调研报告。根据自治区政府主要领导在《财政部宁夏监管局关于预算绩

效管理情况的报告》和《关于统筹财政资金支持安全生产及应急保障能力建设情况的专报》上的批示精神，快速制定《自治区财政厅关于开展安全生产及应急保障管理专项资金绩效评价的方案》，梳理预算绩效管理存在的问题，制定整改措施，为优化绩效管理建言献策，为领导做出决策提供参考。

债务管理工作综述

2022年，宁夏财政债务管理工作坚持以习近平新时代中国特色社会主义思想为指导，深入学习领会习近平总书记关于统筹做好重大风险防范化解工作的重要批示指示精神，认真贯彻落实自治区党委、政府决策部署，把防范化解债务风险作为重大政治任务和政治责任，规范举债融资支持经济社会发展、坚决遏制新增隐性债务、积极稳妥化解存量债务，牢牢守住不发生区域性系统性风险底线。

一、转变思路强化意识，提升政府债务管理工作效能

一是内炼筋骨外强素质。加强支部党建，优化支部学习方式和内容，采取专题教育、平台学习、党课辅导、网络答题、交流发言等，将政策学习、业务学习融入党建工作中，尤其加强政策研究，注重在精准落实政策上下功夫，加大有效支出。健全处内工作机制，细化岗位职责分工，完善政府债务、隐性债务工作板块，进一步明确权责，防止政策悬空。二是强化意识主动发力。确保财政政策靠前发力，前瞻研究重大问题，范围覆盖骨干企业、高风险地区、重大项目等，形成多篇高质量调研报告。对高风险地区的还本付息、化债资金使用，新增隐性债务情况进行重点跟踪和日常督导。三是真抓实干强化作风。全面落实中央和自治区稳住经济大盘的部署安排，坚持问题导向、创新工作思路、狠抓贯彻落实，以更高的标准、更实的举措全面提升债务管理工作效能。

二、建立健全"四项机制"，规范开好政府举债"前门"

一是规范建立政府债务限额分配机制。研究起草《宁夏回族自治区新增地方政府债务限额分配管理暂行办法》，正在征求相关处室意见，拟按程序报批后于近期印发执行。将按照"立足财力水平，防范债务风险，保障融资需求，注重资金效益，公平公开透明"的分配原则，重点聚焦自治区党委和政府的重大决策部署，统筹债券资金保障区本级重大项目支出和各市县融资需求，以各地区债务风险、财力状况等风险控制因素为前提，以项目谋划储备及建设水平为基础，根据项目前期准备成熟度等具体情况，区别一般和专项，对区本级和市县新增债务限额分配进行分级、分类管理。其中，对市县新增一般债务限额分配采用"因素法＋项目法"分配，对自治区本级新增债务限额和全区专项债务限额采用"项目法"分配。

二是靶向建立政府债券项目储备机制。面对经济下行、疫情影响等多重减收增支困境，统筹平衡好债券安排与重大项目资金需求，针对当前宁夏债券项目，特别是专项债项目储备不足的实际问题，坚持"资金跟着项目走"，研究建立重点项目储备平衡机制。严格按照债券资金管理使用规范，抓住中央拓宽专项债使用领域的有利时机，科学设置储备项目申报要素，经常性对接辅导重点部门和市县开展常态化项目储备，引入金融机构、第三方中介机构及行业专家技术和智力支持，建立分级次、分地区、分类型的项目储备清单，储备一批聚焦十三次党代会重点工作和重大任务、聚焦全区经济社会发展短板弱项，经济社会效益明显、带动效应强的重大项目，为债券项目库扩容提质、用好用足宝贵的债券资金夯实基础。在统筹安排新增债额度时，精准锁定债券资金使用方向，主要用于巩固拓展脱贫攻坚成果同乡村振兴有效衔接、污染防治、交通水利、方舱医院、防水排涝、棚户区改造、应急保障、城市基础设施建设等项目，进一步发挥政府债券稳投资、稳就业、稳经济大盘的积极作用。

三是优化建立债券资金使用督导检查机制。建立地方政府专项债券支出进度通报预警机制，按月通报资金使用情况，督促市县和项目单位履行专项债券资金使用管理的主体责任，加快专项债券资金使用，尽快形成实物工作量，形成对投资的有效拉

动。在分配新增专项债务限额和对政府债务管理工作开展考核时，与各地区实际支出进度挂钩。建立债券项目跟踪督导机制。实地调研自治区人民医院儿童医疗中心、宁夏大学教学综合楼“未来教室”、宁夏水投银川都市圈城乡东线供水工程等重点专项债券项目，了解项目运营和资金使用情况，为下一步做好新增专项债券项目管理工作提供依据。

四是完善政府债券发行管理机制。规范承销团组建和管理，合理匹配权利和义务。定期开展承销团考评，完善退出和增补机制，根据考评结果，不断优化调整承销团成员结构。宁夏现有承销团成员 80 家，其中主承销商 9 家，均为银行机构，上半年主承销商承销比例达 75%。精心做好发行计划，倒排时间，优化工作程序，高效做好项目收益专项债券“一案两书”审核等发行准备工作。积极对接财政部、发行机构、金融机构、项目单位和市县财政部门，认真分析债券市场运行状况，充分考虑项目准备、资金需求、市场利率等因素，主动把握发行节奏，合理选择发行窗口，不断降低政府融资成本，2022 年政府债券平均发行利率 2.96%，比 2021 年下降 22 个基点。

三、遏制新增化解存量，严堵违规举债“后门”

一是坚决遏制新增隐性债务。切实加强源头管控，明确对重大支出和重大项目进行财政承受能力评估，确保项目自身收益能够覆盖债务成本支出，对没有明确资金来源和制订融资平衡方案的项目一律不得审批，杜绝新增隐性债务。对违规举债保持高压态势，对违规的责任单位、责任人予以问责，并对问责情况进行通报，发挥典型案例警示震慑作用。二是多措并举化解存量债务。强化债务化解资金预算刚性约束，督促市县将化债资金足额纳入年初预算，按月督导市县落实偿债资金的兑付。通过预算安排、盘活存量、处置资产资源等方式，安排真金白银化解债务，积极推动隐性债务市场化转型剥离，连续五年超额完成化债任务。三是积极整改发现问题。组织开展违法违规举债融资自查工作，对各类检查发现的违规问题高度重视，建立整改时间表、路线图，确保问题逐个销号，加快问题整改规范。

四、强化风险预警监测，守牢风险防范化解“底线”

一是盯住重点地区。督导调研债务高风险地区债务管理和项目融资建设情况，指导帮助市县进一步厘清解决问题的思路，探索未来可能的符合政策、适应当地、顺应发展的筹资模式建设方式。督查红色地区化债安排、问责工作执行情况，紧盯永宁县化债试点工作，确保化债资金安全高效使用。二是强化风险预警。依托地方政府债务管理系统和隐性债务监测平台，定期对政府债务和全口径债务进行风险测算，并及时将债务风险情况通报各市县，对债务高风险地区建立约谈制度。指导和帮助市县不断优化债务化解和风险地区退出计划，完善风险应急处置机制，增强风险抵御能力。三是有序偿还债务。严格控制市县到期政府债券再融资规模，指导市县使用自有资金偿还到期政府债务，改变一直以来主要依靠再融资债券“借新还旧”的做法，避免政府债务风险累积，为我区规范持续举债融资创造有利条件。

国库管理工作综述

2022 年，宁夏财政国库管理工作坚持以习近平新时代中国特色社会主义思想为指导，认真贯彻党的二十大和自治区第十三次党代会精神，按照中央经济工作会议和全国财政工作会议部署，围绕财政中心工作，坚持党建、业务同步谋划，统筹实施，稳步推进财政国库各项工作。

一、狠抓处室党性建设，思想政治站位进一步提升

坚持以“政”领“财”，不断强化政治机关建设，严格落实“三会一课”、主题党日、政治理论学习、谈心谈话等制度任务，深入学习贯彻党的二十大精神、习近平总书记视察宁夏重要讲话指批示精神、自治区第十三次党代会精神，推动学习领会习近平新时代中国特色社会主义思想走深走心走实。发展确定 1 名预备党员，持续打造忠诚干净担当的党员干部队伍。疫情防控期间组织党员干部下沉兴庆区宝银社区开展防疫宣传、卡点值勤、核酸检测等

工作。2022年国库处党支部被授予五星级党支部，国库处被授予“自治区三八红旗集体”称号。认真开展“领导干部廉政警示教育周”和“违规收送红包礼金和不当收益及违规借转贷或高额放贷专项整治”活动，排查廉政风险。强化党员干部纪律教育和廉政教育，加强对党员干部的日常监督。

二、强化库款账户管理，财政资金使用进一步提效

（一）科学有效地组织库款调度

完善库款管理与国债发行、预算执行、直达资金调度的协调联动机制，在保障重点支出基础上科学合理控制筹资成本，保持库款合理规模。强化对市县库款的督导力度，市县库款管理水平明显提高。合理调度市县资金，保障市县“三保”支出需要，保障各级财政库款收支匹配，认真落实财政部对直达资金调度要求，对直达资金坚持实行单独调拨，防范地区库款支付风险。

（二）规范实施国库现金管理

在保障财政资金安全和预算支出的前提下，通过开展国库现金管理操作，合理调节库款余额，有效盘活库款存量，灵活运用短期限操作工具，通过长短期相结合的操作模式，提高现金管理存款收益，实现财政资金的保值、增值，同时极大地撬动了商业银行投入更多的金融资源支持宁夏地方经济发展。

（三）全面加强总预算会计核算管理

落实总预算会计制度，精准高效核算自治区本级财政收支，定期开展与市县财政部门会计对账工作，指导市县规范开展总预算会计核算，提高财政收支数据的准确性和完整性及时、高效完成非税收入退库工作及收回预算单位项目指标、实有资金等各项业务账务处理工作。

（四）加强“三公”经费执行管理监督

结合“先有预算，再有指标，后有支出”控制机制，主动落实省负总责的要求，在管理监控本级“三公”经费支出的同时，加强对市县执行情况的监控预警，严格按照预算指标控制库款支付，按月向财政部报送“三公”经费执行监控月报，进一步强化预算约束，防范和制止了不规范、不到位等经费支出问题的发生。

（五）强化财政专户和区本级预算单位银行账户管理

贯彻落实新修订的《预算法实施条例》，进一步加强财政专户管理，规范专户资金运行。全面推进银行账户管理工作科学化精细化，完成自治区本级预算单位银行账户开立、变更、撤销等审核工作，对市县银行账户管理工作进行指导。加强与人民银行、审计、监察等监管部门的协调配合，建立检查监督工作机制，提升银行账户管理成效。借助财政预算一体化系统建设对银行账户管理系统进行升级改造，进一步加强全区银行账户全面、规范管理。

三、深化国库制度改革，国库业务发展进一步提速

（一）扎实开展2021年度政府财务报告编制工作，稳步推进权责发生制政府财务报告制度改革

通过线上方式全面系统培训全区4000余个预算单位、市县各级财政部门，实现横向到边、纵向到底的培训目标。建立督导制度，按计划组织各级财政和预算单位分期限分步骤同步填报，循环督导自治区本级497个预算单位和市县各级财政部门。开展集中会审和交叉会审，针对报告的准确性、完整性和规范性等方面对全区4000余个预算单位和市县各级部门的政府财务报告进行严格把关，顺利通过财政部会审，圆满完成2021年度自治区政府财务报告编审工作。

（二）全力推动全区预算指标核算管理改革

深入贯彻落实《国务院关于进一步深化预算管理制度改革的意见》（国发〔2021〕5号）和《自治区政府关于进一步深化预算管理制度改革的实施意见》（宁政发〔2021〕31号）有关规定，按照《财政部关于印发〈预算指标核算管理办法（试行）〉》（财办〔2022〕36号），制订印发《自治区财政厅预算指标核算管理改革实施方案》，全力推动全区预算指标核算管理改革工作，努力实现预算管理业务全流程“顺向可控，逆向可溯”的目标。

四、提高决算编审质量，决算数据公开进一步提质

一是优化决算工作方式。克服疫情影响，统筹做好疫情防控和决算编制，通过交叉审核、线上会审等工作方式，按期保质完成财政总决算和部门决

算工作，并顺利通过财政部会审。财政总决算工作受到财政部通报表扬。二是提升批复法律效力。严格按照预算法规定的程序和时限开展部门决算批复工作，提升决算批复的法律效力和权威性，压实决算批复责任，完善决算批复内容，设计9张批复表格，批复182家一级预算部门收支数据，为推进决算公开、改进财政财务管理创造条件。三是推进决算公开工作。加快构建规范透明的预算制度，持续细化公开内容，印发《自治区本级2021年度部门决算公开方案》加强自治区本级部门决算公开组织督导工作，自治区本级168个一级预算部门于8月18日全部完成部门决算公开工作。

五、推进系统整合建设，国库数据管理进一步提标

统筹推进全区预算管理一体化建设纵深发展。全面落实国发〔2021〕5号文关于增强财政透明度，提高预算管理信息化水平的要求，按照《财政部关于印发〈财政部整合下发地方应用软件工作方案〉的通知》（财办〔2021〕25号）有关规定，结合宁夏实际，积极主动推进全区预算管理一体化系统建设。一是努力推动预算执行信息管理系统、部门决算报表管理系统、政府财务报告管理系统等财政国库应用软件整合工作，为开展政府信用评级、加强资产负债管理、改进政府绩效监督考核、防范财政风险等提供有力支持。二是稳步推进财政总会计核算软件优化改造，全面、清晰地反映政府财务信息和预算执行信息，进一步夯实政府财务报告编制基础。三是积极开展财政总预算会计核算软件数据库整合迁移，确保财政账务数据安全。

六、加强报表分析利用，国库基础工作进一步提优

一是持续提升预算执行分析水平。按时编制财政收支旬月报、全区地方财政国库款情况月报、暂存暂付款项情况表和专户资金情况月报表，不断完善数据核对机制，查短板、找弱项、补漏洞，提升报表数据汇总编报的效率、质量。按月编制财政收支简报及全区库款及相关资金运行综合分析报告，以分析促执行。二是研究制定国库库款与一般公共预算支出监测表。通过报表动态反映全区各级财政库款保障与预算执行情况，及时发现预算执行中存在的问题，促进在执行中落实积极的财政政策，确保财政收支平稳运行。三是充分发挥决算报表作用。分类统计梳理财政数据，编印《2021年宁夏财政统计摘要》和《2021年度全区部门决算数据统计资料》，形成26张统计报表，40余万条统计数据，为领导决策、规范管理提供有效的数据支撑。

2023年，国库处将持续深入学习贯彻党的二十大和自治区第十三次党代会精神，坚持不懈地用习近平新时代中国特色社会主义思想凝心铸魂，助力各项决策部署落地落实，继续补短板、强优势、抓弱项，不忘初心，砥砺前行，推动财政国库领域工作再上新台阶，为财政事业高质量发展做出更大贡献。

行政政法财政工作综述

2022年，宁夏行政政法财政工作认真贯彻落实党的二十大及十九届六中、七中全会和习总书记两次视察宁夏时的重要讲话精神，全面贯彻落实自治区第十三次党代会精神和自治区党委、政府的各项决策部署，以政领财，以财辅政，充分发挥财政职能，开拓创新，担当作为，在主动服务保障自治区重大战略、重大行动、重要活动、重大改革上持续发力，奋力谱写财政行政政法工作新篇章。

一、提升财政保障政治安全能力和水平

发挥财政部门为党中央治国理政、当家理财的具体服务保障职责。牢记“国之大者”，全力做好自治区党委、政府、人大、政协等政治机关中枢运转保障能力。提高政治站位，提前谋划，及时安排资金，全力做好党的二十大维稳安保工作。支持参政党、人民团体建设，重点保障民主党派和工商联换届经费需求。密切关注新冠肺炎疫情，重点保障公安、市场、药监等部门履行防控职责，大力支持加强监狱、戒毒等重点场所物防、技防能力建设。加大预算收支统筹力度，盘活财政存量资金，规范预算支出管理，坚持“过紧日子”要求，打破支出

固化僵化格局。强化预算编制、支出和绩效管理，推进绩效结果和预算安排有机衔接。严格执行行政政法部门预算执行预警督促工作机制，进一步加大对重点项目及有关结转项目的管理力度。

二、多维发力构建基层组织保障网

围绕保障好农村、社区、“两新”组织和机关等基层党组织建设，坚持政策向基层倾斜、资金向基层投入，健全保障机制，加大资金投入，逐步构筑起覆盖基层党建、组织运转、人员待遇、帮扶服务等全方位保障体系，助力基层党组织建设全面提质增效，努力打造坚强战斗堡垒。一是强化多元投入，提升基层党建水平。建立财政投入、党费补充、社会支持等多渠道党建经费投入机制，将农村、城市和“两新”组织等基层党建工作所需经费纳入同级财政预算，自治区财政每年预算安排自治区党委组织部门1000余万元，支持探索党建创新模式载体，创建党建工作示范点，培育宁夏经验，带动各领域基层党建整体提升。二是建立运转保障机制，增强基层党组织凝聚力。关于城市党建：首次将城市基层网格工作经费纳入市县财政保障范围，从2023年起，按每个网格每年不低于3000元标准纳入社区工作经费予以足额保障，为城市基层网格精细化治理精准化服务提供有力支持。关于非公企业和社会组织党建：制定全区性非公企业和社会组织党务工作者补贴发放办法，明确补贴发放标准和考核奖励措施，基层党务工作者补贴依据所在党支部评星定级等次每月补助200~500元。全区性综合行业党委中的党务工作者津贴标准，依据党建工作考核等次每月给予200~400元奖补。关于机关党建：制定自治区直属机关基层党建经费管理办法，明确机关党建资金保障标准、保障内容和资金支出渠道，大力支持机关支部开展“三会一课”、主题党日等党建活动，有效弥补机关基层支部开展党建活动支出依据和标准的空白，有力推动机关党建提质增效，得到自治区领导充分肯定和各机关党员的普遍欢迎。三是完善保障措施，推动人才向基层流动。分类制定保障办法，统筹各类资源，落实保障措施，引导鼓励选调生、“三支一扶”、大学生志愿者和科技工作者等群体到村任职服务，解决基层人才短缺问题。出台专项政策措施，将驻村工作队员工作经费纳入同级财政预算予以保障，每年为每个驻村工作队安排不少于1万元工作经费，按时足额发放伙食补助、交通补助、通信补贴，有力保障驻村干部吃、住、行，有效激发驻村干部拓展巩固脱贫攻坚成果助力乡村振兴的热情。

三、大力支持实施人才强区战略取得新突破

认真贯彻落实中央和自治区人才工作会议精神，着眼“急需紧缺”引才、“自主培养”育才、“授权松绑”用才、“近悦远来”留才，充分发挥财政职能，担当作为，开拓创新，在主动服务人才强区战略上务实功、出新招、求实效，全力推动“才聚宁夏1134行动”落地见效。一是健全资金管理制度。在涵养人才创新生态上重点发力，修订完善《自治区人才专项资金管理办法》，探索人才资金使用特点规律，创新“支持范围+负面清单”管理模式，确保专项资金规范灵活使用，营造人才发展良好环境。二是落实减负松绑政策。对标中央精神，结合宁夏实际，出台《关于改革完善自治区财政科研经费管理的实施意见》和《自治区财政科研项目专家咨询费管理暂行办法》《自治区本级科研活动差旅费管理暂行办法》2个配套办法，着力为科研人员减负松绑，提高工作积极性。三是加大财政投入力度。建立与经济发展水平相匹配的人才投入动态调整机制，2022年预算安排人才专项资金2.5亿元，较上年增长15%。紧扣自治区第十三次党代会提出的“一主一带一副”发展新格局、聚焦“六新六特六优”产业和“六大提升行动”，大力优化人才资金支出结构，在精准引才育才聚才用才上下功夫，着力提高人才队伍建设的针对性、精准性和实用性，实现人才链、产业链、创新链有机衔接，真正将资金优势转化为科研创新、产业发展后劲。年内完成人才项目绩效评价6个，并将评价结果作为政策调整的重要参考、作为资金安排的重要依据，确保有限资金发挥更大效用。

四、推动知识产权支撑引领高质量发展

认真贯彻习近平总书记“保护知识产权就是保护创新”的重要指示精神，全面落实《知识产权强区建设纲要》，借鉴吸收先进经验，加大政策研究，为知识产权强区战略提供全方位、多层次、多角度政策和资金支持。一是对标中央要求，结合宁夏实

际，牵头出台《宁夏回族自治区知识产权专项资金管理办法》，制定知识产权全链条保护运用扶持政策，基本实现支持范围全覆盖，有效发挥知识产权制度激励创新的基本保障作用。二是会同市场监管部门研究出台《知识产权促进创新驱动发展十四条措施》，安排知识产权宏观管理专项资金 900 万元，实行后补助方式对获得国内国际授权专利 41 件、中国发明专利奖 4 项、马德里注册商标 4 件、知识产权转移转化运用 1 件、国家地理标志产品保护示范区 2 个、地理标志试点运营企业 10 家等进行补助。首批培育专利导航服务基地 2 个，为带动企业发展、引领产业发展提供“真金白银”政策红利。全区每万人口有效发明专利 6.41 件，知识产权创造实现“量质齐升”。三是完善知识产权质押融资工作补助政策，积极构建“政银保担”风险共担模式，引导金融机构积极参与融资担保业务，2022 年前三季度质押融资 5 亿元，达到历史最高水平，知识产权金融服务助推中小微企业发展成效显现，同时为有效缓解企业“融资难，融资贵”探索了方法路径。四是深入实施创新主体培育工程，加强高价值自主知识产权创造和储备，围绕数字信息、新型材料等“六新”产业技术领域，精准培育布局知识产权创新创造主体。2022 年，宁夏知识产权培育捷报频传：银川市被定为首批国家知识产权强市建设试点城市，平罗县、青铜峡市被定为国家知识产权强县建设试点县，中宁工业园区被确定为国家级知识产权强国建设试点园区，自治区财政分别对其给予 50 万元、30 万元、20 万元奖补。

五、坚持以人为本全力稳岗就业保民生

习近平总书记强调，就业是最大的民生工程、民心工程、根基工程。面对复杂严峻的国内外经济形势和疫情反复带来的超预期变化，自治区财政及时研判分析，坚持就业优先，靠前发力，强化措施，着力做好重点群体就业稳岗工作，维护社会大局稳定。一是实施基层服务专项计划。新招募 260 名司法协理员到基层工作，明确每人每年 4.5 万元报酬，由自治区和市县按 3∶7 比例分级承担。二是扩大“西部计划”规模。自治区本级负担的大学生志愿者人数由 380 名增加到 640 名，全区志愿者数量达到 1450 名。统筹中央和自治区 6562 万元，全力保障志愿者人员经费和培训费、保险费等方面支出。三是首次将司法警务辅助人员纳入财政保障范围。会同自治区党委政法委等六部门印发《宁夏回族自治区人民法院、人民检察院司法警务辅助人员管理办法》，将全区 29 个法院招聘的 460 名警务辅助人员的工资福利、装备配置及公用经费等支出纳入自治区财政预算予以保障，彻底解决了司法体制改革后长期想解决而未解决的历史遗留问题。四是建立聘用制书记员工资动态增长机制。会同自治区党委政法委等六部门印发《宁夏回族自治区人民法院、人民检察院聘用制书记员管理办法》，明确聘用制书记员工资按照不低于上年宁夏城镇居民人均可支配收入的 125% 核定，聘用制书记总体薪酬标准根据我区经济社会发展状况实行动态调整，对稳定书记员队伍、提高工作积极性具有十分重要的意义。2022 年增加检察院书记员 330 名，全区法检院书记员达到 1864 人，不但解决了法检院“案多人少”的矛盾，同时也有效缓解了全区的就业压力。五是稳定公安辅警队伍。全面落实《宁夏回族自治区公安机关警务辅助人员条例》关于“辅警薪酬标准实行动态调整机制”的规定，加大财政保障力度，理顺保障渠道，动态测算核实，按规定足额安排辅警工资薪酬及办公等经费，提升辅警待遇保障标准化、规范化水平。六是加大城乡低收入“两癌”患病妇女救助力度。将关爱救助城乡低收入“两癌”患病妇女作为“为民办实事”主要内容，积极探索救助形式，加大经费保障力度，初步构筑了“筛查 + 救助 + 关爱 + 保险”“四位一体”保障服务体系。2022 年安排救助资金 742 万元，为 742 名城乡低收入“两癌”妇女患者每人补助 1 万元，有效缓解了患者家庭经济困难。

六、深入推进更高水平平安宁夏建设

紧紧围绕财政服务经济社会发展大局职能定位，坚持统筹发展和安全“两件大事”，把维护安全稳定摆在更加突出位置，以“时时放心不下”的责任感，不断健全机制、优化投入，强弱项、补短板，筑牢平安根基，全区公众安全感连续十二年保持在 90% 以上，有力确保了全区社会大局持续稳定、治安形势持续向好。一是健全完善制度机制，政法、国防等安全领域制度体系初步形成。2022

年以来，先后制定政法纪检监察转移支付资金管理实施细则、监狱经费保障标准体系办法及法院、检察院财务管理办法等4项制度，我区政法领域资金管理制度全部建成，形成一套较为完备的制度体系。全面完成国防和军队领域、国家安全机关财政事权和支出责任划分改革，进一步理顺了相关领域财政保障机制。二是持续加大投入，政法保障水平明显提升。把健全分配机制作为提高资金使用效益的重要抓手，优化“因素法+项目法”资金分配机制，统筹中央和自治区财力15.97亿元，重点保障政法单位办案业务和装备建设，全区政法机关经费保障能力、装备建设水平和政法队伍能力建设明显提升。大力支持政法系统重大信息工程建设，智慧法院、智慧检务、公安大数据建设及监狱信息化升级改造相继建成。建成宁夏社会治理综合指挥平台，联通“雪亮工程”共享平台，实现近5万路监控视频图像实时调取，通过视频监控破获刑事案件数占刑事案件总量的80%，社会风险防控进一步织密织牢。持续将司法救助、法律援助、社区矫正、国家赔偿等纳入财政保障范围，大力支持基层开展法律服务，努力营造良好法治环境，体现有为政府法治担当，有效保障当事人合法权益，让人民群众感受到公平正义。持续用力保障扫黑除恶专项斗争及常态化。全程加强政法资金管理使用绩效管理，强化培训力度，宁夏政法资金绩效考核连续两年被财政部评为“优胜奖”，共获中央政法绩效考核奖励资金4004万元。三是加强上下联动，大力支持信访积案化解取得明显成效。中央和自治区财政安排解决特殊疑难信访问题资金是坚持以人民为中心、健全信访矛盾化解工作机制具体举措，是坚持底线思维、化解疑难复杂信访问题不可或缺的方式方法。2022年，自治区财政厅牵头制定《自治区解决特殊疑难信访问题专项资金管理办法》，信访资金分配更加公平、管理更加规范、使用更加高效。聚焦治理重复信访、化解信访积案，统筹安排专项资金942万元，支持基层化解特殊疑难信访事项45件、化解省级领导包抓重点信访事项82件，一批“骨头案”“钉子案”得到解决，群众满意率稳步提升，信访形势持续向好。四是强化经费保障，铸牢中华民族共同体意识。安排统战、民族宗教工作经费4292万元，大力保障自治区统一战线和民族团结进步各项工作顺利开展。不断优化自治区对市县转移支付结构，加大对财力薄弱市县的补助力度，大力支持打造全国民族团结进步示范市5个、示范县15个、基层示范单位37个，自治区民族团结进步示范区和示范单位703个，推动全区形成民族团结、宗教和顺的大好局面。

七、大力支持“数字政府”政务服务改革

坚持“一网通办，一网通管，一体协同”工作思路，2022投入财政资金2.53亿元，着力推进数字政府建设，不断提升网络化办公、数字化执法、智能化治理、智慧化服务能力。在国家行政学院发布的《省级政府和重点城市一体化政务服务能力评估报告（2022）》中，宁夏省级一体化政务服务能力总体指数居全国前十名，连续五年西北第一名，被评为“非常高”档位。一是夯实数字政府基础底座。投入2.3亿元，支持完善提升云、网、数应用支撑体系建设，推动“一朵云”“一张网”集约化发展。全区310余家行政事业单位1000余个政务应用系统迁移和接入到政务云平台，除专网系统外，全区83%的应急系统实现上“云”运行。电子政务外网接入自治区市县乡村五级政务服务部门9800余家，覆盖率达到98.65%，1040个县级以上审批服务机构基本实现“一次认证，全网通办”，120个事项可在乡镇办理、48个事项可实现不出村办理。二是加快打造政府应用系统两大移动入口。投入800万元，支持“我的宁夏”APP深化和拓展功能，加快推广运用，实现了政务服务应急标准统一、整体联动、业务协同，“我的宁夏”APP已成为全区人民最易用、最好用、最常用的综合性政务服务移动端；投入800万元，支持“宁政通”政务APP办公系统加速开发部署和应用推广，区直机关3099部门（单位）5.5万余人已接入“宁政通”政务应用系统，该系统已成为全区公职人员和相关人员在线办公的必备助手。三是加快政务服务共性应用支撑体系建设和部署。投入360万元，支持完善全区统一身份认证、电子证照、电子签章、公共支付等11个共性应用支撑系统，不断提升数字政府集约集成建设水平。

八、持之以恒严控“三公”经费

坚决贯彻落实党中央、国务院有关要求，把加强“三公”经费管理作为一项长期的政治任务抓细抓实，不断完善制度机制，提升财政管理效能。一是加强预算源头管控。按照“过紧日子”和“三公”经费只减不增要求，从严从实编制部门预算，2022年区本级各单位“三公”经费支出预算1.1亿元，较上年减少0.24亿元，降幅达18%，有效推动部门落实节约型建设。二是加大预决算公开力度。以预算管理一体化系统为抓手，对部门单位“三公”经费进行全过程实时监管，每年按规定向自治区党委报告“三公”经费执行情况。建立健全“三公”经费部门预决算“双公开”制度，督促指导部门单位落实公开主体责任、加大公开力度、细化公开内容，重点对“三公”经费实行专项公开。三是强化“三公”经费监督管理。指导部门单位对2020年1月至2022年8月“三公”经费开展全面自查。在自查基础上，积极配合有关部门开展集中专项检查。对自查和专项检查中发现的突出问题，压实整改责任，立行立改立见效，同时举一反三，深入剖析根源，督促部门单位全面梳理短板漏洞，健全内控制度，提高预算管理水平，切实解决违规开支“三公”经费、花钱大手大脚等突出问题。强化检查结果应用，将检查结果严格与2023年部门预算相挂钩，把“过紧日子”要求落到实处。四是加大政策宣传力度。利用预算编制、业务培训、决算会审等机会，强调“三公”经费“只减不增”的重要政治意义，提高各单位财务相关人员尤其是单位领导对该项工作的重视程度。五是加强“三公”经费信息化管理水平。利用财政管理一体化系统，组织研发全区“三公”经费监测平台，将各市县和区本级各单位“三公”经费支出情况全部纳入监测范围，应用数据分析手段，实现纵向可对比历年数据、横向可查看各类项目支出情况，有效提升“三公”经费动态监测预警能力，提高管理工作的针对性和有效性。

2023年，财政行政政法工作将坚持以党的二十大精神为指引，坚决贯彻落实自治区党委、政府重大决策部署，聚焦“国之大者”，充分发挥财政职能作用，做优日常，突出重点，打造亮点，努力开创财政行政政法工作新局面。

教科文财政工作综述

2022年，宁夏教科文财政工作认真学习宣传贯彻党的二十大和自治区第十三次党代会精神，加大财政投入力度，调整优化支出结构，聚焦投入重点和薄弱环节，强化资金绩效管理，为教科文事业又好又快发展提供了坚实的财力保障。

一、支持构建高质量教育发展体系

（一）创新财政支持教育方式

对标自治区党委、政府决策部署，整合设立基础教育质量提升行动项目资金3亿元，创新采取“稳定保障+短板补齐+奖补激励”的方式，调动市县财政基础教育投入的积极性，引导市县加快推进基础教育质量提升行动，提高基础教育教学水平。

（二）支持实施好重点教育项目

下达资金60亿元用于实施教育重点项目。支持实施幼儿园建设工程，扩大普惠性学前教育资源，缓解群众入园难。全面落实义务教育经费保障机制，实施学生营养改善计划，农村义务教育教师特设岗位计划。聚焦薄弱环节和短板弱项，支持实施薄弱学校改造提升工程，改善乡村小规模学校和乡镇寄宿学校基本办学条件，有序扩大人口净流入城镇学位供给，支持义务教育城乡一体化和优质均衡发展。支持推进高考综合改革，改善县域普通高中基本办学条件，解决“大班额”、选课走班机动教室不足等问题，加大生均财政经费保障力度，促进普通高中多样化发展。支持实施“高水平高职学校和高水平专业建设”计划、“优质中职学校和优质专业建设”计划，深化产教融合、校企合作。支持部区合建宁夏大学、“一流大学和一流学科”建设等，促进高等教育内涵发展。支持深化“互联网+教育”示范区建设成果，促进线上线下教育同质同效。支持实施公费师范生和优师计划，加强教师队伍建设，支持开展教师培训，提高教师业务水平。支持开展民族教育、党建思政、教师培训、校园安全、创新素养、体育美育、防控近视等工作。

（三）完善学生资助资金管理制度

制定印发《宁夏回族自治区学生资助资金管理办法》（宁财规发〔2022〕25 号），全面整合归集并更新了从学前教育到高等教育阶段的所有资助政策，进一步完善了学生资助政策体系。全面落实各级各类学生资助政策，突出资助重点，资助政策的有效性和精准度进一步提高，促进和保障教育公平。

二、支持打造科技创新高地

（一）财政科研经费管理改革持续深化

聚焦财政科研经费管理中的“痛点”和“堵点”，提请出台《自治区人民政府办公厅关于改革完善自治区财政科研经费管理的实施意见》（宁政办发〔2022〕53 号），从扩大经费自主权、减轻科研人员负担、加大激励力度等方面提出针对性强的 25 条改革政策和工作要求。同时，创新制定《自治区财政厅关于印发〈自治区财政科研项目专家咨询费管理暂行办法〉和〈自治区本级科研活动差旅费管理暂行办法〉的通知》（宁财规发〔2022〕13 号）2 个配套制度文件，填补了宁夏科研管理领域的制度空白，科研创新生态持续优化。根据科技创新的需要，对企业研发费用财政后补助、购置关键核心设备补助等方面的制度办法进行修订完善。

（二）财政科技投入的精准度不断提升

争取中央引导地方科技发展项目资金 8800 万元，比 2021 年增长 87.2%，增幅超过全国平均水平。下达科技项目资金 14 亿元，主要用于产业关键技术科研攻关、开展基础研究、改善科研条件、提升引导技术创新、落实科技型企业培育、实施县域科技创新奖补等方面，其中，用于自治区确定的“六新六特六优”产业发展资金超过 2 亿元，财政科技投入的精准度进一步提升。

（三）强化企业创新主体地位

综合运用前引导、后补助、贷款贴息、风险补偿等多种方式，引导企业加大 R&D（研究与试验发展经费）投入。落实企业科技创新后补助政策，下达财政后补助资金 3.4 亿元，激发企业创新创造活力。积极推行“揭榜挂帅”机制，首批 5 个项目取得阶段性成果。财政资金的引导撬动作用进一步增强。

三、支持文化事业和文化产业发展

（一）全力做好重大宣传经费保障工作

支持开展党的二十大和自治区第十三次党代会精神等的宣传宣讲工作。支持媒体深度融合发展，学习强国平台建设，拓展新时代文明实践中心建设，支持县级应急广播体系、中央广播电视无线覆盖以及民族地区高清机顶盒改造等运行安全，确保党的创新理论进入寻常百姓家。

（二）促进公共文化服务能力提升

对标群众公共文化服务需求，坚持补短板、强弱项、促提升，下达资金 5.31 亿元用于支持实施文化惠民工程等方面。支持改建提升 105 个标准化乡镇综合文化站、文化示范点，开展“送戏下乡”惠民演出。支持银川市、青铜峡市等一批公共图书馆、文化馆（站）设施改造提升和设备配置。支持打磨提升的《花儿与号手》获得中国舞台艺术最高奖——第十七届文华奖，广场舞《塞上儿女心向党》荣获第十九届群星奖。支持举办自治区第十六届运动会。制定印发了《宁夏回族自治区舞台艺术精品创作扶持资金管理办法》（宁财规发〔2022〕4 号）等制度办法。

（三）推进文化旅游产业高质量发展

遵循文化旅游产业发展规律，下达资金 3.65 亿元，支持长城、长征、黄河国家文化公园建设，促进数字创意、文化传媒、影视制作等文化产业加发展。支持反映脱贫地区群众文化需求、展现新时代农民风采的电影《六谷儿》顺利拍摄，并获得中央文化产业发展项目资金的支持。针对疫情和经济下滑影响，通过调整优化既有项目预算，会同部门开展了文化演艺、旅游消费、体育消费、惠民观影、图书消费等拉动消费的活动。落实“引客入宁”补贴政策，通过发放消费券等方式，对影院和旅行社给予纾困帮扶，促进消费回升。

（四）扎实做好国有企业文化资产监管工作

会同自治区党委宣传部联合印发《宁夏回族自治区属文化企业国有资产监督管理实施细则（试行）》（宁财（教）发〔2022〕484 号）等 4 项制度办法，进一步健全自治区属文化企业制度管理体系。牵头组织完成自治区属 6 户文化企业清欠专项行动，共清收资金 1.02 亿元，有效盘活文化企业流动资产。

四、党建工作扎实有效

（一）强化理论武装工作

深学细悟笃行党的二十大和自治区第十三次党代会精神。开展“理论＋政策＋任务＋责任”清单式学习。党支部总结的“快、准、新、实”做好财政科技资金保障的做法经验被区直机关工委进行宣传推广。

（二）倾力打造支部品牌和全面夯实基础工作

进一步挖掘和提炼特色，集思广益确定“三实六度，争创一流”支部党建品牌，将党建品牌创建与财政业务结合，不断完善科学合理的财政教科文经费保障机制，切实为群众关心的上学、读书、看戏、健身等问题办实事、解难事。认真落实主题党日、组织生活会等制度，夯实党建基础。对支部党建园地重新进行规划和布局，党建园地面貌焕然一新。党员干部积极参与疫情防控。实行“主题党日＋工作调研”，大力促进党建业务融合发展。做好党员发展工作，1 名同志被确定为入党积极分子。

（三）持续推进正风肃纪

以党风廉政建设责任制为抓手，加强廉政学习，紧盯关键节点，及时谈话提醒，通过常态化教育，校正思想坐标，持续改进作风。在预算编制、资金分配和绩效管理等工作中，严格执行国家法律法规和政策。加强财政项目资金管理制度建设，用制度管人、管事，做到廉洁奉公、廉洁从政。违规收送红包礼金等专项整治工作取得明显成效。

今后，教科文处将认真贯彻落实党的二十大精神，不断提高政治站位，坚持以人民为中心的发展思想，坚持保基本、补短板、强弱项，促均衡，努力推动财政教科文工作高质量发展。

经济建设财政工作综述

2022 年，宁夏经济建设财政工作坚持以习近平新时代中国特色社会主义思想为指导，深入学习贯彻落实党的二十大精神和自治区第十三次党代会精神，全面落实疫情要防住、经济要稳住、发展要安全的要求，在财政厅党组坚强领导和各处室大力支持下，主动担当，靠前发力，团结协作，攻坚克难，各项工作迈出新步伐，实现新突破。

一、坚持突出政治建设统领“首位度”，在勇毅前行中把牢方向锚定目标

坚持把政治建设摆在支部建设的首位，坚定政治信仰，把准政治方向，站稳政治立场。一是把握“两个确立”的重大意义，强化思想政治引领。始终把忠诚捍卫“两个确立”、坚决做到“两个维护”作为最大的政治、最大的大局，不折不扣把政治责任体现在工作中，落实在行动上。二是把握“政治之年”的特殊要求，抓好党的二十大学习宣传贯彻。围绕党的二十大精神和自治区第十三次党代会精神开展专题学习和大讨论活动。研究细化任务分工，压实责任，形成合力。深入调研，形成了多篇高质量专报和调研报告，为决策政策制定、优化保障提供支撑，切实推动学习入脑入心、任务落实落细。三是把握“战斗堡垒”的功能定位，切实加强支部建设。严肃党内政治生活，强化“三会一课”效果。深入开展“争创‘五个一流’，强化作风建设”活动，开展“学讲话，悟思想，见行动，当先锋”等主题党日活动 12 次，支部党员大会 6 次，集中学习及讨论 17 次，讲党课 5 次，谈心谈话 13 次。以务实功、求实效的作风推动财政经济建设工作干在实处、走在前列。四是把握“风清气正”的价值取向，抓实党风廉政建设。扎实开展“廉政警示教育周”活动，对标违规收送红包礼金专项整治要求，高站位、严纪律进行自查自纠、检视剖析。严格落实中央八项规定精神，严肃执行财经纪律。深入开展全区楼堂馆所清查，建立发改、财政、审计联动协作机制，力争问题早发现、早处置。加强廉政风险点防范，营造风清气正的干事环境。五是把握“依法履职”的工作原则，坚持普法执法并重。严格落实普法责任制，将学习宣传习近平法治思想与业务工作有机融合，结合“宪法宣传周”活动，在财政厅经济建设处开展《宪法》及《国旗法》《国歌法》《国徽法》等相关法律法规的学习宣传教育；结合“法律进机关”，梳理经建处执行的法律法规规章及行

政规范性文件，结合业务职能向对口业务单位进行常态化宣传。

二、坚决打起稳住经济大盘“责任担”，在大战大考中闯出路子展现作为

2022年以来，自治区党委、政府高度重视稳住经济大盘工作，财政厅就落实稳保促政策和稳经济保民生等措施，多次召开会议专题研究。按照分工，经建处牵头负责的任务重、时间紧、挑战大，我们知重负重，勇挑重担，抢抓时间窗口，全力以赴在扩大有效投资、促进消费复苏、能源粮食保供等方面主动作为、干出成效。一是以20个重大项目为抓手，促进扩大有效投资。充分发挥重点项目清单对接机制作用，紧盯重大项目进展下好“先手棋”，走出“分层次，多渠道，宽领域”的重大项目筹资路子，为扩大有效投资主动做好保障。牵头制订银川河东国际机场改扩建等重大项目筹资方案，以实的举措精准发力，推动项目尽早落地，尽快实施，提振信心稳定预期。统筹安排133亿元，有力地保障了交通、水利等重点项目建设，中兰高铁如期通车，银昆高速加速推进，国内客运航线新增、加密16条，固海扩灌扬水更新改造、银川都市圈三线供水等重大水利工程加快建设。以银西铁路审计整改为抓手，提出建立规范铁路出资模式的思路，以铁、公、机项目谋划和资金需求为抓手，提出一揽子财政支持基础设施建设的思路。二是以发放消费券为抓手，促进扩大消费。主导接续出台2轮共29条支持扩大消费强刺激政策措施，探索形成政策传导机制。以发放消费券为抓手，选择在重点领域实施阶段性集中拉动。累计安排扩大消费资金3.07亿元，发放消费券794万张，直接撬动社会消费43.49亿元，带动汽车、家电、商品房等大宗商品销售额30.9亿元，充分发挥财政资金“四两拨千斤”的杠杆作用，助力我区消费市场复苏回暖。三是强化粮食安全保障，提升物资能源供应保障能力。积极争取财政部奖励资金2.25亿元，支持产粮大县实施原粮生产基地建设。投入粮食风险基金1.5亿元，加大储备粮（油）轮换、保管支持力度。积极筹措资金8000余万元，重点用于应急救灾物资、化肥以及糖、盐、肉、药等重要民生商品储备管理，确保各类物资市场供应充足、价格稳定。会同有关部门制定《自治区地方成品油储备方案》《自治区地方成品油储备企业代储管理办法》，依法依规、因地制宜落实国家石油储备要求；“9·20”疫情发生后，第一时间统筹安排3.9亿元，支持中卫市建设隔离板房、采购安装门磁，做好粮、油、肉等抗疫、生活类应急物资储备。支持公安厅实施疫情防控勤务用房项目建设和银川市第二临时方舱医院重症救治基地建设。四是支持经贸合作，推动外贸扩规提质。统筹安排1.67亿元，助力宁夏出口市场更加多元，与“一带一路”共建国家、RCEP等新兴市场联系更加紧密、传统市场更加巩固。支持利用阿里巴巴跨境电商服务中心等外综服务平台等为企业提供服务，推动外贸转型升级基地、跨境电商综试区、综保区等开放载体建设。全区进出口增速连续17个月保持在30%以上的高速增长。

三、牢牢把握实体经济发展“着力点”，在赛道助跑中主动发力培育优势

围绕自治区第十三次党代会确定的目标任务，自我加压主动靠前谋划助力产业高质量发展支持路径，以更加有效的财政支持政策，助推形成更好的产业布局、更强的经济体系、更牢的税收基础。一是聚焦“六新”产业，加快促进产业结构优化升级。提请自治区党委、政府印发《支持“六新”产业高质量发展有关财政政策措施》，聚焦“六新”产业支持重点，对专项资金进行全面梳理，通过“整合、新增、退出”将原专项资金29个子项优化调整为19个，进一步集中资金力量、优化支出结构、创新支持方式，推动产业“调结构，转方式，换动能”。安排5.31亿元，通过以奖代补、贷款贴息、购买服务等方式，支持实现“链主企业稳，专精特新增，中小企业活”的目标。统筹5亿元，支持苏银产业园发展、10个化工园区风险等级降至C以下，支持低成本化改造，改善园区基础设施、公共服务平台、要素保障体系等弱项短板。二是聚力“六优”产业，推动服务业高质量发展。提请自治区党委、政府印发《支持“六优”产业高质量发展有关财政政策措施》，优化支出结构，创新支持方式，推动生产性服务业增容扩量、生活性服务业提质升级、新兴服务业发展壮大。安排2500余万元支持冷链物流创新供应链技术和模式，推动更新标准化、专业化、环保型运输与物流装备，支持构建和优化产业协同平台，支撑起产业发展的现代物流体系。安排4500万元培育壮大电商市场主体，促进新型消费扩容升级。安排近1300万元支持开展各类会展博览活动104项，助推宁夏名优产品“走出去”。三是积极支持全国一体化算力网络国家枢纽节点宁夏枢纽建设，推动我区数字经济加快发展。积极参与制定《关于促进全国一体化算力网络国家枢纽节点宁夏枢纽建设若干政策的意见》，安排1亿元推动中卫大数据基础设施建设，构建新型管理体系，打造一流数据中心集群。牵头制定《国家（中卫）新型互联网交换中心流量补助资金管理办法》，对接入交换中心的企业在运营初期给予一定补助，全力打造“西部数谷”，加快数字宁夏建设。安排会议经费346万元，支持成功举办首届“西部数谷”算力产业大会，为宁夏数字经济加快发展提供强有力的支撑。

四、支持构建区域协调发展“新格局”，在统筹推进中提标扩面提质增效

坚持以先行区建设为牵引，打造宜居宜业城镇。一是抢抓国家建设海绵城市的重大战略机遇，确定银川、石嘴山、吴忠为自治区示范城市，安排1亿元自治区海绵城市建设示范奖补资金。推荐银川市成功入围全域推进海绵城市建设示范城市，获得3年11亿元资金支持，全方位高质量推进城乡面貌提升。二是统筹安排3.56亿元，支持推进12个续建、8个新建重点小城镇、10个自治区级传统村落保护发展、20个百万移民重点村（社区）、50个高质量美丽宜居村庄项目建设工作，完善产业配套和基础设施建设，提升人居环境质量，推动城、镇、村融合发展。

自然资源与生态环境工作综述

2022年，宁夏财政资源环境和应急管理工作深入贯彻党的二十大精神，坚持以习近平总书记视察宁夏重要讲话指示批示为统领，紧紧围绕“努力建设黄河流域生态保护和高质量发展先行区建设”战略部署，结合宁夏第十三次党代会确定的“四新任务”“五大战略”，奋力拼搏，改革创新，务实苦干，各项工作推进有力，成效显著。

一、优化结构，下好“先手棋”

坚持生态优先，积极调整优化支出结构，统筹整合各类资金，持续加大生态环保投入力度，确保财政投入与生态环保工作任务相匹配。2022年全区各级财政落实资金202亿元（按照全区生态环境领域全口径统计），较上年增长14.7%，全力支持推进自然资源和生态环境领域重点项目、重大工程、重要工作落实落地。紧紧抓住国家组织项目竞争性评审的有利时机，认真谋划精品项目，主动参加国家竞争性评审，获得中央财政大力支持。2022年，宁夏银川市、固原市、中卫市分别纳入国家北方地区冬季清洁取暖试点城市，吴忠市罗山地区防沙治沙综合治理项目列为全国国土绿化试点示范项目，中卫市历史遗留废弃矿山生态修复项目入选国家示范工程。为全面推动国家支持项目落地见效，确保将其转化为加快宁夏经济社会高质量发展的巨大成效，我们坚持与各市人民政府合力推动项目，建立重大项目推进协调机制，不定期分析研判项目实施过程中的问题隐患，组织精干力量抓好项目实施，加快支出进度，切实提升项目实施质量和效益。

二、综合施策，打好“组合拳”

坚持问题导向，聚焦自然资源和生态环境治理难点，精准发力，靶向投入，系统治理，推进生态环境质量有效改善。

（一）持续推进生态保护修复

围绕贺兰山、六盘山、罗山“三山”生态保护修复规划的99个重点项目，统筹25.32亿元，全力组织实施34个生态保护修复工程，继续巩固贺兰山生态环境综合整治成果，支持六盘山小流域综合治理和退化林修复等，有序推进罗山防沙治沙工程，推动筑牢生态安全屏障，打造宁夏绿色生态宝地。

（二）着力解决污染防治突出问题

统筹资金21.8亿元，集中财力支持打好污染防治攻坚战，加快推进重点行业大气污染深度治理，认真组织实施银川、吴忠、中卫、固原北方地区冬

季清洁取暖项目，推动12条水泥行业生产线超低排放改造，支持实施人工湿地、河湖生态缓冲带、饮用水源地保护等项目建设，黄河干流宁夏段水质稳定保持Ⅱ类。深化城乡黑臭水体综合治理，加快推进区域再生水利用试点工作，完成入河排污口三级核查，实现“一口一策”精准治理。会同生态环境部门制定进一步推进农村生活污水治理工作的实施意见，启动实施农村生活污水治理项目70个，农村生活污水治理率稳步提升。积极推进银川市、石嘴山市“无废城市”建设,推动固体废物资源化利用。

（三）支持开展大规模国土绿化行动

统筹资金22.3亿元,支持实施北部绿色发展区、中部防沙治沙区、南部水源涵养区等生态保护修复，全面推进大规模国土绿化，持续推进退化草原生态修复治理和湿地保护恢复、国家级自然保护区管护，完成造林面积150万亩以上，能够圆满完成植绿增绿护绿目标任务。统筹安排资金2.5亿元，支持枸杞病虫害绿色防控体系、质量检验检测体系、产品溯源体系和标准化建设体系建设，支持举办第五届枸杞产业博览会,推动枸杞产业高质量发展,将“枸杞之乡”品牌擦得更亮。

三、居安思危，守好“安全线”

认真贯彻总体国家安全观，坚持底线思维，支持推动宁夏能源安全和生产安全。全面落实稳经济保增长促发展政策措施，加大地质勘查投入，2022年，投入资金7836万元加快地方急需矿产资源勘查利用，实现矿业权收益40亿元以上，提高自治区煤炭资源保供能力。大力支持应急及消防安全保障，在年初预算安排2亿元优先保障应急管理和消防部门工作运转的基础上，通过新增债券等资金安排2.63亿元，实施应急保障能力、消防救援装备、地质灾害防治装备等项目建设，加强危化领域风险隐患排查和化工园区等重点区域公共设施建设，保障国务院安全生产15条和自治区20条措施有效落实，打造全国安全生产最严省区。

四、健全机制，打造“强引擎”

注重生态环保领域深层次问题研究，提出适合宁夏发展实际的生态环保财政政策措施，构建“1+3+N”框架体系，持续加快推进将绿水青山转化为“金山银山”。

（一）制定出台1个意见

按照中央和自治区部署要求，把推进生态保护补偿制度改革作为2022年全区深改的一项重要任务，组成专班，加强调研，研究制定《关于深化生态保护补偿制度改革的实施意见》,围绕水流、森林、草原、湿地、农田、沙化土地等重要生态环境要素，建立完善分类生态补偿制度。《意见》已经自治区政府审议通过,待提交自治区深改领导小组审定后，以自治区党委办公厅、人民政府办公厅名义下发执行，填补宁夏生态补偿制度顶层设计空白。

（二）加快建设3个机制

建立纵向生态补偿奖补机制。自治区财政安排2亿元专项奖补资金，将资金分配与环境质量和污染物排放总量目标任务挂钩，对完成考核任务的市县统筹奖励2亿元，对未完成2021年考核任务的市县进行处罚，倒逼市县落实生态环保主体责任。全面实施区内横向补偿机制。深入实施黄河干支流及重点入黄排水沟自治区内横向生态保护补偿，自治区和市县按照1∶1的比例共同筹集2亿元专项资金，根据水质改善、水源涵养和水资源高效利用考核指标等因素进行分配，加速形成“谁保护、谁受益，谁污染、谁补偿”的生态格局。稳步推进省域横向补偿机制。持续加强与黄河宁夏段上游甘肃和内蒙古两省区的磋商沟通，经过多轮沟通已与上游甘肃省达成共识。近期将根据两省区最终沟通的一致意见，按程序分别报省（区）政府审定后正式签订横向补偿协议，切实加强母亲河保护的政治责任。

（三）配套实施N项政策

全面落实《自治区排污权出让收入和使用管理实施办法（试行）》，规范排污权出让收入，发挥市场机制作用促进污染物减排。出台《支持压砂地退出财政政策措施》，统筹安排2.42亿元，支持中部干旱带96.5万亩压砂地退出，得到自治区领导肯定批示。出台《关于探索建立山林资源政府回购机制的指导意见》《关于加快推进山林权改革促进林下经济高质量发展的财政扶持政策暨实施办法》，设立山林资源回购基金（分级）和林下经济发展专项资金，引导社会资本进山入林，实现植绿增绿。研究出台《财政支持做好碳达峰碳中和工作实施方案》，建立协同推进“双碳”目标的政策措施，加快发展方式绿色转型。

农业农村财政工作综述

2022年，宁夏财政支农工作坚持以习近平新时代中国特色社会主义思想为指导，全面贯彻党的十九大和十九届历次全会以及自治区第十三次党代会精神，贯彻农业农村优先发展总方针，按照中央和自治区“一号文件”确定的目标任务，充分发挥财政职能作用，以建设黄河流域生态保护和高质量发展先行区为牵引，以建设乡村全面振兴样板区为抓手，以增加农民群众收入为目的，大力发展“六特”产业，全区农业增加值增长5%左右，农村居民人均可支配收入16425.7元，增长7.1%，增速居全国第四、西北第一。粮食生产实现“十九连丰”，奶牛存栏82万头，增速连续四年居全国第一，肉牛、滩羊饲养量分别达到220万头、1380万只，蔬菜播种面积达到299万亩；农村综合改革稳步推进，和美乡村建设全面展开，乡村治理能力不断提高。

一、重点工作

（一）完善投入机制，保障农业农村优先发展

按照自治区党委、政府决策部署，发挥财政厅乡村振兴领导小组办公室职能作用，坚持把解决好“三农”问题作为重中之重，继续把农业农村作为一般公共预算优先保障领域，确保“三农”投入力度不断增强、总量持续增加。2022年，宁夏农林水支出完成246亿元，占全区一般公共预算支出的15.5%，支持“三农”事业发展取得了明显成效。

（二）落实政策措施，有效保障粮食供给安全

1. 支持抓好粮食生产。自治区财政统筹资金1.49亿元，支持全区75.5万亩春小麦扩种任务，超额完成68万亩的年初计划任务，实际播种面积较上年增加32.9万亩，增长77.2%，为全国夏粮丰收做出积极贡献；安排资金1.6亿元，支持全区85万亩大豆玉米带状复合种植，每亩补贴资金达到200元，超额完成中央下达宁夏的80万亩的播种任务；安排资金0.65亿元，支持创建20个绿色高质高效行动示范县，其中创建粮油作物示范县18个、经济作物示范县2个，通过统筹高产攻关、优化集成绿色新技术，力争实现粮食、大豆、油料等作物稳产增产和效益提升，确保粮食等重要农产品安全有效供给。

2. 落实各项支农补贴。一是落实耕地地力补贴。严格按照中央有关规定，认真核实全区耕地地力保护补贴面积，确定年度补贴标准，及时拨付耕地地力保护补贴资金8亿元，对全区1548万亩耕地予以补贴，确保按期完成中央赋予的相关任务，真正把资金花在了刀刃上。二是落实种粮农民一次性补贴。为积极应对农资市场价格上涨形势，缓解农资价格上涨带来的种粮增支影响，及时拨付种粮农民一次性农资补贴资金1.63亿元，有效缓解了全区种粮农民的种粮成本，极大鼓舞和提高了农民种粮积极性。三是落实农机购置补贴。完善农机购置补贴政策，推进农业供给侧结构性改革，下达农机购置补贴资金1.9亿元，支持农机新技术推广应用，促进农业机械化全程全面高质高效发展，全力保障我区粮食和主要农产品生产全程机械化的需求。

3. 积极推动防灾救灾。安排农业生产和水利救灾资金1500万元，支持做好冬小麦“一喷三防”工作，防病虫、防“干热风”、防早衰，增强灌浆强度，延长灌浆时间，提高粒重。支持做好春小麦保弱转壮、玉米大豆带状复合种植等粮食作物重大病虫害防控防治、重大农业自然灾害及时救助等，为夏粮稳产增产提供有力支撑，确保全年农业生产稳定。

（三）守牢返贫底线，持续巩固脱贫攻坚成果

1. 强化组织领导作用。始终坚持“省负总责，市县抓落实”工作机制，成立由财政厅主要领导同志挂帅的财政厅乡村振兴领导小组，将脱贫攻坚中探索出的组织管理、工作机制、激励措施等行之有效的做法借鉴到全面实施乡村振兴战略工作中。

2. 优化财政支持政策。制订《财政衔接推进乡村振兴补助资金管理办法》《关于继续支持脱贫县统筹整合使用财政涉农资金的通知》《闽宁协作资金管理办法》《衔接推进乡村振兴补助资金绩效评价及考核办法》《关于转发〈财政部等六部委关于加强财政衔接推进乡村振兴补助资金使用管理的指

导意见〉的通知》等政策文件，形成措施有力、运行规范、行之有效的管理体系。

3. 保持投入总体稳定。严格落实过渡期内“四个不摘”要求，持续加大资金投入，全年投入巩固拓展脱贫攻坚成果同乡村振兴有效衔接各类资金100亿元左右，资金规模以及资金结构和脱贫攻坚期相比保持总体稳定，有力保障了全区巩固拓展脱贫攻坚成果同全面推进乡村振兴各项任务的高效落实。一是争取中央资金再创新高。积极争取中央衔接资金35.3亿元。经统计，宁夏脱贫人口占全国总量的0.7%，争取的中央资金占全国总量的2.1%，脱贫人口人均投入是全国平均数的3倍。二是持续加大本级预算投入。统筹安排自治区衔接资金12亿元，资金增幅和占比均达到中央衔接资金绩效评价考核要求，位于全国前列。将中央16项资金、自治区11项资金全部纳入统筹整合范围，实现在“应需而整”前提下的“应整尽整”，9个脱贫县全年整合资金33亿元左右，体现了集中财力办大事的效果。

（四）夯实农业基础，支持产业高质量发展

1. 支持农业产业高质量发展。按照优化结构、统筹整合、聚焦重点的原则，安排农业生产发展资金8.21亿元，加快推进葡萄酒、枸杞、牛奶、肉牛、滩羊、冷凉蔬菜“六特”产业发展，不断优化扶持政策，切实发挥财政资金引导和激励作用。争取中央资金2.4亿元，创建宁夏滩羊产业优势特色产业集群项目、中宁县国家现代农业产业园项目、国家产业强镇等项目，推动乡村一二三产业融合发展。支持培育和认定一批国家和自治区级龙头企业，提升龙头企业在乡村产业发展中的带动能力。支持农垦做大做强农业产业。

2. 支持实施农田建设。安排农田建设补助资金9.59亿元，支持全区76万亩高标准农田建设，建成后全部用于粮食生产，有效地提升了耕地质量和水资源利用率，有力地保障了国家粮食安全。围绕“到2025年，全区力争新建和改造提升高效节水农业300万亩”的总体目标，统筹资金10亿元（自治区财政安排3.2亿元），围绕粮食作物、葡萄酒、枸杞等重点产业，按照新建项目和改造提升项目亩均2500元、1500元标准，通过竞争性评审方式，择优支持全区43万亩条件成熟、筹资到位、管护机制完善的高效节水项目，确保自治区政府确定的目标任务落实落地。

3. 支持绿色循环农业发展。按照黄河流域生态保护和高质量发展先行区建设以及国家农业绿色发展先行区建设要求，全力推行绿色循环种养模式。安排资金1.1亿元，支持畜禽粪污资源化利用、压砂地退出地力培肥堆肥施用、种植养殖大县开展畜禽粪污堆肥施用技术示范、农作物秸秆综合利用、农用残膜回收、农业资源环境监测与保护等，推进农业绿色发展。安排草原生态保护奖补资金1.9亿元，支持开展第三轮草原生态保护。

4. 支持种业振兴行动。安排资金2000万元，支持肉牛、滩羊、奶牛、酿酒葡萄等全区13个颁证授牌的农业特色产业良种繁育基地建设和地方品种保护。安排资金2400万元，继续支持小麦、水稻、枸杞、滩羊、奶牛、牧草、马铃薯等育种项目研究，加快特色产业育种项目、育种基地、育种团队建设，创新“育、繁、推”一体化现代种业发展模式，增强宁夏农业特色优势产业核心竞争力。

5. 提升农业科技水平。聚焦自治区特色优势产业，安排资金0.34亿元，支持攻克一批农业科技关键核心技术，引进推广一批“卡脖子”重大实用技术，推动农业关键技术攻关实现新突破，实用技术推广取得新成效。安排资金0.65亿元，着眼自治区特色优势产业战略性、创新性、前瞻性技术需求，开展导向性基础研究、重大关键性技术研发和农业科技基础资源创新等工作。

6. 完善农业保险政策。按照“财政支持，分级负责，预算约束，政策协同，绩效导向，惠及农户”的总体原则，制定《宁夏农业保险保费补贴管理办法》，并参照自治区发改委《农产品成本收益资料汇编》及农业农村和林草部门调查统计数据，对保险标的单位保额进行测算分析，优化调整部分保险标的的单位保额，全区农业保险品种由原来的17个大类27个品种，增加到29类50个品种以上，保险保额更趋合理，最大限度地争取中央财政保费补贴，有效保障农民收入。上半年，农业保险规模达到5.9亿元，各级财政补贴4.8亿元，同比分别增长78%和84%，农户的参保意识明显增强，为我区加快农业保险高质量发展，提高风险保障能力加固了“防火墙”。

7. 支持扩大农产品促消费活动。按照《自治区支持扩大消费的若干政策措施》有关要求，安排专项补贴资金 3000 万元，聚焦大型活动、节假日、展会等重要时间节点，通过发放消费券的方式，积极开展各类名优特色农产品宣传推介和“闽宁特产线上行”促消费活动，重点支持推介“六特”产业，注重向广大农村地区和城乡低收入群体倾斜，多举措促进区内农产品消费。全区已累计拉动农产品消费 2.6 亿元。

（五）聚焦重点发力，促进提升乡村建设和治理水平

1. 支持农村水利改革开展。安排资金 1000 万元，继续支持水利厅开展黑山峡项目前期研究，力争国家早日立项建设。安排水利发展资金 40.6 亿元，重点支持银川都市圈中线、东线供水工程、固海扩灌扬水更新改造、清水河流域城乡供水工程、引黄古灌区世界灌溉工程遗产展示中心、青铜峡灌区续建配套与现代化改造等重大水利工程，有力地保障中小河流治理、中型灌区节水改造、农村人饮、病险水库除险加固、水土保持等建设项目。深入推进农业水价综合改革，规范水费收缴，加强农业用水管理，规范基层用水组织。足额保障水管单位经费，确保正常运转。继续对中南部城乡饮水工程实行水价差额补贴。

2. 补齐乡村建设短板。安排资金 9557 万元，接续支持农村人居环境整治提升五年行动，扎实推进农村“厕所革命”，新建农村户厕 3 万户。下达中央财政土地指标跨省域调剂收入资金 4086 万元，支持 150 个村开展整村推进“厕所革命”奖补工作。安排资金 2000 万元，继续支持自治区“一村一年一事”行动，落实乡村振兴战略综合考评奖励资金，引导县（市、区）聚焦乡村建设短板弱项，解决突出问题。

3. 持续推进农村综合改革。安排资金 84580 万元，进一步加大村级公益事业财政奖补力度，支持全区 4150 个村级公益设施建设。安排资金 8200 万元，支持全区 25 个整村推进示范点建设和 7 个红色美丽村庄建设。安排资金 38850 万元，每村安排 100 万元，继续扶持壮大 388 个村集体经济发展。全区已累计扶持壮大村集体经济 1852 个。安排资金 4.8 亿元，足额保障村级组织正常运转，巩固基层政权，调动村干部工作积极性。

二、亮点工作

2022 年，宁夏财政支农工作成效明显，亮点突出，主要是：

（一）支持扩种春小麦面积取得实效

面对中央农村工作会议上提出的要千方百计确保 2022 年全国夏粮面积稳定的要求，及时提出支持政策，积极筹集资金 1.49 亿元，支持春小麦扩种任务。2022 年，春小麦实际种植面积达到 75.5 万亩，较上年增加 32.9 万亩，增长 77.2%，确保全区夏粮面积达到 127.9 万亩，增长 15.7%，产量达到 27.9 万吨，增长 41.2%，为全国夏粮丰收做出积极贡献。

（二）支持玉米带状复合种植新技术取得突破

推广玉米带状复合种植技术是 2022 年中央提出的一项确保粮食安全的重要举措。2022 年中央下达宁夏 80 万亩推广任务，自治区财政积极筹措资金 1.6 亿元，每亩补贴资金 200 元，支持大豆玉米带状复合种植技术推广，2022 年实际推广面积达 85 万亩，超额完成中央下达的任务。为确保全区全年 1038 万亩粮食作物播种面积做出了贡献，实现了全年粮食产量“十九连丰”。

（三）中央衔接资金绩效评价再获优等

2022 年，中央财政委托第三方对宁夏 2021 年中央衔接资金进行绩效考核，宁夏荣获全国衔接资金绩效评价考核 A 等次，获得奖励资金 4.8 亿元，此次获得的奖励资金为历年最多，是往年规模的近 2 倍，并进入今后资金补助的基数。至此，宁夏已经连续五年荣获 A 等次，累计获得奖励资金 10.8 亿元。

（四）出台支持“六特”产业扶持政策

自治区第十三次党代会提出大力发展“六特”产业的任务，及时研究制定《自治区支持“六特”产业高质量发展财政政策措施》，并提请自治区党委和政府予以印发，为全区“六特”产业高质量发展提供了政策支撑。

社会保障财政工作综述

2022年，宁夏财政社会保障工作坚持以习近平新时代中国特色社会主义思想为指导，贯彻落实党的二十大和习近平总书记视察宁夏重要讲话指示批示精神，对照自治区第十三次党代会工作部署，在财政厅党组坚强领导下，坚持特殊时期特殊之举、特别担当，始终保持定力、主动作为、攻坚克难，坚决完成党委、政府和厅党组明确的各项重点任务，多项工作实现逆势突破。

一、坚决做好资金保障，切实筑牢疫情防控屏障

面对疫情防控复杂严峻形势，坚决贯彻落实第十三次党代会精神，始终坚持人民至上、生命至上，强化抓“第一例”的意识，千方百计筹措资金，不断完善政策措施，全力支持筑牢疫情防控屏障。

（一）主动创新完善疫情防控财政政策

牵头提请党委、政府印发《关于支持全区新冠肺炎疫情防控的财政政策》，在全国率先制定一揽子财政政策措施，聚焦突发疫情处置、常态化疫情防控、储备能力建设等关键环节，推动疫情防控政策措施规范化、制度化、系统化，助力打赢疫情防控阻击战。

（二）补齐全区疫情防控硬件短板弱项

统筹安排资金5.23亿元，支持自治区本级及五地市陆续建成6所方舱医院，增加5500张床位，有力地提升全区确诊患者接收救治能力；配备6辆移动核酸检测车（日均增加6万管检测能力）、建设15分钟核酸“采样圈”，有效地提升全区核酸检测能力；加大对定点医院的投入，保障正常运营；为全区卡点配备93套标准化板房，显著改善一线人员工作条件；及时保障调拨重点地区和单位疫情防控物资。

（三）压实市县疫情防控保障责任

加强市县“三保”等重点支出评估预判，及时下达市县均衡性转移支付8.5亿元，分5批调度国库资金51.6亿元，不断提升基层保障能力。及时印发《关于进一步做好疫情防控资金保障工作的通知》，压实各级疫情防控支出保障责任，全力支持疫情防控工作。

（四）全力做好突发疫情防控保障工作

统筹安排资金0.6亿元，全力支持同心县“4·06”银川市“4·24”、中卫市“8·04”突发疫情应急处置，助力市县精准快速处置突发疫情。特别是“9·20”疫情暴发以来，紧盯疫情发展形势，主动与市县（区）、自治区疫情防控指挥部等有关部门对接沟通，及时了解掌握全区疫情防控相关支出情况，第一时间给予资金保障，坚决打好疫情防控“后勤保障战”，先后6次紧急拨付资金3.1亿元，全力支持中宁县疫情隔离板房紧急建设、疫情防控电子门禁购置安装和市县疫情防控应急处置。

二、聚焦重点精准发力，全力支持稳就业促增收

坚持把就业工作摆在“六稳”“六保”工作首位，统筹资金12.95亿元，支持全面落实中央和自治区稳经济稳就业“33条”“50条”自治区高校毕业生等青年就业创业“20条”就业收入扩增战“10条”等政策措施。

（一）稳市场主体保就业

会同人社部门出台《关于进一步做好稳岗位扩就业提技能防失业工作的通知》《关于扩大阶段性缓缴社会保险费政策实施范围等问题的通知》等，实施失业保险稳岗返还、阶段性降低失业保险、工伤保险费率、缓缴社会保险费、一次性留工培训补助等一系列纾困助企政策，有力地对冲疫情带来的不利影响，以稳岗位扩就业防失业促进居民增收。严格执行阶段性社保“降、缓、返、补、扩、提”稳岗组合政策，为符合条件的参保企业减缴三项保险费24.62亿元，帮助5.19万户企业稳定就业岗位115.38万个。

（二）抓技能提升保就业

围绕自治区重点产业，开展职业技能培训，突出高技能人才培训、急需紧缺人才培训，对急需紧缺培训项目提高补贴标准。本着“缺什么，补什么”，“需要什么，培训什么”原则，实施就业重点群体

培训，全面提升劳动者就业素质。

三、健全机制强化保障，推动医疗卫生事业健康发展

（一）推进全民健康水平提升行动

牢固树立“人民至上、生命至上”理念，推进全民健康水平提升行动。一是推动公立医院高质量发展。成功争取中央财政公立医院改革与高质量发展示范项目，获得中央财政3年共5亿元资金支持，使公立医院改革成效惠及更多百姓。二是支持区域医疗中心建设。制定出台国家区域医疗中心建设筹资方案，投入资金2.99亿元，建立贯通“基本建设、能力提升、待遇保障和机构运转”全流程保障机制，有力地推动国家区域医疗中心——北京大学第一医院宁夏妇女儿童医院顺利落地建设。三是促进医疗服务均衡化。2022年基本公共卫生服务人均财政补助标准提高到84元，为全区人民提供14类54项基本公共卫生服务。完善公共卫生服务保障机制，聚焦重点发力，引导均衡医疗资源布局和优质资源下沉，推进实现大病重病本省解决，一般病市县解决，头疼脑热乡镇和村里解决。四是强化疾病预防。统筹资金8700万元，支持农村妇女“两癌”筛查、适龄青年婚前检查、孕妇产前筛查、新生儿代谢疾病筛查、新生儿耳聋基因筛查；实施脑卒中、心血管等慢病患者机会性筛查等重点人群疾病筛查，保障人均预期寿命提升工程实施。五是支持医疗服务价格动态调整。将取消药品加成财政补助和药品储藏损耗补助纳入预算保障，支持常态化制度化开展药品集中带量采购工作，推动“三医联动”改革向纵深发展。

（二）全力支持医疗保障事业发展

巩固拓展医疗保障脱贫攻坚成果，提升医疗保障服务能力。一是建立健全职工基本医疗保险门诊共济保障机制。提请政府印发《关于建立健全职工基本医疗保险门诊共济保障机制的实施意见》（宁政办规发〔2022〕3号），增强职工医保门诊共济保障功能，改进个人账户计入办法，规范个人账户使用范围，建立健全职工基本医疗保险门诊共济保障机制，保证实施“四大提升行动”重大决策落到实处。二是做好困难群众医疗保障工作。制定加快稳经济保增长促发展做好困难群众医疗保障13条政策措施，进一步加大对困难群众救助医疗保障综合帮扶力度。三是适时调整城乡居民医保财补标准。2022年，城乡居民基本医保人均财政补助标准净增30元，提高到610元/人。全年基本医保参保663万人，参保率达到95%，特殊困难群体实现“应保尽保”。

四、聚焦特殊困难群体，织密扎牢社会保障安全网

聚焦困难群众、残疾人等特殊群体，精准发力、补齐短板，切实保障特殊群体的基本生活。

（一）保障困难群众基本生活

会同民政部门出台做好困难群众基本生活保障的若干措施，结合实际制定6方面20条措施，通过为城乡低保对象、特困供养人员等困难群体增发600元一次性生活补贴，对失业或因疫情因病生活困难人员发放一次性临时救助金等措施，将党和政府的温暖送到困难群众的心坎上。提高城乡最低生活保障标准，城市低保标准由每人每月600元提高到650元，农村低保标准由每人每年4560元提高到5520元，分别提高8%、21%。同步提高城乡特困供养标准和临时救助标准，全区50余万名群众受益。提高孤儿养育津贴和事实无人抚养儿童津贴标准，惠及孤儿和事实无人抚养儿童6000余人。启动价格补贴联动机制，自2022年9月至2023年3月，扩大保障范围和降低启动条件，将价格补贴联动机制启动条件中的居民消费价格单月同比涨幅由3.5%降到3.0%，在现行覆盖低保对象、特困、孤儿、领取国家助学金的家庭困难大中专在校生等困难群体的基础上，将领取失业补助金人员、低保边缘人口新增纳入保障范围，确保困难群众生活质量不因物价上涨而降低。

（二）促进残疾人事业发展

合理安排残疾人事业发展资金，支持落实残疾儿童康复救助、困难重度残疾人家庭无障碍改造等民生实事。出台稳定和促进残疾人就业政策，推进残疾人社保覆盖面，提升残疾人托养服务，加强残疾人权益保障和文体活动，及时足额发放重度残疾人护理补贴和困难残疾人生活补贴2.7亿元，惠及残疾人21.2万人。

（三）做好退役军人待遇保障

完善退役军人保障政策，推进军队职工养老保

险和移交安置制度改革，督导市县完成退役军人社会保险补缴结算工作。提高部分优抚对象抚恤和生活补助标准，有效提高优抚对象基本生活水平，提升优抚对象政治荣誉感。

（四）完善高龄老年人基本生活津贴政策

扩大高龄老年人基本生活津贴享受对象范围。将 80 周岁以上领取基本养老金的老人全部纳入高龄津贴享受范围，实现高龄老人全覆盖。

五、完善多层次社会保障体系，兜牢基本民生保障底线

按照保基本、兜底线、救急难、可持续的总体思路，健全体制机制、加强政策衔接、强化落实合力，不断健全更加公平更加可持续的社会保障体系。一是织密兜牢民生兜底保障安全网。牵头提请党委、政府印发《全区稳经济保民生政策措施》，在全区开展“稳经济保民生百日行动”，最大限度地减少疫情对经济冲击和民生影响。二是完善企业职工基本养老保险病残津贴办法。有效地解决部分特殊人群参保问题。三是调增全区企业和机关事业单位退休人员基本养老金。退休人员人均调整 149 元基本养老金，人均待遇调增 4%，惠及全区 70.4 万退休人员。调增城乡居民基础养老金 5 元，人均基础养老金达到 168 元 / 月，政策惠及 47.95 万人。

金融财政工作综述

2022 年，宁夏财政金融工作积极贯彻落实自治区党委、政府和财政部的重大部署，运用“财政 + 金融”理念，转变产业扶持投入方式，积极运用“财政政策 + 金融工具”，以财政资金撬动金融资源“精准滴灌”，帮扶企业破解发展难题，全力支持黄河流域生态保护和高质量发展先行区建设。

（一）党建业务融合，助力财政金融发展

以“组织相加—工作相融—党建引领—共享共赢”为主要内容，以基层党组织共同愿景、共同需求为纽带，跨行业、跨层级、跨地域开展党建共建，努力实现党建工作与中心工作有机融合、共享共赢。结合工作职责，积极建设“党建引领聚合力，助推金融共发展”支部党建品牌，联合宁夏国运基金公司党支部开展“汲取转型发展力量，助力先行区建设”主题党日活动，沿着习近平总书记 2020 年 6 月视察宁夏的足迹，调研砂石料场遗迹及千亩葡萄园等贺兰山生态修复阶段性成果，了解宁夏九个重点产业之一的葡萄酒产业发展现状、产业发展模式和企业发展经验，为进一步做好先行区基金项目选育开阔视野、积累经验；联合宁夏融资再担保集团有限公司第一党支部、吴忠开源融资担保有限公司党支部开展主题党日活动，实地了解全区融资担保企业的发展现状和企业实际融资需求、困难，进行财政金融政策引导宣传，不断提高保障能力和服务水平，缓解小微企业和“三农”融资难融资贵问题。

（二）加强与国担基金合作，融资担保降费让利效果显著

一是深化与国家融资担保基金合作，将再担保风险分担业务年度规模扩大到 100 亿元，使宁夏政府性融资担保机构享受国担基金风险分担额度从 2019 年的 2800 万元增加到 2022 年的 8000 万元，引导更多金融资源支持小微企业和“三农”主体发展，有效缓解小微企业和“三农”主体融资难融资贵问题。二是在现有融资担保支持政策的基础上进一步挖掘潜力，制定财政支持“六特”“六优”产业、支持稳保促若干政策措施中涉及融资担保的新支持政策，加大对受疫情影响行业的支持力度。全区担保机构年化担保费率由 2019 年的 2.5% 左右下降至 2022 年的 0.64%，累计为小微企业和“三农”主体减免担保费超过 3 亿元，融资担保降费让利效果显著。

（三）积极争取资金政策，大力支持全区普惠金融发展

一是成功争取 2022 年中央财政支持普惠金融发展示范区，获得示范区奖补资金 7500 万元，宁夏西吉县、贺兰县、石嘴山市惠农区 3 个县区荣获“中央财政支持普惠金融发展示范区”称号，分别获得中央奖补资金 3000 万元、2500 万元和 2000 万元。奖补资金将由示范区统筹用于支小支农贷款贴息以及政府性融资担保机构涉农业务降费奖补、风险补偿等普惠金融发展方面，将充分调动地方发展普惠金融积极性，对示范区在稳企业保就业、对冲经济下行压力等方面发挥积极作用。二是首次

成功争取中央小微企业融资担保业务降费奖励资金6000万元，这是中央自2018年实施小微企业融资担保业务降费奖励政策以来，宁夏首次争取到的奖励资金。三是积极落实创业担保贷款贴息政策，下达创业担保贷款贴息及奖补资金2.85亿元，引导金融机构发放创业担保贷款27.69亿元，直接带动就业28627人次，大力支持了全区的就业创业工作。拨付全区民贸民品企业贴息资金1.11亿元，大力支持全区民贸民品企业发展。

（四）加强督导落实，推动政府投资基金平稳运行

产业引导基金出资5.5亿元联合社会资本设立规模11.1亿元新兴能源产业投资基金完成对宁夏宝丰新能源股份有限公司投资，支持该区内重点龙头企业完成上市申报前股权结构优化，加快推进上市步伐，更好地带动自治区新能源产业发展；出资1.7亿元联合石嘴山市、平罗县政府及社会资本设立规模5亿元宁夏国投润阳产业基金完成对宁夏润阳硅材料有限公司投资，助力自治区重大招商引资项目快速落地，随着该公司控股股东江苏润阳新能源科技股份有限公司上市申请通过深交所审核，产业引导基金投资期满后安全退出更加得以保障。

（五）加大财政金融政策研究力度，促进金融更好地服务于实体经济发展

研究制定《自治区四权抵押贷款贴息资金管理办法》，支持企业使用水权、土地权、排污权、山林权进行抵押贷款融资，对于符合条件的贷款自治区财政给予2%的贴息支持；研究制定《自治区绿色信贷奖励资金管理办法》，对投放规模大、贷款利率低、支持企业数量多、服务先行区建设贡献突出的金融机构，自治区财政按照新增绿色信贷金额的0.3‰给予奖励；修改完善《宁夏回族自治区民族贸易和民族特需商品生产贷款贴息引导支持资金管理办法》，对民贸民品企业符合条件的贷款按照贷款金额的2.88%给予贴息支持。

（六）加强规范实施，广泛深入推进PPP模式

一是深度挖掘全区适宜采用PPP模式的项目，加强对各市、县（区）PPP业务指导，引导社会资本积极参与各市、县（区）经济建设，完成S20、S50公路PPP项目"一案两评"评审，推动中宁县枸杞产业高新技术示范园区建设PPP项目和宁夏首个老旧小区综合整治改造项目成功入库，项目总投资13.67亿元。二是加大政府和社会资本合作相关政策的宣传，2022年第一季度宁夏PPP宣传工作受到财政部PPP中心表扬。在全区开展PPP项目全过程绩效管理情况调研工作，协助项目实施单位开展年度绩效评价付费工作。三是指导各市、县（区）加大对存量PPP项目的规范整改力度，有效防控地方政府隐性债务风险。指导各市、县（区）加强财政部PPP综合信息平台信息填报，进一步规范PPP项目管理库信息填报工作。

（七）积极履行出资人职责，强化国有金融资本管理

制定《进一步深化国有金融资本管理改革的方案》，提出宁夏国有金融资本管理改革方向。组织开展金融企业国有产权交易突出问题专项治理，推动金融企业依法合规开展国有产权交易；组织开展区属金融企业清欠行动专项工作，圆满完成清欠行动专项工作。开展2020年度、2021年度国有金融资本产权登记监督检查，全流程跟踪管理国有企业产权变动情况，确保国有资产安全。完成2021年度国有金融资产报告，完整反映国有金融资本管理情况。组织金融企业开展国有资本经营预算编制审核和股息红利上缴、金融企业财务决算和季报审核分析、金融运行情况分析，及时掌握金融企业运行情况。

会计管理工作综述

2022年，宁夏财政会计管理工作坚持以习近平新时代中国特色社会主义思想为指导，深入学习宣传贯彻党的二十大和习近平总书记视察宁夏重要讲话指示批示精神，按照自治区第十三次党代会部署要求，坚持问题导向、系统思维，突出"整、建、促"工作主线，紧盯重点领域和关键环节加强监管，以党建工作引领会计业务工作开展，统筹疫情防控和会计日常管理，较好地完成了各项工作任务。

一、提高政治站位，扎实落实支部党建工作

支部及时制订《2022年度会计处党支部学习

计划》，严格落实“三会一课”、主题党日、谈心谈话等制度，狠抓政治理论学习，持续深化学习型党组织建设，以党建促业务，始终在思想上政治上行动上同党中央保持高度一致，党员干部自觉增强“四个意识”，坚定“四个自信”，做到“两个维护”。开展主题党日活动11次，谈心谈话16人次，召开党员大会6次，讲党课3次，高标准开展“开展违规收送红包礼金和不当收益及违规借转贷或高额放贷专项整治”活动，召开支部专题组织生活会1次，研讨学习会3次，扎实开展《“争创‘五个一流’强化作风建设”活动》，组织支部学习班、召开专题研讨会，有力地统一了党员干部的思想认识、明确了前进的方向、凝聚了奋进的力量，在突如其来的疫情防控任务中，会计处全体党员干部在人少任务重的情况下，按照厅党组统一部署，轮流下沉社区参加疫情防控，其余同志在机关做好值班值守以及居家办公，有力地确保了疫情防控和会计业务工作两手抓、两不误。

二、坚持制度落实，持续推进全区内部控制建设

创新开展年度内控报告编制工作，印发《自治区财政厅关于开展2021年度行政事业单位内部控制报告编报工作的通知》，撰写修订《内控报告常见问题答疑》《行政事业单位内控报告典型案例报送参考格式》，根据疫情防控相关要求，积极通过视频培训线上方式进行安排部署，确保按时完成内控报告的编报工作，有效提升各单位对内控制度建设的重视，促进各单位内控制度的进一步完善。区直各部门475家单位已强力推进报告填报工作，29个市县区3617家单位也正有序开展内控报告填报，特别是青铜峡市所辖125家单位已全部完成报告填报。

三、加强监督管理，有效保障会计服务市场健康发展

进一步巩固2021年以来注册会计师行业违法违规行为专项整治工作成果，加强《会计师事务所一体化管理办法》《会计师事务所监督检查办法》等的贯彻落实，及时对违法违规的鸿兴会计师事务所注销执业许可，有效震慑了审计服务市场的不良苗头。按照《财政部关于注册会计师行业统一监管平台上线运行的通知》要求，下发《自治区财政厅关于认真做好会计师事务所2022年度报备工作的通知》，结合事务所年度报备时机对事务所设立条件进行督导，要求事务所自2021年度以来工作开展自查自纠，并提交自查自纠报告，对事务所提升自身执业质量起到了有效提升。起草《关于进一步规范财务审计秩序、促进注册会计师行业健康发展的实施意见（征求意见稿）》文件，对事务所执业进一步形成长效管用的监管机制。对代理记账机构审批监管情况进行专项调研，掌握宁夏代理记账机构审批监管中存在的问题，为开展专项整治工作收集了第一手资料。审批全区2022年度备案机构449家，全区代理记账机构160家，顺利完成46家会计师事务所及分所、446家代理记账机构年度报备审核工作。及时总结并在中国会计报发表《宁夏聚焦改革与发展提供高质量会计保障》等文章2篇，有效宣传了宁夏会计管理服务中的亮点工作。

四、狠抓培养提升，全面加强会计人才队伍建设

扎实做好会计专业技术资格考试报名审核工作，及时开通咨询热线，方便考生咨询相关问题。加强政策宣传，对财政部下发的相关通知第一时间公布，确保考生及时掌握相关考试政策，圆满完成4.8万名初、中、高级报名人员的网上初审。下发《自治区财政厅关于做好2022年全区会计系列高级职称评审工作的通知》，有序展开年度高级职称评审审核工作。下发《自治区财政厅关于做好2022年度全区会计专业技术人员继续教育工作的通知》，指导各市县、各部门和广大会计从业人员做好继续教育工作。积极组织行政事业单位100余人参加财政部政府及非营利组织会计标准网络培训班，圆满完成2022年度宁夏国际化高端会计人才选拔培养报名资格审核工作。根据《财政部关于推荐2022年全国先进会计工作者候选人的通知》相关要求，及时研究制订候选人推荐工作方案，报请财政厅党组研究同意，推荐财政厅会计处梁琪、银川西夏联合会计师事务所王强2名同志为全国先进会计工作者表彰人选。

五、坚守准则制度，稳步推进会计准则体系贯彻实施

召开企业会计准则实施问题收集联席会议，进一步加强企业会计准则实施指导和贯彻落实，安排

部署企业会计准则实施问题和典型案例收集工作，建立相关单位每半年收集上报一次相关材料机制。从监管部门、重点企业、会计师事务所上报问题中筛选和整理出14个企业会计准则实施问题和4个典型案例，并报送财政部。配合财政部完成《事业单位成本具体指引》等3部相关会计准则制度的修订，指导推动市县财政部门、区直各部门做好《资产管理产品相关会计处理规定》《农民专业合作社会计制度》《农民专业合作社新旧会计制度有关衔接问题的处理规定》等准则制度的宣传、贯彻工作，及时为广大会计人员答疑解惑，有效地推动了准则制度的贯彻落实。

六、加强调查研究，逐步厘清会计管理体制机制

根据财政部通知要求，先后制订《〈财政部关于开展加强会计管理工作体系建设调研工作〉宁夏任务分解方案》，组织召开全区会计管理工作体系建设调研协调会，印发《自治区财政厅关于开展会计管理工作体系建设调研工作的通知》，联合监督评价局、注管中心先后赴盐池县、石嘴山市等5个市县区开展会计管理工作体系建设实地调研，分析全区会计管理工作体系建设调查问卷，进一步摸清各级会计管理工作现状，形成宁夏地区加强会计管理工作体系建设调研报告并上报财政部，为会计管理工作提供了有力的抓手和依据。

七、注重素质提升，会计职称选拔评审顺利完成

依据会计年度工作安排，一是职称考试组织工作规范有序。年内初、中、高级考试报名47999人，其中初级报名31595人（因疫情导致延考、中卫考区停考等原因办理退费考生6102人），实考17159人，出考率67.3%，成绩合格4427人，合格率25.8%；中级报名16052人、41075科（次），成绩合格1073人；高级报名352人，实考233人，出考率66.19%，国家线成绩合格133人，区内线成绩合格22人，合格率66.52%，较往年有所进步。二是高级职称评审工作顺利完成。共有115人（正高4人、副高111人）报名参加会计系列高级职称评审，会计处严把标准，主动联合人社厅职能部门对会计高级职称上报评审系统进行优化完善设计，做好评审政策解释和咨询工作，经过材料审核、论文查重等把关核对，103人通过初审，86人通过答辩评审工作，其中2人通过正高级会计师评审。

八、组织核查整顿，专项治理工作扎实有效

按照财政部通知要求，及时印发《自治区财政厅、自治区市场监管厅关于开展代理记账行业违法违规行为专项整治工作的通知》，与市场监管部门建立沟通协调机制，将工作重点、整治步骤和时间安排进行明确要求，共同推进宁夏代理记账行业违法违规行为专项整治工作。一是对“无证经营”从事代理记账业务的机构，既取得营业执照但未取得许可证书的企业，通过现场走访、电话沟通等方式，梳理出核查清单，要求符合条件的机构尽快申请办理代理记账许可证书。二是对以告知承诺方式申请并取得许可证书的代理记账机构，结合自查报告情况，确定检查清单，开展专项检查。三是重点核查名称中含有“代理记账”“会计”“财务”“财税”“财会”等字样的企业，是否已开展代理记账业务，对不具有申请代理记账或包含“代理记账”“会计”“财务”的机构要求其变更经营范围，对“财税”“财会”等字样不发生业务，也不符合办理申请代理记账许可证的企业要求市场监管部门进行整治。经过扎实细致工作，全区取得营业执照但未取得许可证书的机构共计801家，已核查机构653家，结合核查情况确定的应检查“无证经营”机构381家，已检查机构192家，应处理处罚机构35家，已完成处理处罚7家。对以告知承诺方式取得代理记账资格186家全部进行核查，结合自查报告确定的应检查机构129家，已检查97家，对1家机构进行处理处罚，专项整治工作取得明显效果。

政府采购管理工作综述

2022年，宁夏财政政府采购管理工作坚持以习近平新时代中国特色社会主义思想、党的二十大精神及自治区第十三次党代会精神为指导，聚焦政府采购制度改革，持续巩固政府采购专项治理工作成果，坚持问题导向，提升监管质效，切实加强政

策引领，优化政府采购服务质量，高质量完成政府采购各项工作。

一、充分发挥政府采购职能作用，主动融入新发展格局

（一）“纵”“横”联动，形成政策支持大体系

制发政府采购履约验收管理办法，规范采购活动的“最后一公里”，探索建立政府采购项目绩效评价机制，发挥采购项目绩效结果在财政资源配置中的作用；制定政府采购框架协议采购方式细化措施及配套实施细则，解决小额零星采购困境；优化进口产品审核备案流程，建立医疗设备一揽子进口审批及批量集中采购制度；规范限额标准以下采购活动，明确延续性服务采购范围和流程。通过制度体系的不断完成，从源头为政采行为画出“基准线”。

（二）“稳”“保”并重，唱好稳经济促发展重头戏

一是大力支持稳民生促发展。联合发改、住建、工信等七部门制定加大政府采购促进中小企业支持政策，对小微企业价格评审优惠提高10%~20%，将中小企业预留比例从30%阶段性提高至40%，加大工程招投标领域政府采购政策的落实力度，强化技术保障，形成从采购预算、采购意向、采购计划到采购执行、采购合同全链条的中小企业政策落实信息化管理，全年共预留采购份额36.05亿元，占适宜由中小企业提供的采购项目规模的73.2%，实际授予中小企业政府采购合同金额102.86亿元，占总采购规模的83.19%，同比增长3.41%。优化完善政府采购合同信用融资机制，扩大信用融资范围，完善采购供应链绿色通道，累计为中小企业提供低息信用贷款5.23亿元。二是加快推动绿色经济发展转型。推动落实绿色低碳的采购需求标准，优化完善政府采购节能产品、环境标志产品执行机制，将绿色需求固化为采购文件的资格条件和评审标准，扩大网上商城绿色采购馆规模，将小额零星的目录内货物采购强制认定绿色标志。积极向财政部申请银川市试点政府采购支持绿色建材和绿色建筑城市并申报成功。三是持续巩固脱贫攻坚成果。加大政府采购脱贫地区农副产品消费帮扶力度，全区共完成采购额3598.51万元，超过预留采购份额24.95%，引导8个脱贫县向区内外销售农副产品超过4.7亿元，脱贫农户持续增收。

（三）“服”“管”结合，构建市场竞争良好环境

在疫情防控常态化的形势下，大力推广政府采购电子化交易平台应用，规范电子交易平台建设应用标准，积极探索远程开标和“不见面”评审，强化信用评价结果运用，免收信用良好企业投标保证金，减半收取履约保证金，免收即时供货项目履约保证金，清理违规质量保证金。初步统计各项政策措施共为企业减少相关成本支出约14亿元。全面推广政府采购资格条件“承诺信用制”，提前30日公开采购意向，方便供应商做好参与准备。完善政府采购网上商城建设，加强价格监测预警，严厉打击政府专供商品，建立供应商评价机制，发挥各方监督作用。开展政府采购线上教育培训，深化政府采购咨询专栏运用，开展“送政策上门”服务活动，多渠道多方式解读政府采购政策，让更多的市场主体了解采购政策、享受政策红利。

（四）“破”“立”并举，规范市场主体各方行为

加快政府采购领域诚信体系建设，全面、准确记录政府采购各主体在政府采购活动中的不良行为，全年共对2.5万家市场主体信用评价6.5万余次，记录涉嫌违法违规问题1000余条，16.67%的主体信用等级下降为B级，纳入重点监管；联合相关部门建立公共资源交易领域信用评价和联合惩戒清单，推进信用信息互通共享，全年对30个严重违法失信主体实施联合惩戒。规范采购代理机构执业管理，试点开展采购项目专职人员负责机制，建立集中采购代理机构监督检查机制，约束执业纪律；开展评审专家征集工作，清理一批场外私自设立评审专家库并抽取使用的行为。

（五）“管”“教”结合，提升政府采购治理能力

加大行政裁决执法力度，建立“三随机，两公开”机制，运用“电子质疑投诉系统”，依法规范处理投诉举报案件，保护当事人合法权益，探索与投诉裁决并行的非强制性纠纷化解模式，以当事人双方自愿为基础，采取约谈、调解、提供法律意见等方式化解纠纷。2022年，本级共接收投诉案件104起，行政裁决65起，调解撤诉39起。加大违法违规行为通报，围绕围标串标、私设、抽取评审专家、设置市场门槛等12个风险点，向全区通报。开展重

点监督检查，对提供虚假材料谋取中标、设置不合理条款排斥潜在供应商、倾向性评审等违法违规行为处理处罚主体 84 个，罚款 34.25 万元，有效发挥法律震慑。强化处罚与教育相结合，对未按规定公告合同、公告内容不合规等初次违法且危害后果轻微并及时改正的，采取批评教育方式替代行政处罚。

二、2023 年工作思路

2023 年，政府采购管理处将坚持以习近平新时代中国特色社会主义思想为指导，将党的二十大精神、十九届六中全会精神及习近平总书记视察宁夏重要讲话精神、自治区第十三次党代会精神转化为落实政府采购工作的有力行动，持续巩固制度改革和专项治理成果，有效发挥政府采购支持稳经济促发展保民生政策效应。

（一）切实提升交易便利度，进一步减轻市场主体负担

稳步推进电子化交易全覆盖，按照电子化交易平台建设标准，有序对接市场化电子交易平台，实现数据互联互通、实时监管预警，优化公共资源交易平台政府采购系统功能，实现全区电子化交易全覆盖。在试点基础上，总结经验及问题，有序推进远程不见面评审常态化。

（二）有效运用政策措施，进一步支持中小微企业发展

一是推进支持政策落地落实落细。监督引导采购人结合项目特点，合理界定不适宜情形，进一步提高专门预留给中小微企业预算预留比例，发挥价格扣除优惠比例优势。二是推进“政采贷”提质增效。优化信息系统建设，理顺政府、企业、银行三方信息通道，发挥共享政府采购信息作用，探索推进履约保函、网上超市流水贷等融资产品。三是推进网上超市职能完善扩充。建立服务类供应商库，将更多本地企业纳入供应商库，建立完善供应商服务水平评价指标，充分带动服务业就业。

（三）切实强化信用体系建设，进一步优化市场环境

进一步完善市场主体信用评价指标体系，实现政府采购活动参与主体全过程信用行为及时、全面、有效评价。加强信用评价结果应用，对守信主体在保证金减免、合同融资贷款等方面加大激励力度，对失信主体及时进行惩戒管理。

（四）持续推进信息全面公开，用阳光制约权力运行

压实采购人信息公开“第一责任人”职责，建立信息公开采购人确认机制，以政府采购透明度评估为抓手，推进信息公开的及时性、准确性和全面性。优化政府采购中标结果公开标准化模板，加大信息公开力度，充分接受社会监督。

（五）试点推进全过程绩效管理，进一步规范项目实施

逐步扩大项目绩效评价范围，将采购项目从采购预算、采购需求、采购意向、采购方式和程序合规性、采购政策执行、采购执行效率、采购项目产生的经济效益和社会效益等方面纳入全过程绩效评价。强化绩效评价结果运用，将绩效评价结果作为改进采购管理重要、编制采购预算重要参考标准。

（六）深入推进数字化监管，进一步提升监管能力和水平

统一全区政府采购项目全生命周期监管标准，实现项目事前审批、事中交易、事后履约全链条数字化监管留痕。建立采购文件编制环节、项目交易环节、合同履约等环节电子化预警筛查，提升项目全过程数字化监管能力。完善数据分析模块，强化大数据分析应用能力。

财政监督检查工作综述

2022 年，宁夏财政监督检查工作以习近平新时代中国特色社会主义思想为指导，深入学习党的二十大精神，学习贯彻习近平总书记视察宁夏时的重要讲话精神和自治区第十三次党代会精神，全面贯彻落实中央和自治区党委、政府各项重大决策部署，紧紧围绕财政中心工作，强化责任担当，认真履行监管职责。积极有序的开展财政监督检查工作。

一、强化党建引领，促进业务提升

（一）抓支部党建，锤炼财会监督队伍

一是按照财政厅机关党委安排，组织党员干部

认真学习党的二十大报告精神、十九届中央历次全会和自治区第十三次党代会精神，促使党员干部及时跟进学、深入思考学、联系实际学，深刻理解、准确把握党的二十大精神。增强“四个意识”，坚定“四个自信”，坚决做到“两个维护”，把思想和行动统一到贯彻落实党的二十大精神上来。二是组织开展支部党员大会8次、组织主题党日活动12次。通过集体谈话和多次的专题谈话互动等方式，促进监督评价干部掌握监督业务知识，做到积极谋事、干净做事，营造风清气正、团结共进的良好氛围，增强局内每个干部都想干事、愿干事、能干事的责任感。

二、高质量完成财会监督工作

财会监督是党和国家监督体系的重要组成部分，是财政部门履行行政执法职能、促进财政高质量发展的体现。监督评价局始终坚持“以政领财，以财辅政”，高质量完成财政监督工作，为财政工作发展保驾护航。

（一）聚焦监督机制，实现财政监督提质增效

一是全面启动规范惠民惠农补贴资金“一卡通”管理工作。厘清自治区涉农惠民补贴项目、规范发放流程和补贴额度、制订《宁夏惠民惠农财政补贴资金“一卡通”管理系统项目建设方案》。协调银行免费向享受财政补贴人员推送补贴信息清单，制订自治区财政补贴资金遴选代发银行方案。项目建设方案已报送自治区发改委立项审批，力争在2023年实现全区“一张清单管制度、一个平台管发放、一个农（居）民一张卡”总体目标。完成宁夏惠民惠农补贴资金穿透式管理及监督。二是开展注册会计师所、资产评估所行业监督检查。提高自治区注册会计师和资产评估行业执业质量，提升会计师事务所和资产评估机构服务全区经济发展的能力，监督评价局会同宁夏注协、宁夏评协组织实施了会计师事务所和资产评估机构执业质量检查，对部分会计师事务所维持执业资格条件进行网络巡查和现场抽查。根据监督结果，吊销会计师事务所执业许可1家，对1家会计师事务所予以警告，对2家会计师事务所和2家资产评估机构进行约谈。三是做好信访件和移交线索的核实工作。组织召开专家论证工作会议，对相关问题进行论证，下达对宁夏中京联会计师事务所（有限公司）、宁夏亚太会计师事务所（普通合伙）行政处理决定书。对安徽富煌钢构股份有限公司举报材料，多次到贺兰县政府及贺兰工业园区管委会了解核实举报情况，圆满完成对当事人举报件答复工作。

（二）聚焦预算监督，提升预算执行力度

一是认真开展财经秩序专项整治行动。及时印发《自治区财政厅关于印发地方财经秩序专项整治行动工作指南的函》，对县、市（区）落实政府“过紧日子”领域，从违规兴建楼堂馆所、挪用上级专项转移支付资金等方面在自查自纠的基础上进行复查，并将检查情况报送财政部监督评价局。二是开展直达资金常态化监控。监督评价局以直达资金台账管理为基础，以强化直达资金动态监控系统为支撑，对中央财政直达资金实施常态化、全覆盖、全链条监管，切实保障资金直达基层、惠企利民。监管局移交的疑点线索按照职责分工，及时督促核实整改，并按规定报送财政部宁夏监管局。今年共收到114条疑点线索已核实整改完成。四是开展地方预决算公开专项检查。强化预算约束，加强对预算的管理和监督，建立健全全面规范、公开透明的预算制度，扎实推进地方预决算公开工作，监督评价局根据财政部统一部署，从预决算公开的及时性、完整性、细化程度和公开方式等方面制定检查方案，开展专项检查。并配合完成财政部对宁夏地方预决算公开情况省级交叉检查。

（三）聚焦督方式，转变财会监督理念

一是加强与纪检监察等机关的沟通协调。事先通报监督计划，事后通报监督结果并移交问题线索，推动财会监督与党内监督等各类监督的协同发力，共同维护财经纪律和财经秩序。二是综合使用财会监督、督促、调查、核查、审查等方法，在开展监督的同时宣讲财会制度、财政政策和财经纪律，在指出问题的同时提出完善制度、规范管理、推进发展的建议，推动财会监督从“检查型”向“服务型”转变、从“任务型”向“防控型”转变、从“单一型”向“融合型”转变。

三、加强党风廉政建设，筑牢思想防线

（一）加强党风廉政教育

坚持教育在前，预防为主的思想，组织支部党

员干部认真学习《廉洁从政若干准则》《中国共产党纪律处分条例》《中国共产党问责条例》等，督促全局人员自觉增强自身修养，廉洁从政，秉公用权。

（二）严明党风廉政纪律

严格落实中央八项规定，自治区“八条禁令”和区直机关“十项严禁”等相关制度规定，不断强化党员干部责任意识、务实作风和奉献精神。坚持谈心谈话制度，防微杜渐，引导党员干部算好政治账、经济账、名誉账、家庭账、亲情账、自由账、健康账，时刻自重、自省、自警，堂堂正正做人，清清白白为官，踏踏实实干事。

（三）查找党风廉政风险点

为进一步强化内部监督，切实防范廉政风险，监督评价局以自身职能职责为切入点，深入排查廉政风险点。一是执法过程中，工作人员有滥用职权、徇私舞弊的风险。二是在选聘财政监督执法辅助人员过程中，可能与供人单位产生利益往来。三是财政监督执法辅助人员在执法过程中，如与被检查单位存在私下利益关系，会产生漏报瞒报等情况。

资产管理工作综述

2022年是党的二十大召开的政治之年，宁夏财政资产管理工作在财政厅党组及分管厅领导坚强领导下，以习近平新时代中国特色社会主义思想为指导，深入学习贯彻党的二十大和习近平总书记视察宁夏重要指示批示精神，聚焦主责主业，持续完善国有资产监管，提升资产效益和质量；扎实开展国有资产产权交易突出问题专项整治、筹划展开全区推进解决公共资源闲置问题工作；印发《宁夏回族自治区本级行政事业单位国有资产处置管理办法》等规范性文件，有效促进国有资产及时核销处置、保值增值。全年资产管理工作跃上新台阶、铺开新局面，向厅党组交出了一份饱含艰辛、来之不易的答卷，2021年度国有企业财务会计决算报告工作受到财政部通报表扬。

一、坚持政治首位，努力提升支部党的建设质量

把“喜迎二十大，永远跟党走”作为2022年支部党建的主线，及时制订《2022年度资产管理处党支部学习计划》，统一思想，凝聚力量，切实把思想和行动统一到党委、政府的决策部署上来，把智慧和力量凝聚到落实党代会精神上来。全年召开党员大会4次，讲党课4次，开展主题党日活动13次，谈心谈话活动9次，集体过政治生日2次。深化“党建＋资产”双融双促，扎实开展“争创‘五个一流’强化作风建设”活动，通过党建引领进一步促进业务工作质量的有效提升。

二、坚持攻坚克难，深入开展国资领域专项活动

2022年，在财政厅党组统筹部署下，先后协调展开了3项专项治理工作：

（一）开展国有资产产权交易突出问题专项治理

成立产权交易专项治理工作专班，组织召开动员部署会，细化制订工作方案，梳理印发任务清单、问题清单，全区自查和重点检查2018—2021年4562家行政事业单位产权交易事项3124宗，涉及交易金额28.59亿元，进一步修订完善资产管理类制度65个，被问责单位214个，被问责个人56人，存在的产权交易方面问题已全部整改完成，整改率100%。

（二）开展资产领域专项整治工作

根据财政部安排部署，成立由财政厅厅长任组长、分管领导为副组长的专项整治工作专班，制订工作方案，查出资产领域七大类29项问题，具体问题284个，涉及金额68.54亿元。处理问责责任单位203个，处理问责人4个，制定修订制度27项，有力地提升了宁夏资产管理工作水平。

（三）开展盘活公共资源闲置问题工作

根据《国务院办公厅关于进一步盘活存量资产扩大有效投资的意见》和自治区领导批示精神，联合公共资源交易管理局等五部门拟订印发《全区开展推进解决公共资源闲置问题工作方案》和《全区开展推进解决公共资源闲置问题分工方案》，研究制订《全区行政事业单位国有资产盘活工作实施方案》，协调相关部门展开批而未供和闲置土地、行政事业单位闲置房屋、土地资产、国有企业无效、低效资产等三大类公共资源闲置问题工作，努力提升闲置资产的经济和社会效益。

三、坚持服务发展，扎实做好国有资产报告工作

按照自治区主席张雨浦在财政部《关于做好2022年国有资产报告工作的通知》上“请财政厅牵头，提交高质量报告”的批示要求，始终把国有资产报告工作作为服务财政中心工作，推动建立财政资产管理新格局的重要抓手，积极做好第一个五年周期的国有资产综合报告。

（一）按时完成年度国有资产综合报告编制工作

始终把报告质量放在首位，从报告体例上进一步巩固完善，从报告内容上进一步拓展延伸，系统总结国有资产管理五年工作成绩，按时完成2022年国有资产综合报告编制和报送工作。

（二）认真落实上年度审议意见整改工作

牵头推进自治区人大常委会关于2020年度国有资产报告的审议意见整改落实工作，认真梳理细化形成36项具体措施，顺利完成审议意见的整改工作。

（三）持续夯实国有资产报告基础

完善行政事业性国有资产报告体系，将行政事业单位资产报表和公共基础设施等资产报表进行合并优化，进一步提升报告的准确性和完整性。顺利完成行政事业性国有资产年报、地方国有企业财务会计决算工作以及公务用车统计报告工作。

（四）积极做好向人大报告和专题询问应询工作

根据2022年通过的《宁夏回族自治区人民代表大会常务委员会关于加强国有资产管理情况监督的决定》，人大常委会2022年首次听取财政厅代自治区政府拟定的国有资产管理情况综合报告，并专题询问国有资产管理情况，资产管理处积极与人大、政办沟通并展开调研，协调自治区自然资源厅、国资委等部门做好报告及专题询问应询的相关准备工作，圆满完成国有资产报告工作。

四、坚持创新改革，加快推进国资国企改革等任务

（一）积极推进国企改革三年行动如期落地

坚决打好经营性国有资产集中统一监管“收官战”，加大督查力度，召开2次协调会，积极与有关方面沟通，督导推进困难、进展缓慢的1户企业加快脱钩完成划转。积极做好区属国有企业重组改革有关工作，加强与相关企业联系，及时跟进掌握三亚马兰花饭店挂牌交易及后续经营情况，并形成专报报送自治区党委和政府主要领导。加强地方国有企业财务信息工作，安排400万元资金，支持做好国企财务决算审计等任务。

（二）持续优化国有资本经营预算管理

推动建立分级分类国有企业名录，实行动态化管理，着力夯实预算编制工作基础，提高预算资金安排的整体性和前瞻性，保障国有资本权益及时足额入库。加强国有资本收支管理，完成区本级国有资本经营预算收入19054万元，完成预算的100.04%；支出11054万元，完成预算的82.88%。将原宁夏医药商业集团破产管理人拖欠2年已久的1.05亿元破产清算收入足额收缴入库，单笔收入占全年收入预算的54.97%。积极发挥国有资本经营预算促投资稳增长作用，向区属国有企业注入资本金10800万元，重点支持区属国有企业公益性基础设施建设、新材料制造等重大项目投资。组织对区属国有企业经济运行和财政贡献情况进行分析梳理，推动建立参股央企常态化分红机制。

五、坚持夯实基础，持续加强国有资产监督管理

（一）制度体系进一步健全

坚决贯彻落实习近平法治思想，扎实推进国有资产管理工作法治化、规范化，深入贯彻落实《行政事业性国有资产管理条例》，结合专项治理检查发现的问题等，印发《宁夏回族自治区本级行政事业单位国有资产处置管理办法》，为健全宁夏制度体系建设进一步夯实基础。

（二）资产保障作用进一步发挥

出台国有房屋租金减免政策，积极为小微企业和个体工商户纾困解难，采取“未缴租金抵扣、直接返还、办理退库”等方式最高减免6个月租金，共计为508户中小微企业和个体工商户减免租金1560.47万元，减免幅度和金额均超往年。有效发挥公物仓资产共享功能，积极保障自治区第十三次党代会等重大活动，动用资产约160件（套），节约资金超过40万元。率先在科研仪器领域推进科研仪器设备开放共享，规范行政事业单位国有资产处置行为，提高处置收益。加强办公用房、公务用车等重点资产管理，从严做好新增资产配置预算编审工作。扎实开展盘活行政事业单位国有资产调研，

研究提出盘活意见，助力缓减财政收支压力。

（三）“过紧日子”要求有效落实

坚持非必要不新增，严格把好资产“入口”关，从源头上提高资产配置效率，全年审退23项134.62万元配置事项，进一步拧紧“水龙头”。加强集中统筹管理，通过无偿调拨等方式盘活资产5.63亿元，有力促进资产流动与高效利用，提升经济社会效益。

（四）资产管理信息化工作进一步推进

积极推进资产管理融入预算管理一体化工作，配合信息中心制订《宁夏资产管理整合纳入财政预算管理一体化项设计方案》，并报发改委立项审批，进一步完善资产入库、使用、处置、清查核实、调剂共享等管理流程和审核规则，对资产管理各环节进行全程登记，实现资产全生命周期精细化管理。

机关党委工作综述

2022年以来，财政厅机关党委坚持以习近平新时代中国特色社会主义思想为指导，认真贯彻落实党中央和自治区党委重大决策部署，机关党建取得了新成效。财政厅机关党委被晋升为五星级，财政厅机关成功争创“全区民族团结进步示范机关”，政治生态分析研判为“好”等次。

一、深入学习宣传贯彻党的二十大和自治区第十三次党代会精神

一是深入学习宣传贯彻党的二十大精神。把学习宣传贯彻党的二十大精神作为首要政治任务，既整体把握、全面系统，又突出重点、抓住关键。制订印发《财政厅关于深入学习宣传贯彻党的二十大精神的实施方案》《财政厅关于深入开展党的二十大和习近平总书记视察宁夏重要讲话指示批示精神“大学习、大讨论、大宣传、大实践”活动的实施方案》，设计举办学习宣传贯彻党的二十大精神专题培训班方案，建立活动推进机制，推动厅机关各级党组织切实发挥第一方阵作用，认真组织大学习，深入开展大讨论，广泛实施大宣传，积极推动大实践，牵引学习宣传贯彻党的二十大精神走深走实，有效把全厅广大党员干部群众思想和行动统一到党的二十大精神上来，把智慧和力量凝聚到党的二十大确定的目标任务上来，

二是深入学习宣传贯彻自治区第十三次党代会精神。充分认识学习宣传贯彻自治区第十三次党代会精神的重大意义，研究制定《财政厅深入学习宣传贯彻自治区第十三次党代会精神工作方案》《中共宁夏财政厅党组关于印发自治区第十三次党代会报告主要任务分工的通知》等一揽子方案和13项具体措施，实施7个专项行动，创新贯通式学习、专题式研讨、全景式宣传、包干式落实四种模式，迅速掀起学习热潮。组织处级以上党员干部到吴忠市调研学习，举办学习宣传贯彻自治区第十三次党代会精神专题培训班，促进党员干部群众深刻领会准确把握自治区第十三次党代会精神，形成思想合力和行动自觉，引领财政收支、争取资金、政策创新、民生保障等多项工作实现突破。

三是全面落实党的二十大和自治区第十三次党代会安排部署。建立重点任务月督察和日常工作周动态通报机制，对标对表党的二十大及自治区第十三次党代会部署要求，围绕财政支持稳经济保增长促发展、“六新六特六优”产业、生态环境治理修复、“六权改革”等领域，出台《全区稳经济保民生政策措施》《宁夏回族自治区服务业引导资金管理办法》《关于推进宁夏贺兰山东麓葡萄酒产业高质量发展的财政支持政策》《关于改革完善自治区财政科研经费管理的实施意见》《自治区财政科研项目专家咨询费管理暂行办法》和《自治区本级科研活动差旅费管理暂行办法》《生态环境损害赔偿资金管理办法》《加强生态保护修复项目和专项资金管理办法》《关于探索建立山林资源政府回购机制指导意见》《关于加快山林权改革 促进林下经济高质量发展的财政扶持政策暨实施办法》和《支持压砂地退出财政政策措施的实施方案》等政策措施，狠抓财政承担的“七个专项行动”，财政牵头的各项任务均按进度高标准完成，多项工作受到中央和自治区肯定。

二、机关党的政治建设交出新答卷

一是抓实理论武装。始终坚持把学习贯彻习近平新时代中国特色社会主义思想作为首要的政治任

务，深入学习宣传贯彻党的二十大精神，深入开展学习贯彻党的二十大和习近平总书记视察宁夏重要讲话指示批示精神“大学习、大讨论、大宣传、大实践”活动。厅党组率先示范“领学”，坚持把习近平新时代中国特色社会主义思想作为党组会和党组理论学习中心组学习的第一议题和常设议题，分专题、分阶段、分领域交流研讨、反复跟进，开展中心组学习14次，交流研讨4次。发挥“关键少数”作用“促学”，建立党组理论学习中心组成员包抓分管领域理论学习制度，中心组成员主动为分管领域党员干部讲党课、做辅导。党支部结合职责“深学”，把学习贯彻习近平新时代中国特色社会主义思想作为党支部学习的“第一内容”，党员学习的“第一任务”，组织党员干部利用“学习强国”、宁夏干部教育培训网络平台，通过“财政大讲堂”、开放课堂、“三会一课”、主题党日等形式，组织党员干部全面系统学、联系实际学、及时跟进学。

二是注重政治引领。坚持把党的政治建设摆在首位，推动政治机关意识教育向机关处室、基层单位延伸，引导党员干部坚定捍卫“两个确立”，坚决做到“两个维护”。深入开展“传承党的百年光辉历史基因，铸牢中华民族共同体意识”主题教育活动，厅机关成功争创第十一批全区民族团结进步示范单位。认真落实意识形态工作责任制，严格执行党员干部思想状况分析报告制度，加强意识形态阵地建设，坚持每季度组织开展意识形态排查，牢牢把握意识形态工作主动权。深化“五型”模范机关创建，突出政治型机关建设，引领推动服务型、实干型、文明型、廉洁型机关建设深入开展。坚持每季度开展党员干部不准信仰宗教、不准参加宗教活动整治，严明党的政治纪律。

三是实施政治能力提升工程。加强政治能力专题培训，通过举办党务工作者培训班，深入开展党务干部“三强化四过硬五带头”活动，成功推荐“最美党务工作者”，不断提高党务干部的政治判断力、政治领悟力、政治执行力。把党史学习教育融入日常学习教育之中，不断巩固拓展党史学习教育成果，教育党员干部始终做到绝对忠诚、绝对纯洁、绝对可靠。

三、机关党的组织建设取得新成效

一是夯实基层党建基础。深化巩固“基层党建全面提升年”成果，按照政治建设长效化、制度建设科学化的要求，认真落实民主集中制、组织生活会、民主评议党员、“三会一课”、主题党日等制度，不断增强党内政治生活的时代性、原则性、战斗性。深化“一支部一品牌”建设，指导33个党支部塑造党建品牌，预算处党支部打造的党建品牌成功纳入区直机关“示范名录”，预算处和信息中心党支部参加区直机关举办的党支部书记论坛。严格基层党组织设置规定，24个党支部完成补选改选工作。严格党支部评星定级，激励3个党支部晋升为五星级，4个党支部晋升为四星级，6个党支部晋升为三星级。高标准做好发展党员工作，加强入党积极分子、党员发展对象、预备党员的教育培养，严格程序、严格把关，重点培养5名党员发展对象。

二是推动党建业务深度融合。不断校准党建和业务的结合点，牢固树立围绕中心抓党建、抓好党建促业务的意识，依托“智慧党建”平台，把握财政特点规律，坚持党建和业务工作同谋划、同部署、同落实、同检查，把党建和业务工作有机融合，常态化开展“五型”模范机关建设，引导各党支部和党员干部坚定理想信念、实干担当作为、热情服务、廉洁自律。

三是创新党建方法手段。紧盯当前党建工作任务和要求，积极适应新时代机关党建“互联网+”的新形势，积极探索“将支部建在网上，将党员连在线上”的党建模式，依托行政办公系统，对“智慧党建”进行优化升级，启动“线上党员活动室”建设项目，研究制定《财政厅政治理论学习积分管理办法》，设计开发党建积分管理系统，进一步激发党支部和党员干部政治理论学习积极性，提升党建科学化规范化水平。

四、机关党的作风建设展现新气象

全面落实主体责任。召开财政系统年度党建暨党风廉政建设工作会议，制定2022年财政厅党组落实全面从严治党“三个清单”，印发《2022年财政厅党组党风廉政建设主体责任工作要点》，分层分类签订党风廉政建设责任书。半年召开党风廉政建设推进会，盘点工作，研判形势，解决问题。党组主要负责人认真履行全面从严治党“第一责任人”职责，亲自部署重要工作，亲自过问重大问题，亲自协调重点环节，亲自督办重要案件。班子成员认真履行“一岗双责”职能，领导、检查、督促分管处室（单位）有效落实全面从严治党工作。党支部书记认真履行主要负责人职责，抓实抓好各项工作，层层传导压力，层层落实责任。印发《2022年财政厅全面从严治党党风廉政建设和反腐败工作主要任务分工的通知》，跟进督导检查，狠抓任务落实，自治区分工给财政厅牵头和配合的4项任务全部完成。

毫不松懈纠治“四风”。锲而不舍落实中央八项规定及其实施细则精神，坚决杜绝落实重大决策部署做选择、搞变通等现象，加强对会议文件的刚性约束，持续为基层减负松绑，前三季度，厅机关下发文件50件，召开会议5次，严格控制在自治区限定的范围内。在政府部门中率先创新开展“争创‘五个一流’，强化作风建设”活动，“严细深实勤俭廉+快”干事氛围不断形成。严格落实自治区党委作风建设“八条禁令”，认真开展违规收送红包礼金和不当收益及违规借转贷或高额放贷专项整治，从严抓实学习动员、自查自纠、整改落实等环节，把作风建设引向深入。

坚持挺纪在前。坚持反腐败无禁区、全覆盖、零容忍，坚持重遏制、强高压、长震慑。突出政治监督，强化日常监督，深化运用“四种形态”，精准把握政策策略，严格规范工作程序，依规依纪依法行使职权，实现政治效果、纪法效果的相统一。坚持严肃问责、规范问责、精准问责、慎重问责，始终做到“权责一致，错责相当”，有效发挥问责利器作用。做深做实查办党员干部违纪违法案件“后半篇文章”，通过党组会、党支部“三会一课”开展典型案例警示教育，推动以案为戒、以案示警、以案促改、以案正风。大力支持驻厅纪检监察组查办案件，做到有案必查、有腐必反。

五、疫情防控工作做出新贡献

按照区直机关工委《关于统一抽调机关干部下沉社区的通知》要求，组织机关党员干部职工迅速下沉兴庆区银古路街道办辖区5个社区20个封控卡点，先后共有143名干部职工下沉社区协助开展疫情防控工作，充分发挥党支部战斗堡垒和党员干部先锋模范作用，协助做好建材市场、装饰市场、机电市场、封控区域住宅区等疫情防控工作。各党支部书记带领党员干部职工充分发扬迎难而上、甘于奉献、顽强拼搏、能打硬仗的战斗精神和优良作风，服从街道社区统一调度安排，以实际行动展现财政干部的政治担当，为实现全区社会面动态清零、城市机能正常运转、人民生活安定有序贡献财政力量。同时，积极向结对共建社区西关社区捐赠物资，动员党员按照“双报到、双报告”制度，向居住地所在社区报到，积极协助社区工作者做好疫情防控工作，主动落实“社区吹哨，部门报到”要求。

六、精神文明建设和群团工作迈上新台阶

一是加强精神文明建设。大力开展社会主义核心价值观宣传教育，利用网络平台宣扬厅机关先进典型。常态化开展学雷锋志愿服务活动，成立财政厅学雷锋志愿服务队，注册志愿者208人（占在职党员的91.6%），组织机关干部开展志愿服务“双报到”活动200余人次，充分发挥党支部的战斗堡垒作用和党员干部的先锋模范作用。深化“我们的节日”，围绕春节、元宵节、三八妇女节、五四青年节、六一儿童节、七一建党节等节日，组织开展趣味运动会、猜灯谜、参观见学、亲子科普、财政青年说、为党员过政治生日等活动，有力地展示财政精神风貌。

二是做好群团工作。大力弘扬劳模精神，成功推荐自治区人民满意公务员1人、自治区“三八红旗手”1人，自治区“三八红旗先进集体”1个，自治区优秀团干部1人、区直机关“最美党务工作者”1人。坚持举办健康知识讲座，推广“工间操”，开办瑜伽、舞蹈培训班，组织乒乓球、篮球兴趣小组，不断丰富干部职工文化生活。及时对本人住院、亲属去世、结婚生育的会员开展慰问活动40余人次，千方百计为干部职工解决实际困难。

三是推进青年工作。持续实施青年理论学习提升工程，健全青年理论学习小组，组织青年理论学习小组常态化开展学习活动、到五市开展调查研究，强化青年干部理想信念和宗旨意识。组织青年干部深入开展“奋进新征程，建功新时代”主题实践活动，引导青年干部立足岗位、担当作为。

七、存在的问题和下一步工作打算

经过认真梳理，财政厅机关党建工作仍然存在一些薄弱环节，与全面从严治党新要求还有一定差

距：一是学习教育还不够系统深入，二是机关作风建设还有待持续加强，三是党建工作宣传水平有待进一步提高。

下一步，机关党委将紧盯党中央和自治区党委决策部署，紧紧围绕财政中心工作，认真抓好以下几个方面的主要工作：一是聚力抓好党的二十大精神的学习宣传贯彻。切实把学习好、宣传好、贯彻好党的二十大精神作为当前和今后一个时期的首要政治任务，放眼全局抓学习，聚焦重点抓研究，通过学习、研讨、培训、观摩、调研等形式多样活动抓好党的二十大精神的学习宣传贯彻。二是加强基层党组织政治功能和组织功能。建强基层党组织，优化组织设置，把好入党关口，引导广大党员干部不断提高自身政治素养和业务水平，锻造一支政治过硬、本领过硬、作风过硬、业务过硬的党员队伍。三是抓好模范机关创建。按照政治坚定过硬、服务精准高效、实干担当作为、勤政廉政、文化健康向上要求，全力推进“五型”模范机关建设。

纪检监察工作综述

2022 年，驻财政厅纪检监察组按照自治区纪委监委统一部署，在财政厅党组和全系统的支持配合下，以政治监督为首要任务，紧密结合财政工作实际，坚守职责定位，注重守正创新，始终坚持严的基调，强化正风肃纪反腐工作，一体推进“三不腐”，切实发挥监督保障执行，促进发展完善作用，派驻监督各项工作迈上新台阶。

一、压实责任，靶向发力，突出强化政治监督

一是坚决落实政治责任。督促自治区财政厅和自治区公共资源交易管理局（以下简称两厅局）深入学习贯彻党的二十大精神、十九届中央纪委六次全会精神和自治区第十三次党代会精神，切实提高政治站位，自觉做到“两个维护”，引导党员干部真正悟透党中央大政方针，胸怀“国之大者”，时时处处向党中央看齐，扎扎实实贯彻党中央决策部署。二是精准开展政治监督。将习近平总书记重要讲话和重要指示批示精神、党中央重大决策部署和自治区重要工作安排细化为具体监督事项，聚焦两厅局政治建设、脱贫攻坚成效巩固与乡村振兴战略有效衔接、政府债务化解、减税降费、公共资源交易平台信息化二期建设等开展专项督查，把准方向、压实责任、健全机制、凝聚合力、增强实效，做到监督常在、形成常态，推动落实落地。三是综合研判政治生态。督促两厅局及时召开党风廉政建设专题工作会议和意识形态领域会议，研究重点工作、解决突出问题、提出整改方向，通过调研督查、列席会议、座谈交流、案件查办等方式，对两厅局定期开展政治生态综合研判，精准掌握“树木”与“森林”情况，推动两厅局政治生态持续向好。

二、聚焦重点，兼顾全面，抓细抓实日常监督

一是主体责任层层压实。协助两厅局党组召开年度党风廉政建设工作会议，督促制定下发主体责任工作要点、三个清单和党风廉政建设主要任务分工，结合工作中的廉政风险点层层签订党风廉政建设责任书，不断压紧压实主体责任。二是监督责任精准到位。坚决贯彻中央和自治区纪委全会精神，紧紧围绕党中央决策部署和自治区工作安排，紧密结合两厅局重点工作，紧盯重点领域和关键环节，制定了《驻财政厅纪检监察组 2022 年党风廉政建设监督责任工作要点》，明确全年 5 类 16 项具体工作任务，精准履行监督责任，目前，所有工作都已按计划完成。三是“三重一大”重点监督。通过列席参加两厅局党组会议、厅局长办公会、专题会，加强对一把手和班子成员的监督，重点监督“三重一大”事项决策过程、民主集中制贯彻落实情况，今年共参加两厅局党组会 71 次，保证权力正确规范运行。四是廉政档案规范运用。按照新标准调整完善和录入两厅局 178 名处级干部廉政档案，为领导干部业绩评定、奖励惩处、选拔任用和责任追究提供重要依据。把好廉政意见回复关，全年为两厅局处级干部出具廉洁自律意见 113 人次。五是巡视反馈整改到位。高度重视巡视整改“后半篇文章”，3 月份，对巡视“回头看”反馈财政厅的 2 个问题和自治区公共资源交易管理局的 4 个问题，逐项督查整改落实情况，上半年全部整改落实到位。8 月底开始，积极配合自治区党委第七巡视组对公共资源交易管理局开展十三届党委第一轮巡视，确保巡视任务扎实推进，接收巡视移交问题线索 1 件，正在办理中。六是廉政谈话扎实开展。建立廉政谈话

制度，实行谈话记录，明确“六必谈”内容和要求，并将廉政谈话情况作为领导干部组织生活会汇报说明的必须内容，作为履职尽责、责任倒查的重要依据，全年廉政谈话 1769 人次，比上年增加 27%，有效推动两厅局作风建设走深走实。今年对两厅局提拔和晋级的 94 名处级干部开展任职廉政提醒谈话，教育引导党员干部强化廉洁履责意识，筑牢廉洁自律防线。七是警示教育扎实有效。督促两厅局党组扎实开展“领导干部廉政警示教育周”活动，制定“七个一”活动方案，组织观看《交易之警》，传阅《忏悔警示录》，参观廉政警示教育基地，做到以案示警、警钟长鸣，不断强化党员纪律规矩意识。

三、贯通协同，守正创新，深入开展专项监督

一是创新政府采购领域反腐败监管工作。为了巩固深化全区工程建设和政府采购领域突出问题专项整治成果，驻财政厅纪检监察组以“斩断政府采购领域腐败利益链条”为课题，深入开展调研，牵头两厅局制订《政府采购领域创新反腐败监管机制工作方案》，以宁夏公共资源交易平台信息化（二期）项目建设为契机，突出事前监督和事中监督，创新运用“制度 + 信息化技术”治理方式，牵头组织深入研讨、充分论证，梳理确定平台建设 5 个反腐败环节中容易产生的 15 个问题，研究制定 55 项解决措施，将预防腐败的元素嵌入政府采购的每一个环节，着力打造阳光公正透明的政府采购平台，坚决遏制腐败行为发生，实现政府采购领域全生命周期监管，建设具有宁夏特点的政府采购领域“不能腐”体系。针对政府采购评审专家“专家不专”、违规评审等问题，向财政厅党组反馈意见，向相关处室下发工作建议书，督促两厅局共出台政府采购评审专家管理制度 8 项，全面清理整顿专家库，建立评审专家管理、培训考试、信用评价等机制，完善评审专家库和专家抽取系统功能，有效保障政府采购工作公平公正、规范透明。二是扎实开展专项监督工作。紧盯巩固脱贫攻坚成果同乡村振兴战略有效衔接、粮食购销领域腐败问题、财政资金惠民惠农“一卡通”等专项整治常态化开展督导检查，及时了解和协调解决专项整治工作存在的问题矛盾，督促财政厅农业农村处、经济建设处、监督评价局等处室坚决落实主体责任，按照计划扎实推进工作，确保专项整治工作有力推进、落实落地。三是认真开展“两个专项整治”工作。“违规收送红包礼金和不当收益及违规借转贷或高额放贷”工作开展以来，驻财政厅纪检监察组注重发挥统筹协调和督查推动作用，第一时间将自治区纪委监委的指示精神和政策要求传达到两厅局党组，紧盯学习动员、自查自纠、深化整改三个阶段全过程，牵头开展两轮督查，下发两份督查通报，以强有力的监督推动专项整治工作高质高效完成。

四、抓早抓小，严肃执纪，有效运用“四种形态”

一是抓早抓小作用明显。注重抓早抓小抓预防，坚守春节、五一、中秋等节日关口，认真谋划部署，向两厅局下发作风建设工作提示，督促两厅局党组和各级党组织认真履行全面从严治党主体责任，强化教育引导，严明纪律规矩，画定行为红线，紧盯“四风”问题，加强监督执纪，严防“四风”问题反弹回潮。二是监督执纪规范有序。全面学习领会《纪检监察机关派驻机构工作规则》，逐条逐项对标《规则》要求，查找工作中的不足和差距，着力抓好贯彻落实。在案件查办过程中，严格执行《监督执纪工作规则》和《监督执法工作规定》，规范办案程序和工作流程，提高办案质量。多渠道加强对两厅局机关纪委的业务指导，研究制定《驻财政厅纪检监察组对驻在单位和综合监督单位机关纪委业务指导和监督检查工作办法（试行）》，为指导机关纪委案件查办和推动落实党内监督责任打下坚实的基础。三是执纪审查有效震慑。全年共受理信访件 35 件，处置问题线索 11 件，予以了结 3 件，函询 3 件，初核 7 件（今年 5 件，去年未办结 2 件），立案 3 件，给予党内警告处分 2 人，党内严重警告处分 1 人。

五、全员培训，实战练兵，切实加强自身建设

扎实开展“高素质专业化队伍建设年”活动，结合实际制订实施方案，明确 4 个方面 11 项措施，聚力抓学习、抓培训、抓调研、抓作风，着力打造“政治过硬，本领高强”的干部队伍，推动派驻监督工作高质量发展。一是抓学习提高政治站位。研究制定年度学习计划，通过例会集中领学、个人深学细研、交流学习体会等方式，用党的创新理论武装头脑、指导实践，强化开展纪检监察工作的政治自觉、

思想自觉和行动自觉。二是抓培训增强业务能力。开展“学纪法,重实战”活动、业务能力提升大讲堂,围绕信访举报、监督检查、审查调查等工作中的重点难点，组内干部自选课题，交流工作经验。开展“体验式案例教学”和“实战练兵教学”，提升干部监督检查和审查调查能力。三是抓调研精准发现问题。践行“四边”工作法开展调研督查，构建“发现问题，严明纪法，整治纠偏，深化治理”的监督闭环，向两厅局党组分别提交调研反馈意见，向处室、单位下发工作建议书2份，提出18个方面意见建议，督促建立4项长效管理机制。四是抓纪律树立良好形象。制定《组内人员廉政风险及防范措施》，共梳理工作内容24项，细化岗位职责56条，排查廉政风险点44个，制定防范措施52条。扎实开展“执纪执法形象”专项整治活动，查找出16个问题，明确整改时限、制定整改措施。组织全组干部签订“树清廉家风，创廉洁家庭”承诺书，要求管好自己的同时，加大对配偶子女的教育管理。

按照自治区纪委监委部署，驻财政厅纪检监察组较好地完成了2022年工作任务，在自治区纪委监委43个派驻机构年度考核中，成绩突出，被评为优秀等次，受到通报表扬。

非税收入管理工作综述

2022年，宁夏非税收入管理工作坚持以习近平新时代中国特色社会主义思想为指导，坚决贯彻落实党的二十大精神和自治区第十三次党代会精神，自觉提高政治站位，聚焦“依法收缴，应收尽收”，重点围绕财政收入组织工作，加强研究分析、强化日常收缴，积极开展督收，千方百计弥补减收缺口，力争非税收入颗粒归仓，为财政收入贡献重要力量。

一、主动作为，切实抓好财政收入组织工作

面对当前经济下行压力、财政收支矛盾凸显的形势，非税中心坚持把组织收入工作放在首要位置，齐抓共管，凝聚合力，严格落实财政厅《关于进一步加强财政收入组织工作任务分工的通知》，围绕财政政策“提质增效，更可持续”目标，在坚持“依法收缴，应收尽收”的原则下，全力做好财力保障工作。一是紧盯重点项目，加强工作协调力度。及时跟进重点非税收入项目的收缴情况和后期动态，定期测算自治区本级非税收入完成情况，加强与执收单位和厅各预算处室的沟通协调，协调农业处、资环处、经建处、行政政法处等处室积极主动与业务归口管理部门对接相关非税收入的征缴，通过财政主动服务，提高非税收入收缴效率，确保矿业权出让收益、水权转让收入、森林植被恢复费、水费、国库存款利息等大额非税收入项目及时收缴，早日形成收入。2022年，全区共收缴一般公共预算非税收入153.3亿元，超1.1亿元完成年初预算目标任务。自治区本级完成一般公共预算非税收入66.9亿元。其中矿业权出让收益收缴入库19.7亿元、森林植被恢复费收缴入库2.6亿元。

二、加快信息化建设，让数据多跑路，群众少跑腿

以财政部稳步推广电子非税收入一般缴款书的工作部署为契机，以实现全区非税收入收缴电子化与电子缴款书“横向到边，纵向到底”为目的，加快全区非税收入信息化建设步伐，积极在全区推广使用电子非税收入一般缴款书。树立全区“一盘棋”思想，严格遵循预算管理一体化总体要求和财政部统一的电子缴款书数据规范、技术标准和板式文件样式，统筹各市、县（区）收缴电子化实施情况，全局谋划、集中部署，起草《自治区财政厅推广使用电子非税收入一般缴款书工作方案》，通过科学规划、整合资源，升级改造现有非税收入收缴系统和财政电子票据系统，实现系统间高效对接，切实做到“数据多跑路，群众少跑腿”，为下一步在全区推广电子缴款书打下坚实基础。

三、坚持分析预测，为领导决策提供科学依据

以收入组织工作为契机进一步提升非税收入分析报告工作预测水平。联合厅各预算处室积极做好收入包抓工作，将非税收入项目细化到收支分类科目的目级，各预算处室负责协调对接业务归口管理部门非税收入征缴情况并按月报送预测数，非税中心负责统计分析，实时动态掌握全区和自治区本级

非税收入规模、结构、进度，每月定期形成全区非税收入分析报告，深入分析变动趋势和增减原因，并及时与预算处沟通，积极向厅领导汇报，为领导决策提供可靠依据。此项工作进一步完善了自治区本级非税收入分析预测制度，得到厅领导的肯定。

国库支付管理工作综述

2022 年，宁夏国库支付管理工作紧紧围绕财政工作重点和厅党组各项工作部署，秉承“规范、精准、高效”的工作标准，不断夯实工作基础，努力提升工作效率，确保数据安全、支付高效、服务精准。

一、夯实党建工作基础，发挥党建引领作用

（一）学习教育制度化长效化

不断加强政治理论学习，制订党支部学习计划，举办党的二十大、自治区第十三次党代会专题“读书班”，开展“学思行论坛”，围绕党的二十大精神、党代会报告谈认识、谈差距、谈落实，不断提高党员干部思想政治素质。举办国库支付综合业务培训，开展直达资金管理、政府采购资金审核、预算执行动态监控等政策解读，提升综合业务能力。

（二）组织建设标准化规范化

严格落实党支部基本制度，规范党员日常管理，组织召开专题组织生活会、支部党员大会，支部委员会，分析研究党员思想状况、讨论支部工作计划、支部建设问题。以“喜迎二十大，做新时代的合格党员”等为题讲党课，不断强化党员思想教育。认真开展“谈心谈话”活动，做好入党积极分子的考察和培养，确保党员发展工作顺利开展。

（三）主题活动常态化多样化

结合“党建领航促支付，精准高效提服务”的支部品牌建设，扎实开展“争创‘五个一流’，强化作风建设”专题活动、违规收送红包和不当收益及违规借转贷或高额放贷专项整治，通过讲党课、集中学、谈体会等形式，强化支部作风建设，推动国库支付业务提质增效。党员干部勇当先锋，下沉社区参与疫情防控。创新工作载体，以“社会主义是干出来的”等为主题的党日活动内容丰富，先后参观学习银川监狱财务科党支部、十四监区党支部党建阵地，观摩学习宁东“社会主义是干出来的”爱国主义教育基地，激发党员干部提升担当作为、干事创业的工作热情。

二、夯实财政直达机制，提升财政资金效益

（一）强化机制建设，形成工作合力

制定印发《关于进一步加强直达资金管理工作的通知》《全区财政直达资金督导工作方案》《自治区财政厅直达资金支出考核暂行办法》《全区市县财政直达资金支出考核暂行办法》等文件，构建覆盖直达资金分配、拨付、使用、监督全过程管理机制，有力推动市县（区）财政、相关预算单位常态化、规范化履职尽责。

（二）强化执行监督，紧盯支出进度

实行自治区市县（区）三级联动，全面梳理、准确掌握直达资金预算安排、资金总量及结构。建立“月度考核，重点关注，实地督导”监管方式，按月通报分配下达、支付使用情况；建立分析研判机制，组织召开协调会、推进会，开展专项调研，加快支出进度。2022 年，全区各类直达资金总规模 400.94 亿元（含地方配套 40.04 亿元），已分配资金 397.58 亿元，分配进度 99.2%，形成支出 378.20 亿元，支出进度 94.3%。

（三）强化系统支撑，严格资金监管

坚持日常管理，对预警信息、业务督促类信息采取电话询问、发函提示等方式逐条核实，及时提示提醒，纠正落实偏差，提高监控系统数据质量。充分利用预算执行动态监控系统规则，强化事中监控，重点监控向实有资金账户转款行为。持续加强监控系统与支付系统数据比对分析，实时掌握本级预算单位直达资金分配下达、支付使用情况。

（四）强化宣传引导，推动政策落地

做好政策宣传，提升直达资金政策效益的社会知晓度和影响力，先后撰写《宁夏直达资金快马加鞭惠企利民》《宁夏财政多措并举推动落实直达资金见效益》《宁夏下好直达机制“先手棋”确保直达资金快速发挥惠企利民效率》等，分别被《中国

财经报》、财政部办公厅宣传报道，提升直达资金直达基层、惠企利民政策效益的社会影响力。

三、夯实基本支出预算执行机制，兜牢“保基本”底线

（一）规范工资统发管理，提升财政服务效能

一是建立工资预警监测机制。以津补贴政策调整规范为契机，建立工资统发指标使用情况预警监测及动态调整机制，对部门单位预算指标执行情况逐月进行动态监测，实时精准掌控各预算单位工资统发指标收支结余等情况，动态提醒统发指标有缺口的单位及时办理指标补齐手续，确保工资统发指标与支付需求相匹配。二是优化工资统发系统。完善财政工资统发模块，打通“预算管理一体化系统”与“人力资源社会保障一体化系统”工资统发数据共享通道，通过自动获取模式代替手动导入模式，保证工资数据的准确性、完整性、安全性。三是保障工资及时精准高效发放。协调对接组织、人社部门落实津补贴规范改革提前测算与相关资金发放事宜，核发规范津补贴清算资金 2.83 亿元涉及 3.03 万人。每月及时精准高效统发自治区本级工资，指导市县（区）工资规范高效开展工资统发业务。2022 年，全区各级财政累计发放工资 239.23 亿元，同比增长 14.68%，其中，自治区本级累计统发 47.98 亿元，市县（区）累计统发 191.25 亿元。

（二）规范基本支出核拨，提升财政保障能力

一是规范办理核拨业务。按照《自治区本级基本支出资金拨付管理办法》，高效落实抚恤金、丧葬费、遗属生活费、新增人员社保缴费等基本支出经费核拨。2022 年，自治区累计核拨基本支出指标 3438 笔，涉及金额 24.4 亿元，其中，养老保险、职业年金金额 8.98 亿元，相关人员在职期间经费 5.3 亿元，统发工资补差 5.3 亿元。二是合法合规拓展核拨事项。根据工资津补贴政策规范调整，主动强化政策沟通对接，做实做细解释工作，严把机关事业单位养老保险及职业年金单位缴费补差资金、退休人员奖励性补贴等资金发放审核标准，确保津补贴改革过渡期间财政保障精准高效。三是提升基本支出预算编制完整性。认真梳理基本支出核拨事项，积极对接协调预算处，将自治区优秀公务员奖励资金、自治区法检两院法官和检察官及辅助人员绩效考核奖金纳入 2023 年部门预算编制中，持续提升预算编制的科学性、完整性和规范性。四是不断加强内控管理。邀请第三方专业机构开展基本支出核拨业务合法合规评审，针对反馈问题逐条逐项梳理，建立整改台账，明确责任人及整改时间，压紧压实整改责任，抓实抓细资金核拨管理。

四、夯实国库集中支付管理，保障资金安全运行

（一）加强国库集中支付管理，提高资金支付效率

一是把牢财政资金支付关。充分利用预算管理一体化信息系统，严格审核资金支出指标、科目、范围、用途等，规范支付行为，高效保障支付服务“不断档”“不掉线”。2022 年，累计财政支付资金 3 万笔 331.4 亿元，单位支付资金 42 万笔 115.8 亿元。二是把好政府采购资金保障关。实行单位支付和财政支付相结合政府采购资金支付管理模式，强化政府采购资金支付审核责任，提升政府采购资金支付效率。2022 年，累计审核政府采购资金申请 3151 笔，支付资金 24.05 亿元，较上年同期增加 138 笔、资金增加 2.75 亿元，增长 12.9%。三是把严代理银行考评关。从服务质量问卷调查情况、代理协议履行情况、年度报告三个方面对代理银行进行全面、系统、量化考评，通报考评结果并拨付代理银行手续费、垫付资金利息和综合考评奖励 1044.57 万元，进一步规范商业银行代理国库集中支付业务，提高服务质量和水平。

（二）加强预算执行动态监控，提高资金使用绩效

一是优化预警规则，提高监控效率。实施动态监控规则“四化”工程，细化简化优化强化监控规则，将基本支出预算中的向同名或实有资金账户转账等监控规则，细化到部门经济分类，实行精准管控、重点监控，提高基本支出执行效率。2022 年，自治区本级预算执行动态监控系统共触发监控预警规则 11448 笔，其中，取消预警 7607 笔，确认违规并退回 3841 笔。二是拓宽监控范围，保障资金安全。充分利用“制度 + 信息 + 技术”优势，加大公务卡支出、现金使用流向等方面监控力度，降低授权支付提现预警额度，设置公务卡强制结算目录提现预警规则，切实提高“三公”经费监控的覆盖

面、针对性和有效性。2022年，预算执行动态监控疑似违反“三公”经费支出管理规定和厉行节约反对浪费规定监控预警3352笔，涉及金额6766万元，确认违规并退回1320笔，涉及金额2807万元。三是畅通反馈渠道，增强监控实效。建立预算执行动态监控“月统计，季分析，年报告”制度和及时反馈机制，印发季度监控分析报告，将预算执行监控基本情况、存在问题、典型案例等反馈至各预算单位、部门预算处室，督促单位整改落实，确保问题发现及时、反馈及时、整改及时。

财政政策研究工作综述

2022年，宁夏财政政策研究工作坚持以习近平新时代中国特色社会主义思想为指导，以政治建设为统领，紧紧围绕财政理论与政策研究职能，较好地完成了全年各项目标任务。

一、加强政治建设，党支部凝聚力执行力不断增强

以创建“五型”模范机关为牵引，全面加强党支部建设，持续推进党风廉政建设，党员干部政治和业务能力不断提高。一是强化政治理论学习。坚持把学习贯彻习近平新时代中国特色社会主义思想作为首要政治任务，深入学习贯彻党的二十大精神、十九届六中全会和自治区第十三次党代会精神，深入开展学习习近平总书记视察宁夏重要讲话和重要指示批示精神“大学习、大讨论、大宣讲、大实践”活动，坚持每周集中理论学习制度，多渠道创新学习方法，在学深悟透上下功夫，切实提高中心人员政治能力、业务素质和工作水平。开展集中学习50余次，专题学习研讨10余次，每人撰写心得体会5篇以上。二是筑牢理想信念根基。以“信仰和忠诚”教育为抓手，坚持支部书记带头讲党课，经常性谈心谈话，坚持每季党员思想状况分析，常态化深化党史学习教育，大力弘扬伟大建党精神，深刻领悟“两个确立”的决定性意义，切实增强“四个意识”，坚定“四个自信”，坚决做到“两个维护”。支部书记讲党课4次，组织集体谈话6次、个别谈话20余人次，支部的凝聚力向心力执行力不断增强。三是提升作风建设水平。高标准完成支部书记换届工作，严格落实支部书记“一岗双责”，认真组织开展“三会一课”、主题党日活动等，深入开展“领导干部廉政警示教育周”，“违规收送红包和不当收益及违规借转贷或高额放贷专项整治”，“争创‘五个一流’，强化作风建设”等活动，严格落实意识形态工作责任制，大力弘扬“严细深实勤俭廉+快”的工作作风，严肃党内政治生活。党员干部政治意识、规矩意识不断增强，工作作风更加务实、高效，服务意识、宗旨意识不断增强，廉洁从政的自觉性更加坚定，干事创业的氛围更加浓厚。

二、紧扣中心职能，政策、课题研究能力逐步提升

（一）财政政策研究职能进一步强化

一是认真组织开展财政科研选题及研究。按照自治区政府研究室《关于征集宁夏回族自治区人民政府2022年度重大行政决策咨询研究重点课题选题建议的通知》要求，认真组织全厅各处室、单位报送科研选题，拟定“关于支持宁夏中部干旱带压砂地退出生态修复的对策和建议”，“科技强区背景下自治区财政科技投入模式与边际效应研究”，“大力支持实施人才强区战略，打造人才高地”和“关于全区财政预算执行动态监控工作情况的调研”4项选题建议并按时报送，加强与相关处室沟通协调、积极推动开展课题研究。其中，资环处研究制定的《支持压砂地退出财政政策措施的实施方案》，经自治区领导同意后下发相关市县，国库支付中心完成《关于财政预算执行动态监控工作情况的调研报告》；中心组织申报的“关于促进我区消费升级拉动经济增长的对策和建议”“宁夏数字经济与地方财源建设问题研究”选题被自治区党委宣传部列为2022年宁夏新型智库研究课题，已完成撰写报送。二是积极推进中心科研课题研究。中心承担的中国财科院会同宁夏、河北共同确定的《地方财源建设重点问题研究》重点课题，分为土地收入分析和数字经济问题2个子课题，全部完成课题撰写并报送中国财科院专家审核通过。积极配合相关处室开展

月度财政经济形势分析，配合办公室完成《沿黄九省区主要指标对比分析报告》的落实意见、开展财政支持全面建设现代化美丽新宁夏对策研究。三是认真完成厅领导交办的研究任务。坚持“以政领财，以财辅政”，当好参谋助手，主动围绕中央和自治区重大决策部署以及厅党组重要决定事项，积极开展财政政策研究。按照厅党组书记、厅长要求认真撰写向自治区党政主要领导关于财政重点工作的汇报材料，总结报送自治区第十二次党代会以来财政成就及工作展望，完成优化经济结构、支持扩大消费、深化财政体制改革等专题研究，促进自治区支持扩大消费若干政策措施转化为实际成果。今年以来，撰写的《宁夏地方政府财政收入风险分析及对策建议》被中国财政学会《财政与国家治理决策参考》2022 年第 1 期刊发，被自治区党办评为 2022 年 2—3 月好信息，并报中办、中宣部、中央政策研究室等中央相关部门。《积极发挥财政职能作用助推全区经济社会高质量发展》经验做法被自治区党委办公厅《综合信息》第 3 期刊发，去年调研课题“扶持壮大宁夏村集体经济的对策研究”在《财政科学》2022 年第 5 期发表。加大消费政策研究，上报自治区政府的《关于促进我区扩大消费的主要考虑和政策研究》，自治区主席张雨浦批示：“此件有参考价值，也体现工作方法。”

（二）文集史志年鉴期刊等编撰编修工作如期高质量推进

一是开展《宁夏财政改革创新发展文集》编纂出版工作。按照厅党组关于“全面系统回顾总结党的十九大以及自治区第十二次党代会以来全区财政工作新发展、新成就和新经验，进一步提升财政支持经济社会高质量发展”的部署要求，牵头成立初审小组和文集编纂委员会，对收集的 425 篇涉及全区财政、税务等重要工作文稿进行筛选、审定、修改和编校，邀请中国财政科学研究院院长刘尚希、山东大学校长樊丽明为文集作序，顺利公开出版发行。二是编修《宁夏财政志（1991—2018）》。为准确翔实反映宁夏财政工作全貌，发挥财政志书史料留存功能，按照宁夏地方志工作规划及要求，续编自 1993 年编修的第一部《宁夏财政志》（1895—1990 年），编修内容以反映“新时代宁夏财政改革发展重要举措与成效”，为承前启后，接续财政史料留存与研究工作提供重要借鉴。三是推动宁夏财政年鉴按期出版。年初面向全区财税系统公开发布《宁夏财政年鉴 2022》征稿通知，严格按照年鉴编纂的审校流程，对文字、图片、表格、版式等进行编校审定，确保财政年鉴公开刊物的权威性和史料性，按期完成印刷出版工作。四是有序推进《宁夏财政》出版。围绕财政重点工作，及时设置《聚焦学习贯彻自治区第十三次党代会精神》《聚焦党的二十大》《学习党的二十大精神心得体会》《争创‘五个一流’，强化作风建设活动》等专栏，营造热烈宣传氛围，集中展示财政人在新征程上新担当新作为，全年共出版 6 期。五是组织汇编《资政存史》。整理收录市、县（区）政府工作报告和财政工作报告，展示各级地方党委政府和财政部门为建设美丽新宁夏所付出的努力和取得的成效，旨在为全区财政系统公发作提供借鉴。印刷出版后得到各市县、自治区有关部门广泛认可。

（三）加强现代财政宣传教育

谋划编印《学习贯彻自治区第十三次党代会精神学习参考》口袋书，印发全厅干部职工，推动学习宣传贯彻党代会精神入脑入心、真知真会。积极向财政部政策研究室报送“关于报送地方财税体制改革专题报告及典型经验做法”交流材料，向自治区政府办公厅《宁夏年鉴 2022》报送“宁夏财税运行情况”等文献资料，向《中国财政年鉴 2022》报送“地方财政运行”相关稿件，《中国财政年鉴 2021》收录《宁夏地方财政工作概况》，获评财政部中国财政年鉴编辑委员会 2021 年优秀稿件，宁夏财政厅被中国财政年鉴编辑委员会评为“地方财政优秀供稿单位奖”。组织完成宁夏社科院《宁夏经济发展报告（2023）》“2022 年宁夏财经形势分析与预测”约稿撰稿工作。积极配合财政部做好《财政科学》《财政研究》两刊宣传信息报送工作，成绩突出，被中国财政科学研究院评为“2022 年度财政知识传播工作年度进步奖”。为《中国财政》第 10 期刊发宁夏财政文章提供 10 张配图。为厅机关重大活动照相 160 余场次，有效保证了厅机关重大历史事件有影像有镜头。

（四）加快推进和完善厅机关资料室建设

按照厅党组民主生活会反馈意见，积极开展财政厅党员资料室图书目录数字化整理、分类编码存放、新书采购等相关工作。依托行政办公系统建设“宁夏财政图书馆”系统，将6186本图书录入“网上图书馆”，实现在线查询、预约及新书推荐等功能。通过面向全厅职工广泛征集图书目录，分2批次购买图书1000余册，扩充党员资料室馆藏图书资源。积极协调推进党员资料室搬迁整理和新图书室布置工作，进一步满足全厅干部职工借阅需求。

下一步，财政政策研究中心将认真贯彻落实党的二十大和自治区第十三次党代会精神，坚持党建统领，以先行区建设牵引全面建设社会主义现代化美丽新宁夏，坚持以政领财、以财辅政，当好参谋，主动发力，积极推进财政政策研究提质增效。一是持续加强党支部建设。深入学习贯彻党的二十大和自治区第十三次党代会精神，以政治建设为引领，深入推进“五型”模范机关建设，积极争创四星级党组织，切实发挥支部凝心聚力作用，主动服务全区发展大局和财政中心工作。二是完善相关办法。积极推动出台《宁夏财政科研课题管理办法》，借助外脑组建科研团队开展课题研究工作。加强与各部门单位间财政学术科研交流，进一步激发财政科研工作活力，扩大学术交流成果转化。研究出台《宁夏财政办刊规程》，推动完善稿酬激励措施、规范期刊编辑出版流程等，提高期刊编辑效率和办刊质量。三是围绕财政重点领域、重点工作开展政策研究与调研。以问题为导向，聚焦财政中心工作和厅领导关注的重点，会同相关业务处室、政策研究中心、专家组、厅领导和专题会议“五审”把关，确保科研报告找准问题、符合实际，提出对策建议切实可行。积极向自治区党委、政府报送研究成果，推进研究成果形成重要决策，并向区内外重要财经刊物投稿发表，形成科研成果转化运用。四是规范管理，持续推进常态化工作稳中向好。充分利用《宁夏财政》宣传阵地，做好财政政策的解读与宣传，进一步调整办刊思路，优化办刊内容，集中展示宁夏财政人在新时代新征程中的新作为、新举措。调动各方积极性，全面提升宁夏财政年鉴编审质量，推动全区财政事业改革向纵深处发展。继续加强图书资料室管理，不断更新书籍，多种手段提高书刊借阅率，不断优化提升服务水平。

干部教育工作综述

2022年，宁夏财政干部教育工作坚持以习近平新时代中国特色社会主义思想为指导，认真学习贯彻党的二十大精神和自治区第十三次党代会精神，严格落实自治区党委、政府决策部署和厅党组工作要求，努力克服疫情严重影响，聚焦主责主业，服务中心大局，凝聚支部力量，推动各项工作取得新进展、呈现新气象。

一、抓好主责主业，推动宣教事业高质量发展

一是提升培训质效。紧跟财政改革步伐，紧贴干部成长需求，全年组织培训班17期，举办财政大讲堂4期，培训干部职工5273人次，不断增强财政干部本领，助力财政事业发展。科学精准制订培训计划。既重视政治引领，又注重业务提升，积极与各处室单位沟通，合理确定培训对象、内容、时间，2022年共安排培训班40期，涉及党的建设、政治理论、政策法规、业务知识、技能提升等方面内容，为大规模、精准化培训明确了方向和路径。精心组织举办财政厅深入学习贯彻党的二十大精神、自治区第十三次党代会精神培训班。通过邀请党代会报告起草组成员、中共宁夏区委党校教授、自治区第十三次党代会代表、党的二十大代表等做辅导解读，以及座谈讨论、大会交流、集中观影和学习成果测试等方式，促进财政干部深刻领会准确把握党的二十大精神、自治区第十三次党代会精神，推动学习宣传贯彻走深走实。围绕财政中心工作，适时开展各类专业培训。组织开展财政总决算、部门决算、社会保险基金决算、自治区本级部门预算编制、国有企业财务会计决算、政府财务报告、预算绩效管理、政府采购、国库集中支付暨直达资金监控、财政基层管理、网络和信息系统安全等方面培训，助力财政中心工作稳步推进。积极适应疫情防控常态化需求，充分利用线上平台开展培训。组织开展财政厅党的十九届六中全会精神专题网络轮训，组织副处级以上领导干部参加宁夏干部网络学院学习，应参学人数196人，参学率、结业

率均达100%。利用1个月时间，协同政府采购处举办政府采购线上培训班，参训结业人员达2500人次。积极对接沟通，协助财政部在宁成功举办电子票据培训班。

二是健全宣传机制。严格落实编办要求，明确职责分工，推进职能转变。建立常态化财政新闻宣传机制、强化对外宣传、完善保障措施，推进财政新闻宣传工作规范化运行。加强与党委宣传部沟通联系，积极承接党委经济工作会议新闻发布会任务。管好用好宁夏财政微信公众号，充分发挥新媒体优势，提高发布质量，增加发布频次。

二、强化制度建设，夯实财政宣传教育工作基础

出台《财政厅干部教育培训学员管理规定》，进一步严格学员管理，切实改进学风；修订《自治区财政厅干部教育培训管理办法》，推进干部教育培训制度化、规范化、科学化；牵头制订《财政厅政治理论学习制度》，规范政治理论学习；印发《自治区财政厅关于加强财政新闻宣传工作有关事项的通知》，充分发挥财政新闻宣传作用。这些办法，为进一步强化财政宣传教育管理，推动宣传教育工作规范化运行提供了制度保障。

三、努力攻坚克难，积极稳妥推进改革任务

落实自治区政府要求，稳步推进中心资产移交和沙湖假日酒店划转工作，组织完成资产清查、土地评估现场工作。加强与纪委监委、巡视办、审计部门沟通协调，推动完成沙湖假日酒店巡视问题整改工作。积极配合做好中心更名、职能完善工作。

四、强化党建引领，提升政治判断力、政治领悟力、政治执行力

一是抓学习，提高综合素质。坚持把学习作为提高素质能力的根本途径。组织党员干部反复研读党的二十大报告、《中国共产党章程（修正案）》、系列讲话和有关辅导读本，重点对党的二十大报告重要章节和重要论断开展研讨交流，加强对《论党的宣传思想工作》《习近平用典》等书籍学习，把学习贯彻党的二十大精神同履行新职能新使命紧密结合起来，切实在反复学中感受责任压力，确保学习紧跟政治要求、紧贴业务需求。二是抓规范，建强战斗堡垒。以贯彻落实党支部工作条例为抓手，加强支部党建工作规范化建设。加强党员干部的教育管理，规范支部“三会一课”制度，全年召开党员大会4次，组织支部学习26次，讲党课4次，认真开好专题组织生活会，开展形式多样主题党日活动12次，支部政治判断力、政治领悟力、政治执行力得到提升。三是抓作风，坚持廉洁从政。自觉带头严格执行中央八项规定及其实施细则精神，把落实全面从严治党贯穿于党员教育管理监督全过程。坚持把党风廉政建设工作同业务工作紧密结合，认真开展廉政风险点排查防控工作，组织开展支部违规收送红包礼金和不当收益专项整治，坚持定期开展廉政谈话和警示教育活动。深入开展“争创‘五个一流’，强化作风建设”活动，凝聚起“想在一起，干在一起”的团结力量。

财会函授工作综述

2022年，宁夏财会函授工作以习近平新时代中国特色社会主义思想为指导，立足提升地方基层工作人员职业水平，按照年度教学计划，主动谋划开展继续教育和培训工作，多措并举克服疫情不利影响，创新开展线上线下培训模式，积极推动函授教育培训走深走实，圆满完成各项目标任务。

一、积极开展专题调研

一是认真开展农村金融培训调研。以课题研究为切入点，推动财政基层培训更好地服务于财政中心工作。根据当前“三农”领域对金融知识和金融政策的迫切需求，积极主动与人民银行消保处联系，成立联合课题组，对当前宁夏农村金融现状和培训需求进行调研，探索建立财金联合宣教的长效机制，全面提升农村特别是贫困地区基层干部、财会人员、扶贫干部等群体的金融知识和技能，并以此为传导进一步提升农民群体的金融素养，增强其风险防范意识，从而打通财政、金融支农政策及金融知识普及教育的“最后一公里”。二是开展基层培训课程体系调研。通过对如何科学合理地制订全区乡镇财政干部培训计划、设置培训课程内容、安排培训师资以及建立反馈机制等方面进行调查研究，分析全区乡镇财政干部应具备的能力素养，探索建立基于乡镇财政干部能力素养需求的课程体系。

二、认真开展基层培训

2022年，突如其来的新冠疫情对财政基层培训工作带来了很大影响，在统筹做好疫情防控的前提下，通过创新培训手段，科学设置培训课程，努力克服新冠疫情造成的不利影响。2022年共举办乡镇财政干部培训班1期，培训县乡财政干部192人；举办财政支农政策培训班2期，培训农村财会人员193人。一是坚持以解决实际问题为导向选聘师资。根据当前财政支农政策在落实中存在的问题，有针对性地从财政、农业、扶贫、纪检等行业部门和高校选聘老师，集中精力解决实际问题，提高培训的实效性。二是坚持以培训需求为导向设计培训内容。针对当前“三农”领域对金融知识和金融政策的迫切需求，函授学校与人民银行消保处联合开展农村金融知识培训。三是坚持以质量为导向优化基层培训组织结构，各县（区）努力做到通知下发到位、工作人员到位、资料准备到位、参训人员到位四个“到位”。参训人员由乡镇干部带队，农经站配合，课间多次点名，强化培训管理，提高培训质量。

三、努力做好培训保障

统筹谋划好培训的前期准备、实施过程和实施效果量化考评工作。一是加强组织领导。根据年度培训计划和实施方案，召开工作布置座谈会、对全区财政基层培训工作进行统一部署，确保年度培训工作顺利进行。二是落实培训经费。要求市县按新《预算法》要求，将支农培训配套经费列入本地区年度预算。三是严抓培训过程。在培训工作中，要求市县注重培训管理细节，控制每期培训班学员的数量，严格遵守培训管理制度，以细节管理促培训质量。四是规范材料报送。培训结束后，要求市县尽快形成培训档案，及时上报自治区函校。通过加大对市县培训工作的考评，强化市县的主体责任意识，也使培训效果得到显著提升。

（一）坚持“学员利益无小事”，持续做好函授学历教育基础性工作，不断完善制度，健全机制，努力为学员提供优质高效的服务

一是规范学籍档案管理。为便于历届学员查阅学籍记录，办理相关事宜，对1985—2017年中华函校中专学历教育和2004—2017级中央财大本科学历教育学员档案进行了全面整理，努力为学员提供优质高效的服务，树立服务窗口形象。二是全面清查学校资产。按照资产管理相关规定，聘请第三方中介机构完成资产清查工作并按规章制度做好资产的处置。三是做好函授后续服务。学籍证明牵扯到每一位毕业学员的退休待遇。对每一位前来办理学籍证明的毕业学员，函授学校都高度重视，热情服务，切实把学生需要办理的事办好办实，全年累计办理学籍证明百余人次。

（二）坚持意识形态领域指导地位，做好新形势下思想宣传工作

2022年，按照党的二十大精神和习近平总书记有关论述，狠抓思想政治工作和职业道德教育。在抓好财政基层培训工作的同时，组织全体干部职工认真学习自治区第十三次党代会精神。在各个培训班上安排职业道德和廉政教育内容，使思想道德教育深入教育培训工作的各个环节，有效地把职业道德教育和廉政教育结合起来，提高函授学校教育培训工作的综合效果。同时，强化意识形态教育，切实加强函授学校党员干部意识形态领域管理和引导，唱响主旋律，弘扬正能量，为财政基层培训工作提供有力的思想保证、精神动力和文化支撑；强化理想信念教育，牢固构筑拒腐防变的思想道德防线；突出宗旨教育，增强干部服务基层、服务学员意识，切实转变工作作风；突出岗位廉政教育，努力打造思想政治过硬、业务本领高强的干部队伍。

财政信息化工作综述

2022年，宁夏财政信息化工作不断巩固已有信息化建设成效，高质量提升预算管理一体化系统应用成效，筑牢安全防护屏障，不断强化信息化支撑与服务能力，更好地保障财政业务顺利开展，为财政改革提供坚实的技术保障。

一、不断优化完善预算管理一体化系统

信息中心对标财政部深化预算管理制度改革要求，进一步优化完善宁夏财政预算管理一体化系统，强化预算约束，通过制度+技术的机制，不断提升

预算管理一体化应用效果。

（一）规范预算支出管理，推进财政支出标准化

一是进一步推进部门间预算信息互联共享。将单位基础信息、会计核算、资产管理、账户管理等预算信息嵌入预算管理一体化系统，集中实现了财政部门与主管部门的信息共享共用。对落实部门和单位财务管理主体责任，推进财政支出标准化和优化调整支出结构起到了积极作用。二是实现全区各级财政和中央系统信息贯通。通过统一数据标准和技术规范，用信息化手段支撑各级财政预算管理，规范各级财政部门预算管理工作流程等，全力推动数据共享。通过全覆盖的预算管理一体化系统动态反映各级预算安排和执行情况，通过预算管理、预算执行、总预算会计核算和单位会计核算模块实时记录和动态反映资金分配、拨付、使用情况，实现资金从预算安排源头到使用末端全过程来源清晰、流向明确、账目可查、账实相符。三是优化完善政府财务报告体系，实现报表编制全流程信息化。建立政府财务报告模块，通过预算管理一体化系统实现报表编制、上报、审核和汇总自动化，通过信息化的编报方式，全面客观地反映政府资产负债与财政可持续性情况；优化完善财政总预算会计核算，全区各级财政部门使用统一的总预算会计核算软件，通过预算管理一体化系统实现财政财务信息内容从预算收支信息扩展至资产、负债、投资等信息；努力推动预算单位深化政府会计改革，建立预算单位会计核算模块和实有资金账户支付管理模块，全面准确地反映预算单位财务管理情况，有效贯通财政总预算会计、预算单位会计、银行账户管理、部门决算和政府财务报告等财务管理模块数据链条。

（二）系统集成更加高效化

打通全区预算数据“大动脉”，集成预算编制、执行、核算等七大业务模块14个子系统，纵向贯通中央、省、市、县，覆盖全区31个财政区划，横向联接4000多家单位、人民银行、16家代理银行，注册用户9.1万户，实现业务流、资金流、信息流的高效运行和互联互通。

（三）预算编制更加精细化

首次将单位基础信息、项目、资金、资产统一纳入一体化系统，以信息化手段推进零基预算，实行预算项目全生命周期管理，无项目不预算，无预算不支出，提升预算编制精细化、科学化水平。

（四）执行监测更加透明化

通过全区财政资金拨付电子化，全程自动记录和同步资金信息，每一笔支出向上可追溯到预算指标，向下可跟踪资金去向，来源清晰、流向明确、账目可查。

（五）预算约束更加刚性化

将管理规则和操作规范嵌入系统，通过编制信息形成总额控制，通过绩效信息形成反馈控制，通过执行信息形成投向控制，环环相扣、步步为营，切实增强预算管理刚性约束。

（六）风险防控更加精准化

通过数据分析、自动预警、及时阻断，为防范化解“三保”风险、政府债务风险、项目投资风险、资金调度风险提供信息支撑。

7月22—26日，信息中心以“数字财政”为主题参加了由国家网信办、国家发展改革委、工业和信息化部、国务院国资委和福建省人民政府共同主办的第五届数字中国建设成果展览会。作为展会上“全国唯一”的财政建设成果展位，通过宣传视频、图文展板、现场介绍等方式对宁夏“数字财政”建设进行全方位、多角度地展示，面向全国充分展示了宁夏财政信息化建设的经验成果。

二、持续加强网络安全防护

（一）全面开展安全隐患自查和风险评估

按照自治区党委网信办、公安厅以及财政部关于2022年度网络安全检查、网络安全专项行动的相关通知要求，信息中心全面组织开展网络安全自查工作，累计发现并整改高中危安全隐患277项，整改率100%，确保在重保期间网络安全隐患可控在控，为宁夏财政厅网络系统安全稳定运行提供坚实基础。

（二）组织常态化网络安全应急演练

依据《宁夏财政网络安全应急预案》，信息中心进一步明确处置应对责任机构、响应流程、临机处置权限等内容。组织开展灾备、网络等专项应急演练2次，验证财政网络安全的应用和防护水平，提升处置网络安全突发事件的能力，强化人员网络安全防护意识和系统线路冗余和灾难恢复能力，在

故障或事件造成业务中断时能够及时恢复核心功能和重要数据。确保关键业务稳定运行，不断提升全区财政应对网络安全风险和主动抵御攻击的能力，为中国共产党第二十次全国代表大会期间全区财政网络安全做好坚实保障。

（三）强化网络安全实时技术检测监测

1. 全天候全时段值班值守。强化岗位责任，保持联络畅通。在重要活动和会议的安保重点时段严格落实 24 小时全天候在岗在线值班。各级保障小组投入 60 人次为宁夏财政信息系统重保提供全天候保障。充分利用部署各类安全设备及态势感知系统，对系统及网站进行全天候网络安全监测，对各类安全事件做出快速积极响应。做到值班力量到位、值班责任到位、敏感时间段监测到位，确保宁夏财政不发生网络安全事件，保障财政数据和资金安全。

2. 全力全时做好网络攻击监测。重要活动和会议期间，在常态化防护的基础上，不断强化对基础网络、信息系统、网站实时监测，严密防守，查漏补缺，特别加强对部署在外网环境的自治区财政厅互联网门户网站、宁夏政府采购公共服务平台等系统重点监测和防护。充分利用态势感知系统、蜜罐、IDS、网络安全审计、网站监测平台等安全监测设备进行监测，利用 IPS、WAF、防火墙、防病毒网关等各类安全防护系统对恶意扫描和攻击行为进行阻断，密切监控网络安全态势，共监测到系统和网站相关资产受到共计 732720 条攻击，涉及安全事件类型 16 种，有效抵御系统和网站的安全风险，确保宁夏财政业务信息系统安全稳定运行。

及时上报每日网络安全情况。按照工作要求，信息中心与自治区党委网信委、公安厅等网络安全主管部门建立每日信息安全通报联络机制。在重保期间严格按照要求，当值人员每日下午在指定时间通过钉钉群、微信群分别向自治区党委网信委、自治区公安厅、财政部等部门上报网络安全事件零报告 80 天次，保障了重保期间网络安全信息传达的及时性和准确性。

三、提升财政公共服务和运维保障能力

信息中心结合“互联网＋党建”融合等理念，以“数据惠民精准细，服务基层创先锋”支部品牌为支撑，切实增强服务意识，提高服务品质，确保业务稳定运行。同时在工作上、管理上不断创新机制，充分发挥技术优势，以智能增添效能，努力运用信息化手段推动服务水平提升，切实让“数据多跑路，群众少跑腿”，不断提高服务满意度。

（一）强化应用建设，不断深化财政公共服务能力

继续对宁夏统一公共支付平台业务范围进行延伸扩面，新增缴费项目，已涵盖了包括教育收费、不动产收费等五大类 151 个缴费项目，全力推进医疗等领域票据电子化改革，通过线下业务与线上缴费联通，延伸了统一支付平台线下支付能力，打造线上线下一体化非税收缴运行新模式，实现非税收入收缴和电子票据开具“一网通办”。2022 年，社会公众通过平台办理公共款项缴纳业务 704 万笔，缴纳资金达 13.7 亿元，开具财政电子票据及医疗电子票据 5055 万笔，开票金额达 40 亿元。

（二）升级优化智慧党建系统提升机关党建信息化建设水平

为实现更深层次党建管理精准化、智能化、科学化、规范化，加大党建成果线上展示、提升党建数据综合分析能力，信息中心配合机关党委，按照新出台的《财政厅机关党建工作积分管理方案》要求，组织开展智慧党建系统的升级改造工作，在对现有系统功能进行升级扩展的同时，新增线上党员活动阵地、积分管理、党建数据综合分析等功能模块，以任务驱动党建业务有效开展，用数据督导党建成效落到实处，将党务、管理教育、监督、宣传、服务融为一体，实现党建成果数字化、党建工作智慧化、党建数据可视化和党建督导可量化。已完成方案编审及专题会议审核工作，正在进行采购相关工作流程。

（三）提高服务质量，持续做好基础运维工作

实施“大运维”模式，对 6822222 技术服务热线进行升级改造，整合财政业务应用系统用户反馈渠道统一的对外服务窗口，将由各运维公司独立负责的业务应用系统问题处理，统一到一个平台进行汇总，更好地为财政相关用户提供全方位的、高效的、优质的服务。2022 年，宁夏财政门户登录 600 多万人次，依托现场服务、财政技术服务热线、传真、邮件、即时通信等方式，共为全区 31 个财政部门、

4000 多家预算单位 1000 多家国有企业提供运维服务 13 万余次。

注册会计师和资产评估师管理工作综述

2022 年，宁夏财政注册会计师和资产评估师管理工作深入学习宣传贯彻党的二十大和自治区第十三次党代会精神，扎实开展习近平总书记视察宁夏重要讲话指示批示精神“大学习、大讨论、大宣传、大实践”活动，以习近平总书记关于行业要“紧紧抓住服务国家建设这个主题和诚信建设这条主线”的重要论述为指导，以落实国办发 30 号文件为契机，聚焦主责主业，围绕中心职责严格开展会员服务、监督、管理、协调工作，积极服务我区财政改革和经济社会发展，各项工作有序推进。

一、以党的二十大精神为引领，全面深化行业党的建设，党建引领作用进一步增强

（一）突出政治功能，发挥引领作用

一是全面学习宣传贯彻落实党的二十大精神。组织行业党员群众通过多种形式观看大会开幕式；制订印发学习宣传贯彻实施方案；行业党委书记、自治区宣讲团成员通过线下 + 线上方式开展党的二十大精神宣讲活动；向每位党员下发党的二十大学习辅导材料，将党的二十大精神相关文件纳入每月行业党建重点工作任务清单中，通过个人自学、线下 + 线上教育、专题研讨等方式扎实开展学习宣传贯彻活动；在协会网站开设专栏，推送党的二十大报告相关学习内容，通过微信公众号编发行业学习宣传党的二十大精神工作动态，6 篇学习宣传工作动态被上级行业党委采用，在行业内迅速、持续掀起学习宣传贯彻热潮，全力推动党的二十大精神走深走实。二是严格落实意识形态工作责任制。将意识形态工作纳入考核、培训重要内容；通过各类新媒体途径，不断总结行业党建活动、价值贡献、执业特征、职能作用等方面的先进经验，加强正面宣传引导；结合年度任职资格检查、投诉受理、执业质量检查和社会责任评价等日常工作，开展党建工作督促检查，全面推进将党建工作要求和社会主义核心价值观写入公司章程。三是强化基层党组织政治功能。全年召开行业党委会议 7 次，研究制定行业党建工作计划和相关工作部署，扎实推行党支部班子成员与管理层（决策层）“双向进入，交叉任职”，占比达到 84%，推动 59 家执业机构将党建工作写入章程，引导党组织在基层治理中发挥作用。

（二）加强组织建设，夯实党建工作基础

一是持续提升“两个覆盖”质量。不定期对执业机构党建工作情况进行排查摸底，做到应建尽建；暂不具备单建条件的，及时组建联合党支部，做到应联尽联；通过选派党建工作指导员、先行建立工青妇组织、联合举办培训班、在业务培训中增加思政课程等举措，确保行业党的组织和工作全覆盖。二是建强队伍，提升能力素质。依托行业党校举办党建、业务培训班，对执业机构党组织书记轮训 1 次，培训党务工作者、党员 400 余人次；确定入党积极分子 42 名、党员发展对象 29 名，发展预备党员 14 名，转正党员 11 名。三是加大投入，保障党建工作经费。下拨 2020—2021 年度党建工作补助经费 50 万元；落实党费返还制度，全年返还党费 7.6 万余元；及时下拨党务工作者津贴 9.64 万元；宣传落实党建工作经费税前列支制度，鼓励引导执业机构加大党建工作投入力度。

（三）加强规范化建设，提升组织力

一是稳步推进党组织规范化建设。结合工作实际，对行业党委委员进行调整，进一步加强行业党建工作；以《党建工作手册》为抓手，建立党组织规范建设台账，强化组织生活管理。二是选树党建工作示范点。坚持“抓两头，带中间”的做法，打造 1 家党支部为自治区级党建工作示范点，将 2 家党支部列为行业党建工作示范点备选单位，以点带面，引领行业党建工作规范发展。三是提升党建工作考核机制。结合执业机构履行社会责任评价体系，优化考核内容和指标，提高执业机构党建工作考核分值；开展执业机构党组织书记述职，把考核结果与评星定级、奖补资金、评先评优等结合，引导执业机构加强党的建设。

（四）发挥专业优势，推动党建业务相融合

一是助力疫情防控工作。疫情期间，及时发布倡议书，先后组织18家执业机构的56名党员群众组成抗疫先锋队，协助社区投身防疫工作。多家执业机构响应号召积极向红十字会、社区、学校等捐款捐物4万余元。二是做好专业技术服务。围绕“五个紧紧扣住”深化区情结合行业实际开展大调研活动，提出调研课题25个，初步形成调研报告25篇。7家执业机构在服务国家经济建设、生态文明建设、社会治理、脱贫攻坚、民生项目等方面为20多家客户提供专业服务，为黄河流域生态保护和高质量发展先行区建设贡献专业力量。

（五）加强行业统战群团工作

一是做好行业统战工作。深入学习宣传贯彻中央、财政部相关文件精神，探索创新行业统战工作方法，通过座谈会、专题培训加强对行业代表人士的思想引领，做好行业代表人士推荐使用，今年成功推荐第十二届自治区政协委员初步人选3名，全国人大代表初步人选1名，认定无党派人士6名，动态更新12名民主党派人士信息库，建立行业后备人选库。二是推进行业群团工作。进一步推进基层团组织规范化建设，加强青年群众思想引领引导，助力行业青年成长成才。推动指导行业工会及妇女工作，组织各类活动，创新行业文化内涵；推荐自治区三八红旗集体评选对象1家，自治区妇女第十二次代表大会代表人选1名，推荐自治区职工小家1家、优秀工会工作者2名。

二、以贯彻落实国办发30号文件为契机，持续加强行业监督管理，依法理政效能进一步加强

（一）贯彻落实任职资格检查制度，开展年度执业质量检查和社会责任评价工作

坚持问题导向、系统风险导向检查理念，推动任职资格检查与执业质量检查、社会责任评价工作等共同实施实地核查。2022年，共对12家执业机构开展执业质量检查，对其中存在问题的4家执业机构和6名执业人员给予行业惩戒；对51家执业机构开展履行社会责任评价工作，评选出12家优秀、11家良好、28家合格的执业机构，并将考核结果面向社会公布；对43家会计师事务所提交的314名注册会计师任职资格检查材料和25家资产评估机构提交的169名资产评估师年检材料进行审查，顺利完成执业资格年检；落实国办30号文件精神，清理挂名执业现象，清理非专职执业人员14人，注销17人，转非27人。通过开展各类检查，不断加大执业机构检查力度，加强对被检查执业机构的整改帮扶，进一步提高执业机构发展质量和综合服务能力。

（二）加大行业宣传力度，做好注册会计师行业统一监管平台推广工作，提升监管效能

坚持有利于统一监管、服务行业发展作为工作导向，举办行业统一监管平台操作培训班，加强相关平台系统宣传推广工作；加大行业信息化建设力度，在网站开设宣传国办发30号文件专栏，充分发挥各类新媒体宣传阵地作用，积极拓展宣传渠道，推广行业专业价值。

三、以“我为群众办实事”实践活动成效为基础，统筹推进会员服务工作，会员服务水平进一步提高

（一）优化会员管理服务工作，完善执业保障

加快推进电子会员证书工作，优化执业人员审批流程，2022年共批准62名执业会员注册，办理转所56人，转会32人。

（二）落实减税降费工作，优化专业服务市场环境

结合国办发30号文件，起草《关于进一步规范财务审计秩序，促进我区注册会计师行业健康发展的实施意见》，对规范宁夏行业市场，推动改善行业发展环境起到积极作用；受理投诉举报8起，积极开展调查，通过约谈、调解等方式化解矛盾，依法依规处理行业内纠纷，确保问题及时妥善处理，维护行业社会形象。

四、以全生命周期理论为指导，扎实推进行业人才建设，专业人才队伍进一步扩大

（一）积极应对疫情，采取有效措施保障考试顺利完成

一是科学制订并认真实施考试疫情防控工作方案，强化应急处置能力，妥善处理突发事件，确保疫情防控与考试双安全。二是群策群力，协调联动，确保考试期间电力供应、卫生安全，严密防范和打击高科技手段舞弊等，严格考场巡视，为考生营造风清气正的考试环境。三是坚持考生至上，提升服

务水平。通过新闻报刊、网站、微信公众号等多途径发布考试信息和最新疫情防控政策，同时通过短信形式向考生发送温馨提示6万多条，做好考生服务工作；通过实地勘察考场，购买防疫物资，搭建考生通道，为迟到考生提供车辆接送等多项服务，保障考生顺利参考；完成考试成绩复核和证书发放工作，多措并举，全方位做好服务保障。因受疫情影响，2022年注册会计师考试专业阶段报名6508人、15046科（次），报名人数较上年降低8.08%，报考科次较上年降低20.27%；综合阶段报名164人，较上年增长18.29%；资产评估师职业资格考试报名666人、1550科（次），报名人数较上年降低0.01%，报考科（次）较上年降低0.06%。

（二）坚持“线上”与“线下”相结合的总体原则，按照疫情防控要求安全有序组织培训

一是充分结合宁夏行业及经济社会发展实际，科学制订培训计划，以提高行业人才整体素质和业务能力为总体目标。二是面对复杂多变的疫情形势，加大支持，充分利用中注协开发上线的“继续教育在线”系统，鼓励行业从业人员积极参与学习。组织开展行业高端人才培养项目，举办贯彻国办发30号文件培训班、在线直播培训班、专题培训班、助理人员培训班等各类培训班共30期，累计培训注册会计师行业从业人员1000余人次、资产评估行业从业人员200余人次，进一步助力行业人才建设。三是加强行业人才留储工作统筹，建立人才培养制度、奖励补助激励制度，发放行业人才奖励奖金12.6万元，补助10.44万元。通过奖励补助政策吸引并留住人才，鼓励从业人员不断加强学习深造。

财政预算评审工作综述

2022年，宁夏财政预算评审工作坚持以习近平新时代中国特色社会主义思想为指导，深入学习贯彻党的二十大精神，紧紧围绕美丽新宁夏建设，聚焦自治区“六大提升行动”和“六新六特六优”的部署，着力积极的财政政策提质增效，积极开展财政预算评审（价）“质量提升”行动，以加快建成全方位、全过程、全覆盖的预算绩效管理体系，提高财政资源配置效率和使用效益为目标，昂扬斗志，团结奋进，圆满完成各项工作。

一、全面加强支部党建和党风廉政建设

（一）突出政治引领，强化理论武装

评审中心组织跟进学习习近平总书记重要讲话精神，突出围绕党的二十大会议和自治区第十三次党代会精神学习。一是组织读原文悟原理学。着力从思想精髓、核心要义中学懂通弄，提升自信，站稳立场。二是组织全面系统学。把党的二十大精神和自治区第十三次党代会精神结合起来，以奋斗目标、实践路径为导向，攻坚克难，聚力作为。三是组织结合实践学。落细“大学习、大讨论、大宣传、大实践”活动，组织集中学习，讲党课，办“读书班”，强化学习效果。以政治和理论上的成熟，坚定不移地贯彻自治区和财政厅的决策部署。

（二）夯实基层堡垒，切实强本固基

评审中心旗帜鲜明讲政治，严格“三强九严”“一岗双责”责任，严格落实“三会一课”等制度，加强领导、压实责任。中心全体人员不断增强“四个意识”，坚定“四个自信”，做到“两个维护”，牢记“国之大者”，以“铸牢中华民族共同体意识”主题教育为抓手，弘扬伟大建党精神，铸牢意识形态健康向上。

（三）持续正风肃纪，营造清正氛围

一是强化管党治党政治责任。签订《2022年党风廉政建设责任书》，层层落实党风廉政建设责任。制订《预算评审中心2022年党建工作计划》，党风廉政建设与业务工作同部署、同落实，实行半年汇报和年度总结。二是强化党风廉政教育。筑牢筑紧思想防线，坚持每季度开展1次党风廉政建设专题教育。深入开展“廉政警示教育周”活动，以“深化廉政教育，筑牢思想防线”为主题开展党日活动。三是落实专项整治工作。组织开展专项整治活动，着力营造风清气正的政治生态和干事创业的良好环境。

二、着力提升财政预算评审评价制度规范建设

评审中心以加强财政预算评审评价能力建设为目标，全力推进评审评价体制机制建设，为全面实施预算绩效管理画好“规范线”，在自觉尊崇制度、

严格执行制度、坚决维护制度上下真功、使狠劲、见实效。

（一）开展财政预算评审（价）“质量提升”行动，拓展预算评审（评价）“提质扩围”

着重围绕健全机制、完善体系、健全智库、实施工程等方面强化制度体系建设，制订《财政预算评审（价）“质量提升”行动方案》。层层压实责任，进一步健全财政预算评审（评价）工作质量控制体系，确保“质量提升”行动任务的顺利完成。达到“项目储备有评估，预算编制有目标，预算执行有监控，预算完成有评价，评价结果有反馈，反馈结果有应用”全过程财政预算评审（评价）管理目标。

（二）建立宁夏财政预算评审（评价）智库系统，实现财政预算绩效管理资源共享

首期建成线上预算绩效专家库，专家库按照“分级建设，资源共享”的原则建立、使用及管理，覆盖面更广、专家类型更全、涉及层次更深、服务性更强。二期财政预算评审（评价）政策法规库、三期财政预算评审（评价）典型案例库工程已完成相关资料收集工作，为各部门单位、第三方机构提供财政预算评审（评价）政策法规和工作经验信息支撑。

（三）积极参与全国评审评价沙龙活动，宣传宁夏财政深化预算绩效管理改革并分享经验

举办全国财政系统2022年《预算评审》第二期评审沙龙，以《实施穿透式评审评价 构建预算管理支撑体系》为题，介绍宁夏绩效评审评价的经验做法和对未来的思考和探索，得到财政部的高度肯定，认为宁夏既从自治区全区的高度上探索了未来评审改革的方向，又从重点项目绩效评价工作质控要点的深度上探索了如何做好每一份绩效评价报告，有高度，有深度。

三、靶向发力全面完成重点工作目标任务

（一）关口前移，开展新增项目政策事前绩效评估试点工作，提升财政资金投入的有效性

印发《关于进一步做好新增重大财政支出政策和项目事前绩效评估工作的通知》（宁财预发〔2022〕320号），围绕立项必要性、投入经济性等七个维度，对三个新增项目开展事前绩效评估。通过客观、公正的评判，对3个项目分别给出评估结论，充分反映预算部门（单位）评审论证和财政部门预算审核“政策和项目”完整性、规范性的全过程，探索事前绩效评估的决策机制。

（二）把好预算管理第一关，顺利完成自治区本级财政项目库入库评审工作，入库工作整体有所提升

采取中心人员与第三方驻场机构人员搭班建组实施分级审核的工作方式，以申报项目的入库要件为评审重点，多措并举扎实开展工作。设置项目立项等八大类15项评审内容，建立项目库“常年报审，动态储备”，“三级审核日清零”机制，充分发挥预算评审在预算编制和绩效管理过程中的“守门人”作用。为2023年预算编制提供项目遴选支撑。

（三）持续提升部门办公用房大中修、信息化类项目预算评审质量，节约财政资金效果显著

牢固树立过紧日子的理念，强化预算执行，硬化预算约束，要求项目单位按审定预算内容实施并严格控制预算。一是严格评审程序。严格按要求收集整理资料，及每个项目均组织实地踏勘，做好电子档案留存，实行预算三审复核制度，严格报告格式及档案管理。二是严格控制预算标准。重点评审工程量计算是否符合规定的计算规则、是否准确，评审过程中做到严格按照预算标准表对项目总预算和项目分项预算进行审核，严格工程建设其他费的计取，严格建筑材料、设备选型。既保证部门建设需求，又节约财政资金。

（四）开展重点项目绩效评价，助推建立以结果为导向的预算绩效管理制度和组织体系

通过汲取经验，评审中心采取“三个精准”措施，推动绩效评价工作质效迈进一大步。一是“精准遴选”绩效评价项目，切实回应政府社会关切。优先选取贯彻落实党中央和国务院重大方针政策和决策部署，自治区党委、政府确定的相关重点产业以及社会公众普遍关注、社会影响深远项目，完成8个项目绩效评价对象。二是“精准管控”评价过程，确保绩效评价结果客观真实。深度优化工作流程，夯实主体责任，在各个工作环节均有创新、有突破。强化对第三方机构管理，合理界定与第三方机构之间的权利和责任，及时跟踪掌握第三方机构工作情况，促进第三方机构履职尽责。三是“精准把关”绩效评价结果，全面提升评价结果应用效能。采取三级内审+一级外部联合评审的四级联审机制

对报告进行评审，同时邀请自治区人大代表、政协委员监督绩效评价报告的审核验收，加强评价结果跟踪反馈机制，及时将报告提交相关业务处室。对第三方机构服务质量进行综合评价考核。为项目主管部门、市县政府、财政部门和实施单位完善相关政策制度、改进预算和项目管理提供重要依据，为领导决策提供重要参考。

社会保险基金管理工作综述

2022 年，宁夏财政社会保险基金管理工作坚持以习近平新时代中国特色社会主义思想为指导，深入贯彻党的二十大精神和自治区党委十三届二次全会部署要求，认真落实自治区财政工作会议部署和厅党组要求，立足新发展阶段，贯彻新发展理念，扎实做好“六稳”“六保”工作任务，充分发挥社会保险的“稳定器”和“减震器”作用，坚持尽力而为、量力而行，持续加大政策实施力度，努力克服新冠疫情带来的不利影响，保民生稳就业，各项工作进展顺利。

一、加强政治理论学习，夯实支部党建工作

充分发挥支部统领作用，不断增强“四个意识”，坚定“四个自信”，做到“两个维护”，切实用习近平新时代中国特色社会主义思想武装头脑、指导实践、推动工作。一是加强政治理论学习，深入学习党的二十大报告和自治区第十三次党代会报告，重点学习习近平总书记视察宁夏重要指示批示精神，进一步在学懂弄通做实上下功夫，切实用习近平新时代中国特色社会主义思想武装头脑、指导实践、推动工作。积极参加厅机关组织的各项学习教育，加强日常集中学习，充分利用“学习强国”学习平台抓好党员日常自学，不断提高党员干部的政治站位和理论素养。二是强化支部书记主体责任，牢记“一岗双责”，严格落实“三强九严”工程，严格落实“三会一课”、主题党日、谈心谈话、组织生活会等党内组织生活制度，切实做到规定动作不走样，自选动作有创新，组织基础不断夯实。三是积极参加厅机关组织的“传承党的百年光辉史基因，铸牢中华民族共同体意识”主题教育，“民族团结月”，“讲好红色故事，传承红色基因”等活动，积极创建并拓展支部品牌。四是加强党风廉政建设，扎实开展违规收送红包礼金和不当收益及违规转贷或高额放贷专项整治工作和“争创‘五个一流’，强化作风建设”活动，深入开展习近平总书记视察宁夏重要讲话和重要指示批示精神“大学习、大讨论、大宣传、大实践”，积极参加厅机关组织的警示教育，筑牢党员干部职工思想道德防线，使全体党员干部引以为戒、自觉自律，使全体党员干部知敬畏、存戒惧、守底线。

二、精准贯彻执行政策，改革事项深入推进

贯彻落实企业职工养老保险全国统筹政策，全面、详细梳理企业养老保险待遇项目清单及全区地方自行出台待遇项目，精准测算地方财政承担资金量，撰写企业养老保险全国统筹对宁夏当期财政支出影响的专报，得到自治区领导梁言顺、张雨浦、陈春平的重要批示，为全国统筹政策在宁夏全面落地打下坚实基础。不断推进医疗保险改革，协同自治区医保局起草《宁夏回族自治区基本医疗保险门诊共济保障管理办法》《银川市城镇职工长期护理保险制度试点实施意见》《自治区优化调整新冠病毒感染“乙类乙管”医保政策》，进一步织密医疗保障网。

三、压实管理主体责任，基金预算执行有力

全面履行社保基金预算主体责任，充分利用信息化和大数据手段，不断规范编制流程、提升社保基金预算约束力，积极与自治区社保局、自治区医保局沟通协调，对社会保险各项政策执行及发展进行研判预计。2022 年，全区社会保险基金完成收入 529.8 亿元，增长 5.2%，完成支出 464.7 亿元，增长 4.7%，基金滚存结余 557.4 亿元。区本级完成收入 275.4 亿元，增长 8.4%，完成支出 278.1 亿元，增长 5.9%，基金滚存结余 247.9 亿元。进一步增强收支责任和效率意识，建立社会保险基金预算绩效管理考核办法，直达资金支出进度全年始终名列前茅，2022 年宁夏社会保险基金预算绩效管理工作被财政部评为全国二等奖，为连续五年荣获该奖项。

四、加强基金运行管理，确保安全稳定持续

积极落实中央和自治区相关社保政策，优化社保基金与一般公共预算衔接机制，开展机关事业单位职业年金记实等督导，与自治区财政对县级基本财力保障相联动，加强对社保基金的财政补助资金投入，确保基金运作可持续，2022年中央和自治区分别补助87.3亿元、24.2亿元，同比增长6. 4%、23.8%。不断加强专户管理，对自治区本级社会保障资金财政专户口实行白名单管理，有效防范专户管理风险，及时办理社会保险基金的入库、拨付，科学精准开展活期转存定期工作，筹措养老保险基金11亿元，委托全国社会保障基金理事会进行投资运营，进一步提升社保基金保值增值率，2022年社保基金利息收入9.1亿元，同比增长5%。

五、加强绩效目标管理，确保基金精准核算

按照《社会保险基金财务制度》《社会保障基金财政专户会计核算办法》等规定，对自治区本级社会保障资金财政专户口实行白名单管理，及时办理社会保险基金的入库、拨付、活期存款转存定期等工作，专款专用，准确核算。结合宁夏社保基金管理的实际情况，通过调研座谈、委托第三方等方式，合理确定绩效目标，明确工作程序，设定指标考核体系，科学开展绩效评价，实施绩效运行监控，提升基金使用效益，促进基金精算平衡，初步建立宁夏社会保险基金预算绩效管理办法。

六、严格落实惠民政策，扎实推进“六稳”“六保”

（一）缓缴社会保险费，为企业稳岗纾困输动能

2022年延续实施阶段性降低失业保险、工伤保险费率政策1年，执行期限至2023年4月30日。扩大阶段性缓缴社会保险费政策，对餐饮、零售、旅游、民航、公路水路铁路运输等5个特困行业实施阶段性缓缴养老保险、失业保险、工伤保险政策的基础上，以产业链供应链受疫情影响圈套、生产经营困难的制造业企业为重点，进一步扩大至农副产品加工业等17个困难行业。在此基础上，自2022年9月份起，将全区所有受疫情影响较大、生产经营困难的中小微企业、以单位方式参保的个体工商户、参加企业职工基本养老保险的事业单位及各类社会组织纳入阶段性缓缴社会保险费政策范围，其中，养老保险缓缴期限到2023年年底，职工基本医疗保险缓缴2022年7—9月份单位缴费，工伤、失业保险缓缴期限不超过1年，缓缴期间免收滞纳金。2022年企业缓缴社会保险费10.48亿元。

（二）及时落实“保民生促就业”政策

2022年，继续实施失业保险减负稳岗扩就业政策措施，坚决贯彻落实，坚持分类施策、精准发力，确保失业保险基金保障到位，为缓解失业人员生活压力、助企业稳岗纾困、促进经济恢复增长发挥积极作用。一是提升职工技能，降低失业风险。进一步拓宽技术技能提升补贴受益范围，对依法足额缴纳失业保险1年以上企业在职职工、领取失业保险金期间参保人员取得职业资格证书或职业技能等级证书，且职业资格证书或职业技能等级证书信息可在人力资源社会保障部门职业技能鉴定中心、国家人事考试中心等全国联网查询系统上查询到的，在取证之日起12个月内，到本人失业保险参保地经办机构按规定申领技术技能提升补贴。2022年共向0.93万人发放技能提升补贴1381.05万元。二是落实援企稳岗返还，为企业稳发展保基本。认真贯彻落实国家和自治区援企稳岗一系列工作部署，助力企业脱困发展、稳定就业局势，及时兑付企业稳岗返还资金，对不裁员、少裁员的企业继续实施普惠性失业保险稳岗返还政策，将大型企业返还比例从30%提高至50%，中小微企业返还比例从60%提高至90%，最大限度给予企业支持。2022年共为2.11万户企业发放稳岗返还1.72亿元，惠及职工56.56万人。三是助企扩岗，鼓励企业吸纳大学生就业。为进一步发挥失业保险助企扩岗的作用，鼓励企业积极吸纳大学生就业，2022年8月，宁夏出台了一次性扩岗补助政策，对招用毕业时间为2022年1—12月且取得普通高等学校毕业证书的普通高校毕业生，签订劳动合同，并为期缴纳失业保险费1个月以上的企业，可以按每招用1人不超过1500元的标准发放一次性扩岗补助。2022年9月，根据《关于拓宽失业保险助企扩岗政策受益范围的通知》（人社厅发〔2022〕52号），由企业招用2022年度普通高校毕业生拓展至离校2年内未就业普通高校毕业生和登记失业的16—24岁青年。2022年共向1285家企业发放一次性扩岗补助673.5万元，惠及高校毕业生和登记失业青年0.45

万人。四是兜牢底线，为困难群众缓解压力。为兜牢民生底线，对参保的失业人员，符合条件的及时发放失业保险金，为其代缴医疗保险，不符合发放失业保险金条件的，发放失业补助金，或给予临时生活补助。2022年9月，宁夏出台了阶段性调整价格补贴联动机制，将领取失业补助金人员阶段性新增纳入价格补贴联动机制保障范围，加大对困难群众物价补贴力度。2022年，全区共使用失业保险基金代缴基本医疗保险7163.98万元，共向2798名农民工发放农民工一次性生活补助1992.98万元，共向6.27万名领取失业保险金、失业补助金人员发放价格临时补贴130.67万元。

政府债务管理工作综述

2022年，党的二十大胜利召开，开启了第二个百年奋斗目标进军的新征程，也是宁夏建设黄河流域生态保护和高质量发展先行区的关键之年。宁夏政府债务管理工作高举习近平新时代中国特色社会主义思想伟大旗帜，深入学习贯彻落实党的二十大精神和习近平总书记系列重要讲话指示批示精神，以实际行动做好自治区第十三次党代会部署的各项任务，按照厅党组的部署要求，在始终坚持党旗引领、提升项目服务水平、夯实外债管理质量等方面取得明显成效。

一、坚持党旗引领，加强自身建设，坚定捍卫“两个确立”的政治自觉

自治区政府债务管理中心始终把落实新时代党的建设总要求，落实基层党组织全面从严治党放在首位，全面推进自我净化、自我完善、自我革新、自我提高，持之以恒增强“四个意识”，坚定“四个自信”，坚决做到“两个维护”。

（一）深入领会“两个确立”的决定性意义，坚持不懈地用习近平新时代中国特色社会主义思想凝心铸魂

用党的创新理论武装头脑，坚持不懈地学习习近平新时代中国特色社会主义思想，坚持党支部学习“第一内容”、党员学习“第一任务”制度，组织党员干部深入学习“必读篇”，跟进学习“最新篇”、认真学习“宁夏篇”，制订学习计划，丰富学习形式和载体，通过“三会一课”、主题党日、专题辅导、交流研讨、个人自学等方式，组织党员干部深学细研，开展集中学习41次、主题党日12次，召开党员大会7次，讲党课4次，持续贯通学习党的二十大精神，组织干部热议党的二十大报告并撰写心得体会，开展习近平总书记视察宁夏重要讲话和重要指示批示精神“大学习、大讨论、大宣传、大实践”活动，积极学习贯彻落实自治区第十三次党代会精神，引导党员把稳思想之舵，厚植信心之基，凝聚团结之力，彰显实干之效。

（二）深刻践行严的主基调不动摇，以作风建设提升干事创业能力

强化“三强九严”工程，严格落实意识形态工作责任制和党风廉政建设责任制，组织生活会2次，民主评议党员1次。扎实开展“争创‘五个一流’，强化作风建设”活动，举办8小时读书班和学思行论坛，通过“八对标八查找”梳理问题11条，制定整改措施17条，顺利完成银川新能源公交采购付款和世行项目区用地调整2项办实事项目，撰写的《财政厅坚持力学笃行为作风建设强基铸魂》被宁夏新闻网刊载，7篇信息被区直机关工委和厅作风建设领导小组采用。开展红包礼金及高利转贷专项整治工作，召开民主生活会查摆问题3条，全部立行立改并长期坚持。坚持党建与业务工作同频共振，同步推进，切实把党建工作成效转化为推进政府债务管理工作高质量发展的实效。

（三）深挖党员干部创造力和凝聚力，发挥党支部政治功能和组织功能

在开展学习型党组织建设的同时，充分激发党员干部的主观能动性，领导干部带头扑下身子搞调研，深入基层解决实际问题，先后到银川市、固原市调研绿色一体化交通项目和特色优势产业发展项目建设情况。对从基层遴选4名年轻干部到中心工作，创新开展“老带新，师带徒”活动，让年轻新同事尽快熟悉掌握中心工作。向厅党组选派2人分别参加自治区党委巡视和审计署配合工作，推荐2

人参加厅党组作风建设综合协调组工作，积极配合厅党组交办的工作任务，3 名同志均顺利完成任务。

二、紧盯项目推进，规范限额管理，积极发挥“强弱保增”资金效用

中心积极落实财政部外贷项目管理要求，以资金为主线，及时与亚行、国际农发基金等国际金融组织沟通协调，建立项目监督联席会议制度，组织、参加各项目监督联席会 30 余次，动态跟进项目新进展、新变化、新动态，协调解决实施过程中的困难点，提高财务支付数据报送质量及效率，全力推进 7 个在建项目顺利实施。截至 12 月 31 日，在建项目累计提款报账 6.48 亿元，累计对外提款清算折合人民币 11.41 亿元（其中回补到账 6.09 亿元）。

（一）聚焦绿色发展，着力推进绿色交通项目

新开发银行贷款“银川市一体化绿色交通项目”用于新能源纯电动公交车采购等绿色交通体系建设。

（二）聚焦创新驱动，重点支持特色优势产业项目

国际农发基金贷款给“优势特色产业发展示范项目”，向 6 个项目区拨付资金，用于有机化肥增施和农业合作社提升等特色产业发展。

（三）聚焦协调发展，加快实施扶贫公路建设

亚行贷款给“宁夏六盘山扶贫公路项目”，向 6 个项目区拨付资金，用于支持农村公路建设和妇女养护小组建设。

（四）聚焦项目维护，保持工作持续性

为落实自治区党委、政府重大决策部署，由厅长孙志带队，赴财政部汇报宁电入湘项目利用世行项目用地事宜，积极推进自治区重点工程建设。科威特贷款吴忠市人民医院项目已完成可研报告专家评审，正在进行报告修改。中央统借统还欧洲投资银行贷款宁夏黄河流域沙化土地可持续治理项目正在编制可行性研究报告，准备《贷款协定》《项目协议》签署前期法律手续。亚行科技支持宁夏应对气候变化的对策研究技术援助项目已完成启动报告和专家组实地调查，正在开展科技手段应对气候变化子项目研究。

（五）提升信息共享，探索用活档案资料

不断加强外债项目综合管理，以财政部新上线国际金融组织和外国政府贷款赠款管理系统初始化为契机，全面梳理全区既往和在建项目档案，完成 2021 年以前签约项目情况表上报和财政部系统初始化工作，依托财政部系统平台，积极对接研发我区外债管理系统，推动外债管理信息化，档案管理电子化，提升管理手段智能化水平。

三、规范外债管理，提升项目质效，持续推进债管工作高质量发展

紧紧围绕高质量发展的主线，以限额管理的精准预算和精准执行、规范债务偿还工作和项目绩效评价推动外债项目的质效提升，推进债管工作高质量发展。

（一）预算接轨，外贷管理完善

2022 年，全区外债项目纳入政府债务外贷限额管理的项目共计 2 个，涉及 7 个市、县（区），中心严格落实《财政部关于进一步加强地方政府主权外贷预算管理的通知》（财国合〔2020〕19 号）和《财政部关于规范地方政府主权外贷预算管理有关事项的通知》（财预〔2022〕75 号）要求，扎实开展政府债务外贷预算管理工作。同时，加强外贷资金使用管理，严格监管资金投向，绝不允许超出范围、突破原则，确保资金使用安全规范、合法合规。

（二）完善绩效，注重成果宣传

中心联合第三方机构和项目单位开展专题调研，重点调研国际金融组织支持我区交通领域在建项目成效和亚行贷款宁夏中部节水特色农业示范项目绩效，并形成切实可行的调研成果，调研报告在项目中期调整和推进其他项目实施等方面提供有力支撑。2022 年，世行贷款“宁夏黄河东岸防沙治沙项目”绩效评价报告列入财政部绩效评价典型案例，以色列政府贷款“宁夏农田水利建设项目”列入财政部多双边案例集，国际农发基金贷款“优势特色产业发展示范项目”入选中国与国际农业发展基金合作四十周年纪念活动项目展示并多次被《人民日报》《宁夏日报》等媒体报道，亚行贷款“宁夏中部节水特色农业示范项目”入选亚行典型案例，这些项目成果积极对外展示宣传了宁夏“名片”。

征程万里风正劲，重任千钧再出发。2023 年是全面贯彻落实党的二十大精神的开局之年，是实施“十四五”规划承上启下的关键之年，中心将继续深入学习贯彻落实党的二十大精神和习近平总书记系列重要讲话指示批示精神，围绕全区经济社会

发展大局，以实际行动做好自治区第十三次党代会部署的各项任务，持续贯彻落实厅党组部署要求，加大自治区重点项目和惠民项目建设力度，着力提升外债管理水平。

财政政务服务工作综述

2022年，宁夏财政政务服务工作以习近平新时代中国特色社会主义思想为指导，全面贯彻国务院及自治区政府关于深化营商环境、持续一体推进“放管服”改革的决策部署精神，紧扣“放管服”改革工作要点落实，聚焦企业和群众关切，进一步转变政府职能，动态优化调整行政审批服务事项，注重改革与成效并举、效能与服务并重、规范与便捷并行，财政审批管理工作各项工作圆满完成，全年累计办结各类审批办件2163件。2022年财政窗口荣获红旗窗口表彰1次，创优窗口表彰1次，收到办事群众赠送锦旗3面、感谢信3封。

一、持续深化财政行政审批制度改革

动态完善行政许可事项清单。依照《法律、行政法规、国务院决定设定的行政许可事项清单（2022年版）》和自治区行政许可事项清单，动态调整行政许可、行政确认、行政裁决、公共服务等5个类型、21项政务服务事项，不断优化网上办理流程和办事指南，实现政务服务规范化运行，高效率办事。持续推进政务服务事项标准化。根据国家、自治区政府服务事项基本目录，全面梳理确定宁夏财政系统行政许可事项清单，中介机构从事代理记账业务审批、注册会计师注册、会计师事务所及其分支机构设立审批、境外会计师事务所来内地临时办理审计业务审批等4项纳入全区统一行政许可事项清单，实现政务服务事项、办事指南等线上线下服务渠道同源发布、同步更新、一体办理。

二、持续提升“一网通办”服务效能

持续提升“一网通办”服务效能，增强政务服务线上线下融合办理水平。聚焦“申”与“办”的精准对接和高效服务，巩固深化“减材料，减时限，减环节，提升群众满意度”行动成果，通过窗口充分授权，内部优化审核，提升五星级事项办理覆盖面和深度，将政府采购方式变更审批、政府采购进口产品核准等5项高频事项由“承诺件”变为“即办件”，即办件（现场审批）比例达到67%。持续“瘦身”“一网通办”审批事项，以“四级四同”事项库为依据，按照提交材料最少、表格最简、环节最优、时间最短的标准，梳理审批事项“最优颗粒度”，精减审批环节、优化审批流程、压缩审批时限，将办理时限整体由法定483个工作日减少为145个工作日，减少了70%；办理环节整体由74个压缩为44个，压缩了41%；申请材料整体由144份精简为93份，精简了35%，即办件比例61.9%、全程网办率95%。2022年度政务大厅财政窗口好评率100%。

三、深化“证照分离”改革，提升涉企审批事项服务效能

对“会计师事务所分支机构设立审批”和“中介机构从事代理记账业务审批”业务实行告知承诺办理，优化“会计师事务所设立审批”办理流程，取消“统一社会信用代码”“注册会计师证书编号”等证明性材料，办结时限由法定30个工作日压缩为10个，“会计师事务所分所执业证书”和“代理记账许可证书”统一纳入电子证照库，实现了电子证照与纸质证照的同步签发、同步更新、同步废止。大力推进电子证照归集运用，按照“应入尽入”的要求，推进存量证照批量入库、增量证照实时入库、专业系统证照对接入库，全区46家会计师事务所和会计师事务所分所执业证书全部入库，实现宁夏政务服务综合平台、“我的宁夏”政务APP企业线上线下办理政府服务事项电子证照材料共享核验。全面推行“双随机，一公开”监管常态化，通过公示告知承诺书、“双随机，一公开”检查和“互联网＋监管”系统，推动部门间信息共享互认互信和会计行业动态实时监管。

四、优化创新“一窗受理”套餐式服务落地

以精准服务和高效便捷为工作遵循，积极落实“一件事一次办”改革精神，大力推进“非营利组织免税资格认定”事项进驻政务服务大厅，多次对接协调自治区税务部门完善“非营利组织免税资格

认定”审批事项，并将该事项整合到宁夏行政审批与公共服务系统“一张网”中，通过业务整合和流程再造，梳理优化3个办理子项，办理时限由法定88个工作日压缩为70个工作日，网上办理深度由三星级调整为五星级，初步实现该事项“全程网办”目标，即网上申报、网上预审、网上办理、网上审核、网上反馈的全过程服务，真正实现从“反复跑，来回跑”到“一窗进，一次办，一次就办好”。

五、启动自治区惠企“免申即享”服务改革

为进一步推进“放管服”改革，根据自治区深化“放管服”改革工作要点精神，牵头梳理区本级各部门出台的惠企政策，包括惠企内容标准及兑现条件、办事指南及流程、政策有效期限、能否实现“免申即享”、政策落实部门、联系人及联系方式等内容，区直各部门出台的现行有效的惠企政策共有68条，已实现“免申即享”4条。2022年度各企业共享受“免申即享”补贴8.27亿元，很好地对冲了新冠疫情对宁夏企业的不利影响，进一步推动了宁夏市场主体的发展。

六、紧盯财政政策更新，精准做好承接落实

主动对接，认真落实，确保政府采购政策同步发布、同步实施、同步落实。不断优化政府采购方式变更审批适用范围，对延续性服务项目政府采购、采购限额标准以下项目学习掌握政策要求，做好政策落实与审批管理衔接，确保财政政策落实及时性和精准性。积极参与，建言献策，促进进口产品核准审批机制优化完善。配合厅相关处室出台《自治区财政厅关于优化自治区本级进口产品采购管理有关事项的通知》（宁财（采）发〔2022〕429号），推动进口产品核准审批机制再规范、程序再优化、效能再提升，同时积极落实进口产品财政核准审批范围调整、申报材料“一表一报告”进一步简化，大大降低了采购单位的行政成本，有效促进宁夏政府采购进口产品审批工作效率“再提速”。聚焦改革、倾力配合，推进会计行业执业许可证电子证照改革实现新突破。紧扣改革任务，对接协调责任处室，持续推进会计行业电子证照应用，做好协调保障工作，通过政务服务平台加快数据共享、打破数据孤岛，推动实现政务服务事项“一网通办”，全面实现会计行政审批领域证照电子化。

七、做好财政减税降费和惠民政策宣传

充分利用政务大厅一楼宣传阵地，发放《2022年减税降费政策选编》和《2022年财政惠民政策》等宣传资料800余册，让办事群众随时随地知晓全区减税降政策，特别是事关小微企业减税降费、群众民生救助保障、就学就业资助等惠民政策，将惠民利民政策“直通车”开到群众办事一线，让财政惠民政策惠及更多的企业和群众，切实发挥财政政策效益。

2023年，我们将按照国务院、自治区政改办以及财政厅党组关于深化营商环境、“放管服”改革的决策部署，立足财政审批改革重点领域，打通关键环节，疏通审批堵点，畅通服务链条，健全审批服务全过程管理机制，持续提升政务服务效能，让行政审批改革为落实“六稳”“六保”，助企纾困，优化营商环境保驾护航，力争打造自治区政务服务改革工作新标杆。

一是常态做好政务服务“标准化”建设要求。加快推进统一事项管理，积极贯彻落实国务院、财政部以及自治区关于审批事项法规政策，动态调整服务目录，同步更新事项清单，提升财政窗口政务服务事项标准化、规范化水平。二是持续深化一窗受理集成服务改革。在“非营利组织免税资格认定”，“一窗进，一次办，一次就办好”的基础上，动态跟进“全程网办”事项办理情况，综合评估办理流程、申请材料、办理时限等工作，进一步优化调整，力争以服务优、效率高、体验佳的效能提升办事单位和群众的获得感、满意度。三是推进“免申即享”政策兑现集成服务改革。落实自治区深化“放管服”改革工作要点及政改办要求，继续推进使用财政性资金的惠企政策兑现集成服务改革，梳理完善自治区本级涉及税费减免、中小微企业补贴等惠企政策及办事指南清单，实现挂网公示查询和实时推送，为符合“免申即享”条件的各类企业提供便捷服务。

惠民投融资工作综述

2022年，宁夏惠民投融资有限公司在财政厅党组的坚强领导下、深入学习宣传贯彻党的二十大

和自治区第十三次党代会精神，紧紧围绕中央和自治区决策部署，聚焦财政厅各项工作安排，积极推动“稳保促”一揽子政策措施进一步落地生效，有效发挥桥梁纽带职能作用，积极促进全区实体经济高质量发展取得较好成效。

一、夯实政治基础，加强党对企业的领导和作风建设

（一）坚持“两个一以贯之”，在完善公司治理中持续加强党的领导

坚持和加强党对国有企业的全面领导，加快完善中国特色现代企业制度，制定并印发党支部委员会议事规则、加强党的建设的工作方案、党支部前置研究讨论重大经营管理事项清单等一系列制度，以高质量党建水平推动公司高质量发展。

（二）持续用力推进政治素质教育，筑牢夯实青年职工理论根基

一是持续加强政治理论学习。制订细化实化学习宣传贯彻党的二十大和自治区第十三次党代会精神工作方案，综合采取专家授课、集中学习、交流研讨、外出观摩等形式，全年集中学习47次，外出观摩调研6次，形成公司内比、学、赶、超、帮的良好学习氛围。二是深入开展各类主题活动。深入市县开展助力乡村振兴、走好新时代长征路、社会主义是干出来的等主题活动,精心组织“争创‘五个一流’，强化作风建设”活动，选派党员接续大店村驻村工作。三是加强意识形态主题教育。定期谈心谈话，掌握员工思想动态，强化教育引导，严守政治纪律和政治规矩，确保新时代党的创新理论内化于心、外化于行。

（三）持之以恒强化作风建设，筑牢拒腐防变高压线

扎实开展“廉政警示教育周”“违规收送红包礼金和不当收益及违规借转贷或高额放贷专项整治”等专项活动。全年开展党风廉政建设专题学习5次，专题谈心谈话3次，谈话42人次，专题讨论1次，专项活动2次，主题党课1次。

二、不断规范管理，持续提升公司管理水平

围绕建立现代化国有企业为目标，加快完善管理体制机制，提升治理能力和管理水平。一是健全完善管理制度体系，制定国有资产交易、国有产权无偿划转、产业引导基金、银川都市圈建设投资基金、微信公众平台宣传及管理等管理制度，健全权责透明、高效运转公司治理机制。二是提升行政管理效率，开发公司综合办公系统，提升管理效率，优化完善有关事项和业务审批流程。三是建立健全宣传渠道，开通企业微信公众号，建设公司门户网站，全方位、多角度宣传展示公司形象，拓宽业务范围。四是加强企业文化建设，积极构建具有凝聚力的企业文化，强化宣传阵地建设，在重要节日和时间节点，积极组织员工开展各类调研、慰问、文体活动。

三、强化工作举措，有序推进各项任务落到实处

（一）统筹发展和安全，按期偿还统贷统还本息资金

坚持底线思维和系统思维，建立风险预警防控机制，紧盯还款目标任务和时间节点，加大催收力度，严格督促压实市县还款责任，牢牢守住风险底线，确保按期代为足额偿还政策性贷款还本付息工作。2022年，按期代市县偿还棚户区改造项目贷款本金8.92亿元、贷款利息4.64亿元，按期代财政厅偿还易地扶贫搬迁项目本息1.81亿元。

（二）巩固拓展脱贫攻坚成果同乡村振兴有效衔接，积极推动扶贫公司向乡村振兴投资公司转型发展

与内蒙古、山西、河南、贵州、云南签订六省区战略合作协议，建立省区际间的信息共享、产业互通、业务互助机制，拓展推进乡村振兴工作的新思路、新方向，研究谋划扶贫公司下一步发展的战略定位和业务发展方向。按照自治区加快建设乡村全面振兴样板区的部署要求，与乡村振兴局签订“十三五”易地扶贫搬迁建设项目政府购买服务协议补充协议，为乡村振兴局提供政策咨询、金融中介方面的增值服务，有效赋能乡村振兴工作高质量发展。

（三）持续提升服务水平，强化规范管理力度，着力推动宁夏PPP基金高质量运行发展

惠民基金公司提高主动服务意识，提升PPP基金服务水平，加强宣传推介力度，推动宁夏PPP基金高质量运行发展，确保PPP项目向好发展、阳光运行。一是积极主动服务，为宁夏新建PPP项目提供全流程融资融智服务。主动调研、对接、辅导中

宁县枸杞产业高新技术示范园区、自治区体育局拟新建的城市市民体育休闲公园等PPP项目。通过专题研讨、交流座谈、成立临时工作专班及专职项目辅导等形式，主动为全区拟建PPP项目无偿开展入库前期辅导和金融资源对接，提供全流程融资、融智服务。二是不断完善宣传推介渠道，持续加强宁夏PPP基金宣传推介力度。围绕中央和自治区新的部署要求，编制PPP文件汇编和案例简介，制作宁夏PPP基金宣传册，制定PPP操作流程手册；组成以业务主管领导为首的工作小组，拜访自治区交通、水利、发改、环保等部门单位，保持稳定长效沟通机制，获取相关产业行业价值信息，全方位、宽领域、多层次对宁夏PPP基金进行宣传推介。三是深入巩固与中国PPP基金合作关系，积极争取中国PPP基金对宁夏政策的倾斜支持。赴京拜会中国政企合作投资基金股份有限公司有关负责同志，主动汇报宁夏PPP子基金运营管理情况，围绕PPP规范发展与下一步合作模式等方面开展交流，研究讨论降低项目总投资额的限制事宜，确保更多“小而美”项目得到基金支持，共同谋求更深更广更持久的战略合作，合力推动宁夏PPP基金高质量发展。四是积极发挥基金管理人职能，确保黄河金岸项目规范发展。惠民基金公司通过季度项目实地检查、项目运行情况报告制度、参与股东决议、阶段风险提示及多方协调商洽的方式，深入掌握项目公司运营管理情况，定期向中国PPP基金上报项目发展情况，及时规范项目公司运营行为，推动黄河金岸项目长期持续向好发展。

（四）贯彻落实稳经济保民生政策措施，政策性转贷业务成效显著

深入贯彻落实习近平总书记“疫情要防住，经济要稳住，发展要安全”重要指示精神，认真落实自治区党委和政府“稳保促”一揽子政策措施，全力保障市场主体，积极缓解企业资金压力，用好1亿元政策性转贷资金。截至2022年底，转贷资金业务合作银行已达12家，办理转贷业务106笔，为71家企业周转银行贷款10.4亿元，为企业节约融资成本782万元。

（五）加强产业引导基金监督管理，积极支持宁夏产业高质量发展

一是进一步完善政府投资基金全过程绩效评价体系。通过选聘业内专业第三方中介机构和实地调研走访等方式，对2021年度宁夏国投管理的产业引导基金运行情况开展全过程绩效评价工作，全面掌握评价基金管理及被投资企业经营情况，对基金运作全流程进行监督管理。二是不断规范业务流程和资产管理工作。修订完善合作银行绩效管理、资金存取、基金业务流程等制度，强化基金对产业的扶持和引导作用，大力支持新能源、新材料产业发展资金9亿元，着力强化政府投资收益的监管，收缴投资收益及利息收入1.07亿元，上缴国库4779万元。

（六）加强沟通协调，积极推动划转国有资本充实社保基金工作

贯彻落实中央和自治区划转部分国有资本充实社保基金的重要举措，把社保基金管理工作摆在重要位置。积极主动与自治区及各市国资委、财政局及划转企业沟通协调，明确划转流程及划转细则，扎实规范推动宁夏划转部分国有资本充实社保基金工作。股权划转工作共涉及18家企业，涉及划转股权对应净资产总额35.66亿元，其中，自治区本级企业7家，市属企业11家。

（七）积极开展科技金融，加快推进中小微企业融资信用综合服务平台建设

围绕积极构建为市场主体纾困的长效机制，推动数字经济和实体经济深度融合，按照“财政搭台，整合资源，数字赋能，市场运作，互惠共赢，服务全区”的思路，探索研究建设全区中小微企业融资信用综合服务平台，主动邀请获国务院通报表扬的北京宸信征信有限公司负责人为全公司授课，主动拜访自治区发改委和人民银行银川中心支行，召集国有股份、地方城商等银行座谈交流，系统梳理学习政策制度体系，结合宁夏实际情况，草拟《关于着力稳住经济大盘，率先建设宁夏财政支持中小微企业融资征信综合服务平台，建立帮扶市场主体纾困长效机制的初步方案》，探索建设支持中小微企业智能融资征信一站式服务平台，聚合企业融资需求、银行机构、金融产品、财政政策等资源，构建为小微企业纾困解难的长效机制。

农业信贷融资担保工作综述

2022年中央一号文件强调："强化涉农信贷风险市场化分担机制和补偿，发挥好农业信贷担保作用。"这是中央一号文件连续七年对农业信贷担保工作提出的要求。宁夏农业信贷融资担保有限责任公司（以下简称"宁夏农担公司"）作为财政厅出资的国有独资企业，是全国农业信贷担保体系的一员，是财政金融联动、创新金融支农的新方式。宁夏农担公司坚决贯彻落实财政厅党组关于"稳经济，保增长，促发展"的财政支农要求，被评为2022年支持"稳经济保增长促发展"突出贡献地方金融组织，积极发挥政策性农业信贷担保"四两拨千斤"的作用，为宁夏乡村振兴注入金融"活水"。

一、紧盯"国之大者"护航粮食安全

"洪范八政，食为政首"，筑牢粮食安全"压舱石"，离不开金融服务保障。宁夏农担公司聚焦"产储购加销"等粮食安全产业链，加大担保信贷支持，持续提高服务粮食安全金融服务质效。

新春伊始，全区上下统筹疫情防控和粮食生产各项工作，宁夏农担公司坚决落实财政支农各项要求，提前布局服务，全力保障春耕备耕，针对小麦等重要农产品的育种、种植、收储、加工等生产环节以及从事化肥、农药等春耕备耕生产物资经销的客户，全力提供相关担保信贷支持。一季度开展了"赢在春天"业务竞赛活动，新增担保8.4亿元，开创了宁夏农担单季新增规模纪录。

春夏之际，为帮助农户有效应对阶段性春旱、极端天气等不利影响，全力担保信贷支持夏粮颗粒归仓、秋粮种子落地，紧盯15个农业大县，同时兼顾其他县、区，组织开展"大干100天，喜迎二十大"业务竞赛活动，加大担保信贷投放，2022年为宁夏农业大县担保支持17.3亿元，累计支持37.08亿元，占比88.9%，为保障"中国饭碗"贡献宁夏农担公司力量。

二、紧贴政策要求，为农贷款提速提质

宁夏农担公司通过建立合理的"政银担"分险机制，制定符合自治区农村"熟人社会"特点的"看人看事"风险评估方法，实现业务稳步、高质量增长，2022年，宁夏农担公司担保信贷支持新型农业经营主体20.19亿元，比2020年翻两番，累计支持新型农业经营主体13386户，担保金额41.69亿元，政策效能放大10倍以上，政策普惠性进一步凸显。稳增长的同时，严守风险防控底线，2022年新增代偿金额53.02万元，年度代偿率较年初0.14%下降0.05个百分点。累计代偿率由2020年3.02%下降到2022年的0.55%，下降2.47个百分点，宁夏农担公司连续三年在全国农业信贷担保体系风险防控考核中被评为A级，步入高质量良性发展轨道。2022年，新增项目平均担保费率0.5%，平均贷款利率4.7%，平均综合融资成本5.2%。新型农业经营主体"融资难""融资贵"问题得到进一步缓解，对党和国家支农政策的获得感进一步提升。

三、紧抓产业发展，助力产业兴旺

产业兴旺是乡村振兴的重点。习近平总书记视察宁夏时强调，要加快建立现代农业产业体系、生产体系、经营体系，让宁夏更多的特色农产品走向市场。宁夏农担公司把学习贯彻习近平总书记重要讲话精神与贯彻落实自治区第十三次党代会部署要求结合起来，立足区域资源禀赋，加大担保信贷创新力度，加强政策衔接。聚焦支持"六特"产业加快服务转型，开发"一特一品"专属担保信贷产品，相继出台"塞上·奶业担""塞上·肉牛担""塞上·枸杞担"等担保产品，2022年担保支持"六特"产业12.04亿元，担保项目4014个，占新增担保额的69%，累计支持重点特色涉农产业30.91亿元，为自治区支农政策落地做好信贷担保服务。

产业之花，结出硕果。宁夏农担公司聚焦"六特"产业发展，创新担保信贷模式，支持产业主阵地园区发展壮大。重点支持了孙家滩、白土岗、五里坡、同心县韦州镇等养殖园区的发展壮大，其中同心县韦州镇肉牛养殖园区一次性为23户养殖户授信3650万元，是目前自治区肉牛养殖项目中单体授信额度最大的担保资金，园区从最初的1650头牛发展到现在的5900多头。以此案例撰写的《聚焦

宁夏肉牛产业为乡村振兴贡献“宁夏农担力量”——“同心肉牛担”托起同心肉牛产业新希望》一文刊登在全国性刊物《中国担保》上。

工作成效的背后，是“应农立命，为农担当”初心使命的客观写照。

（一）有创新，有举措，有成效

从解决农户融资满意度着手，丰富担保信贷产品引导撬动更多资本投向农业农村领域。心系提升农户融资获得感搭建全新金融支农场景，开发评级模型弱化抵质押要求，解决融资难的“塞上·益农担”担保产品模式，开发优化信贷流程，解决融资慢的“塞上·裕农担”担保产品模式，开发破解融资主体资格不符合金融机构信贷准入要求，解决融资不得的“塞上·兴村贷”担保产品模式。针对县域农户金融需求线上化、个性化需求大力推进信息化建设，完成业务线上办理，客户线上缴费等功能，初步实现让数据多跑路、农户少跑路的目标。支持推动乡村人才振兴，与自治区团委依托辖属宁夏青年创业就业基金会合作开发并实施了“青创贷”担保融资项目，帮助协调解决农村青年创业过程中的融资难题，为乡村人才培育和发展贡献农担力量。

（二）有平台，有路径，有机制

贴近主体的服务网络基本建成，按照机构、人员“双下沉”农担体系建设要求，通过实地调研、座谈交流等多种形式，搭建“总公司—业务组—分公司—乡镇联络员”覆盖全区的四级服务网络体系，将业务、人员下沉基层。随着基层服务网络逐步完善，农业信贷担保政策覆盖面显著提升，共设立19家分支机构，业务覆盖率100%，基本建成上下联动、紧密可控的农业信贷担保网络体系。

作为具有“财政+金融”“政府+市场”属性特征的政策性金融工具，宁夏农担公司当好“桥梁”，深化多方合作，打造合理的“政银担”分险机制，既能有效缓解商业性金融机构的风险管理难题，增强投入“三农”领域的内生动力，又能够较好地体现政府的政策性导向。

聚焦自治区及地方政府的支农目标，与地方政府从分支机构建设、推荐筛选客户、风险分担和化解等多方面加强合作，与13家县（市、区）政府签订政担合作协议，累计担保支持过亿元的县11个，其中，超过9亿元的县1个，超过4亿元的县2个，超过3亿元的县1个。与自治区团委合作开发并实施“青农贷”项目，帮助协调解决农村青年创业过程中的融资难题。聚焦支持村集体经济发展，会同宁夏银行、盐池县农业农村局，构建并实施“塞上·兴村贷”产品，现场开展尽职调查项目605个，金额26150余万元。各级政府有效助力农担业务发展，农担逐渐成为地方政府支农富农的政策抓手。按照“风险共担，利率优惠，不缴存保证金”三项基本合作原则，宁夏农担公司与14家银行签署了战略合作，累计获得授信超过124亿元，平均综合融资成本由2020年的5.7%下降到2022年的5.27%，农户融资难贵问题逐步下降。

笃志前行，虽远必达。党的二十大报告指出，要“健全农村金融服务体系”。宁夏农担公司将继续以党的二十大精神为指引，以贯彻落实总书记在中央农村工作会议上的指示精神为方向，全面贯彻落实自治区第十三次党代会部署，按照财政厅财政支农工作要求，充分发挥财政金融协同联动机制，以政策性农业信贷担保为纽带，精准支持农业重点特色产业，大力支持乡村振兴重点帮扶县，强化支持优势特色产业集群，助力乡村产业振兴，源源不断地为打造乡村全面振兴样板区注入金融“活水”，为全面推进乡村振兴、加快实现农业农村现代化提供持续动力。

第四部分
市县财政工作概况

银川市

2022年，在自治区党委、政府和银川市委、政府的坚强领导下，银川市财政局坚持以习近平新时代中国特色社会主义思想为指导，认真学习宣传贯彻党的二十大精神，全面贯彻落实习近平总书记视察宁夏重要讲话精神，认真落实“疫情要防住，经济要稳住，发展要安全”重要要求，以黄河流域生态保护和高质量发展先行区示范市建设为牵引，把准财政方向，谋定财政思路，推进财政工作，统筹疫情防控和经济社会发展，切实保障和改善民生，有力地推动了经济社会发展保持稳中向好的发展态势。

一、财政预算执行情况

（一）银川市一般公共预算执行情况

全口径公共财政预算总收入完成494.69亿元。其中，一般公共预算收入完成168.86亿元，上级转移支付收入208.99亿元。公共财政预算总支出494.69亿元。其中，一般公共预算支出356.55亿元，上解自治区支出8.04亿元。

（二）银川市政府性基金预算执行情况

全口径政府性基金预算总收入完成127.26亿元。其中，政府性基金收入79.22亿元，上级转移支付收入1.80亿元，专项债务转贷收入27.92亿元。地方政府性基金预算总支出127.26亿元。其中，政府性基金支出81.58亿元，专项债务还本支出32.51亿元。

（三）银川市本级政府性基金预算执行情况

政府性基金预算总收入完成84.64亿元。其中，政府性基金预算收入56.17亿元，专项债务转贷收入13.07亿元。政府性基金预算总支出84.64亿元。其中，政府性基金支出53.61亿元，专项债务还本支出8.19亿元。

（四）银川市本级国有资本经营预算执行情况

银川市国有资本经营预算收入完成6362万元，上年结转680万元，上级补助收入941万元；结转下年支出1620万元。

（五）银川市社会保险基金预算执行情况

社会保险基金总收入126.28亿元，社会保险基金总支出73.80亿元，社会保险基金滚存结余165.88亿元。

二、财政工作推进情况

（一）坚持多措并举“聚财”夯实财力基础

把提高财政保障能力作为以财辅政的基础，坚持上下联动、左右协同、依法聚财，持续做大做优财政“蛋糕”。一是打牢基础。紧扣年度一般公共预算收入增长目标，坚决克服实施大规模留抵退税政策、房地产市场持续波动等方面的巨大困难，制定实施《银川市预算执行分析制度》《银川市税费保障办法》，完成一般公共预算收入168.86亿元、同口径增长8.2%，全市一般公共预算收入增速持续保持沿黄九省区省会城市前列、全区五市领先位次。二是向上借力。跑部进京、跑厅进局，打好上争资金“主动仗”。2022年共争取各类上级资金126.99亿元，同比增长21.4%。尤其是在银川市委领导的亲自调度下，获得北方地区冬季清洁取暖项目和全国海绵城市建设示范市项目32亿中央财政资金支持，资金规模创历史新高。坚持政策“春风”往哪里吹，项目的“种子”就往哪里落，创新设立建设项目财政储备库，谋划储备债券项目111个，争取自治区各类债务资金39.7亿元，实现“项目等钱”到“钱等项目”的转变。依托有效投资重要项目协调机制，梳理设备更新改造项目专项贷款需求230亿元，撬动金融资源保障项目实施。三是向内挖潜。扎实开展“四闲”专项整治，统筹安排使用市本级各预算单位两年以上的结余结转资金10.03亿元，让沉淀资金“活”起来，以高流动性确保高安全性、实现高效益性。充分挖掘存量资产的价值，完成闲置资产处置收入5.11亿元，让闲置低效资产“点石成金”。全面清理收缴近三年国有资本经营收益6338万元，做到国有资本收益“颗粒归仓”，实现历史性突破。创新政府投资项目结算评审机制，审减2021年及以前年度项目投资2.28亿元，审减率近15%，实现评审效率和资金效益“双提升”。

（二）紧扣中心任务“用财”服务高质量发展

牢牢把握高质量发展首要任务，调整优化财政支出结构，集聚资金、集成政策、集中力量，全力支持打造“两都五基地”。一是支持稳住经济大盘。坚持积极财政政策靠前发力，参与制定、全面落实银川市“稳增长促发展10条”“四保两稳一促32条”“支持扩大消费20条”等一揽子“稳保促”政策措施，未雨绸缪、科学应对“三重压力”和疫情波动影响。市本级安排促消费补助资金3400万元、争取自治区专项补助资金4430万元，加速城市“烟火气”回归，带动银川市社会消费品零售总额增幅位居全区五市第一位。二是扶持壮大市场主体。不折不扣地落实更大规模的减税降费政策，实行“顶格优惠+叠加享受”机制，为市场主体减轻税费负担137.74亿元，占全区总体规模的近2/3。其中地方增值税留抵退税达21.43亿元，是2021年的3.6倍。三是促进产业集聚发展。以金融思维运营财政资金，筹措资金4亿元设立工业企业风险担保补偿基金和工业风险转贷基金，形成财政资金与担保、政策性保险等金融手段的“组合拳”，切实解决工业企业融资难、融资贵的问题。拨付阅海湾中央商务区、苏银产业园、综合保税区发展扶持专项资金3.5亿元，安排“工业强市”专项资金2950万元，铸强工业经济“主引擎”。统筹安排市级预算内资金1亿元，保障工业经济稳增长促发展10条等措施落地实施。四是汇聚科技创新动能，围绕打造科技创新高地，用足用好3.48亿元科学技术资金，带动全社会R&D投入强度达到2.01%，促进“科创中国”创新枢纽创新力、辐射力、影响力更加强劲。投入资金4000万元，设立“银川兴星”等三只基金，支持重点领域创新破局。聚焦人才“第一资源”，安排激发人才活力服务创新驱动发展专项资金6000万元，支持落实“人才兴市”30条等一揽子人才政策，打造吸引人才的“强磁场”。五是筑牢项目支撑，牢牢抓住项目投资这个“牛鼻子”，统筹安排资金35.04亿元，保障“交通疏堵6+N”、海绵城市等123个重大项目实施，跑出项目建设和民生改善“加速度”。安排项目前期工作专项经费2000万元，对年内新谋划总投资3000万元以上的政府投资类项目给予支持，保持全市滚动项目库项目动态保持在200个以上，把重点项目“快变量”转化为经济发展“快增量”。

（三）聚焦民生福祉“理财”提升群众生活品质

坚持“为民理财”，2022年银川市民生支出完成268.33亿元，占一般公共预算总支出的75.26%，用数据“刻度”，标注投入“力度”，提高民生“温度”。一是聚焦疫情防控。构建稳定长效的常态化疫情防控资金保障机制和灵活高效的“战时”疫情防控资金应急保障机制，优先保障、快拨快付疫情防控资金6.09亿元，支持科学快速有效处置“4·06”“9·20”突发疫情，持续筑牢疫情防控的人民防线、社会防线。二是聚焦学有所教。坚持教育投入只增不减，安排教育资金44.52亿元，保障全市义务教育薄弱环节改善与能力提升，着力破解“优质的不均衡，均衡的不优质”问题。三是聚焦劳有所得。安排社会保障和就业资金12.82亿元，办好群众的“头等大事”和“关键小事”。突出就业优先，安排稳岗就业保障资金1.31亿元，支持购买1000个公益性岗位指标，推动零就业家庭动态“清零”。安排城乡最低保障资金1.06亿元，建立动态调整机制，人均保障标准在原有基础上再提高20元，让人民群众共享改革发展成果。四是聚焦住有所居。安排资金5.78亿元，对137个老旧小区实施改造，进一步扮靓“颜值”、提升“内涵”。建成保障性租赁住房7858套，把群众“摸得着”的贴心工程办到群众“心坎上”。五是聚焦文旅融合。围绕“以文塑旅，以旅彰文”，拨付各类资金3.14亿元，支持发展短途一日游、网红打卡地等契合群众需求、融合时代气息的新业态。六是聚焦美丽宜居，建立污染治理稳定增长机制和环境质量与财政投入挂钩政策，安排环保支出5.06亿元，促进良好生态环境成为最普惠的民生福祉。落实黄河宁夏段干支流及入黄排水沟上下游横向生态保护补偿机制试点安排，上解资金1872万元、接收补偿资金477万元，“谁污染、谁付费，谁改善、谁受益”的导向更加鲜明。

（四）树牢底线思维“稳财”防范化解重大风险

始终保持“时时放心不下”的责任感和“瞪大眼睛”的警觉，实行政府债务去存量和遏增量“两线作战”，实现了政府债务“降级转色”的目标，以政府债务风险安全可控护航经济社会高质量发展。一是主动强监督。及时传达学习、认真落实银川市委《关于加强人大对政府债务审查监督的实施意见》精神，压实地方政府债务管理及化解主体责任，主动接受监督审查，有效提升政府债务管理法治化水平。二是积极去存量。牢牢守住不新增政府隐性债务风险的红线，统筹安排到期债务偿债资金64.6亿元，债务化解“十年计划”稳步推进。三是坚决遏增量。探索实施重大支出和重大项目实行财政承受能力评估，对资金来源不落实、不闭合的项目一律“亮红灯”。安排资金9亿元，优先解决群众反映强烈的突出问题，全力以赴“保交楼，保民生，保稳定”。四是稳慎控变量。建立国资国企债务风险动态监测机制，强化对市属国资国企债务约束。严把法定程序关，杜绝“解决老问题，留下新隐患”，向国有企业注资13.5亿元，既解决应急“输血”问题，又培育常态“造血功能”，推动国企改革三年行动圆满收官，确保财政资金安全高效运行。

（五）深化财税改革“管财”提升管理质效

用好改革“关键一招”，加快建立权责清晰财力协调的财政体系现代预算制度，守好用好财政资金“钱袋子”。一是深化财政体制改革。在全区率先启动省以下财政体制改革工作，研究制订《调整完善银川市分税制财政体制实施方案》，深化自然资源等8个领域的市与辖区财政体制改革，明晰学前教育等长期以来市与辖区支出责任划分的“模糊地带”，提升辖区对民生重点难点的保障能力。安排辖区债券资金5亿元、教育费附加3.17亿元、抗疫资金0.95亿元，打破建设资金短缺困境，有效缓解民生保障突出矛盾，坚决兜牢疫情防控和经济发展责任。二是强化预算刚性约束。坚持“先有预算，再有指标，后有支出”原则，维护预算的严肃性。实行预算安排与事前绩效评估、绩效目标以及上年预算执行绩效情况“三个挂钩”，对绩效好、支出快的多安排，绩效差、支出慢的少安排甚至不安排，引导各地各部门自觉提高资金使用效益。组织对农业、科技两大类资金和23个重点项目开展绩效评价，充分吸纳第三方机构的评价意见，逐步构建全方位、全过程、全覆盖的预算绩效管理体系。三是完善直达资金监管。强化直达资金全流程监管，综合运用“月度考核+重点关注+实地督导”等方式，重点整治直达资金闲置、挪用、使用效益低下等顽疾，把直达资金操作时间压缩到10个工作日以内，比财政部统一规定少20天，把更多的时间留给基层。2022年，中央、自治区共下达银川市（含市辖三区及经济开发区财政）直达资金38.61亿元，按时限要求分配进度达100%；完成直达资金支出36.77亿元，支出进度95.24%。

（六）加强党建引领强化自身建设

认真落实民主集中制、组织生活会、“三会一课”等制度，使党内生活庄重、严肃、规范。坚持每周五学习制度，开展“财政大讲堂”系列活动，将党建和业务学习相结合，由业务骨干紧贴财政重点工作和经济形势热点讲课。2022年共组织局党组中心组理论学习17次，集中研讨4次，干部理论学习30余次。坚持用人唯贤、德才兼备、注重实绩、群众公认的原则选任使用干部，基本塑造了一支政治忠诚、事业为上、创新拼搏、业绩突出的优秀财政干部人才队伍。在各科室打造“阳光财政·情系民生”党建阵地，将重点工作列表上墙，重点任务挂图作战，按月销号，推动财政干部状态要在第一位、竞争要夺第一名、工作要创第一流。制定实施《银川市财政直达资金监督工作方案》《银川市财政局预算管理内部工作规程》等各类制度32项，堵塞漏洞，填补空白，用严密的“制度网”确保财政资金安全。

兴庆区

2022年银川市兴庆区财政局依据宁夏财政厅、银川市财政局、兴庆区政府要求，开展惠民生、保经济、促发展的相关工作，在保障辖区经济总体平稳运行的同时，提高辖区经济的发展质量。依据相关工作要求，圆满完成2022年总体工作任务。

一、2022年财政主要工作

（一）抓收入稳增长，增强财政保障能力

一是全力以赴抓收入。加强同税务部门协作，积极寻找新的税收增长点，及时掌握税收动态。定期召开收入调度会，核查收入入库情况，确保应收尽收，积极处置闲置国有资产，已组织完成税收收入59665万元，非税收入25809万元。二是积极主动争资金。积极争取中央、自治区、银川市多层次、多渠道政策支持和资金扶持，共争取各类上级资金29.87亿元，比2021年全年增加4.68亿元，增长18.57%，比2020年全年增加2.26亿元，增长8.19%，为兴庆区财政平稳运行提供保障。三是下大力气盘存量。扎实开展“四闲”专项整治，建立“定期清理，限期使用，超期收回”长效机制，盘活存量资金5809.78万元，统筹用于各类民生支出需求。

（二）保重点惠民生，促进经济社会发展

一是落实好惠农支农政策，安排农林水资金27463万元，主要用于巩固脱贫攻坚成果同乡村振兴有效衔接、农业保险补贴，用于增强农业抗风险能力，支持“美丽乡村”“美丽小城镇”建设，兑付耕地地力保护补贴、农机购置补贴等。二是促进教育事业高质量发展，确保教育支出“两个只增不减”，安排教育资金81542万元，较上年增长19.5%，主要用于实施基础教育质量提升行动，推动学前教育、义务教育均衡发展。三是兜牢基本民生底线，安排60622万元，主要用于落实就业服务政策、强化就业服务保障、加大社会救助力度，推动养老服务持续发展。四是打造城市宜居高地，共计安排56040万元，主要用于老旧小区改造、特色街区打造和背街小巷建设等，持续推进环境卫生保洁市场化，保障垃圾分类和清运、公园养管护等卫生重点项目。五是推动文旅繁荣发展，共计安排1439万元，用于深化文化惠民服务、完善公共文化设施、打造敬德夜市、创建国家全域旅游示范区等工作。六是推进公共卫生事业发展，构建常态化疫情防控资金保障机制，畅通疫情防控资金拨付快速通道，对相关资金予以优先保障，安排7572万元，主要用于保障核酸检测、物资采购、防疫人员保险等疫情防控各项需求，有效应对“4·06”“9·20”突发疫情。

（三）稳企业保增长，激发市场主体活力

一是全面贯彻落实国家减税政策，2022年，兴庆区增值税全级次留抵退税预计43亿元，其中，小区级留抵退税预计19391万元，占全级次留抵退税4.5%，进一步提振市场信心，切实增强企业发展后劲。二是撬动发展新动能，安排1661万元，主要用于推动产业创新升级，持续支持培育科技企业，壮大创新主体。其中，安排1102万元，用于科技研发支出，比上年增长100万元，增长率达10%。三是落实“稳保促”推进经济循环发展，累计安排2008万元，其中安排700万元，用于投放消费补贴，借助“惠享宁夏乐购兴庆”“金秋惠民乐购兴庆”等活动直接拉动消费金额2829.7万元。四是引导兴庆区属国有企业健康发展，完成国企改革三年行动，增强国有经济活力和抗风险能力，全面助力兴庆区经济社会各项事业发展。

（四）促改革提效能，提升财政管理水平

一是完善细化预算管理。进一步规范预算编制管理，发挥好预算执行的约束力，出台《兴庆区关于进一步深化预算管理制度的措施》《兴庆区财政资金审批管理办法（试行）》等文件，提升财政预算管理水平。二是规范采购流程，增强评审能力。加强政府投资项目资金管理，创新完善政府采购评审机制，出台《政府投资项目结算评审管理规定》及《项目变更管理规定》，针对项目控制价、变更、结算进行全过程管理，完成政府采购事项507笔，实际节约资金2100万元，节约率达16%，共实施工程建设项目154个，累计节约资金804.15万元。三是扎实推进直达资金监管。持续提升兴庆区直达资金管理水平，强化直达资金动态监测，加强直达资金指标分解下达、资金支出和系统导入，确保资金真正惠企利民。兴庆区累计收到直达资金8.17亿元，分配进度为100%，实际支付7.34亿元，支付进度为89.9%。四是防范化解金融领域风险，构筑四级“监管网格”，夯实金融风险防控组织基础，查处涉非案件6起，涉案资金2800万元，引进永安财险、元朝典当等金融企业，促进兴庆区金融业市场发展活力。五是深入开展国有企业、行政事业性国有产权交易领域突出问题专项整治，查处、纠正产权交易中存在的问题和漏洞，切实履行财政监督职责。

二、存在的问题

财政工作虽然取得了一定成绩，但仍存在一些困难和问题：一是财政增收空间较小，收入结构不优。二是收支“紧平衡”状态持续存在，平衡难度越来越大。三是政府债务存量仍然较大，还本付息压力骤增。

三、2023 年工作思路

多谋增收渠道，化解收支矛盾。一是强化征收管理，加强部门协调，建立综合治税管理体系，解决涉税信息不畅、涉税源头管控不严、征管不到位的问题。二是坚持培植财源，注重“放水养鱼”。落实国家减税降费政策，缓解企业经济压力，持续优化营商环境，激发企业活力。三是积极争取资金，主动对接上级财政部门，结合兴庆区实际情况及发展需求，争取更多转移支付补助资金。

科学统筹资金，保障财政运行。一是树牢“过紧日子”思想，大力压减一般性支出，对“三公”经费实行限额管理，严格执行公务接待、会议费、差旅费等管理办法，从严落实预算安排，坚持科学依规支出。二是全面落实好财政保障责任，在兜牢“三保”底线的同时，积极保障好中央、区市、兴庆区委确定的重大项目及其他刚性支出。三是统筹盘活存量资金，注重财政支出的精度，清理各领域闲置资金，提高财政资金使用效益。

提高底线思维，防范财政风险。一是加强经济形势研判分析，严格落实《预算法》及其实施条例，依法依规组织收入，坚持先有预算后有支出，强化预算对执行的约束，确保收支平稳运行。二是规范政府性债务审核，加强对隐性债务的分析监控，坚决遏制隐性债务增量，按计划落实化解隐性债务存量。

金凤区

2022 年，金凤区财政局认真贯彻落实党的二十大和党的十九届历次全会精神，深入学习自治区第十三次党代会精神，紧紧围绕金凤区委、政府中心工作，坚持稳中求进工作总基调，紧盯各项目标任务，着力加强收支管理，防范化解政府债务风险，促进经济平稳运行，各项工作取得新的进展。

一、坚定站位讲政治，财政环境更加清朗

深入贯彻习近平总书记关于推进中央和国家机关党的政治建设重要指示精神，认真落实《中共中央关于加强党的政治建设的意见》，结合“改进作风提升质效”专项行动，组织全体财政干部深入学习习近平总书记关于深化作风建设系列重要论述，制定印发《金凤区财政局“改进作风提升质效”专项行动工作方案》、《2022 年金凤区财政局党建工作要点》、金凤区财政局党组理论学习中心组学习 2022 年度计划表等规范性文件，坚决维护习近平总书记党中央的核心、全党的核心地位，坚决维护党中央权威和集中统一领导，推动党中央决策部署和习近平总书记重要指示批示精神在财政实际工作中落地生根。强化政治机关意识，提高政治站位，突出政治担当，推动形成正气充盈的政治生态，把政治建设要求贯穿财政工作全过程。

二、强化意识抓思想，理论学习更加深入

按照“改进作风提升质效”专项行动工作部署，结合“公共财政，情系百姓”党建特色品牌及财政业务工作，创新开设“三大讲堂”（理论大讲堂、财政大讲堂、道德大讲堂），制定印发《金凤区财政局 2022 年干部理论学习暨“三大讲堂”活动安排》，本着“缺什么，补什么”的原则，以财政干部讲业务、讲党建、讲社会主义核心价值观为课题，把党的方针政策理论、财政业务基本知识、基本技术方法、思想道德修养和文明素质等内容列为学习重点进行专题集中讲解，使全体财政干部听得进、记得住、用得上，不断提高财政队伍综合业务水平，巩固拓展“让党中央放心，让人民群众满意”的模范机关创建成果，努力打造一支政治坚定过硬、业务熟悉精通、服务精准有效、工作务实清廉的财政队伍，为实现财政工作健康持续发展提供坚强组织保障。

三、正风肃纪严管理，持续优化干部作风

一是严守作风规定，严格执行领导干部个人有关事项报告制度，密切注意“四风”问题，在元旦、春节、中秋等节日前，提前教育提醒，强化监督检查，紧盯薄弱环节，严格执行婚丧嫁娶宴请报告备案制度，规范公务活动，节俭办会办事，严格控制“三公”经费，持续推进作风建设常态化、长效化。二是从严管理干部队伍，坚持正风肃纪，严格贯彻落实中央八项规定工作要求，坚决杜绝私人聚会宴请用公款报销、领导干部互相请吃等违规吃喝问题，让廉政谈话、警示教育成为常态；3 月，结合主题党日活动前往贺兰县廉政警示教育基地参观，筑牢财政干部廉政“防火墙”。三是强化经常性纪律教育，利用身边事教育身边人，及时传达通报党员干部违纪违法案件，以案说法、以案明纪，让党员干部引以为戒；组织学习“时代楷模”、先进个人、先进集体的事迹，激发党员干部干事创业的激情。做到正面引导与反面警示相结合，使每个党员干部“守纪律，讲规矩”意识不断增强，筑牢作风建设壁垒。四是加大对政府采购、基建审核、招投标等重点岗位的监督管理，尤其加强招标代理机构选取、定标等环节监管，邀请派驻纪检组全程参与，通过开展廉政谈话等方式，严堵各风险易发点。五是持续强化对国库支付中心、预算室、国库室等重点工作环节的监督，以“廉洁从政，担当履职”为主题组织开展交流研讨活动，局领导班子成员以《练好“三功”远离廉政风险》为题，为全体干部讲授党风廉政专题党课，不断筑牢为民服务，清廉从政的思想防线。

四、统筹全局谋发展，收支管理更加明晰

为抓好收入，围绕重点产业、投资情况等，加大分析力度，研判税收潜力，挖掘税收增长点；协调税务部门开展重点税源调研走访，大力涵养税源，形成财力支撑。同时加大非税收入征缴力度，尤其加强对重点单位、重要环节的管理，加强非税收入预测分析，结合税收收入情况及预测分析，及时掌握并调整非税收入结构和规模，提高主动性和前瞻性，确保应收尽收。

2022 年，金凤区一般公共预算收入完成 88622 万元，较上年同期增长 6.35%，完成 5.5% 的增长目标。其中，税收收入完成 60510 万元，较上年同期减少 6.66%，占一般预算收入的 68.28%；非税收入完成 28112 万元，较上年同期增长 52%，占一般预算收入的 31.72%。金凤区一般公共预算支出完成 275917 万元，较上年同期增长 57.6%。

五、补短强弱惠民生，社会事业保障有力

财政支教方面，安排教育方面资金 61465 万元，主要用于教师工资、“互联网 + 教育”、薄弱环节改善等项目，有效地推动义务教育均衡化和学前教育普惠化；民生保障方面，社会保障和就业项目资金 31409 万元，全面落实困难群体救助兜底政策和复退军人安置政策，积极助力就业创业工作；卫生健康事业发展方面，安排项目资金 21639 万元，持续加大卫生健康投入，保障城乡居民基本医疗保险、基本公共卫生服务等项目，不断提升医疗服务水平和质量。

六、落实政策兴乡村，农村事业发展有劲

一是做好乡村振兴衔接资金的分配、下达工作；积极争取乡村振兴衔接资金 5101.4 万元，按照金凤区农办的资金分配方案及时将资金拨付到项目设施单位，督促部门推动项目建设速度，加快资金支付进度。二是推动自治区 2021 年巩固拓展脱贫攻坚成果同乡村振兴有效衔接考核反馈问题整改；配合农业农村和水务局做好 2021 年农机购置补贴资金、2022 年大中型水库移民补贴资金、2022 年对种粮农民一次性补贴审核、发放工作，共发放各类惠民补贴资金 598.32 万元。三是积极争取农村公益事业财政奖补项目资金 1700 万元，组织、指导两镇开展 2021 年农村综合改革资金绩效自评，做好 2022 年农村公益事业和整村推进项目的前期准备工作，下达 2022 年项目资金批复共五批。四是制订印发《2022 年金凤区农业保险实施方案》，组织相关部门开展 2021 年农业保险综合绩效自评，做好 2021 年农业保险相关报表的报送。

七、积极化债强根基，保障能力不断增强

着力加强地方性债务管理，坚决执行金凤区委、政府关于债务化解工作的各项决策部署，坚决遏制隐性债务增量，有序稳妥化解债务存量，合理控制债务规模，构建管理规范、风险可控、发展可持续的政府融资机制。针对债务率过高的问题，牵头制订印发《金凤区 2022 年政府债务化解方案》，加强对各化债主体责任单位的监督监管，紧盯重点单位、重点项目、重点环节，按月挂图作战，及时研究化债工作中的新情况、新问题，确保工作顺利开展；通过优化预算支出结构，全面压减一般性支出；全面清产核资依法处置国有经营性资产，持续盘活国有资产等方式，有序推进债务化解工作，争取年末全口径债务率由红色风险等级降至橙色风险等级。

八、深化改革破瓶颈，治理能力显著提高

（一）积极推进预算绩效管理

为深入贯彻落实《自治区党委、人民政府关于全面实施预算绩效管理的意见》，提高财政资金使用效益，金凤区财政局配合上级财政部门印发《关

于开展2021年度转移支付预算执行情况绩效自评和本级项目支出绩效评价工作的通知》及《金凤区财政局关于组织开展项目支出绩效评价和部门整体支出绩效评价工作的通知》，监督指导辖区各部门、单位完成《部门整体支出绩效评价报告》《项目支出绩效评价报告》，着力完善“预算编制有目标，预算执行有监控，预算完成有评价，评价结果有反馈，反馈结果有应用”的预算绩效管理机制，提高财政资金使用质效。

（二）持续优化营商环境

1. 加强政府采购管理。一是建立健全政府采购内控制度，依法合理编制政府采购预算，积极做好采购需求管理，完整编制政府采购文件；规范政府采购合同管理。二是简化供应商证明材料，规范保证金收取及退还，加大预付款支付比例，及时支付采购资金。三是完善投标供应商维权机制，切实保障市场主体参与政府采购活动的积极性，及时处理采购项目存在的质疑投诉，营造公平公正、公开的政府采购营商环境。四是推动政府采购工作标准化、规范化、透明化。2022年金凤区政府采购共计审批各类采购项目527个（含网上直购、网上竞价采购项目484个），采购预算资金19346.82万元，实现采购合同金额18949.53万元，节约资金397.29万元，资金节约率为2.05%。

2. 扎实开展专项清理。按照自治区财政厅专项清理工作部署，及时组织各预算单位开展全面梳理自查，结合《宁夏回族自治区政府采购领域突出问题专项治理工作实施方案》，通过查看政府采购系统各单位合同备案、实地查验清理事项相关材料，要求各预算单位按照“边查边清”的原则进行自查，并对自查发现问题分类整改，根据各预算单位上报清理排查情况，对部分重点项目进行再核查督促采购单位建立健全政府采购内控制度；同时，选取金凤区本级10家预算单位的31个采购项目开展透明度评估工作，并组织对金凤区2家代理机构2021年以来代理的采购项目开展监督检查评价，从而进一步强化各预算单位采购主体责任，规范各代理机构政府采购执业行为，努力营造公平、公正、公开的营商环境。

3. 招投标工作按序推进。结合工程建设政府采购专项治理工作，在营造公开、公正、公平的市场环境方面下功夫，牵头修订优化了《金凤区政府投资项目建设管理细则（试行）》，同时共接收限额以上必须公开招标的政府投资工程项目16个，总批复金额4.3亿元，按照相关工作流程已组织完成招标16个项目，成交金额3.46亿元，未出现质疑投诉情况，为规范辖区政府投资工程项目招投标代理活动、提升招标代理服务质量、提高招投标工作效率提供可靠依据。

（三）扎实推进金融管理

一是强力推进养老领域非法集资隐患排查工作开展，制订《金凤区2022年非法集资专项整治工作方案》《金凤区养老领域非法集资专项整治工作方案》《金凤区财政局打击整治养老诈骗专项行动方案》，防止发生区域性、系统性金融风险。二是日常深入走访摸底排查，2022年上半年采用实地核查等方式组织与配合开展调查共计8次125户，结合打击整治养老诈骗专项行动，印制养老领域非法集资宣传资料3500份，分发至非法集资领导小组各成员单位，由各镇街结合日常志愿服务工作向重点人群发放；同时结合财政政策解读、“八五”普法、禁毒、未成年人保护等工作，多次组织联合宣传，不断扩大宣传覆盖面，提高群众的防范意识。

（四）逐步推动国有产权交易专项治理

根据国有产权领域突出问题专项治理工作要求，积极与上级部门及金凤区专治办对接，按期完成各项自查及数据上报工作。金凤区117家行政事业单位及5家国有企业均已按照《2022年金凤区国有产权交易突出问题专项治理工作实施方案》相关要求进行三轮自查，同时根据《金凤区财政局关于开展金凤区行政事业性国有资产产权交易专项治理和地方财经秩序专项整治情况监督检查方案》，金凤区财政局成立专项治理检查工作组，对金凤区行政事业单位和国有企业按不低于30%的比例开展现场抽查工作。经过自查自纠及财政监督检查，金凤区43家行政事业单位（含国控公司）共存在七大类295个问题，金凤区3家国有企业共存在4类283个问题，各行政事业单位、国有企业严格对照整改销号标准进行整改，截至12月末，已全部完成整改。

（五）扎实开展国有企业监督管理

一是为有效利用金凤区现有区位优势，促进公共资源配置市场化，盘活金凤区闲置资产和低效资源，拨付注册资金 500 万元，组织成立银川市金凤区空间资源城市运营管理有限公司。二是根据各级国企改革三年行动实施方案，结合金凤区实际，制订《银川市金凤区国企改革三年行动实施方案（2020—2022 年）》，配套的各项制度正在修订完善。三是按期完成 2022 国有企业经济效益月报及 2021 年度国有企业财务会计决算上报及验审工作；按照职责分工完成 2022 年国有企业资产管理情况上报工作。

九、统筹协调谋发展，各项业务齐头并进

一是持续推进国有资产管理工作。结合专项治理工作，持续加强资产管理，不断提升资产管理水平；积极组织开展资产业务培训，重点对预算单位主管领导、资产管理人员培训，提高各预算单位管好资产的自觉意识。二是强化财政监督检查工作。加强日常监督管理，把财政监督作为财政管理的必要环节和组成部分，通盘考虑，统筹安排，形成财政监督与财政管理紧密融合，实现对财政资金运行全过程的动态监控；切实推进地方预决算公开工作，建立健全公开透明的财政预算管理体制；扎实开展公检法、消防队、应急管理局 5 家单位专项资金监督检查，两镇卫生院、国控公司 3 家单位非税收入监督检查；开展 8 家单位 2022 年度会计信息质量监督检查工作；开展金凤区 40 家行政事业单位国有产权交易和行政事业性国有资产财经秩序专项治理监督检查；开展 15 家行政事业单位惠民惠农“一卡通”财政补贴资金自查工作，配合市财政联合检查组开展惠民惠农“一卡通”财政补贴资金监督检查工作。三是不断加强会计管理。全面做好金凤区会计人员信息采集工作，对采集的信息资料质量严格把关，确保采集信息的规范性、真实性；组织各类会计培训，增强会计人员继续教育的针对性、适用性和实效性，确保会计管理工作出成效；积极推进行政事业单位内控制度建设，做好内控报告编报及内控体系建设工作。四是做好 PPP 项目相关工作。积极对接上级财政部门，完成金凤区 2022—2023 年老旧小区综合整治改造 PPP 项目入库工作；全面梳理在库 PPP 项目绩效管理执行情况，并上报 PPP 项目绩效管理执行情况报告；开展 PPP 项目自查工作，督促项目实施单位及项目公司限期整改自查发现的问题。五是从严从紧控制政府投资。按照年初政府投资项目计划，充分利用中介组织力量，围绕脱贫攻坚项目建设、老旧小区改造工程、中小学校舍改造工程、为民服务和发展专项资金等工程，严格审核程序控制，切实提高政府投资绩效，取得明显成效。截至年末，联合各相关参建单位及社会中介造价咨询机构审核完成政府投资项目 196 项，核减工程造价 3056.17 万元，平均核减率达 4.96%。

十、存在的主要问题

2022 年，金凤区财政预算执行情况总体良好，财政改革发展各项工作取得积极进展，但仍存在一些困难和问题：一是财源基础薄弱，规模不大，结构不优，后劲不足，财政收入持续增长面临较大压力，对上级转移支付依赖性强。二是通过发行再融资债券还本占比较高，近几年辖区到期法定债务主要通过发行再融资债券资金解决，仅能缓解当期偿债压力，未能使债务整体规模有效下降，不利于降低债务率，未来年度债务化解压力大。三是绩效评价结果应用率低，评价结果未能充分与预算安排有机结合，优化、促进预算管理作用发挥不到位。

十一、下一步工作计划

讲政治，增强思想建设动力。严格落实新时代党的建设总要求，以党建工作为统领，不断巩固“让党中央放心，让人民群众满意”模范机关的创建成果，结合“改进作风提升质效”专项行动，以提升组织力为重点，抓基础，改进作风，持续抓好星级党组织创建，全面提升基层党建工作质量，进一步加强和改进机关党支部规范化建设，以党建工作引领财政业务工作，提升财政管理和服务水平，加强促进党建与业务工作双融合、双促进。

壮财源，形成财政保障合力。一是强化与税务部门沟通协作机制，加大对重点税源监测分析力度，采取有效措施，确保应收尽收。二是深挖非税收入潜力，加强与国控公司等部门的配合，对应缴非税收入及时足额入库。三是主动了解把握自治区和银川市项目支持方向及资金安排情况，为各部门争资金、争项目提供信息帮助，做到精准对接，积极争

取上级转移支付资金，弥补辖区财力不足，缓解收支矛盾。

调结构，深挖民生事业潜力。一是坚持城乡统筹发展，全力推进脱贫攻坚与乡村振兴的有效衔接，全力保障乡村基础设施建设和产业支出资金。二是集中财力支持农业结构调整，扶持发展特色农业产业，增加农民收入；全面落实惠农政策，深入开展农村公益事业财政奖补工作，推进农村公益项目建设，努力惠及更多人民群众。三是继续压缩一般性支出及公用经费，严格执行公务接待、会议费、差旅费等管理办法，降低行政运行成本。四是围绕社会政策托底，完善财政投入机制，提高公共服务供给效率和质量，有效保障和改善民生；确保教育优先发展的资金投入，推动义务教育均衡化和学前教育普惠化，实现数字校园建设全覆盖；切实加大医疗保障预算投入，加快“健康金凤”建设，建立更加公平、合理的社会保障体系。

化债务，保障基层运转动力。一是多渠道筹措资金，盘活存量资金。组织专门力量，彻底清理各类存量资金、资产，对符合要求的结转结余资金收回财政部门统筹使用，重点用于偿还债务；对预算单位应收债权，限期催促还款，及时收回资金用于偿还债务。二是加大闲置国有资产清理处置力度。全面清产核资，依法处置国有经营性资产，通过拍卖、租赁、承包等形式，盘活国有资产，所得资金用于偿还债务。三是压减一般性支出和新增项目预算。大力压缩“三公”经费支出预算，从严控制公务运行等一般性支出，及时收回调整各部门单位沉淀资金，增加财政资金周转及使用效率。四是保障续建和民生项目资金需求，压减城市建设类项目支出预算，杜绝楼堂馆所等一般项目支出预算安排。新增财力优先保障清偿到期债务，减少新增债务融资规模，逐步偿还债务。

盯成果，提升绩效管理能力。一是建立绩效评估机制，将新增重大政策和项目预算审核和评估结果作为预算安排的重要参考依据。二是开展绩效评价和结果应用，建立重大政策、项目预算绩效评价机制，开展部门整体绩效评价，建立健全绩效评价结果反馈制度、绩效问题整改责任制、与预算编制结合制度，加强绩效评价结果应用。三是紧盯金凤区重点项目，委托第三方机构具体实施绩效评价，选择20家预算单位对其绩效评价工作进行复核，切实增强金凤区各预算单位的风险防范意识和支出绩效意识。

守底线，增强廉政教育效力。开展廉政教育，增强廉政教育工作的针对性，筑牢党员干部的思想道德防线。完善以财政业务工作、内部管理和党员干部行为规范为重点的各项配套制度，确保公开行政、依法行政、高效行政、廉洁从政。落实党风廉政工作责任追究制度，对财政权力运行全过程实施监督，打造清廉财政机关。

西夏区

2022年，西夏区财政局坚持以习近平新时代中国特色社会主义思想为指导，认真贯彻落实党的二十大精神和习近平总书记视察宁夏重要讲话、重要指示批示精神，按照自治区财政、经济工作会议精神及区委、政府工作部署，统筹推进疫情防控和经济社会发展，扎实做好“六稳”工作，全面落实“六保”任务，千方百计促进经济回稳向好发展，保持社会大局和谐稳定，保障西夏区重点任务顺利实施，有力地推动了区委重大决策部署落地落实。

一、财政收支情况

（一）全口径收入完成情况

2022年，西夏区实现全口径一般公共预算收入122.69亿元，同比增长22.99%。其中，中央级100.77亿元，同比增长26.98%，占全口径一般公共预算收入的82.13%。自治区级6.44亿元，同比下降11.42%，占全口径一般公共预算收入的5.25%。银川市级11.04亿元，同比增长29.58%，占全口径一般公共预算收入的9%。西夏区级4.44亿元，同比下降3.69%，占全口径一般公共预算收入的3.62%。

（二）一般公共预算收支情况

1. 一般公共预算收入情况。2022年，西夏区一般公共预算收入完成44364万元，同比下降3.8%（同口径下降2.73%）。其中，税收收入完成31662万元，占一般公共预算收入的 71.37%，同比下降 1.77%。非税收入完成 12702 万元，占一般公共预算收入的 28.63%，同比下降 8.52%（1—12 月累计一般公共预算收入完成 44364 万元，同比减收 1754 万元。其中，税收收入完成 31662 万元，同比减收 571 万元。非税收入完成 12702 万元，同比减收 1183 万元）。

2. 一般公共预算支出情况。2022 年，西夏区一般公共预算支出完成 196067 万元，同比增支 54096 万元，同比增长 38.1%。

二、财政工作完成情况和措施

（一）坚持提高收入质量，夯实财政运行基础

积极应对收支矛盾愈发突出和预算“紧平衡”压力，坚持开源节流、提质增效多措并举，确保辖区财政平稳运行。挖潜增效提高收入质量。加大重点税源的督查和催缴，分析研究税收入库形势，坚持“大”“小”税源并重，确保应收尽收，充分挖掘税收潜力，促进收入的及时、足额入库。辖区一般公共预算收入完成 44364 万元。下大力气争取资金支持。打好向上争取资金“主动仗”，及时掌握国家政策、项目和资金调整、变化、投向的新情况，全年争取各类上级资金 18.04 亿元，其中，争取地方政府一般债券资金 1.1 亿元，争取市级一般债券资金 1.25 亿元，有效弥补收支缺口。“过紧日子”兜牢“三保”底线。坚持把“保基本民生、保工资、保运转”放在财政支出优先序列，千方百计调整支出结构，压减非急需非刚性支出，大力清理项目、盘活存量资金 2.7 亿元，集中有限财力有力地保障西夏区重点工作。

（二）坚持服务工作大局，发展质效稳步提升

持续加大财政资金保障力度，推动西夏区高质量发展迈出坚定步伐。支持特色农业提速发展，实施了国家现代农业产业园建设、杞里香枸杞研发中心、兴泾镇智慧农业产业园等项目；支持科技创新赋能，财政科技投入力度同比增长 10% 以上，有力支持科技项目后补助、高新技术企业奖励等政策落实；支持文旅产业提档升级，实施贺兰山极限运动公园冰雪运动营地、射箭馆、攀岩基地等项目，完善贺兰山东麓国家级旅游度假区配套基础设施，丰富旅游业态，提升消费品质，发放消费券 594 万元，撬动直接消费 8500 万元；支持城市品质提升，新建小微公园，贯通改造小街巷，规范提升公共卫生间，充实城市防涝设施设备，提高应急处置能力；支持生态提标工程，实施犀牛湖生态治理、未成林抚育提升、云山矿坑生态修复等项目；支持城市统筹发展，做好棚户区、老旧小区改造、巩固拓展脱贫攻坚成果同乡村振兴有效衔接、城市基础设施建设、葡萄产业发展、兴泾镇涝池庄点整体搬迁棚户区（城中村）改造、兴泾镇基础设施建设等项目。

（三）坚持必要支出规模，保障民生精准有力

坚持民生优先，财政投入只增不减，继续将 80% 以上资金用于民生事业，有效提升群众的幸福感和获得感。支持就业创业增收工程。安排资金 4543 万元，开展大规模、多层次职业技能培训，提升就业创业孵化基地信息化水平，支持创业担保贷款 2320 万元，新增培育创业实体 500 个，带动就业 2573 人。发放就业困难人员社会保险补贴 2059 人，补贴资金 851 万元。新增留抵退税 1044 万元。新增公益性岗位 454 个，支持各类就业困难人员再就业。落实灵活就业社保补贴等扶持政策。支持教育高质量发展工程。安排资金 7.10 亿元，新改扩建银川市第十四中学、中关村小学等 12 所学校，教育小镇中学、小学、幼儿园投入使用。推动建设中小学劳动教育实践基地，深化“互联网 + 教育”示范区建设，实现优质教育资源共享共用。支持社会保障巩固提升工程。安排资金 3.25 亿元，建设镇北堡镇、富宁村、芦花苑综合养老服务中心，扩大居家养老社会购买服务范围，确保经济困难老年人家政、康复理疗和送餐服务全覆盖。落实困难残疾人生活补贴政策，扩大兜底救助覆盖面。全面落实综合性社会保障政策，稳步扩大社会保险覆盖面。做好退役军人安置、管理和保障工作。支持医疗健康水平提升工程。安排资金 1.84 亿元，建设完成兴泾镇卫生院发热门诊，提升突发疫情监测处置能力。实施兴泾镇卫生院、妇幼保健计划生育服务中心等项目，全面加强基层公共卫生服务能力建设。抓好常态化疫情防控工作资金保障，全面提升应急处置能力。

（四）坚持深化改革创新，激活发展活力

国企改革基本完成，改革成效初步显现。进一步理顺监管体系，建立了“1 对 2 对多”的监管模式，

制定出台《西夏区国企“三重一大”决策管理办法》等6项重要管理制度和《润夏公司权属公司管理规定》等7项内部规章制度，基本形成科学系统、精简高效的以管资本为主的国资监管制度体系。深化企业内部分配制度改革，建立薪酬和业绩相匹配的体制机制，出台配套制度，实现激活与约束相统一。进一步优化调整国有经济布局和结构，明确润夏公司及其子公司的主营方向、人员构成等，积极推进专业化、一体化发展，通过市场化招聘，吸引和留住关键岗位核心人才，逐步落实经理层成员任期制和契约化管理。2022年，润夏公司主营业务收入逐步增加，净利润同比增长41%，子公司经营业务能力明显加强。

（五）坚持严格管理控制，严守各类底线红线

统筹发展安全，稳步缓释债务风险。严控隐性债务增量，妥善化解债务存量，通过预算安排、压缩项目规模、压缩公用经费、处置债务资产、债务展期等方式，多渠道筹集资金化解债务，本年度化解到期政府债务2.95亿元。治理有序推进，监管水平逐步提高。推进政府采购领域和国有产权交易领域专项治理工作有序开展，加强制度建设，查漏补缺，进一步补齐监管短板，先后制定印发《银川市西夏区政府采购履约验收管理暂行办法》《银川市西夏区行政事业单位国有资产使用管理暂行办法》等制度文件4项。优化审批流程，缩减审批程序，强化各单位主体责任，有效提升工作效率。

（六）坚持加大扶持力度，营造良好金融环境

建立政银企合作共赢长效机制。每季度召开政银企座谈会，畅通企业融资渠道。助力“六权”改革，最大化保障经营主体权益，扩展辖区产业发展融资渠道，为市场注入更多新鲜“血液”。编印《2022年金融机构支持特色产业发展政策汇编》，为银企合作创造更多机会。动员14家民营企业签订村企帮扶协议书，与中国农业银行、农业发展银行现场签订融资框架协议，有效激活基层融资活力。协助宁夏隆基宁光仪表股份有限公司、宁夏共享集团股份有限公司、宁夏杞里香枸杞有限公司等多家企业意向解决融资需求9亿余元。同时，联合金融机构编印《金融机构支持“六新六特六优”产业发展政策汇编》。发挥基金融资担保作用。在银川市三区最先印发《银川市西夏区乡村振兴贷款风险补偿基金管理办法（试行）》，探索发挥基金融资担保作用，鼓励农业产业创业发展。创新农村金融服务，成立首家农村普惠金融综合服务站。实现为村民提供基础金融服务、贷款支持、银行产品咨询、手机银行应用及金融知识普及等更多的银行服务，解决农户享受金融服务“最后一公里”的困难。

（七）坚持党建引领，队伍建设不断加强

强化思想政治建设，筑牢坚定理想信念。2022年，西夏区财政局支部被评为“三星级支部”。严格落实党组理论学习中心组学习、党组会议“第一议题”制度，落实领学促学责任。强化组织队伍建设，锻造坚强战斗堡垒。深入开展习近平总书记视察宁夏重要讲话和重要批示指示精神“大学习、大讨论、大宣传、大实践”活动，围绕“六对照六查看”，深入思考，查找问题，形成“六对照六查看”专题大研讨问题清单。严格落实机关在职党员“双报到、双报告”制度，党员干部职工坚持下沉社区开展志愿服务活动。全局党员干部坚持每月定期深入帮扶户家中，深入了解帮扶群众生活情况，有针对性地采取政策讲解、送上生活物资等措施，使困难群众真切感受到党的关心和爱护。强化网络阵地建设，把握意识形态主动权。强化制度建设，压紧压实两个责任。严格落实党的组织生活制度，坚持“三会一课”、请示报告、谈心谈话等制度，班子成员带头讲党课、过双重组织生活，高质量召开2021年度专题民主生活会、组织生活会、“改进作风提升质效”专题民主生活会、违规收送红包礼金和不当收益及违规借转贷或高额放贷专项整治工作专题民主生活会、组织生活会。

银川经济技术开发区

2022年，银川经济技术开发区（以下简称银川经开区）在自治区党委、政府和银川市委、政府的坚强领导下，以习近平新时代中国特色社会主义思想为指导，紧紧围绕银川市经济工作会议和政府工作报告具体安排部署，全力推进千亿级经开区建

设，把准财政方向，谋定财政思路，推进财政工作，财政收支执行情况总体良好，有力地推动了经济发展保持稳中向好的发展态势。

一、2022 年财政预算执行情况

（一）财政收入完成情况

2022 年，银川经开区实现一般公共预算总收入 48.27 亿元，同比减少 3.14 亿元，下降 6.11%。其中，中央级一般公共预算收入完成 23.42 亿元，同比减少 2.25 亿元，下降 8.76%；自治区级一般公共预算收入完成 9.13 亿元，同比减少 0.34 亿元，下降 3.54%；银川市级一般公共预算收入完成 1.31 亿元，同比增加 0.16 亿元，增长 14.36%。经开区本级一般公共预算收入完成 14.4 亿元，考虑留抵退税因素，同口径增长 5.48%。

（二）财政支出完成情况

2022 年，完成本级一般公共预算总支出 19.13 亿元，同比增长 0.22%；完成本级政府性基金预算支出 1.18 亿元。

二、2022 年财政开展的主要工作

（一）坚持以学促行，持续强化政治引领

一是深化“第一议题”制度，将习近平新时代中国特色社会主义思想学习教育列为支部政治理论学习第一议题，立足支部工作实际，重点学习党的十九届六中全会和党的二十大精神、自治区第十三次党代会精神等内容，依托“三会一课”和主题党日活动等载体，教育引导党员干部自觉用党的创新理论武装头脑、指导实践、推动工作。二是抓好日常学习教育工作，用好线上线下学习平台。2022 年全年支部先后组织集中学习 17 期，领导干部讲党课 4 次；召开专题研讨 7 次，开展主题党日活动 12 次，知识测试 4 次，参加线上主题培训及竞赛 4 次。三是党建聚力稳企纾困，将理论学习转化为推动工作的思路举措，有机结合“千名干部包千企”和党建指导工作，持续做好企业包抓服务；特别是“9·20”疫情发生以来，全体党员干部职工闻令而动、迅速响应，积极下沉服务企业，蹲点指导帮扶企业，24 小时值守企业，用责任和担当助力经开区抗疫稳企工作。

（二）坚持培源挖潜，收入实现稳步增长

坚持把财政收入作为经济工作的出发点，强化沟通配合，抓好工作落实，定期召开收入分析会议，及时、准确地研判财政收入形势。持续加强对重点税源实施动态监控，对潜在性税源、过渡性税源的跟踪，扎实推进“减税降费”政策落实，积极向上争取政策资金，推动政策资金落地见效，培育壮大企业，培植新的税收增长点。

（三）坚持统筹安排，支出保障有序有力

严格落实“过紧日子”要求，以“预算紧平衡”为新常态，强化预算执行管理，加大统筹安排力度，集中财力支持重大决策部署、重点项目建设和重点产业发展落地见效。

1. 统筹优化财政支出，保障重点项目资金。全年共支付项目资金 12.88 亿元，其中，支持重点项目建设资金 5.24 亿元，注册资本金 4.14 亿元，房租补贴 3.5 亿元。

2. 严格审核拨付资金，扶持企业良性发展。全年向上级部门争取并落实自治区新型工业化发展等 58 类专项资金到位 5.4 亿元，为园区 262 家企业兑现各类扶持奖励政策资金近 4.77 亿元。

3. 有效控制财政成本，确保资金规范使用。通过严管政策落实、严控预算约束、严把审核关口，全年政府采购资金节约率达 9.5%，“三公”经费同比压减达 12.21%，财政投资评审审减率达 4.26%，有效提高财政资金使用效益。

（四）坚持多措并举，积极拓宽融资渠道

财审局持续深入研究国家政策导向，积极配合企业扩充融资手段，有效搭建银企沟通桥梁，多措并举拓宽融资渠道。一是全年协助直属公司利用多种渠道为重点项目建设融资到位 14.26 亿元，向国家发改委申报制造业中长期贷款 16.8 亿元和专项建设基金 16.32 亿元。二是协助园区企业融资贷款授信额度达 75.95 亿元，其中由工行等金融机构组成银团向中环公司授信 75 亿元。三是为园区重点企业安排筹集贷款贴息 1743 万元并拨付到位 973 万元；协调组织 11 家园区企业申报中央部分领域设备更新改造贷款 89.85 亿元；向财政厅申请 2022 年四季度贷款贴息约 5600 万。四是通过“宁科贷”为园区 84 家（次）企业发放贷款 2.01 亿元。

（五）坚持深化改革，加强国有资产监管

1. 完成集团公司架构搭建。根据国企改革总体

要求，成立集团公司，压缩企业层级，完成高新产业公司、育成公司、综合服务公司的股权划转工作，以及下属公司的吸收合并及主体变更工作，其中综合服务公司已成为经开区第一家自主参与市场竞争，承揽主营业务，并结合市场现状研究制定公司薪酬架构体系与业绩考核办法的直属公司，向完全市场化运营更进了一步。

2. 不断完善监管制度。建立健全《银川经开区财审局出资人监管权责清单》《经开区直属参股企业股权管理暂行办法》等多项制度，并制定印发《外部董事聘用管理办法》《外部董事考核办法》2 项管理制度，为进一步健全完善中国特色现代国有企业制度打下坚实基础。

3. 强化国资监管水平。从国有资产管理和处置监管工作入手，强化流程监管、备案程序和资产盘活工作，督促公司采取出售、转让、租赁、招商合作、自主开发和合作开发等多种形式盘活，确保国有资产保值增值。

4. 督促审计问题整改落实。紧扣国企、国资监管开展资产负债所有者权益审计和竣工财务决算审计监督工作，多次召开审计整改推进会，针对审计发现问题进行“回头看”，采取清单管理、逐条销号、分类推进、重点跟进等措施，督促审计发现问题整改落实到位。

（六）坚持履职作为，财政管理扎实推进

1. 不折不扣地落实留抵退税政策。通过构建财税联动机制、加强税收研判分析、加大政策宣传力度等方法措施，不折不扣地落实落细大规模增值税留抵退税等新的组合式税费支持政策，全年为近 790 家园区企业办理留抵退税 14.7 亿元，有效激发市场主体活力，提升企业发展信心。

2. 全力推动财政改革发展。通过与多部门密切沟通、协调推进、联合调试，顺利打通税务征收通道，在全区率先完成土地出让金非税收入征收职能划转工作；积极探索改革财政预算一体化业务流程，有效推进掌握完善预算管理一体化规范标准及工作要点，为财政预算管理一体化系统的全面应用奠定坚实基础。

3. 做好地方政府债券需求申报工作。严格按照“资金跟着项目走”的要求，联合多部门认真梳理符合一般债券、专项债券需求的项目，做好 2022 年及 2023 年新增地方政府债券资金需求申报工作。同时认真测算 2023 年到期政府债务本金，做好 2023 年再融资债券需求申报工作。

4. 不断强化财政自查监督。全年扎实开展地方财经秩序专项整治行动、政府采购领域突出问题专项治理、行政事业性国有资产产权交易领域突出问题专项治理、公务员津补贴自查等多项财政自查监督工作，通过自查整改有效推动制度规范和机制完善，切实规范财经秩序管理，强化风险管控。

永宁县

2022 年，永宁县财政工作坚持以习近平新时代中国特色社会主义思想为指导，全面贯彻落实党的二十大精神、自治区第十三次党代会精神以及习近平总书记视察宁夏重要讲话批示指示精神，认真贯彻落实中央和区市县经济工作会议精神，坚持稳中求进工作总基调，贯彻新发展理念，融入新发展格局，围绕县委、政府中心工作，大力组织财政收入，优化支出结构，全面落实“三保”任务。严格执行《预算法》《预算法实施条例》，本着“统筹兼顾，量入为出”的原则从严从紧编制预算，加强金融风险防范，严控一般性支出，全面实施绩效管理，促进预算公开透明，推动全县经济社会高质量发展。

一、坚持党建引领，确保各项工作沿着正确的政治方向

财政局坚决贯彻落实区市重大决策部署和县委、政府的安排部署，将讲政治作为最鲜明的底色，持续用力推动习近平总书记视察宁夏重要讲话指示批示精神落实落地，做到思想上坚信、政治上坚定、行动上坚决，不断增强“四个意识”，坚定“四个自信”，做到“两个维护”。努力在学懂弄通做实上始终走在前、做表率，使理论武装成为入脑入心、见行见效的自觉行为。全年组织开展学习 60 余次，开展主题党日、组织生活会等 18 次。夯实基础，筑强战斗堡垒，激发“新动力”。通过开展“新春慰问送温暖，我为群众办实事”，“沐春风十里，行雷锋故事，提工作质效”等主题党日活动进一步增

强党员理想信念，不断激发党员干部干事创业的激情和热情。2022 年，财政局机关党支部被评定为四星级党支部。

持续在学深悟透、落实落细上下功夫，在服务民生上再发力，在经济发展上开新局，为推进中国式现代化的财政新实践贡献永宁力量。立足本职，狠抓业务，将党的二十大精神践行在工作中，力推各项重点工作提质增效。聚焦“提高效率，提升效能，提增效益”，紧扣预算编制“突出对重大决策部署的保障，全面统筹各项收入，进一步规范项目编制流程，严格落实过紧日子要求，严格编外人员管理”等新要求，坚持以政领财、以财辅政，自觉把党的领导贯穿于财政工作各环节和全过程，把“两个维护”深度融入财政全面从严治党、预算收支安排、干部队伍建设等各方面。坚持公共财政取之于民、用之于民。健全巩固拓展脱贫攻坚成果同乡村振兴有效衔接、有机贯通机制，推动解决好群众最急最忧最盼的紧迫问题，全力以赴满足人民美好生活需要。坚持扛牢财政责任，勇于担当奉献。持续优化营商环境，组织完成政府采购领域、金融信贷领域优化营商运营环境各项任务，激发市场主体活力，带动经济运行稳中向好，着力抓好财源建设，在财政收入等主要经济指标上实现质和量的跃升，顺利完成全年各项经济指标任务。

二、2022 年财政收支完成情况

（一）收入预算执行情况

2022 年，完成县本级财政总收入 198640 万元，占年度预算任务的 56.38%,同比下降 8.63%。其中，一般公共预算收入累计完成 105211 万元（税收收入完成 40933 万元，为年度预算的 81.87%，同比下降 10.47，非税收入完成 64278 万元，同比增长 12.90%），占年度预算 102.85%，同比增长 2.49%；政府性基金收入累计完成 93429 万元，为年度预算的 37.37%，同比下降 18.59%。

（二）支出预算执行情况

2022 年，全县财政总支出累计完成 418804 万元，占预算变动数的 81.42%，同比增加 34547 万元，增长 18.37%。其中，一般公共预算支累计完成 318187 万元，占预算变动数的 77.10%，同比增长 18.07%；政府性基金支出累计完成 100616 万元，占预算变动数的 98.95%，同比增长 19.38%。

三、服务经济社会发展，成效显著

（一）高效统筹财政收支，加大资金争取力度，财政收支增长速度持续加快

2022 年，面对复杂严峻的经济形势，财政局积极组织地方财政收入，地方可用财力持续增加，为永宁经济事业发展提供有力保障。地方一般公共预算收入持续增加。2022 年完成总收入 516771 万元，其中，一般公共预算收入累计完成 105211 万元，同口径增长 6.35%；上级转移支付收入 251786 万元；上年结转 51345 万元；动用预算稳定调节 15000 万元；政府性基金收入累计完成 93429 万元。坚持上争资金，持续提高财政保障能力。2022 年下达 44 家责任单位争项目争资金目标任务 25 亿元，2022 年全年各责任单位争取资金 123163 万元，其中，自治区资金 117925 万元、银川市资金 5238 万元，目标完成率 49.27%。财政局积极对接厅局寻求指导和资金支持，全年争取资金 18430 万元，完成年初目标任务的 184.30%。一般公共预算支出增幅居全区前列，为全县事业发展提供有力保障。2022 年全县财政总支出累计完成 418804 万元，同比增加 65009 万元，增长 18.37%。

（二）实施大规模的退税减税降费与缓税缓费政策，有效增强经济发展动能

2022 年，永宁县财政局紧紧围绕落实好新的减税降费相关要求，持续推进减税降费，进一步加大对中小微企业的扶持力度，助力中小微企业蓬勃发展，助推各项减税降费政策落实，保障和促进全县经济社会高质量发展。全年累计新增退税减税降费及缓税缓费 4.7 亿元，其中，退税款 32720 万元，新增减税降费 7161 万元，包括小规模纳税人增值税优惠减税 2458 万元，“六税两费”减半征收减税降费 1814 万元，小微企业应纳税所得减半征收减税 472 万元,制造业中小微企业缓缴税费 7359 万元。

（三）不折不扣落实政策措施，支持扩大消费取得较好政策效果

2022 年共筹措 350 万元用于激励城市消费、发放商品惠民消费券工作。从出资方式、商业联动、营销节点、宣传推广四个方面加强创新，切实发挥财政资金的引导和撬动作用，促进消费恢复、拉动

经济增长。坚持“政府搭台，企业参与，市场运作”的工作原则，强化政企联手、全县联动，做到本地平台、商家、终端产品全覆盖，全县消费人群全覆盖，最大限度地放大政策的杠杆作用，着力打造最新最潮最划算的购物盛宴，2022 年共撬动社会总消费 1300 万元。

（四）聚焦特色产业发展，促进高质量发展取得实效

聚焦乳制品产业链相关企业，完成产值 2.5 亿元，不断扩大高端液态奶产能，持续优化加工工艺和产品结构，带动奶牛养殖基地、饲草种植、饲料加工等企业协同发展。聚焦葡萄酒产业链相关企业，2022 年全县酿酒葡萄总产量 2.136 万吨，葡萄酒生产量 1.05 万吨，销售量 945 万瓶，销售总额 2.337 亿元。争取乡村振兴衔接资金支持肉羊产业 800 万元，支持冷凉蔬菜产业 3200 万元；争取自治区奶产业专项资金 200 支持奶牛产业，争取 2000 万元支持葡萄酒产业。发挥金融重点支撑作用，促进经济高质量发展。深化普惠金融助力乡村振兴，巩固脱贫攻坚成果，鼓励金融机构优化“三农”信贷供给，实现涉农贷款增速高于各项贷款平均增速。发挥财政资金的引导作用，提高乡村振兴基金等政府性融资担保基金的资金使用效率，满足群众信贷需求。支持保障重大工程和重点产业发展。紧盯永宁县重点特色产业链和产业集群培育升级、重大基础设施建设等方面的融资需求，全力支持闽宁产业园在永宁县落地的产业基地建设，助推项目落地。

（五）坚持农业农村优先发展，乡村振兴战略加快推进

在县本级财力非常吃紧的情况下，仍然集中力量加大对“三农”工作的投入力度，全县农林水财政支出 39329 万元，较上年增长 55%，是近几年增幅最大的一年。同时加强农业专项转移支付资金及项目管理，全面完成粮食生产、乡村振兴、农村综合改革、农业保险等工作任务，财政支农直达资金的支付率已达到 98%，农村综合改革、农业保险等资金的支付率也达到了 95%。

（六）兜牢兜实“三保”底线，精准保障和改善民生

按照“两个支出”优先原则，足额保障“三保”及其他刚性支出，切实兜住兜准兜好困难群众基本生活底线。2022 年，永宁县“三保”支出 141195.36 万元，其中，“保基本民生”支出 43463.25 万元、“保工资”支出 93807.68 万元“保运转”支出 3924.43 万元，全年“三保”及其他刚性支出整体运行平稳。

（七）坚持统筹发展和安全，有效支持防范化解重大风险

坚决防范和化解债务风险。严格预算执行，把牢债务源头关口。坚持以收定支、精打细算、开源节流，科学严谨编制预算，严格压减非急需非刚性支出和“三公”经费，切实做到“无预算，不支出”。强化项目资金源头审批，严禁政府违规担保行为，坚决杜绝新增隐性债务。聚力财源建设，打造县域经济新引擎。实施重点税源监测预警和分析研判，积极培植涵养税源，依法加强税收征管，大力清缴历年欠税，千方百计增加税收收入；统筹一切资产资源，通过盘活存量资产增加非税收入；充分发掘县城和望远地区房地产潜力，多渠道盘活土地资源，加大土地处置力度，增加土地出让收入。坚持财政监督，合法规范使用财政资金。紧扣财政改革和财政管理工作特点，围绕永宁经济社会发展和财政工作重点、难点和热点问题，充分发挥财政监督职能作用，规范财经秩序，严肃财经纪律。组织对村集体经济发展项目资金、统计专项事业费收入、医疗卫生领域非税收入、各预算单位资产领域整治和产权交易治理突出问题等进行专项检查，切实把监督检查作为组织收入、压减支出和加强预算管理的重要依据和手段，保证财政资金安全、规范、有效的运行，提高财政资金使用效率，在推动财政改革、促进经济社会发展中取得一定实效。严厉打击非法集资活动。扎实开展“金融领域反诈”及养老领域非法集资专项整治工作，安装及推广反诈 APP。时刻关注放贷行业突出问题，组织辖区各家银行摸排关于房屋烂尾引发的“停贷潮”的隐患风险，加强预估预警分析研判，防止“集体停贷”风险。

（八）优化资产配置，盘活资源资产，提升公共服务能力

一是完善资产管理制度，规范资产管理流程。修订《永宁县行政事业单位国有资产使用管理办法》

《永宁县行政事业单位国有资产处置管理办法》，进一步明确资产管理主体，调整资产处置审批权限，规范资产处置程序，强化资产监管，建立资产从“入口”到“出口”的全链条管理体系。二是加大资产处置力度，提升国有资产效益。组织完成资产清查核实工作，并对符合报废标准的资产进行处置。2022 年，全县 75 家行政事业单位共申报待报废资产共计 24461 件，资产原值 3368 万元，截至 2022 年末，报废资产统一评估工作全面完成。三是优化国有资产配置，提升公共服务能力。贯彻落实政府“过紧日子”要求，切实优化资产配置，查漏洞，补短板，强弱项，着力向民生领域倾斜，切实发挥国有资产对公共服务的保障作用。配备医疗设备 373 件，价值 1323.24 万元，新建闽宁卫生院数字化预防接种中心 1 处，新增闽宁镇医养结合服务能力建设项目，新建永宁县第二中学实验楼，新建望远镇第二中学。四是有效盘活资源资产，提高财政支撑能力。结合存量资产的实际情况，对闲置的资产资源分批次进行处置，举办 2 次房屋拍卖，成功拍卖 20 套住房，成交价 673.24 万元，完成水权交易 5.4 亿元，对闲置营业房、学校等进行公开招租，以增加财政收入。五是扎实开展专项治理工作，确保整改落实到位。积极组织开展资产领域专项整治和国有产权交易领域专项治理工作。经自查自纠、重点检查、接受复查等阶段，深挖细查推动专项治理工作做细做实，建立整改台账，明确整改目标和责任，制定整改措施，逐条逐项督促整改。

2022 年，永宁县财政局深刻把握工作规律，创新政策工具，运用财税杠杆，狠抓政策实施，始终做到将工作思路同县委、政府的考量同频共振，切实提升财政工作格局与层次，不折不扣贯彻县委、县政府的工作部署，对标对表制定路线图、时间表，跑好接力赛，跑出加速度，确保地方财政更好地支持地方经济社会发展。坚持每月开展财政经济形势分析，全面把握县域经济态势，动态感知存在的问题与困难，持之以恒开展前瞻性政策研究，提出促进经济增长的措施与工作安排，取得了显著成效；坚持向大抓发展、抓大发展、抓高质量发展聚焦用力，全面落实支持稳经济保增长促发展、支持稳经济保民生、支持特色产业高质量发展、乡村振兴、疫情防控、扩大消费等政策措施，为促进永宁我县经济增长做出积极贡献。

贺兰县

2022 年，贺兰县财政工作在县委的坚强领导和县人大的监督指导下，坚持以习近平新时代中国特色社会主义思想为指导，坚持稳中求进总基调和新发展理念，全面贯彻落实中央、区市委、政府各项决策部署，紧扣财政工作目标任务，强化收支管理，明确保障重点，持续做好“六稳”工作，落实“六保”任务，积极发挥财政职能作用、不断提升为民服务能力，实现了全县财政平稳运行，促进了经济社会平稳健康有序发展。

一、财政收支情况

2022 年，全县一般公共预算收入完成 121563 万元，同比下降 8.1%，同口径下降 0.6%。其中，税收收入完成 76393 万元，同比下降 23.97%；非税收入完成 45170 万元，同比增长 42.07%。全县一般公共预算支出完成 351939，同比下降 13.49%。全县政府性基金预算收入完成 44274 万元，同比下降 20.03%。全县政府性基金预算支出完成 47675 万元，同比增长 0.68%。

二、财政工作情况

（一）坚持综合施策，稳住财政收支形势

强化措施狠抓收入。健全综合治税协调机制，加强源头控税及欠税清缴，准确把握组织税收和政策落实关系，最大限度地降低减税降费对税收的影响；压实财政、住建、水务等执收部门责任，细化目标任务，强化非税征管，有效弥补税收下降形成的收入缺口。积极对接争取资金。聚焦政策导向和资金投向，积极主动做好争资工作，年内共争取各类专项资金 178857 万元、一般债券资金 21000 万元，精准快速下达，有效解决重点项目资金需求。大力盘活存量资金。全面梳理、分类处置各领域、各部门沉淀资金 13733 万元，合理分配、统筹使用，发挥资金使用效益，有力缓解财政收支矛盾。

（二）坚持统筹兼顾，科学调度保障重点

坚决兜牢民生底线。强化“三保”责任担当，优先保障“三保”支出需求，全年“三保”支出预计达180000万元，同比增长7.62%。全面落实城乡医保、困难群众救助政策提标扩面、社区网格员、村社干部和临聘教师增资政策，有力支持日间照料中心、乡镇卫生院、幼儿园改扩建、如意湖生态绿化等民生类项目建设，提升群众幸福指数。强化疫情防控支出保障，累计发生疫情防控费用15000万元，统筹各类资金拨付6000余万元，助力全县疫情防控工作有序开展。全力服务产业发展。以“稳保促”为目标，积极落实助企纾困、金融扶持等各项政策，有效发挥财政资金撬动作用。围绕乡村振兴战略，投入农业产业扶持和乡村振兴衔接资金27778万元，兑现各类惠农补贴4627万元、农村产业融合资金5950万元，支持巩固脱贫攻坚成果同乡村振兴示范县创建工作；围绕“工业强县”战略，兑现企业扶持和产业引导资金14813万元，兑现科技创新资金6831万元，提振企业发展信心；围绕服务业发展，落实消费券、购车购房补贴等政策奖补资金1534万元，促进房地产回暖、消费市场复苏。破解阻碍发展难题。直面历史遗留问题，多渠道筹集资金，化解政府债务5.6亿元，清偿民营企业中小企业欠款2.2亿元；调度资金3.2亿元，解决安徽富煌、恒大“保交楼”、永泰商场等信访和重大遗留突出问题，为全县经济社会平稳发展营造良好氛围。

（三）坚持从严管理，筑牢财政安全防线

扎实推进专项治理。深入开展行政事业单位和国有企业产权交易、惠民惠农财政补贴资金“一卡通”等专项治理行动，发现并整改问题278个，修订印发管理制度12个，进一步完善财政资金管理使用和国有资产监管长效机制。切实强化财政监管。聚焦资金使用、内控管理等关键环节，在全县范围内开展财经秩序专项整治、“三公”经费和会计信息质量检查等工作，查早查小，纠偏纠错，提升管理水平。切实加强政府采购和项目评审流程管理，把好审查审核关口，全年节约采购资金1400万元，审减项目资金10500万元。高效推进问题整改。坚持问题导向，紧盯审计署西安办、区市审计部门反馈的住宅维修资金、困难群众救助补助资金、环保资金管理使用不规范等问题，深挖问题根源，推进标本兼治，落实整改资金1.8亿元，切实从管理体制机制上补短板、强弱项，全面提升问题整改实效。

（四）坚持改革发展，提升财政治理能力

全面深化国企改革。对标国企改革三年行动各项任务，重组两家集团公司，完善企业组织架构，优化国企人事管理、绩效考核、薪酬管理、业务管理等机制，形成“1+4+N”的现代企业制度，企业主营业务更加清晰，竞争力逐步提高。积极推进减税降费。深化落实退税减税降费政策，简化办税流程，全年退税减税降费及缓税缓费6亿元，切实推动政策红利释放，更好地帮助企业克服困难、稳住经营，激发市场主体活力。着力改进金融服务。进一步完善金融服务体系，优化城乡金融网点布局，实现村镇金融服务网点全覆盖，全年贷款余额199.19亿元，增长14.48%。整合资金7000万元设立乡村振兴基金，健全融资担保基金、风险补偿基金使用管理机制，引导更多的金融资源投入“三农”领域。出台金融支持“六权”改革相关配套制度，探索开展“六权”金融服务途径，发挥金融资源优势，促进改革稳步推进。

2022年是财政收支极为困难的一年，在全县上下共同努力下，虽然基本实现了财政平稳运行，但我们仍清醒地认识到，财政工作还面临着一些深层次的矛盾和不容忽视的问题：一是税收结构不合理，缺乏新增税源，财政收入增长乏力。二是“三保”及其他刚性支出增长较快、疫情防控和化解遗留问题资金需求较大，年终预算平衡难度大。三是财政保障能力相对较弱，对各项事业发展支撑作用难以有效发挥。四是财政财务管理还存在短板弱项，资金使用效益仍需提高。对此，我们将采取有效措施，切实加以解决，使财政工作更上新台阶。

灵武市

2022年，灵武市财政局坚持以习近平新时代中国特色社会主义思想为指导，深入学习宣传贯彻党的二十大精神、习近平总书记视察宁夏重要讲话精神、自治区第十三次党代会精神、银川市第十五次党代会精神和灵武市第六次党代会精神，充分发挥财政工作职能，贯彻落实积极财政政策，始终坚持“稳字当头，稳中求进”工作总基调，凝心聚力、真抓实干，圆满完成各项工作任务。

一、财政收支情况

（一）市本级一般公共预算收入情况

收入完成10.0012亿元，争取上级转移支付31.42亿元，新增地方政府债券0.99亿元，再融资债券6.23亿元，上年结余、动用预算稳定调节基金6.45亿元，调入资金0.8亿元。

（二）辖区一般公共预算收入完成情况

2022年辖区总收入累计完成178.7亿元，同比增长44.6%。其中：中央级收入74.79亿元，自治区级收入58.27亿元，地市级收入0.03亿元，市级收入45.61亿元。

（三）市本级一般公共预算支出完成情况

支出完成42.89亿元，体制上解支出0.25亿元，地方政府一般债务还本6.57亿元，向外国政府及国际组织借款还本0.05亿元，安排预算稳定调节基金0.94亿元，年终结余结转5.19亿元。

（四）市本级重点支出情况

农林水投入6.38亿元，全力支持乡村振兴、城乡绿化等。教育投入5.74亿元，支持第十一小学建设、第七幼儿园建设等教育基础设施建设项目，促进高质量教育体系建设。社会保障和就业投入7.29亿元，支持“寒冬送暖”行动救助困难群众，保障退休人员养老保险、残疾人生活补贴、退役士兵安置等支出。住房保障和城乡社区投入6.11亿元，支持城区道路维修改扩建、雨污分流、集中供暖改造等建设项目。卫生健康投入3.03亿元，支持突发疫情处置、基本公共卫生、城乡居民基本医疗保险缴费等。交通运输投入2.65亿元，支持公路建设、道路养护等。

节能环保投入1.61亿元，支持重点区域生态保护和修复、污水处理等。

二、2022年预算执行主要特点

（一）稳经济、保增长，政策落实高质有效

按照财政政策更加积极有为的要求，发挥财政的基础和重要支柱作用。落实稳经济、保增长、促发展一揽子政策，强化财税部门协作配合，全面落实组合式退税减税降费政策，应减尽减，应退尽退。全年增值税留抵退税10.66亿元（其中市本级1.57亿元），新增减税降费1.53亿元（含“六税两费减半征收”0.57亿元），制造业、小微企业延缓缴纳税费0.43亿元，真正让政策红利成为市场主体的“及时雨”、经济发展的“助推器”。财政金融政策组合发力，为企业发展注入了活力，有力提振市场主体信心，促进营商环境优化。用好用活政府债券资金，争取新增一般债券资金0.99亿元，再融资债券6.23亿元，助力经济高质量发展。

（二）抓增收、严支出，预算执行再上台阶

克服新冠疫情、退税减税降费等困难，紧扣年度一般公共预算收入增长目标，强化财税部门协调配合，加大税源监控力度，加强国有资源管理，依法依规组织收入，应收尽收，市本级收入突破10亿元。坚持向上借力，研判对接国家自治区政策导向、资金投向和产业动向，积极主动向上争取资金，全年共争取各类上级资金31.42亿元，同比增长23.3%。全年一般公共预算支出42.89亿元，为近五年新高。按照政府“过紧日子”的要求，坚持“无预算不支出”，大力压减非重点、非刚性支出，压缩一般性支出，预算执行平稳有序。进一步压实地方政府债务管理及化债主体责任，主动接收监督检查，有效地提升政府债务管理法治化、规范化、科学化水平。

（三）兜底线、抓落实，民生保障坚实有力

2022年民生投入35.56亿元，占一般公共预算支出的82.9%，连续六年保持在80%以上。始终坚持“为民理财”理念，把有限的财力用到人民群众最关心的领域，努力让广大群众获得感、幸福感、安全感更加充实、更有保障、更可持续。

（四）强绩效、增活力，财政管理显著提升

充分运用预算管理一体化系统，完善直达资金监管，综合运用“月度考核+重点关注+实地督导”方式，有效提高直达资金使用效益。全面推行会计核算云平台改革，提升预算单位会计核算规范化、标准化、信息化水平。树立“有资金必有绩效”的理念，建立目标管理、运行监控、绩效评价、结果应用的全方位、全过程、全覆盖预算绩效管理体系，对37个重点项目开展绩效评价，健全财政内控制

度，对30个行政事业单位开展内部控制体系建设，堵塞制度漏洞，全面提升预算单位内控体系的科学性、系统性和有效性。围绕全市政府采购领域突出问题专项治理工作，落实政府采购政策促进中小企业发展实施情况调研，不断规范采购行为，持续优化政府采购营商环境。开展财经检查、惠民“一卡通”专项治理等工作，有序推进国有产权交易等重点领域问题专项治理。

三、2023年工作措施

坚持以习近平新时代中国特色社会主义思想为指导，深入学习宣传贯彻党的二十大精神，认真贯彻落实习近平总书记视察宁夏重要讲话精神及自治区第十三次党代会精神，坚决贯彻新发展理念，服务构建新发展格局，坚持稳字当头、稳中求进工作总基调，全面落实中央“疫情要防住，经济要稳住，发展要安全”的总体部署，更好地发挥财政职能作用，加强统筹财政资源，深入推进财政改革，不断提升财政治理服务效能。

（一）用好财税政策，落实惠企利民政策

继续落实好党中央、国务院关于减税降费相关政策，激发市场主体活力。落实“稳经济保增长促发展”系列政策措施，确保落地见效。充分利用财政直达资金机制，全链条监控资金运转各环节，充分发挥资金直达基层、直接惠企利民的作用。按照灵武市委、政府关于促进经济发展的若干政策，及时兑现预算安排的工业、农业、科技等奖励资金，有效发挥资金引导撬动作用。

（二）注重财源建设，增强财政统筹能力

落实灵武市委、政府扶持企业的相关政策，涵养税源，培植财源。努力挖掘税源，强化财税部门协作机制，切实做到应收尽收，完成全年财政收入任务。抢抓自治区财政体制调整机遇，争取有效政策落地，实现财政收入质的有效提升和量的合理增长。加强部门配合，形成资金争取合力。全面统筹预算资金和存量资金等各类资金，增加可用财力，为灵武市高质量发展提供有力的财力保障。

（三）优化支出结构，提升预算执行效率

严把预算执行管理，优先保障刚性支出，严控一般性支出，统筹资金重点领域需求。加强项目资金管理，加快项目建设，确保资金安全、规范、高效运行。强化财政资金运行绩效，把资金绩效贯穿于所有资金，开展重点项目绩效评价。树牢政府过紧日子思想，对各预算单位非刚性、非硬性支出压减10%，灵武市财政将不断调整优化财政支出结构，不折不扣执行到位。

（四）优先安排“三保”，着力保障改善民生

兜牢兜实“三保”底线，对灵武市委、政府确定的民生“十心实事”事项，在预算安排上优先予以保障，并在预算执行中优先予以落实。继续加大教育、卫生、社会保障、农业、生态环保、乡村振兴、科技、文化等民生领域投入，民生支出继续保持在一般公共预算支出的80%以上。

（五）突出保障重点，切实助力经济发展

保障重点项目支出，支持实施兴工强市、特色农业提升、现代服务业扩容、数字赋能等工程，为构筑高质量发展产业提供保障。支持全国学前教育普及普惠发展市、县域义务教育优质均衡市创建，实施科技体制改革三年攻坚行动，支持人才体制机制改革，为创新驱动、科教兴市、培塑高质量发展动能优势提供保障。

（六）强化财政管理，提升工作服务效能

充分运用预算管理一体化系统，持续推进预算指标管理等信息化改革，推进预算绩效管理，加强绩效评价结果应用。推进部门内部控制体系建设和完善。提升预决算编制水平，细化预决算公开。落实预算单位依法理财主体责任，严格财政资金管理。严格审批程序，提高使用效益。加强资产及政府采购管理，提高资产使用效能，严把资产采购关，有效节约财政资金。

宁东基地管委会

2022年，宁东基地管委会财政金融局始终坚持以习近平新时代中国特色社会主义思想为指导，深入贯彻党的十九大、二十大及自治区第十三次党代会精神，紧紧围绕宁东基地党工委、管委会决策部署，紧扣目标任务，持续落实“过紧日子”总体要求，积极发挥财政职能作用，全面提升金融服务

质量，加快推进国有企业改革进程，为宁东基地高质量发展和各项事业稳步发展提供可靠的财政金融保障。

一、2022 年财政预算执行情况

（一）财政收入情况

2022 年，宁东基地全口径财政收入 1612538 万元，较上年增长 53.05%。分级次看，中央级收入 724601 万元，较上年增长 41.35%；自治区级收入 482089 万元，较上年增长 91.13%。管委会级收入 405848 万元，较上年增长 40.55%，其中，一般公共预算收入 356057 万元，较上年增长 38.81%；政府性基金收入 47876 万元，较上年增长 121.19%；国有资本经营预算收入 1915 万元。

一般公共预算总收入 471546 万元，其中，一般公共预算收入 356057 万元（税收收入 310009 万元，同比增长 34.85%；非税收入 46048 万元），完成年初预算 282150 万元的 169.52%，同比增长 40.55%，同比增收 99600 万元；上年结转 8663 万元；上级转移支付收入 83422 万元；债务转贷收入 30000 万元；稳定调节基金调入 10000 万元。

（二）财政支出完成情况

2022 年，宁东基地一般公共预算总支出 471546 万元，其中，一般公共预算支出 290481 万元，同比增长 3.6%；债务还本支出 50921.11 万元；上解支出 62294 万元。调入稳定调节基金 67850 万元。

二、2022 年工作情况

（一）党建引领，实现党建业务双促双赢

严格落实“三会一课”制度，1—12 月，共组织召开 7 次党员大会，12 次支委会，12 次主题党日，13 次集体理论学习会议，将全体干部职工纳入理论学习范围，进一步扩大学习覆盖面。开展专题研讨 6 次，广泛开展各类形式多样的党建活动，严格落实“党员到社区报到”制度；按照基层党组织换届选举规定，选举产生新一届支部委员会，共选举产生 3 名支部委员，其中，1 名党支部副书记，1 名组宣委员，1 名纪检委员。严格落实意识形态责任制，全年召开意识形态专题会议 2 次，签订《共产党员不信教承诺书》，对党员信仰宗教情况排查 4 次；与灵新社区党支部、市政公司党支部联合认领帮扶一名困难群众，联合宁夏银行宁东支行为 50 名疫情期间生活困难群众送去爱心包，让群众切实感受到党组织的关怀和温暖。

（二）多措并举，全面推进财税政策落地落实

加强重点行业、重点企业、重点项目和重点税种监控，盯紧盯牢重点领域和薄弱环节，积极加强税源培育，进一步提升财政收入质量，2022 年，增值税收入 55.47 亿元，消费税收入 14.67 亿元，企业所得税 29.57 亿元，城市建设维护税 4.41 亿元，资源税 13.37 亿元；联合税务、经发、社保部门深入园区企业开展新的组合式税费支持政策宣传，为园区企业开展留抵退税服务，先后为 241 家纳税人退税 20.18 亿元。打好财政扶持和奖补组合拳，促进实体经济健康发展，加大重点领域和关键环节投入力度，推动产业转型升级；积极协助争取各级各类资金，支持入园企业发展，在依法合规的前提下，严格落实支持企业发展的各项补贴政策，有效降低企业各类生产要素成本，营造稳定公平透明、可预期的营商环境。主动帮助中小微企业纾困解难，积极筹措 1.4 亿元用于保障宁东基地稳经济保增长促发展；持续为各园区基础公共设施建设提供保障，及时下达 4.85 亿元用于宁东基地公共基础设施建设。

（三）突出重点，保障民生支出到位到底

严格落实“过紧日子”工作要求，进一步强化预算约束，严格财务管理，严控“三公”经费支出，压缩 7% 以上。加强经费审核把关，确保有限的财政资金花在刀刃上，用在紧要处。全力保工资，保运转，保基本民生，兜牢兜实“三保”支出底线。坚持有保有压，不断加大财政政策和资金向民生倾斜的力度。狠抓支出进度，全年被自治区通报表扬预算支出执行考核 5 次，共计奖励 500 万元。2022 年投入民生方面资金达到 30409 万元，共审核拨付疫情防控资金 9269 万元，切实保障疫情防控工作顺利开展。

（四）创新手段，提升金融服务质量质效

印发《宁东能源化工基地关于加强金融服务推动企业高质量发展实施方案》，提高金融服务工作系统性。与投资公司和担保公司共同做好“一企一策”融资服务，帮助泰胜生物、弘丰化工、未来生物等企业解决融资问题，推动泰胜生物公司成功签

订8亿元银团贷款协议。积极对接自治区产业基金，引入源头活水，2022年宁夏国投基金向宝廷新能源公司投放基金2亿元，通过子基金向宝丰储能新材料公司投放基金11亿元。截至2022年底，宁夏国投基金已在宁东地区累计投放资金25亿元，接近其管理基金总规模50%。开展"疫路同行，服务不停"专题调研，了解在疫情期间企业面临的融资难题及纾困诉求，有针对性地提供融资方案，进一步优化金融服务质效。加强与中国人民银行银川中心支行、中国人民银行灵武支行的对接，建立存贷款数据收集机制；持续做好与区内各金融机构的对接联系，密切政银合作关系，构建长效对接合作机制。持续提升普惠性金融服务能力，完善资金融通软环境，发挥好金融要素硬支撑作用，增强服务实体经济发展质效，精准配置金融资源，引导金融机构为宁东企业提供更加优质、全方位的金融服务，安排贷款贴息3000.11万元、融资租赁贴息291.55万元、民营企业信贷投放奖励385万元。

（五）强力推进，促进国企改革走深走实

印发《宁东基地管委会委属国有企业改革方案》，梳理明确国企改革规范运营、防范风险、增强活力。围绕3个方面9项改革目标21项任务清单，细化改革目标任务、强化落实措施、明确完成时限和责任部门，通过加强党的建设、深化政企分开、夯实制度基础、规范董事会建设、保障经理层依法履职、推行经理层成员任期制和契约化管理、完善市场化选人用人机制、改进考核评价体系、提升企业自主创新能力等方面，确保改革事项按时保质完成；加速释放国企改革红利，完善国有企业法人治理结构，加强企业管理层班子队伍建设，引进更多专业性更强的管理人才，不断完善企业制度建设，提高企业管理效能，堵塞管理漏洞，确保企业行稳致远。制订国有产权专项治理工作方案，建立国有产权交易台账，梳理国有产权交易问题清单，深入开展国有产权交易自查整改，确保国有产权专项治理取得实效，进一步规范国有产权交易管理工作。

（六）加强管理，促进制度基础夯实稳固

充分利用局例会、小组讨论等形式，定期分析风险，全面查堵支付流程漏洞，坚持边查边改，以查促改；完善现行监控机制，强化资金支付预警措施，增加资金支付审核、复核等环节，规范工作流程，进一步突出部门（单位）负责人作为财务第一责任人的责任；着力完善健全内部控制制度，修订印发《宁东管委会机关政府采购内控管理制度》等5个内控制度；着力严肃财经纪律，组织各部门（预算单位）财务人员参加会计法培训班，树牢风险意识，不断提高财务人员业务水平；进一步完善绩效评价制度，组织开展政府购买服务、水权贴息贷款等项目的绩效评价工作，切实提升资金使用效率；进一步提升国有资产编报质量，行政事业性国有资产管理工作受到自治区财政厅通报表扬。

（七）强化监督，推动党风廉政建设有力有效

认真贯彻落实党风廉政建设，签订党风廉政建设责任书，制定全面从严治党"三个清单"。组织开展廉政警示月活动，梳理部门廉政风险点45项，对标制定防控举措45项。围绕工程建设政府采购、国有产权交易突出问题专项整治工作，制订印发方案，开展自查自纠，实行台账管理，进一步强化整改落实；完成政府采购计划审核92项，审核采购预算金额共计6117.87万元；加大对重点项目资金稽查力度，坚持专项检查和重点稽查相结合，工程审核50项，审减12343万元，审减率6.76%，节约项目投资12039万元，确保资金使用安全。严格按照违规收送红包礼金和不当收益及违规借转贷或高额放贷专项整治工作要求，分阶段落实各项任务。不断加强政府性债务组织债务体系建设和债务风险监测，采取措施防范和化解政府债务风险，认真开展隐性债务清理，摸清宁东债务底数。

三、2023年工作计划

（一）稳增长，培育涵养财源

在疫情冲击和"双碳""双控"的影响下，始终以财政增收为中心，严格落实新的组合式税费支持政策及宁东基地稳经济保增长促发展各项任务要求，为企业发展增添助力；进一步加强对重点税源和重点行业的动态监控分析，实时掌握税源状况，提高组织收入研判能力，确保税收均衡入库；进一步加强非税收入征管，明确执收部门主体责任，严格依法依规征缴，确保及时、足额、有序入库。持续加大新的组合式税费支持政策的宣传落实，积极为园区企业开展留抵退税服务，确保园区企业应享

尽享减税降费红利。进一步加强与财政厅相关业务处室的沟通，积极争取各项转移支付资金，确保财政各项工作有序推进。

（二）严约束，加强预算管理

进一步优化支出结构，继续盘活存量资金，加强中央直达资金管理，精准下达，资金直达企业和个人，充分发挥惠民利企作用；加快支出进度，进一步加强预算执行管理，按照年初预算、项目建设进度及时拨付资金，形成实际支出，早见成效；严格落实政府"过紧日子"要求，加强财政支出管理，合理安排支出，有保有压，坚持勤俭节约办一切事业，把有限的资金用在刀刃上、用到紧要处，兜牢兜实"三保"底线，继续从严从紧管理"三公"经费支出和一般性支出，提高财政资金绩效，提升资金管理的科学化精细化管理水平。

（三）强支持，提升金融服务

进一步完善服务框架，整合宁东基地金融资源，提升金融服务保障能力，将引导金融机构加强和改进中小微企业金融服务，构建"能贷会贷敢贷愿贷"的良好融资环境，促进中小微企业融资增量、扩面、降价，支持中小微企业纾困发展；进一步丰富金融供给，鼓励金融机构在宁东基地设立服务网点，增加金融机构数量，合理引导金融机构竞争，让金融机构"卷起来"，提升金融服务的效率，降低企业融资成本，营造更为便捷融资环境；进一步对接包括宁夏国投基金在内的产业基金，做好宁东基地企业"宣传员"，吸引更多的战略投资者投资宁东基地企业；进一步拓宽融资渠道，形成合理的上市培育梯度，积极争取自治区相关厅局的资源倾斜，抓好重点企业的上市辅导工作，为企业公开市场亮相加油助力；进一步加强金融监管，营造宁东基地良好融资环境。

（四）提质效，推进国企改革

进一步健全监管体制，突出政企分开、"管委会＋公司"运作模式，以完善管理体制、优化组织架构、加强人才选用和强化考核评估为核心，充分发挥战略引领、资源配置作用和公司的市场化运作价值，加快形成主业更加突出、形式更加灵活、管理更加高效的园区运行机制；细化国企负责人考核制度，分类细化考核指标，科学完善考核体系，高效发挥考核"指挥棒"作用；研究制定宁东管委会履行出资人权责清单，厘清权责界限，明确职责范围，让委属国有企业成为自主经营、自负盈亏的独立经济主体，切实增强企业责任感与创造力；督促国企加强内控体系建设。设置风险管控部门或岗位，制定完善内控制度，尽快建立一套行之有效的内控管理体系。

苏银产业园

2022 年，苏银产业园财政工作以习近平新时代中国特色社会主义思想为指导，全面落实疫情要防住、经济要稳住、发展要安全的要求，不断加强财政资源统筹，采取有力有效措施，确保财政收入稳定增长，财政支出不断优化，重点领域资金得到有效保障，积极创新体制机制、推进转型升级、完善服务体系、优化营商环境，不断推动园区高质量发展。全年完成一般公共预算收入 12128 万元（其中税收收入 10465 万元，非税收入 1664 万元），同比增长 18%；全年累计完成政府性基金收入 36537 万元，同比增长 673%。全年累计完成一般公共预算支出 36985 万元，同比增长 6.87%；累计完成政府性基金支出 30936 万元，同比增长 1093.98%。

一、经济发展速度不断加快

一是狠抓招商引资，大力发展主导产业。始终坚定"大抓发展，抓大发展，抓高质量发展"战略部署，着力引进培育产业，夯实财源发展后劲。2022 年前往长三角、京津冀、珠三角等地开展招商活动 49 次，对接项目 300 个，正式签约项目 22 个，总投资 83 亿元。其中，江苏志福光伏环保、宏基石墨项目都是光伏新材料产业链项目，全部建成后将有助于推动宁夏新材料产业链式发展、集聚发展，为银川打造"中国新硅都"再添新动能。二是狠抓项目建设，推动经济高质量发展。牢固树立"大抓产业，大抓项目"的鲜明导向，紧盯新能源制造和"互联网＋医疗健康"主导产业全力补链延链强链，推进园区产业结构优化升级。2022 年落地建设的宝丰昱能 100GWh 电池及储能集装系统项目，以最快速度完成项目供地、场地平整、苗木移植等工作，创造了宁夏该体量项目最快供地速度，银川新型储能电池制造基地雏形初现。2022年，银川海归小镇签约落地国家医疗健康大数据研究院、康亚药业CDMO等10个项目，计划总投资2亿元。景云互联网医院、沃美达生物科技等项目进展良好，首开区一期已进驻企业，二期即将投入使用，自治区“互联网＋医疗健康”产业新高地建设蹄疾步稳。

二、克服不利因素影响，多方面增加财政收入

一是强化部门联动，形成合力抓收入。加强财政、税务等部门信息互联互通，提升重点税源支撑保障能力。加强经济运行形势分析研判，准确把握收入趋势，统筹安排好收入任务。二是落实减税降费政策，帮助企业纾困解难。积极开展减税降费政策宣传辅导及上门服务，出台《苏银产业园关于稳经济保增长促发展的8条措施》，不折不扣落实各项减税降费政策，“退、免、抵、减、缓”组合式税费政策红利得到有效释放，为园区66户企业办理增值税留抵退税1.72亿元，实现“放水养鱼”。三是狠抓项目推进，加强财源建设。围绕新能源和医疗健康主导产业，紧盯链主企业，全力打造新型电池制造基地及“互联网＋医疗健康”示范基地。鼓励传统企业技术升级，加速成果转化和科技型企业培育，着力将海归小镇打造成为全区海归创新创业新高地。四是积极争取上级财政资金支持，增强财力保障。准确把握中央、自治区政策导向和支持重点，千方百计地向上争取项目和资金支持，全年到位上级专项补助资金3.02亿元，其中包含区、市扶持资金2亿元，再生水厂回用项目资金5191万元。

三、保障园区重点项目建设，做好疫情防控工作

（一）统筹财政资金，保障重点支出

一是支持园区产业发展，积极做好落地企业的服务工作，确保各项优惠政策及时落实到位。2022年，苏银产业园向银川连华科技发展有限公司等41家企业兑现产业发展扶持奖励资金共计7909万元。二是鼓励园区企业加大技术创新平台建设、科技成果转化等方面投入，兑现614万元科技创新奖励资金。三是支持园区基础设施建设，推动项目加快建设，2022年顺利完成业勤街、产旺街道路及给排水工程、苏银产业园再生水回用项目、厚土路、佳木路改迁工程以及园区绿化改造提升等项目资金支出6584万元。四是维护园区公共基础设施、自然生态环境，园区保洁、市政维护、“九通一平”、再生水处理服务费等资金支出4858万元。五是进一步增强宁夏苏银产业园开发建设有限公司市场竞争和发展能力，扩大财政资金的杠杆效应，2022年安排9191万元资金增加开发建设公司注册资本。

（二）主动担当作为，助力地方抗击疫情

一是安排资金支持园区防疫，克服不利影响。自新冠肺炎疫情发生以来，苏银产业园加大协调力度，坚持急事急办，开通防疫物资采购绿色通道，始终让资金跑在前面，安排资金26万元用于防疫物资采购，安排疫情防控工作保障经费35万元，补贴防疫企业厂房租金500万元。二是积极协助全市抗击疫情工作。园区物资生产、新建集宿区交付1274套公寓用于集中隔离点，派出17名干部职工参与全市临时集中隔离点及社区防疫工作。三是园区企业积极履行社会责任。宁夏九州通医药有限公司协调连花清瘟胶囊50余万盒，有力地保障了银川市民用药需求。广煜医药公司主动参与“国大药房爱心防疫大礼包”活动，提供医用外科口罩10万只、鼻腔喷雾器5000瓶。粤泰科技等企业24小时不间断生产医用和N95口罩超100万支，累计捐赠总价值约1053万元的防疫物资，为全市疫情防控做出积极贡献。

四、切实强化财政管理、提高资金使用效益

一是加强预算管理。坚持落实“过紧日子”思想，建立节约型财政保障机制，从严从紧控制一般性支出、“三公”经费和资产配置标准，“三公”经费同比下降77.64%；强化预算执行管理，突出预算执行的刚性约束，严格控制预算追加事项。二是推动预算绩效管理提质增效。健全预算绩效指标和标准体系，针对不同行业、不同类型规范建立整体绩效评价指标体系，实现科学合理、细化量化、可比可测、动态调整；加强预算绩效评价结果应用，拓展绩效评价方式，分别开展专项资金、政府投资项目、政府采购项目等不同类型的预算绩效评价工作，全年完成15个项目绩效评价。三是加快推进园区国企改革。进一步落实《银川市国企改革三年行动实

施方（2020—2022）》文件要求，全面完成园区国企改革任务，推动国企改革走深走实，提升改革综合成效，完成《苏银产业园深化国企改革推进工作方案》《关于苏银开发建设公司落实国企改革的建议方案》文件的拟定。

五、完善财政制度建设，加强财政监督

一是推进内部控制体系建设。围绕预算、收支、国有资产、政府采购、建设项目、合同等经济活动，开展苏银产业园内部控制体系建设工作，全面规范业务活动，强化内部监督制约机制，防范资金风险。二是开展预算公开工作。按照预算公开制度规定的通知要求，对管委会2022年预算进行公开，接受各方监督财政资金的使用情况和成效。三是推进工程建设政府采购专项治理各阶段工作。自专项治理工作开展以来，苏银产业园专治办扎实推动各项工作有序开展，并进一步规范工程建设和政府采购活动，梳理2021年以来工程建设政府采购项目27个，按时完成整改。同时强化监督检查，落实各相关部门监督责任，印发《苏银产业园政府采购负面清单》，切实消除管理漏洞。四是落实财经秩序整治工作。按照银川市财政局《关于开展财经秩序专项整治行动的通知》要求，认真对照专项整治内容组织开展并完成财经秩序专项整治行动自查自纠工作，并就自查出的问题提出整改方案，落实整改责任。五是扎实开展好苏银产业园行政事业性、企业国有资产产权交易突出问题专项治理，进一步规范行政事业性、企业国有资产产权交易行为。

六、持续防范债务风险，有效盘活各类资产

（一）有效管控政府债务风险

一是强化大局意识，切实防范化解重大风险，坚决守住不发生系统性风险的底线。落实主体责任，采取切实有效措施，严格执行化债计划。截至2022年，苏银产业园化解原滨河债务9160.98万元。二是2022年园区未新增债务，并继续加强源头管理，密切跟踪和评估地方政府性债务风险状况，积极防范政府隐性债务的产生，坚决遏制隐性债务增量，稳妥化解原滨河债务存量。

（二）推进国有企业市场化转型，有效盘活各类资产

一是加速推进园区国企市场化改革，实行自主经营、独立核算，发展资产管理与投资运营两大主业，增强自身“造血”功能，提升资本运作能力，提升“再融资”能力。二是积极推进原滨河新区项目及资产移交工作，盘活原滨河资产，提高国有资产使用效率。三是有效地盘活园区企业闲置土地、厂房，2022年累计盘活土地资产250.70亩、盘活存量厂房资产27987.07平方米，帮助企业入园投产，提供基本生产要素保障。

石嘴山市

2022年，石嘴山市财政局坚持以习近平新时代中国特色社会主义思想为指导，深入学习贯彻习近平总书记视察宁夏重要讲话和重要指示批示精神，坚决贯彻落实党中央决策部署、自治区第十三次党代会精神和自治区党委、政府部署要求，全面落实石嘴山市第十一次党代会精神和市委、政府工作要求，牢固树立“开局就是决战，起步就是冲刺”意识，扛起稳住全市经济大盘的政治责任，不断强化财政收支管理，深化财税体制改革，防范化解重大风险，为全市经济社会高质量发展提供坚强的财力保障。

一、旗帜鲜明讲政治，坚持党的全面领导，坚决做到“两个维护”

（一）抓理论武装，强化政治统领有“高度”

将习近平新时代中国特色社会主义思想、习近平总书记重要讲话指示批示的学习作为“第一议题”，深刻领悟“两个确立”的决定性意义，严格遵循“两个维护”，坚定“四个自信”。2022年，累计召开党组会议23次，党组理论学习中心组学习13次，集中交流研讨6次，推动理论武装工作深入开展，不断提高领导班子理论水平和领导能力。

（二）抓党建质量，夯实组织堡垒有“力度”

聚焦2022年党建、党风廉政建设、精神文明建设和财政重点业务工作，列出15项党的建设重点工作责任清单，18项党风廉政建设和反腐败工作任务清单，39项财政重点工作和156项具体工作任务清单，推行清单式督办制度。

（三）抓纪律建设，净化政治生态有"深度"

严格执行中央八项规定和自治区、市"八条禁令"，扎实开展工程建设政府采购、国有产权交易等重点领域突出问题、粮食购销领域腐败问题、违规收取红包礼金和不当受益及违规借转贷或高额放贷专项整治。通过多种方式推动全体财政干部廉洁从政、廉洁用权、廉洁修身、廉洁齐家。

二、聚焦财政职能，统筹保障市委、政府重点工作

（一）财政收支平稳运行

紧盯年初确定的收入增长目标，保持与县区政府、市直各单位、税务部门的密切沟通，定期通报，压实收支责任。2022年，全市一般公共预算收入完成26.01亿元，完成年度预算的102%，同比增长4.9%，同口径增长15.8%，完成数为2016年以来最高，增幅连续11个月位列全区五市第一。全市税收收入完成16.83亿元，其中，市本级完成6.96亿元。全市一般公共预算支出完成122.47亿元，同比增长32.4%，增幅位列五市第一。

（二）民生保障力度逐步加大

2022年，全市民生支出累计完成98.82亿元，占一般公共预算支出的81%，占比较上年提高4.7个百分点。及时将8.6亿元上级就业、困难、医疗等救助补助资金拨付到位，有效保障部门正常运转和基本民生需要。提前拨付城乡居民养老保险和医疗保险本级配套资金1342万元，保障参保人员及时享受待遇。积极争取中央和自治区保障性安居工程补助资金11199万元，市本级预算安排资金4320万元，全力支持棚户区、老旧小区改造。安排各项农民直补资金1.19亿元，用于耕地保护、种粮农民一次性补贴、春小麦种植补贴等，补贴面积达241.84万亩，确保惠民惠农政策落地见效。

（三）稳经济保增长促发展

落实政府"过紧日子"要求，出台《石嘴山市进一步深化预算管理制度改革工作实施方案》等相关政策，坚持把"三保"放在财政支出的优先位置，稳住经济大盘。完成国土空间绿化、贺兰山东麓生态修复、废弃矿山综合整治、北方冬季清洁取暖项目、"海绵城市"、"美丽乡村"、"重点小城镇"等项目评审工作，争取专项资金3.02亿元。统筹711.57万元用于市本级科技馆、图书馆、博物馆等公共文化空间免费开放，为老百姓提供接地气的"文化科技客厅"。积极申请一般债券1.85亿元，助力职业健康卫生学院、方舱医院、消防救助站等项目落地实施。统筹保障扩大消费资金2200万元，吸引社会资本投入2267.78万元，发放消费券47.07万张，金额1516.79万元，带动社会消费品零售总额56.73亿元，增长1.32%，增速在全区五市排名第三。

（四）争资金工作持续向好

坚持以大抓项目、抓大项目、抓高质量项目为导向，围绕全年"六争"和"两招两引"工作目标，以2021年考核完成争资金数为基数，按照分档分级平均增长15%的目标，共下达各县区及市直部门争资金任务105.57亿元。石嘴山市财政局及时掌握自治区各厅局2022年资金安排方向，编制《2022年争取资金申报指南》，确保2022年争资金工作形成合力，取得实效。2022年，石嘴山市共争取到位中央及自治区各类资金104.10亿元，同比增长13.4%。三县区共争取到位资金58.24亿元，32个市直部门（单位）共争取到位资金45.49亿元，18个没有争资金任务的部门共争取到位资金0.36亿元，占全市争资金总额的0.3%。

（五）专班牵头任务稳步推进

根据市委重点工作专班分工任务，将经济领域风险防控、盘活闲置资产、北方冬季清洁取暖项目等牵头任务及时分解，倒排工期、压实责任。印发《关于开展财政承受能力评估的通知》，建立健全财政承受能力评估体系，坚决防止新增政府隐性债务风险，全市债务余额169.43亿元。在债务规模总体可控范围内，积极争取新增地方政府债券5.5亿元，为市委、政府重大决策和民生领域投资项目提供资金保障。坚持"三保"支出的优先顺序，全市"三保"及其他刚性支出80.34亿元，其中，保基本民生支出20.78亿元，保工资支出36.14亿元，保运转支出5.79亿元，其他刚性支出17.63亿元。

（六）提升预算绩效管理能力

稳步推进国防、自然资源、应急救援、医疗卫生、文化等领域财政事权和支出责任划分改革。执行并印发《关于加强地方预算执行管理加快支出进度的

通知》,积极推行“零基预算”,持续完善项目库管理,加强定额标准体系建设,预算编制精准度和科学化水平显著提高。组织开展财政支持深化民营和小微企业金融服务综合试点改革城市等13个重点项目涉及资金23.9亿元绩效评价。2022年,部门预算74个支出项目41407万元绩效目标随部门预算一并向社会公开。全面推行政府采购项目全流程电子化,实现从“最多跑一次”到“一次也不跑”的历史性转变,石嘴山市政府采购项目全流程电子化占比达97.33%,已完成“不见面开标”项目22场次39个标段,交易金额5587.25万元,市直单位发布采购意向公开的部门、项目覆盖率均达100%。

(七)加强行政事业性国有资产管理

依托资产管理信息系统,运用“大数据+资产”信息化手段,推动资产管理事项网上办理,简化办事程序,优化审批流程,提升财政服务效能。2022年,共清理闲置房产60套、出租房产28套、未及时下账处置房产45套、公共租赁住房150套和借用房产5家单位,累计减免国有房产租金51.78万元。将石嘴山市科技金融众创空间7471万元资产移交石嘴山市国投公司、市民政局,对市直行政事业单位25处闲置资产提出处置建议,并经石嘴山市人民政府专题会议研究,将3处房产采取土地收储、1处划拨形式予以处置。2022年以来,共受理投诉案件4起,办结4起,其中通过调解撤销投诉2起。石嘴山市政府采购投诉调解工作被作为2022年全区第一批20项优化营商环境和改革创新典型经验在全区复制推广借鉴,并向国家发改委推荐。

大武口区

2022年是党的二十大和自治区第十三次党代会召开之年,也是大武口区发展极不平凡的一年。财政部门在大武口区委、政府的坚强领导下,始终坚持以习近平新时代中国特色社会主义思想为指导,深入贯彻党的二十大和自治区第十三次党代会精神,全面落实习近平总书记视察宁夏重要讲话和重要指示批示精神,坚持大抓发展、抓大发展、抓高质量发展,扎实做好“六稳”工作,全面落实“六保”任务,砥砺奋进,真抓实干,大武口区收支执行情况总体平稳,经济社会发展呈现稳中向好态势。

一、2022年财政预算收支总体情况

一般公共预算执行情况。2022年区本级一般公共预算收入完成29077万元,完成年度预算的106.9%,同口径增长0.82%。其中,税收收入完成20589万元,同口径增长8%;非税收入完成8488万元。2022年一般公共预算支出完成198021万元,为年度变动预算的81.29%,同比增长35.99%。

及时掌握政策变动和资金支持方向,开展“一跑三争”活动,累计争取各类资金163600万元,同比增长19%。

二、重点领域投入

一是助力工业转型升级。紧紧抓住转型发展高质量发展的牛鼻子,聚力“六新六特六优”产业,累计投入83363万元保障西墨新材料、武德风电装备制造等一批大项目、好项目,为推动产业转型升级注入了强劲动力。深入实施科技创新“双倍增”行动,支持培育“专精特新”企业11家、高新技术企业6家、科技型中小企业29家,累计兑现企业科技奖补资金2783万元,本级研发投入同比增长超过30%。二是推动服务业提速扩容。发挥财政资金杠杆作用,加快推进自治区稳保促“50条”和促消费“17条”等政策措施落地见效,投入745万元开展汽车生活节、“闽宁特色农产品线上行”等系列促消费活动,撬动消费增长3088万元。投入750万元建成红柱子街夜间经济消费圈,不断增强城市烟火气。投入1657万元打响石炭井工业旅游小镇、洗煤厂工业遗址公园等文旅品牌,吸引《万里归途》等一批优质影片取景拍摄,推动生态工业文化旅游业向品牌化、融合化发展。投入469万元集中打造数据外包产业园,带动网络科技、电子商务、影视传媒、餐饮娱乐等多元业态融合发展,不断壮大数字经济规模。三是保障生态文明建设优先发展。统筹山水林田湖草沙系统治理,投入30152万元保障贺兰山生态绿化、星海湖湿地治理、大规模国土绿化行动、长胜煤炭加工区综合整治等一批重点生态项目,新增绿化面积1.31万亩,推动生态环境持续改善。四是特色农业提档升级。全面实

施乡村振兴战略，投入8976万元建设现代农产品加工产业园、菌菇产业园、“三个零”果蔬产业园等3个农业园区，壮大高端水产、富硒枸杞等新型农业经营主体，一二三产深度融合发展再上新台阶。五是基础设施持续完善。投入2792万元实施农村人居环境整治提升行动，统筹推进污水管网、厕所改造、垃圾处理、村容村貌提升等重点工作，投入8470万元用于人饮工程、农村道路硬化和危房改造等基础设施改造提升项目，补齐农村路、水、网等基础设施短板。

三、民生保障投入

聚焦“六大提升行动”，千方百计保民生、增福祉、兜底线，全年民生事业支出占一般公共预算支出的80%以上。一是强化就业优先政策。大力拓宽就业创业渠道，投入4139万元解决近2600名就业困难及高校毕业生等重点群体的就业，全力稳住就业基本盘。二是促进教育优质发展。认真落实教育经费“两个只增不减”要求，投入8316万元改善薄弱学校设施设备和办学条件，新建改扩建5所中小学幼儿园，投入38829万元保障教师工资待遇，投入235万元落实困难家庭学生教育资助和扶贫政策，着力保障大武口区创建全国义务教育优质均衡发展先行区。三是推动文化繁荣兴盛。统筹推进公共文化服务体系建设，投入3308万元举办第三届“工业之声”摇滚音乐节、“硒游记”奇趣文旅节等活动，保护传承葫芦烫画、剪纸等非遗项目，推动公共文化服务高质量发展。四是筑牢卫生健康防线。严格落实疫苗接种、核酸检测、隔离管控等各项防疫措施，加强群众基本生活和物资供应等保障，累计投入4000余万元坚决守住不发生规模性疫情底线，全力守护好人民群众生命健康安全。投入2420万元向城乡居民免费提供基本公共卫生服务，推动妇幼卫生、医养结合等事业健康发展。五是兜底保障社会救助。织密织牢社会保障网，投入16928万元推进全民参保计划，加强低保对象、特困人员、残疾人等生活困难群众社会兜底救助，实现应保尽保、应助尽助、应享尽享。投入1840万元用于拥军优属，切实维护军人合法权益。六是促进城乡协调发展。投入11846万元实施老旧小区改造提升等民生实事，投入3712万元用于城区污水管网铺设、城市防洪排涝、生活垃圾处置等一批基础设施项目，不断改善城市面貌，促进城乡基础设施和公共服务均衡发展。

四、财政改革

国有企业改革再发力。从顶层架构方面制定县属国有企业改革方案，区属国有企业改革稳步推进，为做强做优做大国有资本提供坚强政治基础和组织保障。在化解历史遗留问题、优化国有资本布局结构、完善国有资产管理体制机制等方面真改革、真碰硬、真发展，培育国有企业发展新动能。制定区属企业国有资本收益收取管理试行办法、国有企业投资监督管理办法等国有资产管理体制机制，从国有企业资产管理、投融资、审计评价等方面着手，建立健全国有企业监管制度体系。

全面规范和加强国有资产管理。一是加强资产清查，做到心中有数。全面清查各单位的财务情况及资产情况等，摸清各单位的资产底数，如实反映资产管理工作中存在的矛盾和问题，真实、完整地反映单位的资产和财务状况，为加强行政事业单位及国有企业国有资产监督管理与预算管理有机结合奠定基础。二是督促指导实现管理有序。通过盘活闲置资产，实现共享共用，进一步树牢政府“过紧日子”思想，提高财政资金的使用效率。三是资产处置促进资本优化。运用资源再配置、租赁、转让、对外投资、申请报废等方式，对低效闲置资产进行盘活处。2022年，共审核处置闲置资产4批，价值金额920万元。

普惠金融持续发力。深化政银企交流合作，构建“金融+”服务模式，组织辖区10家金融机构主动服务企业发展，累计为27家企业新增贷款融资1.48亿元。完善政府性融资担保机构设立，持续加大“三农”主体、小微企业信贷支持力度，累计为287家企业提供融资担保支持5,664万元，推动平均担保费率降至0.28%，货币政策工具使用率创历史新高，营商环境持续优化。

五、财政监督

一是预算绩效管理全覆盖。全面实行全口径预算管理。将预算执行和绩效管理工作深度融合，对所有财政项目支出预算执行情况和绩效目标实现程度实行“双监控”。全覆盖开展部门预算绩效评价工作，涉及108家预算单位81个重点项目1.75亿元资金。建立健全事前绩效评估机制，将评审结果作为年度预算安排或调整的依据。聘请第三方公司对大武口区2021年就业补助资金、农村公益事业项目、一二三产业融合发展等项目开展绩效评价，涉及资金6667万元。

二是财政风险管控再强化。配合区纪委、审计局等部门开展各类审计监督工作，对债务化解、政府债券资金使用、财政运行、直达资金、惠民惠农补贴“一卡通”管理中存在的问题，深入查找原因，完善制度机制，做到彻底整改。开展财政秩序整治、全面开展“零死角，全覆盖”惠民惠农财政补贴资金“一卡通”问题专项监督检查，国有企业产权交易专项整治、行政事业性国有资产及国有产权交易专项整治，认真开展政府采购，深入开展粮食购销领域腐败问题专项整治工作，全面加强财政监督，坚持问题导向，针对专项监督检查中发现的系统性、普遍性问题和监管方面的漏洞，及时进行分析整改、以案促改，促进整章建制，确保防范风险漏洞。加强代理记账行业监督管理，开展代理记账行业违法违规行为专项整治工作，对辖区36家代理记账机构进行监督检查，进一步规范代理记账机构的执业行为，切实规范会计服务市场秩序。抓实审计发现问题整改落实。印发《大武口区财政局2022年度财政监督检查工作计划》，明确各项检查重点和责任股室，认真做好三级审计对审计整改事项的整改材料梳理、汇总和报送工作，继续抓好审计整改跟踪落实，积极落实经济责任审计结果运用。组织开展“三公”经费专项检查，规范“三公”经费使用管理，促进中央八项规定精神和《党政机关厉行节约反对浪费条例》等规定落地落实，最大限度地压缩“三公”经费等一般性支出，推进“三公”经费规范高效运行，让有限的资金发挥最大的效益。

三是财政资金监管再加强。扎实做好政务公开，积极打造阳光财政，全面落实各项惠民惠企政策、预决算等事项公开制度，主动接受社会各界监督，助推财政管理水平提高。严把行政事业单位内部控制报告审核力度，促进内部控制工作不断规范化制度化，全面提升行政事业单位财务管理质量。

惠农区

2022年，惠农区实现一般公共预算总收入17.88亿元，扣除留抵退税因素后同口径增长19.68%。其中，中央级完成7.74亿元，同口径增长40.74%；自治区级完成2.62亿元，同口径增长7.13%；市级完成4.87亿元，同口径增长9.02%；辖区级完成2.65亿元，同口径增长2.07%。惠农区本级一般公共预算收入完成调整预算的100.52%。其中，税收收入1.75亿元，扣除留抵退税因素后同口径增长6.65%，非税收入0.9亿元，同比减少7.84%。政府性基金预算收入0.005亿元，为调整预算的100%，同比减少99.57%。

2022年，惠农区本级一般公共预算支出21.78亿元，同比增长63.15%。主要支出项目：一般公共服务支出1.45亿元；公共安全支出0.23亿元；教育支出2.99亿元；科学技术支出0.14万元；文化体育与传媒支出0.55万元；社会保障和就业支出4.05亿元；医疗卫生支出1.24万元；节能环保支出1.07万元；城乡社区事务支出2.06亿元；农林水事务支出3.93亿元；交通运输支出0.55亿元；资源勘探电力信息等支出0.37亿元；商业服务业等支出0.05亿元；国土资源气象等事务支出0.25亿元；住房保障支出1.51亿元；灾害防治应急管理支出0.12亿元；其他支出0.73亿元；债务付息支出0.5亿元。政府性基金预算支出0.94亿元，同比增长259.29%。

一、纵深推进全面从严治党

一是旗帜鲜明讲政治。始终把学习贯彻习近平新时代中国特色社会主义思想作为首要政治任务，坚持扎实开展“大学习、大讨论、大宣传、大实践”活动，不断巩固党史学习教育成果。严格落实党组理论学习中心组学习等制度，组织党员干部深入学习党的二十大精神、习近平总书记视察宁夏重要讲话和重要指示批示精神等内容，不断推动习近平新时代中国特色社会主义思想学习宣传贯彻走深走实，深刻领悟“两个确立”的决定性意义，增强“四个意识”，坚定“四个自信”，坚决做到“两个维护”。共开展中心组学习14次，交流研讨7次，组织讲党课4次。二是加强基层组织建设。扎实开展“五型”模范机关创建。以“党建强，业务强”为目标，严格落实民主生活会、组织生活会、支委会、党员大会等组织生活制度。2022年共召开支委会12次，开展支部主题党日活动12期，召开党员大会4次。开展创城、疫情防控等志愿服务60余次。严格发展党员工作程序和标准，2022年，共发展预备党员1名，预备党员按期转正2名。三是持之以恒正风肃纪。加强党风廉政建设，推进全面从严治党。坚持落实民主集中制，定期研究党风廉政建设工作，建立全面从严治党“三个清单”，认真开展违规收送红包礼金和不当收益及违规借转贷或高额放贷专项整治，推动全面从严治党向纵深发展。2022年，共开展谈心谈话70余次，廉政学习10次。四是扎实开展“工作落实年”活动。研究制订了《惠农区财政局“工作落实年”活动实施方案》，梳理出区第五次党代会、区政府工作报告牵头任务5项，结合财政职能，制定重点任务清单，实行台账管理，逐项抓好落实。

二、优化财政收入

一是强化收入预期管理。加强财政经济形势分析，抓好财源建设和留抵退税政策落实，强化重点税源监控，瞄准全年收入任务，压实工作责任，努力完成收入预期目标。2022年，惠农区实现四级财政一般公共预算总收入178820万元，扣除留底退税61876万元后同口径增长19.68%，其中，实现四级财政税收收入152857万元，扣除留抵退税61876万元后同口径增长20.86%。2022年，惠农区一般公共预算总收入来源为274511万元，其中，纳入区本级一般公共预算收入为125344万元[区本级一般公共预算收入26522万元，固定补助收入26333万元，一般转移支付收入37182万元，地方政府一般债务转贷收入24200万元，动用预算稳定调节基金7126万元，调入资金3981万元（从政府性基金预算调入2495万元，从国有资本经营预算调入1486万元）]，年度执行中上级下达专项转移支付收入120262万元，上年结余结转专项转移支付资金28905万元。二是争取更多资金支持。紧盯住上级财政支持稳经济大盘等政策，争取上级财政加大对惠农区转移支付力度。2022年惠农区争取项目资金完成145692万元，完成目标任务的136.33%，同比增长62.92%；争取新增地方政府一般债券资金14500万元。

三、保障重点支出

始终践行以人民为中心的发展思想，大力支持疫情防控工作，拨付疫情防控专项资金1500万元；支持就业创业工作，拨付就业专项资金4362万元、“三支一扶”生活性补贴1845万元，推动稳就业各项工作落地。教育投入29891万元，用于优先保障教师工资及时发放、义务教育薄弱环节改善、支持基础教育质量提升等方面；拨付卫生服务等资金3700万元，用于支持推进公立医院改革、基本公共卫生服务，提升全民健康水平。拨付困难群众救助补助资金7977万元，用于保障困难群众基本生活；下达城镇保障性安居工程补助专项资金10281万元，重点对辖区各街道脏乱差老旧平房、小区进行综合整治及既有居住建筑节能改造。支持绿色发展，争取山水林田湖草项目资金2300万元，获批项目3个，在生态环境治理等方面发挥了重要作用。

四、全面推进乡村振兴

坚持农业农村优先发展，聚焦全面乡村振兴目标，完善财政支农政策，加大“三农”领域资金的投入力度，2022年“三农”资金投入41938万元，较上年增长79.4%，为乡村振兴提供了强大的资金保障。支持巩固拓展脱贫攻坚成果同乡村振兴有效衔接，投入资金8792万元，助力移民致富提升。落实好各类惠农补贴，统筹发放各类补贴资金3744万元，为农民增收奠定坚实的基础。持续推进产业发展，扶持壮大村集体经济，支持资金400万元，促进农业产业提质增效和农村经济社会发展。实施农村人居环境综合整治行动，以“一事一议”项目为引领，投入项目资金3410万元，改善农村人居环境。积极实施农业保险政策，全年保费规模达2598万元，农民在农业生产中抵御大灾风险的能力显著增强。设立乡村振兴风险补偿基金及融资担保基金，基金规模3300万元，累计贷款总规模达4942万元，重点支持解决种植、养殖及家庭农场等经营主体融资难、融资贵等问题，助力全区经济高质量发展。

五、防范化解地方债务风险

坚决贯彻落实习近平总书记关于防范化解重大风险方面的重要论述精神，牢牢守住不发生区域性系统性风险的底线，把思想和行动统一到中央和自治区的决策部署上来，深入研判当前政府债务风险新表现新特征，积极研究防范化解政府债务风险之策。2022 年，惠农区年初地方政府债务余额为 173550 万元，其中，一般债务余额 135118 万元，专项债务余额 38432 万元；年末地方政府债务余额为 186772 万元，其中，一般债务余额 148429 万元，专项债务余额 38343 万元。本年度地方政府债务余额净增 13222 万元,其中,一般债务净增 13311 万元，专项债务净减 89 万元。按照惠农区政府债务余额和综合财力测算,2022 年惠农区债务率约为 90%(债务率＜ 120% 为绿色安全区域)，惠农区政府债务风险整体可控。

六、严格预算编制管理

一是大力优化财政支出结构。坚持量入为出原则，合理安排支出预算规模，坚持“三保”(保基本民生、保工资、保运转) 支出在财政支出中的优先顺序，坚决兜住“三保”底线，不留硬缺口，全年“三保”财力保障倍数在 1.15 倍左右，民生支出占一般公共预算支出的 80%。二是不折不扣落实“过紧日子”要求，精打细算，严控一般性支出。严禁违反规定乱开口子、随意追加预算。全年压减一般性支出 10%，压减金额共计 115 万元，清理化解暂付款 5781 万元，盘活存量资金 3762 万元。三是推进预算绩效监督管理。加强事前绩效评估、绩效目标管理、绩效运行监控和绩效评价，强化绩效评价结果和预算安排。2022 年对全区 115 家预算单位 2021 年项目支出绩效目标进行了评价，涉及预算资金 38215 万元。聘请第三方机构对涉及稳增长、促改革、调结构、惠民生、防风险等重点支出项目以及 2 个部门整体进行重点绩效评价，涉及预算资金 11654 万元。

七、落实惠企利民政策

一是认真落实好减税降费、留抵退税、融资担保等政策措施，切实做到应退尽退、应享尽享。2022 年全年办理退税减税 80172 万元，其中，办理留抵退税 61876 万元，缓征制造业中小微企业税费 16094 万元，减免小微企业、个体工商户“六税两费”2202 万元。二是扎实做好政府采购工作。持续优化政府采购营商环境，降低中小企业参与政府采购活动的成本。2022 年，累计审核采购计划 340 条，采购预算金额 3764 万元，中标金额 3227 万元。三是加大金融支持实体经济力度。惠农区成功创建普惠金融示范区，获得中央财政奖补资金 2000 万元。通过制订《惠农区普惠金融发展示范区奖补资金使用管理实施方案》，设立支小支农担保贷款风险补偿基金，推动形成普惠金融健康发展的长效机制；为 121 家中小微企业和“三农”主体担保贷款 11161 万元，支小支农占比为 93%，平均担保费率 0.86%，累计减费让利 25.5 万元。到年末，辖区金融机构普惠小微企业贷款余额 26 亿元，同比增长 17%，高于整体贷款增长速度近 12.5 个百分点。四是扎实推动国有企业改革。通过对惠农区国有企业整合，整合后保留国有企业户数为 20 家，整体压减国有企业法人户数 7 家，减少法人户数 25.9%。

八、国库集中支付

2022 年，惠农区财政国库支付中心以推动财政中心工作为目标，立足核算、服务与监督，全面提升国库集中支付管理水平。以保障财政资金高效、安全支付为核心，严格执行《预算法》《会计法》及国家有关财经法律法规，持续深化和完善国库集中支付改革，准确核算和反映全区所有行政事业单位财政财务收支活动，确保财政资金支付高效、安全、规范，推进国库集中支付管理的科学化、精细化、规范化。

平罗县

2022 年，平罗县财政局坚持以习近平新时代中国特色社会主义思想为指导，深入学习贯彻党的二十大精神以及习近平总书记视察宁夏重要讲话和重要指示批示精神，全面落实“疫情要防住，经济要稳住，发展要安全”的总体要求。全县财政工作坚持稳中求进工作总基调，立足新发展阶段，贯彻新发展理念，紧紧围绕县委制定的经济工作目标，精准施策，靠前发力，严格落实减税降费和留抵退税政策，持续加大收入征管力度。牢固树立“过紧日子”的思想，扎实做好“六稳”工作，落实“六保”任务，强化预算执行约束，优化支出结构，全力保障疫情防控和民生事业，助力县域经济平稳健康发展。

一、全力以赴组织收入，财政预算执行平稳

（一）强化综合治税，做到应收尽收

2022年，不断加强财政收入预算执行，充分发挥综合治税联席会的作用，按照“以旬保月，以月保季，以季保年”的总要求，按月将任务落实到税务及各执收单位，确保收入均衡及时入库。2022年，县本级一般公共预算收入完成8.23亿元，扣除增值税留抵退税减少县级收入13635万元后同口径增长11.94%（含财政厅留抵退税调库）比上年增长0.5%，其中，税收收入完成6.06亿元，占一般公共预算收入达到74%。

（二）力促企业转型升级，培育壮大优质税源

2022年，争取中央、自治区专项转移支付资金59938万元，合理安排新增债券资金12500万元，确保重点项目建设、企业转型升级资金需求。积极落实减税降费政策，不断激发企业活力，全年累计为企业减免税费10亿元以上；持续释放减税降费红利，进一步减轻企业负担，激发市场主体活力。

二、不断优化支出结构，筑牢兜好民生底线

全面落实各项民生政策，精心编制财政预算，持续加大财力配置向民生领域倾斜的力度，保基本民生、保工资、保运转的“三保支出”落实到位。全年民生支出达到32.94亿元，占财政支出的80.18%。

（一）全力保障人员基本支出和单位运转经费

通过年初预算安排和年内积极争取自治区财力性转移支付补助15.87亿元，保障干部工资晋级调整、住房公积金、政府效能奖等人员基本支出以及单位正常运转。

（二）全面落实社会保障和就业各项政策

全年共计拨付7项社会保险基金13.45亿元。其中，为全县26312名企业退休人员发放养老金8.88亿元，为27580名领取城乡居民养老金的人员发放养老金0.83亿元，为4528名机关事业单位退休人员养老金3.09亿元。全年落实各类困难群体社会救助政策支出1.25亿元，确保10827名城乡低保户、651名“五保”、174名孤儿、3065名困难残疾人及1003名重点优抚对象等及时足额领取生活补助、582名村干部参加养老保险享受个人缴费政府给予50%的补助、224名义务兵家属领取家庭优待金。全年落实积极就业创业政策支出0.41亿元，确保960名公益性岗位及360名高校毕业生“三支一扶”及实习大学生人员安心工作，88名退役士兵自谋职业一次性经济补偿金发放到位。

（三）全面支持教育事业均衡发展

安排资金6.52亿元，确保财政教育经费投入“两个只增不减”。持续支持学前教育健康发展，完善城乡义务教育保障机制，统筹做好义务教育学校薄弱环节改善和能力提升，积极推动“互联网+教育”稳步实施，加大普通高中和职业教育学校数字化校园建设，扩大优质教育资源城乡共享，提高教育教学质量。继续实施农村义务教育阶段学生营养早餐补贴和校车补助政策，加大普通高中和中职国家助学金等扶贫力度，教育惠民政策惠及全县青少年。

（四）全力推进强农惠农政策执行

争取落实各类惠民惠农补贴资金1.27亿元，切实保护农民利益，助推平罗县农业高质量发展；争取到位中央、自治区农村综合改革资金9000万元，实施农村公益事业财政奖补建设项目3批共计65个，下达财政奖补资金6200万元，惠及全县59个行政村，受益农户14261户，受益人口47181人。通过组织竞争性评审，确定灵沙乡东灵村、高庄乡高庄村2个整村推进财政奖补项目，批复奖补资金400万元，项目整合资金概算总投资共计2119.28万元，受益农户693户，受益人口2519人。全面改善了农业生产和生活条件，有力推动农村经济发展，从而高质量推动乡村振兴和新时代美丽乡村建设。

（五）公共文化卫生水平明显提升

安排资金4537万元，持续支持县、乡、村三级公共文化服务体系建设，推进基层综合性文化服务中心全面提标，做好新时代文明实践活动资金保障。安排卫生健康事业预算资金2.21亿元，推进“三医联动”改革。其中统筹安排疫情防控资金3053

万元，重点用于保障全员核酸检测、应急物资及设备购置、隔离点改造、等支出，全力支持疫情防控工作，为全县疫情防控提供有力保障。继续推进县医院传染病综合楼项目，保障公共卫生服务经费，全县医疗卫生机构服务能力显著增强，“互联网+医疗健康”便民惠民日益显现，实现县域医疗改革红利全县人民共享。

（六）重点项目建设进展顺利

安排资金8.48亿元，全力保障巩固拓展脱贫攻坚成果同乡村振兴项目有效衔接；筹措中央、自治区专项资金4379.95万元用于企业技术改造、转型升级、节能减排等，全力助推平罗县工业企业高质量发展。积极筹措集生态环境保护资金2.87亿元，加大农村综合整治、黄河流域生态保护补偿、污水处理等项目资金投入。平罗县2021年无集中供热区域煤改电（清洁取暖）试点示范项目纳入项目储备库，自治区财政厅于2022年给予1500万元资金支持，推进项目有序进行。

三、加强财政资金监管，提高资金使用效益

（一）确保“三公”经费管控有序

健全完善相关制度，继续加强“三公”经费管理。严格控制各单位“三公”经费支出，做到内容合法、程序规范、支出合规、总额控制。完善“三公”经费信息公开内容及形式，实现支出透明化，确保“三公”经费管控科学化、精细化。

（二）盘活财政存量资金，压缩结余结转资金

清理收回2年以上结余结转资金1亿元，筹措安排用于项目工程。积极筹措资金按照项目进度安排项目支出，年内安排支付上年国库集中支付结余结转资金5.1亿元，结余资金压缩率达到85%，有效盘活财政存量资金，提高资金使用效益。

（三）压实财会监督责任，规范财经秩序

重点对平罗中学等11家单位会计信息质量实施监督检查，对检查出的问题进行整改；对14家代理记账机构开展代理记账行业违法违规行为专项整治；对政府采购活动开展专项抽查，抽取政府采购项目59个，查出违法违规问题147个，对4家代理机构、9家采购单位给予行政处理，对7家代理机构、20家采购单位、4家投标供应商给予行政处罚；办结县专治办移交问题线索案件5件，对6家投标供应商给予行政处罚，政府采购专项治理工作初见成效。

（四）强化财政信息公开，积极打造阳光财政

在“平罗县人民政府信息网”公开2022年县本级财政预决算收支执行情况，同时指导监督全县各预算单位公开本部门预决算信息；对实施减税降费政策、涉农扶贫资金、直达资金等内容同步进行公开，主动接受社会监督。

四、强化政府债务管理，防范化解金融风险

（一）严守债务风险底线，稳妥化解政府债务风险

坚持新发展理念，严格落实政府债务管理责任，强化风险意识和底线思维，积极稳妥防范化解政府债务风险。以政府法定债务和全口径债务风险指标为抓手，严守政府债务风险底线。按照“量力而行，量入为出”原则，加强政府法定债务风险评估和识别，及时发现和处置潜在风险。规范举债融资行为，统筹处理好举债化债与发展的关系，合理控制政府法定债务增量，推进政府重点投资项目建设，发挥政府债券资金对经济发展促进作用。

（二）提高金融风险意识，坚决防范金融风险

为落实防范化解金融风险属地职责，成立平罗县财政金融风险化解领导小组，制定《平罗县金融风险突发事件应急处置预案》等相关制度，充分发挥经济“减振器”和社会“稳定器”的功能，为预防和减少金融风险突发事件对社会造成的危害和损失提供制度保障，守住不发生系统性区域性金融风险的底线。2022年平罗县政府获得金融环境创建奖，有效防范化解金融风险，推进金融改革创新，为全县经济社会高质量发展提供有力支撑和保障。

五、全面深化财政改革，持续提高财政效能

（一）全力做好财政改革事项

建立向人大常委会报告国有资产管理情况制度。起草《关于平罗县2021年度国有资产管理情况的综合报告》，呈报县人大常委会审议。坚决贯彻落实中央、自治区、市决策部署，加大国有企业改革力度，在借鉴组建德渊、德泓集团经营的基础上，整合9家涉农企业组建德润集团，充分发挥国有企业在国民经济发展中的主导地位，扎实高效推动各项改革任务落实落地，全力完成国企改革三年

行动任务。

（二）全面实施预算绩效管理改革

不断完善预算绩效管理工作机制和工作流程，将绩效目标作为项目入库和预算安排的前置条件，共审核121个部门申报的740个2023年县本级项目支出预算绩效目标，涉及预算资金18.05亿元。指导部门填报中央、自治区转移支付项目资金绩效目标22个，涉及预算资金10861.74万元，实现绩效目标管理全覆盖。在项目支出绩效评价中引入第三方机构开展重点项目外部评价，对7个项目开展重点绩效评价，涉及资金1.62亿元。建立绩效评价方案与评价报告质量评审机制，加大信息公开力度，将绩效评价结果作为安排以后年度预算的重要依据，低效要削减、无效要问责。

（三）加强国有资产管理

摸清全县闲置和出租出借国有资产情况，加强公务用车管理和监督。制定印发《关于开展国有资产管理及乡镇振兴项目资金使用情况专项检查的通知》，对行政事业单位、国有企业土地和房屋构筑物的出租、出借、闲置情况进行摸底清查。共梳理出闲置土地信息4个部门20条，出租出借土地信息9个部门40条，闲置房屋构筑物信息22个部门118条，并形成专项报告报县人民政府。加强行政事业单位公务用车购置、调拨、报废等事项审批管理，经统计2021年度党政机关公务用车全年运行车辆164辆，全年运行费用为301.12万元，平均每辆车费用1.836万元。事业单位公务用车全年运行车辆174辆，全年运行费用为458.75万元，平均每辆车费用2.64万元。

（四）规范政府采购工作

严格审批采购计划，规范采购流程，稳步开展政府购买服务。2022年1—9月，共办理网上申报审批采购目录以内或分散采购限额标准以上政府采购项目计划57笔，全部进入各级公共资源交易中心采用“电子标”不见面方式采购，采购预算金额1.42亿元，中标金额1.37亿元；审批限额标准以下采购项目449笔。政府采购监管工作被自治区财政厅连续四年通报表扬。2022年，各购买主体开展政府购买服务项目76个（含集中采购目录以外、限额标准以下，不通过政府采购方式确定承接主体的服务事项），政府购买服务预算金额4986.78万元。通过政府采购主要开展农业产业发展规划编制、重点河湖信息化设施建设运维服务、“多规合一”实用性村庄规划编制、“智能图控”与“智能交通”系统维护维保等项目，采购预算金额共计1576.46万元。

吴忠市

2022年，面对疫情影响和经济下行压力加大的局面，吴忠市财政局坚持以习近平新时代中国特色社会主义思想为指导，深入学习贯彻党的二十大精神，严格按照“疫情要防住，经济要稳住，发展要安全”的总体要求，在吴忠市委、政府的坚强领导下，在自治区财政厅的大力支持下，上下齐心，攻坚克难，促进积极财政政策提质增效、更可持续，稳步推进财税改革和财政管理各项工作，有力地保障服务经济社会发展大局。

一、精准发力，确保财政收支稳步运行

以“强征管，挖潜力，促进度”为抓手，推行预算收入精准化管理，动态研究应对预案，强化非税收入征缴，盘活闲置资产资金，依法依规、有力有序组织收入。全市一般公共预算收入完成35.9亿元，扣除留抵退税因素后同口径增长4.7%。其中，税收收入完成22.5亿元，同口径增长9.9%，同比下降3.8%；非税收入完成13.4亿元，同比下降4.4%。同时，持续强化预算执行，落实部门支出进度定期通报制，制定《吴忠市财政支出考核暂行办法》，对支出进度较慢的单位部门进行重点预警提示，全力杜绝资金“趴账蹲窝”现象，确保预算执行的及时性、均衡性、有效性。全市一般公共预算支出完成245.8亿元，同比增长8.5%。

二、用心用情，确保民生事业有序推进

始终把保障改善民生作为财政支出的出发点和落脚点，全年民生支出达到215亿元，同比增长9.1%，占财政支出的比重保持在80%以上，切实做到民生投入力度不减。落实援企稳岗、就业援助、公益性岗位安置等就业创业扶持政策，支持城乡居民收入提升行动，大力拓宽就业创业渠道。投入教

育资金32亿元，支持基础教育质量提升行动，加快教育城乡一体优质均衡发展。拨付资金34亿元，按时足额发放机关事业单位退休人员养老金，持续提高城乡居民基础养老金、医保、低保和专项救助标准。投入资金3994万元，支持创新实施文化惠民工程，推动城乡公共文化服务体系建设，保障群众基本文化权益。

三、主动作为，确保经济社会健康发展

牢牢把握稳字当头、稳中求进工作基调，精准施策，靠前发力，有力有效地应对疫情和经济下行冲击，助力经济平稳健康发展。全面办理落实增值税留抵退税17.2亿元，直接为企业注入现金流，帮助企业轻装上阵。采取提前预拨、阶段性补助、重点保障等措施，全年拨付资金5.7亿元，做好应急抗疫物资保障和支持吴忠市方舱医院投入使用，筑牢疫情防控安全屏障。及时将61亿元直达资金“一竿子插到底”，确保资金惠企利民的及时性、精准性。迅速落实稳经济保增长促发展一揽子政策，推动政策直达直享，落实支持扩大消费资金4974万元，发放各类消费券138万张，全力支持举办早茶文化节，直接撬动社会消费5.6亿元，推动消费市场恢复增长，有力提振社会信心。

四、聚焦重点，确保高质量发展行稳致远

紧扣高质量发展时代主题，充分发挥积极财政政策调节作用，主动支持九大产业发展，研究谋划中央支持黄河流域生态保护和高质量发展先行区建设的财政政策措施，夯实高质量发展基础。综合运用财政补贴、融资担保等政策工具“组合拳”，投入资金2.2亿元，支持中小微企业、民营企业发展，民族特色产业发展。统筹重点产业发展资金4.2亿元，支持伊利、吴忠仪表等60家企业创新发展，最大限度支持企业降本增效。争取资金7.3亿元，开展国土绿化整治，实施罗山生态保护与修复，废旧矿山治理，全面提升罗山地区林草资源质量和生态服务功能。投入资金14.5亿元，支持巩固脱贫攻坚成果同乡村振兴有效衔接，促进粮食稳定生产，保障“菜篮子”等重点农产品供给。

五、深化改革，确保财政治理效能提升

进一步深化预算管理制度改革，坚持依法理财，树牢政治机关意识，不断完善制度、健全机制，全面提升财政管理科学化精细化水平。先后开展预算执行进度、公务员津贴补贴清理、财经秩序专项整治、政府采购问题整改等11个专项检查，市本级行政事业单位检查实现全覆盖。全面实施预算管理一体化系统，进一步规范财政预算管理业务流程、管理要素，实现财政资金从预算安排到使用的跟踪监控。深入推进国库集中支付“放管服”改革，实现支付时长控制在24小时之内。建立健全政府债务动态监测、风险评估等制度，加强政银企对接，优化债务结构，争取再融资债券18亿元，筹集资金28亿元，有力有序化解存量债务。对市本级13个项目进行重点绩效评价，涉及部门单位26家，评价资金7.7亿元。“五个一批”预算平衡措施，在全区22个市县得到推广学习。

利通区

2022年，面对疫情防控的严峻形势和经济下行的巨大压力，利通区始终坚持以习近平新时代中国特色社会主义思想为指导，深入学习贯彻党的二十大精神和习近平总书记视察宁夏重要讲话、重要指示批示精神，紧紧围绕习近平总书记“疫情要防住，经济要稳住，发展要安全”的重要指示要求，深入贯彻落实中央、自治区、吴忠市各项部署要求，统筹安全与发展两个大局，主动担当作为，充分发挥财政职能作用，认真落实各项财税政策，加大“三保”支出保障力度，着力防范和化解风险，有力推动利通区经济社会发展，财政运行平稳有序。2022年，利通区一般公共预算收入完成34775万元，扣除留抵退税因素后同口径增长1.8%（同比下降8.9%），完成年初预算的89.9%。其中，税收收入完成20194万元，同口径下降5.3%（同比下降21.5%）；非税收入14581万元，同比增长17.2%。2022年，利通区一般公共预算支出完成276601万元，为变动预算的83.1%，比上年同期增长19.5%。

一、强化收支保平衡，财政运行持续稳健

始终把财政收支管理摆在突出位置来抓，妥善应对大规模退税减税降费影响，优化财税联动会商机制，及时研究预判收入趋势，准确把握财税收入增长点、突破点，做到应收尽收、依法征缴。强化资金统筹保障能力，依法依规收回存量资金 9379 万元，全部用于民生重点领域和政府重点项目支出。强化预算执行管理，加强支出统筹调度，细化分解预算执行目标任务，督促各有关责任主体加快预算执行，支出进度始终保持在全市前位，充分释放财政资金支持各项社会事业发展的效能。同时，聚焦财力"短板"，持续做好上争资金工作，累计争取义务教育、节能环保、科技创新、医疗卫生、城乡社区、农业水利等领域财政性项目资金 14.38 亿元。

二、兜牢底线增福祉，财政保障更加有力

始终把保障和改善民生作为一切工作的出发点和落脚点，落实好教育、养老、医疗、就业等民生政策，不断补齐民生短板，切实让人民群众共享发展成果。2022 年以来，安排资金 18939 万元，完善教育基础设施，加强薄弱环节改善，推进基础教育质量提升；投入资金 2745 万元，支持基本公共卫生、基本药物制度、医疗救助等卫生健康领域发展。整合资金 6700 万元，支持利通区人民医院和方舱医院建设，填补利通区县级公立医院空白，提升辖区整体医疗水平。统筹资金 7958 万元，全力保障疫苗接种、核酸检测、物资保供等疫情防控支出需要。投入资金 1514 万元，重点实施公共文化服务、体育设施建设等惠民工程。筹措资金 9792 万元，支持养殖种植产业发展、高质量美丽村庄建设、扶持壮大村集体经济等工作，有力地支持了巩固拓展脱贫攻坚成果同乡村振兴有效衔接。筹措资金 12089 万元，支持城镇老旧小区改造、保障性安居工程、美丽宜居村庄、重点小城镇建设，持续优化群众生产生活环境。落实资金 5735 万元，支持农村道路、路灯、小型农田水利等公益性基础设施建设。2022 年，利通区用于十项民生支出累计达 24.8 亿元，占一般公共预算支出的 89.6%，人民群众获得感、幸福感、安全感更加充实、更有保障、更可持续。

三、服务经济促发展，财政举措扎实有效

认真落实六项退税减税组合式优惠政策，顶格减免"六税两费"，本级留抵退税完成 4122 万元，全力支持市场主体纾困发展，稳定经济大盘。充分发挥政府融资性担保基金带动作用，实现担保贴息 583 万元，不断降低小微企业融资成本。兑付政策性农业保险财政补贴资金 4034 万元，着力提升农业抗风险能力。支持利浩农业开发公司注册资本金 1100 万元，推动扁担沟镇移民肉牛养殖园区发展，带动移民群众增收致富。安排资金 565 万元，支持农业农村领域科技发展计划项目、宁夏恒丰纺织科技股份有限公司工业提升转型发展。统筹整合资金 2199 万元，支持"乐购利通·惠享生活"、第二届吴忠早茶文化节、优质农产品促销节等一系列文旅活动，增强消费信心，激发消费活力。

四、跟踪问效促落实，财政管理更加精细

聚焦财政改革重点领域，持续落实改革措施，促进财政管理提质增效。先后出台《进一步加强财政资金管理的实施细则（修订）》《吴忠市利通区财政支出考核暂行办法》，不断强化制度保障。推进预算管理一体化建设，开展财政专户核算一体化应用和会计集中核算云平台推广应用，实现财政资金从安排源头到使用末端全过程管理。全面加强政府采购和项目投资评审管理，完成采购金额 15494 万元，节约资金 1130 万元，节约率 6.8%；聘请第三方代理机构，实施政府投资项目工程结算审核，促进财政资金发挥最大效益。加强国资国企管理，制定《吴忠市利通区融通城乡建设投资有限公司资产管理制度（试行）》，推进经营性国有资产集中运营管理，确保国有资产安全完整。印发《吴忠市利通区第三方机构绩效评价工作质量考核暂行办法》，建立考核机制，督促第三方机构提升绩效评价质量。

五、强化防范守底线，财政风险有效控制

努力克服经济下行、新冠疫情、退税减费等因素影响，始终坚持"两个支出优先"原则，严格落实政府"过紧日子"要求，持续压减非必要、非刚性支出，全面统筹财政资源，确保"三保"等各项民生政策落实到位，努力保障财政平稳运行。做好财政直达资金监管工作，审核拨付直达资金 5.04 亿元。完善政府性债务风险防控机制，严格落实政府债务限额管理，做到"开前门"和"堵后门"相结合，有效化解债务存量，严控制债务增量。争取再融资债券 5700 万元，安排债务还本付息资金 5200 万元，确保政府债务保持在合理区间。认真

开展地方财经秩序专项整治行动，持续巩固整治成果，严肃财经纪律，把“紧”的基调“严”要求进一步落实到财政资金管理各个环节。推动内控制度建设，完成利通区98个预算单位内控报告编制工作。深化工程建设政府采购等重点领域突出问题专项治理工作，严肃查处政府采购领域违法违纪问题137个，共下发整改通知书22份，处理处罚采购人15家、代理机构17家、供应商7家、评委7人，处罚金额共计21.2万元。开展国有产权交易领域突出问题专项治理，查出问题已全部整改，提高资产监管实效。

红寺堡区

2022年，红寺堡区财政局始终坚持以习近平新时代中国特色社会主义思想为指导，深入学习贯彻落实党的二十大精神，坚持稳中求进工作总基调，坚持新发展理念，坚决贯彻落实党中央、自治区、吴忠市关于“稳经济，保增长，促发展”一揽子政策措施要求，认真学习上级经济工作会议和财政工作会议精神，紧紧围绕红寺堡区委、政府中心工作，统筹疫情防控和经济社会发展，扎实做好“六稳”工作，全面落实“六保”任务，为稳定经济大盘出力，推动经济运行在合理区间，为红寺堡区经济社会等各项事业发展提供坚实的财力支撑。

一、基本经济情况

一般公共预算收支情况。本级一般公共预算收入完成23029万元，为年度预算的115.15%，增长21.3%。其中，税收收入完成15712万元，为年度预算的130.93%；非税收入完成7317万元，为年度预算的91.46%。一般公共预算支出完成340305万元，完成变动预算数的87.2%，增长13.18%。

政府性基金预算收支情况。政府性基金收入完成35727万元，较上年同期30226万元增加5501万元，增长18.20%。政府性基金支出完成36799万元，较上年同期27273万元增加9526万元，增长34.93%。

2022年社会保险基金收入20174万元，其中，当期收入18436万元，补缴2021年度养老保险1738万元，社会保险基金支出7540万元，当期收支结余12634万元，年末滚存结余58918万元。

上争资金情况。积极争取上级一般公共预算转移支付资金278670万元，比上年全年增长5.5%。共争取债券资金44000万元，其中，一般债26000万元，专项债18000万元。自治区财政厅下达红寺堡区各级衔接资金共计58232万元，分配率100%，部门实际支出58076.22万元，支付率99.73%。其中，中央财政衔接资金40921万元，支付率99.75%；自治区财政衔接资金10211万元，支付率99.96%。自治区下达我区闽宁协作资金共计7100万元，部门实际支出7051.5万元，支付率99.32%。争取农村综合改革资金（一事一议）10000万元，增长128.57%。

专项资金收支情况。自治区财政厅共下达红寺堡区经建专项资金24379.2万元，已拨付22826.4万元。其中，共下达基本建设资金22383.2万元，拨付20832.7万元；招商引资资金429.8万元，拨付429.8万元；其他补助资金1566.2万元，拨付1563.9万元。下达红寺堡区自然资源及环境保护资金共16204.2万元，已拨付14559.4万元。

二、重点工作完成情况

（一）坚持稳基础、促发展，实体经济发展提质升级

坚决落实积极财政政策更加积极有为的要求，全力发挥财政的基础和重要支柱作用，在常态化疫情防控中推动全区经济社会高质量发展。减税降费落实落细。坚决落实上级稳经济保增长促发展工作会议精神，积极响应各项减税降费政策，实施更大力度减税降费。广泛开展组合式税费支持政策宣传，进一步提高政策知晓率，打通政策执行“最初一公里”，全力推动减税降费政策不折不扣落到实处。全面落实大规模组合式减税退税降费政策，累计办理退库21191万元，其中，增值税留抵退税17877万元惠及63家企业，“六税两费”退税128.58万元惠及128家企业，享受制造业中小微企业缓缴税费1038万元惠及117家企业，新增减税降费3637.76万元，助力市场主体“轻装上阵”。切实减轻市场主体负担，激发企业发展活力。融资担保持续发力。

累计担保贷款70844.4万元，其中，农户担保贷款7327笔36776.9万元，企业130笔34067.5万元。担保贷款9743.9万元，其中，农户335笔1933.4万元，企业24笔7810.5万元，有效缓解中小微企业、合作社、家庭农场及种植养殖大户融资难、贷款难、担保难的问题。壮大担保基金规模，整合全民创业、妇女创业、产业担保、风险补偿等各类基金23500.05万元。积极探索创新担保模式。开展活体抵押担保业务，解决红寺堡区养殖企业融资需求。用好用活政府债券资金。积极对接上级财政部门，共争取债券资金4.4亿元，其中，棚改专项债券1.8亿元，新增地方政府一般债券资金2.6亿元（其中乡村振兴一般债券1亿元）。重点用于乡村振兴、农林水利、生态环保、医疗卫生、教育、市政建设等领域，有效提高债券资金使用效益。开源节流有力有效。牢固树立“过紧日子”思想，坚决压减一般性支出，严格控制“三公”经费，本级一般性支出28424万元，“三公”经费支出313.83万元。完善结转结余资金收回使用机制，有效盘活财政存量资金，累计盘活存量资金17948万元，统筹用于项目建设、民生保障等重点领域。

（二）加快补短板、惠民生，人民生活福祉日益增进

牢固树立以人民为中心的发展思想，加强普惠性、基础性、兜底性民生建设，满足人民日益增长的美好生活需要。民生保障力度增强。各项民生支出303178万元，增长10.91%，占一般公共预算支出的89.09%。全力提高社会兜底保障水平，共投入资金11737万元，力保全区1.73万城乡低保对象基本生活补助每月及时足额发放到位，提升人民群众获得感幸福感。积极落实特殊群众保障政策，投入资金1086.43万元，确保困难残疾人生活补贴和重度残疾人护理补贴等救助金按时足额发放。直达资金精准拨付。严格落实常态化财政资金直达机制，第一时间分配下达各部门，督促各单位及时支付，确保直达资金落地见效惠企利民。共收到各类直达资金118996.94万元，分配率为100%，累计支付112424.28万元，支付率为94.5%。持续巩固拓展脱贫攻坚成果、全面实施乡村振兴战略。2022年，巩固拓展脱贫攻坚成果同乡村振兴有效衔接方面，共投入资金133446万元，其中，中央衔接资金40921万元，自治区衔接资金10211万元，闽宁资金7100万元，乡村振兴地方债10000万元，农村综合改革9400万元，壮大村集体经济建设600万元，农业生产发展等专项资金27086万元，教育资金14000万元，乡村基础设施方面14128万元，实施各类项目405个，主要用于产业发展、农村基础设施建设、稳岗就业、乡村建设行动等重点领域。教育文化事业蓬勃发展。投入教育资金69064万元，主要用于保障教师工资、教育成果奖励、校长（书记）班主任津贴、三级骨干教师工作补贴、名师工作室、教师培训费等方面；投入文化和旅游资金4098万元，主要用于公共图书馆、文化馆、博物馆、社区和乡镇文化站等公共文化服务体系建设方面，进一步丰富了人民群众文化生活。投入资金2010万元，主要用于基层科普行动计划、RD项目、科技扶贫指导员等方面，集中财力加强创新能力建设，加快农业科技成果转化应用，提高农业科技含量，为增加农民收入起到积极的推动作用。社会保障体系平稳运行。加大财政对城乡居民基本养老事业的投入力度，财政对基本养老保险的补助达4749万元。健全退役军人服务保障体系，累计安排资金1016万元，切实做好退役军人事务资金保障。城市功能品质持续提升。加大对创城资金的投入，安排资金600万元，为创城工作顺利开展提供了坚实的资金支持，全力推动全国文明城市创建。为有效改善城市面貌，提升城市综合承载能力，实施城市更新改造工作，加强政策研究，抢抓发展机遇，加大资金争取力度，投入各类资金49022万元，推动新民小区棚户区改造项目建设、加快兴盛片区、朝阳片区等城市更新改造项目，持续优化城市人居环境，提高城市公共服务水平。污染防治攻坚战纵深推进。牢牢守好发展和生态两条底线，筹措本级财政资金1127万元大力支持农村环境整治、城区生活垃圾处理、沟河道治理等污染防治工作，改善城区及农村居民生产生活环境。持之以恒践行绿水青山就是金山银山的发展理念，筹措资金18188万元用于草原生态修复治理、森林资源培育、森林生态效益补偿、罗山地区防沙治沙综合治理等项目，为进一步做好红寺堡区林业改革发展工作，提高群

众造林积极性，实现生态环境可持续健康发展，提供有力保障。

（三）聚焦重绩效、严监管，资金使用效益持续提升

高度重视财政资金监管工作，强化全过程、全链条、全方位监控，提升财政资金使用效率，管好用好政府的“钱袋子”。加强政府投资项目结算审核。进一步规范红寺堡区政府投资项目工程结算审核，稳步推进政府投资项目结算审核工作再上新台阶。送审政府投资项目审核共212个，已完成项目结算审核并出报告118个，送审金额73501.97万元，审定金额67279.69万元，审减金额6222.28万元，审减率达8.47%，政府投资项目监督管理水平不断提升，财政资金使用效益进一步提高。加强直达资金管理。严格落实直达资金监管要求，强化日常监督和重点监控，确保资金流向明确、账实相符，实现中央财政资金直达市县基层，更好地发挥积极的财政政策效能。累计争取中央直达资金118997万元，分配率100%，累计支付112374万元，支付率为94.43%，高于全区平均水平。加强政府采购管理。推进政府采购电子化管理，严格采购预算约束，红寺堡区本级共完成采购预算金额15090万元，实际采购金额13646万元，节约金额1444万元，节约率10%，有效提升财政资金使用效益。加强国有资产管理。积极组织开展行政事业性国有资产管理领域专项整治行动，坚持问题导向，把资产管理做细、做实、做到位，做到账证相符、账实相符、账码相符，盘活闲置资产，完善低效运转、闲置资产，提高资产使用率和使用效益，坚决守住国有资产安全完整的底线。红寺堡区所有行政事业单位已全部纳入资产管理信息系统共计100家，全区国有资产总额790144.25万元，其中，流动资产56151.2万元，固定资产、在建工程等非流动资产733993.05万元。

（四）筑坚强堡垒、严作风，坚决落实全面从严治党责任

坚持学习教育不放松，加强党建引领，突出严管厚爱，财政干部队伍展现出奋发有为新风貌。全面加强干部队伍建设。抓好政治理论学习与财政业务培训，财政干部政治素养和业务水平持续提升。年初制定理论学习计划，以“三会一课”、支部主题党日活动为抓手，组织开展党组中心组理论学习12次、创新开展宣讲活动6次，依托党组中心组理论学习及周一例会，在开设“财政微课堂”的基础上，积极创新学习方式，采用“学前观影”活动进一步加深干部职工的学习印象、提升学习兴趣，切实把学习成效转化为工作动力和成效，不断为财政干部赋能充电。筑牢党组织战斗堡垒。常态化组织召开党员大会3次，党支部会议11次，主题党日活动12次。组织在职党员到罗山社区报到，根据自身工作职责认领并完成帮扶共建任务，认领任务清单主要为“完成祥和佳苑小区破损围墙护栏的维修和帮助祥和佳苑小区困难群体完成‘微心愿’”。

青铜峡市

2022年，在青铜峡市委、政府的坚强领导下，在自治区财政厅大力支持和指导下，在市人大的监督下，青铜峡市财政局认真贯彻落实市委、政府决策部署，紧扣财政部门职责，坚持稳中求进工作总基调，全面落实“稳经济，保增长，促发展”和“疫情要防住，经济要稳住，发展要安全”的要求，克服减税降费、留抵退税、新冠疫情等因素影响，攻坚克难，努力完成各项目标任务。

一、主动作为，积极组织抓好财政收支

2022年以来，青铜峡市财政局紧盯年度目标，落实综合治税机制，按照“管细大户，管好中户，规范小户”的税源管理目标，密切监测青铝、金昱元、国能大坝发电、东吴农化等重点税源企业运营情况，强化欠税企业清缴力度，挖掘税收潜力，加大工业用水权有偿使用费、水权指标交易、国有资源有偿使用、行政事业性收费等非税收入征缴入库力度。2022年，完成一般公共预算收入7.84亿元，同口径增长5.1%。其中，税收收入完成4.91亿元，占比62.6%，非税收入完成2.93亿元，占比37.4%。严格落实财政支出主体责任，坚持有保有压、突出重点，统筹资金有力保障基本民生、干部职工工资、日常公用经费、重大项目等支出需要。完成一般公共预算支出37.88亿元，同比增长7.6%，较好地

完成了支出目标。全年共争取财力性转移支付5.38亿元，为全年收支平衡打下坚实基础。认真谋划，紧密对接，及时向各项目单位推送中央、自治区政策导向和资金投向信息，及时向工业园区、发改局等47个单位推送工作政策12条，督促积极对接上级对口部门，最大程度地争取资金支持，助推全市争取上级补助资金28.23亿元，较2021年增加2.15亿元，增长8%，为全市全面落实大规模“组合式”减税降费政策、兜牢兜实“三保”底线提供坚实财力保障。2022年，自治区财政厅共下达青铜峡市中央直达资金8.43亿元，已分配8.43亿元，分配进度100%，已支出7.72亿元，支出进度91.6%。直达资金精准到位，惠企利民效益突出。2022年，全年“三保”支出17.69亿元，其中，保基本民生支出7.49亿元,保工资9.68亿元,保运转0.52亿元，实现了基本民生有力保障、人员工资按时足额发放和机关正常运转。

二、党建引领，推动财政工作高质量发展

抓好党建基础工作，坚持党组织书记为抓党建第一责任人，层层签订目标责任书，班子成员认真履行“一岗双责”，把管党治党各项要求、措施落实到每个班子成员。全年召开支委会14次、党员大会5次、主题党日12次，讲授专题党课4次，召开专题组织生活会2次。加强干部“选、育、管、用”各个环节，及时有序发展党员，建强支部堡垒。坚持“双报到，双服务”工作，落实疫情防控“平战转换”机制，抽调党员干部200余人次下沉社区、防控点开展疫情防控工作。做好党建品牌创建工作，认真落实“四比四强四提升”工作机制，创建“党旗辉映 财政担当”党建品牌，深化拓展“党建+乡村振兴、党建+文明创建、党建+城市治理、党建+民族团结”工作模式。牢固树立铸牢中华民族共同体意识，积极创建民族团结进步示范单位和文明单位，将示范创建工作与支持各项民生事业发展相结合，主要领导亲自抓，分管领导协调抓，干部职工齐参与。2022年，青铜峡市财政局被评为“青铜峡市民族团结进步先进集体”。坚持党建与业务工作相结合，将党建工作与财政业务工作相结合，按照“围绕中心抓党建，抓好党建促中心的思路，抓好“三保”、预决算等重点工作，着力做好深化政府采购、企业国有产权、行政事业性国有资产产权交易突出问题专项治理工作，确保财政中心工作做到哪里、党建工作就深入到哪里。

三、多措并举，推进减税降费落实到位

制定各类各项减税降费政策清单，逐项明确受益主体、优惠内容、政策依据，责任单位，使减税降费政策不折不扣地落实到位。2022年，青铜峡市累计新增退税减税降费7.12亿元，占同期税费收入14.35亿元的49.59%，其中，新增留抵退税5200万元。2022年新出台的政策退税减税降费9500万元，展期实施政策退税减税降费3941万元，2021年年中出台政策在2022年的翘尾新增退税减税降费1811万元,有力地助推市场主体“轻装上阵”坚决不收过头税，为企业持续发展增添活力。

四、持续发力，全面释放金融服务能力

2022年，青铜峡市金融运行平稳有序，人民币存贷款规模持续稳中有升。其中，存款全年持续正增长，贷款9个月保持正增长。全市人民币各项存款余额174.45亿元，创历史新高，同比增加22.07亿元，同比增长14.49%；人民币各项贷款余额152.8亿元,同比增加3.96亿元,同比增长2.66%。

脱贫人口小额信贷工作提质增效。建立防止返贫动态监测与过渡期脱贫人口小额信贷工作联动机制，对符合条件的脱贫户和边缘易致贫户发放脱贫人口小额信用贷款应贷尽贷。涉农金融服务水平逐步提升。截至2022年12月末，全市涉农贷款余额116.62亿元，同比增长1.45%。完成全市84个行政村整村授信，有效评级22964户，授信17318户9.66亿元，用信7493户3.76亿元。宁夏农担青铜峡分公司在保余额2.26亿元，同比增长29.8%，在保项目616个，同比增长16.4%。金融服务体系逐渐完善。银行服务网点实现转型，农村普惠金融服务覆盖面逐步扩大，普惠金融领域和助力乡村振兴的服务水平和服务效率不断提升。推动宁夏银行在村级设立乡村振兴服务站，打通了现代化金融服务农村居民的“最后一公里”。

五、聚焦重点，推进国企改革不断深化

实施国企重组整合。围绕全市重大战略和产业总体布局，协同推进市属国企重组整合，将22户市属国企全部纳入统一集中监管范围，实现了政企

分开、事企分开、所有权与经营权分离。完善国企改革配套制度。修订完善《青铜峡市国资国企监管机构权力和责任清单》《市属国有企业经营业绩考核管理暂行办法》《市属国有参股企业管理暂行办法》等12项制度，推进监管工作多方位转变，形成了比较完备的国有企业国有资本监管体系。夯实市属国企党组织建设。组织修订市属国企公司章程党的建设部分，制订市属国有企业党组织研究讨论重大经营管理事项清单示范文本，配齐建强国有企业基层党组织，组织实施清廉国企建设行动，对市属国企的监督管理进一步强化。

六、全心全力，持续保障和改善民生

（一）助力乡村振兴战略实施

2022年，安排7.59亿元大力支持农业农村、水利发展，促农民增收、农业增效。统筹安排乡村振兴补助资金2.37亿元，加大支持就业和产业扶持力度，重点支持带动增收能力强的种养业和“六特”产业发展，支持农业产业为主体的一二三产业融合发展等。发放全市实际种粮农民发放一次性补贴资金806万元，耕地地力保护补贴3352万元。积极争取自治区农村综合改革转移支付资金3300万元，全面改善农村村容村貌及基础设施条件。安排资金8700万元支持农村人居环境整治行动，全面提升村容村貌。制订印发《青铜峡市财政农业保险保费补贴实施方案》，全年辖区农业保险保费规模6979.33万元，财政农业保险保费补贴5588.23万元，持续加大农业保险保障力度。统筹整合乡村振兴融资担保基金3016万元，进一步降低担保门槛、扩大担保覆盖面，切实解决新型农业经营主体融资难、融资贵的问题。

（二）助力疫情防控

积极筹措整合资金，开通资金拨付和政府采购“绿色通道”，累计投入新冠疫情防控资金5576万元，重点保障新冠疫情常态化防控和“4·06”“9·20”突发疫情全员核酸检测、防疫物资、集中隔离等方面，支持市医院和疾控中心核酸实验室提标改扩建，实现每日核酸检测能力突破万份。

（三）着力做好社会保障服务

发放创业担保贷款9564万元，开展就业重点群体职业技能培训1800余人次，发放公益性岗位、“三支一扶”等就业补贴3500万元，为符合条件的549家中小微企业发放援企稳岗补贴，实现城镇新增就业3408人、农村劳动力转移就业2.08万人。安排1.29亿元，落实困难群众救助提标政策，累计保障困难群众等各类救助对象2.67万人次。投入2.39亿元，支持深化医疗卫生体制改革，推进残疾人、退役军人事业发展，稳步提高社区治理能力。

（四）助力打赢污染防治攻坚战

投入3.46亿元用于大气污染防治、生态环境整治修复、节能减排及其他生态保护专项污染治理等方面，持续改善环境质量，精准支持黄河流域生态保护和高质量发展先行区建设。

（五）着力做好宜居宜业城乡建设

2022年的老旧小区改造工程，共涉及12个小区170栋楼5245户，改造面积54.73万平方米，共投入资金6917.5万元。2022年，青铜峡市北方地区清洁取暖项目，完成安装10300余户，拨付资金4728.6万元。农村危窑危房改造任务完成67户，共投入资金2752万元。

（六）助力科技创新

2022年度，本级预算安排科技创新平台建设、培育科技中介服务机构、创新驱动发展项目和年度企业研发后补助项目资金920.4万元，完成财政科技研发投入1286.38万元，较2021年增长10.4%，R & D占GDP比重达到1.99%。

（七）助力教育事业发展

按照自治区“两个只增不减”工作目标，2022年度本级预算安排资金3283.3万元，确保全市财政一般公共预算教育支出在2021年度基础上只增不减，确保在校学生人数平均一般公共预算教育支出只增不减。

盐池县

2022年，盐池县主动适应新常态，以习近平新时代中国特色社会主义思想为指导，深入学习贯彻党的二十大精神，紧盯自治区第十三次党代会确定的目标任务，巩固和拓展减税降费成效，实施积

极有为的财政政策，强化疫情防控常态化资金保障，硬化预算执行约束，深化预算绩效管理改革，积极防范化解债务风险，切实增强重大战略任务财政保障能力，努力实现全县财政平稳运行。

一、培财源，攻难关，千方百计确保收支平衡

克服经济下行压力持续加大及部分一次性财力取消等因素影响，坚持收入组织和支出管理一起抓，高效统筹收支平衡。一是扎实做好收入组织工作。做实、做好收入测算和组织工作，突出抓好重点税源、重点行业征管，规范非税收入收缴途径，强化非税收入征管、稽查，壮大税源增量，多措并举规范收入征管。2022 年，县级一般公共预算收入完成 78250 万元，为年度预算的 84.4%，其中增值税留抵退税减少县级收入 9663 万元，扣除留抵退税因素后同口径增长 2.5%（同比下降 6.2%）。二是积极争取上级财政补助资金。围绕扎实做好“六稳”工作、全面落实“六保”任务的工作思路，紧抓政策机遇，密切关注上级政策资金走向，纵向主动与上级部门对接，加大力度争取上级资金支持，横向做好对相关部门的指导与配合，结合我县发展需求，2022 年争取财政转移支付资金 317266 万元，切实缓解财政支出压力。三是加大盘活存量资金力度。根据中央及区市关于盘活存量资金和进一步做好预算管理相关要求，通过预算管理一体化系统不断加强财政资金动态监控，对结转结余资金、单位实有账户资金进行清理，全年盘活财政存量资金 7027 余万元，进一步减少财政资金沉淀，缓解财政收支矛盾。四是积极争取债券资金支持。坚持限额管理，依法举债，按照全区发行地方政府债券的统一部署，结合盐池县发展需求，主动与区市财政部门沟通衔接，与发改和项目主管部门积极协作，2022 年争取政府一般债券资金 24000 万元，专项债券资金 4500 万元，支持了重点项目建设，增强了财政保障能力。五是大力压减非急需非刚性支出。持续深入贯彻“过紧日子”的相关要求，统筹兼顾，年初公用经费预算在定额标准的基础上统一压减 10%，同时压减单位专项业务费中列支的工作经费类支出预算，盐池县一般性支出总体压减 5%，确保有限资金用在“刀刃上”。

二、防疫情，促发展，统筹兼顾稳住经济大盘

统筹做好常态化疫情防控和经济社会发展。一是支持常态化防疫。全年投入疫情防控资金 14000 余万元，主要用于保障全域核酸检测、防疫物资及必要生活物资、核酸检测设备采购、防控卡点“落地双检”、集中隔离人员封控支出等，努力满足“外防输入，内防反弹”常态化防疫需要。二是支持重点行业复苏。全面落实国家和区市县稳住经济大盘一揽子政策措施，安排资金 10828 万元，用于支持工业高质量发展、促进服务业加快发展、招商引资奖励补助等，鼓励制造业技术改造、培育“专精特新”企业、支持中小企业发展。加强实体企业信贷投放，引导金融服务实体经济，强化对薄弱环节的融资纾困力度，2022 年涉农贷款余额 82.23 亿元，同比增长 11.92%，普惠小微企业贷款余额 25.16 亿元，同比增长 21.71%。有力地支持受疫情影响重、就业容量大的行业稳步复苏。三是落实减税降费政策。支持符合条件的市场主体和个人应享尽享减税降费政策，2022 年全县累计新增减税降费及退税缓税缓费 63691.85 万元，其中，增值税留抵退税 53100 万元，新增减税降费 7565.35 万元，缓税缓费 3026.5 万元，变“政策红利”为“真金白银”，最大限度地把政策利好转化为发展动能。四是管好用好直达资金。稳步扩大直达范围，下达中央直达资金 91735.85 万元，规模是上年的 2.38 倍，有力地支持“六稳”“六保”。

三、优支出，保重点，竭尽全力兜牢民生底线

全县民生支出 345989 万元，占一般公共预算支出的 85.4%。一是落实就业优先战略。安排就业补助资金 6345 万元，支持高校毕业生、退役军人等重点群体就业。积极争取自治区职业技能提升行动资金 472.3 万元，支持职业技能培训。二是促进教育均衡发展。2022 年下达教育经费 50619 万元，持续推动义务教育优质均衡发展，增加普惠性学前教育资源供给，职业教育提升和农村义务教育学生营养改善计划等。三是推进社会保障体系建设。完善社保筹资机制，加大社保资金投入力度。全年共筹集基本养老保险基金 29276 万元，确保全县 25403 名退休人员的养老金及时足额社会化发放；安排资金 39414 万元，主要用于落实医药卫

生体制改革、就业专项补贴、困难群众救助补助等方面。四是推进公共文化事业。2022 年安排文化支出 6267 余万元，稳步推进全县公共文化服务体系建设，公共文化服务效能明显提升，群众基本文化权益得到有效保障。五是补齐基础设施短板。安排征地拆迁补偿资金 4362.9 万元，政府债券资金 4930 万元，争取保障性安居工程资金 2842.37 万元，实施石油公司家属楼老旧小区改造等城市基础设施改造项目，有效改善群众生活环境，提升城镇整体形象；争取交通运输专项资金 7046.51 万元，加快建设省道 309 线惠安堡至银百高速大水坑出口段等道路，保障农村公路建设养护，维护道路交通安全。

四、重保障，抓振兴，多措并举加大惠农力度

2022 年全县争取国家、自治区级财政支农惠农项目资金 88996.94 万元。一是促进乡村产业兴旺。安排专项补助资金 23860 万元，支持巩固拓展脱贫攻坚成果同乡村振兴有效衔接特色产业培育项目；出台《盐池县农业保险保费补贴实施方案》，承保中央、自治区和县域优势特色产业补贴险种 16 种，为 42293 户农户理赔 5384.76 万元；设立乡村振兴融资担保基金，为 355 户融资对象发放贷款 5200.2 万元，支持滩羊、肉牛和黄花等农业特色优势产业发展。二是促进粮食稳产保供。发放耕地地力保护、实际种粮农民一次性补贴等惠农补贴资金 20041 万元，其中，发放耕地地力保护补贴 6523 万元，种粮农民一次性补贴 2088.34 万元，小杂粮种植补贴 1720 万元，玉米大豆带状复合种植补贴 1200 万元等，调动农民种粮积极性。三是促进农田水利建设。投入资金 3484 万元，支持盐池县后洼坡耕地水土流失综合治理工程、莎草湾小流域综合治理等重大水利工程建设。投入资金 3871 万元，支持建设高标准农田 1.04 万亩。四是促进乡村环境改善。投入资金 825 万元支持新建农村户厕 1500 户，提升农村厕所粪污处理能力；投入资金 3168 万元，支持花马池镇南苑新村等农村生活污水治理，提升农村污水处理能力；投入资金 24922 万元，用于农村公益性服务、“美丽乡村”建设及扶持壮大村集体经济项目，持续推进农村综合改革，打造乡村振兴示范村；投入资金 515 万元，支持农村人居环境配套设施建设，提升农村村容村貌。

五、强环保，破难题，精准发力推进生态文明建设

一是持续加大环保投入。投入加快生态文明建设资金 13712 万元，用于城乡造林绿化、退化森林草原修复、退耕还林还草、森林生态效益补偿等，坚定不移推动生态文明建设。二是丰富财政支持方式。制定印发《盐池县山林资源政府回购暂行办法（试行）》，探索建立山林资源政府回购机制，促进生态价值转化增值、生态效益优化提升、生态环境持续好转，推动黄河流域生态保护和高质量发展先行区建设取得新突破。三是聚焦解决突出问题。对标中央环保督察等反馈问题整改，扎实开展生态环境保护“九大专项”集中整治攻坚行动，投入保护修复生态及治理环境污染资金 16597.58 万元，支持历史遗留废弃矿山生态修复、农村生活污水处理、清洁能源取暖、环境污染应急处置等。

六、守底线，巧化解，积极有为防范重大风险

坚持稳字当头，牢固树立风险意识，严守财政领域风险底线，促进建立健康稳健的财政运行机制。一是严防“三保”风险。严格落实“三保”预算审核机制，坚持“两个支出”优先顺序，预算安排足额编列，特别是保障疫情防控、职业年金做实、机关事业单位养老保险财政补助等政策落实落细。加强动态监测，全面准确掌握财政运行情况，运用好风险应对资金和财政库款调度等措施，及时处置风险隐患，没有发生“三保”风险事件。二是严防债务风险。2022 年底，盐池县限额内政府债务余额为 279654 万元，按照化债计划，全年化解 21196.73 万元，完成年度化解任务的 106.16%。全县没有发生债务风险及舆情事件，没有发生违法违规举债融资情况。三是严防库款风险。精准调度库款，支持优先保障工资和民生补贴发放。逐日监控库款余额，确保处于合理区间。严肃财经纪律，规范财政收支行为，确保安全高效使用库款。清理财政暂付款，严控库款出借，综合运用法律诉讼、闲置资产处置、扣减财政补助资金等措施，确保年内实现暂付款清零，库款安全度明显提升。

七、建机制，提效能，开拓进取深耕财政改革

以建立标准科学、规范透明、约束有力的现代

财政制度为目标，持续用力通“堵点”、疏“痛点”、补“断点”。一是持续加强预算管理。加强项目库管理，建立健全项目支出预算储备性评审机制，严格标准化管理，强化评审结果应用，提高预算编制科学化、精细化水平。全面落实部门预算安排与预算编制的精准度和契合度、绩效评价结果、预算支出进度、项目资金结转四个挂钩机制，强化结果应用，不断提高财政资金使用效益。将预算执行、资产管理和政府财务报告等系统整合到预算管理一体化系统，提升财政预算管理信息化水平。二是全面深化绩效管理。制定出台《盐池县项目支出绩效评价管理暂行办法》《盐池县部门预算绩效管理工作综合考评暂行办法》和《关于进一步加强重大政策和项目事前绩效评估管理的通知》，健全事前、事中和事后全链条预算绩效管理制度体系。组织开展事前绩效评价项目 27 个，事中绩效监控项目 3 个，事后综合绩效评价 10 个，部门整体支出绩效评价 5 个，社会保险基金项目评价 1 个，共涉及金额达 94815 万元。三是持续深化国资国企改革。坚持贯彻落实《盐池县国企改革三年行动实施方案》要求，制订印发《盐池县深化国有企业改革体制整合重组实施方案》，完成县属国有企业资产评估、清产核资、经责审计等工作任务，重组整合盐池县融盐国有资本投资集团有限公司、宁夏盐池滩羊产业发展集团有限公司，推动我县国有经济布局优化和结构调整，持续深化县属国有企业人事、劳动、分配三项制度改革，不断健全市场化经营机制，有效推进以管资本为主的国有资产监管体制改革。

八、抓整顿，严落实，全力以赴提升监管效能

一是开展地方财经秩序专项整治行动。扎实推进预算管理、国库管理、资产管理、债务管理等领域财经纪律专项整治，制定相应整改措施并坚决落实，切实强化财经纪律刚性约束。二是紧盯重点领域政策落实。聚焦乡村振兴、减税降费等重大财税政策落实情况，开展专项督促行动，确保中央、区、市各项重大政策落地落实。三是强化会计管理和监督。开展内部监督暨内部控制专项检查，对 17 家行政事业单位、企业、协会、代理记账公司会计信息质量开展检查，强化内控制度执行，不断提高内部风险防控能力和操作规范程度。四是开展“一卡通”管理工作专项监督检查。印发《进一步加强惠民惠农财政补贴资金“一卡通”管理方案的通知》，梳理形成《盐池县惠民惠农财政补贴“一卡通”政策清单》，在政府门户网站公开并实时更新，通过搭建管理平台，实现“一张清单管制度”“一个平台管发放”。五是进一步加强全县乡镇财政管理。聚焦财政制度执行情况、财政资金安全管理、财政收支账务处理等方面，积极开展乡镇财政监督检查工作，按照“以查促管，以查促优”的工作思路，进一步提升全县乡镇财政管理水平。

同心县

2022 年，同心县财政局坚持以习近平新时代中国特色社会主义思想为指导，认真学习贯彻党的二十大精神，按照“疫情要防住，经济要稳住，发展要安全”的总体要求，发扬“拼、抢、严、实”工作作风，上下齐心，攻坚克难，推动积极的财政政策提质增效、更可持续，服务经济社会高质量发展，在建设社会主义现代化美丽新同心进程中交出了殊为不易的财政“答卷”。

（一）负重前行，顶压奋进，综合实力更有强度

面对疫情影响、减税退税降费和经济下行压力等因素叠加导致财政收支矛盾异常突出的形势，同心县财政局主动作为，加强各征管部门间沟通协调，扎实开展税收综合服务工作，深入挖掘潜在税源，确保税收收入及时均衡入库。强化非税收入征管，掌握非税收入征管动态，协调解决征管难题，促进非税收入应收尽收，不断做大财政收入“蛋糕”。2022 年，全县一般公共预算收入完成 39234 万元，为年度预算 39160 万元的 100.19%，较上年同期增长 10.18%。税收收入占一般公共预算收入的 71.18%，实现了质的有效提升和量的合理增长。不断优化重点支出结构，2022 年，全县一般公共预算支出完成 553626 万元，为年度变动预算 623123 万元的 88.85%，同比下降 4.04%。顶住压力、统筹财力、尽力而为，全力保障全县重点支出。

（二）蓄势赋能、精准施策，经济发展更有活力

认真贯彻中央关于稳住经济一揽子政策具体措施和县委落实自治区“稳保促”政策措施要求，充分发挥财政“收、支、管、调、防”作用，推动县域经济合理运行。顶格落实中央、自治区组合式税费支持政策，积极开展政策宣传解读，落实退税资金，提高退税时效，保障市场主体第一时间享受政策红利。2022年，中央、自治区、县全额留抵退税12000万元，其中县级留抵退税1805万元，精准帮扶95户中小微企业应对经营困难。退税资金全部直达企业，既大力改进增值税留抵退税制度，又有力为企业提供现金流支持、促进消费投资，为市场主体“输血”“活血”、纾困解难，保民生、稳就业，促进减税退税政策发挥更大的效应，实现宏观经济的稳中有进。深入研究上级政策，积极协同项目部门做好项目策划、申报及对上衔接工作，强化沟通对接，把握关键时间节点“跑区进厅”，全力争取中央、自治区最大支持。全年，争取各类转移支付551086万元，为县域经济持续稳定增长提供财力支撑，有效地缓解了财政运行压力，为全县财政实现收支平衡发挥了重要作用。把加快财政支出进度作为“稳保促”的重要举措，积极发挥直达资金“快、准、严”的优势，推动财政资金惠企利民更加高效。对中央、自治区专项资金，坚持做到“文到即转，款到即拨”，第一时间下达预算。充分运用预算管理一体化系统，强化业务传递，优化支付流程，提高审批效率，切实加快财政支出进度。紧紧围绕地方政府债券支持方向和领域，紧扣全县重点民生项目实施，配合县发改局及项目单位，积极谋划申报地方政府债券项目，弥补资金缺口，拉动经济发展。全年，向上争取新增政府一般债券29500万元，专项债券20000万元，稳经济、保增长、促发展效应得到有效发挥。综合运用企业贷款风险补偿、融资担保、产业引导基金等财政金融工具，撬动银行新增贷款17.47亿元，帮助企业渡过难关、优化发展。融资担保新增贷款5.81亿元，发放创业担保贷款7.96亿元，大力支持“六新六特六优”产业发展，着力推动产业集聚扩规。

（三）保障民生，兜底补短，民生事业更有温度

坚持把人民对美好生活的向往作为财政工作的奋斗目标，尽力而为，量力而行。2022年，民生支出448437万元，占一般公共预算支出的81%。教育支出100095万元，大力支持城乡义务教育均衡发展。落实社会保障政策，社会保障和就业支出100139万元，城乡居民基本医保人均财政补助标准净增30元，达到每人610元，提高机关事业单位退休人员基本养老金。落实中央和自治区各类工资政策，切实保障全县行政事业单位人员工资按时足额发放。筹措资金22500万元，统筹做好养老保险、住房公积金、职业年金等工资附加性支出保障。就业支出4062万元，落实中央、自治区各项减负稳岗扩就业政策，优化创业担保贷款贴息及奖补，加大失业保险基金支持稳岗和培训力度，支持高校毕业生、退役军人、农民工等重点群体创业就业。卫生健康支出44922万元，全面落实各项疫情防控政策，确保物资储备、疫苗接种、核酸检测等工作需要，有力支持公共卫生应急管理体系及国家基本药物制度建设。

（四）资源统筹，有效衔接，乡村振兴更有质量

坚持把农业农村工作作为财政优先保障领域，投入力度不断增强，总量持续增加。2022年，统筹整合财政涉农资金51634万元，实施乡村振兴项目100个，有力地巩固了脱贫攻坚成果同乡村振兴有效衔接，支持自治区确定的“六新六特六优”产业发展。及时发放耕地地力保护补贴、一次性补贴8892万元，做好农资稳价保供，保护农民种粮积极性。2022年，通过“一卡通”发放各类惠民补贴31960万元，补贴发放更加精准，群众取用更加便捷。支持农村人居环境整治五年行动，扎实推进农村“厕所革命”。推进农村综合改革。加大村级公益事业财政奖补力度，支持全县村级公益设施建设。

（五）攻坚克难，提速发力，财政改革更有力度

持续深化财税改革，规范制度建设，财政管理水平不断提升。以预算管理一体化系统为支撑，加强预算绩效目标监控、全程评审和结果反馈整改，注重评价结果应用，加大绩效信息公开，不断提升绩效评价质量和效果。加大预算统筹力度，全面实施项目库管理，强化预算对执行的控制，加大预决算公开力度，强化预算动态监控和闭环管理，实现资金来源去向全程留痕、可追溯。稳步推进政府采

购电子卖场工作，丰富上线品目，降低采购成本，提高政府采购效率。积极推行政府采购意向公开工作，对政府采购计划审核严格把关，减少违规行为发生，促进各项政府采购政策有效落实。所有政府采购项目全部采用“电子标”，不再采用“纸质标”方式开展，方便投标人投标，全程留痕，可查可溯。2022 年全区考核中，同心县政府采购方面从之前的第 13 名跃升到第 4 名。全面推行财政票据电子化，实现非税收入线上管理。切实防范政府债务风险。坚决规范地方政府债务管理，严格规范举债行为，切实控制债务规模，积极化解存量债务，牢牢守住不发生区域性、系统性风险底线。

（六）旗帜鲜明，政治忠诚，管党治党更有成效

切实履行好管党治党的政治责任，把全面从严治党要求贯穿于财政工作全过程各方面，引领和推动财政事业持续健康发展。认真学习贯彻党的二十大精神。坚持习近平新时代中国特色社会主义思想的指导地位，组织开展党的二十大和习近平总书记视察宁夏重要讲话指示批示精神“大学习、大讨论、大宣传、大实践”活动和“三基三力”三年行动，努力在学懂弄通做实上始终走在前、做表率，使理论武装成为入脑入心、见行见效的自觉行为。全面加强政治机关建设。深入践行“以政统财，以财辅政”理念，将“两个确立”转化为坚决做到“两个维护”的高度自觉。把贯彻落实习近平视察宁夏重要讲话和重要指示批示精神，县委、政府重大决策部署作为头等大事，压实工作责任，以钉钉子精神紧抓快办，财政干部政治领悟力、政治判断力、政治执行力进一步提高，财政工作的政治底色不断增强。压紧压实全面从严治党责任。坚持党建和业务同谋划、同部署、同推进，层层压实党建主体责任，坚持大抓基层、大抓支部导向，严格执行“三会一课”、主题党日活动等制度，严肃党内政治生活，党组织规范化标准化建设水平不断提升。大力开展“节能宣传周”“网络安全周”“宪法宣传周”“抗战胜利纪念日”“国家公祭日”活动，多种形式开展“禁毒宣传月”“民族团结月”“民法典宣传月”活动，多渠道、多途径扎实开展打击整治养老诈骗专项行动，加强国有产权交易突出问题专项治理。抓好常态化疫情防控，党员干部下沉社区开展志愿服务活动，推动财政干部在一线砥砺初心、锤炼党性。加强队伍日常监管，自觉抵御各类侵蚀，恪守廉洁自律底线。扎实开展领导干部廉政警示教育周活动，引导财政干部懂法纪、明规矩、知敬畏、存戒惧。坚持防微杜渐、抓早抓小，常态运用监督执纪“第一种形态”，推动全面从严治党关口前移。以学促思，以谈促省，以案促改，扎实开展“两个违规”专项整治，强化工作措施，建立健全相关制度，切实堵塞漏洞，给全体党员干部职工注入廉政“强心剂”，确保财政干部和财政资金“双安全”。召开干部大会，专题传达学习婚丧喜庆事宜相关规定，签订承诺书，严格监督，按规矩办事，认真开展自查自纠，未发现收取高价彩礼、违规操办其他各类宴席等情况。大力支持纪检监察监督执纪问责，深入推进财政部门党风廉政建设。

征程万里风正劲，重任千钧再奋蹄。2023 年，同心县财政局将以习近平新时代中国特色社会主义思想为指导，深入学习宣传贯彻党的二十大精神、习近平总书记视察宁夏重要讲话和重要指示批示精神，在自治区财政厅和同心县委、政府的坚强领导下，勠力同心，抢抓机遇，真抓实干，踔厉奋发，为加快全面建设社会主义现代化美丽新同心贡献财政力量。

太阳山开发区

2022 年，开发区财政工作坚持以习近平新时代中国特色社会主义思想为指导，认真学习党的二十大工作报告精神，把党的二十大工作报告作为当前和今后一个时期重要的政治任务。认真落实开发区党工委、管委会的决策部署，坚持从危机中寻找机遇，从压力中提炼动力，进一步转变工作作风、以强有力的举措狠抓开源节流、增收节支，积极落实各项政策，为太阳山开发区经济社会高质量发展提供坚实的财力保障。

2022 年一般公共预算收入 16000 万元，同比增长 33%。其中，开发区级税收收入 14500 万元，非税收入 1500 万元。

一、推动财政收支稳增长

以“强征管，挖潜力”为抓手，认真落实财税收入目标考核责任制，进一步强化部门主体责任，实行“双节点”分析预警机制，加强对重点税源监管。深化非税收入收缴改革，盘活闲置资产资金，依法依规、有力地组织税收和非税收入，确保收入应收尽收。

二、打赢疫情防控总体战

本轮疫情发生以来，面对严峻复杂的疫情防控形势，财政局切实发挥财政职能作用，深入贯彻落实各级关于疫情防控工作的决策部署。在强化财政资金保障、促进经济社会平稳运行、筑牢群防群治疫情防线等方面履责担当、积极作为，快速响应启动应急机制，充分分析研判资金需求，分档明确开发区内“封控区，管控区，防范区”资金保障模式；同时启动疫情防控物资采购“绿色通道”，充分做到了“宁可有备无用，不可有用无备”，全力保障疫情防控物资需求。

三、发挥财政政策积极效应

一是减税降费政策落实到位。认真履行好减税降费的职责，认真测算落实减税降费政策对财政收入的影响，准确把握收入变化趋势，切实做到心中有数。截至2022年12月，已累计新增留抵退税15758万元，有效解决了企业流动性资金短缺问题，激励更多企业加大研发投入，提振市场主体信心，达到了“放水养鱼”的良好效果。二是企业奖补政策落实到位。落实宁夏电投太阳山能源有限公司、宁夏长明天然气开发有限公司等23家企业奖补资金5079.53万元，有力地推动了开发区工业企业的发展，切实为企业发展添加了活力、增加了动力。

四、解决工业企业融资缺口

根据《2022年太阳山开发区“稳经济、保增长、促发展、办实事”摸底排查活动方案》，深入企业开展走访，做好企业服务工作，充分调动企业积极性。在调研中解决工业企业融资困难，积极推动银企合作，深入开展指导工作，协助企业做好融资抵押等相关权证和证明的办理工作，完善对接长效、定期协调和企业融资指导机制，不断把银企对接工作推向深入。

五、改善财政监督管理机制

结合财政工作实际，深入剖析问题根源，明确工作方向和改进措施，完成财政内控制度梳理和规范工作。进一步规范政府采购（招标）行为，提高政府资金的使用效益，促进政府采购（招标）相关部门及工作人员正确行使职权，履行职责，预防和制止政府采购（招标）活动中的违法违规行为。

中卫市

2022年，中卫市财政局坚持以习近平新时代中国特色社会主义思想为指导，全面学习、全面把握、全面落实党的二十大精神，扎实开展习近平总书记视察宁夏重要讲话和重要指示批示精神“大学习、大讨论、大宣传、大实践”活动，认真贯彻落实区、市委、政府决策部署和自治区财政厅各项要求，坚持稳中求进工作总基调，落实更加积极的财政政策，全市地方一般公共预算收入完成21.85亿元，为预算的94.82%，同比下降4.35%。其中，市级地方一般公共预算收入完成12.33亿元，为预算的104.57%，同比增加4.66%。全市一般公共预算支出完成196.13亿元，为变动预算的88.9%，同比增长6.48%。其中，市级一般公共预算支出完成81.09亿元，为变动预算的90.1%，同比增长10.8%。

一、财政收支平稳向好

紧紧围绕年度预算收支总体目标，全力以赴开源，多措并举节流，确保预算收支平衡。挖潜增收。强化税收征管，加强与税务、人民银行及相关部门的横向协调和对县（区）财税部门的纵向督导，超前谋划，及时跟进，力促收入增长。上争项目资金200亿元，增长24.1%。特别是争取到中央财政支持的公立医院改革与高质量发展、北方地区冬季清洁取暖、历史遗留废弃矿山生态修复试点示范项目资金17亿元，为中卫市历史之最。争取留抵退税政策补助、均衡性转移支付等资金25.75亿元，为经济社会发展提供了保障。提高资金使用效益。兜牢底线。统筹盘活存量资金3.61亿元，清理上缴部门（单位）账户利息1609万元。牢固树立“过紧日子”思想，压减一般性支出10%、“三公”经费 5%，切实做到节用裕民。坚持“严管快下”相结合，制定《中卫市进一步加强直达资金管理暂行规定》，拨付资金 52.18 亿元、受益 83.51 万人次，403 户企业，直达基层，惠企利民，严格落实隐性债务 10 年化解计划，稳妥化解存量债务，全年隐性债务总量、全口径债务率实现双下降。沙坡头区、海原县风险等级为绿色，市本级、中宁县风险等级为黄色。

二、重点支出保障有力

发挥资金扶持效力，推动产业转型升级，涵养财源税源，增强发展后劲。落实组合式税费政策。严格执行大规模及阶段性支持疫情防控和经济社会发展的税费优惠政策，清理规范收费项目，全市新增退税减税降费 26.1 亿元，受益市场主体 3.5 万户；对承租国有资产房屋的小微企业和个体工商户减免租金 379.8 万元，切实用政府收入的“减法”，换取企业效益提升的“加法”和市场活力迸发的“乘法”，减轻市场主体压力。全面实施科技“双倍增”行动。全年科技支出 2.31 亿元，财政 R&D 经费投入较上年增长 11%，推动创新创业双轮驱动发展。安排人才专项资金 0.68 亿元，用于干部教育培训、“中卫英才”奖励、特聘专家经费、企业育才补助和人才引进奖补，为全市经济转型升级提供科技支撑和人才保障。推进生态文明建设。筹措资金 13 亿元，以历史遗留废弃矿山生态修复试点示范项目为牵引，大力实施废弃矿山生态修复、国土综合整治、大气水体土壤污染防治、农村人居环境整治、国土绿化等工程，促进生态保护同民生改善相结合，生态宜居城市环境日臻完善。加大重点项目投入。聚焦重点项目和产业结构短板的“痛点”，坚持“好钢用在刀刃上”，以前所未有的力度支持城市更新等基础设施建设。筹集资金 10.07 亿元，改造完成老旧小区、城区道路、中沟路和高速公路出入口整治。筹措资金 1 亿元，支持中卫热电铁路专用线建设。争取资金 1.25 亿元，加快推进中卫数据中心集群基础设施建设。统筹资金 2.43 亿元，支持工业产业、航空运输、商贸发展、粮食安全。安排资金 4300 万元发放消费券，拉动消费需求，促进线下实体消费回暖。

三、民生福祉持续改善

聚焦“六大提升行动”呼应民生关切，筹集资金 14.59 亿元支持 10 件民生实事全面完成，民生投入占比达到 80%，一批群众急难愁盼问题得到解决。居民收入稳步提高。城乡居民基础养老金、困难残疾人生活补贴、重度残疾人护理补贴标准每人每月分别增长 20 元、10 元、40 元。加强社会保险基金管理，续存基本医疗、养老保险基金 7.87 亿元。及时拨付城乡低保、高龄老人、残疾人等困难群众救助资金 6.39 亿元。新增 2000 个乡村公益性岗位和 200 个城镇公益性岗位。筹措资金 1.62 亿元保障公益性岗位、“三支一扶”、灵活就业人员等群体社保及生活补助。发放创业担保贷款 7.6 亿元，培育创业实体 2046 个，新增岗位 2953 个，财政贴息 4810 万元。有效衔接乡村振兴。按照抓重点、补短板、强弱项工作原则，筹措资金 15.91 亿元，支持乡村振兴、现代农业发展、压砂地退出和高效节水等农业项目。拨付资金 1.04 亿元，建设高标准农田 22.2 万亩，农业产业结构不断优化。教育事业保障有力。全面落实教育质量提升行动，筹措资金 28.99 亿元，足额发放校长、班主任津贴和寄宿制学校绩效工资。实施中卫市第六、第七中学新建综合楼、海原一中扩建等补短板项目。安装义务教育阶段学校教室护眼灯 9482 盏。将学校（幼儿园）保安、保育保教、医护人员经费和义务教育阶段课后服务补助等纳入财政预算，“学有所教”向“学有优教”迈出坚实步伐。医疗体系更加完善。筹措资金 10.66 亿元，支持公共卫生服务、公立医院综合改革、城乡居民医疗保险等卫生健康事业发展。安排资金 9 亿元，用于应急物资储备、核酸检测、方舱医院和隔离点建设，全力保障新冠肺炎疫情防控工作。“双拥”创建稳步推进。认真落实“双拥”政策，安排资金 1.08 亿元，支持军地国防事业发展、消防救援、退役军人服务、自主择业退役军人补助、优抚对象待遇补助等。

四、深化改革稳步推进

坚持把重点领域改革放到解决财政发展实际问题上，精准施策，全力攻坚，加快推进现代财政制度建设。推动财政体制改革。支持推进“六权”改革落实落地，明确市本级与沙坡头区在自然资源、生态环境、文化领域财政事权和支出责任，加强两级政府之间的分工与协作，加大财力下沉，突出资金分配精准性、有效性，向改革要动能，因改革得效益。牢固树立新发展理念，坚持以发展眼光谋划工作、推动落实。强化预算绩效管理。预算单位编制整体支出绩效目标和项目绩效目标，实现绩效目标全覆盖，做到同申报、同审核、同批复、同公开。组织第三方机构对乡村振兴人居环境整治、滨河北路提升改造工程等75个重点项目和8个部门（单位）整体支出开展绩效评价，评价结果运用于预算安排。规范资金资产管理。开展地方财经秩序专项整治行动、国有产权交易领域突出问题专项治理及工程建设和政府采购领域突出问题专项治理“回头看”，整改落实率100%，上缴国库处置收益43.82万元，新建长效机制41项，财政国资管理效能进一步提升。深化国有企业改革。建立现代企业制度，健全法人治理结构，完善党委前置讨论研究权责清单，落实董事会职权，充分发挥外部董事职能作用，积极推进国有企业经营性资产统一集中监管。实施经理层成员任期制和契约化管理，开展企业“三项制度”改革，全面完成国企改革三年行动任务。宁夏国资国企中卫行活动签约项目62个、金额1092亿元，签约及开工项目数量、金额均居五市之首。

五、自身建设不断加强

突出思想引领，聚焦政治过硬，坚持不懈用习近平新时代中国特色社会主义思想武装头脑、指导实践、推动发展，学懂弄通做实党的二十大精神、习近平总书记视察宁夏重要讲话和重要指示批示精神，在真学真懂真信真用中增强“四个意识”、坚定“四个自信”、做到“两个维护”。狠抓学习教育。聚焦思想建设，始终把学习作为首要政治责任。年内中心组理论学习16次、干部理论学习40次，开展“大学习、大讨论、大宣传、大实践”专题研讨学习10次、党员干部交流发言35人次，组织开展“大讲堂”12期、“微课堂”20期。加强宣传引导，通过悬挂横幅、利用LDE电子屏反复滚动播放宣传标语以及组织开展疫情防控、城市“双创”、民族团结进步、“国家安全日”“12·4”国家宪法日等法制宣传等活动，提醒并督促党员干部一如既往地站在推动经济社会发展和忠诚履责的最前列，为民服务、依法行政、依法理财。严格干部签到考勤，全年印发考勤纪律处罚通报5期、工作纪律处罚通报2期。加强财政信息宣传，共编写财政信息189篇，其中国家级财经媒体自治区财政厅和市级媒体刊登85篇，财政部选登10篇。

沙坡头区

2022年，沙坡头区财政局深入学习党的二十大精神，深刻领会党的十九届六中、七中全会精神和自治区第十三次党代会精神，坚决贯彻落实上级党委和政府各项决策部署，坚持稳中求进工作总基调，牢固树立新发展理念，克服困难，应对挑战，加力落实更加积极有为的财政政策，全力以赴稳经济、促发展、防风险、保安全、惠民生，以实际行动为建设黄河流域生态保护和高质量发展先行区贡献财政力量。

一、平衡财政收支

2022年，沙坡头区一般公共预算收入完成3.24亿元，为预算数的114%，同比增长5.3%，同口径增长5.3%；沙坡头区政府性基金预算收入完成154万元，为预算数的112%，主要为国有土地出租收入；政府性基金预算支出722万元，主要用于大中型水库移民后期扶持基金支出及彩票公益金支出；沙坡头区国有资本经营预算收入预计完成13万元，为预算的24.5%，计入上年结转8万元和上级专项30万元，收入总计预计为51万元；国有资本经营预算支出总计预计为0万元。2022年，沙坡头区一般公共预算支出32.75亿元，为变动预算数的90.9%，同比增长22%。

二、挖掘增收潜力

沙坡头区紧盯年初收入预算目标任务，加强与税务部门协作联动，多方挖掘增收潜力，每月对收入情况进行分析研判，重点分析因留抵退税、疫情等因素造成的税收短收情况，采取积极应对措施，确保完成全年收入任务。加大非税收入征管力度，落实城市规划区、中卫工业园区、沙坡头旅游景区以外土地出让金收入征收入库。紧盯中央、自治区政策方向和扶持关键领域，积极引导各部门向上争取资金，2022年，沙坡头区多渠道争取上级资金20.04亿元，有力地支持沙坡头区重点项目建设，有效缓解本级财力压力。争取新增债券资金2.3亿元，支持教育卫生、农业农村、生态保护等领域公益性项目建设。

三、保障改善民生

2022年，沙坡头区财政高效统筹财政资金，以财政支持保障民生提升群众幸福感获得感。安排城乡低保、高龄、特困供养、孤儿、残疾人、临时救助补助资金1.4亿元。精准落实各项优抚安置政策，安排1140万元用于优抚对象补助和医疗保障工作，安排1363万元用于退役军人相关工作，切实维护退役军人及优抚对象合法权益。拨付资金5439万元，用于城乡劳动力技能培训补贴、公益岗位人员生活补贴、事业单位实习生活补助、灵活就业人员社保补贴、“三支一扶”大学生生活及社保补贴、职业技能提升行动补助等。聚焦基础教育发展短板弱项，安排19837万元，支持新改建中小学校舍、“互联网+教育”能力提升、基础设施维修改造项目建设，改善教学环境，促进基础教育教学水平全面提升。安排9948万元，用于公共卫生服务和重大疾病筛查救治、发热门诊及供应室建设、沙坡头区人民医院综合改革、乡村医生生活补助社保等，支持公立医院改革和基层医疗卫生标准化建设。落实疫情防控资金7255万元，全力保障全域核酸检测、生活及应急物资保障、设备采购、发热门诊建设、集中隔离点建设、防疫人员食宿经费等方面，为有效控制疫情提供财政保障。

四、深化财政改革

产业基金统筹发力。设立产业发展基金，充分发挥乡村振兴基金池作用，整合沙坡头区乡村振兴基金5970万元、宁夏农担沙坡头分公司风险补偿基金500万元、党支部领办合作社发展基金5000万元、农村产权抵押贷款风险补偿基金1500万元及农民合作社和家庭农场风险担保贷款风险担保金368万元，形成沙坡头区乡村振兴基金池，初步构建中小微企业、家庭农场、合作社等经营主体全覆盖的现代融资体系。国企改革稳步推进。国企改革三年行动全面收官，国有企业党的建设、三项制度改革、国有企业多元化等重点难点任务取得突破性成果，国有企业收入、利润、资产总额实现增长10%以上的目标，国有资产实现统一监管。融资担保建立健全。推动召开“政银企”座谈会，组织各行业主管部门按季度摸排实体经济融资需求信息并汇总推送至各金融机构，沟通解决实体企业融资难融资贵问题。统筹资金2800万元组建成立中卫市银和融资担保有限公司；增加宁夏众和顺融资担保股份有限公司注册资本金2500万，进一步完善沙坡头区融资担保体系。

五、严肃财经纪律

充分发挥财政职责职能作用，以加强资金监管、规范资产管理、预算绩效评价、政府集中采购等为抓手，加快推进沙坡头区社会治理体系和治理能力现代化，着力把党领导经济工作的制度优势转化为财政治理效能。加强财政管理节约财政支出。成立审价工作机制，统筹负责区直各部门建设项目的审价工作，选定第三方咨询服务机构规范审价工作流程。严格落实《中卫市沙坡头区人民政府办公室关于进一步加强沙坡头区政府投资项目概算和决算管理的通知》等相关制度办法，认真排查各环节的业务和廉政风险点，明确相关方责任，管控造价备案。开展重点项目绩效评价。选取财政衔接推进乡村振兴补助、双桥幼儿园建设、基本药物制度补助等15个重点项目开展项目绩效评价。选取发改局、自然资源局两个部门开展部门整体绩效评价。加大财政监督检查。落实财政监督检查工作职能，抽取5家企事业单位依规实施会计法规执行情况行政执法检查，对每一项会计违法事实认定做到事实清楚、证据确凿、定性准确、依据充分、程序合法、处理恰当，以查促改切实提升区直各部门财会人员整体水平。

六、强化风险管控

兜牢兜实“三保”底线。2022年，沙坡头区“三保”及其他刚性支出动态监控系统预算到位率、执行率、库款保障倍数等十二项风险预警指标全部显示平稳，财政运行总体平稳。全力防范债务风险。坚决遏制新增隐性债务，确保政府债务规模在合理区间，2022年自治区下达2.3亿元新增政府债券资金，全部为限额内债务，已分配至乡村振兴局、水务局使用。切实维护金融秩序。制订《沙坡头区金融突发事件应急预案》，确保迅速有效处置金融突发事件，最大程度预防和减少金融突发事件对社会造成的危害和损失，切实维护沙坡头区经济金融和社会稳定。持续开展非法集资、金融放贷领域突出问题专项整治，制订《沙坡头区2022年非法集资专项整治工作方案》《沙坡头区养老领域非法集资专项整治工作方案》《2022年沙坡头区金融放贷行业领域突出问题专项整治方案》，明确成员单位主要职责，开展常态化、科学化、规范化的风险排查和防范工作。

七、强化自身建设

始终把加强政治思想建设作为首要任务来抓，将习近平新时代中国特色社会主义思想作为“指南针”和“定盘星”，深入学习党的二十大和习近平总书记视察宁夏重要讲话精神、自治区第十三次党代会精神及上级党委和政府重要会议精神，坚持读原著、学原文、悟原理，学好用好《习近平谈治国理政》等重要著作，持续拓展理论学习的广度深度，不断丰富理论知识，着力提高政治判断力、政治领悟力、政治执行力。2022年，共组织党组理论学习中心组学习12次、干部理论学习20次，交流研讨12次。积极落实党建工作领导责任，积极落实“三会一课”，实施“三强九严”工程，开展支部主题党日活动12次，讲党课4次，接收入党积极分子5名、预备党员1名，按期转正预备党员4名，组织11名在职党员到社区报到。落实党风廉政建设主体责任，严守党的政治纪律和政治规矩，锲而不舍狠抓作风建设，确保管党治党责任层层压实。共召开党风廉政建设专题学习4次，开展“廉政警示教育周”活动，观看警示教育片3部，参观警示教育基地1次。认真落实监督执纪四种形态“第一种形态”，深入贯彻落实“五谈二会一报告”机制，抓早抓小，共开展谈心谈话102人次，及时为干部敲响思想警钟，教育全体党员干部明底线、知敬畏、守规矩。持之以恒纠治“四风”，严格执行中央八项规定和《宁夏回族自治区加强作风建设八条禁令》，深入开展违规收送红包礼金和不当收益及违规借转贷或高额放贷专项整治，全面自查自纠，精心组织好专题民主生活会、组织生活会及专题会议，局党组共查找问题9个，签订承诺书16份。

中宁县

2022年，中宁县财政局在县委、政府的坚强领导下，在自治区财政厅的大力支持下，以习近平新时代中国特色社会主义思想为指导，深入学习贯彻党的二十大精神、习近平总书记视察宁夏重要讲话指示批示精神和自治区第十三次党代会精神，深入开展“大学习、大讨论、大宣传、大实践”活动，重点围绕财政收支、民生保障、专项治理、全面深化改革等工作，较好地完成了财政各项工作。

一、财政收支

（一）一般公共预算执行及收支平衡情况

一般公共预算总收入完成582501万元，地方一般公共预算收入完成70216万元，同比减少16636万元，下降19%，其中，税收收入完成49562万元，为年度预算的86%，同比下降13%；非税收入完成20654万元，为年度预算的65%，同比下降31%。一般公共预算支出528815万元，同比增加36038万元，增长7%。

收支平衡情况：一般公共预算收入582501万元，支出556532万元（含债务还本支出），收支相抵后结余25969万元。

（二）政府性基金预算执行情况

政府性基金收入完成23103万元，其中，地方政府性基金收入完成11833万元，完成年度预算的59%，同比减少18372万元，下降61%。政府性基金支出14816万元，同比减少2851万元，减少16%；债务还本支出2488万元。

收支平衡情况：政府性基金收入23103万元，支出14816万元，债务还本支出2488万元，收支相抵后结余5799万元。

（三）社保基金预算执行情况

社保基金预算收入完成48603万元，为年度预算的110.2%。社保基金预算支出41311万元，为年度预算的93.7%。

（四）政府性债务及政府债券资金安排使用情况

2022年，自治区核定中宁县政府债务限额为

60.85 亿元，已经县十八届人民代表大会常务委员会第六次会议审议批准。

二、主要工作完成情况

（一）积极发展现代产业

2022 年共投入资金 30595.82 万元，其中，投入资金 1645.2 万元，深入实施“四大改造”，引导企业加快技术改革步伐，推动工业转型升级。开展防范和化解拖欠中小微企业账款专项行动，集中化解存量拖欠，保障中小微企业合法权益，助力中小微企业平稳发展。投入资金 15156.12 万元，大力发展枸杞、草畜等特色优势产业，打造枸杞标准化种植基地及枸杞国家农村产业融合发展示范园，积极推进奶牛、肉牛、肉羊标准化规模养殖场引进建设，推动特色农业提档升级；投入资金 13794.5 万元，推进高标准农田建设，落实耕地地力保护、农机具购置及种粮农民一次性补贴等惠民政策，加强粮食安全监督检查，保障农业生产稳产保供。

（二）全面推进乡村振兴

一是发挥财政职能，积极筹集、拨付财政衔接资金。严格按照中央和自治区“实现巩固拓展脱贫攻坚成果同乡村振兴有效衔接”的要求，做到投入力度不减、监管力度不松，充分发挥财政职能作用，积极筹措资金，全面推进乡村振兴。2022 年，共筹集衔接资金 26250 万元，其中，中央财政衔接资金 11210 万元，自治区财政衔接资金 8040 万元，自治区地方债资金 7000 万元。2022 年，衔接资金共支付 25398.69 万元，支付率为 96.76%。二是保障村级组织运转经费，促进乡村治理。制定印发了《中宁县村级组织运转经费保障办法》，对村干部任职补贴、村监会成员和村民小组长（网格员）补贴发放对象、标准及程序进行了明确规定。拨付 2022 年村级组织运转经费共计 6344.41 万元，激励农村基层干部担当作为，履职尽责和工作积极性，进一步增强农村基层党组织的组织力凝聚力战斗力。三是金融帮扶增动力。2022 年，中宁县脱贫人口小额信贷余额 14613.09 万元 2752 户（次），户均贷款 5.31 万元，覆盖率 54.18%。脱贫人口小额信贷累计贴息 85488 笔 3913.51 万元。其中 2022 年贴息 9387 户 436 万元。四是政策性农业保险为乡村振兴护航。制订印发《中宁县政策性农业保险实施方案》。2022 年，共计拨付保险承保机构农业保险保费补贴资金 3914.6812 万元。

（三）实施“六大提升行动”

一是深入实施移民致富提升行动。持续巩固移民区脱贫成果，投入资金 26000 万元，推动实施乡镇肉牛养殖场、种植基地建设，夯实移民区产业基础。抓好移民乡镇基础设施、环境整治等大事要事，提升移民乡镇人居环境。二是深入实施城乡居民收入提升行动。投入资金 62031 万元，加大就创业补贴、创业担保贷款补贴及奖补力度，加强就业技能培训，推动多渠道灵活就业，鼓励群众创业；落实机关事业单位工资增长政策，全力保障养老、医疗、工伤等社会保险和农村低保、特困供养、残疾人补助等惠民政策，以稳定可靠的社会保障为城乡居民增加收入。三是深入实施基础教育质量提升行动。投入资金 81242 万元，持续改善城乡办学条件，巩固提升基础教育质量，稳步提升教师待遇，全面推动教育事业稳健发展。四是深入实施全民健康水平提升行动。投入资金 28757 万元，全力保障疫情防控，推进公立医院改革，续建传染病防治大楼、社区卫生服务中心大楼，加大医疗卫生人才培养力度，切实提高公共医疗卫生水平。助力筹备宁夏回族自治区第十六届运动会，推动全民健身事业蓬勃发展。

（四）坚持全面深化改革

一是全面实施预算绩效管理。积极推动中宁县预算绩效管理工作，实现事前、事中、事后绩效评价全覆盖，在预算执行中，凡新增财力安排的项目，必须同步申报项目绩效目标，才予以审核拨付。强化部门支出责任，规范资金管理，加强结果应用，有效提升资金使用效益。二是进一步加强直达资金管理工作。制定并印发《关于中宁县进一步加强直达资金管理的实施细则》，明确资金使用单位主体责任，完善直达资金绩效管理，切实加强直达资金监管，确保直达资金直接惠企利民。三是深入推进国企改革三年行动。制定出台《中宁县县属国有企业监督管理暂行办法》《中宁县加强国有企业资产负债约束实施方案》等制度，逐步完善全县国有企业治理结构；整合重组闲置及经营性资产，不断优化资本布局；制定出台《中宁县国有企业负责人薪酬制度改革实施方案》《中宁县县属国有企业工资总额管理办法》，稳步推进市场化薪酬分配机制，实现经理层成员任期制和契约化管理；2022 年，完成改革任务 31 项，完成总任务的 91.18%，提前完成序时进度。四是明确任务、精准发力“四权”改革。制定印发《中宁县金融支持“用水权、土地权、排污权、山林权”改革若干工作措施》，引导各金融机构根据自治区地方金融监管局、中宁县金融支持改革工作指导意见，结合实际制定实施方案与任务清单，创新研发“农地贷”、林权抵押贷款、排污权抵（质）押贷款等金融产品，通过建立健全金融组织体系、优化金融服务、创新研发引导金融产品等方法营造全县共同支持“四权”改革发展的良好氛围。

（五）积极争取项目资金

2022 年，密切关注国家和自治区产业政策和扶持方向，各部门（单位）主动作为，争取项目资金 46.02 亿元，较 2021 年增加 8.04 亿元，同比增长 21%，其中直达资金 11.78 万元，同比减少 2%，有力地保障重点项目开工建设。

（六）全力推动产权交易

自专项整治工作开展以来，财政局坚决把思想和行动统一到区市县安排部署上，成立专项治理工作领导小组，开展自查自纠及重点检查；行政事业性国有资产产权交易，共涉及全县一级预算单位 64 家，自查产权交易事项 98 宗，处置净收入 242.41 万元，产权交易存在未进场交易问题 3 宗，涉及资产原值 5.27 万元，处置净收入 0.12 万元，问题已全部整改销号。国有企业国有资产产权交易，对 4 个履行出资人职责单位和 9 家国有企业进行重点检查，2022 年，交易事项共计 93 宗，发现问题 89 个，通过多次督查检查，89 项问题全面完成整改，所有档案资料已整理归档。

（七）注重机关党的建设

一是局党组严格坚持重大事项请示报告制度。2022 年召开局党组会议 15 次，专题研究党建、“三重一大”等重大决策事项 100 余项。组织局党组中心组理论学习会 12 次，专题研讨会 4 次。二是持续巩固深化党史学习教育成果。定期组织抓好党组理论学习中心组、局属各党支部学习和干部集中理论学习，通过个人自学、网上学习、收听收看会议，撰写心得体会等多种方式和途径，学习《总体国家安全观学习纲要》《中国共产党宣传工作简史》《百年大党面对面》《习近平新时代中国特色社会主义思想学习纲要》《习近平关于党风廉政建设和反腐败斗争论述摘编》《习近平关于严明党的纪律和规矩论述摘编》、习近平总书记来宁视察重要指示批示精神和十九届中央纪委六次全会等内容。三是深入开展“廉政警示教育周”活动。组织全体党员干部观看了《交易之警》《贪欲之祸》等警示教育纪录片；到中卫市全面从严治党教育基地接受警示教育，教育引导党员、干部要引以为戒、警钟长鸣。利用新媒体手段，微信平台开展了党风廉政建设和反腐败宣传教育，不断增强教育的生动性和实效性，引导全体党员干部进一步增强“四个意识”，坚定“四个自信”，增强党性观念、法治意识和纪律意识，强化执纪监督问责，坚持不懈改进作风，以党纪国法作为行为准则，严格约束自己行为，勤政为民、务实工作。四是严格落实“三会一课”制度，2022 年共召开党员大会 10 次、支委会 40 次，专题党课 5 次。同时，开展丰富多彩的主题党日活动，通过“喜迎二十大，巾帼展风采”职工趣味运动会等主题活动，增强党员集体荣誉感，培育党员干部顽强拼搏的意志，增进党员间的团结。五是丰富主题党日载体，增强党员凝聚力。以支部主题党日为载体，组织党员到南河子主题公园、丰安屯、北湖村等，开展专题读书班、红色观影等活动，推进党风廉政、民族团结、保密安全等主题活动走心走实，激励引导财政党员干部奋斗拼搏、担当作为。到丰安屯开展“改作风，谋发展，争先进”主题党日活动，组织开展“模拟长征路”，感悟长征魂，开启新征程活动，追寻先辈们的脚步，缅怀先辈们事迹，感受红色经典，汲取奋进力量。与县公安局开展“学精神，悟思想，践行动”联合主题党日，组织党员到中宁县预防电信网络诈骗教育体验基地，开展防电诈现场教育，增强党员干部防范电信网络诈骗的意识和能力。

中宁县财政局下一步将压紧压实财政支出责任，结合现有财力，持续优化支出方向，合理调度使用库款，按照“三保”优先原则，坚决兜牢“三保”底线。积极盘活存量、用好增量、主动减量，统筹财力保障稳经济重点项目等资金需要。进一步加强财政资金管理，优化财政资金申请流程，严格履行资金申请审批程序，监督各预算单位管好用好项目资金，提高财政资源配置和使用效益。紧盯中央和自治区稳经济一揽子政策措施，重点围绕保市场主体、稳就业促增收、粮食能源安全、财税金融支持等七个领域，积极做好财政资金政策保障。坚持积极政策靠前发力，抢抓重大基础设施建设重大机遇，加大项目资金和债券资金争取力度；加大减税降费政策落实力度，为市场主体纾困发展、稳定经济增长、优化结构注入强劲动力；加大财政支出强度，打好财政资金政策“组合拳”，积极推动经济运行稳定在合理区间，为2023年经济稳中求进提供坚实基础。

海原县

2022年，在自治区财政厅的关心指导和大力支持下，海原县坚持以习近平新时代中国特色社会主义思想为指导，深入学习贯彻党的二十大精神、习近平总书记视察宁夏重要讲话和重要指示批示精神，全面贯彻落实自治区第十三次党代会精神，不断提高政治站位，强化责任担当，坚持稳中求进工作总基调，认真贯彻“六稳”“六保”要求，聚焦建设黄河流域生态保护和高质量发展先行区，落实积极财政政策，深化财税体制改革，努力管控财政金融风险，财政预算收支执行情况总体良好。全年地方财政一般公共预算收入完成2.5亿元，为年初预算的106%，同比增长5.1%，同口径增长11%，超收1500万元。一般公共预算支出完成62.05亿元，完成变动预算的93%。政府性基金预算收入完成0.35亿元，完成调整预算的100%。政府性基金预算支出完成1.35亿元，完成变动预算的90%。

一、坚守底线要求，确保财政运行稳中向好

坚持稳中求进工作总基调，全面加强财政收支运行分析研判，牢牢把握财政工作主动权，确保财政平稳运行，切实发挥财政在国家治理中的基础和重要支柱作用。一是努力挖潜增收。面对复杂严峻的经济形势和财源基础薄弱的实际困难，不断加强财政、税务、人民银行以及各征管部门的协调联动，强化收入征管，推进依法治税，挖掘增收潜力，确保预算收支平衡。精准吃透中央和自治区财政投资政策，紧盯资金动向，统筹做好向上争取资金工作。共下达海原县财政补助资金58.55亿元，增长4%。二是坚持统筹兼顾。坚决贯彻党政机关“过紧日子”要求，预算压减一般性支出10%。从严核定“三公”经费，落实“只减不增”要求。清理上缴部门（单位）存款利息收入0.13亿元。盘活部门（单位）存量资金2.24亿元，统筹用于经济社会发展亟需领域，有效弥补财力困难。及时拨付下达预算资金和专项指标，保持财政支出强度，保障全县重大决策部署落实。三是严防债务风险。严格落实政府债务还本付息资金纳入预算管理要求，预算安排资金3.66亿元（其中申请再融资债券1.15亿元），足额偿还政府债务到期本息。全县限额内政府性债务余额34.61亿元，其中，一般债务28.55亿元，专项债务6.06亿元，均控制在法定限额内。2022年，申请使用自治区新增地方政府债券资金1.52亿元，用于巩固脱贫攻坚成果同乡村振兴有效衔接、城市排水防涝等方面。全县政府债务风险等级为绿色，综合债务率76%。

二、优化财政服务，助力经济发展换挡提速

紧扣建设黄河流域生态保护和高质量发展先行区先行市这一主线，认真落实国务院33条、自治区50条、中卫市“八保一促”等稳经济、保增长、促发展一揽子政策措施，进一步释放政策红利，激发经济发展活力，助推高质量发展。一是落实组合式税费政策。严格执行大规模及阶段性支持疫情防控和经济社会发展的税费优惠政策，清理规范政府性基金和行政事业性收费项目，全县新增退税减税降费1.55亿元。对承租国有资产房屋的小微企业和个体工商户减免租金6.8万元。落实政府采购支持中小企业发展政策措施，调整价格评审优惠幅度，面向中小企业预留份额由30%以上阶段性提高至40%。投入资金0.12亿元，支持批零住餐及旅游类企业开展促销让利活动。安排资金0.17亿元，升级打造海原县智慧物流仓储配送中心、县域商业体系建设等。通过“832”平台采购脱贫地区农副产

品，全年完成采购金额168.4万元，超额完成8.7%。二是切实发挥“金融活水”作用。积极引进工商银行在海原县设立分支机构。全县银行机构存款余额100.67亿元，同比增长8.47%；贷款余额86.14亿元，同比增长12.24%，贷存比提高到85.57%，其中，涉农及小微企业贷款余额65.52亿元，占比76.2%；脱贫人口小额信贷余额1.91万户9.09亿元（当年新增贷款1.54万户7.56亿元）。发放富民贷1.34亿元。县农商行充分运用货币政策工具，向人民银行申请支农支小扶贫再贷款额度9.84亿元。汇集乡村振兴等基金3.2亿元，为中小微企业、专业合作社、家庭农场等市场主体担保贷款7.5亿元，免除担保费用322万元。全县政策性农业保险保费规模达到0.48亿元。三是支持打造“四个示范县”。积极支持各乡镇（街道办）新时代文明实践所（站）建设及打造铸牢中华民族共同体意识示范县。严格落实“四个不摘”要求，统筹整合财政涉农资金6.72亿元用于巩固脱贫攻坚成果同乡村振兴有效衔接，确保过渡期内政策和资金规模总体稳定，聚力打造乡村全面振兴示范县。筹措资金3.43亿元，支持完善活牛交易、屠宰加工及营销、良种繁育、肉牛“出户入场”养殖园区等全产业链，倾力打造高端肉牛产业示范县。投入资金4.95亿元，推进大气水体污染防治、农村生活污水处理、国土绿化造林、清水河综合治理、农村人居环境整治等项目，助力打造生态文明建设示范县。四是保障重点项目建设。支持推进创新驱动战略，县级R&D经费投入0.13亿元，同比增长10%。筹措资金4.51亿元，统筹实施县城市政道路提升改造、棚户区及老旧小区改造以及城市热源调配等项目，落实县城环卫保洁、园林绿化管护、路灯照明、污水处理以及集中供热等政府购买服务项目经费保障。投入资金1.32亿元，支持实施县城至海兴开发区城市公交一体化、村组道路硬化、农村公路养护等项目。发放耕地地力保护、实际种粮农民一次性补贴、春小麦种植等补贴资金1.38亿元，保障粮食安全。安排资金0.18亿元，推进李旺镇美丽集镇建设、关桥乡方堡村高质量美丽宜居村庄建设以及西安镇菜园村传统村落保护等项目落地。争取资金2.45亿元，支持实施中部干旱带海原西安供水水源工程、高标准基本农田建设等项目，进一步改善农业生产条件。

三、强化财力保障，促进民生改善提档升级

认真履行主体责任，统筹有限财力，进一步优化支出结构，加强“三保”支出预算保障和执行监测，兜牢兜实“三保”底线。全年落实“三保”支出37.39亿元，占财政总支出的62%。用于民生领域的支出比例达到80.2%。一是坚持教育优先发展。全县教育支出10.5亿元，支持落实生均公用经费、营养改善计划、寄宿生生活补贴、校长及班主任津贴、“双减”课后服务、政府购买学前教育保教服务等教育惠民政策，实施海原一中及兴海中学扩建、海兴区初级中学及海原八小新建等教育质量提升项目。二是完善医疗服务体系。投入资金3.68亿元，全力保障疫情防控支出需求，落实公共卫生服务、医疗救助、城乡居民医疗保险补助等政策，推进医疗健康总院实体化运行，新建社区卫生服务中心、李旺镇中心卫生院门诊楼以及“互联网+医疗健康”等项目。三是加大公共文化投入。安排资金0.22亿元，支持实施天都山老庄乡村旅游综合体、生态观光自驾游配套设施、非物质文化遗产保护、乡村文化旅游等项目，促进自治区级全域旅游示范区创建。并落实“三馆一中心”免费开放、农村电影免费放映等文化惠民政策。四是积极促进社会治理。进一步完善公共安全、司法、应急管理、消防救援、信访维稳等经费保障机制，支持实施“雪亮工程”、文明县城创建等，推进法治政府和平安海原建设。创新财政金融支持“六权”改革方式，健全完善融资保险服务机制，发放农村产权抵押贷款46笔721万元，贷款利率在原基础上下降0.75%。五是持续完善社会保障。筹措资金1.68亿元，落实“三支一扶”、机关事业单位实习、失业保险稳岗返还、公益性岗位、义务兵优待金、退伍军人优抚等政策，支持实施中心敬老院养护楼、树台敬老院、牌路山烈士陵园改扩建以及公共实训基地建设等项目。拨付困难救助资金4.26亿元，保障低保户、特困供养户、高龄老人、孤儿、重度残疾等弱势群体及受疫情影响群众基本生活。

四、深化改革创新，推动财政管理提质增效

严格落实财政事权和支出责任，建立健全现代财政制度。扎实开展预算管理、国库管理、资产管理、

债务管理等7个领域财经纪律专项整治活动，排查整改问题8个，维护财经纪律。将全县158个预算单位会计核算及实有账户资金全部纳入预算管理一体化系统，进一步规范财政资金核算管理。巩固政府采购领域专项治理成果，全年完成政府采购项目45个，采购金额3.2亿元，资金节约率5.9%。累计收到政府采购投诉13件，做出行政处罚决定书10份。积极开展会计信息质量专项检查，加强和规范代理记账机构监管。扎实开展国有产权交易领域突出问题专项治理，修订完善行政事业及国有企业产权交易制度6项，发现并整改问题25个，促进国有资产优化配置和有效利用。全面推进全过程预算绩效管理，加强绩效目标审核、中期执行监控以及绩效评价等工作。选取11个重点支出项目开展绩效执行中期监控。组织开展第三方绩效评价项目30个。完善财政直达资金监控机制，加强直达资金分配、下达、支付数据导入以及预警信息核实等工作。强化县属国有企业重组整合，清理“僵尸企业”和无主营业务企业9户。加快建立现代企业制度，推进县属国有企业完善治理结构，优化国有资本布局。

固原市

2022年，面对经济下行与疫情反复、减税降费与收支矛盾叠加的严峻挑战，固原市财政局坚决落实“疫情要防住，经济要稳住，发展要安全”的重大要求，坚持稳字当头、稳中求进，高效统筹疫情防控和经济社会发展，全力以赴稳经济、抓收入、优支出、保重点、防风险、强监管，各项工作取得新突破，实现新发展，为推动固原经济运行稳中有进、“赶超式”发展交出一份高质量财政答卷。

一、坚持多措并举抓收入，全力提升财政服务保障能力

一是强化征管稳增收。聚焦收入任务，夯实工作责任，加大财税部门联动配合，细化征管措施，确保应收尽收。全市全年地方一般公共预算收入14.11亿元，扣除留抵退税和上年一次性收入因素后同口径增长7.9%，其中，税收收入8.99亿元，非税收入5.12亿元；全市一般公共预算支出254.04亿元，同比增长3.68%。二是全力以赴争资金。紧盯全年目标任务，分析中央和自治区政策资金扶持方向，密切跟踪政策动态走向，找准切入点，充分发挥职能作用，积极配合职能部门高质量编制项目，加强与上级部门对接沟通，多渠道争取上级各类补助资金，做大财政“蛋糕”。全市全年累计争取各类补助资金突破230亿元，争取新增地方政府债券资金9.47亿元，有力地保障了乡村振兴、生态环保、城市更新等领域一批重点项目顺利实施。三是多措并举育税源。多渠道筹措资金扶持重点产业、龙头企业、高新技术产业做大做强，支持重点产业招商引资政策落地见效，培植重点税源，实现财政可持续发展；积极盘活存量资产，规范流程优化盘活方式，挖掘非税收入增收潜力。全市全年累计退减缓税费7.5亿元，其中退税3.8亿元，是2021年的7.5倍，切实为企业“输血”“活血”，纾困解难，实现“放水养鱼”涵养税源。

二、坚持集中财力保重点，全力推动经济社会高质量发展

一是兜牢兜实“三保”底线。按照中央和自治区“三保”支出范围和标准，优先足额预算安排，优先保障执行支付，确保基本民生不缺位、工资运转不断档，市本级“三保”执行数23.57亿元，落实中央和自治区规范津补贴政策，新增支出津补贴补差、调增养老保险、职业年金及住房公积金1.8亿元。二是助力“稳保促守”政策落地见效。坚决贯彻党中央“疫情要防住，经济要稳住，发展要安全”的决策部署，对标中央和自治区系列政策，出台支持稳经济保增长促发展守底线若干政策措施，统筹整合资金1.48亿元，多点发力支持促消费活动，通过发放惠民消费券、开展促销活动，带动社会消费17亿元。出台稳定房地产发展政策，统筹70万元兑付购房奖补，争取专项贷款1.03亿元推进“保交楼”项目落实，助力房地产市场回暖，稳定社会预期。发挥政府采购调控功能，落实中小企业发展政策效果明显，2022年中小企业政府采购项目签约占比达到83.43%，规模超1.5亿元。三是扶持重点产业高质量发展。聚焦自治区第十三次党代会和

市委五届五次全会产业发展部署，出台支持“五特五新五优”产业高质量发展财政政策措施，优化资源配置，统筹安排4.97亿元，支持创新驱动战略实施，推进产业提速增量、提档升级、提质扩容。积极发挥财税金融政策调控作用，累计调度16.3亿元社保基金大额存放，带动金融机构充分释放信贷能力，贷款规模创建市以来新高，新增贷款61.2亿元，支持雪川农业等重点企业发展，助推金融服务中小微企业敢贷、愿贷、会贷、能贷机制建立，缓解企业融资压力，全市金融机构贷存比稳定在90%以上。四是保障重大项目落地建设。坚持大抓发展、抓大发展、抓高质量发展，将重点项目建设作为加快经济发展的有力抓手，强化责任担当、狠抓资金保障、严控建设成本、规范资金监管。统筹资金15.5亿元，有力地保障了老旧小区改造、城镇污水处理提质增效、生态修复综合治理、北方清洁能源取暖等重大项目实施。

三、坚持惠民利民保民生，全力提升群众获得感、幸福感

牢固树立以人民为中心的发展思想，坚持尽力而为、量力而行，深入实施“六大提升行动”，扎牢织密民生保障网，增进民生福祉。全市全年民生支出215亿元，占一般公共预算支出比重85%以上，同比增长3%以上。一是健全社会保障体系。统筹安排1.4亿元，实施就业优先政策，打好就业收入扩增战，千方百计稳定和扩大就业，提升就业质量，实现城镇新增就业9407人，同比增长3.8%；发放创业担保贷款2.27亿元，培育创业实体1807户，带动就业7437人；统筹安排7.3亿元，为全市低保对象8.73万户13.83万人发放困难救助资金，切实做好困难群众兜底保障；统筹资金27.18亿元，夯实政策兜底作用，落实医疗养老、职业年金等社会保障待遇；统筹资金20.64亿元，加大公共卫生应急管理体系建设，推进“互联网＋医疗健康”，抓好常态化疫情防控，全力保障“4·06”“9·20”“11·25”等疫情歼灭战。二是支持教科文事业发展。统筹资金38.39亿元，加大普惠优质教育资源供给，推进“互联网＋教育”，推动义务教育均衡发展，提升职业教育办学水平；统筹资金0.92亿元，支持科技创新加速提效；统筹资金3.12亿元，支持文化大院、送戏下乡等文化惠民工程，开展六盘山登山节等群众性文体活动，打造生态文旅特色市。三是助力乡村全面振兴。贯彻中央及区市对“三农”工作的决策部署，强化财政投入和政策落实，发挥乡村振兴资金监控机制作用，全市全年共整合涉农资金26.77亿元，支出25.28亿元，支付率达到95%。四是推进平安固原建设。统筹资金5.74亿元，支持社会治理体系建设和治理能力提升。

四、坚持综合施策保平衡，全力确保财政平稳规范运行

受经济下行、疫情反复及落实减税降费政策等因素叠加影响，在地方财政收入锐减、土地出让不利、政策性增支及保障疫情防控等刚性支出只增不减的情况下，固原市财政采取压减非急非刚性支出、统筹盘活存量资源资产、运用金融便利性工具等有效措施，实现了“三保”支出兜牢兜实、政府债务风险可控、财政暂付款只减不增、财政平稳运行的目标。一是压一般保重点。用党政机关的“紧日子”换来老百姓的“好日子”，敢压、真压、尽压，全力压减非急性非刚性支出，腾退财力，全力保障疫情防控和“稳保促守”政策落实。二是盘存量聚财力。加强结余结转资金管理措施，推进部门预算和专项资金统筹使用，集中财力办大事、办实事，把“零钱”化为“整钱”，全年统筹盘活资金超4亿元，用于保障基本民生等领域急需支出，在收入短收的情况下，加大支出强度、加快支出进度，在全区支出进度月度考核中，固原市连续六次月支出进度排在全区前列，共获得自治区考核奖励0.52亿元。三是防风险守底线。充分发挥财政与金融互补作用和杠杆效应，全年争取展期贷款本金1.97亿元，缓解财政偿还压力；运用市场化方式有效盘活存量保障性住房资产，化解存量债务4亿元。定期向人大报告政府债务预决算及管控情况，公开政府债务信息，完善政府债务管理制度，防范化解政府债务风险。四是严审核强监管。加强常态化直达资金监管，发挥直达基层、直接惠企利民作用，全市中央直达资金62.59亿元，已支付57.67亿元，支付率92%，位居全区前列；坚持全方位覆盖无死角、全过程穿透一体化财政评审，扎实开展政府投资项目招标控制、过程跟踪、竣工结算等评审工作，全年

完成各类评审项目66个，审定金额15.7亿元，核减0.3亿元，核减率1.84%。加强国库集中支付管理，完善财政资金集中支付全程动态监控机制，切实保障财政资金准确、安全、高效使用，全年办理财政支付业务5.9万笔，支出金额25.84亿元，动态监控单位确认违规支付退回51条1046万元。对17家行政事业单位、国有企业、社会团体、民办企业开展会计信息质量监督检查，积极推进代理记账专项整治行动。

五、坚持深化改革提效能，全面提升财政治理效能和水平

积极发挥财政改革先导和突破作用，围绕国家治理体系和治理能力现代化，不断夯实财政管理基础，持续提升财政管理水平。一是严格预算执行管理。规范预算管理流程，出台加强市本级财政预算管理、规范政府购买服务等制度，进一步整合统筹财政资源，硬化预算约束和绩效管理，提高财政支出的精准性和有效性。二是完善财政体制机制。稳妥推进财政体制改革，结合现阶段市与县（区）财政管理体制存在的问题，开展优化收入分配机制、增强统筹能力等专题研究，理顺权责关系、打通管理“堵点”，积极为市委和政府完善市与县（区）财政管理体制出谋划策；深化预算绩效管理改革，进一步提升绩效目标指标质量，组织对市本级59个部门（单位）财政支出项目开展绩效评价，涉及资金19亿元；健全完善高标准、严要求、强监督的预决算公开长效机制，对159个部门（单位）预决算进行“双批复，双公开”，提升财政预算执行透明度。三是深化政府采购制度改革。进一步优化政府采购流程、强化监督管理力度、规范政府采购行为，对16件投诉件、16件线索问题等依法进行处理处罚，压实采购单位主体责任，优化政府采购营商环境。四是创新开展“三基”提升活动。通过“学讲考督评”，形成“比学赶帮超”的真学实干氛围，改进工作作风，推动工作落实，打造高水平的财政人才队伍，全年开展“财政讲堂”5次、政治理论素养与业务能力考评8次。

原州区

2022年，原州区财政工作在上级财政部门的大力支持和帮助下，坚持以习近平新时代中国特色社会主义思想为指导，深入贯彻落实党的十九大和十九届历次全会精神和习近平总书记视察宁夏重要讲话精神，认真学习贯彻落实党的二十大和自治区第十三次党代会精神，坚持稳中求进工作总基调，完整准确全面贯彻新发展理念，认真履行财政保障职能，扎实做好“六稳”工作，全面落实“六保”任务，促进财政可持续发展，为全区经济社会高质量发展提供了坚实有力的财力保障。

2022年，原州区一般公共预算收入总计574119万元，其中，地方一般公共预算收入16897万元（税收收入完成9369万元，同比下降20.16%；非税收入完成7528万元，同比增长33.55%），上级财政补助收入483454万元，债务转贷收入25841万元，动用预算稳定调节基金27万元，上年结余47900万元。一般公共预算支出517691万元，同比增长3.41%。

一、全面落实减税降费政策

强化财税部门沟通协调，严格执行标准，完善保障举措，全力推动减税退税降费政策落地落实。全年为568户（次）纳税人办理增值税留抵退税9840万元；为316户小微企业及个体工商户等办理退税费114万元；为1.57万户（次）纳税人办理“六税两费”减免1884万元；为166户制造业中小微企业办理缓缴税款688万元，有效地缓解了企业现金流压力，增强了企业内生发展动能。

二、扩大消费激发市场活力

大力支持稳经济保增长促发展相关措施落地落实，全年投入财政资金745万元，通过举办“感恩6月·约惠原州”惠民消费和“原州源味”农特产品促销、开展政企联汽车家电促销等活动，直接和间接带动消费1.83亿元，推动原州区消费持续稳步增长。

三、防范化解重大风险隐患

建立健全地方政府全口径债务管理机制，严格按照2022年政府债务偿还计划，多渠道多措施控增量、化存量，确保政府债务控制在自治区核定限额以内、隐性债务只减不增的目标。同时加强金融监督管理，开展打击整治养老领域非法集资专项整治，形成非法集资风险摸排、预警监测、信息共享、线索核查、处置挽损等长效机制，辖区非法集资得到有效遏制，存量风险及时化解，增量风险逐步减少。

四、兜牢兜实基层民生底线

按照“保基本，兜底线，可持续”的原则，进一步压减一般性支出，全力支持教育、医疗卫生、住房保障等民生事业发展，全年民生支出占比达到94%。其中，投入教育支出100652万元，用于城乡义务教育补助经费、义务教育薄弱环节改善与能力提升、“互联网+教育”示范区建设项目、学前教育和普通高中生均公用经费奖补、幼儿园建设项目资金、学生资助、高考综合改革项目；社会保障和就业支出91846万元，做好困难和特殊群体的社会保障及优抚工作，完善养老服务扶持政策，切实提升社会保障兜底能力和水平；卫生健康支出33453万元，重点用于优化医疗资源配置，加快补齐公共卫生服务短板，切实提高应对突发重大公共卫生事件的能力和水平；城乡社区及住房保障支出68033万元，支持城乡公共设施及老旧小区改造等项目建设，切实提高城乡环境及居民住房保障水平；文化科技支出5965万元，支持开展公共图书馆、文化馆（站）免费开放、文化旅游产业发展、博物馆纪念馆免费开放、地方公共文化服务体系建设等，不断丰富群众文体生活，切实增进公共福祉。

五、保障重点领域资金投入

持续做好常态化疫情防控，统筹资金筑牢安全底线。安排6921万元专项用于新冠疫苗接种、集中隔离人员封控、全民核酸检测等经费保障，同时开通绿色资金拨付通道，对“9·20”突发疫情急需的核酸检测、患者救治、防疫设备采购等费用及时拨付到位。安排灾害防治及应急管理支出1983万元，用于地质灾害治理、村道安全防护、应急救援指挥通信能力及应急物资保障等，切实做到“大安全促大发展，大发展促大安全”。投入生态节能环保资金17346万元，重点支持城镇污水处理、农村垃圾分类示范村建设、污水管网治理等项目建设和农村改厕、人居环境整治方面，不断提升污染防治和生态环境建设成效。

六、加快推进乡村全面振兴

按照“规划先行，资金渠道不乱、用途不变、各司其职”的原则，结合原州区乡村振兴总体规划，提前谋划推进涉农项目资金整合。全年统筹安排财政涉农资金77226万元，其中中央财政衔接资金41826万元、自治区财政衔接资金8640万元、巩固脱贫攻坚乡村振兴地方债券4500万元、整合涉农资金22260万元。整合资金投向产业发展方面38972万元，占实际整合到位资金规模的50.5%，充分发挥了集中财力破难题、精准发力真扶贫、形成合力见实效的“拳头”作用，为原州区巩固脱贫成果助推乡村振兴提供了资金保障。

七、有效提升财政管理水平

持续推进预算绩效管理，对卫生健康局等3个单位涉及1.4亿元的支出开展部门整体支出绩效评价、对统筹整合涉农资金等7个重点项目涉及9.4亿元支出开展绩效评价；完成政府投资项目控制价审查242个，结算审核项目223个，审减5556万元；财务竣工决算审计项目100个，完成审计投资额52685万元，进一步提高财政资源配置效率和使用效益。进一步加强国有资产精准化、规范化、动态化监管，全面完成国企三年改革任务，持续推进行政事业单位国有产权交易专项整治，累计追缴违规交易金额0.98万元。强化政府采购监督管理，完成29个项目76个标段政府采购，预算资金15170万元，合同成交额14593万元，节约财政资金577万元。下发行政处理处罚书64份，对违规开展政府采购业务的部门、专家、代理机构及供应商进行了行政处理处罚，形成强有力的警示教育和震慑作用，有效推进政府采购工作健康有序发展。

西吉县

2022年，面对经济下行压力持续加大的严峻形势，西吉县财政部门紧密围绕中央和区市县决策部署，以西吉县级财政中心任务和重点工作为抓手，深入贯彻新发展理念，主动融入新发展格局，攻坚克难，务实苦干，始终致力于减少超预期不利因素给经济造成扰动，全力统筹推进疫情防控和经济社会发展工作，确保积极的财政政策更加积极有为，全面助推营造健康平稳的经济环境，财政的保驾护航作用不断凸显。

一、2022 年财政运行情况

2022 年，西吉县地方一般公共预算收入 1.96 亿元，完成年初预算的 100.3%，同比增长 12.6%。其中，税收收入 9482 万元，完成年初预算的 75.3%，同比下降 12.5%；非税收入 1.01 亿元，完成年初预算的 145.6%，同比增长 54.2%。地方一般公共预算本级支出累计完成 65.21 亿元，为变动预算的 97.4%，同比下降 0.5%。

二、2022 年财政运行特点

（一）聚焦财政主责主业，确保职能高效履行

高效统筹财政收支，综合考虑西吉县财力和支出需求，优先保障“三保”支出，重点保障区市县重大决策部署。一是加强预算执行管理，财政实力迈上新台阶。面对经济下行压力加大、减税降费规模增加、留抵退税及新冠肺炎疫情影响等严峻形势，坚持“集中力量办大事，把钱用在刀刃上”。通过建立健全财政收支督导、考核、通报机制，强化部门预算执行主体责任意识，做到“月月有目标，月月有分析，月月有通报”。紧盯重点问题，建立了预算执行精准化、规范化和常态化运行管理模式，力促西吉县财政收支平稳运行，财政实力不断增强。二是强化统筹水平，财政保障得到新提升。细化预算编制，加快预算执行，建立健全预算编制与结余结转挂钩机制，积极盘活财政存量资金，统筹财力做好预算安排，确保中央和自治区重大战略以及西吉县委、政府重大项目有效贯彻落实。始终坚持人民至上，保基本、兜底线，筑牢民生保障基石。2022 年度，西吉县全年民生支出 58.08 亿元，达到总支出的 89%，有力地促进了全县民生事业发展。三是严格时间节点，财经秩序整治取得新成效。按照自治区财政厅关于开展地方财经秩序专项整治行动工作方案要求的时间节点，积极开展七个领域专项整治，对发现的问题做到边查边改，同时加强内控制度建设和财务管理制度建设，排查风险隐患，完善管理制度，风险预判和应对能力得以提高，推动经济持续恢复和高质量发展。

（二）加大金融信贷投入，助推乡村振兴发展

一是坚持小额信贷投入，保持金融政策稳定。紧盯全年 4.4 亿元小额信贷目标任务，积极引导督促金融机构保持“5 万元以下、3 年以内、免担保免抵押、财政贴息”的脱贫小额信贷政策不变，对符合条件、有贷款意愿和还款能力的脱贫人口应贷尽贷。2022 年度，脱贫人口小额信贷余额 10.28 亿元，覆盖 19876 户脱贫人口及三类人群，户均 5 万元，覆盖率 63.92%，总额居全区第一，覆盖率居全区第二。二是加强担保体系建设，解决企业融资难题。引导政府性融资担保公司坚持“支小支农”主业，积极落实新型农业经营主体扶持政策，简化担保流程、缩减审批时限、降低担保门槛，加大对乡村振兴产业的担保贷款支持力度。2022 年度，担保贷款在保余额 2590 户 4.4 亿元，2022 年新增担保贷款 1300 户 2.64 亿元。三是注入乡村振兴基金，推动乡村产业发展。制订出台《西吉县乡村振兴基金实施方案》，设立乡村振兴贷款风险补偿基金、乡村振兴融资担保基金、乡村振兴投资基金，2022 年度，乡村振兴基金共计 1.55 亿元，其中乡村振兴贷款风险补偿基金 1.31 亿元，乡村振兴融资担保基金 2326 万元。充分发挥财政资金的引领撬动作用，调动县域各金融机构支持乡村产业发展等方面的积极性，全面推进乡村振兴，加快实现农业农村现代化。四是创建普惠金融示范区，提升金融服务水平。2022 年，在宁夏被评为全国第二档次普惠金融发展示范区的情况下，西吉县争取到第一等次奖补资金 3000 万元，安排 1000 万元用于脱贫人口小额信贷贴息，安排 1000 万元增加担保公司注册资本金，安排 1000 万元设立融资担保风险补偿资金。充分发挥财政资金引导激励作用，引导金融机构加大普惠金融和支持小微企业、“三农”发展，全力打造普惠金融示范区建设。

（三）加大双向衔接力度，合理统筹整合资金

继续做好财政投入政策衔接，合理统筹整合财政涉农资金，全力支持巩固拓展脱贫攻坚成果和衔接推进乡村振兴，重点支持产业发展。统筹安排不超过 30% 的到县衔接资金，支持非贫困村发展产业、

补齐必要的基础设施短板及县级乡村振兴规划相关项目。一方面，做好政策衔接。严格执行中央和自治区《关于继续支持脱贫县统筹整合使用财政涉农资金的通知》精神，切实加强统筹整合财政涉农资金安全、规范、有效使用和管理。另一方面，做好资金衔接。2022 年，西吉县计划整合财政涉农资金 9.18 亿元，整合资金紧紧围绕巩固拓展脱贫攻坚成果，有效衔接乡村振兴，在农业生产发展和农村基础设施建设范围内安排使用。重点支持培育和壮大特色优势产业，支持健全防止返贫监测和帮扶机制，“十三五”搬迁后续扶持，脱贫劳动力就业增收，以及补齐农村人居环境整治和小型公益性基础建设短板等。2022 年，西吉县实际整合财政涉农资金 9.15 亿元，累计拨付各项目单位 9.15 亿元，拨付率 100%。

（四）加强直达资金管理，保障支出强度精度

一是加快资金支出进度。落实部门和单位预算执行主体责任，加快项目实施进度。避免铺张浪费和突击花钱，确保按照合同约定和项目建设进度支付。二是加强资金支付管理。严格按照国库集中支付制度要求，根据预算安排、支付主体等确定直达资金支付方式，按预算用途及时将资金支付到最终收款人。同时，细化预算执行动态监控规则，规范支付行为，合理合规支付资金，不得违规将国库资金拨入财政专户和预算单位实有资金账户。三是提升支付数据质量。依据直达资金监控平台，及时梳理、处理各种预警信息和业务督促类报表，加强直达资金监控系统与预算管理一体化系统的有效衔接，提高数据对接效率，确保数据真实、完整、准确。

三、2022 年财政管理举措

2022 年度因影响经济增长的不稳定和不确定性因素增加，西吉县经济运行面临下行压力，增速有所放缓，为缓解财政平衡压力，保证西吉县财政的积极空间与可持续性，一方面，采取高效统筹财政资源的相关措施。基于疫情防控政策的逐步优化调整以及促进经济恢复和平稳健康发展的需要，坚持积极有为的财政政策；提高财政保障能力全力应对收支矛盾，稳定西吉县经济大盘，力争在加强财政资源统筹方面取得重大进展；加大专项资金清理、整合、盘活力度，全面清理结余结转资金，着力提高财政资金使用效益；结合西吉县实际适当扩大财政支出规模，践行“基本民生支出只增不减，重点领域支出切实保障”的工作原则，不断优化支出结构，确保把钱花在刀刃上。另一方面，完善体制机制，提升金融“支持力”。聚焦重点产业发展难点和企业所需所盼，通过举办政银企对接会等方式，引导金融机构持续加大金融支持重点产业力度，不断扩大企业信贷规模，提供普惠性、持续性的资金支持；不断加大对农户的小额信贷及富民贷支持力度，实现符合贷款条件的农户应贷尽贷，为产业发展提供资金保障；引导政府融资性担保公司加大对实体经济的支持力度，解决实体企业融资难、融资贵问题难题。务实求效，畅通政策传导渠道，推动政策落地见效、红利直达市场主体，提高金融服务的覆盖率、可得性和满意度，以金融“活水”赋能实体经济，为企业“解渴”，全力推动稳经济、保增长、促发展。

隆德县

2022 年，隆德县财政局坚持以习近平新时代中国特色社会主义思想为指导，认真学习贯彻党的二十大精神、自治区第十三次党代会精神和区市县党委、政府决策部署，坚持“稳字当头，稳中求进”工作总基调，全面落实“疫情要防住，经济要稳住，发展要安全”的总体要求，积极推进稳经济一揽子政策措施尽快落地见效，面对极为严峻复杂的形势，全县财政收支保持稳中有进、进中向好、量质齐升的良好态势，为促进全县经济社会高质量发展提供了坚实的财政保障。

一、稳中有进，提质扩量，县级财政综合实力不断增强。

始终把抓好收支作为财政工作的重中之重，大力开源节流，不断夯实财力基础，有效克服组合式减税降费及新增债券资金限额逐年缩小等因素带来的收支压力。全力组织财政收入，确保月度收支均衡增长，全县一般公共预算收入突破亿元大关，同比增长 9.1%，扭转 2018 年以来财政收入不增反降的困难局面。积极主动与财政厅对接，争取

自治区加大对我县转移支付支持力度，共争取中央及自治区财力性转移支付资金14.59亿元，各类专项转移支付资金15.36亿元，新增政府一般债券资金1.58亿元，专项债券资金0.35亿元，提升地方财政公共服务保障能力。牢固树立“过紧日子”思想，大力压减非刚性、非急需一般性支出，年均压减10%，“三公”经费压减34%，加大盘活存量资金力度，腾出更多财力保重点。

一般公共预算。2022年全县一般公共预算总收入完成365135万元。其中，地方一般公共预算收入10000万元，返还性收入4713万元，一般性转移支付收入250459万元，专项转移支付收入43194万元，上年结余24048万元，预算稳定调节基金3万元,地方政府一般债券转贷收入32718万元。

2022年总支出完成365135万元。其中，一般公共预算支出333520万元（个人工资性支出71761万元，占支出总额的22%；事业发展及公务性支出261759万元，占支出总额的78%），上解上级支出52万元，债务还本支出17813万元，结转下年13750万元。

政府性基金预算。2022年政府性基金总收入完成7761万元。其中，县本级政府性基金收入2926万元，上级补助收入1181万元，债务转贷收入3500万元，上年结余154万元。政府性基金支出预计完成5020万元，债务还本支出875万元，结转下年1866万元。

社会保险基金预算。2022年社会保险基金收入完成42511万元。其中，失业保险基金收入482万元，工伤保险基金收入295万元，城乡居民基本养老保险基金收入7266万元，机关事业单位基本养老保险基金收入19449万元，上年结余15019万元。

社会保险基金支出预计完成27029万元，增长12%。其中，失业保险基金支出550万元，工伤保险基金支出417万元，城乡居民基本养老保险基金支出5483万元，机关事业单位基本养老保险基金支出20421万元，上解上级支出158万元。年终结余15482万元。

国有资本经营预算。国有资本经营预算收入3万元，国有资本经营支出3万元。

二、紧盯整改，精准施策，巩固衔接保障水平逐年提升

对标国家、自治区各项衔接政策，按照稳定一批、优化一批、调整一批的原则，在保障普惠类支持政策不变的情况下，紧盯整改工作任务表、责任表、时间表，压实整改责任，细化整改措，明确整改时限，逐一对照销号。持续加大“三农”投入力度，安排“三农”资金12.89亿元，占全年一般公共预算支出的38.6%，增长6.8%。围绕乡村振兴战略规划，整合涉农资金2.96亿元，同比增长11.18%，用于农村基础设施建设、特色优势产业发展、技能培训、小额信贷等工作，衔接资金用于产业发展的比例达到59%。投资1800万元为全县86个村安装太阳能路灯7920盏，实现98个行政村全覆盖。强化乡村振兴金融服务，推动普惠金融发展，累计建成金融服务站84个，乡镇一级基本实现银行物理网点和保险服务全覆盖。新增小额信贷资金1.97亿元，完成自治区下达任务的109.4%，脱贫户和监测户小额信贷覆盖率达到71%。注入富民贷风险补偿金200万元，按照基准利率为一般户放贷4489万元。落实各学段教育资助政策资金6753.9万元，惠及学生57850人次，杜绝因家庭经济困难失学辍学。建立低保、特困人员救助供养、孤儿养育津贴等救助标准自然增长机制，加大困难群众保障力度，发放一次性困难群众生活救助资金928.76万元。实施乡村振兴“健康保”政策，投入资金251万元为50273名脱贫户、监测对象及农村60岁以上农村老年人购买健康保，逐步构建起符合隆德实际的衔接政策体系。

三、多措并举，协同配合，助力实体经济发展信心倍增

切实发挥主责主业，坚决落实各项退税减税降费政策。加大中小微企业、制造业、特困行业扶持力度，对小微企业和制造业及批发零售等13个行业实行留抵税额全额返还、小规模纳税人阶段性免征增值税、小微企业再减半征收企业所得税、特困行业阶段性缓缴社会保险等税费优惠政策。累计为市场主体减轻税费负担5987万元（县本级2264万元）。其中，退还增值税留抵退税3673万元（县本级822万元），新增减税1869万元（县本级1308

万元），缓缴税费445万元（县本级134万元）。实施阶段性降低养老、工伤、失业保险费率政策，累计新增降费1768万元。严格落实中小微企业预留采购份额、价格评审优惠、优先采购等支持政策，面向中小微企业预留份额达到9331万元，占比66.8%。让中小企业尽享改革红利，有力支持实体经济稳定发展。

四、立足实际，优化调整，富民产业结构实现量质齐升

坚持“大抓产业，抓大产业，抓高质量产业”思路，投入资金2.01亿元，大力推进肉牛、冷凉蔬菜等“五特”产业全链条发展。支持建成沙塘清泉、杨河串河2个千头规模和奠安景林等11个百头规模“出户入园”标准化养殖园区，凤岭李士等30个肉牛养殖示范村，培育肉牛养殖合作社149家、“50”模式养殖大户180户，巩固提升张程、杨河等肉牛养殖示范乡镇4个，培育实施“见犊补母”2.77万头，全县肉牛饲养量达到11.5万头，实现产值4.5亿元。在渝河、甘渭河、好水河流域建成高标准设施蔬菜基地1万亩、永久性蔬菜基地15个，冷凉蔬菜产值达到5.6亿元。支持发展高品质马铃薯种薯繁育7万亩，全县种植马铃薯10万亩。支持神林观音等7个中药材规范化种植示范基地建设，带动大田种植中药材3万亩，全县中药材面积达到25万亩。投入资金3405万元，建立“长藤结瓜式”灌溉体系，新建高标准农田5万亩，新增高效节水精量灌溉2.48万亩。投入资金7418万元，支持六盘山工业园区基础设施建设和入园企业技术改造和转型升级，在增品种、提品质、创品牌上力争实现新突破，使全社会R＆D经费投入强度达到0.63%。投入资金2609万元，建设杨家店红军村、新和村房车营地、老巷子十三坊等乡村休闲旅游项目，杨家店村入选全国乡村旅游重点村，支持成功创建自治区全域旅游示范县。关注不同消费群体，力促扩大消费收入。面向全县居民发放纸质券3.2万张，发放金额80万元；发放电子券2.82万张，发放金额100万元，拉动消费4980万元。有力地带动全县社会消费品零售总额11亿元。辖区内银行机构积极作为，累计发放“五特”“五新”“五优”产业贷款分别为13.75亿元、1806万元、9033万元，支持效益明显提升。

五、统筹城乡，有效投资，优化提质城乡面貌显著改观

坚持以县城为重要载体的城镇化建设，同步推进生态文化旅游县城和特色田园秀美乡村建设，推动产城融合、城乡互动、协调发展。累计投入城市基础设施改造提升资金5597万元，实施城市更新行动，精心打造花园式文化旅游城市，完成城关镇红崖村移民基础设施提升项目，东关、中关等7个老旧小区改造提升工程，暖锅一条街、17个生态停车场，38个单位1387个停车位建设，在全区率先实现全域免费停车。投入4190万元建成联财、张程2个美丽小城镇和神林双村、辛平2个美丽宜居村庄，陈靳新和传统村落保护和农村环境整治项目。投入资金1800万元，实施北方冬季清洁能源取暖项目，完成煤改电2549户，打造塞上乡村乐园和宜居宜业城镇。投入资金6519万元有效推动三星经杨河至穆家沟四级公路建设、城乡交通运输一体化客运站改造等重点项目顺利实施。投入资金12662万元，使温堡灌区水源连通及节水改造工程、甜水河农村水系综合整治以工代赈项目、好水灌区（永丰、三星）、大庄灌区（红堡）设施农业高效节水灌溉工程等项目加快实施。投入黄河流域生态保护修复等资金16787万元，支持实施南部水源涵养建设、庭院经济、历史遗留矿山整治修复、县城生活垃圾资源化利用等重点项目实施，以高质量项目建设助推县域经济高质量发展。

六、尽力而为，量力而行，民生保障兜牢底线新添福祉

全力保障各项民生事业发展，真正把群众“盼的事”变成政府“干的事”，提升广大群众的获得感和幸福感。全年预计民生支出25.23亿元，同比增长5%。其中，教育、节能环保、社会保障和就业、住房保障、农林水领域财政支出分别为4.75亿元、1.29亿元、4.38亿元、1.23亿元、8.18亿元，分别增长4%、32%、20%、40%、2%。职工工资、养老配套、疫情防控、就业补贴等民生资金得到优先保障，确保基本民生不缺位、工资运转不断档。筹措资金1000万元建成红崖县级劳务市场，成立13个乡镇劳务公司，培育发展122个劳务经纪人，实

现农村劳动力转移就业 40389 人；筹措资金 308 万元，调增脱贫户乡村保洁员 600 名；筹措资金 352 万元，组建 180 人绿化队伍，进一步让城乡容颜提档升级。安排义务教育阶段学校校长、班主任津贴、寄宿制学校绩效工资 275 万元，学校课后服务经费 514.8 万元，退休人员民族团结奖 2124 万元，机关事业单位退休人员养老金 7549 万元；清算补发 2021—2022 年养老保险、住房公积金、绩效奖 10700 万元，确保各项民生政策落实落地。安排城乡居民县级基础养老金普调资金 480 万元，企业职工养老金平均增幅达 4.5%，人均增加 130.77 元；城乡居民养老金平均增幅达 23%，人均增加 40 元。

七、统一思想，凝聚力量，高效统筹切实筑牢安全底线

坚持“外防输入，内防反弹”总策略和“动态清零”总方针，举全县之力支持打赢疫情防控阻击战。累计投入资金 1500 万元，支持县人民医院 CT 机设备购置项目，基层医疗机构发热门诊建设、抗原试纸购置等一批防疫抗疫重点项目和物资。投入资金 72 万元用于购置应急车辆、森林草原防灭火设备。投入资金 574.26 万元，用于脱贫户雨灾安全住房改造和地质灾害隐患点整治，及时消除各项安全生产隐患。投资 860 万元，用于城市防涝排洪设施建设。坚决遏制隐性债务增量，妥善处置和化解隐性债务存量，按照隐性债务 10 年化解方案分年度全额纳入预算管理，牢牢守住不发生区域性系统性风险底线。深入开展金融风险防范与化解、非法集资、养老领域、金融放贷突出问题专项整治，做到早发现、早处置，严防坐大成势，切实解决好群众身边的问题，守护好老百姓的钱袋子。

八、高度重视，狠抓落实，财政改革全面深化稳步提高

推动国企改革三年行动高质量收官，隆德县已确定的 35 项改革任务基本按期完成。落实落细财政资金直达机制，加强部门协作联动，强化从资金源头到使用末端的全过程、全链条、全方位监管，实现资金监管一竿子插到底，提高财政资金使用的有效性和精准性。加强预算一体化动态监控，实施资金预警，确保资金安全运行。完善预算绩效管理体系，逐步建立问效与问责相统一的预算绩效管理结果应用机制。加强惠民惠农资金监管，积极推进基层小微权力“监督一点通”服务平台建设，提升惠民惠农财政补贴资金使用效益。扎实开展政府投资项目招标控制、过程跟踪、竣工结算等评审工作，完成各类评审项目 158 个，审定金额 13.23 亿元，核减 0.5 亿元，核减率 3.8%。开展财经领域专项整治、行政事业单位和国有企业国有产权交易专项治理、工程建设和政府采购领域专项治理“回头看”，通过压实责任、主动作为，建章立制、源头治理，底线思维、精准打击，确保各项治理工作有序推进，取得实效。

泾源县

2022 年泾源县财政工作坚持以习近平新时代中国特色社会主义思想为指导，深入学习宣传贯彻党的二十大和习近平总书记视察宁夏重要讲话指示批示精神，坚决落实各级党委和政府决策部署，在复杂多变的经济环境下，坚持稳中求进工作总基调，坚持新发展理念，坚持以供给侧结构性改革为主线，坚持积极的财政政策，聚焦稳经济保增长促发展，不断提高财政保障能力，深化财政改革，强化依法理财，全县财政经济运行总体平稳。

一、县域经济发展情况

2022 年以来，泾源县坚持以习近平新时代中国特色社会主义思想为指导，深入学习宣传贯彻党的二十大和习近平总书记视察宁夏重要讲话指示批示精神，坚持“稳中求进”工作总基调，统筹疫情防控和经济社会发展，扎实做好“六稳”工作，全面落实“六保”任务，全力打好“七大战役”，攻坚克难，勇毅前行，经济社会发展迈出了坚实步伐。全年地区生产总值 23.19 亿元，增长 3.1%；固定资产投资 14 亿元，下降 4.6%；社会消费品零售总额 8.2 亿元，增长 0.1%；地方一般公共财政预算收入 8752 万元，增长 5.73%；地方一般公共财政预算支出 236615 万元，增长 13.73%；城镇和农村居民人均可支配收入分别增长 4.4%、7.8%；金融机构各项存贷款余额分别增长 3.6%、10.8%。

二、财政收支情况

2022年，泾源县一般公共预算收入完成8752万元，为年度预算100.6%，增长5.73%。其中，税收收入4052万元,为年度预算88.28%,下降2.83%；非税收入4700万元，为年度预算的114.36%，增长14.41%。

全县一般公共预算支出236615万元，为变动预算79.32%，增长13.73%。

三、财政工作情况

总体来看，2022年财政预算执行情况较好，支出结构不断优化，民生保障能力显著增强，财政改革不断深化，财政管理水平进一步提升，主要体现在以下几个方面：

一是坚持稳中求进、统筹兼顾，落实一揽子政策措施。深入贯彻落实习近平总书记“疫情要防住，经济要稳住，发展要安全”的重要指示精神，切实担负起稳定经济大盘的政治责任，发挥公共财政职能作用，扎实落实中央和区市县稳经济保增长促发展一揽子政策措施，加快推动县域经济社会全面发展。落实减税降费，助力企业发展。全面落实中央及自治区各项减税降费政策，完成退、减、免、缓税6524户（次）5370万元。加大转贷力度，纾解企业困难。支持中小微企业发展，筹措资金1000万元设立中小微企业转贷基金，帮助中小微企业获得金融机构转贷支持，累计为县域内9家中小微企业纾困转贷2566万元，有效缓解中小微企业资金周转困难。提高担保效率，降低融资成本。进一步提高政府性融资担保机构担保效率，县融资担保公司与县域内金融机构签订《批量担保合作协议》，约定20万元以下贷款免担保免抵押免收担保费，降低平均担保费率为0.8%。落实政府采购预留，激发企业活力。加强政府采购需求管理，落实预留采购份额、价格评审优惠等措施，降低中小企业参与政府采购门槛，完成政府采购项目58个，预算资金10480.31万元，其中有29个项目为中小企业整体预留，涉及4338万元，占所有政府采购项目预算资金的41%。推行应收账款融资，降低信贷门槛。创新金融支持中小微企业方式，积极推进金融机构应收账款融资业务推广，推动中小微企业充分利用自身资源进行融资，截至2022年底，完成授信1000万元。创新金融服务，助力全域旅游。推广实施“民宿贷”，向冶家村204户农户发放“民宿贷”1942万元，推动乡村旅游高质量发展。加强政银企联动，落实稳保促政策。通过召开政银企座谈会，促成县域金融机构为7家中小微企业签约授信3100万元，金融支持为县域稳经济、促发展、保增长注入源头活水。

二是坚持开源节流、量入为出，强化收支管理。面对异常严峻的收入形势，通过千方百计开源节流，精打细算增收节支，积极应对预算平衡压力，保持财政收支平稳运行。固本培元抓收入，把财源建设作为财政工作的重点，大力培植财源、努力开拓财源、积极涵养财源，不断夯实财政增收基础。建立财税联席会议制度，定期分析研判收入形势，不断完善县域全覆盖的“房土”税源动态管理清册，确保税收应收尽收。严格非税收入预算管理，坚持执收单位开票、代理银行收缴、人民银行入库的收缴分离和收支两条线。严格以票控收，在全县学前教育收费推行电子票据。有保有压抓支出，牢固树立“过紧日子”常态化思想，进一步压减一般性支出和非急需、非刚性支出，全力保障“三保”支出，把有限的资金用在民生保障和县域经济发展急需的支出上，全年民生领域支出18.59亿元，占一般公共预算支出的80.2%。

三是坚持有效衔接、产业融合，助推乡村振兴。创新财政支农机制，发挥统筹整合财政涉农资金聚合效应，紧盯乡村振兴有效衔接这个重点，不断推动乡村宜居宜业、产业高质高效、农民富裕富足。保持财政投入只增不减，2022年整合使用财政涉农资金26990.38万元，涉及农业生产发展、基础设施建设等三大类36个项目。围绕产业发展布局，加快推进产业融合发展，用于产业发展资金16771.82万元，占统整合使用财政涉农资金的62.14%，确保财政支持政策总体稳定。撬动金融资本支持乡村振兴，投入资金3750万元设立乡村振兴基金，支持乡村产业发展和基础设施建设，以乡村振兴基金为支点，以县融资担保公司为杠杆，撬动金融机构新增担保贷款37746.68万元，有效地解决了养殖大户、新型农业经营主体融资难问题。完善农业风险保障体系，制订印发《泾源县2022—

2024年政策性农业保险实施方案》，通过“财政补贴＋投保人自筹”的方式，加大种植业、养殖业、森林及设施农业保险力度，2022年，财政保费投入804万元，赔付受灾农户456万元。

四是坚持普惠金融、服务“三农”，助推经济发展。充分发挥普惠金融助推乡村振兴，用足用活金融支持政策，强力推动产业提质增效。加快金融服务基地建设。按照新型离柜式“炕头”金融服务站建设要求，以满足农户基本金融服务需求为目的，采取便民服务点与家门口服务站深度融合，建成金融服务站96个、助农取款点192个，实现金融服务站行政村全覆盖、金融服务县乡村全覆盖。小额信贷工作有效推进。将金融支持产业发展工作与整村授信、小额信贷紧密结合，精准对接支持脱贫户产业发展，脱贫人口小额信贷余额5056户2.88亿元，覆盖率78.5%，脱贫人口小额信贷覆盖率居全区前列。

五是坚持底线思维、居安思危，强化风险管控。贯彻总体国家安全观，统筹发展和安全，切实提高风险化解能力，着力防范化解重大风险。守住不发生政府债务风险底线，严格落实自治区“八个一批”控债措施，通过控制基建项目规模、压减一般性支出、盘活处置存量资产等方式，多渠道筹资消化债务，切实履行偿债责任，明确职责分工，健全完善地方政府性债务统计监测、风险预警、应急处置机制，牢牢守住不发生区域性系统性债务风险的底线。守住不发生金融领域风险底线，牢固树立全县金融领域风险防范“一盘棋”思想，建立处置非法集资联席会议制度、非法集资案件信息统计和报送工作制度等，强化督促检查和线索摸排工作机制，定期召开联席会议，积极会同相关部门开展督促检查，及时分析研判金融领域风险隐患，泾源县金融形势总体向好，未发生区域性、系统性金融风险。

六是坚持量力而行、尽力而为，发挥保障职能。坚持把实施更加积极的财政政策作为财政工作的重心，充分发挥公共财政资源配置中的基础作用，不断优化支出结构，全力保障各项重点工作、重大项目及民生工程的资金需要，不断增强人民群众的获得感、幸福感。全力保障疫情防控。统筹疫情防控和经济社会发展，对防疫资金支付和物资采购开通“绿色通道”，优先调度防控资金，确保全县疫情防控工作扎实有序开展，累计安排疫情防控资金2610万元。创新财政支农机制，安排资金14471万元，支持肉牛、中蜂等特色产业发展，实施基本农田建设、安格斯基础母牛饲草料补贴、农村“厕所革命”整村推进、现代农业产业发展及农村产业融合发展等项目，推动农业增效农民增收。加快城乡一体化建设，安排资金12329万元，实施城市排水及雨污分流、老旧小区改造、保障性住房等项目，聚焦农村人居环境整治，实施美丽小城镇及美丽宜居村庄建设。推进生态文明建设，投入资金18573万元，全力打好蓝天、碧水、净土保卫战，实施黄河流域生态修复、重点湿地保护与能力提升、营造林建设、香水河生态缓冲带保护修复等项目。支持水利事业发展，安排资金4479万元，实施流域治理、水系联通、农村饮水巩固提升、高效节水灌溉等项目。支持交通网络建设，安排资金6052万元，实施乡村公路、田间道路、旅游道路、产业道路建设，道路水毁维修及农村公路养护工程等。推动教育均衡发展，安排资金15688万元，实施二中实验楼、二小宿舍楼建设等项目，支持义务教育薄弱环节改造、现代职业教育及学前教育。推进健康泾源行动，安排资金4139万元，持续深化县域公立医院综合改革试点，实施基本公共卫生服务、医疗救治能力提升和医疗卫生服务与保障能力提升等项目。支持全域旅游建设，安排资金2348万元，支持全域旅游发展，实施乡村旅游及旅游景区提升等项目。支持社会保障事业，安排资金18376万元，落实城乡低保、医疗救助、防灾救灾、优抚安置、高龄、特困供养、“五保”人员及孤儿养育等保障政策，积极扶持高校毕业生、退役军人、农民工等重点群体创业就业，大力支持职业技能培训、公益性岗位、农村妇女创业，实施老年养护院建设项目等。落实各项支农惠农政策，通过“一卡通”兑付退耕还林、精准造林、地力保护、农机购置补贴等各类惠农直补资金13025.27万元。

七是坚持守正创新、踔厉奋发，推动改革发展。坚持系统观念，突出问题导向，聚焦短板弱项，推动财政、国企改革向纵深发展。以建立现代财政制度为重点，深化财政体制改革，深化财政预算管理改革，进一步完善预算编制体系，全面推行零基预算和跨年度预算平衡机制，全面实行财政资金项目化管理，不断完善财政资金项目库。强化绩效管理，对全县所有50万元以上的项目预算绩效目标与部门预算同编制、同审核、同批复，积极开展项目绩效自评，在下达预算指标同时下达绩效自评表。加大重点项目绩效评价力度，聘请中介机构对县城集中供热等17个2021年重点项目及统筹整合财政涉农资金使用情况开展绩效评价，涉及资金3.4亿元。加大财政“沉睡”资金清理盘活，对预算单位连续两年未使用完的专项转移支付资金、执行一年未使用完的部门预算，全部收回财政统筹用于急需的民生保障、社会事业及县委和政府确定的重点项目。严格执行政府投资建设项目工程招标控制价审核，全年由第三方中介机构审核政府投资建设项目工程招标控制价预算资金10.66亿元，核定资金10.47亿元，核减1902万元。规范国有资产处置行为，合理配置和有效利用国有资产，制订印发行政事业单位国有资产使用和处置管理办法，累计处置国有资产681.5万元，其中通过调拨、调剂等方式盘活闲置资产481.48万元；报废处置超过使用年限且无法使用的资产200.02万元。以建立现代企业制度为重点，深化国有企业改革，推进国企改革“1+N”政策体系落实落地，调整优化县属国有企业结构，理顺国有企业隶属关系，对部门所属企业进行清产核资，并逐步与所属部门脱钩移交，稳步推进经营性国有资产集中统一监管。统筹整合泾河水务公司、供热公司、供排水公司、旅游开发公司等4家县属国有企业资源，组建成立国有资本投资运营集团公司。全面落实“党建进章程”，对县属国有企业章程逐一修订，明确党组织研究作为国有企业“三重一大”决策的前置程序，确保党对国有企业的全面领导，国有企业改革三年行动成效显著。

在看到成绩的同时，也清醒地认识到，泾源县财政工作仍然存在一些不容忽视的困难和问题，主要表现有：地方财政增长空间有限，经济基础薄弱，税收来源单一零散，受减税降费、经济下行等多重因素叠加影响，财政收入增长面临的形势依然严峻；财政增量不足与财政刚性支出持续大幅增长的矛盾较为突出，财政“三保”支出标准逐年提高，债务还本付息压力较大，重点项目等刚性支出逐年增加，财政收支矛盾突出。

彭阳县

2022年，彭阳县财政局坚持以习近平新时代中国特色社会主义思想为指导，认真学习贯彻党的二十大精神和习近平总书记视察宁夏重要讲话精神，坚持稳中求进工作总基调，立足新发展阶段，贯彻新发展理念，融入新发展格局，加强财源建设，优化资金结构，深化财政改革，确保资金安全，全力落实“稳保促”各项政策措施，圆满完成年度财政收支目标任务。全年完成地方一般公共预算收入4.34亿元，同比增长3.71%，同口径增长8.92%；完成地方一般公共预算支出43.32亿元，同比增长4.56%。

一、立足财源建设，加强宏观调控，财政保障能力明显提高

落细落实政策，持续扶持企业发展壮大，深入贯彻落实中央、自治区减税降费政策和留抵退税政策，有效减轻中小微企业、个体工商户和困难行业企业税费负担，持续扶持企业发展壮大，进一步改善营商环境，激发市场活力，有效促进可持续发展，全年减税降费8663万元，其中，税收减免7753万元，社保降费910万元。支持招商引资，着力培育新的经济增长点，认真贯彻落实国家和区市县“稳保促”政策措施，大力推动新兴产业发展，全年配套落实招商引资工作相关资金3930万元，引进落地棉纱纺织等高质量工业项目14个，建成宁南数字经济产业园（一期），启动建设宁南数字经济产业园（二期）。加强协调配合，依法依规组织收入，加强与税收征管部门的沟通协调，不断强化财税联动机制，狠抓煤炭、原油、建筑及房地产等重点行业和增值税、企业所得税、城市维护建设税等6项主体税种的监管，加强对各项非税收入和政府性基金收入的管理，堵漏增收，应收尽收，全年完成税收收入3.16亿元，为调整预算的107.09%，同口径增长136.72%。

二、紧扣保障重点，履行主体责任，重大保障事项落地落实

疫情防控工作得到全力保障，认真贯彻落实党中央进一步优化防控工作二十条措施以及区市县党委、政府疫情防控政策措施，特别是“10·28”“11·25”疫情发生后，迅速建立起切块下达、重点保障等经费拨付“绿色通道”，将疫情防控经费保障及时纳入“三保”保障范围，优先安排专项经费4300万元，切实保障疫情防控物资设备、核酸检测、人员隔离等防控工作有条不紊开展。乡村振兴工作得到全面保障，紧扣“五大振兴”目标，认真贯彻落实“四个不摘”要求，继续坚持“因需而整”“应整尽整”的原则，全年统筹整合使用财政涉农资金4.26亿元，完成支出4.17亿元，支持实施重点项目64个。认真贯彻落实区市县党委、政府关于金融工作的决策部署精神，支持引导金融机构不断优化营商环境和金融资源配置，扩大信贷规模，提高贷款覆盖面，全面助力巩固拓展脱贫攻坚成果同乡村振兴有效衔接。全年累计发放脱贫人口小额信贷6352户2.9亿元，完成全年任务2.8亿元的103.39%，脱贫人口小额信贷余额9351户5.5亿元。担保机构当年新增担保业务4093笔5.56亿元，累计在保余额9亿元。

三、聚焦基础建设，优化支出结构，经济社会健康协调发展

安排三次产业融合发展资金3.85亿元，支持实施粮食保障提升工程、王洼产业园区区块三（建设四路–S202段）道路给排水工程等项目，有效推动“五特四新四优”产业深度融合高质量发展。安排城乡基础建设资金3.59亿元，支持实施县城热源厂锅炉及环保改造工程、智慧城管建设等项目，全国文明城市创建工作稳步推进。安排生态环保及水利工程建设资金3.17亿元，支持实施小流域综合治理项目、高标准农田建设等项目，农村生态环境及群众生产生活条件持续改善。安排教育事业发展资金6.98亿元，支持实施县五中建设白阳镇中心学校迁建，支持义务教育薄弱环节改造，深化教育体制改革，推动教育事业均衡发展。安排卫生健康事业发展资金2.67亿元，支持实施县人民医院王洼分院建设项目，支持疫情防控工作和全民健康水平提升行动。安排文化旅游事业发展资金6622万元，支持实施文化惠民“四个一”活动、茹河瀑布风景区标准化提升工程，公共文化事业蓬勃发展。安排社会保障事业发展资金5.7亿元，认真落实城乡低保、公益性岗位等惠民政策，大力支持高校毕业生、退役军人、农民工和脱贫人口等重点群体就业创业。

四、突出预算执行，强化运行管理，财政服务效能明显提升

厉行节约政策措施全面落实，牢固树立“过紧日子”思想，坚持以收定支、精打细算，从严控制公务活动、支出范围和标准，坚决压减非急性、非刚性支出，全年一般性支出压减幅度达10%以上。财政投资项目评审规范有序，全年完成评审项目557个，评审投资总额31.67亿元，预（结）算25.17亿元，净审减1.16亿元，审减率4.41%。政府债务管控有力，全年落实地方政府债券还本付息资金2.17亿元，2022年新增地方政府债券资金2.05亿元。中央直达资金及时高效使用，认真贯彻落实直达资金使用管理要求，加快直达资金分配进度，强化直达资金动态监管，确保直达资金第一时间直达基层、惠企利民，全年纳入直达资金监管范畴资金11.26亿元，完成支付10.7亿元，支付率95.1%。金融信贷资金安全运行，金融信贷资金安全运行，认真贯彻落实金融工作总体部署，充分发挥金融对县域经济发展的支撑作用，不断释放金融支持经济社会发展的新动力，全县银行业金融机构各项存款余额77.9亿元，贷款余额63.8亿元。

五、深化改革创新，优化运行机制，财政管理水平持续提高

财政预算编制及运行机制改革深入推进，进一步完善项目支出定额标准体系和项目库建设，全面推行“零基预算”和跨年度预算平衡机制，财政预算编制体系趋于完善。积极探索建立财政专项扶贫资金监管、行政事业单位内控管理等系统的应用模式，着力构建财政资金分配使用全过程留痕、责任可追溯的监管机制，财政预算一体化改革深入推进。高质量完成国有企业改革三年行动，按照中央、区、市2022年全面完成国企改革目标任务的总体要求，通过推动国有企业瘦身重组，完成企业公司制改制，

建立健全市场化经营机制，优化国有企业内部管理，完善国有企业党建制度，国有企业改革高质量收官。

六、坚持党建引领，力促素质提升，财政自身建设不断强化

坚持开展政治理论学习，扎实开展党组理论学习中心组学习12次、党员干部理论学习42次，深入学习《习近平谈治国理政》第一至四卷，习近平总书记视察宁夏重要讲话精神，读原著，学原文，悟原理，持续拓展学习广度深度，不断提高领悟能力。认真学习贯彻党的二十大精神，自治区第十三次党代会精神，固原市委五届五次、六次、七次全会精神，彭阳县委九届三次、四次、五次全会精神，开展学习交流12场次，党员干部在强思想、理思路、促工作方面的能力与水平明显提升。扎实开展"6+X"主题党日活动，先后组织开展"认真学习宣传贯彻自治区第十三次党代会精神"，"全面学习、全面把握、全面落实党的二十大精神"等主题党日活动12次，开展党员"评星定格"活动4次，七一建党节组织全体党员开展了重温入党誓词和向党献上祝福语活动。全年培养发展入党积极分子2名，培养转正党员1名。深入推动党风廉政建设，认真贯彻落实全面从严治党主体责任和"一岗双责"责任，制定并公开全面从严治党"三个清单"，建立全程纪实台账；落实党建工作责任书、党风廉政建设工作责任书，形成一级抓一级，层层抓落实的组织领导体系和工作机制。先后组织开展干部"转作风，重实干，勇担当"活动、违规收送红包和不正当收益及违规借转贷或高额放贷专项整治工作，营造风清气正的财政发展环境。认真组织做好意识形态工作，认真落实工作责任，与2个党支部签订意识形态领域目标管理工作责任书。持续开展学习贯彻马克思主义宗教观和中央民族工作会议、全国宗教工作会议精神，切实组织做好政府债务风险防控及信访维稳、民族宗教、扫黑除恶等问题的排查化解，教育引导广大党员干部牢固树立总体国家安全观。积极组织开展各项精神文明建设活动，"11·25"疫情发生后，党员干部积极参与，担当作为，攻坚克难，有效完成对政府街秀水花园的疫情防控工作。持续开展县城第三片区网格范围内责任区，日常性垃圾杂物清理和监管工作，确保了责任网格内街道、绿化带、道路标牌、公共环境卫生的干净整洁，有效推动全县文明城市创建工作。

第五部分
财税法规选编

宁夏回族自治区财政厅　宁夏回族自治区公共资源交易管理局关于印发《宁夏回族自治区政府采购信用评价管理暂行办法》的通知

宁财规发〔2022〕1号

自治区本级各预算单位，各市、县（区）财政局，自治区及五市公共资源交易中心，各政府采购代理机构、评审专家、供应商：

为深化政府采购制度改革，推进政府采购领域信用体系建设，健全守信激励失信约束机制，进一步规范政府采购活动，结合我区实际，自治区财政厅、自治区公共资源交易管理局联合制定了《宁夏回族自治区政府采购信用评价管理暂行办法》。现印发给你们，请认真贯彻执行。

附件：1. 宁夏回族自治区政府采购评审专家信用评价管理暂行办法
2. 宁夏回族自治区政府采购代理机构信用评价管理暂行办法
3. 宁夏回族自治区政府采购供应商信用评价管理暂行办法
4. 宁夏回族自治区政府采购采购人信用评价管理暂行办法

附件1

宁夏回族自治区政府采购评审专家信用评价管理暂行办法

第一章　总　则

第一条　为推进政府采购领域信用体系建设，加强政府采购评审活动监督，规范政府采购评审专家评审行为，优化政府采购营商环境，根据《中华人民共和国政府采购法》及其实施条例、《国务院办公厅关于加快推进社会信用体系建设构建以信用为基础的新型监管机制的指导意见》（国办发〔2019〕35号）、《财政部关于印发〈政府采购评审专家管理办法〉的通知》（财库〔2016〕198号）等有关规定，结合我区实际，制定本办法。

第二条　本办法所称评审专家，是指经自治区财政厅选聘，以独立身份参加政府采购评审活动，纳入评审专家库管理的人员。

第三条　信用评价周期为一年，初始基础分为100分。信用评价得分采取量化扣分机制，并在宁夏政府采购网实时更新公布，信用评价结果共享至自治区公共资源交易平台市场主体库。

第四条　信用评价通过宁夏政府采购信用评价系统（以下简称“系统”）实施。采购人、采购代理机构（从事政府采购代理业务的集中采购机构和集中采购机构以外的采购代理机构）、供应商及各级公共资源交易中心（以下简称“相关主体”）、财政部门应当及时、客观、公正、准确地对评审专家进行信用评价。

第二章 评价内容

第五条 信用评价分为日常评价和监督评价。系统根据评价情况实时对每名评审专家信用评价得分和信用等级进行调整。

第六条 日常评价是指相关主体在每个政府采购项目评审活动结束后5个工作日内，对参与评审的每名评审专家进行评价，并按照信用评价指标对有扣分项情形的评审专家进行评价扣分（评价扣分需说明理由，属于重点关注事项的评价扣分需附相关证明资料）。

相关主体对同一项目的同一评审专家的同一评价指标评价扣分的，相关主体为多个的，按多个评价主体评价分值总和除以评价主体数量计算扣分，相关主体为单个的，直接扣分。

第七条 监督评价是指财政部门根据政府采购项目投诉、举报、监督检查及纪检监察、审计等相关部门发现的评审专家在政府采购活动中的违法违规行为，在依法依规处理处罚的同时，按照信用评价指标对评审专家进行评价。

财政部门根据政府采购项目可对同一评审专家多次评价，评价扣分累加计算。

第八条 各级财政部门依照政府采购法律法规对评审专家作出禁止参加政府采购评审活动的行政处罚时，应当在5个工作日内上报自治区财政厅，自治区财政厅对该评审专家予以解聘。

第三章 结果运用

第九条 信用评价等级共分四级，信用评价得分大于90分的为A级，得分大于75分但小于等于90分的为B级，得分大于60分但小于等于75分的为C级，得分小于等于60分的为D级。

第十条 信用评价等级为A级的评审专家在政府采购项目抽取环节正常随机抽取，信用评价等级为B级的评审专家随机抽取概率下降20%，信用评价等级为C级的评审专家随机抽取概率下降40%，信用评价等级为D级的评审专家当年度政府采购项目不再予以抽取。

第十一条 信用评价等级为A级和B级的评审专家，下一评价周期基础分为100分；信用评价等级为C级的评审专家，下一评价周期基础分为90分；信用评价等级为D级的评审专家，下一评价周期基础分为75分。

第十二条 一个评价周期信用评价等级为D级的评审专家，由财政部门约谈并责令限期改正；连续两个评价周期信用评价等级为D级的评审专家，财政部门将根据周期评价结果反映出的违法违规问题依法依规对评审专家进行处理处罚，并由自治区财政厅予以解聘。

第四章 评价异议

第十三条 评审专家对相关主体日常评价扣分内容有异议的，应在7个工作日内通过系统向相关主体提出异议并说明理由。

第十四条 相关主体根据评审专家异议内容进行核实，在10个工作日内确认异议是否成立并回复。异议成立的，相关主体须及时通过系统修改信用评价扣分项，异议不成立的，通过系统向评审专家回复说明理由并上传相关证明资料。

第十五条 相关主体未按规定核实回复或超过期限核实回复的，其对评审专家的评价扣分无效，系统自动取消该评价扣分，并对相关主体行为予以评价扣分（5分/次）。

第十六条 评审专家对相关主体认定异议不成立的核实回复内容不认可的，可以向相关财政部门反映说明情况。

第五章 附 则

第十七条 本办法由自治区财政厅、自治区公共资源交易管理局负责解释。

第十八条 信用评价指标及扣分标准根据实际情况在系统进行动态调整。

第十九条 参加评审活动的采购人代表、采购人依法自行选定的评审专家暂不参与评审专家信用评价。当年度尚未被抽取参加评审活动的专家，在信用评价等级中予以相应标注。

第二十条 本办法自2022年2月1日起施行，有效期至2024年1月31日。

附件2

宁夏回族自治区政府采购代理机构信用评价管理暂行办法

第一章　总　则

第一条　为推进政府采购领域信用体系建设，加强政府采购代理机构监管，规范政府采购代理机构从业行为，优化政府采购营商环境，根据《中华人民共和国政府采购法》及其实施条例、《国务院办公厅关于加快推进社会信用体系建设构建以信用为基础的新型监管机制的指导意见》（国办发〔2019〕35号）、《财政部关于印发〈政府采购代理机构管理暂行办法〉的通知》（财库〔2018〕2号）等有关规定，结合我区实际，制定本办法。

第二条　本办法所称的政府采购代理机构（以下简称代理机构）是指受自治区各级国家机关、事业单位和团体组织（以下简称采购人）委托，从事政府采购代理业务的集中采购机构和集中采购机构以外的采购代理机构。

第三条　信用评价周期为一年，初始基础分为100分。信用评价得分采取量化扣分机制，并在宁夏回族自治区政府采购网实时更新公布，信用评价结果共享至自治区公共资源交易平台市场主体库。

第四条　信用评价通过宁夏政府采购信用评价系统（以下简称“系统”）实施。采购人、评审专家、供应商及各级公共资源交易中心（以下简称“相关主体”）、财政部门应当根据代理机构的从业情况及时、客观、公正、准确地进行信用评价。

第五条　信用评价结果应当全区共享共用，并作为各级财政部门对代理机构监督管理的重要依据。

第二章　评价内容

第六条　信用评价分为日常评价和监督评价。系统根据评价情况实时对代理机构信用评价得分和信用等级进行调整。

第七条　日常评价是指采购人、评审专家在每个政府采购活动或评审活动结束后5个工作日内，对代理机构进行评价，并按照信用评价指标对有扣分项情形的代理机构进行评价扣分（评价扣分需说明理由，属于重点关注事项的评价扣分需附相关证明资料）；供应商在每个采购活动结束后5个工作日内，对代理机构进行评价，并按照信用评价指标对有扣分项情形的代理机构进行评价扣分（评价扣分需说明理由，属于重点关注事项的评价扣分需附相关证明资料）。

相关主体对同一项目代理机构职责履行情况的同一评价指标评价扣分的，相关主体为多个的，按多个评价主体评价分值总和除以评价主体数量计算扣分，相关主体为单个的，直接扣分。

第八条　监督评价是指财政部门根据政府采购项目投诉、举报、监督检查及纪检监察、审计等相关部门发现的代理机构在政府采购活动中的违法违规行为，在依法依规处理处罚的同时，按照信用评价指标对代理机构进行评价。

财政部门根据政府采购项目可对同一代理机构多次评价，评价扣分累加计算。

第九条　各级财政部门依照政府采购法律法规对代理机构作出禁止一定期限内代理政府采购业务（处罚期限届满的除外）的行政处罚时，应当在5个工作日内在宁夏政府采购网公告，并上报自治区财政厅予以中止代理机构在宁夏政府采购管理系统的操作权限。采购人不得再委托该代理机构开展任何政府采购活动。

第三章　结果运用

第十条　信用评价等级共分四级，信用评价得分大于90分的为A级，得分大于75分但小于等于90分的为B级，得分大于60分但小于等于75分的为C级，得分小于等于60分的为D级。

第十一条　财政部门将结合信用评价等级对各代理机构采取定向抽查和不定向抽查相结合的方式进行监督检查。采购人可结合公告的评价结果择优选择代理机构。

第十二条　信用评价等级为A级和B级的代理机构，下一评价周期基础分为100分；信用评价等级为C级的代理机构，下一评价周期基础分为90分；信用评价等级为D级的代理机构，下一评价周期基础分为75分。

第十三条 一个评价周期信用评价等级为D级或连续两个评价周期信用评价等级为C级的代理机构，由财政部门约谈并责令限期改正；连续两个评价周期信用评价等级为D级或连续三个评价周期信用评价等级为C级的代理机构，财政部门将根据周期评价结果反映出的违法违规问题依法依规对代理机构进行处理处罚。

第四章 评价异议

第十四条 代理机构对相关主体日常评价扣分内容有异议的，应在7个工作日内通过系统向相关主体提出异议并说明理由。

第十五条 相关主体根据代理机构异议内容进行核实，在10个工作日内确认异议是否成立并回复。异议成立的，相关主体须及时通过系统修改信用评价扣分项，异议不成立的，通过系统向代理机构回复说明理由并上传相关证明资料。

第十六条 相关主体未按规定核实回复或超过期限核实回复的，其对代理机构的评价扣分无效，系统自动取消该评价扣分，并对相关主体行为予以评价扣分（5分/次）。

第十七条 代理机构对相关主体认定异议不成立的核实回复内容不认可的，可以向相关财政部门反映说明情况。

第五章 附 则

第十八条 本办法由自治区财政厅、自治区公共资源交易管理局负责解释。

第十九条 信用评价指标及扣分标准根据实际情况在系统进行动态调整。

第二十条 自治区及五市政府采购交易中心作为集中采购机构由采购人、评审专家、供应商及财政部门对其开展信用评价。

第二十一条 参加评审活动的采购人代表、采购人依法自行选定的评审专家暂不开展对代理机构的信用评价。当年度尚未被委托代理政府采购活动的代理机构，在信用评价等级中予以相应标注。

第二十二条 本办法自2022年2月1日起施行，有效期至2024年1月31日。

附件3

宁夏回族自治区政府采购供应商信用评价管理暂行办法

第一章 总 则

第一条 为推进政府采购领域信用体系建设，加强对政府采购供应商的监督管理，规范政府采购供应商参与政府采购活动的行为，优化政府采购营商环境，根据《中华人民共和国政府采购法》及其实施条例、《国务院办公厅关于加快推进社会信用体系建设构建以信用为基础的新型监管机制的指导意见》（国办发〔2019〕35号）等有关规定，结合我区实际，制定本办法。

第二条 本办法所称的政府采购供应商（以下简称供应商）是指参与自治区各级国家机关、事业单位和团体组织（以下简称采购人）开展的政府采购活动，向采购人提供货物、工程或者服务的法人、其他组织或者自然人。

第三条 信用评价周期为一年，初始基础分为100分。信用评价得分采取量化扣分机制，并在宁夏回族自治区政府采购网实时更新公布，信用评价结果共享至自治区公共资源交易平台市场主体库。

第四条 信用评价通过宁夏政府采购信用评价系统（以下简称“系统”）实施。采购人、采购代理机构（从事政府采购代理业务的集中采购机构和集中采购机构以外的采购代理机构）、评审专家及各级公共资源交易中心（以下简称“相关主体”）、财政部门应当根据供应商参与政府采购活动的情况及时、客观、公正、准确地进行信用评价。

第五条　信用评价结果应当全区共享共用，并作为各级财政部门对供应商监督管理的重要依据。

第二章　评价内容

第六条　信用评价分为日常评价、履约评价和监督评价。系统根据评价情况实时对供应商信用评价得分和信用等级进行调整。

第七条　日常评价是指相关主体在每个政府采购活动或评审活动结束后5个工作日内，对递交投标（响应）文件的供应商进行评价，并按照信用评价指标对有扣分项情形的供应商进行评价扣分（评价扣分需说明理由，属于重点关注事项的评价扣分需附相关证明资料）。

相关主体对同一项目供应商参与情况的同一评价指标评价扣分的，相关主体为多个的，按多个评价主体评价分值总和除以评价主体数量计算扣分，相关主体为单个的，直接扣分。

第八条　履约评价是指在发出中标（成交）通知书、签订政府采购合同至履约验收期间，采购人在系统按照信用评价指标对中标（成交）供应商签订合同及履约情况进行评价。

第九条　监督评价是指财政部门根据政府采购项目投诉、举报、监督检查及纪检监察、审计等相关部门发现的供应商在政府采购活动中的违法违规行为，在依法依规处理处罚的同时，按照信用评价指标对供应商进行评价。

财政部门根据政府采购项目可对同一供应商多次评价，评价扣分累加计算。

第十条　各级财政部门依照政府采购法律法规对供应商作出禁止一定期限内参加政府采购活动的行政处罚时，应当在5个工作日内在宁夏政府采购网公告。在禁止期限内，供应商不得再参与任何政府采购活动。

第三章　结果运用

第十一条　信用评价等级共分四级，信用评价得分大于90分的为A级，得分大于75分但小于等于90分的为B级，得分大于60分但小于等于75分的为C级，得分小于等于60分的为D级。

第十二条　采购人在政府采购网上商城直购、零星采购时可结合公告的评价结果择优选择供应商。金融机构可对申请政府采购合同信用融资的A级供应商适当增加信用融资额度，在融资利率上给予倾斜。

第十三条　信用评价等级为A级和B级的供应商，下一评价周期基础分为100分；信用评价等级为C级的供应商，下一评价周期基础分为90分；信用评价等级为D级的供应商，下一评价周期基础分为75分。

第十四条　一个评价周期信用评价等级为D级或连续两个评价周期信用评价等级为C级的供应商，由财政部门约谈并责令限期改正；连续两个评价周期信用评价等级为D级或连续三个评价周期信用评价等级为C级的供应商，财政部门将根据周期评价结果反映出的违法违规问题依法依规对供应商进行处理处罚。

第四章　评价异议

第十五条　供应商对相关主体日常评价扣分内容有异议的，应在7个工作日内通过系统向相关主体提出异议并说明理由。

第十六条　相关主体根据供应商异议内容进行核实，在10个工作日内确认异议是否成立并回复。异议成立的，相关主体须及时通过系统修改信用评价扣分项，异议不成立的，通过系统向供应商回复说明理由并上传相关证明资料。

第十七条　相关主体未按规定核实回复或超过期限核实回复的，其对供应商的评价扣分无效，系统自动取消该评价扣分，并对相关主体行为予以评价扣分（5分/次）。

第十八条　供应商对相关主体认定异议不成立的核实回复内容不认可的，可以向相关财政部门反映说明情况。

第五章　附　则

第十九条　本办法由自治区财政厅、自治区公共资源交易管理局负责解释。

第二十条　信用评价指标及扣分标准根据实际

情况在系统进行动态调整。

第二十一条 参加评审活动的采购人代表、采购人依法自行选定的评审专家暂不开展对供应商的信用评价。

第二十二条 本办法自2022年2月1日起施行，有效期至2024年1月31日。

附件4

宁夏回族自治区政府采购采购人信用评价管理暂行办法

第一章 总 则

第一条 为推进政府采购领域信用体系建设，压实采购人主体责任，规范采购人采购行为，优化政府采购营商环境，根据《中华人民共和国政府采购法》及其实施条例、《国务院办公厅关于加快推进社会信用体系建设构建以信用为基础的新型监管机制的指导意见》（国办发〔2019〕35号）等有关规定，结合我区实际，制定本办法。

第二条 本办法所称的采购人是指使用财政性资金采购政府集中采购目录以内的或者分散采购限额标准以上的货物、工程和服务的自治区各级国家机关、事业单位和团体组织。

第三条 信用评价周期为一年，初始基础分为100分。信用评价得分采取量化扣分机制，并在宁夏回族自治区政府采购网实时更新公布，信用评价结果共享至自治区公共资源交易平台市场主体库。

第四条 信用评价通过宁夏政府采购信用评价系统（以下简称“系统”）实施。采购代理机构（从事政府采购代理业务的集中采购机构和集中采购机构以外的采购代理机构）、评审专家、供应商（应为实质性响应采购文件的供应商）及各级公共资源交易中心（以下简称“相关主体”）、财政部门应当根据采购人开展政府采购活动的情况及时、客观、公正、准确地进行信用评价。

第五条 信用评价结果应当全区共享共用，并作为各级财政部门对采购人监督管理的重要依据。

第二章 评价内容

第六条 信用评价分为日常评价、履约评价和监督评价。系统根据评价情况实时对采购人信用评价得分和信用等级进行调整。

第七条 日常评价是指相关主体在每个政府采购活动或评审活动结束后5个工作日内，对采购人进行评价，并按照信用评价指标对有扣分项情形的采购人进行评价扣分（评价扣分需说明理由，属于重点关注事项的评价扣分需附相关证明资料）。

相关主体对同一项目采购人的同一评价指标评价扣分的，相关主体为多个的，按多个评价主体评价分值总和除以评价主体数量计算扣分，相关主体为单个的，直接扣分。

第八条 履约评价是指中标（成交）供应商自签订政府采购合同后至履约验收完成前，在系统按照信用评价指标对采购人签订合同及履约情况进行评价。

第九条 监督评价是指财政部门根据政府采购项目投诉、举报、监督检查及纪检监察、审计等相关部门发现的采购人在政府采购活动中的违法违规行为，在依法依规处理处罚的同时，按照信用评价指标对采购人进行评价。

财政部门根据政府采购项目可对同一采购人多次评价，评价扣分累加计算。

第三章 结果运用

第十条 信用评价等级共分四级，信用评价得分大于90分的为A级，得分大于75分但小于等于90分的为B级，得分大于60分但小于等于75分的为C级，得分小于等于60分的为D级。

第十一条 信用评价等级为A级的采购人，财政部门一般不对其开展重点监督检查；信用评价等级为B级的采购人，财政部门随机选取部分纳入重点监督检查范围;信用评价等级为C级的采购人，财政部门将其全部纳入重点监督检查范围；信用评价等级为D级的采购人，财政部门将严格控制其政府采购预算及采购活动的开展，将其信用评价情况向监察、审计等部门通报，并纳入重点监督检查范围和重点预算绩效评价范围。

第十二条　信用评价等级为A级和B级的采购人，下一评价周期基础分为100分；信用评价等级为C级的采购人，下一评价周期基础分为90分；信用评价等级为D级的采购人，下一评价周期基础分为75分。

第十三条　一个评价周期信用评价等级为D级或连续两个评价周期信用评价等级为C级的采购人，由财政部门约谈并责令限期改正。

第四章　评价异议

第十四条　采购人对相关主体日常评价及履约评价扣分内容有异议的，应在7个工作日内通过系统向相关主体提出异议并说明理由。

第十五条　相关主体根据采购人异议内容进行核实，在10个工作日内确认异议是否成立并回复。异议成立的，相关主体须及时通过系统修改信用评价扣分项，异议不成立的，通过系统向采购人回复说明理由并上传相关证明资料。

第十六条　相关主体未按规定核实回复或超过期限核实回复的，其对采购人的评价扣分无效，系统自动取消该评价扣分，并对相关主体行为予以评价扣分（5分/次）。

第十七条　采购人对相关主体认定异议不成立的核实回复内容不认可的，可以向相关财政部门反映说明情况。

第五章　附　则

第十八条　本办法由自治区财政厅、自治区公共资源交易管理局负责解释。

第十九条　信用评价指标及扣分标准根据实际情况在系统进行动态调整。

第二十条　参加评审活动的采购人代表、采购人依法自行选定的评审专家暂不开展对采购人的信用评价。

第二十一条　本办法自2022年2月1日起施行，有效期至2024年1月31日。

宁夏回族自治区财政厅关于印发《宁夏回族自治区财政农业保险保费补贴管理实施办法》的通知

宁财规发〔2022〕2号

自治区农业农村厅、林业和草原局、乡村振兴局，各市、县（区）财政局，宁夏农垦集团有限责任公司、有关保险公司：

为进一步做好农业保险工作，加强农业保险保费补贴资金管理，提升财政资金使用效益，优化农业保险运行机制，推动农业保险高质量发展，根据财政部《中央财政农业保险保费补贴管理办法》（财金〔2021〕130号）要求，研究制定了新的《宁夏回族自治区财政农业保险保费补贴管理实施办法》，现印发给你们，请认真遵照执行。

附件：宁夏回族自治区财政农业保险保费补贴管理实施办法

附件

宁夏回族自治区财政农业保险保费补贴管理实施办法

第一章 总 则

第一条 为加强农业保险保费补贴资金管理，提升农业保险数据信息服务水平，加快农业保险高质量发展，完善农业支持保护制度，助力乡村振兴，服务保障国家粮食安全，强化自治区重点产业和区域特色产业风险保障，根据《中华人民共和国预算法》、《农业保险条例》、《财政违法行为处罚处分条例》及财政部《中央财政农业保险保费补贴管理办法》（财金〔2021〕130号）等规定，结合我区实际，制定本办法。

第二条 本办法所称农业保险保费补贴，是指中央和自治区对市、县（区）政府引导有关农业保险经营机构（以下简称承保机构）开展符合条件的农业保险业务，按照保费比例，为投保农户、农业生产经营组织（以下简称投保人）等提供补贴。

本办法所称承保机构，是指依法设立并开展农业保险业务的保险组织。本办法所称农业生产经营组织，是指农民专业合作社、农业企业以及其他农业生产经营组织。

第三条 农业保险工作遵循政府引导、市场运作、自主自愿、协同推进的原则。农业保险保费补贴工作实行财政支持、分级负责、预算约束、政策协同、绩效导向、惠及农户的原则。

（一）财政支持。财政部门履行牵头主责，从发展方向、制度设计、政策制定、资金保障等方面推进农业保险发展，通过保费补贴、机构遴选等多种政策手段，发挥农业保险机制性工具作用，督促承保机构依法合规展业，充分调动各参与方积极性，推动农业保险高质量发展，增强农业抗风险能力。

（二）分级负责。自治区财政部门根据预算管理相关规定，加强对各市、县（区）农业保险保费补贴工作的指导和监督，对全区农业保险保费补贴工作负总责。各市、县（区）财政部门对本辖区农业保险保费补贴工作负主体责任，农业农村、林草（自然资源）等相关部门及承保机构按照分工各负其责。

（三）预算约束。自治区财政部门在综合考虑农业发展、财政承受能力等实际情况的基础上，按照农业保险业务发展趋势和内 在规律，本着量力而行、尽力而为的原则，合理确定全区农业保险品种范围，强化预算约束，提高财政预算管理水平。

（四）政策协同。各级财政部门应加强与农业农村、保险监管、林草（自然资源）等有关单位以及承保机构的协同配合，推动农业保险保费补贴政策与其他农村金融和支农惠农政策有机结合，促进形成农业保险健康发展的长效机制。

（五）绩效导向。突出正向激励，构建科学合理的综合绩效评价指标体系，强化绩效目标管理，做好绩效运行监控，开展绩效评价和结果应用。

（六）惠及农户。各级财政部门会同有关方面聚焦服务“三农”，确保农业保险政策精准实施，切实提升投保人的政策获得感和满意度。

第二章　补贴政策

第四条　中央及自治区财政提供保费补贴的农业保险（以下简称补贴险种）标的，包括：中央财政保费补贴范围内关系国计民生和粮食、生态安全的主要大宗农产品及中央确定的其他农产品保险；自治区优势特色产业农产品保险；市、县（区）区域特色产业农产品保险。

第五条　中央及自治区财政补贴险种的保险标的主要包括：

（一）种植业。

1. 中央财政补贴险种标的：稻谷、小麦、玉米、马铃薯、油料作物（胡麻、油葵、油菜籽、大豆等）、三大粮食作物（稻谷、小麦、玉米）制种。

2. 自治区优势特色产业财政补贴险种标的：枸杞、酿酒葡萄。

3. 县域优势特色产业财政补贴险种标的：露地蔬菜（西红柿、辣椒、茄子、黄瓜、白菜、芹菜、黄花菜等）、日光温室、拱棚、牧草（苜蓿、禾草）、小杂粮（荞麦、糜子、谷子、豌豆）、林果（苹果、桃、李、枣、杏等）、中药材（板蓝根、黄芪、党参、红花、柴胡、金银花、甘草等）、西（甜）瓜（西瓜、甜瓜）。

（二）养殖业。

1. 中央财政补贴险种标的：犊奶牛、后备奶牛、成年奶牛、能繁母猪、育肥猪。

2. 自治区优势特色产业财政补贴险种标的：犊肉牛、后备肉牛、成年肉牛、肉羊。

（三）森林。中央财政补贴险种标的：公益林、商品林。

第六条　保费补贴。

（一）中央财政补贴险种。

1. 种植业：中央财政补贴 45%，自治区财政补贴 25%，市、县（区）财政承担 10%，投保人自缴 20%。

2. 养殖业：中央财政补贴 50%，自治区财政补贴 25%，市、县（区）财政承担 5%，投保人自缴 20%。

3. 森林：（1）公益林：森林产权属于自治区级的，中央财政补贴 50%，自治区财政补贴 50%；森林产权属于市、县（区）级的，中央财政补贴 50%，自治区财政补贴 30%，市、县（区）财政承担 20%；森林产权属于其他社会组织（个人）的，中央财政补贴 50%，自治区财政补贴 30%，其他社会组织（个人）承担 20%。（2）商品林：中央财政补贴 30%，自治区财政补贴 40%，市、县（区）财政承担 10%，投保人自缴 20%。

（二）自治区优势特色产业财政补贴险种：在中央财政奖补政策支持下，中央和自治区财政共补贴 50%，市、县（区）财政承担 30%，投保人自缴 20%。

（三）县域优势特色产业补贴险种：在投保人自缴保费不低于 20%（含）的基础上，在中央财政奖补政策支持下，自治区财政补贴40%。

第七条 坚持政府引导和市场运作，稳步扩大农业保险覆盖范围，围绕国家粮食及大宗农产品和自治区优势特色产业发展规划和目标，采取自治区主导或鼓励市、县（区）试点双结合方式，开展农产品完全成本保险、价格保险、收入保险及涉农保险等新型农业保险试点。凡市、县（区）要开展的新型农业保险试点，试点方案应随同下一年度保费补贴资金预算报告一并上报；对自治区主导的新型农业保险试点将由自治区相关部门制定方案。在中央财政奖补政策的支持下给予一定比例的保费补贴。

试点险种不受市、县（区）遴选区域限制，由产品开发成熟、经营能力强、服务质量好、赔偿能力充足，并获得遴选资格的承保机构分险种或片区承办。

第八条 市、县（区）可在巩固拓展脱贫攻坚期内，对脱贫户、脱贫不稳定户、边缘易致贫户及突发严重困难户（监测户）投保政策性农业保险给予倾斜支持，投保人自缴保费减半缴纳，不足部分的保费由本级财政承担，有效巩固拓展脱贫攻坚成果。优惠政策执行期限同中央及自治区巩固拓展脱贫攻坚成果相关政策保持一致。

第三章 保险方案

第九条 自治区财政、农业农村、林草等部门指导承保机构按照“公平合理、保本微利”的原则，在充分征求相关部门、市、县（区）政府及社会意见的基础上，合理拟定补贴险种的保险金额和费率。补贴险种综合费用率不得高于20%。

第十条 补贴险种的保险条款，承保机构应在充分听取自治区财政、农业农村、林草等部门，市、县（区）政府及农户代表意见的基础上拟定。保险条款应当通俗易懂、表述清晰，保单上应当载明农业保险标的位置、投保人等所有相关信息及各级财政承担的保费比例和金额。

第十一条 补贴险种的保险责任对应相应险种，应当涵盖当地主要的自然灾害（包括森林火灾）、意外事故、动物疾病疫病、重大病虫鼠害、野生动物毁损、价格波动、产量变动、气象指标等作为保险责任。

第十二条 保险金额

参照自治区发改委最新发布的《农产品成本收益资料汇编》及农业农村和林草部门调查统计数据，测定相关保险标的单位保额及费率。

（一）种植业：单位保额原则上按照保险标的生长期内所发生的物化成本的80%确定，包括种子、化肥、农药、灌溉、机耕和地膜等成本。

1. 中央补贴险种：稻谷600元/亩、小麦500元/亩、玉米500元/亩、马铃薯600元/亩、油料作物（胡麻、油葵、油菜籽、大豆等）400元/亩，制种稻谷700元/亩、制种小麦600元/亩、制种玉米900元/亩。

2. 自治区优势特色产业补贴险种：枸杞（果实）2000元/亩、酿酒葡萄（果实）1500元/亩。

3. 县域优势特色产业补贴险种：露地蔬菜（西红柿、辣椒、茄子、黄瓜、白菜、芹菜、黄花菜等）1000元/亩、日光温室（包括棚体及棚内作物）10000元/亩、拱棚3000元/亩、牧草（苜蓿、禾草）600元/亩、小杂粮（荞麦、糜子、谷子、豌豆）300元/亩、林果（苹果、桃、李、枣、杏等果实）800元/亩、中药材（板蓝根、黄芪、党参、红花、柴胡、金银花、甘草等）600元/亩、西（甜）瓜（西瓜、甜瓜）500元/亩。

（二）养殖业：单位保额原则上按照保险标的生产成本的80%确定，包括部分购买价格或饲养成本。

1. 中央补贴险种：犊奶牛（畜龄≤3月龄）3000元/头、后备奶牛（3月龄<畜龄<12月龄）6000元/头、成年奶牛（畜龄≥12月龄）10000元/头，能繁母猪（畜龄≥1年）1500元/头、育肥猪（畜龄≥2月龄）800元/头。

2. 自治区优势特色产业补贴险种：犊肉牛（畜龄≤3月龄）3000元/头、后备肉牛（3月龄<畜龄<8月龄）6000元/头、成年肉牛（畜龄≥8月龄）10000元/头、肉羊（畜龄≥2月龄）600元/只。

（三）森林：单位保额原则上按林木损失后的再植成本，包括灾害木清理、整地、种苗、施肥、挖坑、栽植、抚育管理到树木成活所需的一次性总费用的80%确定。公益林1000元/亩，商品林1300元/亩。

第十三条 保险费率

（一）粮油作物：稻谷、小麦、玉米4%，马铃薯、油料作物（胡麻、油葵、油菜籽、大豆等）、制种稻谷、制种小麦、制种玉米、小杂粮5%。

（二）果蔬：枸杞（果实）、酿酒葡萄（果实）、林果（苹果、桃、李、枣、杏等果实）、西（甜）瓜（西瓜、甜瓜）6%，露地蔬菜（西红柿、辣椒、茄子、黄瓜、白菜、芹菜、黄花菜等）5%。

（三）设施农业：日光温室、拱棚4%。

（四）其他作物：中药材（板蓝根、黄芪、党参、红花、柴胡、金银花、甘草等）6%、牧草（苜蓿、禾草）5%。

（五）养殖业：能繁母猪、犊奶牛、后备奶牛、成年奶牛6%，犊肉牛、后备肉牛、成年肉牛、肉羊、育肥猪5%。

（六）森林：公益林2‰，商品林4‰。

第十四条 保险期间按照不同险种主要分为：露地作物从种植出苗成活起至农产品成熟收获止；设施农业、森林保险自签订保单起一年止；枸杞、酿酒葡萄、林果自当年果树开花起至成熟收获止；养殖业自保单签订起最长一年止；育肥猪、肉羊按存栏量分批次承保的，自保单签订起至出栏止，按年度承保的，自保单签订起一年止（保险数量按投保时存栏量的2倍确定）。具体保险期间以保险合同规定为准，并在保单中载明。

第十五条 自治区财政会同相关部门及承保机构，根据中央有关政策要求及各险种承保理赔情况，逐步建立中央、自治区财政补贴险种的费率调整机制，合理确定费率水平。

第十六条 承保机构应当合理设置补贴险种赔付标准，维护投保农户合法权益。财政补贴险种不得设置绝对免赔。科学合理设置相对免赔，种植、商品林保险标的应在损失率超过20%（含）启动保险赔偿。

第十七条 投保人、各级财政按照相关规定，以农业保险实际保费和各方保费分担比例，计算各方应承担的保费金额。承保机构应当在确认收到投保人自缴保费后，方可出具保单。

第四章 预算管理

第十八条 农业保险保费补贴资金应实行专项管理、分账核算。中央财政承担的保费补贴资金，由自治区财政部门向财政部申请列入中央财政年度预算。自治区财政承担的保费补贴资金，由自治区财政列入年度预算。市、县（区）财政部门承担的保费补贴资金，由市、县（区）财政列入年度预算，并向自治区财政厅报送《农业保险保费补贴资金到位承诺函》。

第十九条 自治区财政参照上年度各市、县（区）农业保险情况，按照中央和自治区补贴比例，分批次下达农业保险保费补贴资金。保费补贴出现结余的，抵减下年度补贴资金。

第二十条 承保机构应于每季度结束5日内，向当地农业农村、林草（自然资源）等部门提出保费补贴资金申请。市、县（区）农业农村、林草（自然资源）等部门，应在收到承保机构申请后30日内完成验收及承保数据审核，并将审核结果报送财政部门。财政部门应根据农业农村、林草（自然资源）等部门审核结果，在30日内完成补贴资金复核及拨付工作。各级保费补贴资金不得相互抵顶或拆借，超过1个季度仍未拨付的，财政部门应向自治区财政厅书面说明。自治区财政将对保费补贴支付情况定期进行通报，并作为年底考核依据。

第二十一条 承保机构应于每年1月30日前，将上年度承保理赔报告及数据报当地财政部门进行审核。市、县（区）财政部门应于每年2月底前，编制上年度政策性农业保险保费补贴资金结算报告和当年保费补贴资金申请报告，以正式文件报送自治区财政厅，市、县（区）及承保机构对报送材料的真实性负责。自治区财政厅形成省级报告后，于每年3月31日前报财政部，抄送财政部宁夏监管局。报告内容主要包括：

（一）保险方案。包括承保机构、保险区域、保险品种、单位保费、费率、保险责任、种植养殖数量、投保数量、参保率、赔付率等。

（二）补贴方案。总保费（包括中央保费补贴比例及金额、自治区保费补贴比例及金额、市县保费补贴比例及金额、农户自缴保费比例及金额）、资金来源情况、资金支付情况、资金结余情况。

（三）保障措施。主要包括工作计划、组织领导、监督管理、承保、查勘、定损、理赔措施、风险保障情况等。

（四）生产成本收益情况。自治区相关部门发布的农业生产成本收益数据等内容，农业保险补贴资金占比等情况。

（五）填报相关报表。填报上年度农业保险保费补贴资金结算表、地方优势特色农产品保险情况表及当年农业保险保费补贴资金测算表。

第二十二条　自治区财政厅根据市、县（区）财政部门上年度农业保险保费补贴资金结算报告及当年度保费补贴资金申请报告，清算上年度保费补贴资金，并拨付当年剩余保费补贴资金。市、县（区）财政部门向承保机构拨付保费补贴资金时，应当要求承保机构提供保费补贴资金对应业务的承保机构保单级数据统计表。相关保单级数据要做到可核验、可追溯、可追责，并由市、县（区）财政部门至少保存10年。

第二十三条　各市、县（区）财政部门按照《农业保险保费补贴综合绩效评价办法》（另行制定）进行自评，编报上年度农业保险保费补贴综合绩效评价报告，并提供必要的佐证材料，评价报告于每年3月15日前报送自治区财政厅。自治区财政厅组织对市、县（区）上报的评价报告进行复评，形成省级报告后，于每年4月15日前报财政部，抄送财政部宁夏监管局。综合绩效评价报告内容主要包括：

（一）各项综合绩效评价指标完成情况。对照绩效指标及评价标准，逐项填写全年实际完成情况并计算分值。

（二）未完成绩效指标的原因和改进措施。对未完成绩效指标的原因逐条进行分析，书面作出说明并提出改进措施。

（三）相关表格。市、县（区）财政部门应填报《农业保险保费补贴综合绩效评价表》。

第二十四条　市、县（区）财政部门应加强和完善预算编制工作，根据补贴险种的投保面积、投保数量、保险金额、保险费率和保费补贴比例等情况，测算下一年度各级财政应当承担的保费补贴资金，编制预算报告并填报农业保险保费补贴资金测算表，于每年7月20日前上报自治区财政厅。自治区财政厅形成省级报告后，于每年8月20日前报财政部，抄送财政部宁夏监管局。

第二十五条　对未按规定时间报送补贴资金申请材料的市、县（区），自治区财政厅视同该年度该地区不申请中央及自治区财政农业保险保费补贴。

第二十六条　市、县（区）财政部门应当根据农业保险承保进度及签单情况，及时向承保机构拨付保费补贴资金，不得拖欠。

第二十七条　市、县（区）保费补贴资金支付按照国库集中支付制度有关规定执行。

第五章　机构管理

第二十八条　各市、县（区）及承保机构应当根据财政部关于建设农业保险数据信息系统的有关部署，按照系统数据填报要求，及时、完整、准确地报送农业保险数据信息。

第二十九条　信息系统应当要求承保机构填报以下信息，承保机构应当按要求进行填报：

（一）农业保险保单级数据；

（二）农户保费缴纳情况；

（三）各级财政保费补贴到位情况；

（四）保险标的所属村级代码；

（五）财政部门要求填报的其他情况。

第三十条　自治区财政、农业农村等相关部门根据中央政策性农业保险承保机构遴选管理有关要求，坚持规范有序、适度竞争，按照公平、公正、公开和优胜劣汰的原则，负责组织市、县（区）及自治区相关部门实施承保机构遴选工作。承保机构应按照遴选确定的服务承办区域，依法依规展业。

第三十一条　承保机构要履行社会责任，把社会效益放在首位，兼顾经济效益，不断提高农业保险服务水平与质量。

（一）服务“三农”全局，统筹社会效益与经济效益，积极稳妥地做好农业保险工作。

（二）加强农业保险产品与服务创新，会同各市、县（区）及自治区相关部门合理拟定保险方案，不断改善承保工作，满足日益增长的“三农”保险需求。

（三）发挥网络、人才管理、服务等专业优势，迅速及时做好灾后查勘、定损、理赔工作。

（四）加强宣传公示，促进投保人了解保费补贴政策、保险条款及工作进展情况。

（五）强化风险管控，预防为主、防赔结合，协助做好防灾防损工作，通过再保险等有效方式分散风险。

（六）其他惠及投保人的相关工作。

第三十二条 承保机构应当按照财政部《农业保险大灾准备金管理办法》规定，及时、足额计提农业保险大灾风险准备金，逐年滚存使用，并于每年5月31日前，将上一年度农业保险大灾风险准备金提取、使用情况报自治区财政厅。自治区财政厅形成省级报告后，于每年6月30日前报财政部。

第三十三条 各级财政部门或承保机构不得引入保险中介机构，为农户与承保机构办理财政补贴险种合同签订等有关事宜；不得以任何形式向保险中介机构支付手续费或佣金。

第六章 保障措施

第三十四条 市、县（区）及自治区相关部门应按照本办法规定，结合本地实际制定政策性农业保险实施方案。财政、农业农村、林草（自然资源）、乡镇等相关部门及承保机构在各级农业保险工作领导小组的指导监督下，按照分工做好政策宣传、保险承保、保费补贴、灾害鉴定、无害化处理、绩效管理等各项工作。相关部门职责分工应在实施方案中予以明确，有序衔接、形成合力。具体方案须报自治区农业保险工作领导小组办公室（财政厅）审核后实施。

各市、县（区）及自治区相关部门在制定方案中，应明确本地农业保费规模、保险覆盖率、农户参保率、保险深度、保险密度等工作目标。

第三十五条 市、县（区）和承保机构应当因地制宜确定具体投保模式，坚持尊重投保人意愿与提高组织程度相结合，充分发挥农业生产经营组织、乡镇农林工作机构、村民委员会等组织服务功能，采取多种形式组织投保人投保。

市、县（区）应对参与财政补贴农业保险的脱贫户、脱贫不稳定户、边缘易致贫户及突发严重困难户（监测户）加强组织领导，强化宣传动员，进一步提高其参保积极性。

承保机构应当以单一投保人（农户）为单位出具保险单或保险凭证，保险单或保险凭证应发放到户。由农业生产经营组织、乡镇农林财工作机构、村民委员会等单位组织农户投保的，承保机构可以村为单位出具保险单，制订投保清单，详细列明投保农户的投保信息，并由投保农户或其授权的直系亲属签字确认。

第三十六条 允许设立补贴险种协保员，协助承保机构开展承保、理赔等工作。每村结合实际需要可以设协保员一名，由承保机构和村民委员会协商确定，并在本村公示。承保机构应当与协保员签订书面合同，约定双方权利义务。承保机构可以向协保员支付一定费用，具体标准应当与其工作量挂钩，但原则上不得超过当地公益性岗位的平均报酬。承保机构应当加强对协保员的业务培训，并对协保员的协办行为负责。乡镇要在上级相关部门的指导下，安排农业技术推广、畜牧防疫等人员协助承保机构开展农业保险业务，并签订书面合同，明确双方权利义务。

第三十七条 市、县（区）及相关部门应会同承保机构采取有效措施，加强防灾减损工作，防范逆向选择与道德风险，对承保机构展业、承保、查勘、定损、理赔、防灾防损等农业保险工作给予支持。

各（市、区）与承保机构加强信息数据的互联互通，在尊重各方意愿的基础上促进保险、信贷、担保等金融工具联动，联合探索电子耳标、牛脸识别（AI识别）、电子围栏等生物识别或盘点监控科技工具应用，降低农业保险运行成本，进一步提高农业保险承保理赔信息化水平。

第三十八条 自治区及市、县（区）农业保险灾害损失鉴定委员会，要适时指导承保机构规范开展农业保险各类灾害的查勘、定损、理赔和防灾减损工作，协助承保机构研究制定《查勘定损工作标准》。承保机构聘请专家产生的鉴定费用，由承保机构依据有关标准支付。发生自然灾害且启动保险理赔时，各市、县（区）的气象部门应及时出具书面气象证明，为农业保险灾害损失鉴定委员会和承保机构开展理赔工作提供依据。

第三十九条 市、县（区）可通过提供基础信息数据支持，协助承保机构提高工作效率，但不得参与农业保险的具体经营，不得脱离保险条款合同约定下达理赔指标。

第四十条　承保机构应积极开展灾害损失查勘、定损和理赔工作。坚持“主动服务、科学查勘、精准定损、合理理赔、赔付到户”的原则，在与投保人达成赔偿协议后10日内，将保险赔款支付到被保险人指定账户。保险合同对赔款期限有约定的，应当按照约定履行赔偿义务。

第四十一条　承保机构应当按规定在村（组）显著位置或企业公示栏，或通过互联网等方式，将惠农政策、承保情况、理赔结果、服务标准和监管要求进行公示，做到公开透明。

第七章　绩效管理和监督检查

第四十二条　市、县（区）财政部门应于每年4月30日前，填报上年度政策性农业保险保费补贴预算时所附区域绩效自评表，并将绩效自评表报送自治区财政厅。自治区财政厅形成省级自评结果，于每年5月31日前报财政部，抄送财政部宁夏监管局。

第四十三条　自治区农业保险领导小组成员单位，按照职责定期或不定期对市、县（区）农业保险工作进行抽查或督查，抽查督查结果将作为市、县（区）农业保险工作年终考核依据。市、县（区）应按照《农业保险承保机构绩效考核办法》（另行制定），对农业保险承保机构年度经营管理情况进行绩效考核，并作为下一轮承保机构遴选依据之一。

第四十四条　禁止以下列方式骗取农业保险保费补贴：

（一）虚构或者虚增保险标的，或者以同一保险标的进行多次投保。

（二）通过虚假理赔、虚列费用、虚假退保、截留、代领或挪用赔款、挪用经费等方式，冲销投保农户缴纳保费或者财政补贴资金。

（三）其他骗取农业保险保费补贴资金的方式。

第四十五条　对于市、县（区）及承保机构以任何方式骗取保费补贴资金的，自治区财政厅及财政部宁夏监管局责令其改正并追回相应保费补贴资金，视情暂停其政策性农业保险保费补贴资格，情节严重的，依法依规予以处罚。

第四十六条　各级财政、农业农村、林草（自然资源）等部门及承保机构工作人员在农业保险保费补贴资金管理工作中，存在违反本办法规定以及其他滥用职权、玩忽职守、徇私舞弊等违法违规行为的，根据《中华人民共和国预算法》《中华人民共和国公务员法》《中华人民共和国行政监察法》《财政违法行为处罚处分条例》《农业保险条例》等有关规定追究相应责任；涉嫌犯罪的，移送司法机关处理。

第八章　附　则

第四十七条　自治区林草局、宁夏农垦集团有限责任公司参照本办法，制定本系统农业保险实施方案，保险实施方案经自治区财政等相关部门审核备案后实施。

第四十八条　本办法由自治区财政厅会同自治区农业农村厅及林业和草原局负责解释。

第四十九条　本办法自印发之日起施行，有效期至2026年12月31日。《宁夏回族自治区财政厅印发〈宁夏农业保险保费补贴管理办法〉的通知》（宁财规发〔2020〕5号）、《宁夏回族自治区财政厅关于开展枸杞 酿酒葡萄 肉牛（基础母牛）保险中央财政奖补试点工作的通知》（宁财（农）发〔2020〕410号）同时废止；《宁夏回族自治区财政厅关于开展政策性森林保险有关事项的通知》（宁财（农）发〔2021〕1号）、《关于自治区财政对创新开展新型农业保险试点产品实施奖补的通知》（宁财（农）发〔2021〕206号），与本办法不符的，以本办法为准。

自治区财政厅关于减免服务业小微企业和个体工商户承租国有房屋租金有关事项的通知

宁财规发〔2022〕3号

各市、县（区）财政局，区直各部门、单位：

为贯彻落实国家发展改革委等部门《关于促进服务业领域困难行业恢复发展的若干政策》（发改财金〔2022〕271号）要求，根据自治区发展改革委等十五部门印发的《关于促进服务业领域困难行业恢复发展的通知》（宁发改经财〔2022〕199号），进一步帮助服务业小微企业和个体工商户纾困解难，着力稳定经济增长，现就2022年承租自治区本级行政事业单位房屋及事业单位所办企业房屋（以下简称“国有房屋”）租金减免相关事宜通知如下：

一、减免对象

全区范围内承租自治区本级行政事业单位和事业单位所办企业国有房屋的服务业小微企业和个体工商户。小微企业依据工信部等四部委联合发布的《中小企业划型标准规定》（工信部联企业〔2011〕300号）予以确定；个体工商户依据《个体工商户条例》进行认定。

二、减免标准

国有房屋所在行政区2022年未被列入中高风险地区的，2022年累计减免3个月租金；本通知发文之日后，被列为中高风险地区的，在减免3个月租金基础上，再追加减免3个月租金，减免期到2022年12月31日止。

国有房屋所在行政区2022年在本通知发文之日前，已被列入中高风险地区的，2022年累计减免6个月租金。

在区外的国有房屋租金减免按照属地政策执行。

三、减免方式

承租方已支付租金的，减免的房租经双方协商一致，优先从合同期内后续未缴纳租金中抵扣。后续未执行合同租金不足以抵扣或承租方要求返还的，由出租单位负责返还，其中，租金未缴财政的，由出租单位直接返还承租方；租金已缴财政的，由出租单位按财政管理相关规定办理资金退库后，返还承租方。

承租方未支付租金的，由出租单位按合同涵盖的租期范围，直接减免相应月份的租金。

四、审批流程

承租方向出租单位提出书面申请，申请资料包括承租单位申请书、承租单位法人代表身份证明、营业执照、租赁合同。出租单位报其主管部门审核批准（主管部门可视情下放权限到事业单位），如出租单位本身为主管部门的，则由出租单位自行核准，并留存必要的档案资料备查。

承租事业单位所办企业房屋的，由承租方向出租企业提出书面申请，由企业按内部决策（审批）程序核准，并报所属事业单位备案。

五、有关要求

各有关部门、事业单位和事业单位所办企业要充分认识国有房屋租金减免政策的重要意义，进一步把思想统一到党中央、国务院决策部署和自治区党委政府工作要求上来，明确职责分工，完善工作机制，落实工作责任，指定专人负责。

各国有房屋出租单位要主动与承租方对接，做好租金减免政策的宣传解释工作，及时将政策落到实处。有条件的可以在官方网站设立房租减免专栏，公布房租减免政策、办理流程、所需材料、办理部门和联系方式等，建立租金减免问题来信来访处理机制，依法合规妥善处理群众反映问题。

本政策自发布之日起施行，有效期至2022年12月31日，如国家和自治区政府出台同类政策，原则上按“取高不重复”原则执行。

以上未尽事宜，出租单位应本着“应免尽免，应退尽退”以及合理合规原则，与承租方协商解决。

各市、县（区）财政局可参照自治区本级做法，落实好相关政策。

宁夏回族自治区财政厅　文化和旅游厅关于印发《宁夏回族自治区舞台艺术精品创作扶持资金管理办法》的通知

宁财规发〔2022〕4号

各市、县（区）财政局、文化旅游广电局：

为规范和加强自治区舞台艺术精品创作扶持资金的使用和管理，提高资金使用效益，根据国家、自治区有关法律法规和财政管理规定，现将修订后的《宁夏回族自治区舞台艺术精品创作扶持资金管理办法》印发给你们，请遵照执行。

附件：宁夏回族自治区舞台艺术精品创作扶持资金管理办法

附件

宁夏回族自治区舞台艺术精品创作扶持资金管理办法

第一章　总　则

第一条　为支持我区舞台艺术精品创作，强化自治区舞台艺术精品创作扶持资金（以下简称“扶持资金”）管理，切实提高资金使用效益，根据《中华人民共和国预算法》及其实施条例、《自治区人民政府关于进一步深化预算管理制度改革的实施意见》（宁政发〔2021〕31号）等法律法规，贯彻落实《自治区党委办公厅 人民政府办公厅〈关于深化国有文艺院团改革的实施方案〉的通知》（宁党办〔2022〕17号）精神，结合我区舞台艺术精品发展实际，制定本办法。

第二条　扶持资金由自治区财政预算安排，用于扶持我区舞台艺术精品创作工作。自治区财政厅、自治区文化和旅游厅按职责共同管理。

自治区财政厅根据预算管理相关规定，负责预算审核和资金拨付，对项目资金使用情况进行监督，适时开展项目整体绩效评价。自治区文化和旅游厅负责编制年度预算和工作计划，组织项目申报、遴选、评审和实施；会同自治区财政厅共同建立扶持资金项目库；负责对项目实施情况进行日常监管、跟踪问效和组织开展绩效评价等。

第三条　扶持资金管理和使用坚持“突出重点，公平公正，加强监督，注重绩效”的原则。

第四条　扶持资金的扶持对象为具有独立法人资格、在我区登记注册的舞台艺术精品创作单位。

第五条　扶持作品必须坚持为人民服务、为社会主义服务，坚持百花齐放、百家争鸣，坚持以人民为中心的创作导向，培育和弘扬社会主义核心价值观，传承和弘扬中华优秀传统文化，讴歌党、讴歌祖国、讴歌人民、讴歌英雄，注重思想精深、艺术精湛、制作精良相统一。

第二章 扶持资金支出范围

第六条 扶持资金支出范围包括小型舞台艺术作品创作补助、大型舞台艺术作品创作补助和组织管理费。

第七条 小型舞台艺术作品创作补助是指对小型舞台艺术作品的原创给予补助。小型舞台艺术作品包括：小戏、小品、独幕剧、小歌剧、小舞剧、音乐（含独奏曲、重奏曲、室内乐、民乐小合奏、歌曲、合唱）、舞蹈、曲艺、木偶、皮影、杂技、魔术等。

第八条 大型舞台艺术作品创作补助是指对大型舞台艺术作品的原创、移植、改编、打磨提升给予补助。大型舞台艺术作品创作包括：戏曲、话剧、歌剧、舞剧、音乐剧、儿童剧、杂技剧、木偶剧、皮影戏、交响乐、民族管弦乐、曲艺、音乐会、综合性晚会和具有跨界融合特点的表演艺术形式等。

第九条 组织管理费是指调研采风、咨询评审等相关支出。

第三章 扶持方式及标准

第十条 扶持方式：通过项目评审择优补助、对入选国家级舞台艺术精品创作扶持工程作品给予一次性补助等。

第十一条 项目评审择优补助。每年通过项目申报和评审等程序，确定优秀舞台艺术作品给予补助。标准如下：

（一）小型舞台艺术作品。每部作品给予一次性补助，补助金额不超过 10 万元。

（二）大型舞台艺术作品。创排阶段每部作品在创作当年给予一次性补助，补助金额不超过 100 万元。公演后进入打磨提升阶段的作品，每部作品每次补助金额不超过 60 万元，同一作品在打磨提升阶段最多扶持 2 次。

第十二条 对入选国家级舞台艺术精品创作扶持工程的作品给予一次性补助。其中，对国家给予资金补助的项目，按照国家标准的 50% 给予补助；对国家未给予资金补助的项目，给予适当补助。

第四章 项目评审及资金拨付

第十三条 扶持资金申报及项目评审程序如下：

（一）发布通知。自治区文化和旅游厅根据全区艺术发展规划及群众需求，每年 4 月底前向社会发布项目申报通知，明确扶持范围、申报条件、申报材料、申报程序等。

（二）项目申报。创作单位按照申报通知要求，将申报资料报当地文化和旅游部门、财政部门审核后，报自治区文化和旅游厅。自治区级创作单位直接向自治区文化和旅游厅申报。

（三）资格审核。自治区文化和旅游厅根据申报材料，对申报项目进行资格审核，将符合条件的项目纳入评审范围。

（四）项目评审。自治区文化和旅游厅会同自治区财政厅，约请区内外具有较高学术水平、良好职业道德的专家学者，对纳入评审范围的项目进行评审，并根据评审结果，提出扶持资金建议方案函告自治区财政厅。

第十四条 扶持资金拨付。自治区财政厅对自治区文化和旅游厅资金建议方案进行审核后下达指标文件并拨付资金。

第五章 绩效管理与监督

第十五条 按照全面实施预算绩效管理的要求，自治区文化和旅游厅履行项目主管部门职责，建立健全全过程预算绩效管理机制，组织开展项目结项验收、绩效评价，强化评价结果运用，提高资金配置效率。自治区财政厅根据工作需要适时组织开展扶持资金整体绩效评价，并将评价结果作为预算安排、完善政策、改进管理的重要依据。

第十六条 扶持资金申报主体负责项目具体实施，将扶持资金核算纳入本单位或受委托单位会计核算体系，专款专用，单独核算，并完整保留与扶持项目有关的会计资料。

第十七条 扶持作品实行结项验收制。创作主体在创作完成后，形成《自治区舞台艺术精品创作扶持项目总结报告》并报自治区文化和旅游厅。自治区文化和旅游厅会同自治区财政厅组成结项验收专家组，依据本办法和绩效目标对扶持作品成果、扶持资金执行情况等进行结项验收，并出具《自治区舞台艺术精品创作扶持项目验收报告》。

第十八条　有下列变更事项之一者，申报主体须提交书面申请，分别报自治区文化和旅游厅、财政厅审批。

（一）变更项目承担主体，或项目主体丧失执行能力；

（二）变更已批准的扶持项目名称；

（三）扶持项目内容有重大变化；

（四）项目预算有重大调整；

（五）扶持项目延期完成；

（六）终止扶持项目；

（七）其他需要审批的重大变更事项。

第十九条　有下列情形之一者，将收回扶持资金，并取消其三年申报资格。

（一）项目未按规定如期上演的；

（二）挤占或挪用扶持资金的；

（三）管理不善给国家财产造成浪费或损失的；

（四）不配合开展审计和检查工作的；

（五）会计核算弄虚作假的；

（六）编造资料套取扶持资金的。

第二十条　项目单位要严格遵守国家财政、财务规章制度和财经纪律，自觉接受纪检监察、财政、审计等部门的监督检查。

第二十一条　各级财政、文化和旅游部门及其工作人员在扶持资金审核、分配过程中，存在违反规定分配资金、向不符合条件的单位（或项目）分配资金、擅自超出规定的范围或标准分配资金等，以及存在其他滥用职权、玩忽职守、徇私舞弊等违法违纪行为的，按照《中华人民共和国预算法》《中华人民共和国公务员法》《中华人民共和国监察法》《财政违法行为处罚处分条例》等有关规定追究相应责任。涉嫌犯罪的，移送司法机关处理。

第六章　附　则

第二十二条　本办法由自治区财政厅、自治区文化和旅游厅负责解释。

第二十三条　本办法自 2022 年 7 月 1 日起试行，有效期至 2027 年 6 月 30 日。《宁夏回族自治区舞台艺术精品创作工程专项资金管理暂行办法》（宁财〈教〉发〔2012〕512 号）和《宁夏回族自治区舞台艺术精品创作工程扶持资金管理暂行办法》（宁文通发〔2017〕97 号）同时废止。

自治区财政厅 自治区科学技术厅关于印发《宁夏科技担保基金管理办法》的通知

宁财规发〔2022〕5号

各有关单位，各市、县（区）财政局、科技局：

为进一步加强和规范自治区科技担保基金管理，更好地引导金融资本支持我区科技企业创新发展，持续缓解科技企业融资困难，根据《宁夏回族自治区促进科技成果转化条例》、《自治区人民政府办公厅关于促进科技成果转移转化的实施意见》（宁政办规发〔2020〕15号）、《自治区党委、人民政府印发〈关于实施科技强区行动提升区域创新能力的若干意见〉的通知》（宁党发〔2022〕4号）等相关精神，自治区财政厅、科技厅制定了本办法，现印发你们，请遵照执行。

附件：宁夏科技担保基金管理办法

附件

宁夏科技担保基金管理办法

第一章 总 则

第一条 为充分发挥财政科技资金杠杆作用，引导金融资本支持科技企业创新发展，缓解科技企业融资困难，根据《自治区人民政府办公厅关于促进科技成果转移转化的实施意见》（宁政办规发〔2020〕15号）有关要求，自治区设立宁夏科技担保基金，并制定本办法。

第二条 宁夏科技担保基金属于政策性担保基金，由自治区财政预算安排，首期规模1亿元，后期根据基金运行情况调整预算规模。

第三条 宁夏科技担保基金按照“政府引导，市场运作，鼓励创新，风险共担”的原则，与有关市县（区）、园区、担保机构联合设立科技担保子基金（以下简称“子基金”），用于引导担保机构为科技企业提供融资担保并对担保代偿给予风险补偿。

第四条 本办法所称科技企业是指自治区内注册的国家高新技术企业、自治区创新型示范企业、自治区农业高新技术企业、自治区科技“小巨人”企业、自治区科技型中小企业以及承担自治区重大科技成果转化项目的企业。

第二章 职责分工

第五条 自治区财政厅、科学技术厅共同负责宁夏科技担保基金的制度建设和指导管理工作。

自治区财政厅主要职责：牵头制定完善科技担

保基金管理制度；负责科技担保基金的预算安排、拨付和监管；会同自治区科学技术厅遴选确定合作担保机构（单位），开展科技担保基金绩效评价并做出资金调整决定，审定担保代偿补偿建议；根据自治区科学技术厅意见，核定受托单位管理费用。

自治区科学技术厅主要职责：会同自治区财政厅制定完善科技担保基金管理制度，遴选确定合作担保机构（单位），开展科技担保基金绩效评价并依据评价结果作出资金调整决定，审定担保代偿补偿建议，提出受托单位管理费用建议。

第六条　自治区科学技术厅委托专业机构（以下简称“受托单位”）负责科技担保基金的日常管理，管理经费从科技金融项目资金中列支。

受托单位职责：受理担保机构（单位）的合作申请；与合作担保机构（单位）签订合作协议；向合作担保机构提供科技企业名录；负责科技担保贷款备案；组织实施绩效评价；提交科技担保基金年度运行报告及资金对账信息；受理担保代偿补偿申请并提出补偿建议；完成自治区科技、财政管理部门委托的其他任务。

第七条　自治区财政厅委托宁夏财金投资有限公司（以下简称“财金公司”）作为科技担保基金债权人，主要职责为：按照自治区财政厅预算资金拨付文件和相关协议，向合作担保机构拨付科技担保基金及补偿资金，并做好资产登记；根据自治区财政、科技管理部门的资金调整决定，牵头开展科技担保基金资金调整工作。

第八条　合作担保机构负责子基金业务运行和专户管理，主要职责为：确定合作银行；开设子基金专户实行单独核算；独立审核、开展科技担保贷款业务；加强贷后跟踪管理；配合财金公司完成资金调整；根据合作银行业务开展情况，经自治区科技、财政管理部门同意，调整子基金在各合作银行的资金分配比例等。

第三章　运作方式

第九条　自治区科技、财政管理部门按照“自愿申报，公开答辩，择优筛选”的方式，确定合作担保机构（单位），共同出资设立子基金，其中科技担保基金对单支子基金出资比例最高不超过子基金规模的 50%。

第十条　合作担保机构在科技金融战略合作机构范围内自主确定合作银行，在子基金规模基础上放大 2 倍（含）以上为科技企业提供科技担保贷款。原则上，单户企业科技担保贷款金额不超过 2000 万元。企业申请续贷时，可按其上年度科技资质继续享受政策。

第十一条　合作担保机构应在其合作银行开设子基金专户，专款专用、单独核算。子基金除作为科技担保贷款保证金使用外，未经自治区科技、财政管理部门同意，不得转出专户。子基金中科技担保基金出资部分产生的担保费用收益让利于合作担保机构，利息收入滚入科技担保基金管理。

第十二条　合作担保机构应在科技担保贷款发放之日起 10 个工作日内向受托单位提供委托担保合同、保证合同、借款合同及借款凭证进行备案。未经备案的科技担保贷款，不纳入科技担保基金补偿范围。

第十三条　科技担保贷款发生代偿后，科技担保基金按照合作担保机构代偿本金的 10% 给予风险补偿。以企业知识产权设定反担保且抵质押占比不低于担保金额 30% 的科技担保贷款，或以自治区重大科技成果转化项目取得的科技担保贷款发生代偿的，科技担保基金补偿比例提高至 30%。

第十四条　合作担保机构每年 6 月集中向受托单位提出近 12 个月的代偿补偿申请，受托单位审核调查后，提出补偿建议报自治区科技、财政管理部门审定，补偿资金通过下一年度自治区财政科技资金预算统筹安排。每家合作担保机构年度补偿金额最高不超过其管理的子基金中科技担保基金出资额度的 40%。

第十五条　子基金年度放大倍数小于 2 倍的，自治区科技、财政管理部门将调减科技担保基金在该支子基金中的额度。合作担保机构一年内未开展科技担保贷款或连续两年子基金放大倍数小于 2 倍的，取消合作资格。取消合作资格的担保机构应妥善做好存量业务日常管理工作，存量业务解保前仍按照本办法执行。

子基金放大倍数 = 当年担保金额 / 子基金规模，当年子基金规模在 6 月 30 日前发生变动的，放大倍数按照变动后的子基金规模计算，否则，按照变动前计算。

第四章 资金管理及监督

第十六条 科技担保基金纳入自治区政府投资基金资产监管范畴，其管理以安全性为主，闲置资金只能用于银行存款、购买短期国债等信用等级高的固定收益类金融产品。

第十七条 合作担保机构应加强对子基金专户的动态管理，定期与银行核对专户资金对账信息，每年 2 月 1 日前向受托单位报送上年度子基金运行情况报告及专户对账单，由受托单位汇总后报送财金公司。

第十八条 受托单位每年第一季度对合作担保机构履职情况及子基金运行情况实施绩效评价，形成评价报告提交自治区科技、财政管理部门，作为调整科技担保基金的重要依据。合作单位根据子基金运行成效申请调整出资额度的，须经自治区科技、财政管理部门审核同意。

第十九条 合作担保机构在子基金管理、使用、补偿申请过程中存在弄虚作假、骗取或挪用财政资金等违规违法行为的，终止合作，追回财政资金，并依照相应法律法规处理。

第二十条 各有关单位及其工作人员应加强道德风险管理和廉洁建设，在基金管理工作中存在违反本办法规定的行为，以及其他滥用职权、玩忽职守、徇私舞弊等违纪违法行为的，按照有关规定追究相关责任；涉嫌违法犯罪的移送司法机关处理。

第五章 附 则

第二十一条 本办法由自治区财政厅、科学技术厅负责解释。本办法自 2022 年 7 月 1 日起施行，有效期至 2027 年 6 月 30 日，原《宁夏科技创新与高层次人才创新创业担保基金管理办法》同时废止。

自治区财政厅　自治区交通运输厅关于印发《宁夏回族自治区道路运输服务高质量发展资金管理办法》的通知

宁财规发〔2022〕6号

各市、县（区）财政局、交通运输局：

为加强道路运输发展资金管理，充分发挥财政资金在引导促进道路运输高质量发展方面的作用，自治区财政厅、交通运输厅制定了《宁夏回族自治区道路运输服务高质量发展资金管理办法》，现印发给你们，请遵照执行。

附件：宁夏回族自治区道路运输服务高质量发展资金管理办法

附件

宁夏回族自治区道路运输服务高质量发展资金管理办法

第一章　总　则

第一条　为加强资金管理，提高资金使用效率，促进我区道路运输服务高质量发展，根据《交通运输部、公安部、财政部、自然资源部、农业农村部、文化和旅游部、国家乡村振兴局、国家邮政局、中华全国供销合作总社关于推动农村客运高质量发展的指导意见》（交运发〔2021〕73号）、《自治区人民政府办公厅关于促进农村客运高质量发展的实施意见》（宁政办发〔2022〕16号）、《财政部 交通运输部关于车辆购置税收入补助地方资金管理暂行办法》（财建〔2021〕50号）、《财政部 交通运输部关于调整农村客运、出租车油价补贴政策的通知》（财建〔2022〕1号）、《财政部关于印发中央对地方成品油价格和税费改革转移支付办法的通知》（财预〔2009〕14号）等有关规定，结合我区道路运输服务实际，制定本办法。

第二条　本办法所称道路运输服务高质量发展资金（以下简称“道路运输发展资金”）是指包括车辆购置税资金、成品油税费改革转移支付资金、农村客运补贴资金、城市交通发展奖励资金以及自治区财政预算安排用于支持我区道路运输行业发展的资金。

第三条　本办法适用于管理、使用和监督道路运输发展资金的各级交通运输主管部门，以及具体使用道路运输发展资金的相关企业。

第四条　道路运输发展资金的使用和管理应当遵循“区级引导、市县为主，统筹安排、注重绩效，专款专用、规范管理”的原则。

第五条　交通运输主管部门负责项目的申报、

审核、组织实施、验收及监督管理。财政部门负责资金预算安排和下达，指导监督资金使用和绩效管理工作。

第二章 资金支持范围

第六条 道路运输发展资金的支出范围包括：客运服务发展支出；货运服务发展支出；绿色运输服务发展支出；智慧运输服务发展支出；运输服务安全发展支出；用于促进道路运输服务高质量发展的相关支出。

第七条 客运服务发展支出，重点支持：城乡客运一体化发展项目，城乡客运汽车站建设项目，都市圈城际公交发展项目，“客运＋旅游”融合发展项目，农村客货邮商融合发展项目等。

第八条 货运服务发展支出，重点支持：推动道路货运（含多式联运）规范高效发展的项目，改善货运市场从业环境的项目，“司机之家”建设项目等。

第九条 绿色运输服务发展支出，重点支持：绿色出行项目，机动车维修质量提升项目等。

第十条 智慧运输服务发展支出，重点支持：客运信息化服务项目，道路运输电子证照、危险货物道路运输电子化单证推广应用项目，道路运输政务服务高频事项跨省通办项目等。

第十一条 运输服务安全发展支出，重点支持：运输服务安全运行监管能力提升项目，汽车客运站安全生产管理项目，危险货物道路运输停车场建设项目等。

第三章 资金申报和管理

第十二条 道路运输发展资金项目申报应当按照以下程序进行：

（一）自治区交通运输厅会同自治区财政厅于每年4月底前发布下一年度道路运输发展资金申报通知。

（二）项目申报单位按照属地原则，向项目所在市（县、区）交通运输主管部门提交项目申报材料。

（三）市（县、区）交通运输部门对申报材料进行初审后，会同同级财政部门于6月底前以正式文件上报自治区交通运输厅。

（四）自治区交通运输厅审核提出下一年度道路运输发展资金支持建议，明确分配方案，报财政厅审核。

（五）自治区财政厅根据自治区交通运输厅提出的资金分配方案，于预算批复后拨付资金。

第十三条 道路运输发展资金项目申报应提供以下材料：

（一）项目资金申报书；

（二）项目实施方案（包括工作现状、目标任务、工作进度、资金投入、保障措施等）；

（三）项目申报通知文件要求报送的其他材料。

第十四条 道路运输发展资金项目管理职责：

（一）自治区交通运输厅负责项目管理。提出预算初步建议、支持范围、绩效目标和资金分配方案；监督指导项目实施，对资金使用情况开展绩效评价；督促项目具体实施单位开展自评。

（二）自治区财政厅负责在年度预算中安排资金。审核自治区交通运输厅提出的预算初步建议、支持范围、绩效目标和资金分配方案；下达预算及拨付资金；对绩效评价结果进行抽查和再评价。

（三）市（县、区）交通运输主管部门负责辖区项目的申报、管理和推进落实工作。项目申报单位对申报材料真实性负责。

第四章 资金使用管理和监督

第十五条 道路运输发展资金预算批复后，严禁随意调剂预算，改变支出用途。因客观原因确需调整资金用途、变更项目内容，各市（县、区）交通运输主管部门必须提出变更申请，并附变更政策依据和说明，报自治区交通运输厅审核，自治区财政厅审批。

第十六条 道路运输发展资金应当专款专用，任何单位和个人不得滞留、截留、挪用，不得用于道路运输发展资金规定使用范围以外的开支。

第十七条 道路运输发展资金由自治区交通运输厅、自治区财政厅负责监督，监督内容包括：

（一）项目立项时是否进行了必要的项目论证，是否存在以虚假项目套取资金行为。

（二）道路运输发展资金是否专款专用，是否存在截留、挤占、挪用资金等问题。

（三）项目实施后与预期绩效目标是否偏离过大。

（四）其他应当监督的内容。

第十八条　加强道路运输发展资金管理监督、管理、评价和结果运用。各级财政部门、行业主管部门、资金使用单位及其工作人员在资金审批过程存在以下违法违纪行为的，依据《中华人民共和国预算法》《中华人民共和国公务员法》《中华人民共和国监察法》《财政违法行为处罚处分条例》有关规定追究相应责任，涉嫌犯罪的，按规定移送司法机关处理。

（一）项目单位及交通运输主管部门虚报项目、虚报投资总额，套取专项资金的；虚假配套，截留、挤占、挪用专项资金的；擅自变更项目内容、项目标准的；导致资金使用不当或造成重大损失的其他行为。

（二）对项目申报不实，资金使用管理不当，绩效目标实现较差的，核减或取消下一年度该市（县、区）道路运输发展资金支持额度。

（三）对项目实施质量高，资金使用管理规范，绩效目标实现好的市（县、区），在下一年道路运输发展资金项目支持、资金分配中予以适度倾斜。

第五章　附　则

第十九条　本办法由自治区财政厅、交通运输厅负责解释。

第二十条　本办法自 2022 年 7 月 1 日起实施，有效期至 2025 年 12 月 31 日。

自治区财政厅　自治区交通运输厅关于印发《宁夏农村客运补贴资金、城市交通发展奖励资金管理办法》的通知

宁财规发〔2022〕7号

各市、县（区）财政局、交通运输局：

为加强农村客运补贴资金、城市交通发展奖励资金管理，充分发挥财政资金在引导促进农村客运和城市交通高质量发展方面的作用，自治区财政厅、交通运输厅修订了《宁夏农村客运补贴资金、城市交通发展奖励资金管理办法》，现印发给你们，请遵照执行。

附件：宁夏农村客运补贴资金、城市交通发展奖励资金管理办法

附件

宁夏农村客运补贴资金、城市交通发展奖励资金管理办法

第一条　为深入贯彻落实习近平总书记关于"四好农村路"建设的重要指示精神以及党中央、国务院和自治区党委、政府关于碳达峰、碳中和的决策部署，更好发挥中央财政补贴对农村客运和出租车、城市公共交通等城市交通领域的引导作用，促进农村客运（含农村道路客运和农村水路客运）、城市公共交通（含城市公交、巡游出租）等行业健康可持续和高质量发展，根据《财政部 交通运输部关于调整农村客运、出租车油价补贴政策的通知》（财建〔2022〕1号）、《自治区人民政府办公厅关于促进农村客运高质量发展的实施意见》（宁政办发〔2022〕16号）有关规定，结合我区实际，制定本办法。

第二条　本办法所称农村客运补贴资金、城市交通发展奖励资金是指中央财政安排的"十四五"时期农村客运、出租车油价补贴资金，用于支持农村客运、城市公共交通发展的一般性转移支付资金。"十四五"期内政策将农村客运油价补贴调整为农村客运补贴资金，出租车油价补贴调整为城市交通发展奖励资金。

第三条　农村客运补贴资金、城市交通发展奖励资金由费改税补贴和涨价补贴两部分组成。费改税补贴部分继续直接发放给农村客运经营者和巡游出租车司机，其中，农村客运补贴费改税部分直接发放给农村道路客运经营者、农村水路客运经营者；城市交通发展奖励资金费改税部分直接发放给巡游出租车司机。涨价补贴部分统筹用于支持农村客运和城市公共交通发展。

第四条　"十四五"期内的涨价补贴由自治区统筹使用，通过项目法、因素法分配到各市县。

农村客运涨价补贴，用于支持农村客运高质量发展，具体用于弥补农村客运运营缺口（含农村客

运班线运营、农村客运公交化运营等项目）、农村客运高质量发展奖励补助（含农村客运公交化改造、城市公交延伸补助、农村客运新能源车辆推广、农村水路客运发展、农村客运安全生产管理提升、农村交通物流发展等项目）。

城市交通发展奖励资金涨价补贴，用于支持城市交通领域新能源汽车运营。其中，每年给予国家公交都市建设示范城市每城市 500 万元专项奖励资金，每年给予绿色货运配送示范城市每城市 300 万元专项奖励资金。扣除专项奖励资金后剩余部分的 30% 用于支持出租车加快电动化，具体用于纯电动巡游出租车购置奖补、充电设施站点维护建设、新能源巡游出租车运营等；70% 用于支持城市交通领域新能源汽车运营、充电设施站点维护建设等。

第五条　申报运营补助的经营业户，应符合《道路旅客运输及客运站管理规定》《城市公共汽车和电车客运管理规定》《巡游出租车汽车经营服务管理规定》《国内水路运输管理条例》等资格要求，为社会公众提供出行服务。

第六条　申报新能源营运车辆购置补贴的车辆，除了满足购置年份为上一年度条件外，巡游出租车还需具备合法有效的车辆登记证书、行驶证、道路运输证、道路运输企业经营许可证等条件。

购置新能源营运车辆，只享受一次购置补助。转买新能源营运车辆，不再享受购置补助政策。

享受新能源营运车辆购置补助的车辆，若需转户籍至外省，须退回已享受的购置补助资金后方可转户。

第七条　国家公交都市建设示范城市和绿色货运配送示范城市均从获得称号次年起享受专项奖励资金政策。称号被取消，不再享受奖励资金政策。

第八条　每年 1 月 30 日前，自治区交通运输厅、财政厅联合下发项目申报通知，分类引导农村客运、城市交通等行业发展。每年 3 月 1 日前，各市县交通运输主管部门按照申报通知要求及相关程序做好项目审核上报工作。

第九条　每年 3 月底前，自治区交通运输厅对申报资料进行审核测算，并形成资金分配建议报自治区财政厅。

第十条　自治区财政厅依据自治区交通运输厅提出的资金分配建议，会同自治区交通运输厅下达指标文件，及时拨付资金。

第十一条　对专项资金的结余资金和连续两年未用完的结转资金严格按照财政结余结转有关规定执行。

第十二条　市县（区）交通运输主管部门（含宁东管委会建设和交通局）和本级财政部门要按规定程序，将费改税补贴资金在收到资金后 1 个月内，及时兑付到补贴对象；将涨价补贴资金按照申报项目进度情况及时兑付到补贴对象，并加强资金使用监管。

第十三条　自治区交通运输厅依据交通运输部有关要求，次年 3 月底前对农村客运补贴资金、城市交通发展奖励资金进行绩效考核，评价结果将作为今后安排各地资金的依据。农村客运涨价补贴主要通过对运营效率、通达情况、服务质量、安全运营、主体责任等指标进行考核，城市交通发展奖励资金涨价补贴主要通过对城市交通发展情况、出租车行业稳定情况、城市交通领域新能源汽车替代比例等指标进行考核。

县级交通运输主管部门将绩效自评报告上报市级交通运输主管部门，并抄报同级财政部门；市级交通运输主管部门将全市绩效自评报告审核汇总后上报自治区交通运输厅，并抄报同级财政部门；自治区交通运输厅汇总后，报交通运输部，抄送财政部、自治区财政厅。

第十四条　各市县交通运输主管部门、财政部门要制定本地“十四五”期农村客运补贴资金、城市交通发展奖励资金监管办法，规范申报、审核、发放、公示、资金使用监督、绩效评价、档案管理等工作，并报自治区交通运输厅、财政厅备案。

第十五条　各级财政部门要加强对农村客运补贴资金、城市交通发展奖励资金的监督、管理，对截留、挤占、挪用资金、套取资金等违法违规行为，依据《中华人民共和国预算法》《中华人民共和国预算法实施条例》《财政违法行为处罚处分条例》等规定追究相应责任。

第十六条　申报补贴资金的经营者，不得将资金用于楼堂馆所、单位人员工资福利、办公经费等不符合规定的一般性支出，不得弄虚作假、套取资金。一经查实，取消“十四五”期申报资格，并严肃追责。

第十七条　本办法由自治区财政厅、交通运输厅负责解释。

第十八条　本办法自印发之日起施行，有效期至 2025 年 12 月 31 日。

自治区财政厅 自然资源厅 生态环境厅 住房和城乡建设厅 水利厅 农业农村厅 林业和草原局 高级人民法院 自治区人民检察院关于印发《宁夏回族自治区生态环境损害赔偿资金管理办法（试行）》的通知

宁财规发〔2022〕8号

各市、县（区）财政局、自然资源局、生态环境局（分局）、住房和城乡建设局、水务局、农业农村局、林业和草原局、人民法院、人民检察院：

为加快推进生态文明建设，规范生态环境损害赔偿资金管理，根据《中华人民共和国预算法》、《中华人民共和国环境保护法》、《宁夏回族自治区生态环境损害赔偿制度改革实施方案》（宁党办〔2018〕107号）、《中共宁夏回族自治区委员会关于建设黄河流域生态保护和高质量发展先行区的实施意见》（宁党发〔2020〕17号）和《生态环境损害赔偿资金管理办法（试行）》（财资环〔2020〕6号），我们制定了《宁夏回族自治区生态环境损害赔偿资金管理办法（试行）》。现予印发，请遵照执行。

2022年生态环境损害赔偿收入列政府收支分类科目"1039999其他收入"，以后年度根据政府收支分类科目修订情况列入相应科目。

《宁夏回族自治区生态环境损害赔偿资金管理办法（试行）》（宁环规发〔2019〕4号）同时废止。

附件：宁夏回族自治区生态环境损害赔偿资金管理办法（试行）

附件

宁夏回族自治区生态环境损害赔偿资金管理办法（试行）

第一条　为加快推进生态文明建设，规范生态环境损害赔偿资金管理，根据《中华人民共和国预算法》、《中华人民共和国环境保护法》、《宁夏回族自治区生态环境损害赔偿制度改革实施方案》（宁党办〔2018〕107号）、《中共宁夏回族自治区委员会关于建设黄河流域生态保护和高质量发展先行区的实施意见》（宁党发〔2020〕17号）和《生态环境损害赔偿资金管理办法（试行）》（财资环〔2020〕6号）等，制定本办法。

第二条　本办法所称生态环境损害赔偿资金，是指生态环境损害事件发生后，在生态环境损害无法修复或者无法完全修复以及赔偿义务人不履行义务或者不完全履行义务的情况下，由造成损害的赔偿义务人主动缴纳或者按照磋商达成的赔偿协议、法院生效判决缴纳的资金。

经生态环境损害赔偿磋商协议确定或者人民法院生效法律文书确定，由赔偿义务人修复或者由其委托具备修复能力的社会第三方机构进行修复的，发生的生态环境损害修复费用不纳入本办法管理。

第三条 本办法所称赔偿义务人，是指违反法律、法规和国家有关规定，造成生态环境损害的单位和个人。

赔偿义务人应当承担生态环境损害赔偿责任，及时缴纳生态环境损害赔偿资金。

第四条 自治区人民政府以及银川市、石嘴山市、吴忠市、固原市、中卫市人民政府为本行政区域内生态环境损害赔偿权利人。自治区区域内非跨地级市的生态环境损害赔偿由各地级市人民政府行使权利；跨地级市，以及宁东能源化工基地范围内的生态环境损害赔偿权利人为自治区人民政府。

第五条 自治区人民政府以及银川市、石嘴山市、吴忠市、固原市、中卫市人民政府可指定生态环境、自然资源、住房和城乡建设、水利、农业农村、林业和草原等负有生态环境保护行政管理职能的部门、机构代表本级赔偿权利人主动与赔偿义务人进行生态环境损害赔偿磋商。磋商未达成一致的，赔偿权利人及其指定的相关部门、机构应当依法及时提起诉讼。赔偿义务人不履行或者不完全履行生态环境损害赔偿资金支付义务的，赔偿权利人及其指定的相关部门、机构应当及时向有管辖权的人民法院申请强制执行。

赔偿权利人可以根据部门职责指定自然资源、生态环境、住房和城乡建设、水利、农业农村、林业和草原等相关部门、机构负责生态环境损害赔偿具体工作。

第六条 赔偿权利人负责生态环境损害赔偿资金使用和管理。赔偿权利人指定的相关部门、机构负责执收生态环境损害赔偿协议确定的生态环境损害赔偿资金；人民法院负责执收由人民法院生效判决确定的生态环境损害赔偿资金。

生态环境损害赔偿资金作为政府非税收入，实行国库集中收缴，全额上缴赔偿权利人指定部门、机构的本级国库，纳入一般公共预算管理。

第七条 损害结果发生地涉及多个市、县（区）的，由损害结果第一发生地赔偿权利人牵头组织市、县（区）政府协商确定赔偿资金分配，无法达成一致的，报共同的上级人民政府决定。损害结果跨地市的，由自治区人民政府及其指定的相关部门、机构协商确定赔偿资金分配。

第八条 生态环境损害赔偿资金统筹用于在损害结果发生地开展的生态环境修复相关支出，包括：

（一）清除或控制损害（包括应急处置）的相关支出；

（二）生态环境损害修复支出；

（三）由赔偿权利人指定的相关部门、机构提起的生态环境损害赔偿诉讼中的鉴定评估（包括调查、鉴定、勘验、监测、专家咨询）、修复方案编制及修复效果评估、律师代理及诉讼等相关支出；

（四）其他与生态环境损害修复相关的支出。

第九条 生态环境修复相关支出纳入本级一般公共预算，按照预算管理有关规定执行。赔偿权利人指定的相关部门、机构负责编制生态修复及工作经费支出预算草案、绩效目标，提出使用申请，并对提供材料的真实性负责，经本级财政部门审核后按照规定支出。

第十条 生态环境修复相关资金支付按照国库集中支付制度有关规定执行。涉及政府采购的，按照政府采购有关法律、法规和规定执行。结转结余资金按照有关财政拨款结转和结余资金规定进行处理。

第十一条 生态环境修复相关资金实施全过程预算绩效管理。赔偿权利人指定的部门、机构应当加强事前绩效评估和绩效监控，在预算年度结束及时开展绩效自评并将结果报送本级财政部门。

第十二条 财政部门应当督促赔偿权利人指定的部门、机构以及人民法院及时将生态环境损害赔偿资金上缴本级国库，审核批复资金支出预算，对生态环境损害赔偿资金使用情况实施财政监督管理和定期绩效评价，并参考绩效评价结果作出预算安排。

第十三条 相关单位和个人存在虚报冒领、骗取套取、挤占挪用生态环境损害赔偿资金等违法行为的，按照《中华人民共和国预算法》《财政违法行为处罚处分条例》等国家有关规定追究相应责任；涉嫌犯罪的，依法追究刑事责任。

第十四条 相关单位和个人在生态环境损害赔偿资金分配、审核等工作中，存在违规分配、使用、管理资金，以及其他滥用职权、玩忽职守、徇私舞弊等违法违纪行为的，按照《中华人民共和国预算法》《中华人民共和国公务员法》《中华人民共和国监察法》《财政违法行为处罚处分条例》等国家有关规定追究相应责任；涉嫌犯罪的，依法追究刑事责任。

第十五条　环境民事公益诉讼中，经人民法院生效法律文书确定的生态环境无法修复或者无法完全修复的损害赔偿资金，以及赔偿义务人未履行义务或者未完全履行义务时应当支付的生态环境修复费用，可参照本办法规定管理；需要修复生态环境的，人民法院应当及时移送自治区、地级市人民政府及其指定的相关部门、机构组织实施。

第十六条　生态环境损害赔偿资金使用情况应当由赔偿权利人或者其指定的部门、机构以适当的形式及时向社会公开。

第十七条　各地级市可结合本办法及实际情况制定本地区管理办法细则。

第十八条　本办法由自治区财政厅会同有关部门负责解释。

第十九条　本办法自2022年8月20日起施行，有效期至2024年8月20日。

宁夏回族自治区财政厅　宁夏贺兰山东麓葡萄酒产业园区管理委员会关于印发《关于推进宁夏贺兰山东麓葡萄酒产业高质量发展的财政支持政策》的通知

宁财规发〔2022〕9号

各相关市、县（区）财政局、葡萄酒产业主管部门、宁夏农垦集团有限公司：

为贯彻落实自治区第十三次党代会精神，按照自治区党委和人民政府对葡萄酒产业高质量发展的决策部署，加快宁夏国家葡萄与葡萄酒产业开放发展综合试验区建设步伐，进一步推进葡萄酒产业高质量发展，根据自治区党委、人民政府有关产业发展的政策规定，结合实际，自治区财政厅、宁夏贺兰山东麓葡萄酒产业园区管理委员会研究制定了《关于推进宁夏贺兰山东麓葡萄酒产业高质量发展的财政支持政策》，现予印发，请遵照执行。

附件：关于推进宁夏贺兰山东麓葡萄酒产业高质量发展的财政支持政策

附件

关于推进宁夏贺兰山东麓葡萄酒产业高质量发展的财政支持政策

为贯彻落实自治区党委和人民政府对葡萄酒产业高质量发展的决策部署，加快宁夏国家葡萄与葡萄酒产业开放发展综合试验区建设步伐，进一步推进葡萄酒产业高质量发展，根据自治区第十三次党代会报告和自治区党委、人民政府有关产业发展的政策规定，制定本办法。

一、总体要求

（一）指导思想

深入贯彻习近平总书记视察宁夏葡萄酒产业重要指示精神，把发展葡萄酒产业同加强黄河滩区治理、加强生态恢复结合起来，加大政策扶持力度，提高技术水平，增加文化内涵，加强宣传推介，打造产区知名品牌，提高附加值和综合效益，努力打造“世界葡萄酒之都”，早日实现“当惊世界殊”。

（二）基本原则

坚持生态保护、绿色发展。遵循“生态优先、绿色发展”的理念，立足生态要素实际，分区分类推进生态保护治理和产业生态发展。按照绿色、低碳理念建设零排放、零污染的“绿色酒庄”“生态酒庄”，全面支持推广绿色生产模式。

坚持政府引导、市场运作。坚持以需求为导向，充分发挥财政资金的引导作用，调动市、县（区）积极性，激发市场主体的内生动力，吸引社会资本共同推进产业发展。

坚持做优做强、精准施策。集中财力保障综试区建设，重点支持龙头企业、优质酒庄、名优产品等具有发展潜力的经济实体，坚持做优做强，带动产业发展壮大。

坚持科技创新、综合开发。以创新驱动为切入点，引领行业发展，加快产业转型升级和提质增效，产学研协同用力，促进葡萄酒产业科技自主创新和成果转化水平。

二、支持政策

（一）支持酿酒葡萄基地建设，夯实产业发展基础

紧抓自治区加快推进现代高效节水“三个百万亩”工程建设有利契机，积极争取自治区高效节水农业项目支持新建酿酒葡萄基地建设，补助标准每亩不低于2500元，自治区和县（市、区）按照5.5：4.5比例予以补助。支持酿酒葡萄基地规模化、标准化种植，对使用优质无毒苗、成活率达到85%以上的新建酿酒葡萄基地，经自治区认定后按照每亩500元标准，连续两年给予酿酒葡萄基地种植补贴。对通过自治区级优质标准葡萄园认定的企业，按面积大小分类给予10万元以上一次性奖励，每年评选一次，每次不超过10个。

（二）支持科技创新发展，鼓励企业提高生产力水平

积极争取将通过自治区级鉴定的酿酒葡萄种植农业机械设备纳入中央及自治区农机购置补贴目录，对购买列入目录的农业机械设备的生产经营主体，按照有关规定给予政策补贴。支持葡萄酒产业标准体系、病虫害绿色防控体系、质量检验检测体系和产品溯源体系建设，对新制定推动葡萄酒产业高质量发展的关键性国家标准、国际标准予以10万元奖励；对纳入当年新制定的关键性地方标准奖励5万元，对当年修订的地方标准奖励3万元。加强贺兰山东麓酿酒葡萄种质资源保护，对国家级及自治区级酿酒葡萄种质资源圃按照每亩1500元的标准，每年给予运行费补助。支持开展葡萄酒教育培训，重点加强种植技术、市场营销的人才培养力度，提升农村劳动力向葡萄园的转移力度。支持标准化体系和数字信息追溯平台建设，完善全产业链技术标准，实现全过程数字化智能化管理。

（三）支持产区品牌营销，提升贺兰山东麓葡萄酒影响力

支持举办“中国（宁夏）国际葡萄酒文化旅游博览会”，根据自治区人民政府审定的实施方案予以补助。支持举办和参加贺兰山东麓葡萄酒推介会、经销商大会、春耕展藤等活动。支持贺兰山东麓产区品牌建设，在区外城市设立的宁夏贺兰山东麓区域品牌销售中心，按照承销量给予奖励，每个销售中心在一年内实现1000万元以上承销任务的，3000万元以内部分，按5%给予奖励，超过3000万元的部分，按3%给予奖励，年度累计不超过300万元。支持酒庄（企业）在区内举办专场推介会，在客流量大、消费能力强的区域设立贺兰山东麓品鉴销售中心，按照建设规模给予一定补助，对连续运营三年以上且考核优秀的再给予奖励，营造随处可见、可品、可买的葡萄酒之都文化及商业氛围。支持在中央广播电视总台等权威媒体大力开展“宁夏贺兰山东麓葡萄酒”区域公共品牌宣传。支持在主流电商平台上设立贺兰山东麓公用品牌销售专区，完善产区网络销售体系。

（四）支持培育龙头企业，鼓励产区企业做大做强

支持培育一批带动力强、竞争力强、品牌力强的龙头企业大力拓展国内外市场，对贺兰山东麓葡萄酒产区规模以上企业且在产区设立销售公司的酒庄（企业）按照销售额给予5%奖励，最高奖励不超过500万元；对产区当年葡萄酒出口额达到10万元人民币以上的酒庄（企业），按出口额的10%给予奖励，每个酒庄（企业）最高奖励不超过100万元人民币。各市、县（区）可在上述政策的基础上出台支持葡萄酒产业发展的激励政策，进一步扩大葡萄酒产销量，支持贺兰山东麓葡萄酒走出宁夏、走向世界。充分发挥自治区政府产业引导基金作用，支持龙头企业发展，积极探索通过国有资本注入的方式支持龙头企业上市融资。

（五）支持名优产品企业，发挥财政资金奖励示范效益

对在宁夏产区有酿酒葡萄种植基地且有生产酒庄的企业，获得中国（宁夏）国际葡萄酒大赛、品醇客世界葡萄酒大赛、布鲁塞尔国际葡萄酒大奖赛、柏林葡萄酒大奖赛大金奖的葡萄酒产品一次性奖励5万元，每个酒庄（企业）最多奖励20万元。支持产区列级酒庄评定，对评定为一级列级酒庄的一次

性给予100万元奖励。

（六）支持企业扩大生产，加大贷款贴息力度

按照“先贷后补”原则，对产区内从事酿酒葡萄种植，葡萄酒生产、销售及康养、文旅等方面经营主体上一年度发生用于葡萄酒产业发展的相关贷款，按照不低于一年期贷款市场报价利率（LPR）的50%予以财政贴息，单个经营主体贷款贴息不超过200万元，贴息期限不超过2年。重点支持酒庄（企业）扩大种植规模，对明确用于新建酿酒葡萄基地建设的贷款资金按照不低于一年期贷款市场报价利率（LPR）的60%予以财政贴息，单个酒庄（企业）贷款贴息不超过1000万元，贴息期限不超过3年。

（七）支持化解种植风险，完善农业保险政策

为有效保障种植户的生产经营收益，将酿酒葡萄种植纳入地方优势特色农产品保险范围，单位保险金额为1500元/亩，保费率为6%，自治区财政保费补贴50%，县（市、区）财政保费补贴30%，投保人自缴20%，切实提高酿酒葡萄种植的风险保障水平。鼓励保险机构积极开展保险+期货、葡萄酒价格保险等试点，进一步提高酿酒葡萄种植的风险保障水平。

（八）积极争取项目支持，补齐产业发展短板

鼓励相关市、县（区）聚焦葡萄酒产业，积极申报创建国家优势特色产业集群、现代农业产业园、文化产业园区、农村一二三产业融合发展示范园、产业强镇等示范园区项目，自治区相关部门在项目安排时优先予以支持，项目资金可统筹用于园区基础设施和公共服务配套建设。自治区建立项目储备库，对前期审批手续完备、项目成熟度高的园区基础设施建设项目，在积极争取中央和自治区预算内基本建设投资支持的基础上，优先列入地方政府债券资金支持范围，切实提升园区葡萄酒产业基础设施水平。

（九）支持全产业链融合发展，提高附加值和综合效益

通过竞争性评审方式择优支持一批酿酒葡萄精深加工项目和枝、叶、籽、皮、废水、废渣等加工副产物综合利用项目，调动酒庄（企业）积极性，循环、全值、梯次利用加工副产物，开发功能性加工产品，提高酿酒葡萄多种功能价值。支持社会化服务组织开展酿酒葡萄埋出土、采摘、修剪、除草、灌装、病虫害防治等专业化服务。通过市场化运作模式，支持技术协同创新中心开展产学研用高效转化。支持宁夏贺兰山东麓葡萄与葡萄酒联合会参与列级酒庄评定、优质葡萄园评选、人才培养培训等工作，切实发挥好行业服务、行业自律、行业协调、行业代表的作用，促进我区葡萄酒产业健康发展。

（十）建立正向引导机制，激励市县加大投入力度

相关市、县（区）要切实加大葡萄酒产业投入力度，把黄河滩区治理与酿酒葡萄基地建设有机结合起来，支持生态修复项目建设和信息统计、技术推广等服务体系建设，鼓励冬季修剪后枝条“挂枝”越冬，提高葡萄园冬季防风能力，鼓励实施低质低效园改造提升。自治区每年安排一定奖补资金，按照市、县（区）葡萄酒产业投入情况、销售奖励政策落实情况、当年任务完成情况、服务体系建设情况、承担自治区重点工作任务情况等因素进行考核奖励，考核结果作为分配资金的依据。

三、保障措施

（一）加大投入保障

自治区财政将围绕综试区建设，会同有关部门积极争取中央财政支持，鼓励市、县（区）发挥产业发展主体责任，持续加大财政投入力度，进一步调整支出结构，优化支出方向，支持葡萄酒产业高质量发展。积极发挥财政资金引导作用，带动社会资本共同参与，多渠道筹集资金支持葡萄酒产业发展。

（二）加强项目管理

按照“统筹协调、创新机制、突出重点、科学发展”的原则，提前做好项目储备，严格项目论证入库，属于政府采购管理范围的项目，严格执行政府采购相关规定，需要组织验收的项目，尽可能采取第三方机构抽查验收，确保验收质量。全面推行公开公示制度，主动接受社会各界的监督。各级财政部门会同行业部门，加强绩效运行监控和评价，确保资金安全有效。

（三）强化资金监管

项目单位要严格按照政策规定组织项目实施，不得随意变更资金使用方向、补助标准和绩效目标，

不得重复享受补贴和申报项目，凡自治区有关部门已安排资金的项目，不再给予补助。资金不得用于兴建楼堂馆所等与产业发展无关的支出。不得违规举债发展产业。在项目申报中，不得以中介机构名义向政府相关部门直接代理申报产业资金项目。要确保项目资金及时到位、专款专用，不得截留、挪用，如发现挤占挪用、虚报冒领等违纪违规行为，将依照国家及自治区相关法律法规严肃查处。同时，对项目执行迟缓、资金支出不及时、年度不能按时完成项目实施任务、资金结余数额较大的市、县（区）及相关单位，将按照自治区财政专项资金管理的相关规定，扣减下一年度资金预算。

本办法自 2022 年 8 月 1 日起执行，有效期至 2025 年 12 月 31 日，原自治区财政有关葡萄酒产业的支持政策与本办法不一致的以本办法为准。

自治区财政厅　自治区粮食和物资储备局关于印发《宁夏回族自治区“优质粮食工程”专项资金管理办法》的通知

宁财规发〔2022〕11号

各市、县（区）财政局、粮食和物资储备局：

为深入推进我区优质粮食工程建设，规范我区优质粮食工程专项资金管理，提高资金使用效益，根据《中华人民共和国预算法》《财政部 国家粮食和物资储备局关于深入推进优质粮食工程的意见》（财建〔2021〕177号）等有关规定，自治区财政厅、粮食和物资储备局结合我区实际，制定了《宁夏回族自治区“优质粮食工程”专项资金管理办法》。现印发给你们，请认真遵照执行。

附件：《宁夏回族自治区“优质粮食工程”专项资金管理办法》

附件

宁夏回族自治区“优质粮食工程”专项资金管理办法

第一章　总　则

第一条　为深入推进我区优质粮食工程建设，规范我区优质粮食工程专项资金管理，提高资金使用效益，根据《中华人民共和国预算法》《财政部 国家粮食和物资储备局关于深入推进优质粮食工程的意见》（财建〔2021〕177号）、《国家粮食和物资储备局关于印发优质粮食工程“六大提升行动”方案的通知》（国粮规〔2021〕236号）和《自治区财政厅 粮食和物资储备局关于印发深入推进优质粮食工程实施方案的通知》（宁财（建）发〔2022〕55号）等有关规定，结合自治区实际，制定本办法。

第二条　本办法所称优质粮食工程专项资金（以下简称专项资金），是指各级财政部门通过统筹产粮大县奖励资金、粮食风险基金、中央预算内投资（仓储设施建设）等涉粮涉农资金，专项用于支持优质粮食工程项目建设的资金。

第三条　优质粮食工程专项资金坚持公开、公平、公正的原则，实行专款专用、专项管理，并接受社会监督。

第四条　优质粮食工程专项资金由各级财政部门和粮食主管部门按照职责分工共同管理。

自治区财政厅负责制定优质粮食工程专项资金管理办法；积极争取中央财政产粮大县奖励资金，及时向有关县（区）足额拨付产粮大县奖励资金；统筹安排自治区本级粮食风险基金预算，支持自治区本级优质粮食工程项目建设；根据预算安排情况，对各地级市和非产粮大县实施的优质粮食工程项目给予适当资金支持；组织专项资金监督检查和绩效评价工作。

自治区粮食和物资储备局负责配合自治区财政厅制定优质粮食工程专项资金管理办法；对自治区财政统筹支持的各市、县（区）申报的优质粮食工程项目进行审核汇总，向自治区财政厅提出专项资金分配建议；会同自治区财政厅开展专项资金监督检查，对自治区财政支持的项目资金实施绩效管理，健全绩效管理制度，及时向自治区财政厅报送绩效管理情况报告；负责组织申报自治区本级单位实施的优质粮食工程项目，向自治区财政厅提出专项资金分配建议，并对项目进行审核验收；指导各级粮食主管部门对本辖区内优质粮食工程项目组织实施及验收管理。

各市、县（区）财政和粮食主管部门按照职责分工，分别对本辖区内实施的优质粮食工程项目和专项资金进行管理。

第二章　资金支持范围和标准

第五条　优质粮食工程专项资金按照“属地管理、分级负担”原则，以企业自筹为主，各级财政可以采取先建后补、贷款贴息等多种方式予以补助。

第六条　专项资金重点支持范围如下：

（一）粮食绿色仓储提升行动。重点支持粮食仓储企业绿色仓储改扩（新）建项目、政府储备绿色储粮标准化（试点）项目建设，推广粮食储藏“四合一”升级新技术等储粮技术。

（二）粮食品种品质品牌提升行动。重点支持优质粮食示范种植基地建设项目、自治区原粮储备生产基地建设项目、优质粮食订单生产项目，提升粮油产品品质、制定标准及评价体系项目、全链条品质提升项目、粮食加工综合利用率项目、优质粮油新产品开发项目、主食工业化项目等，打造优质粮食品牌，培育“好粮油”品牌和产品遴选、粮油区域公用品牌建设和宣传推介项目等。

（三）粮食质量追溯提升行动。重点支持粮食质检机构能力提升项目、宁夏粮食质量安全溯源监测系统升级改造项目、骨干粮油加工企业及应急粮油加工企业的质量安全监管信息平台及自检能力建设项目。

（四）粮食机械装备提升行动。重点支持粮食企业应用自主研发的先进适用粮机装备进行升级改造，引导稻谷加工企业应用大型、成套、智能碾米装备，鼓励小麦加工企业使用先进的数字化磨粉机，支持油脂加工企业应用先进性、稳定性和可靠性强的大型成套油脂加工装备，推广应用自主研发的先进绿色生态储粮、现代物流、环保烘干、加工减损等技术及相关设备。

（五）粮食应急保障能力提升行动。重点支持粮食应急网点升级改造及开设“好粮油”销售专柜，应急企业应急成品粮油库隔热、防潮、调温改造及生产加工能力技术改造项目、低温储存技术推广应用项目，提升粮食应急物流能力项目，区域粮食应急保障中心和粮食应急指挥中心建设项目，完善粮食应急保障信息系统项目等。

（六）粮食节约减损健康消费提升行动。重点支持爱粮节粮宣传教育基地建设项目，农户科学储粮仓建设项目，稻谷、小麦、玉米、大豆等粮油适度加工技术生产线改造和设备更新项目。

第七条　自治区本级实施的优质粮食工程项目建设资金，由自治区财政厅根据自治区粮食和物资储备局汇总申报的年度优质粮食工程项目和当年粮食风险基金预算情况统筹安排。资金重点用于支持国有粮食储备企业绿色仓储功能提升、粮食质量检验监测能力提升、品牌培育宣传和其他符合要求的优质粮食工程建设项目。

第八条　各市、县（区）实施的优质粮食工程项目建设资金，由各市、县（区）统筹产粮大县奖励资金和各类涉粮涉农资金，优先用于支持优质粮食工程项目建设，同时带动金融资本、社会资本加大投入。

第九条　采取先建后补的项目，补助比例和补助上限由各级财政部门根据自身财力状况自行确定。采取贷款贴息的项目按照项目贷款合同金额和同期一年期 LPR 计算确定，单个项目最高贴息额度不超过 100 万元。自治区财政根据年度粮食风险基金预算安排和使用情况，对各市、县（区）申报的重点项目，在市、县（区）已补助的基础上，给予适当补助。

第三章　资金申请和拨付

第十条　申请优质粮食工程专项资金应当符合以下要求：

（一）申请时限为“十四五”时期实施的优质粮食工程项目；

（二）符合自治区优质粮食工程项目申报要求，且项目已经同级粮食和物资储备主管部门审核批复；

（三）财务状况良好，能够落实企业自筹资金。

第十一条　申请优质粮食工程专项资金需提交以下材料：

（一）项目申报书；

（二）项目实施方案和投资计划；

（三）项目批复书；

（四）项目验收资料；

（五）各级财政部门根据实际情况要求提供的其他资料。

第十二条　项目实施单位应当对所提供资金申请材料的真实性、完整性和合规性负责。各级财政部门会同粮食主管部门对资金申报材料审核确认后，由财政部门按照预算管理和国库集中支付管理相关规定，及时足额将资金拨付至项目实施单位。

第十三条　符合下列情形之一的，不予通过优质粮食工程专项资金申请：

（一）未按时完成项目建设内容或擅自变更项目实施方案，未通过项目验收；

（二）项目实施单位存在违法失信行为，近3年发生较大及以上安全生产事故、食品安全事故等；

（三）项目已从其他渠道获得财政补助资金；

（四）其他不符合国家、自治区现行政策规定的。

第四章　绩效管理和监督管理

第十四条　按照“谁申请资金，谁编制目标”的原则，项目实施单位在申请专项资金时，应当按照规定同时申报项目资金绩效目标，由同级财政部门会同粮食主管部门，对绩效目标进行审核和批复。

第十五条　项目实施单位应当加强专项资金绩效管理，按要求开展年度专项资金绩效管理工作，并将绩效管理情况报送同级粮食主管部门，由粮食主管部门审核汇总后，报同级财政部门备案，确保专项资金安全、规范和高效使用。

第十六条　自治区财政和粮食主管部门按照绩效管理工作要求，适时引入第三方机构组织开展专项资金重点绩效评价，项目实施单位应积极配合提供评价所需资料信息。评价结果将作为专项资金政策调整和后续资金安排的重要依据。

第十七条　各级财政和粮食主管部门严格按照项目及资金管理有关规定加强监督检查，对项目实施情况、资金使用、组织管理、制度建设等组织专项检查。项目实施单位应当按照国家财务、会计制度的有关规定进行账务处理并专款专用，自觉接受财政、审计、粮食等部门的监督检查。

第十八条　各有关部门和项目实施单位及其工作人员在专项资金项目审核、资金分配、项目执行等工作中，存在违反规定申报、虚报、套取、截留、挤占、挪用专项资金以及滥用职权、玩忽职守、徇私舞弊等违法违纪行为的，按照《预算法》《公务员法》《财政违法行为处罚处分条例》等国家有关法律法规追究相应责任；涉嫌犯罪的，移送司法机关处理。

第五章　附　则

第十九条　本办法由自治区财政厅、自治区粮食和物资储备局负责解释。

第二十条　本办法自2022年9月1日起施行，有效期至2027年8月31日。宁夏农业投资有限公司牵头实施的“优质粮食工程”项目仍按照《自治区财政厅 自治区粮食局关于印发〈宁夏回族自治区“优质粮食工程”专项资金管理暂行办法〉的通知》（宁财规发〔2017〕5号）执行，项目实施结束后予以废止。

自治区财政厅关于印发《自治区财政科研项目专家咨询费管理暂行办法》和《自治区本级科研活动差旅费管理暂行办法》的通知

宁财规发〔2022〕13号

各市、县（区）财政局，各有关单位：

为进一步加强和规范我区科研项目经费管理使用，激励激发科研人员科技创新创造活力，更好服务于我区科研事业高质量发展，根据《自治区人民政府办公厅关于改革完善自治区科研经费管理的实施意见》（宁政办发〔2022〕53号）精神和要求，结合我区实际，自治区财政厅制定了《自治区财政科研项目专家咨询费管理暂行办法》和《自治区本级科研活动差旅费管理暂行办法》，现印发给你们，请遵照执行。

附件：1. 自治区财政科研项目专家咨询费管理暂行办法
2. 自治区本级科研活动差旅费管理暂行办法

附件1

自治区财政科研项目专家咨询费管理暂行办法

第一条 为加强和规范专家咨询费的管理，根据《预算法》以及自治区本级项目支出定额标准等有关预算管理制度规定，参照财政部出台的《中央财政科研项目专家咨询费管理办法》，制定本办法。

第二条 专家咨询费是指科研项目（课题）承担单位在项目（课题）实施过程中支付给临时聘请的咨询专家的费用。

第三条 本办法适用于由自治区财政厅拨付的科研项目资金列支的专家咨询费。

第四条 本办法的专家是指精通某一领域业务，或对相关科技业务的某一方面有独到见解，已取得高级专业技术职称的人员或被科研项目（课题）承担单位认可的其他专业人员。

第五条 科研项目（课题）承担单位应当结合实际，制定统一、合理、规范的咨询专家遴选办法，并在单位内部公开。具备条件的单位应当建立多领域、多学科的咨询专家库。

第六条 高级专业技术职称人员的专家咨询费标准为1500~2400元/（人·天）；其他专业人员的专家咨询费标准为900~1500元/（人·天）。

第七条 院士、全国知名专家，可按照高级专业技术职称人员的专家咨询费标准上浮50%执行。

第八条 本办法所指专家咨询活动的组织形式主要有会议、现场访谈或者勘查、通信三种形式。

（一）以会议形式组织的咨询，是指通过召开专家参加的会议，征询专家的意见和建议。

（二）以现场访谈或者勘查形式组织的咨询，是指通过组织现场谈话，或者查看实地、实物、原始业务资料等方式征询专家的意见和建议。

（三）以通信形式组织的咨询，是指通过信函、邮件等方式征询专家的意见和建议。

第九条　科研项目（课题）承担单位以不同形式组织的专家咨询活动，适用专家咨询费标准如下：

组织形式	半天	不超过两天（含两天）	超过两天
会议	按照本办法第六条所规定标准的60%执行。	按照本办法第六条所规定的标准执行。	第一天、第二天：按照本办法第六条所规定的标准执行； 第三天及以后：按照本办法第六条所规定标准的50%执行。
现场访谈或者勘察	按照上述以会议形式组织的专家咨询费相关标准执行。		
通信	按次计算，每次按照本办法第六条所规定标准的20%~50%执行。		

第十条　不同领域、相同专业技术职称的专家咨询费标准应当保持一致。

第十一条　根据财政部对专家咨询费标准调整等情况，自治区财政厅适时对自治区科研项目专家咨询费标准进行调整。

第十二条　专家咨询费原则上不得支付给参与项目（课题）研究及其管理的相关人员，本行业本单位非项目（课题）组人员以专家身份参与咨询活动，可按标准领取专家咨询费。院士参与咨询活动另有规定的，从其规定。

第十三条　专家咨询费的发放应当按照国家有关规定由组织专家咨询活动的科研项目（课题）承担单位代扣代缴个人所得税。

第十四条　科研项目（课题）承担单位发放专家咨询费原则上采用银行转账方式。

第十五条　科研项目（课题）承担单位应当建立专家咨询费的支付审核机制，负责核实专家咨询行为及专家咨询费发放的真实性、合规性，并及时向代理银行办理支付手续。对专家信息不真实、存在虚假咨询行为，以及其他违反本办法或单位有关规定的，应当拒绝办理支付手续。

第十六条　科研项目（课题）承担单位应当对专家咨询费的开支做好财务记录，并及时归档，定期对专家咨询费支付情况进行检查。

第十七条　市县财政科研项目开支的专家咨询费可参照本办法，结合本地实际予以执行。

第十八条　科研项目（课题）承担单位可根据本办法有关规定，结合单位实际制定实施细则。

第十九条　本办法由自治区财政厅负责解释。

第二十条　本办法自2022年9月20日起施行，有效期至2024年9月20日。

附件2

自治区本级科研活动差旅费管理暂行办法

第一章 总 则

第一条 为促进科技事业发展，切实落实科研经费管理政策，解决差旅费报销难问题，根据《国务院办公厅关于改革完善中央财政科研经费管理的若干意见》（国办发〔2021〕32号）和《自治区人民政府办公厅关于改革完善自治区科研经费管理的实施意见》（宁政办发〔2022〕53号）等相关文件精神，进一步规范科研活动差旅费管理，特制定本办法。

第二条 本办法适用于利用自治区本级财政拨付的各类财政科研项目经费，在外开展科研活动的单位、社会团体、企业和协会等（以下简称“科研项目单位”）。

科研活动是指：科研项目单位有组织有系统地开展科技活动，主要包括研究与发展活动、研究与发展成果应用以及科技服务活动。

第三条 科研活动差旅费是指科研人员临时到科研项目单位常驻地以外地区开展科研活动所发生的交通费、住宿费和伙食补助费。

第四条 各科研项目单位，应当建立健全科研项目负责人责任审批制度。出差必须按责任审批制度规定的程序执行。科研项目负责人应从严控制差旅费支出规模。严禁无实质内容、无明确科研目的的差旅活动，严禁以任何名义和方式变相旅游。

第五条 差旅费标准按照分地区、分级次、分项目的原则制定。自治区财政厅将根据经济社会发展水平、市场价格及消费水平变动等情况适时调整。

第二章 交通费

第六条 交通费分城市间交通费和市内交通费。城市间交通费是指科研人员出差到科研项目单位常驻地以外地区开展科研活动所乘坐火车、轮船、飞机等交通工具发生的费用。市内交通费是指科研人员出差期间发生的市内交通费用。

第七条 出差人员应当按规定等级乘坐交通工具。出差人员乘坐交通工具的等级见下表：

人员	交通工具			
	火车（含高铁、全列软席列车）	轮船（不含旅游船）	飞机	其他交通工具（不含出租小汽车）
院士、全国知名专家	软席（软座、软卧）；高铁/动车商务座；全列软席列车一等软座	一等舱	头等舱	凭据报销
高级专业技术职称人员	软席（软座、软卧）；高铁/动车一等座；全列软席列车一等软座	二等舱	经济舱	凭据报销
其他专业人员	硬席（硬座、硬卧）；高铁/动车二等座；全列软席列车二等软座	三等舱	经济舱	凭据报销

院士、全国知名专家出差，因工作需要，随行一人可乘坐同等级交通工具。

未按规定等级乘坐交通工具的，超支部分由个人自理。

第八条 到出差目的地有多种交通工具可选择时，出差人员在不影响科研活动、确保安全的前提下，应当选乘相对经济便捷的交通工具。

第九条 城市间交通费按乘坐交通工具的等级凭据报销。订票费、经批准发生的签转或退票费可以凭据报销。

第十条 乘坐飞机的民航发展基金、燃油附加费可以凭据报销。

第十一条 乘坐飞机、火车、轮船等交通工具的，每人次可以购买交通意外保险一份，凭据报销。所在单位统一购买交通意外保险的，不再重复购买。

第十二条 出差人员的市内交通费按出差自然

（日历）天数计算，实行定额补助，包干使用。在科研项目单位所在地级市内所辖县、区出差的每人每天 50 元，其他地区每人每天 80 元。

第十三条　出差人员由接待单位或其他单位提供交通工具的，不再领取市内交通费补助。

第三章　住宿费

第十四条　住宿费是指科研人员因公出差期间入住宾馆（包括饭店、招待所，下同）发生的房租费用。

第十五条　科研人员在自治区内出差的住宿费开支标准分地级市确定。具体如下：

在自治区以外地方出差的住宿费开支标准，参照财政部发布的中央单位到相关地区出差的住宿费限额标准执行。科研学术活动住宿地点由举办方指定并超出限额标准的，经科研项目单位审批同意，可按对应限额标准上浮 50% 执行。

以上住宿费标准为最高限额。当天往返的，原则上不报销住宿费，但科研活动超过半天的，可安排午休房，午休房价格不得超过全天房价的一半。

第十六条　院士、全国知名专家可安排套间，其他人员安排单间或标准间。

第十七条　住宿费原则上在标准限额之内凭据报销，经项目负责人批准项目单位备案后，可以实行定额补助、包干使用政策。选择实行住宿费定额补助、包干使用政策的科研项目单位或科研项目，政策执行期应相对稳定，一般不低于一年或一个项目执行期。

第十八条　住宿费定额包干补助标准，按照本办法第十五条规定标准的 90% 发放定额补助，补助天数按出差自然（日历）天数计算。领取住宿费定额补助的人员不得再多头报销住宿费。

第四章　伙食补助费

第十九条　伙食补助费是指对科研人员因公出差期间给予的伙食补偿费用。

第二十条　伙食补助费按出差自然（日历）天数计算，按规定标准定额补助，包干使用。

第二十一条　在自治区内出差的伙食补助费标准为：每人每天 100 元。

在自治区以外地方出差的伙食补助费标准，参照财政部发布的中央单位到相关地区出差的伙食补助费标准。

在途期间的伙食补助费按当天最后到达目的地规定标准报销。

第二十二条　出差人员应当自行用餐。凡由接待单位统一安排用餐的，应当向接待单位交纳伙食费，未缴纳伙食费的不得领取伙食费补贴。未按规定限额标准用餐的，超支部分个人自理。

第五章　监督问责

第二十三条　出差人员应当严格按规定开支科研活动差旅费，费用应按照项目负责人责任审批制度规定程序从所研发的项目经费中列支，不得向其他单位、企业转嫁，不得在多个项目中重复列支。

第二十四条　科研人员出差结束后应当及时办理报销手续。差旅费报销时应当提供出差审批单、机票、车票、住宿费发票等凭证。实行住宿费定额包干政策的可以不提供住宿费发票。

人员	淡旺季	住宿标准（元/天）				
		银川市	石嘴山市	吴忠市	固原市	中卫市
院士、全国知名专家	1—3 月、11—12 月	800	800	800	800	800
	4—10 月	1000	1000	1000	1000	1000
高级专业技术职称人员	1—3 月、11—12 月	450	400	400	400	400
	4—10 月	500	450	450	450	450
其他专业人员	1—3 月、11—12 月	300	300	300	300	300
	4—10 月	350	330	330	330	330

第二十五条 各科研项目单位，应加强本单位科研活动差旅费报销的内控管理，建立健全项目责任人责任审批制度。单位财务部门要严格按照项目负责人责任审批制度规定的程序，从财政科研项目经费中列支差旅费。对不按规定程序批准、不按规定范围开支的不予报销科研活动差旅费。

第二十六条 凡是不涉及科研活动的公务出差，属于行政事业序列的单位，按照党政机关差旅费有关规定执行，所产生的费用一律不得从财政科研经费中列支。

第二十七条 自治区财政厅对自治区本级各科研项目单位差旅费管理和使用情况进行监督检查。主要内容包括：

（一）科研项目单位项目负责人责任审批制度是否健全，科研差旅活动是否按责任审批制度规定履行审批手续；

（二）科研活动差旅费开支范围和开支标准是否符合规定；

（三）科研活动差旅费报销是否符合规定；

（四）是否转嫁科研活动差旅费；

（五）是否在多个项目中重复报销科研活动差旅费；

（六）科研活动差旅费管理和使用的其他情况。

第二十八条 出差人员不得向接待单位提出正常科研活动以外的要求，不得在出差期间接受违反规定用公款支付的宴请、游览和非科研需要的参观，不得接受礼品、礼金和土特产品等。

第二十九条 违反本办法规定，有下列行为之一的，依法依规追究相关人员的责任：

（一）科研项目单位没有建立项目责任人责任审批制度；

（二）没有按照责任审批制度执行的；

（三）弄虚作假，虚报冒领差旅费的；

（四）违规扩大差旅费开支范围，擅自提高开支标准的；

（五）多头报销科研活动差旅费的；

（六）转嫁科研活动差旅费的；

（七）其他违反本办法行为的。

第六章 附 则

第三十条 科研人员外出参加相关科研会议、培训，举办单位统一安排食宿的，会议、培训期间的食宿费和市内交通费用由会议、培训举办单位按规定统一开支；往返会议、培训地点的差旅费由所在单位按照规定从相关财政科研经费中报销。

第三十一条 各科研项目单位应当根据本办法，结合本单位实际情况制定相关规定。

第三十二条 各市县（区）财政应当根据本办法，结合本地区实际情况制定本地区相关规定。

第三十三条 本办法由自治区财政厅负责解释。

第三十四条 本办法自 2022 年 9 月 20 日起施行，有效期至 2024 年 9 月 20 日。

自治区财政厅　自治区发展改革委
关于印发《宁夏回族自治区服务业发展引导资金管理办法》的通知

宁财规发〔2022〕14号

各市、县（区）财政局、发展改革委，自治区有关企业：

为进一步加强服务业引导资金的管理，促进服务业高质量发展，加快构建现代服务业产业体系，根据《自治区现代服务业发展“十四五”规划》（宁政办发〔2021〕53号）、《关于推动生活性服务业补短板上水平提高人民生活品质的行动方案（2022—2025年）》（宁政办函〔2022〕20号）、《加快制造服务业发展的若干政策措施》（宁发改服务业〔2022〕131号）等规定，结合我区服务业引导资金实际使用情况，自治区财政厅会同自治区发展改革委修订了《宁夏回族自治区服务业发展引导资金管理办法》，现印发给你们，请遵照执行。

附件：宁夏回族自治区服务业发展引导资金管理办法

附件

宁夏回族自治区服务业发展引导资金管理办法

第一章　总　则

第一条　为进一步加强服务业引导资金的管理，促进服务业高质量发展，加快构建现代服务业产业体系，根据《自治区现代服务业发展“十四五”规划》（宁政办发〔2021〕53号）、《关于推动生活性服务业补短板上水平提高人民生活品质的行动方案（2022—2025年）》（宁政办函〔2022〕20号）、《加快制造服务业发展的若干政策措施》（宁发改服务业〔2022〕131号）等规定，制定本办法。

第二条　本办法所称服务业发展引导资金（以下简称引导资金）是指财政预算安排专项用于支持自治区服务业发展的资金。

第三条　引导资金的使用实行“聚焦重点、自愿申报、绩效管理”制度，遵循公开、公平、公正原则，确保资金使用合理、安全、高效，充分发挥财政资金杠杆作用。

第四条　引导资金由自治区财政厅、发展改革委负责管理。

自治区财政厅负责引导资金的监管工作，以资金管理为主：

（一）及时组织修订完善相关资金管理制度；

（二）指导督促年度预算编制和预算执行；

（三）督导开展资金预算绩效管理。

自治区发展改革委负责引导资金的日常工作，以项目管理为主：

（一）制定完善引导资金项目等管理制度并组织实施；

（二）提出引导资金年度预算初步建议和资金分配方案；

（三）根据全区服务业发展年度重点工作，确定引导资金年度支持方向和扶持重点，组织项目（企业）申报审核；

（四）提出资金分配计划和绩效目标；

（五）开展项目绩效自评及结果应用。

第二章 支持方向和范围

第五条 引导资金主要用于发展现代服务业、优化传统服务业、培育新兴服务业，发展壮大服务业新业态新模式，引导服务业企业规模升级，推进服务业市场化、专业化、集群化发展。

第六条 引导资金主要采取投资补助、以奖代补等支持方式。同一项目原则上不重复安排自治区本级预算资金，同一年度一个项目单位原则上只能申报一个项目。

第七条 引导资金的支持范围：

（一）传统服务业和生活性服务业转型升级、现代服务业、新兴服务业和生产性服务业培育发展项目建设；

（二）服务业集聚区及其配套设施和公共服务平台建设；

（三）企业培育，包括服务业企业（单位）入规上限、上规模发展以及主辅分离和服务外包等；

（四）服务业标准化品牌化建设；

（五）服务业重大课题研究、项目评审及其绩效评价，服务业有关工作培训；

（六）自治区党委、政府确定的其他重大事项。

第三章 组织申报和审核

第八条 申报引导资金的单位须具备以下基本条件：

（一）依法注册，具有独立法人资格的单位和企业；

（二）具有健全的财务管理和完善的财务制度；

（三）具有良好的社会信用，无不良记录。

第九条 引导资金申报及审核工作按以下程序办理：

（一）自治区发展改革委根据年度服务业发展需求明确引导资金具体使用方向、支持方式和申报范围等，编制申报指南，印发年度专项申报通知。

（二）单位和企业按照属地原则进行申报，资金申请单位（企业）应对申报材料的真实性负责。各市、县（区）发展改革部门负责本地区引导资金项目组织申报、审核工作，并对资金申请单位申报材料的真实性、合规性负责。

（三）自治区发展改革委负责对各地发展改革部门申报的引导资金项目（企业）开展汇总审核、评审（或委托第三方评审）等工作，按程序提出资金拟分配计划。将拟安排项目（企业）在门户网站进行公示，公示期不少于5个工作日。对公示期内提出异议的，自治区发展改革委应及时组织调查核实。公示完成后，自治区发展改革委向自治区财政厅提交资金分配计划。

（四）自治区财政厅依据自治区发展改革委提供的资金分配计划下达引导资金预算指标和绩效目标。

第四章 绩效评价及监管

第十条 引导资金实行全过程预算绩效管理。自治区财政厅指导自治区发展改革委按照预算绩效管理规定编制绩效目标，做好绩效运行监控，组织开展绩效评价，可按照有关规定委托第三方机构参与预算绩效管理工作。

第十一条 自治区财政厅会同自治区发展改革委根据绩效评价结果，及时完善资金使用、组织管理等制度，不断改进引导资金使用机制。

第十二条 各级财政部门定期或不定期对引导资金使用情况进行监督检查。各级发展改革部门定期或不定期对项目实施情况进行监督检查，必要时可委托社会中介机构进行审计或评估。

第十三条 各级财政、发展改革等相关部门及其工作人员在引导资金下达拨付、项目审核审查和日常监督管理中，存在滥用职权、玩忽职守、徇私舞弊等违法违规违纪行为的，按照《中华人民共和国预算法》《中华人民共和国公务员法》《中华人民共和国监察法》《财政违法行为处罚处分条例》等法律法规规定追究相应责任；涉嫌犯罪的，移送司法机关处理。

第十四条　资金使用单位（企业）应按照国家有关财务、会计制度规定，确保专款专用，并自觉接受财政、发展改革、审计等部门的监督检查和绩效评价。对拒不接受监督检查的单位（企业），检查部门应当责令其改正。拒不改正的，各级财政部门会同发展改革部门暂停或停止拨付资金；已经拨付的，责令其停止使用，并收回资金。

第十五条　资金使用单位（企业）不得虚报、截留、挪用、冒领、侵占或提供虚假资料骗取引导资金以及擅自改变资金用途。如发生上述违法违规行为，按照《预算法》《预算法实施条例》《财政违法行为处罚处分条例》等国家有关规定追究相应责任；涉嫌犯罪的，移送司法机关处理。

第五章　附　则

第十六条　本办法由自治区财政厅和自治区发展改革委负责解释。

第十七条　本办法自2022年10月1日起施行，有效期至2025年12月31日。原《宁夏回族自治区服务业发展引导资金管理办法》（宁财（企）发〔2017〕294号）同时废止。

宁夏回族自治区财政厅 宁夏贺兰山东麓葡萄酒产业园区管理委员会关于修订《关于推进宁夏贺兰山东麓葡萄酒产业高质量发展的财政支持政策》的通知

宁财规发〔2022〕15号

各相关市、县（区）财政局、葡萄酒产业主管部门、宁夏农垦集团有限公司：

为进一步完善自治区葡萄酒产业高质量发展财政支持政策，确保政策规范高质实施，自治区财政厅、宁夏贺兰山东麓葡萄酒产业园区管理委员会对《关于推进宁夏贺兰山东麓葡萄酒产业高质量发展的财政支持政策》（宁财规发〔2022〕9号）个别政策内容进行了修订，具体如下：

对“二、支持政策中的（四）支持培育龙头企业，鼓励产区企业做大做强”政策内容修改为：支持培育一批带动力强、竞争力强、品牌力强的龙头企业大力拓展国内外市场，对贺兰山东麓葡萄酒产区规模以上企业且在产区设立销售公司的酒庄（企业）按照销售额给予5%奖励，最高奖励不超过500万元。各市、县（区）可在上述政策的基础上出台支持葡萄酒产业发展的激励政策，进一步扩大葡萄酒产销量，支持贺兰山东麓葡萄酒走出宁夏、走向世界。充分发挥自治区政府产业引导基金作用，支持龙头企业发展，积极探索通过国有资本注入的方式支持龙头企业上市融资。

本通知与《关于推进宁夏贺兰山东麓葡萄酒产业高质量发展的财政支持政策》（宁财规发〔2022〕9号）同步施行。

自治区财政厅关于印发《宁夏回族自治区本级行政事业单位国有资产处置管理办法》的通知

宁财规发〔2022〕17号

区直各部门，各市、县（区）财政局、宁东财政金融局：

为规范自治区本级行政事业单位国有资产处置行为，维护国有资产安全和完整，根据《行政事业性国有资产管理条例》（国务院令第738号）等规定，我们制定了《宁夏回族自治区本级行政事业单位国有资产处置管理办法》。经自治区人民政府同意，现印发给你们，请遵照执行。

附件：宁夏回族自治区本级行政事业单位国有资产处置管理办法

附件

宁夏回族自治区本级行政事业单位国有资产处置管理办法

第一章　总　则

第一条　为规范自治区本级行政事业单位国有资产处置行为，维护国有资产安全和完整，根据《行政事业性国有资产管理条例》（国务院令第738号）等规定，制定本办法。

第二条　本办法所称自治区本级行政事业单位，包括自治区本级党的机关、人大常委会机关、政府机关、政协机关、审判机关、检察机关、各民主党派机关、人民团体和各类事业单位。

第三条　自治区本级行政事业单位国有资产处置方式包括无偿划转、对外捐赠、转让、置换、报废、损失核销等。

第四条　符合下列情形的自治区本级行政事业单位国有资产应当予以处置：

（一）因技术原因确需淘汰或者无法维修、无维修价值的；

（二）涉及盘亏等非正常损失的；

（三）已超过使用年限且无法满足现有工作需要的；

（四）因自然灾害等不可抗力造成毁损、灭失的；

（五）因单位分立、合并、改制、撤销、隶属关系改变或者部分职能、业务调整等而移交的；

（六）发生产权变动的；

（七）依照国家有关规定需要处置的其他情形。

第五条　自治区本级行政事业单位国有资产处置应当遵循公开、公正、公平和竞争择优的原则，按照规定权限履行审批手续，未经批准不得自行处置。

第六条　自治区本级行政事业单位拟处置的国有资产权属应当清晰，取得或者形成的方式应当合法合规，权属关系不明或者存在权属纠纷的，应当按照有关规定界定权属后予以处置。

被设置为担保物的国有资产处置，应当符合《中华人民共和国民法典》等法律的有关规定。

第二章 处置权限和要求

第七条 自治区财政厅、各部门按照规定权限对自治区本级行政事业单位国有资产处置事项进行审核、审批或者备案。

第八条 自治区本级行政事业单位处置办公用房和公务用车，《宁夏回族自治区党政机关办公用房管理办法》《宁夏回族自治区党政机关公务用车管理办法》等有规定的，从其规定。

第九条 除本办法第十条、第十一条规定外，自治区本级行政事业单位处置单位价值或者批量价值（账面原值，下同）1200万元（含1200万元）以上的国有资产，应当经各部门审核同意后，报自治区财政厅审批；处置单位价值或者批量价值1200万元以下的国有资产，由各部门自行审批。重大事项由各部门报自治区人民政府批准。

各部门所属行政事业单位应当在规定权限内根据实际及时处置国有资产，一个月度内分散处置的国有资产原则上按同一批次汇总计算批量价值。

第十条 各部门所属高等院校国有资产处置，由各部门审批。其中，已达使用年限并且应淘汰报废的国有资产，由高等院校自主处置，并将处置结果按季度报各部门备案。

第十一条 国家设立的研究开发机构、高等院校对持有的科技成果，可以自主决定转让，除涉及国家秘密、国家安全及关键核心技术外，不需报各部门和自治区财政厅审批或者备案。涉及国家秘密、国家安全及关键核心技术的科技成果转让，由各部门按照国家有关保密制度的规定审批。

国家设立的研究开发机构、高等院校以科技成果作价投资形成的国有股权无偿划转、转让、损失核销等处置事项，由各部门审批。

第十二条 在突发公共卫生事件或者国家重大自然灾害等应急情况下，相关单位可本着急事急办、特事特办的原则，按照主管部门要求履行相关程序后处置国有资产，待应急事件结束后报主管部门备案。

第十三条 自治区财政厅、各部门、自治区本级行政事业单位对国有资产处置事项的批复文件，是国有资产处置的依据。

自治区本级行政事业单位要依据批复文件处置资产，处置完毕后应当及时核销相关资产台账信息，同时进行会计处理，确保账实相符和账账相符。

自治区本级行政事业单位国有资产处置情况应当在行政事业性国有资产管理情况年度报告中予以反映。

第十四条 除国家和自治区另有规定外，自治区本级行政事业单位转让、拍卖、置换国有资产等，应当依法进行资产评估，并按照国有资产评估管理有关规定进行核准或者备案。

国家设立的研究开发机构、高等院校将其持有的科技成果转让给国有全资企业的，可以不进行资产评估；转让给非国有全资企业的，由单位自主决定是否进行资产评估；通过协议定价的，应当在本单位公示科技成果名称和拟交易价格。

第三章 处置方式和程序

第一节 无偿划转

第十五条 无偿划转是指在不改变国有资产性质的前提下，以无偿转让的方式变更国有资产占有、使用权的行为。无偿划转国有资产应当按照以下程序办理：

自治区本级行政事业单位之间无偿划转国有资产，以及自治区本级行政事业单位对国有全资企业无偿划转国有资产，由划出方按照本办法第二章规定的相应权限履行审批手续；

跨级次无偿划转国有资产，由自治区本级无偿划转给市、县（区）的，应当附接收方主管部门和同级财政部门同意接收的相关文件，由自治区本级行政事业单位按本办法第二章规定的相应权限履行审批手续；由市、县（区）无偿划转给自治区的，由划出方按照同级财政部门规定的处置权限履行审批手续。

第十六条 自治区本级行政事业单位申请无偿划转国有资产，应当由划出方提交以下材料：

（一）申请文件及单位内部决策文件，国有资产价值凭证及产权证明（如购货发票或者收据、记账凭证、资产信息卡、竣工决算报告、国有土地使用权证、房屋所有权证、不动产权证、专利证、著作权证、担保（抵押）凭证、债权或者股权凭证、投资协议等凭据的复印件，下同），以及《自治区本级行政事业单位国有资产无偿划转和对外捐赠申请表》（见附件1）；

（二）划出方和划入方签署的意向性协议；

（三）因单位撤销、合并、分立、改制而移交国有资产的，须提供撤销、合并、分立、改制的批文；

（四）其他相关材料。

第二节 对外捐赠

第十七条 对外捐赠是指自治区本级行政事业单位依照《中华人民共和国公益事业捐赠法》，自愿无偿将其占有、使用的国有资产赠与合法受赠人的行为。

自治区本级行政事业单位对外捐赠应当利用本单位闲置资产或者淘汰且具有使用价值的资产，不得新购资产用于对外捐赠。

同一部门上下级单位之间和部门所属单位之间，不得相互捐赠资产。

第十八条 自治区本级行政事业单位申请对外捐赠国有资产，应当提交以下材料：

申请文件及单位内部决策文件，国有资产价值凭证及产权证明，以及《自治区本级行政事业单位国有资产无偿划转和对外捐赠申请表》；

对外捐赠报告，包括对外捐赠事由、方式、责任人、国有资产构成及其数额、对外捐赠事项对本单位财务状况和业务活动影响的分析等；

其他相关材料。

第十九条 对外捐赠应当依据受赠方出具的同级财政部门或者相关主管部门统一印（监）制的捐赠收据，受赠方所在地城镇街道办事处、乡镇人民政府等出具的凭证或者捐赠资产交接清单予以确认。

第三节 转 让

第二十条 转让是指自治区本级行政事业单位变更国有资产占有、使用权并取得收益的行为。

自治区本级行政事业单位转让国有资产，应当以公开竞争方式进行，严格控制非公开协议方式，可以通过相应公共资源交易平台进行。

第二十一条 自治区本级行政事业单位转让国有资产，以自治区财政厅、各部门核准或者备案的资产评估报告所确认的评估价值作为确定底价的参考依据，意向交易价格低于评估结果90%的，应当报资产评估报告核准或者备案部门重新确认后交易。

第二十二条 自治区本级行政事业单位申请转让国有资产，应当提交以下材料：

（一）申请文件及单位内部决策文件，国有资产价值凭证及产权证明，以及《自治区本级行政事业单位国有资产转让等申请表》（见附件2）；

（二）转让方案，包括国有资产的基本情况，转让的原因、方式，可行性及风险分析等；

（三）其他相关材料。

第四节 置 换

第二十三条 置换是指自治区本级行政事业单位与其他单位以固定资产、无形资产等为主进行的资产交换，一般不涉及货币性资产或者只涉及用于补差价的少量货币性资产。

资产置换，应当以自治区财政厅、各部门核准或者备案的资产评估报告所确认的评估价值作为置换对价的参考依据。

第二十四条 自治区本级行政事业单位申请置换国有资产，应当提交以下材料：

申请文件及双方单位内部决策文件，双方资产价值凭证及产权证明，以及《自治区本级行政事业单位国有资产转让等申请表》；

置换方案，包括双方拟用于置换资产的基本情况、设置担保情况，置换的原因、方式，可行性及风险分析等；

置换双方签署的意向性协议；

其他相关材料。

第五节 报 废

第二十五条 报废是指按照有关规定或者经有关部门、专家鉴定，对因技术原因确需淘汰或者无法维修、无维修价值的国有资产，或者已超过使用年限且无法满足工作需要的国有资产，进行产权核销的国有资产处置行为。

自治区本级行政事业单位已达使用年限仍可继续使用的国有资产，应当继续使用。

车辆、电器电子产品、危险品等资产的报废处理应当符合国家、自治区有关规定。

第二十六条　自治区本级行政事业单位申请报废国有资产，应当提交以下材料：

（一）申请文件及单位内部决策文件，国有资产价值凭证及产权证明，以及自治区本级行政事业单位国有资产转让等申请表；

（二）有关部门、专家出具的鉴定文件及处理意见；

（三）因房屋拆除等原因需办理国有资产核销手续的，提交相关职能部门的房屋拆除批复文件、建设项目拆建立项文件、双方签订的房屋拆迁补偿协议等；

（四）专利、非专利技术、著作权、资源资质等因被其他新技术所代替或者已经超过法律保护的期限、丧失使用价值和转让价值的，提供有关技术部门的鉴定材料，或者已经超过法律保护期限的证明文件；

（五）其他相关材料。

第六节　损失核销

第二十七条　损失核销是指由于发生盘亏、毁损、非正常损失等原因，按照有关规定对国有资产损失进行核销的国有资产处置行为。

自治区本级行政事业单位对发生的国有资产损失，应当及时处理。

第二十八条　自治区本级行政事业单位申请存货、固定资产、无形资产等国有资产损失核销，应当提交以下材料：

（一）申请文件及单位内部决策文件，国有资产价值凭证及产权证明，以及自治区本级行政事业单位国有资产转让等申请表；

（二）国有资产盘亏、毁损以及非正常损失的情况说明，第三方机构出具的经济鉴证证明，国家有关技术鉴定部门或者具有技术鉴定资格的第三方机构出具的技术鉴定证明（涉及保险索赔的应当有保险公司理赔情况说明），赔偿责任认定说明和单位内部核批文件；

（三）国有资产被盗的，需要提供公安机关出具的结案证明；

（四）因不可抗力因素（自然灾害、意外事故）造成国有资产毁损的，需要提供相关部门出具的受灾证明、事故处理报告、车辆报损证明、房屋拆除证明等；

（五）其他相关材料。

第二十九条　自治区本级行政事业单位申请对外投资、担保（抵押）国有资产的损失核销，应当提交以下材料：

（一）申请文件及单位内部决策文件，国有资产价值凭证及产权证明，以及自治区本级行政事业单位国有资产转让等申请表；

（二）形成损失的情况说明、被投资单位的清算审计报告及注销文件、第三方机构出具的经济鉴证证明和具有法律效力的证明材料；

（三）涉及仲裁或者提起诉讼的，提交仲裁决定或者法院判决等相关法律文书；

（四）其他相关材料。

第四章　处置收入

第三十条　处置收入是指在转让、置换、报废等处置国有 资产过程中获得的收入，包括转让资产收入、置换差价收入、拆迁补偿收入、报废报损残值变价收入、保险理赔收入、转让土地使用权收益、所办一级企业的清算收入等。

第三十一条　除国家和自治区另有规定外，自治区本级行政事业单位国有资产处置收入，应当在扣除相关税金、资产评估费、拍卖佣金等费用后，按照政府非税收入和国库集中收缴管理有关规定及时上缴自治区国库。

土地使用权转让收益以及占地补偿收益，按照自治区财政厅有关规定上缴自治区国库。

各部门所属高等院校自主处置已达使用年限并且应淘汰报废的国有资产取得的收益，留归高等院校，纳入单位预算，统一核算、统一管理。

国家设立的研究开发机构、高等院校转化科技成果所获得的收入全部留归本单位，纳入单位预算，统一核算、统一管理，主要用于对完成和转化职务科技成果做出重要贡献人员的奖励和报酬、科学技术研发与成果转化等相关工作。

第三十二条　自治区本级事业单位利用国有资产对外投资形成的股权（权益）的处置收入，除按照自治区国有资本经营预算有关规定应申报、上交的国有资本收益除国家、自治区另有规定外，按照以下规定管理：

（一）利用货币资金对外投资形成股权（权益）的处置收入纳入单位预算，统一核算，统一管理；

（二）国家设立的研究开发机构、高等院校利用科技成果作价投资形成股权（权益）的处置收入纳入单位预算，统一核算，统一管理；

（三）利用其他国有资产对外投资形成的股权（权益）的处置收入，扣除投资收益以及相关税费后，按照政府非税收入和国库集中收缴管理有关规定及时上缴自治区国库；投资收益纳入单位预算，统一核算，统一管理；

（四）统筹利用货币资金、科技成果和其他国有资产混合对外投资形成的股权（权益）的处置收入，按照本条第（一）、（二）、（三）项的有关规定分别管理。

第五章　监督检查

第三十三条　自治区财政厅对自治区本级行政事业单位国有资产处置情况进行监督检查。

第三十四条　各部门应当建立国有资产处置管理制度，定期或者不定期对所属行政事业单位国有资产处置情况进行监督检查。

第三十五条　自治区财政厅、各部门、自治区本级行政事业单位及其工作人员在国有资产处置管理工作中，存在违反本办法规定的行为，以及其他滥用职权、玩忽职守、徇私舞弊等违法违纪行为的，依照《中华人民共和国公务员法》《中华人民共和国监察法》《行政事业性国有资产管理条例》等国家有关规定追究责任；构成犯罪的，依法追究刑事责任。

第三十六条　各部门及其所属行政事业单位在国有资产处置过程中有下列情形之一的，依纪依法追究相关人员责任：

（一）未按照规定经集体决策或者履行审批程序，擅自越权对规定限额以上的国有资产进行处置；

（二）未按照规定办理国有资产处置手续，对不符合规定的申报处置材料予以审批；

（三）采用弄虚作假等方式低价处置国有资产；

（四）截留国有资产处置收入；

（五）未按照规定评估国有资产导致国家利益损失；

（六）其他造成单位国有资产损失的行为。

第六章　附　则

第三十七条　执行企业财务、会计制度的事业单位，以及自治区本级行政事业单位所办国有及国有控股企业国有资产处置，按照企业国有资产管理有关规定执行，不适用本办法。

第三十八条　自治区本级行政事业单位货币性资产损失核销，按照预算及财务管理有关规定执行。

第三十九条　公共基础设施、政府储备物资、国有文物文化等行政事业性国有资产处置，以及自治区本级行政事业单位境外国有资产处置，按照有关规定执行。

第四十条　各市、县（区）财政部门结合实际情况，制定本地区具体办法。

各部门可根据本办法的规定，结合实际情况，授权所属行政事业单位一定限额的国有资产处置权限，并制定具体办法。

第四十一条　自治区本级行政事业单位涉及国家安全和秘密的国有资产处置，应当符合国家有关保密制度的规定和要求。

第四十二条　本办法自印发之日起施行。此前颁布的有关行政事业单位国有资产处置管理规定，与本办法相抵触的，以本办法为准。《自治区财政厅关于印发〈宁夏回族自治区行政事业单位国有资产使用管理暂行办法〉和〈宁夏回族自治区行政事业单位国有资产处置管理暂行办法〉的通知》（宁财资发〔2015〕738号）中的《宁夏回族自治区行政事业单位国有资产处置管理暂行办法》予以废止。

宁夏回族自治区财政厅关于印发《宁夏回族自治区政府采购评审专家管理暂行办法》的通知

宁财规发〔2022〕18号

自治区本级各预算单位，各市、县（区）财政局，各政府采购评审专家、采购代理机构：

为加强政府采购评审专家管理，规范评审专家评审行为，根据《中华人民共和国政府采购法》《中华人民共和国政府采购法实施条例》及《政府采购评审专家管理办法》（财库〔2016〕198号）等法律法规规定，结合我区实际，自治区财政厅制定了《宁夏回族自治区政府采购评审专家管理暂行办法》，现印发给你们，请遵照执行。

附件：宁夏回族自治区政府采购评审专家管理暂行办法

附件

宁夏回族自治区政府采购评审专家管理暂行办法

第一章 总 则

第一条 为进一步加强政府采购评审活动的管理，规范政府采购评审专家（以下简称评审专家）评审行为，提高评审专家评审质量，根据《中华人民共和国政府采购法》《中华人民共和国政府采购法实施条例》及《政府采购评审专家管理办法》（财库〔2016〕198号）等法律法规制度规定，结合我区实际，制定本办法。

第二条 本办法所称评审专家，是指经自治区财政厅选聘，以独立身份参加政府采购评审活动，纳入自治区政府采购评审专家库（以下简称评审专家库）管理的人员。评审专家的选聘、解聘、抽取、使用及监督管理适用本办法。

第三条 评审专家的管理，实行统一标准、管用分离、随机抽取、资源共享的原则。

第四条 自治区财政厅按照财政部制定的评审专家专业分类标准和评审专家库建设标准，统一建设评审专家库，并实行动态管理。各级财政部门依法履行对评审专家的监督管理职责。

第二章 评审专家聘用管理

第一节 征 集

第五条 评审专家征集方式包括公开征集、单位推荐和自我推荐。自治区财政厅主要以公开征集方式为主，结合单位推荐和自我推荐选聘评审专家。

第六条 评审专家应当具备以下资格条件：

（一）具有良好的职业道德，廉洁自律，遵纪守法，无行贿、受贿、欺诈等不良信用记录；

（二）具有中级专业技术职称或同等专业水平且从事相关领域工作满 8 年，或者具有高级专业技术职称或同等专业水平；

（三）熟悉政府采购相关政策法规；

（四）承诺以独立身份参加评审工作，依法履行评审专家工作职责并承担相应法律责任的中国公民；

（五）能够熟练操作使用计算机独立完成评审工作；

（六）不满 65 周岁，身体健康，能够承担评审工作；

（七）申请成为评审专家前三年内，无本办法第三十四条规定的不良行为记录。

前款第（二）项规定的“同等专业水平”的认定，属于国家机关、事业单位、团体组织的，由本单位人事部门推荐认定；属于其他单位的，由其所属行业自律组织推荐认定。

未达到前款第（二）项所列条件，但在相关工作领域有突出的专业能力和特长，且符合评审专家其他资格条件的，申请人应提供相关证明材料，经自治区财政厅审查认定后可选聘成为评审专家。

前款第（三）项规定的“熟悉政府采购相关政策法规”是指申请人完成政府采购有关教育培训并考试合格。

对评审专家数量较少的专业，前款第（六）项所列年龄条件可适当放宽至 70 周岁，但需提供正规医疗机构出具的体检证明，申请人须做出身体健康且能够承担评审工作的承诺。

第七条 评审专家实行网上登记申报，申请人通过“宁夏政务服务网”（zwfw.nx.gov.cn）——“政府采购评审专家登记审核”模块或“宁夏政府采购网”（www.ccgp-ningxia.gov.cn）——“专家注册”系统填报个人基本信息、工作信息、职称信息、评审信息和回避单位信息，并上传以下申请材料：

（一）身份证明；

（二）学历学位证书；

（三）专业技术职称证书或同等专业水平的认定证明；

（四）政府采购评审专家申报承诺书；

（五）自治区财政厅要求提交的其他材料。

前款第（四）项“政府采购评审专家申报承诺书”，由申请人填报相关信息后系统自动生成，申请人需工作单位（或原工作单位）盖章并本人承诺签名。

申请人回避单位信息应按照本办法第二十八条回避情形填报。

申请人应对填报信息和上传申请资料的合法性、真实性、完整性及准确性负责。

第八条 申请人应当根据本人所学专业、职称专业结合长期从事的工作或专长，按照财政部专业分类标准选择评审专业。

除获得新的专业技术职称证书或调整长期从事其他工作领域外，评审专家的评审专业不得随意更改。确需更改的，由评审专家在系统申请变更，并上传相关证明材料，经自治区财政厅审查认定后予以调整。

第九条 评审专家工作单位、通信地址、手机号码、电子邮箱、评审地区、回避单位等信息发生变化的，应当在 2 个工作日内在系统申请变更。

第二节 资格审核

第十条 自治区财政厅主要审查申请人提交资料的完整性、填报信息与申请材料的一致性、申请人资格条件的符合性以及申报的拟评审专业与其专业特长和工作经历的关联性等。

第十一条 申请人可以通过系统查看审查状态信息。审查通过后系统自动纳入拟选聘评审专家名单，审查未通过可查看未通过原因，其中属于信息填写错误或申请材料上传错误的申请人可修改信息或重新上传申请材料，属于不符合评审专家资格条件的申请人待资格符合后可重新申报。

第三节 教育培训

第十二条 自治区财政厅对拟选聘评审专家和已纳入专家库管理的评审专家实行教育培训管理。教育培训分为初任教育培训和继续教育培训。

第十三条 教育培训内容主要包括政府采购法律法规、部门规章、规范性文件及自治区出台的政府采购相关政策文件及政府采购实务操作等。

第十四条 拟选聘评审专家在审查通过后应及时参加政府采购初任教育培训，完成培训学习后参加考试，考试成绩达到 80 分（含）为合格。

第十五条 已完成初任教育培训并考试合格的评审专家，次年起每年应按规定完成一定学时的继续教育培训，及时掌握政府采购法律法规政策及实务操作变动内容。

第四节 聘用管理

第十六条 参加初任教育培训并考试合格的申请人，选聘为评审专家，纳入评审专家库管理。

第十七条 评审专家存在以下情形之一的，自治区财政厅将取消其评审专家资格并予以解聘：

（一）本人申请不再担任评审专家；

（二）不符合本办法第六条规定条件；

（三）存在本办法第三十四条规定的不良行为记录；

（四）受到禁止参加政府采购评审活动行政处罚；

（五）受到刑事处罚；

（六）教育培训中存在冒名顶替、舞弊等行为；

（七）未按规定完成继续教育培训；

（八）被其他行政主管部门行政处罚并联合惩戒的；

（九）其他法律法规规定不适宜担任评审专家的。

第十八条 有本办法第三十四条规定的不良行为记录，在解聘后的 3 年内，申请人不得再次申请成为评审专家。

第三章 评审专家使用

第十九条 评审专家抽取应当遵循“法定回避、随机抽取”原则。

第二十条 采购人或者采购代理机构应当根据采购项目实际需求，合理选择评审专家的专业类别，依法确定参加评审的专家数量及回避情形，从评审专家库中随机抽取评审专家，与采购人代表共同组成评审小组（如评审委员会、谈判小组、磋商小组、询价小组等，下同）。采购人应当委派熟悉采购需求和政府采购法律法规的本单位人员或委托相关专业人员作为采购人代表参加评审活动。

对可预知的回避评审专家，如前期参与进口产品论证的评审专家等，采购人、采购代理机构应当在抽取评审专家前予以明确，并不得无故扩大或缩小回避范围。

第二十一条 除采用竞争性谈判、竞争性磋商或询价方式采购，以及异地评审的采购项目外，采购人或者采购代理机构抽取评审专家的时间原则上不得早于评审活动开始前 1 个工作日。

第二十二条 评审专家库中相关专家数量不能保证随机抽取需要的，采购人、采购代理机构可以调整增加相关专业或者扩大抽取区域继续随机抽取；若仍无法满足随机抽取需要的，采购人或者采购代理机构可以推荐符合条件的人员，经自治区财政厅审核通过、完成初任教育培训并考试合格入库后再随机抽取使用。

第二十三条 技术复杂、专业性强的采购项目，通过随机方式难以确定合适评审专家的，经主管预算单位同意，采购人可以自行选定相应专业领域的评审专家。

自治区本级高等院校和科研院所科研仪器设备采购项目，可在评审专家库外自行选定评审专家。

自行选定评审专家的，应当优先选择本单位以外的评审专家。

第二十四条 评审专家通过本人手机接收拟被抽取参加采购项目评审活动的语音电话、短信息等通知，通知内容应当包括评审时间、地点、紧急联系方式和其他需要通知的事项，评审专家自愿选择是否参加评审活动。

已经选择同意参加评审活动的评审专家不得随意迟到或缺席，确因故不能到场的，应当及时通知采购人或采购代理机构并说明原因。

评审专家应当自行承担在往返评审现场途中因自身健康、事故或其他原因造成的安全责任，自行承担在评审现场因自身健康原因引发的相应后果。

第二十五条 出现评审专家缺席、回避等情形导致评审现场专家数量不符合规定的，采购人或者采购代理机构应当依法及时补抽专家，或者经采购人主管预算单位同意自行选定补足评审专家，继续组织评审。

无法及时补足评审专家的，采购人或者采购代理机构应当立即停止评审工作，妥善保存采购文件，依法重新组建评审小组进行评审。

第二十六条 评审专家名单在评审结果公告前应当保密。评审活动完成后，采购人或者采购代理机构应当随中标、成交结果一并公告评审专家名单，并对自行选定的评审专家作出标记。

采购人、采购代理机构及其工作人员对于获悉的评审专家的联系方式等个人信息应当严格保密，不得用于本办法规定之外的其他用途。

各级财政部门、采购人和采购代理机构有关工作人员不得泄露评审专家的个人情况。

第二十七条 采购人、采购代理机构应在评审活动开始前，检查采购人代表授权委托书、核实评审专家身份，宣布评审工作纪律、告知回避要求和评审工作程序等。

评审专家身份验证结果与抽取结果不一致的，不得参加政府采购评审活动。

记载评审工作纪律的书面文件作为采购文件一并存档。

第四章　评审专家职责

第二十八条 评审专家与参加采购活动的供应商存在下列利害关系之一的，应当回避：

（一）参加采购活动前三年内，与供应商存在劳动关系，或者担任过供应商的董事、监事，或者是供应商的控股股东或实际控制人；

（二）与供应商的法定代表人或者负责人有夫妻、直系血亲、三代以内旁系血亲或者近姻亲关系；

（三）与供应商有其他可能影响政府采购活动公平、公正进行的关系。

评审专家存在下列行为之一的，视同与供应商有其他可能影响政府采购活动公平、公正的情形，应当回避：

（一）为供应商提供如何竞标、投标（响应）文件编制指导咨询论证的；

（二）私下到供应商生产经营场所进行参观指导考察；

（三）自己或家人私下接受供应商组织的参观、考察、旅游、送请的。

采购人或者采购代理机构发现评审专家与参加采购活动的供应商有利害关系的，或者已参加过采购项目前期进口产品论证等活动的，应当要求其回避。

除本办法第二十三条规定的情形外，评审专家对本单位的政府采购项目只能作为采购人代表参加评审活动。

各级财政部门政府采购监督管理工作人员，不得作为评审专家参与政府采购项目的评审活动。采购代理机构工作人员不得参加本机构代理的政府采购项目的评审。

第二十九条 评审专家在评审活动中享有以下权利：

（一）对应邀参加评审的政府采购项目的独立评审权；

（二）推荐中标、成交候选供应商的表决权；

（三）对本人信用评价结果的知情权和申诉权；

（四）依法获取评审劳务报酬的权利；

（五）法律法规和有关规定明确的其他权利。

第三十条 评审专家在评审活动中应当履行以下义务。

（一）按照客观、公正、审慎的原则，根据采购文件规定的评审程序、评审方法和评审标准进行独立评审。

（二）不得泄露评审文件、评审情况和在评审过程中获悉的国家秘密、商业秘密及个人隐私等。

（三）发现采购文件内容违反国家有关强制性规定或者采购文件存在歧义、重大缺陷导致评审工作无法进行时，立即停止评审并向采购人或者采购代理机构书面说明情况。

（四）不得私下接触供应商，不得收受供应商、代理机构、其他利害关系人的财物或者其他好处，不得接受任何单位或者个人明示或者暗示提出的倾向或者排斥特定供应商的要求。

（五）积极配合答复供应商的询问、质疑和投诉等事项。

（六）评审过程中发现供应商具有行贿、提供虚假材料或者串通等违法行为的，及时向财政部门报告。

（七）评审过程中受到非法干预的，及时向财政、监察等部门举报。

（八）在评审报告上签字，对本人的评审意见承担法律责任；对需要共同认定的事项存在争议的，按照少数服从多数的原则做出结论；对评审报告有异议的，应当在评审报告上签署不同意见并说明理由，否则视为同意评审报告。

（九）评审活动结束后5个工作日内，在政府采购信用评价系统客观、公正地评价采购人、采购代理机构及供应商的相关情况。

（十）发现本人与供应商存在第二十八条明确的利害关系应当主动提出回避。

（十一）按规定参加政府采购教育培训。

（十二）严格遵守评审工作纪律：

1. 按时参加评审工作，主动出具身份证明，不得迟到、早退，不得私下转托他人或顶替他人参加评审；

2. 不得受采购人或者采购代理机构委托自行组建评审小组或邀请其他评审专家参与评审；

3. 在评审过程中，主动上交通信设备，不得擅自与外界联系；

4. 不得扰乱政府采购活动现场秩序，不得对其他评审专家的独立评审施加不当影响，不得干预或影响政府采购活动正常进行；

5. 不得征询或接受采购人代表的倾向性意见，不得以澄清、说明和补充为由要求供应商表达与采购文件实质性内容不同的意见，不得私下达成一致意见，协商评分；

6. 不得故意拖延评审时间，或者敷衍塞责随意评审；

7. 不得在合法的评审劳务报酬之外额外索取、接受报酬或者其他好处；

8. 严禁组建或者加入可能影响公正评审的微信群、QQ群等社交群组；

9. 不得在评审活动中记录、复制或带走资料；

10. 其他不遵守评审工作纪律的情形。

（十三）法律法规和有关规定明确的其他义务。

第三十一条　属于集中采购目录内的项目，由集中采购机构支付评审专家劳务报酬，集中采购目录外的项目，由采购人支付评审专家劳务报酬，不得由其他单位或个人代为支付。

评审专家不得索取高于规定的劳务报酬，或者要求先给付报酬再进行评审，或者因劳务报酬低而拒绝评审、拒绝签署评审报告、明显故意拖延评审时间等。评审专家未完成评审工作擅自离开评审现场，或者在评审活动中有违法违规行为的，不得获取劳务报酬和报销异地评审差旅费。

采购人代表参与政府采购评审，不得以评审专家名义向其发放劳务报酬。

第五章　监督管理

第三十二条　评审专家有下列违法行为的，其评审意见无效，不得获取评审费，并依照政府采购有关法律法规进行行政处罚；有违法所得的，没收违法所得；给他人造成损失的，依法承担民事责任；构成犯罪的，依法追究刑事责任。

（一）未按照采购文件规定的评审程序、评审方法和评审标准进行独立评审，或者泄露评审文件、评审情况；

（二）与供应商存在利害关系未回避；

（三）收受采购人、采购代理机构、供应商贿赂或者获取其他不正当利益。

第三十三条　评审专家有下列行为之一的，财政部门视情况采取约谈、责令改正、批评教育等形式督促整改。

（一）答应参加评审活动后，无正当理由不参加或者迟到，且不及时告知，导致评审活动无法正常进行；

（二）不遵守评审工作纪律；

（三）未按照政府采购法律法规和采购文件的规定进行评审，导致评审过程、评审结果违法违规，情节轻微尚不构成行政处罚；

（四）索取高于规定的劳务报酬，或者要求先给付报酬再进行评审，或者因劳务报酬低而拒绝评审、拒绝签署评审报告或明显故意拖延评审时间；

（五）未按规定及时、客观、公正地评价采购人、采购代理机构及供应商的相关情况；

（六）存在其他违反政府采购法律法规规定，情节轻微尚不构成行政处罚；

（七）其他违反本办法第三十条规定情形的。

第三十四条　申请人或评审专家有下列行为之一的，列入不良行为记录：

（一）未按照采购文件规定的评审程序、评审方法和评审标准进行独立评审；

（二）泄露评审文件、评审情况；

（三）与供应商存在利害关系未回避；

（四）收受采购人、采购代理机构、供应商贿赂或者获取其他不正当利益；

（五）提供虚假申请材料；

（六）拒不履行配合答复供应商询问、质疑、投诉等法定义务；

（七）以评审专家身份从事有损政府采购公信力的活动的。

第三十五条 采购人或者采购代理机构未按照规定抽取和使用评审专家的，依照政府采购有关法律法规追究法律责任。

第三十六条 财政部门工作人员在评审专家管理工作中存在滥用职权、玩忽职守、徇私舞弊等违法违纪行为的，依照政府采购有关法律法规及国家有关规定追究相应责任；涉嫌犯罪的，移送司法机关处理。

第六章　附　则

第三十七条 参加评审活动的采购人代表、采购人依法自行选定的评审专家管理参照本办法执行。

第三十八条 国家对评审专家抽取、选定另有规定的，从其规定。

第三十九条 本办法由宁夏回族自治区财政厅负责解释。

第四十条 本办法自 2022 年 12 月 1 日起实施，有效期至 2024 年 11 月 30 日。

自治区财政厅 水利厅 自然资源厅 生态环境厅 农业农村厅 林业和草原局 地方金融监管局 中国人民银行银川中心支行 宁夏银保监局关于印发《自治区"四权"抵押贷款贴息资金管理办法》的通知

宁财规发〔2022〕19号

各市、县（区）人民政府，各市、县（区）财政局、水利局、自然资源局、生态环境局（环境保护局）、农业农村局、林业和草原局、金融局（办），人民银行各市中心支行、县（市）支行，各银保监分局，各金融机构：

为贯彻落实自治区第十三次党代会精神，按照《自治区党委办公厅 人民政府办公厅关于印发用水权、土地权、排污权、山林权"四权"改革实施意见的通知》（宁党办〔2021〕39号）和《自治区人民政府办公厅关于印发〈自治区支持建设黄河流域生态保护和高质量发展先行区的财政政策（试行）〉的通知》（宁政办规发〔2021〕6号）规定，我们制定了《自治区"四权"抵押贷款贴息资金管理办法》，经自治区人民政府同意，现印发给你们，请遵照执行。

附件：自治区"四权"抵押贷款贴息资金管理办法

附件

自治区"四权"抵押贷款贴息资金管理办法

第一章 总 则

为贯彻落实自治区第十三次党代会精神，扎实推进用水权、土地权、排污权、山林权、用能权、碳排放权改革，全力推进黄河流域生态保护和高质量发展先行区建设，按照《自治区党委办公厅 人民政府办公厅关于印发用水权、土地权、排污权、山林权"四权"改革实施意见的通知》（宁党办〔2021〕39号）和《自治区人民政府办公厅关于印发〈自治区支持建设黄河流域生态保护和高质量发展先行区的财政政策（试行）〉的通知》（宁政办规发〔2021〕6号）规定，结合我区实际，制定本办法。

"四权"抵押贷款贴息资金（以下简称"四权"贴息）是指由自治区财政预算安排，专项用于企业使用用水权、土地权、排污权、山林权抵押贷款的贴息。

本办法所称金融机构是指取得银行业金融业务许可证的金融机构，具体包括政策性银行、国有大型商业银行、股份制银行、城市商业银行、农村商业银行和村镇银行。

"四权"贴息管理和使用坚持"政府引导，市场运作，规范管理”的原则。

第二章　职责分工

自治区财政厅负责“四权”贴息的财政政策制定、全区“四权”贴息项目库建设、项目预算管理、总体绩效评价及政策宣传解读等工作。各市、县(区)财政部门负责本地区“四权”贴息项目库的建设管理、“四权”贴息资金的申报审核与拨付、“四权”贴息项目综合绩效评价等工作。

自治区水利、自然资源、生态环境、林草等行业主管部门负责本行业“四权”贴息项目库建设，并指导各市、县（区）行业主管部门建立“四权”贴息项目库；配合自治区财政厅开展“四权”贴息项目审核工作；负责本行业整体绩效评价和政策宣传等工作。各市、县（区）行业主管部门负责本地区本行业“四权”贴息项目库建设；负责“四权”贴息项目的具体审核和绩效评价管理工作；负责编制本地区本行业“四权”贴息项目资金计划等工作。

自治区地方金融监管局、中国人民银行银川中心支行、宁夏银保监局等金融监管部门负责指导督促各金融机构严格执行本办法规定及金融支持用水权、土地权、排污权、山林权改革指导意见等财政金融政策。

金融机构应配合各级财政和行业主管部门做好贷款金额、抵押权、贷款期限和实际使用期限、贴息金额等具体审核工作，并对贴息金额计算的准确性负责。在“四权”抵押贷款申请办理过程中应主动向企业宣传“四权”贴息政策。

第三章　贴息范围和标准

享受“四权”贴息支持的贷款，是指企业使用用水权、土地权、排污权、山林权抵押，从金融机构获得的1年期以上（含1年期）贷款。

符合上述规定条件的贷款，财政部门按照贷款额度每年给予2%贴息支持，贴息资金逐年算账，按年度或到期后一次性拨付。对提前还款导致实际贷款期限不足1年的贷款不予贴息。对逾期贷款从逾期之日起不再享受贴息。同一笔贷款不得重复申请贴息。

对含“四权”抵押的组合担保贷款，仅对涉及“四权”抵押部分予以贴息。

每家企业每年享受“四权”贴息的额度超过500万元的，按500万元支持。

第四章　资金申报与拨付

各级财政、行业主管部门应建立“四权”贴息项目库，切实加强“四权”贴息项目预算编制工作，具体按以下程序办理：

（一）企业与金融机构签订“四权”抵押贷款合同后，1个月内报其注册地同级行业主管部门备案。企业与金融机构签订的“四权”抵押贷款合同未经同级行业主管部门备案一律不予贴息。

（二）各市、县（区）行业主管部门收到备案材料后及时予以审核，对符合贴息条件的贷款合同予以备案，并建立本地区本行业“四权”贴息项目库(具体建库程序另行通知)，于每年7月31日前报自治区行业主管部门和当地财政部门。

（三）自治区行业主管部门对全区本行业贴息项目进行审核汇总，形成本行业贴息项目库。

（四）各市、县（区）财政部门对本地区各行业贴息项目进行汇总，形成本地区“四权”贴息项目库，并于每年8月31日前报自治区财政厅。

（五）自治区财政厅汇总全区各行业贴息项目后，及时与自治区各行业主管部门项目库进行比对，形成全区“四权”贴息项目库，依据项目库编制“四权”贴息项目预算，并纳入下一年度财政预算草案。

（六）财政预算草案经自治区人民代表大会审查批复后，自治区财政厅将于每年3月底前，按项目预算资金的90%下达至各市、县（区）财政部门。

“四权”贴息资金的申请与拨付，按以下程序办理：

（一）企业申请贴息前，应根据上一年度内符合规定的贷款情况，如实填制“四权”抵押贷款贴息资金审核表，并由其承贷金融机构对每一笔贷款金额、抵押权、贷款期限和实际使用期限及申请贴息金额等进行审核确认。

（二）企业于每年6月底前，应当将承贷金融机构审核确认的“四权”抵押贷款贴息资金审核表报当地行业主管部门。

（三）各市、县（区）行业主管部门收到审核表后，依据数据库进行审核，并于每年7月底前完成审核。用水权抵押贷款由水行政主管部门审核，土地权抵押贷款由自然资源主管部门审核，排污权抵押贷款由生态环境主管部门审核，山林权抵押贷款由林草主管部门审核。

（四）各市、县（区）财政部门及时在数据库中进行复核，复核无误后联合当地行业主管部门及时向申报企业拨付资金，并于每年8月底前联合行业主管部门向自治区财政厅上报“四权”贴息资金申请报告。各市、县（区）财政部门和当地行业主管部门对审核结果负责。

（五）自治区财政厅收到申请报告后，于每年9月底前与各市、县（区）财政部门进行清算，多退少补。

（六）“四权”贴息的支付严格按照国库集中支付制度有关规定执行。

第五章　绩效管理

自治区财政厅联合自治区各行业主管部门制定“四权”贴息绩效评价指标体系，加强资金预算绩效管理，提高财政资金使用效益。

自治区财政厅可委托第三方中介机构，每2—3年开展1次“四权”贴息项目整体绩效评价，并对各市、县（区）“四权”贴息项目进行抽评。各市、县（区）财政部门负责本地区“四权”贴息项目绩效评价工作，并在资金申请时将绩效评价结果报自治区财政厅。

自治区各行业主管部门负责本行业“四权”贴息项目整体绩效评价，并对各市、县（区）本行业“四权”贴息项目进行抽评。各市、县（区）行业主管部门负责具体项目的绩效评价工作，设定本行业区域绩效目标，根据绩效目标开展相应绩效管理工作，并将绩效评价结果报自治区行业主管部门和当地财政部门。

各级财政和行业主管部门应切实加强绩效评价结果应用，将评价结果作为预算安排、政策调整和改进管理的重要依据。

第六章　监督检查

申请“四权”贴息的企业应严格按照本办法规定申请资金，并对申报材料的真实性、合规性负责，对骗取套取财政贴息资金的，应由当地财政部门联合行业主管部门负责追回，并视情节轻重可取消相关企业贴息资格。

申请“四权”贴息的企业要严格遵守国家财政、财务规章制度和财经纪律，自觉接受纪检监察、财政、审计、行业主管等部门的监督检查。

各级财政、行业主管部门、金融机构及其工作人员在“四权”贴息资金审核、分配过程中，存在违反规定分配资金、向不符合条件的企业分配资金、擅自超出规定的范围或标准分配资金等，以及存在其他滥用职权、玩忽职守、徇私舞弊等违法违纪行为的，按照《中华人民共和国预算法》《中华人民共和国公务员法》《中华人民共和国监察法》《财政违法行为处罚处分条例》等有关规定追究相应责任。涉嫌犯罪的，依法移送司法机关处理。

第七章　附　则

政策有效期内，企业贷款可自行选择财政贴息政策，对于已享受本办法贴息政策的贷款，不得重复享受其他财政贴息政策。

各市、县（区）财政部门可会同当地行业主管部门依据本办法，制定符合当地实际情况的具体办法。

本办法由自治区财政厅及相关部门在各自职责范围内负责解释。

本办法自2022年12月1日起施行，有效期至2027年11月30日。

自治区财政厅　自治区住房城乡建设厅关于印发《宁夏城乡建设绿色低碳示范项目资金管理办法》的通知

宁财规发〔2022〕20号

各市、县（区）财政局、住房城乡建设局，自治区有关企业：

为更好地推进碳达峰、碳中和目标的实现，规范和加强专项资金管理，充分发挥专项资金的引导激励作用，根据《中华人民共和国预算法》《宁夏回族自治区绿色建筑发展条例》《宁夏回族自治区民用建筑节能办法》等有关规定，自治区财政厅会同自治区住房和城乡建设厅结合我区实际，修订了《宁夏城乡建设绿色低碳示范项目资金管理办法》，现印发给你们，请遵照执行。

附件：宁夏城乡建设绿色低碳示范项目资金管理办法

附件

宁夏城乡建设绿色低碳示范项目资金管理办法

第一章　总　则

第一条　为完整、准确、全面贯彻新发展理念，助力实现碳达峰碳中和目标愿景，以绿色低碳理念推动我区城乡建设高质量发展，根据《关于推动城乡建设绿色发展的意见》《宁夏回族自治区绿色建筑发展条例》有关要求，充分发挥财政资金激励引导作用，结合自治区实际，制定本办法。

第二条　自治区城乡建设绿色低碳示范项目资金（以下简称示范项目资金），是指符合国家和自治区相关规范标准要求，经自治区住房和城乡建设厅组织申报筛选审定，由自治区财政预算安排，专项用于示范引领全区城乡建设绿色低碳高质量发展项目的财政奖补资金。

第三条　示范项目资金坚持公开、公平、公正的原则，实行专款专用、专项管理，并接受社会监督。

第四条　示范项目的申报、评审、批准由自治区住房和城乡建设厅、财政厅负责统一指导和监督管理。示范项目技术审查、指导服务等具体工作委托自治区建筑科技与产业化发展中心实施。

各市县住房城乡建设行政主管部门负责本辖区示范项目的组织实施及验收管理。

第二章　示范项目范围和奖补标准

第五条　示范项目资金重点支持以下八类建设项目：

（一）绿色建筑评价标识项目；

（二）装配式建筑示范项目：主要包括装配式建筑示范基地、装配式建筑示范工程等；

（三）建筑节能示范项目：主要包括近零能耗建筑、近零能耗农村住宅、建筑能源审计和建筑能耗监测评估等；

（四）既有建筑绿色改造示范项目。主要包括获得既有建筑绿色改造评价标识的建筑项目；

（五）可再生能源建筑应用示范项目。主要包括利用太阳能、地热能、污水余热、风能、空气能、生物质能等对建筑进行采暖制冷、热水供应、供电照明和炊事等用能的示范项目；

（六）绿色建筑领域新技术应用示范项目；

（七）绿色建筑配套能力建设项目：主要包括绿色建筑、装配式建筑、绿色建材和新型墙体材料、建筑节能、可再生能源生产应用相关法规政策制定、标准定额编制、重大课题研究、关键技术研发以及项目咨询、评审费用等；

（八）国家明确要求地方给予政策配套的绿色建筑相关示范项目。

第六条　对实施方案通过评审的，或通过自治区及以上相关部门验收评估并获得相关证书、资格证明的按以下标准预拨资金或进行奖补：

（一）对获得绿色建筑标识的示范项目按照建筑面积给予奖补：一星级 20 元 / 米^2，单个项目奖补资金不超过 100 万元；二星级 35 元 / 米^2，单个项目奖补资金不超过 175 万元；三星级 55 元 / 米^2，单一项目奖补资金最高不超过 275 万元。自治区住房和城乡建设厅、财政厅根据每年获得绿色建筑评价标识的项目数量、建筑面积可适当调整补助标准；

（二）装配式建筑示范项目按照建筑面积给予奖补：A 级 80 元 / 米^2，单个项目奖补资金不超过 160 万元；AA 级 100 元 / 米^2，单个项目奖补资金不超过 200 万元；AAA 级 120 元 / 米^2，单一项目奖补资金最高不超过 240 万元。对国家级装配式建筑产业基地一次性奖补 200 万元。对自治区装配式建筑产业化示范基地一次性奖补 100 万元；

（三）对符合超低能耗建筑项目，奖励标准为 600 元 / 米^2，单一项目奖补资金最多不超过 300 万元；近零能耗建筑示范的项目，奖励标准为 800 元 / 米^2，单一项目奖补资金最多不超过 400 万元；零能耗建筑项目奖励标准为 1000 元 / 米^2，单一项目奖补资金最多不超过 500 万元；超低能耗农村住宅项目，奖励标准为 600 元 / 米^2，单一项目奖补资金最高不超过 8 万元；

（四）对获得既有建筑绿色改造评价标识的建筑项目按照建筑面积给予奖补：一星级 15 元 / 米^2，二星级 30 元 / 米^2，三星级 50 元 / 米^2，单一项目奖补面积最高不超过 2 万平方米。自治区住房和城乡建设厅、财政厅根据每年获得既有建筑绿色改造评价标识的项目数量、建筑面积可适当调整补助标准；

（五）对于可再生能源应用示范推广项目实行定额补助，县（市、区）原则上不超过 400 万元（上限）。可再生能源应用技术创新和试点建设项目补助原则上不超过 50 万元（上限）；

（六）对获得绿色建材认证证书的产品，依据《绿色建材产品分级认证目录（第一批）》文件规定，获得 1 个产品大类奖励 10 万元，每增加一个产品种类增加 2 万元；

（七）绿色建筑新技术应用示范项目，由自治区住房和城乡建设厅、自治区财政厅根据具体示范技术确定奖补标准。绿色建筑配套能力建设项目，应依据实际建设完成内容、应用效果及经济和社会效益予以保障；

（八）建筑能源审计和建筑能耗监测评估示范项目按照政府采购确定的费用支付。国家明确要求地方给予政策配套的建筑节能和绿色建筑相关示范项目，根据具体情况予以奖补资金支持。

第三章　项目申报和审核验收

第七条　申报示范项目应依法取得项目核准、建设用地、规划、施工、环保、验收等许可和竣工验收备案文件，施工过程中未出现质量、安全事故，还需满足以下相应条件：

（一）绿色建筑示范项目。符合绿色建筑评价标准，获得绿色建筑评价标识；一星级居住建筑的建筑面积 10000 平方米以上，二星级、三星级居住建筑的建筑面积 5000 平方米以上；一星级、二星级、三星级公共建筑的建筑面积 2000 平方米以上；

（二）装配式建筑示范基地。符合自治区装配式示范基地建设要求，通过自治区组织的装配式产业化示范基地认定；国家级装配式建筑产业基地须符合相关建设要求并通过认定；

（三）装配式建筑示范项目。符合国家或自治区装配式建筑评价标准，通过自治区装配式建筑评审；

（四）近零能耗、超低能耗、零能耗建筑示范项目。满足《近零能耗建筑技术标准》（GB/T 51350）中能耗指标规定，建筑面积大于1000平方米，通过自治区示范项目评审；

（五）超低能耗农村住宅项目。示范项目的设计节能率应当达到超低能耗建筑节能标准，示范规模在10户以上或总示范面积不少于1000平方米；

（六）既有建筑绿色改造示范项目。应通过自治区验收评估、获得星级既有建筑绿色改造评价标识，居住建筑改造面积大于10000平方米，公共建筑单体建筑改造面积大于5000平方米。同一示范项目只对范围中的一项给予示范支持，如：绿色建筑示范项目中只能申报一星级、二星级、三星级绿色建筑示范其中一项；

（七）绿色建材。获得绿色建材产品认证或二、三星级评价标识的绿色建材产品；新型墙体材料中轻质墙板必须达到相关产品标准要求，单线年生产规模达到15万平方米及以上生产线；蒸压加气混凝土板必须达到GB/T15762要求，年生产规模达到15立方米及以上生产线。

第八条 申报示范项目资金需履行以下程序：

（一）根据国家、自治区实现建筑领域碳达峰碳中和目标任务和推进工作要求，自治区住房和城乡建设厅会同自治区财政厅每年8月底前发布下一年度示范项目奖补资金申报通知文件；

（二）按照属地管理原则，市、县（区）住房城乡建设部门对项目申报材料开展初步审查后，每年1月底前以正式文件形式提交自治区住房和城乡建设厅；

（三）自治区住房和城乡建设厅会同自治区财政厅每年4月前组织专家对示范项目进行评审。通过评审的，由自治区住房和城乡建设厅在门户网站上公示5个工作日。公示期满无异议的列入示范项目计划，作为专项资金的拨付依据。

第九条 申报示范项目资金需提交以下材料：

（一）项目申报书；

（二）项目实施方案；

（三）项目立项、土地、规划等相关许可或证明文件（农宅示范项目应提供使用集体建设用地（宅基地）的证明文件和乡村建设规划等相关许可或证明文件）；

（四）项目申报通知文件要求提供的其他材料。

第十条 符合下列情形之一的，不予通过示范项目申报：

（一）知识产权存在争议的；

（二）项目从其他渠道获得财政资金奖补的；

（三）擅自变更示范项目实施方案的；

（四）不符合国家、自治区现行政策规定的。

第四章 监督管理

第十一条 自治区城乡建设领域绿色低碳高质量示范项目应符合现行工程项目基本建设管理或政府采购有关程序规定。

第十二条 示范项目资金申报单位应严格按照已经批准的示范项目实施方案组织实施并对申报材料的真实性负责。

第十三条 示范项目实施单位是项目实施和资金使用的责任主体，对资金使用的合规性、有效性负责，应主动配合各市、县（区）住房城乡建设和财政主管部门开展项目绩效评价、检查审计等工作。

第十四条 各市、县（区）住房和城乡建设、财政主管部门要将属地示范项目建设纳入监管范围，履行质量安全、资金使用监管职责并同步实施绩效管理。对未按实施方案建设施工或资金使用不规范的，责令其限期整改并及时抄报自治区住房城乡建设厅、自治区财政厅。

第十五条 自治区住房和城乡建设厅依法履行监管职责，开展跟踪检查。

第十六条 示范项目在实施过程中有下列情形之一的，由自治区住房和城乡建设厅会同自治区财政厅取消其示范项目资格并追回已拨付奖补资金，两年内不得再次申请示范项目。

（一）未按申报实施方案组织实施的；

（二）未按施工图设计文件建设，未经批准擅自作出重大项目变更的；

（三）自行降低标准、故意延长施工或验收期限，整改后仍未通过评估验收的；

（四）提供虚假资料和通过不正当手段骗取奖补资金的；

（五）其他不符合国家和自治区相关现行法律法规规定的。

第十七条　经审计机构认定存在骗取、截留、挤占、挪用示范项目资金等行为的部门、单位或个人，按照国家有关规定追究相应责任，涉嫌犯罪的依法移送司法机关处理。

第十八条　市、县（区）住房和城乡建设、财政部门工作人员在项目审核、验收、资金拨付中玩忽职守、滥用职权、徇私舞弊，由同级纪检监察部门按照相关法律法规予以追责问责，对涉嫌犯罪的依法移送司法机关处理。

第五章　附　则

第十九条　本办法由自治区财政厅、住房和城乡建设厅负责解释。

第二十条　本办法自发布之日起施行，有效期至2025年12月31日。《自治区财政支持可再生能源应用试点示范项目专项资金管理暂行办法》（宁财（建）发〔2010〕688号）与《关于印发〈宁夏回族自治区绿色建筑示范项目资金管理暂行办法〉的通知》（宁建科发〔2017〕25号）同时废止。

自治区财政厅　农业农村厅关于印发农业相关转移支付资金管理实施细则的通知

宁财规发〔2022〕21号

各市、县（区）财政局、农业农村局，自治区有关部门：

根据《财政部 农业农村部关于修订农业相关转移支付资金管理办法的通知》（财农〔2022〕25号），为进一步规范和加强农业生产发展资金、农业资源及生态保护补助资金、动物防疫等补助经费三项农业相关转移支付资金管理，提高资金使用效益，服务乡村振兴战略，结合我区实际，制定了《宁夏回族自治区农业生产发展资金管理实施细则》、《宁夏回族自治区农业资源及生态保护补助资金管理实施细则》、《宁夏回族自治区动物防疫等补助经费管理实施细则》和有关资金分配测算方法及标准等，现予印发，请遵照执行。

附件：1. 宁夏回族自治区农业生产发展资金管理实施细则
2. 宁夏回族自治区农业生产发展资金分配测算方法及标准
3. 宁夏回族自治区农业资源及生态保护补助资金管理实施细则
4. 宁夏回族自治区农业资源及生态保护补助资金分配测算方法及标准
5. 宁夏回族自治区动物防疫等补助经费管理实施细则
6. 宁夏回族自治区动物防疫等补助经费分配测算方法及标准

附件1

宁夏回族自治区农业生产发展资金管理实施细则

第一章　总　则

第一条　为加强和规范农业生产发展资金管理，推进资金统筹使用，提高资金使用效益，增强农业综合生产能力，根据《中华人民共和国预算法》《自治区党委 人民政府关于全面实施预算绩效管理的实施意见》《自治区人民政府关于探索建立涉农资金统筹整合长效机制的实施意见》《农业生产发展资金管理办法》等有关法律法规和制度规定，结合我区实际，制定本实施细则。

第二条　本办法所称农业生产发展资金，是指中央和自治区财政安排用于促进农业生产、优化产业结构、推动产业融合、提高农业效益等方面的共同财政事权转移支付资金。

第三条　农业生产发展资金的分配、使用、管理和监督适用本实施细则。

第四条　在编制年度预算前或预算执行中，自治区财政厅、自治区农业农村厅应根据财政部、农业农村部的安排部署及时做出相应政策调整。

第五条　农业生产发展资金由自治区财政厅会同农业农村厅共同管理，按照“政策目标明确、分配实施科学、支出方向协调、绩效结果导向”的原则分配、使用和管理。

自治区财政厅负责农业生产发展资金中期财政规划和年度预算编制及审核、分配及下达资金预算、组织实施全过程预算绩效管理，对资金使用情况进行监督。

自治区农业农村厅负责农业产业发展规划、项目实施方案和年度预算编制，组织项目实施和资金使用监督检查；会同财政厅研究提出年度工作任务清单和资金分配计划，对相关基础数据的真实性、准确性负责，按照规定开展预算绩效目标管理、绩效监控、绩效评价和结果应用等工作。

各市、县（区）财政部门负责本地区农业生产发展资金审核拨付、预算绩效管理以及资金使用监督等。

各市、县（区）农业农村部门负责本地区农业生产发展资金相关项目实施方案编制，项目组织实施和资金使用监督等，做好预算绩效目标设定、绩效监控和绩效评价等具体工作。

第二章　资金支出范围

第六条　农业生产发展资金主要用于以下方面：

（一）耕地地力保护支出。主要用于支持保护耕地地力。对已作为畜牧养殖场使用的耕地、林地、成片粮田转为设施农业用地、非农征（占）用耕地等已改变用途的耕地，以及长年抛荒地、占补平衡中“补”的面积和质量达不到耕种条件的耕地等不予补贴。

（二）农机购置与应用补贴及农业机械化提升工程。主要用于支持购置与应用先进适用农业机械、开展报废更新、农机作业公司建设、农机农艺融合示范、农机免费管理、农机新机械引进研发、农机试验鉴定和相关创新试点等方面。

（三）农业绿色发展与技术服务支出。主要用于支持重点作物绿色高质高效、基层农技推广体系改革与建设、良种良法技术推广和农业科技转化与推广服务等方面。

（四）农业经营方式创新支出。主要用于支持新型农业经营主体培育、农业生产社会化服务、高素质农民培育、农村实用人才培训、农产品产地冷藏保鲜设施建设、农业信贷担保业务补奖等方面。

（五）农业产业发展支出。主要用于支持优势特色产业集群、现代农业产业园、农业产业强镇、绿色发展先行区示范、农业现代化示范区建设等农村一二三产业融合发展，奶业振兴行动、畜禽健康养殖、种业发展、地理标志农产品保护、农产品品牌建设、农产品绿色加工、农业数字化建设以及自治区优势特色产业发展等方面。

（六）农业产业服务保障支出。主要用于支持农产品质量安全、农业执法监管、统计监测与信息服务、农村合作经济发展（农村改革及统计监测）等方面。

（七）国家和自治区确定的支持农业生产发展的其他重点工作。

农业生产发展资金不得用于兴建楼堂馆所、弥补预算支出缺口等与农业生产发展无关的支出。

第七条　农业生产发展资金的支持对象主要是农民，新型农业经营主体，以及承担项目任务的单位和个人。

第八条　农业生产发展资金可以采取直接补助、政府购买服务、先建后补、以奖代补、资产折股量化、贷款贴息、担保补助等支持方式。

第三章　资金分配和预算下达

第九条　农业生产发展资金主要采取因素法测算分配，分配因素包括：

（一）基础资源因素，包括耕地面积、主要农产品产量、农作物播种面积、农林牧渔业产值、畜牧业主要品种及养殖规模等。

（二）政策任务因素，分为约束性任务和指导性任务，约束性任务主要包括国家和自治区明确要求的涉及国计民生的事项、重大规划任务、新设试点任务以及对农民直接补贴等，其他任务为指导性任务。

（三）脱贫地区因素，主要包括9个脱贫县（原8个国家扶贫开发工作重点县和1个自治区扶贫开发工作重点县）粮食播种面积和所在地区脱贫人口等。

（四）工作绩效因素，包括绩效评价结果、县（区）财政支农投入、资金监督管理等。

基础资源、政策任务、脱贫地区因素根据相关支出方向具体确定，并可根据国家和自治区有关决策部署和农业发展实际需要适当调整。实行项目管理或承担相关试点或据实结算的任务，自治区确定的重点支持项目等可根据需要采取定额测算分配方式。

第十条　中央财政下达农业生产发展资金预算后，农业农村厅应在15日内向财政厅提出工作任务清单、资金分配建议和区域绩效目标。财政厅按照财政部文件要求的时限以及省级预算管理要求及时分配下达。自治区财政预算安排的农业生产发展资金应按照有关规定提前下达到市、县（区）财政部门。农业生产发展资金预算分配结果在预算下达文件印发后20日内向社会公开，涉及国家秘密的除外。

第十一条　农业生产发展资金的支付，按照国库集中支付制度有关规定执行。属于政府采购管理范围的，按照政府采购法律制度规定执行。用于耕地地力保护的资金，按规定通过粮食风险基金专户下达拨付。

第四章　资金使用和管理

第十二条　农业生产发展资金实行“大专项+任务清单”管理方式。任务清单主要包括农业生产发展资金支持的年度重点工作、支持方向、具体任务指标等，与资金预算同步下达。下达预算时可明确约束性任务对应资金额度。各市、县（区）可在完成约束性任务的前提下，根据当地发展需要，区分轻重缓急，在农业生产发展资金专项内调剂使用资金，但不得跨转移支付项目整合资金，不得超出任务清单范围安排资金，不得将中央和自治区财政资金直接切块用于市级及以下地方性政策任务。

第十三条　各级财政、农业农村部门应当加快预算执行，提高资金使用效益。结转结余的农业生产发展资金，按照《中华人民共和国预算法》和财政部有关结转结余资金管理的相关规定处理。

第十四条　各市、县（区）农业农村部门会同财政部门，根据本实施细则和自治区下发的工作任务清单、绩效目标等，结合本地区农业生产发展实际情况，按时限要求编制完成实施方案，报农业农村厅备案，同时抄送财政厅。纳入直达资金管理范围的，按照有关要求做好备案工作。

第十五条　各级农业农村部门应当组织核实资金支持对象的资格、条件，督促检查工作任务清单完成情况，为财政部门按规定标准分配、审核拨付资金提供依据，对不符合法律、行政法规等有关规定，政策到期，以及已从国家和自治区基建投资等其他渠道获得财政资金支持的项目严格审核，不得申请农业生产发展资金支持。

第十六条　安排给9个脱贫县和国家乡村振兴重点帮扶县的资金，按照《自治区财政厅 发展改革委 民委 生态环境厅 住房和城乡建设厅 交通运输厅 水利厅 农业农村厅 文化和旅游厅 林草局 乡村振兴局关于继续支持脱贫县统筹整合使用财政涉农资金的通知》（宁财（农）发〔2021〕274号）有关规定执行。

第五章　监督和绩效管理

第十七条　各级财政、农业农村部门应当加强对农业生产发展资金分配、使用、管理情况的监督，发现问题及时纠正。积极配合财政部宁夏监管局相关监管工作，对发现的问题及时整改。

各级财政、农业农村部门应当按照防范和化解财政风险要求，强化流程控制、依法合规分配和使用资金，实行不相容岗位（职责）分离控制。

第十八条　农业生产发展资金实行全过程预算绩效管理，各级财政、农业农村部门按照《宁夏回族自治区中央和自治区农业相关转移支付资金绩效管理实施细则》等有关制度规定，设定资金绩效目标、开展绩效目标执行情况监控和绩效评价等工作，绩效评价结果作为农业生产发展资金分配的重要依据。

第十九条　各级财政、农业农村部门及其工作人员在资金分配、审核等工作中，存在违反规定分配资金、向不符合条件的单位、个人（或项目）分配资金或者擅自超出规定的范围、标准分配或使用资金，以及存在其他滥用职权、玩忽职守、徇私舞弊等违法违规行为的，依法追究相应责任；涉嫌犯罪的，依法移送有关机关处理。

第二十条　资金使用单位和个人虚报冒领、骗取套取、挤占挪用农业生产发展资金，以及存在其他违反本实施细则规定行为的，依法追究相应责任。

第六章　附　则

第二十一条　使用农业生产发展资金的自治区有关单位，资金管理工作参照本实施细则执行。

第二十二条　本实施细则中涉及包括耕地面积、主要农产品产量、农作物播种面积、农牧渔业产值、畜牧业主要品种及养殖规模等以国家统计局最新公布的数据为准测算。

第二十三条　本实施细则由自治区财政厅会同农业农村厅负责解释。

第二十四条　本实施细则自 2022 年 12 月 20 日起执行，有效期至 2025 年 12 月 31 日。《自治区财政厅 农业农村厅关于印发农业相关转移支付资金管理实施细则的通知》（宁财规发〔2020〕15 号）同时废止。

附件2

宁夏回族自治区农业生产发展资金分配测算方法及标准

耕地地力保护补贴。为约束性任务。主要根据各县（市、区）核实上报的耕地补贴面积等因素测算。

计算方法：补助经费 =Σ 各县（市、区）核实上报的耕地补贴面积 × 自治区确定的补贴标准。

农机购置与应用补贴及农业机械化提升工程。为约束性任务。根据县（市、区）基础资源（70%）、政策任务（10%）、工作绩效（15%）脱贫地区（5%）等因素测算。其中基础资源因素包括粮食播种面积、蔬菜播种面积、主要畜禽（猪、牛、羊）年末存栏量、淡水养殖面积等，政策任务因素包括农作物耕种收综合机械化率等。可以通过定额补助支持实施国家和自治区确定的政策任务。

计算方法：补助经费 = 农机购置与应用补贴资金规模 ×（基础资源因素 ×70%+ 政策任务因素 ×10%+ 工作绩效因素 ×15%+ 脱贫地区因素 ×5%）。

农业绿色发展与技术服务支出。约束性任务：良种良法技术推广，按具体任务实施定额补助。指导性任务：包括重点作物绿色高质高效、基层农技推广体系改革与建设和农业科技转化与推广服务等政策任务。主要根据基础资源（40%）、政策任务（40%）、工作绩效（15%）和脱贫地区（5%）等因素测算。其中基础资源因素包括粮食产量、农作物播种面积、农林牧渔业产值等；政策任务因素包括重点作物绿色高质高效创建县数量、基层农技推广体系改革与建设项目任务县数量、农业科技转化与推广服务任务等。

计算方法：补助经费 = 良种良法技术推广任务面积 × 定额补助金额 + 承担特定试点任务的定额资金量 +Σ 农业绿色发展与技术服务指导性任务资金规模 ×（基础资源因素 ×40%+ 政策任务因素 ×40%+ 工作绩效因素 ×15%+ 脱贫地区因素 ×5%）。

农业经营方式创新支出。约束性任务：农业信贷担保业务补奖，根据农担公司新增政策性业务担保金额对账面净资产放大倍数、首担和续担业务额、代偿和解保额等因素，结合自治区农业信贷担保体系发展实际，按规定的比率进行补奖，并实行总额上限管理。指导性任务：包括新型农业经营主体培育、农业社会化服务、农产品产地冷藏保鲜设施建设、高素质农民培育、农村实用人才培训等政策任务。主要根据基础资源（25%）、政策任务（55%）、工作绩效（15%）、脱贫地区（5%）等因素测算。其中基础资源因素包括粮食产量、农作物播种面积、农林牧渔业产值等；政策任务因素包括纳入农业农村部门名录的家庭农场数量、县级及以上示范合作社数量、农业生产社会化服务面积、高素质农民培训数量、农村实用人才培训数量等。

计算方法：补助经费＝按照规定核定的农业信贷担保业务补奖+Σ农业经营方式创新指导性任务资金规模×（基础资源因素×25%+政策任务因素×55%+工作绩效因素×15%+脱贫地区因素×5%）。

农业产业发展支出。约束性任务：农村一二三产业融合发展，包括优势特色产业集群、国家和自治区现代农业产业园、农业产业强镇、绿色发展先行区示范、农业现代化示范区建设以及自治区确定的重点项目实施定额补助。指导性任务，包括奶业振兴行动和畜禽健康养殖、种业发展、地理标志农产品保护、农产品绿色加工、农业数字化建设以及自治区优势特色产业发展等政策任务。主要根据基础资源（40%）、政策任务（40%）、工作绩效（15%）、脱贫地区（5%）等因素测算。其中基础资源因素包括主要农产品产量、农作物播种面积、农林牧渔业产值、畜牧业主要品种及养殖规模、任务实施条件基础等；政策任务因素包括奶业生产能力提升任务县数量、肉牛肉羊提质增量试点数量、饲草收储量、生产性能测定任务数量、地理标志农产品保护数量、农业数字化建设示范数量等因素测算。

计算方法：补助经费＝优势特色产业集群量×相应定额补贴资金＋国家和自治区现代农业产业园数量×相应定额补贴资金＋农业产业强镇数量×相应定额补贴资金＋绿色发展先行区示范×相应定额补贴资金＋农业现代化示范区建设×相应定额补贴资金＋自治区确定的重点项目×相应定额补贴资金+Σ农业产业发展指导性任务资金规模×（基础资源因素×40%+政策任务因素×40%+工作绩效因素×15%+脱贫地区因素×5%）。

农业产业服务保障支出。指导性任务：主要用于支持农产品质量安全、农业执法监管、统计监测与信息服务、农村合作经济、对外交流合作等方面。主要根据基础资源（25%）、政策任务（55%）、工作绩效（15%）、脱贫地区（5%）等因素测算。

计算方法：补助经费=Σ农业产业服务保障支出指导性任务资金规模×（基础资源因素×25%+政策任务因素×55%+工作绩效因素×15%+脱贫地区因素×5%）。

附件3

宁夏回族自治区农业资源及生态保护补助资金管理实施细则

第一章 总 则

第一条 为加强和规范农业资源及生态保护补助资金使用管理，推进资金统筹使用，提高资金使用效益，促进农业可持续发展，根据《中华人民共和国预算法》《自治区党委 人民政府关于全面实施预算绩效管理的实施意见》《自治区人民政府关于探索建立涉农资金统筹整合长效机制的实施意见》《农业资源及生态保护补助资金管理办法》等有关法律法规和制度规定，结合我区实际，制定本实施细则。

第二条 本实施细则所称农业资源及生态保护补助资金，是指中央和自治区财政安排用于农业资源养护、生态保护及利益补偿等方面的共同财政事权转移支付资金。

第三条 农业资源及生态保护补助资金的分配、使用、管理和监督适用本实施细则。

第四条 在编制年度预算前或预算执行中，自治区财政厅、农业农村厅应根据财政部、农业农村部的安排部署及时作出相应政策调整。

第五条 农业资源及生态保护补助资金由自治区财政厅会同农业农村厅共同管理，按照“政策目标明确、分配实施科学、支出方向协调、绩效结果导向”的原则分配、使用和管理。

自治区财政厅负责农业资源及生态保护补助资金中期财政规划和年度预算编制及审核、分配及下达资金预算、组织实施全过程预算绩效管理，对资金使用情况进行监督。

自治区农业农村厅负责农业资源及生态保护相关规划编制、项目实施方案和年度预算编制，组织项目实施和资金使用监督检查；会同财政厅研究提出年度工作任务清单和资金分配计划，做好绩效目标管理、绩效监控、绩效评价和结果应用等工作。

各市、县（区）财政部门负责本地区农业资源及生态保护补助资金审核拨付、预算绩效管理以及资金使用监督等。

各市、县（区）农业农村部门负责本地区农业资源及生态保护补助资金相关项目实施方案编制，项目组织实施和资金使用监督等，做好预算绩效目标设定、绩效监控和绩效评价等具体工作。

第二章 资金支出范围

第六条 农业资源及生态保护补助资金主要用于以下方面：

（一）耕地资源保护支出。主要用于支持耕地轮作休耕等农业结构调整、耕地保护与质量提升、耕地深松等方面。

（二）渔业资源保护支出。主要用于支持渔业增殖放流等方面。

（三）草原生态保护补助奖励支出。主要用于支持对按照有关规定实施草原禁牧的农牧民予以补助奖励。

（四）农业废弃物资源化利用支出。主要用于农作物秸秆综合利用、地膜科学使用回收以及绿色种养循环农业等方面。

（五）国家和自治区确定的支持农业资源及生态保护的其他重点工作。

农业资源及生态保护补助资金不得用于兴建楼堂馆所、弥补预算支出缺口等与农业资源及生态保护无关的支出。

第七条 农业资源及生态保护补助资金的支持对象主要是农民、牧民、渔民，新型农业经营主体，以及承担项目任务的单位和个人。

第八条 农业资源及生态保护补助资金可以采取直接补助、政府购买服务、先建后补、以奖代补、贷款贴息、资产折股量化等方式。

第三章 资金分配和预算下达

第九条 农业资源及生态保护补助资金主要按支出方向采取因素法测算分配，分配因素包括：

（一）基础资源因素，包括耕地草原及渔业水域面积、农业废弃物资源量等。

（二）政策任务因素，分为约束性任务和指导性任务，约束性任务主要包括中央和自治区明确要求的涉及国计民生的事项、重大规划任务、新设试点任务以及对农牧渔民直接补贴等，其他任务为指导性任务。

（三）脱贫地区因素，主要包括9个脱贫县（原8个国家扶贫开发工作重点县和1个自治区扶贫开发工作重点县）粮食播种面积和所在地区脱贫人口等。

（四）工作绩效因素，包括绩效评价结果、县（区）财政支农投入、资金监督管理等。

基础资源、政策任务、工作绩效、脱贫地区因素根据相关支出方向具体确定，并可根据国家和自治区有关决策部署和农业发展实际需要适当调整。实行项目管理或承担相关试点或据实结算的任务，自治区确定的重点支持项目等可根据需要采取定额测算分配方式。

第十条 中央财政下达农业资源及生态保护补助资金预算后，农业农村厅应在15日内向财政厅提出工作任务清单、资金分配建议和区域绩效目标。财政厅按照财政部文件要求的时限以及省级预算管理要求及时分配下达。自治区财政预算安排的农业资源及生态保护补助资金应按照有关规定提前下达到市、县（区）财政部门。农业资源及生态保护补助资金预算分配结果在预算下达文件印发后20日内向社会公开，涉及国家秘密的除外。

第十一条 农业资源及生态保护补助资金的支付，按照国库集中支付制度有关规定执行。属于政府采购管理范围的，按照政府采购法律制度规定执行。

第四章 资金使用和管理

第十二条 农业资源及生态保护补助资金实行“大专项＋任务清单”管理方式。任务清单主要包括农业资源及生态保护补助资金支持的年度重点工作、支持方向、具体任务指标等，与资金预算同步下达。下达预算时可明确约束性任务对应资金额度。各市、县（区）可在完成约束性任务的前提下，根据当地发展需要，区分轻重缓急，在农业资源及生态保护补助资金专项内调剂使用资金，但不得跨转移支付项目整合资金，不得超出任务清单范围安排资金，不得将中央和自治区财政资金直接切块用于市级及以下地方性政策任务。

第十三条 各级财政、农业农村部门应当加快预算执行，提高资金使用效益。结转结余的农业资源及生态保护补助资金，按照《中华人民共和国预算法》和财政部有关结转结余资金管理的相关规定处理。

第十四条 各市、县（区）农业农村部门会同财政部门，根据本实施细则和自治区下发的工作任务清单、绩效目标等，结合本级农业资源及生态保护实际情况，按时限要求编制完成实施方案报农业农村厅备案，同时抄送财政厅。纳入直达资金管理范围的，按照有关要求做好备案工作。

第十五条 各级农业农村部门应当组织核实资金支持对象的资格、条件，督促检查工作任务清单完成情况，为财政部门按规定标准分配、审核拨付资金提供依据，对不符合法律、行政法规等有关规定，政策到期，以及已从国家和自治区基建投资等其他渠道获得财政资金支持的项目严格审核，不得申请农业资源及生态保护补助资金支持。

第十六条 安排给9个脱贫县和国家乡村振兴重点帮扶县的资金，按照《自治区财政厅 发展改革委 民委 生态环境厅 住房和城乡建设厅 交通运输厅 水利厅 农业农村厅 文化和旅游厅 林草局 乡村振兴局关于继续支持脱贫县统筹整合使用财政涉农资金的通知》（宁财（农）发〔2021〕274号）有关规定执行。

第五章 监督和绩效管理

第十七条 各级财政、农业农村部门应当加强对农业资源及生态保护补助资金分配、使用、管理情况的监督检查，发现问题及时纠正。积极配合财政部宁夏监管局相关监管工作，对发现的问题及时整改。

各级财政、农业农村部门应当按照防范和化解财政风险要求，强化流程控制、依法合规分配和使用资金，实行不相容岗位（职责）分离控制。

第十八条 农业资源及生态保护补助资金实行全过程预算绩效管理，各级财政、农业农村部门按照《宁夏回族自治区中央和自治区农业相关转移支付资金绩效管理实施细则》等有关制度规定，设定绩效目标、开展绩效目标执行情况监控和绩效评价等工作，绩效评价结果作为农业资源及生态保护补助资金分配的重要依据。

第十九条 各级财政、农业农村部门及其工作人员在资金分配、审核等工作中，存在违反规定分配资金、向不符合条件的单位、个人（或项目）分配资金或者擅自超出规定的范围、标准分配或使用资金，以及存在其他滥用职权、玩忽职守、徇私舞弊等违法违规行为的，依法追究相应责任；涉嫌犯罪的，依法移送有关机关处理。

第二十条 资金使用单位和个人虚报冒领、骗取套取、挤占挪用农业资源及生态保护补助资金，以及存在其他违反本实施细则规定行为的，依法追究相应责任。

第六章 附 则

第二十一条 使用农业资源及生态保护补助资金的自治区有关单位，资金管理工作参照本实施细则执行。

第二十二条 本实施细则中涉及耕地草原及渔业水域面积等以国家统计局最新公布的数据为准测算。

第二十三条 本实施细则由自治区财政厅会同农业农村厅负责解释。

第二十四条 本实施细则自2022年12月20日起执行，有效期至2025年12月31日。《自治区财政厅 农业农村厅关于印发农业相关转移支付资金管理实施细则的通知》（宁财规发〔2020〕15号）同时废止。

附件4

宁夏回族自治区农业资源及生态保护补助资金分配测算方法及标准

耕地资源保护支出。约束性任务：耕地轮作休耕等农业结构调整，根据任务面积、补助标准等特定试点任务的定额资金量测算，补助标准按照有关规定执行。特定试点任务是指国家和自治区部署确定的试点任务。指导性任务：耕地保护与质量提升，根据基础资源（40%）、政策任务（40%）、工作绩效（15%）、脱贫地区（5%）等因素测算。其中基础资源因素包括耕地面积、粮食产量、适宜深松农作物面积、农林牧渔业产值等，政策任务因素包括承担耕地深松任务面积等。

计算方法：补助经费 = 任务面积 × 补助标准 + 耕地资源保护指导性任务资金规模 ×（基础资源因素 ×40%+ 政策任务因素 ×40%+ 工作绩效因素 ×15%+ 脱贫地区因素 ×5%）。

渔业资源保护支出。指导性任务：渔业增殖放流，根据基础资源（40%）、政策任务（40%）、工作绩效（15%）、脱贫地区（5%）等因素测算。其中基础资源因素包括适宜放流水域面积、水生生物保护区面积、水生生物保护区数量等，政策任务因素包括放流水生动物物种数量等。

计算方法：补助经费 = 渔业增殖放流资金规模 ×（基础资源因素 ×40%+ 政策任务因素 ×40%+ 工作绩效因素 ×15%+ 脱贫地区因素 ×5%）。

草原保护利用奖补支出。约束性任务：草原禁牧补助根据禁牧面积和补助标准测算，补助标准依据有关规定执行。

计算方法：补助经费 = 禁牧面积 × 补助标准

农业废弃物资源化利用支出。约束性任务：秸秆综合利用，根据基础资源因素（70%）、政策任务因素（15%）、工作绩效因素（15%）测算，基础资源因素包括秸秆综合利用量等，政策任务因素包括秸秆综合利用重点县数、重点难点地区等。指导性任务：地膜科学使用回收，根据推广应用面积测算。绿色种养循环农业试点，按每个试点县实施定额补助。

计算方法：补助经费 = 秸秆综合利用资金规模 ×（基础资源因素 ×70%+ 政策任务因素 ×15%+ 工作绩效因素 ×15%）+ 地膜科学使用回收面积 × 补助标准 + 绿色种养循环农业试点 × 补助标准。

附件5

宁夏回族自治区动物防疫等补助经费管理实施细则

第一章 总 则

第一条 为加强动物防疫等补助经费的管理和监督，提高资金使用效益，强化重大动物疫病防控工作，根据《中华人民共和国预算法》《中华人民共和国动物防疫法》《自治区党委 人民政府关于全面实施预算绩效管理的实施意见》《自治区人民政府关于探索建立涉农资金统筹整合长效机制的实施意见》《动物防疫等补助经费管理办法》等有关法律法规和制度规定，结合我区实际，制定本实施细则。

第二条 本实施细则所称动物防疫等补助经费，是指中央和自治区财政安排用于重点动物疫病国家强制免疫补助、强制扑杀补助、销毁动物产品和相关物品补助、养殖环节无害化处理补助等方面的共同财政事权转移支付资金。

第三条 动物防疫等补助经费的分配、使用、管理和监督适用本实施细则。

第四条 国家建立强制免疫、强制扑杀补助病种、销毁动物产品和相关物品种类动态调整机制，在编制年度预算前或预算执行中，自治区应根据财政部、农业农村部的安排部署及时作出相应调整。

农业农村厅会同财政厅可根据全区动物疫病的发生流行情况提出地方性免疫的动物疫病病种和区域，经自治区人民政府批准后执行。

第五条 动物防疫等补助经费由财政厅会同农业农村厅共同管理，按照“政策目标明确、分配办法科学、支出方向协调、绩效结果导向”的原则分配和使用。

自治区财政厅负责动物防疫等补助经费中期财政规划和年度预算编制及审核、分配及下达资金预算、组织实施全过程预算绩效管理，对资金使用情况进行监督。

自治区农业农村厅负责动物防疫的行业规划编制、项目实施方案和年度预算编制，组织项目实施和资金使用监督检查；会同财政厅研究提出年度工作任务清单和资金分配计划，对相关基础数据的真实性、准确性负责，按照规定开展预算绩效目标管理、绩效监控、绩效评价和结果应用等工作。

各市、县（区）财政部门负责本地区动物防疫等补助经费审核拨付、预算绩效管理以及资金使用监督等。

各市、县（区）农业农村部门负责本地区动物防疫等补助经费相关的项目实施方案编制，项目组织实施和资金使用监督等，做好预算绩效目标设定、绩效监控和绩效评价等具体工作。

第二章 资金支出范围

第六条 动物防疫等补助经费主要用于以下方面：

（一）强制免疫补助。主要是用于国家重点动物疫病开展强制免疫、免疫效果监测评价、疫病监测和净化、人员防护等相关防控措施，以及实施强制免疫计划、购买防疫服务等方面。

允许按程序对符合条件的养殖场户实行强制免疫“先打后补”，逐步实现养殖场户自主采购，财政直补；对暂不符合条件的养殖场户，强制免疫疫苗继续实行自治区集中招标采购，探索以政府购买服务的形式实施强制免疫。

（二）强制扑杀和销毁补助。主要是用于预防、控制和扑灭国家重点动物疫病过程中被强制扑杀动物的补助和农业农村部门组织实施销毁动物产品和相关物品的补助等方面。补助对象分别为被依法强制扑杀动物的所有者、被依法销毁动物产品及相关物品的所有者。

（三）养殖环节无害化处理补助。主要用于养殖环节病死猪无害化处理等方面。按照“谁处理补给谁”的原则，补助对象为承担无害化处理任务的实施者。

（四）屠宰环节无害化处理补助。主要用于屠宰过程中经检疫或肉品品质检验确认不可食用的动物产品无害化处理。按照“谁处理补给谁”的原则，补助对象为屠宰厂（场）。

（五）国家和自治区确定的支持动物防疫的其他重点工作。涉及重大事项调整或突发动物疫情防控，按照有关规定，经批准后补助经费可用于相应防疫工作支出。

动物防疫等补助经费不得用于兴建楼堂馆所、弥补预算支出缺口等与动物防疫无关的支出。

第三章 资金分配和预算下达

第七条 动物防疫等补助经费按支出方向采取因素法测算分配，并可根据绩效评价结果、资金监督管理等因素进行适当调节。分配因素包括：

（一）基础数据因素，包括畜禽饲养量、单个畜禽补助标准、强制免疫数量、年度工作任务、扑杀畜禽实际数量、销毁的动物产品和相关物品实际重量等情况。

（二）政策任务因素，分为约束性任务和指导性任务，约束性任务主要包括中央和自治区明确要求的涉及国计民生的事项、重大规划任务、新设试点任务等，其他任务为指导性任务。

（三）工作绩效因素，包括绩效评价结果、县（区）财政支农投入、资金监督管理等。

基础资源、政策任务因素根据相关支出方向具体确定，并可根据国家和自治区有关决策部署和农业发展实际需要适当调整。实行项目管理或承担相关试点或据实结算的任务，自治区确定的重点支持项目等可根据需要采取定额测算分配方式。

第八条　自治区农业农村厅根据国家动物防疫补助政策确定的实施范围、畜禽饲养量和各市、县（区）申请文件等，提出年度工作任务清单和资金分配建议，并制定项目实施方案，细化管理要求。

第九条　中央财政下达动物防疫等补助经费预算后，农业农村厅应在15日内向财政厅提出工作任务清单、资金分配建议和区域绩效目标。财政厅按照财政部文件要求的时限以及省级预算管理要求及时分配下达。自治区财政安排的动物防疫等补助经费预算应按照有关规定提前下达到市、县（区）财政部门。动物防疫等补助经费预算下达文件抄送农业农村厅和财政部宁夏监管局，并在印发后20日内向社会公开，涉及国家秘密的除外。

第十条　动物防疫等补助经费的支付，按照国库集中支付制度有关规定执行。属于政府采购管理范围的，按照政府采购有关法律制度规定执行。

第十一条　自治区根据疫苗实际招标价格、需求数量及动物防疫工作实际需求，结合中央和自治区财政补助资金，据实安排强制免疫省级财政补助资金，确保动物防疫工作需要。

第十二条　强制扑杀补助、销毁动物产品和相关物品补助根据扑杀畜禽实际数量，销毁的动物产品和相关物品实际重量，按补助标准据实结算。各市、县（区）农业农村部门应准确统计扑杀畜禽实际数量和销毁的动物产品和相关物品实际重量，会同财政部门于每年3月5日前，向农业农村厅报送上一年度3月1日至当年2月底期间的强制扑杀、销毁动物产品和相关物品实施情况，同时抄送财政厅。

第四章　资金使用和管理

第十三条　动物防疫等补助经费实行“大专项+任务清单”管理方式，并实施年度动态调整。任务清单主要包括动物防疫等补助经费支持的年度重点工作、支持方向、具体任务指标等，与资金预算同步下达。下达预算时可明确约束性任务对应资金额度。各市、县（区）可在完成约束性任务的前提下，根据当地产业发展需要，区分轻重缓急，在动物防疫等补助经费专项内调剂使用资金，但不得跨转移支付项目整合资金，不得超出任务清单范围安排资金，不得将中央和自治区财政资金直接切块用于市级及以下地方性政策任务。

第十四条　各市、县（区）财政、农业农村部门应当加快预算执行，提高资金使用效益。结转结余的动物防疫等补助经费，按照《中华人民共和国预算法》和结转结余资金管理的相关规定处理。

第十五条　各市、县（区）农业农村部门会同财政部门，根据本实施细则和自治区下发的工作任务清单、绩效目标等，结合本级动物防疫实际情况，按时限要求编制完成实施方案报农业农村厅备案，同时抄送财政厅。纳入直达资金管理范围的，按照有关要求做好备案工作。

第十六条　各级农业农村部门应当组织核实补贴资金支持对象的资格、条件，督促检查工作任务清单或绩效目标完成情况，为财政部门按规定标准分配、审核拨付资金提供依据， 对不符合法律、行政法规等有关规定，政策到期，以及已从国家和自治区基建投资等其他渠道获得财政资金支持的项目严格审核，不得申请动物防疫等补助经费支持。

第五章　监督和绩效管理

第十七条　各级财政、农业农村部门应当加强对动物防疫等补助经费分配、使用、管理情况的监督检查，发现问题及时纠正。积极配合财政部宁夏监管局相关监管工作，对发现的问题及时整改。

各级财政、农业农村部门应当按照防范和化解财政风险要求，强化流程控制、依法合规分配和使用资金，实行不相容岗位（职责）分离控制。

第十八条　动物防疫等补助经费实行全过程预算绩效管理，各级财政、农业农村部门按照《宁夏回族自治区中央和自治区农业相关转移支付资金绩效管理实施细则》等有关制度规定，设定绩效目标、开展绩效目标执行情况监控和绩效评价等工作，绩效评价结果作为动物防疫等补助经费分配的重要依据。

第十九条 各级财政、农业农村部门及其工作人员在资金分配、审核等工作中，存在违反规定分配资金、向不符合条件的单位、个人（或项目）分配资金或者擅自超出规定的范围、标准分配或使用资金，以及存在其他滥用职权、玩忽职守、徇私舞弊等违法违规行为的，依法追究相应责任；涉嫌犯罪的，依法移送有关机关处理。

第二十条 资金使用单位和个人滞留截留、虚报冒领、挤占挪用动物防疫等补助经费，依法追究相应责任。

第六章 附 则

第二十一条 使用动物防疫等补助经费的自治区有关单位，资金管理工作参照本实施细则执行。

第二十二条 本实施细则中涉及畜禽饲养量等以国家统计局最新公布的数据为准测算。

第二十三条 本实施细则由自治区财政厅会同农业农村厅负责解释。

第二十四条 本实施细则自 2022 年 12 月 20 日起执行，有效期至 2025 年 12 月 31 日。《自治区财政厅 农业农村厅关于印发农业相关转移支付资金管理实施细则的通知》（宁财规发〔2020〕15 号）同时废止。

附件6

宁夏回族自治区动物防疫等补助经费分配测算方法及标准

强制免疫补助。为指导性任务。根据畜禽饲养量、单个畜禽免疫补助标准，其中强制免疫补助标准按照有关规定执行。

计算方法：补助经费 =Σ 某类畜禽饲养量 × 单个畜禽免疫补助标准

强制扑杀和销毁补助。为约束性任务。根据强制扑杀畜禽实际数量、单个畜禽扑杀补助标准、销毁的动物产品和相关物品的实际重量、单种动物产品和物品销毁补助标准，其中扑杀和销毁补助标准按照有关规定执行。

计算方法：补助经费 =Σ 强制扑杀某类畜禽数量 × 单个畜禽扑杀补助标准 +Σ 销毁某种动物产品重量 × 单种产品销毁补助标准 +Σ 销毁某种相关物品重量 × 单种物品销毁补助标准

养殖环节无害化处理补助。为指导性任务。根据基础资源（65%）、政策任务（20%）、工作绩效（15%）等因素测算，其中基础资源因素包括生猪养殖量等，政策任务因素包括病死猪无害化处理量、专业无害化处理场集中处理数量等。

计算方法：补助经费 = 养殖环节无害化处理补助资金规模 ×（基础资源因素 ×65%+ 政策任务因素 ×20%+ 工作绩效因素 ×15%）。

屠宰环节无害化处理补助。为指导性任务。根据屠宰量、无害化处理比重等因素测算。《宁夏屠宰环节无害化处理管理办法（暂行）》〔2016〕13 号规定：生猪、牛羊无害化处理量占屠宰量的比重为 0.2%，家禽为 0.5%。

计算方法：补助经费 = 屠宰量 × 无害化处理比重 × 补助标准。

自治区财政厅关于印发《中央专项彩票公益金支持宁夏低收入妇女“两癌”救助项目管理办法》等3个文件的通知

宁财规发〔2022〕23号

各市、县（区）财政局、妇女联合会，自治区妇女联合会：

为继续做好我区低收入妇女宫颈癌、乳腺癌（以下简称“两癌”）救助及关爱服务工作，加强项目管理、规范操作程序、提高资金使用效益，自治区财政厅、自治区妇女联合会联合制定了《中央专项彩票公益金支持宁夏低收入妇女“两癌”救助项目管理办法》《宁夏回族自治区低收入妇女“两癌”救助项目管理办法》《宁夏回族自治区“两癌”患病及特殊、困难妇女关爱服务项目管理办法》，现予以印发，请遵照执行。

附件：1. 中央专项彩票公益金支持宁夏低收入妇女“两癌”救助项目管理办法

2. 宁夏回族自治区低收入妇女“两癌”救助项目管理办法

3. 宁夏回族自治区“两癌”患病及特殊、困难妇女关爱服务项目管理办法

附件1

中央专项彩票公益金支持宁夏低收入妇女“两癌”救助项目管理办法

为确保“中央专项彩票公益金支持低收入妇女‘两癌’救助”项目的规范管理和救助资金的合理使用，根据《财政部 全国妇联关于印发〈中央专项彩票公益金支持低收入妇女“两癌”救助项目管理办法〉的通知》（财行〔2021〕384号）要求，制定本办法。

第一章 总 则

第一条 “低收入妇女‘两癌’救助”项目资金来源于中央专项彩票公益金，由自治区财政厅联合自治区妇女联合会（以下简称自治区妇联）执行实施。项目资金实行专款专用，不得与其他资金混合管理使用。

第二条 项目救助范围是宁夏全区。

第三条 救助对象须具有宁夏户籍，为民政、乡村振兴等部门认定的低保对象、特困人员、易返贫致贫人口、因病因灾因意外事故等刚性支出较大或收入大幅缩减导致基本生活出现严重困难人口，且经过有诊断资质的医疗机构确诊、患有宫颈浸润癌IIB以上或乳腺浸润癌的低收入妇女，救助标准

为每人一次性救助 10000 元人民币，同一对象不得重复申领相关类型救助资金。

第四条　项目实施和宣传工作中，应当标明“彩票公益金资助—中国福利彩票和中国体育彩票”字样，以突出彩票公益金的社会效益。

第二章　组织机构及职责

第五条　自治区财政厅和自治区妇联负责制定项目管理办法，对项目资金的使用及项目实施情况进行指导、监督，组织指导有关方面开展全过程预算绩效管理。

第六条　自治区妇联设立自治区项目执行办公室，主要职责是：

（一）制定本地区项目管理办法，负责本地区资金和项目执行及绩效管理、监督检查等工作，确保资金安全高效，救助精准及时。

（二）负责向全国项目实施单位提交自治区项目实施方案。

（三）建立项目实施档案，对救助对象的资金落实情况进行随访和跟踪记录，提交本地区项目执行情况和资金使用情况的详细报告等材料。

第七条　各市、县（区）妇联设立项目执行办公室，主要职责为：

（一）负责具体实施项目，全面掌握、控制项目实施情况，并摸清本地救助需求。

（二）负责确定本地区救助对象并审核信息，协调医保、卫生健康、民政、乡村振兴等部门核实救助对象的病种病情、家庭经济状况等情况。

（三）收到拨付的款项后，严格按照救助资金使用规定，及时、足额将救助资金拨付给救助对象，并对资金使用情况进行跟踪监管，确保专款专用，提高资金使用效益。

（四）建立完整准确的项目档案及救助人员电子档案，做好项目总结评估工作，按要求向自治区项目执行管理办公室报送年度项目执行报告和资金使用详细报告等资料。

第三章　项目实施流程

第八条　根据自愿申请原则，由符合条件的低收入“两癌”患病妇女提出救助申请，准确、如实、完整地填写救助资金申请表，提供相关证明材料，签订申请救助诚信承诺书。

第九条　乡、村级妇联负责收集汇总申报对象名单、人数以及申报材料，上报至项目实施县级妇联。

第十条　项目实施县级妇联定期协调民政、卫生健康、乡村振兴、医保等部门，摸清本地区待救助“两癌”患病妇女人数，核实申报对象的病种病情、家庭经济状况等情况。认真填报申报人员信息，收集个人申报表及病种病情、家庭经济状况相关证明材料，做好入户核查工作，在征求医保、卫生健康、民政、乡村振兴等部门意见基础上，加盖县级妇联、民政、卫生健康、乡村振兴部门公章，上报市级妇联。

第十一条　市级妇联收集汇总患病妇女申报名单、人数以及信息核实情况，对各地报送材料的完整性、真实性、合规性等有关情况进行审核，将本地区申报人员信息上报至自治区妇联项目执行办公室。

第十二条　自治区项目执行办公室对救助对象信息进行复审，经自治区妇联研究审核后，上报全国项目实施单位。

第十三条　全国项目实施单位审批后，由全国项目实施单位与自治区妇联签订执行协议，自治区妇联再与市、县（区）妇联签订三方执行协议。

第十四条　自治区项目执行办公室按照执行协议，制定本地区项目实施方案，填报救助对象情况汇总表，签署意见、加盖自治区妇联公章，并附项目实施县级妇联收款账户相关信息统计表，报送全国项目实施单位。

第十五条　全国妇联在收到自治区上报的项目实施方案 15 个工作日内，将救助资金拨至项目实施县级妇联。

第十六条　项目实施县级妇联在收到救助资金后 15 个工作日内，将救助资金发放至救助对象。救助资金原则上通过金融机构直接支付到救助对象账户。

第十七条　各级妇联须建立救助工作回访机制，在资金下发后一个月内对救助对象开展电话回访或实地回访，自治区、市、县回访对象的比例分别不得低于本地区年度救助对象总人数的 30%、

80%、100%，并及时向自治区及全国项目执行办公室提交救助对象电话回访记录情况。

第十八条　受助对象须在领取救助金登记表上签名，领取救助金登记表原件由项目实施县级妇联保存，保存期不得少于10年；复印件由自治区项目执行办公室保存。

第十九条　自治区项目执行办公室和项目实施市、县级妇联按年度建立完整准确的项目实施档案，内容包括申请、审核、协议签订、资金发放环节等全部相关材料。

第二十条　自治区项目执行办公室、项目实施县级妇联应及时公开救助资金使用情况。公示中应依法保护受助对象个人隐私，不得公开与救助工作无关的信息。

第二十一条　患病妇女信息管理采取“谁收集，谁负责”的原则，各级妇联要对在项目执行中收集的患者个人信息严格保密，不得以任何方式泄露公民个人信息。

第四章　绩效管理与监督检查

第二十二条　各级财政部门、妇联组织应当按照绩效管理有关规定，加强专项资金绩效管理，建立健全全过程预算绩效管理机制，不断提高财政资金使用效益。将绩效评价结果作为完善政策和资金分配的依据。

第二十三条　自治区项目执行办公室对市、县级妇联项目申报及实施情况进行监督检查，对实施档案进行抽查，对受助对象进行随机访问，对项目实施情况适时组织第三方评估、审计和检查，监测项目的实施效果，掌握项目的受益情况。

第二十四条　县（市、区）妇联须建立项目年度审计机制，按照专项资金使用管理及项目实施办法，对项目实施全过程进行审查。每年6月底前完成上年度的审计工作，并向自治区项目执行办公室抄送审计报告。对审计发现的问题要立即整改，并向自治区项目执行办公室报告整改落实情况。

第二十五条　各级财政部门和妇联组织在项目执行和资金管理工作中，存在下列违法违纪行为的，按照《预算法》《中华人民共和国预算法实施条例》《公务员法》《监察法》《财政违法行为处罚处分条例》及《彩票公益金管理办法》等有关规定，依法责令改正，并视情况调减项目预算支出直至取消；对负有责任的领导人员和直接责任人员依法给予处分；涉嫌犯罪的，依法移送有关机关处理：

（一）擅自扩大资助范围和资助标准；

（二）没有按照规定审批程序使用资金；

（三）截留、挤占、挪用、虚列、虚报冒领、套取资金；

（四）擅自改变资金使用范围；

（五）未按规定向社会公告；

（六）其他滥用职权、玩忽职守、徇私舞弊的行为。

第五章　附　则

第二十六条　本办法由自治区财政厅、自治区妇联负责解释。

第二十七条　本办法自公布之日起30日后实施，有效期5年。《关于印发〈“十三五”期间宁夏“贫困母亲两癌救助”项目执行管理办法〉的通知》（宁妇通〔2019〕33号）文件同时废止。

附件2

宁夏回族自治区低收入妇女“两癌”救助项目管理办法

第一章　总　则

第一条　为加强我区低收入妇女“两癌”救助项目实施和管理，进一步明确工作责任，提高资金使用效益，确保政策落实到位，特制定本办法。

第二条　项目资金来源为自治区本级财政，实行专款专用，不得与其他资金混合管理使用。

第三条　项目资助范围是宁夏全区。

第四条　救助对象为具有宁夏户籍的低保对象、重点优抚对象、特困人员、低保边缘家庭、低收入家庭、脱贫不稳定户、边缘易致贫户、突发严重困难户、因病因灾因意外事故等刚性支出较大或收入大幅缩减导致基本生活出现严重困难等人口及家庭中，且经有诊断资质的医疗机构确诊，患有乳腺癌和宫颈癌的妇女。

第五条　救助标准为每人一次性救助10000元人民币，同一对象不得重复申领相关类型救助资金。

第二章　组织机构及职责

第六条　自治区财政厅和自治区妇女联合会（以下简称自治区妇联）负责制定项目管理办法，对项目资金的使用及项目实施情况进行指导、监督，组织指导有关方面开展全过程预算绩效管理及审计、评估。

第七条　自治区妇联为项目实施单位，与各县（市、区）妇联签订年度项目执行协议，提供实施救助项目所需的管理服务。

第八条　财政部门负责根据自治区政府相关要求，落实年度专项救助资金保障和监督管理工作。自治区妇联配合财政部门做好年度资金预算编制及项目申报工作。

第九条　自治区妇联协调自治区卫生健康部门，做好患病妇女的病情病种等诊断资料审核工作。

第十条　县（市、区）妇联作为项目执行单位，主要职责是：

（一）负责实施本地区救助项目。

（二）负责协调有关部门摸清本地救助需求，确定本地区救助对象并审核信息，核实救助对象的病种病情、家庭经济状况等情况。

（三）负责严格按照申报要求确定本地救助对象，确保救助资金及时、足额拨付到救助对象。

（四）负责建立项目实施档案或电子数据库，对救助资金发放情况进行随访和跟踪记录。

（五）负责向自治区妇联提交本地区年度项目执行情况和资金使用情况、救助名单等材料，并按财政部门要求，完成项目绩效管理工作。

（六）负责落实资金监管责任，对资金使用情况进行跟踪监管，加强绩效管理、监督检查等工作，确保专款专用，提高资金使用效益。

第三章　项目实施流程

第十一条　根据自愿申请原则，由申请人到村（居）民委员会提出救助申请，准确、如实、完整地填写救助资金申请表，提供相关证明材料（含身份证明、疾病诊断证明、家庭困难证明等），签订申请救助诚信承诺书，上报至乡（镇）人民政府或街道办事处。

第十二条　乡（镇）人民政府或街道办事处入户核实申请人个人及相关情况，汇总符合救助条件申请人名单及申报材料上报至县（市、区）妇联。

第十三条　县（市、区）妇联须对乡镇（街道）上报的申请救助人员情况进行入户抽查审核，抽查比例不低于80%。

第十四条　县（市、区）妇联根据抽查审核结果，汇总患病妇女申报名单、人数以及信息核实情况，对申报材料的完整性、真实性、合规性等有关情况进行审核后向自治区妇联申请救助资金。

第十五条　自治区妇联根据各市、县（区）妇联组织提出的救助资金需求，结合市、县（区）实际情况，制定救助资金分配方案，经自治区妇联研究通过后报自治区财政厅。

第十六条　自治区财政厅依程序进行审批后，按照财政资金拨付流程下达救助资金预算指标。

第十七条　县（市、区）妇联根据年度救助资金指标及项目实施方案确的定救助名单，发放救助资金。救助资金原则上通过金融机构直接支付到救助对象账户。

第十八条　受助对象须在领取救助金登记表上签名。领取救助金登记表原件由项目实施县级妇联保存，保存期不得少于10年。年度救助名册需报自治区妇联保存。

第十九条　县（市、区）妇联须建立完整准确的救助申请和项目实施档案，内容包括救助人员申请表、相关证明材料、协议签订、资金发放环节等全部相关材料，保存期不得少于10年。

第二十条 自治区及各项目县妇联须建立救助工作回访机制，在资金下发后一个月内对救助对象开展电话回访或实地回访，自治区、县（市、区）回访对象的数量比例分别不得低于本地区年度救助对象总数的30%、100%，并做好救助对象电话回访记录登记。

第二十一条 县（市、区）妇联按要求向自治区妇联报告项目进展情况，及时将受助对象基本情况及救助资金使用情况进行公示，接受社会监督。公示中应依法保护受助对象个人隐私，不得公开与救助工作无关的信息。

第二十二条 自治区妇联随时采取各种方式抽查各县（市、区）工作档案，随机对受益人进行抽查访问。

第四章 绩效管理与监督检查

第二十三条 各级财政部门、妇联组织应当按照绩效管理有关规定，加强专项资金绩效管理，建立健全全过程预算绩效管理机制，不断提高财政资金使用效益，将绩效评价结果作为完善政策和资金分配的依据。

第二十四条 自治区财政部门和妇联组织对县（市、区）项目实施档案进行检查，对受助对象进行随机访问，对项目实施情况定期组织第三方审计、评估和检查，监测项目的实施效果，掌握项目的受益情况。

第二十五条 县（市、区）妇联须建立救助项目年度审计机制，按照财政专项资金使用管理及项目实施办法，对项目实施全过程进行审查。每年6月底前完成上年度的审计工作，并向自治区妇联抄送审计报告。对审计发现的问题要立即整改，并向自治区妇联报告整改落实情况。

第二十六条 各级财政部门和妇联组织在项目执行和资金管理工作中，存在下列违法违纪行为的，按照《预算法》《中华人民共和国预算法实施条例》《公务员法》《监察法》《财政违法行为处罚处分条例》及《彩票公益金管理办法》等有关规定，依法责令改正，并视情况调减项目预算支出直至取消；对负有责任的领导人员和直接责任人员依法给予处分；涉嫌犯罪的，依法移送有关机关处理：

（一）擅自扩大资助范围和资助标准；

（二）没有按照规定审批程序使用资金；

（三）截留、挤占、挪用、虚列、虚报冒领、套取资金；

（四）擅自改变资金使用范围；

（五）未按规定向社会公告；

（六）其他滥用职权、玩忽职守、徇私舞弊的行为。

第二十七条 自治区妇联按财政部门要求报送上一年度专项救助资金使用情况，具体内容包括项目组织实施、项目资金使用情况、项目社会效益和经济效益等。

第五章 附 则

第二十八条 本办法由自治区财政厅和自治区妇联负责解释。

第二十九条 本办法自公布之日起30日后实施，有效期5年。

附件3

宁夏回族自治区“两癌”患病及特殊、困难妇女关爱服务项目管理办法

第一章 总 则

第一条 为认真落实党中央关于“全面推进健康中国建设”重大任务及自治区“全民健康水平提升行动”工作要求，有效提高妇女健康水平，促进社会和谐稳定，根据《自治区党委办公厅 政府办公厅〈关于进一步加强我区妇女维权工作的意见〉的通知》（宁党办发〔2018〕60号）相关要求，加

强自治区“两癌”患病及特殊、困难妇女关爱服务项目管理，提高资金使用效益，制定本办法。

第二条　本办法所称“宁夏回族自治区‘两癌’患病及特殊、困难妇女关爱服务项目”(以下简称“关爱项目”)，是指由自治区本级财政资金支持，通过各级妇联实施的“两癌”患病及特殊、困难妇女关爱服务项目。

第三条　项目资金来源为自治区本级财政，实行专款专用，不得与其他资金混合管理使用。

第四条　关爱项目实施范围是宁夏全区。

第五条　关爱项目对象为全国妇联低收入“两癌”救助项目及自治区低收入“两癌”救助项目救助妇女；城乡低收入家庭妇女，患重度疾病妇女，生活困难单亲母亲、失独母亲、农村留守妇女、残疾妇女等符合关爱帮扶项目的特殊困难妇女群体。

第六条　关爱项目包括健康知识宣传、心理抚慰干预、志愿者帮扶、小组互助等内容。

第二章　组织机构及职责

第七条　自治区财政厅、自治区妇联共同制定项目管理办法，对项目资金的使用及项目实施情况进行指导、监督，组织指导有关方面开展全过程预算绩效管理及审计、评估。

第八条　自治区妇联为项目实施单位，与各市、县（区）妇联签订年度项目执行协议，联合各地相关部门具体执行项目。

第九条　财政部门根据自治区政府相关要求，落实年度专项关爱项目资金，并做好监督工作。自治区妇联配合财政部门做好年度资金预算编制及申报工作。

第十条　市、县（区）妇联作为项目执行单位，主要职责是：

（一）负责牵头有关部门共同实施本地区关爱项目。

（二）负责协调有关部门摸清本地关爱项目需求，确定本地区关爱项目对象。

（三）负责严格按照项目管理办法实施本地项目，确保关爱资金发挥作用。

（四）负责向自治区妇联提交本地区年度项目执行情况后，并按财政部门要求，完成项目绩效管理工作。

（五）负责落实资金监管责任，对资金使用情况进行跟踪监管，加强绩效管理、监督检查等工作，确保专款专用，提高资金使用效益。

第三章　项目实施流程

第十一条　市、县（区）妇联协调相关部门动态掌握并摸清本地妇女关爱服务需求，向自治区妇联提出年度关爱项目实施计划及资金申请。

第十二条　自治区妇联根据各地妇联组织经费申请，综合考虑后提出关爱资金分配方案，经审核通过后报自治区财政厅。

第十三条　自治区财政厅依据相关程序审核后，按照财政资金拨付流程，下达年度关爱项目资金预算指标。

第十四条　市、县（区）妇联根据年度资金下达指标及关爱项目管理办法，按年度项目执行协议内容开展工作。

第十五条　市、县（区）妇联定期向自治区妇联报送项目执行情况，项目执行期结束后的15个工作日内，报送《项目终期报告》及相关项目档案。

第十六条　自治区财政厅和自治区妇联将根据项目资金管理办法，定期进行督导检查。

第十七条　关爱项目实施过程须体现党委政府的关怀，须突出妇联组织政治性、先进性、群众性职能作用。可结合实际，联合社会各方力量共同参与关爱项目，扩大项目覆盖面及受益人群。

第四章　绩效管理与监督检查

第十八条　各级财政部门、妇联组织应当按照绩效管理有关规定，加强专项资金绩效管理，建立健全全过程预算绩效管理机制，不断提高财政资金使用效益，将绩效评价结果作为完善政策和资金分配的依据。

第十九条　自治区财政部门、妇联组织对市、县（区）项目实施档案进行检查，对受助对象进行随机访问，对项目实施情况适时组织第三方审计、评估和检查，监测项目的实施效果，掌握项目的受益情况。

第二十条　各级财政部门和妇联组织在项目执行和资金管理工作中，存在下列违法违纪行为的，按照《预算法》《中华人民共和国预算法实施条例》《公务员法》《监察法》《财政违法行为处罚处分条例》及《彩票公益金管理办法》等有关规定，依法责令改正，并视情况调减项目预算支出直至取消；对负有责任的领导人员和直接责任人员依法给予处分；涉嫌犯罪的，依法移送有关机关处理：

（一）没有按照规定审批程序使用资金；

（二）截留、挤占、挪用、虚列、套取资金；

（三）擅自改变资金使用范围；

（四）其他滥用职权、玩忽职守、徇私舞弊的行为。

第二十一条　各市、县（区）妇联组织按自治区妇联要求报送上一年度关爱项目资金使用情况，具体内容包括项目组织实施、项目资金使用情况、项目社会效益、群众满意率等。各市、县（区）妇联组织须及时对关爱对象基本情况及项目资金使用情况进行公示，接受社会监督。公示中应依法保护受助对象个人隐私，不得公开与关爱项目无关的信息。

第二十二条　本办法由自治区财政厅和自治区妇联共同负责解释。

第二十三条　本办法自公布之日起30日后实施，有效期5年。原《关于印发〈自治区“两癌”患病及特殊、困难妇女关爱服务项目管理办法（试行）〉及〈2021年“两癌”患病及特殊、困难妇女关爱服务项目方案〉的通知》（宁妇通〔2021〕17号）同时废止。

自治区财政厅　自治区林业和草原局关于印发《加快推进山林权改革，促进林下经济高质量发展的财政扶持政策暨实施办法》的通知

宁财规发〔2022〕24号

各市、县（区）政局、林业和草原局：

为深入贯彻党的二十大和自治区第十三次党代会精神，认真落实自治区党委和人民政府决策部署，深入推进山林权改革，促进林下经济高质量发展，加快推进黄河流域生态保护和高质量发展先行区建设。结合我区实际，自治区财政厅、自治区林业和草原局研究制定了《加快推进山林权改革，促进林下经济高质量发展的财政扶持政策暨实施办法》，经自治区人民政府研究同意，现予印发，请严格遵照执行。

附件：加快推进山林权改革，促进林下经济高质量发展的财政扶持政策暨实施办法

附件

加快推进山林权改革，促进林下经济高质量发展的财政扶持政策暨实施办法

为认真贯彻自治区党委和人民政府决策部署，全面落实国家发改委、财政部、国家林草局等10部委印发的《关于科学利用林地资源促进木本粮油和林下经济高质量发展的意见》和《自治区党委办公厅、人民政府办公厅关于印发用水权、土地权、排污权、山林权“四权”改革实施意见的通知》等要求，深入推进山林权改革，支持“以林养林”“以地换林”，促进林下经济高质量发展，制定以下财政扶持政策暨实施办法。

一、总体要求

（一）指导思想

坚持以习近平生态文明思想为指导，深入贯彻落实党的二十大和习近平总书记视察宁夏重要讲话指示批示精神，牢固树立和践行绿水青山就是金山银山的理念，围绕自治区党委和人民政府决策部署，以植绿增绿护绿为目标，以山林权改革为抓手，明确财政扶持重点，支持推进林下经济和木本粮油高质量发展，着力加快黄河流域生态保护和高质量发展先行区建设。

（二）基本原则

坚持生态优先，绿色发展。以提高森林资源质量为前提，在保护森林资源的基础上，充分利用森林资源空间，大力发展林下经济，实现“产业生态化，生态产业化”，协同推进生态保护与绿色富民。

坚持政策引导，市场运作。充分发挥市场在资源配置中的决定性作用，更好地发挥政府作用，积极培育市场主体，提高林业资源综合利用水平，推进林下经济快速发展。

坚持扶优扶强，示范带动。坚持正向激励，着重突出“大干大支持，干得好优先支持”，培育壮大林下经济经营主体，通过典型引领和示范带动，推动林下经济产业化、规模化、集约化。

（三）主要目标

扎实推进山林地确权登记，激活林草资源活力，引导社会资本进山入林，实现林草资源效益最大化，推动林下经济高质量发展，全面提高优质生态产品供给能力，促进形成各具特色、可持续的绿色产业体系。到2025年，全区森林覆盖率达到20%，林下经济经营利用面积达200万亩，年综合产值达20亿元以上；到2027年，林下经济产量、质量稳步提高，产业布局结构进一步优化，培育一批国家和自治区林下经济示范基地，林下经济经营利用面积达300万亩，年综合产值达50亿元。

二、支持重点

重点支持林下种养殖、林下产品采集加工、森林景观利用、品牌建设和数字赋能等领域，扶持培育龙头企业、专业合作社、家庭林场等新型林业经营主体，大力发展林下经济。

（一）林下种养基地建设

坚持因地制宜、突出特色，加快发展林苗、林药、林菌等林下种植基地。根据林地空间生态承载力，支持发展林禽、林蜂等养殖业。支持创建国家、自治区林下经济示范基地。

（二）林下产品采集加工

支持开展对柠条、沙柳、叶用枸杞等灌木林的采集加工和林木枝条废弃物的综合加工利用。鼓励科学采集利用沙棘、山杏、山桃、松子、野生菌、山野菜等林产品，支持企业深加工，提升林产品附加值。

（三）森林景观利用

坚持在保护中利用、在利用中保护，支持发展森林观光、森林康养等产业，加强森林村庄、森林人家建设，将森林资源转化为实际经济价值。

（四）品牌建设

支持林下经济产品区域公用品牌、企业品牌、产品品牌及标准化建设。鼓励开展林下经济产品展示推介、营销宣传，积极开拓国内外市场。

（五）数字赋能

支持应用物联网技术，启动以“区块链+云服务平台+产业大数据中心”为重点的林下经济产业服务体系建设，建立林下经济产品质量追溯体系。

三、政策措施

（一）财政奖补

自治区财政设立林下经济发展专项资金，主要扶持林下种养基地建设、林下产品采集加工、森林景观利用、品牌培育等。

1. 林下种养基地建设。

（1）林下种植。利用林地，集中连片建设50亩以上的中药材、食用菌、花卉、苗木、瓜菜等林下种植基地，每亩一次性补助100元，最高补助10万元。

（2）林下养殖。林下养殖鸡、鸭、鹅、兔等禽类年出栏500只以上的，每只一次性补助3元，最高补助30万元。林下养蜂规模在30箱以上的，每箱一次性补助100元。

（3）示范基地建设。对新认定的国家现代农（林）业全产业链标准示范基地，一次性奖补100万元。对新认定的国家、自治区林下经济示范基地，一次性分别奖励20万元、10万元。

2. 林下产品采集加工。对新认定以经营加工林下经济产品为主的林业产业化国家和自治区农（林）重点龙头企业，一次性分别奖励50万元、10万元。对新认定的自治区四星级绿色林产（食）品加工企业一次性奖励50万元。对规模化经营，加工林下食品类产值50万元以上的经营主体，按产值给予5%补贴；年加工其他林下原材料产品500吨以上的，每吨补助100元。以上两类林产品加工最高补贴100万元。

3. 森林景观利用。利用林地新发展森林生态旅游、森林康养等绿色林下产业，面积在100亩以上、投资额度在500万元以上经营主体，按投资额度给予一次性5%的补贴，最高不超过100万元。对新评定的国家森林康养（养生）基地，一次性补贴10万元至20万元；对新认定的自治区森林村庄、森林人家经营管理主体，一次性分别奖励10万元、3

万元。

4. 林下经济品牌培育。对新制订的林下经济种植养殖、产品加工等国际标准、国家标准、行业标准一次性奖励 10 万元。对新制订地方标准或团体标准一次性奖励 3 万元。对自治区认定的企业品牌、产品品牌，一次性分别奖补 10 万元、5 万元。对新获得国家地理标志证明商标一次性奖励 50 万元。对新获得农产品地理标志保护产品、国家森林生态标志产品一次性奖励 10 万元。对获得绿色食品、有机食品认证的一次性奖励 2 万元。

（二）贷款贴息

对符合林业贷款贴息条件的诚信涉林企业可享受林业贷款贴息政策，采取一年一贴、据实贴息的方式，年贴息率为 3%。对贴息年度（上一年度 1 月 1 日至 12 月 31 日）之内存续并正常付息的林业贷款，按实际贷款期限计算贴息。

（三）其他专项支持

支持自治区相关部门（单位）、科研院所、市县区、林下经济经营主体等积极争取中央、自治区其他相关项目资金，支持林下经济高质量发展。

1. 积极争取中央财政林业改革发展资金、中央预算内基建投资等支持林下种植林木良种繁育基地、林业科技示范推广、种养业良种工程、生态经济林建设等项目实施。

2. 对符合现有乡村振兴、科技创新、人才培养、工业商贸等政策的项目，享受相关政策，予以资金支持。

3. 加大对林下经济低产低效园区（基地）改造、良种良艺良机补贴支持力度，将符合条件的林下经济生产需要的种植、养殖、采集和初加工常用机械列入农机购置补贴范围。

4. 其他补偿补贴。鼓励市场主体通过自治区公共资源交易平台获得林地经营权或使用权，在流转期内发展林下经济的经营主体依法享有林下种植、养殖、补植补造并取得相应收益的权益，拥有经营权再流转、融资担保、合作等权能，依法获得经营性各类补偿补贴。

（四）保险费补贴

将公益林、商品林纳入农业政策性保险森林保险范围，单位保额为公益林 1000 元 / 亩、商品林 1300 元 / 亩，保险费率为公益林 2‰、商品林 4‰。保费补贴为：（1）公益林，森林产权属于自治区级的，中央财政补贴 50%，自治区财政补贴 50%；森林产权属于市、县（区）级的，中央财政补贴 50%，自治区财政补贴 30%，市、县（区）财政承担 20%；森林产权属于其他社会组织（个人）的，中央财政补贴 50%，自治区财政补贴 30%，其他社会组织（个人）承担 20%。（2）商品林：中央财政补贴 30%，自治区财政补贴 40%，市、县（区）财政承担 10%，投保人自缴 20%。

（五）农业信贷担保

对于符合条件的林下种养业、林下采集加工、产品收购、仓储保鲜、销售、初加工等纳入农业信贷担保范围，担保规模限定为单户在保余额在 10 万元至 300 万元之间。

（六）整合相关资金

支持市县整合相关资金聚焦林下经济产业发展。鼓励市、县（区）发挥产业发展主体作用，加大林下经济投入力度，通过政策、项目、资金等手段统筹整合，合力支持林下经济发展。落实土地出让收入优先投入农业农村、产业发展有关政策。各县（市、区）要在符合衔接资金管理办法的前提下，积极支持林下经济发展。

四、组织保障

（一）加强组织领导

各市县（区）财政、林业和草原等部门要健全工作机制，明确工作职责，加强部门协作，切实抓好组织实施。结合本地实际，研究相应配套扶持政策措施和具体推进方案，细化支持举措，确保支持政策和项目资金发挥实效。

（二）强化项目管理

自治区林业和草原局会同财政等部门负责林下经济发展专项资金项目申报筛选、评审核定、组织实施、定期督导、跟踪监管、总结分析，以及下达年度目标任务和绩效目标等。市、县（区）林草主管部门组织指导科研院所、经营主体等编制项目实施方案、绩效目标，上报自治区林业和草原局、财政等部门，并负责项目组织实施、完成绩效目标等。其他资金渠道项目按照相关项目申报要求按程序申报。

（三）规范资金管理

自治区林业和草原局提出自治区林下经济发展专项资金项目资金分配建议方案，组织开展预算执行，监督管理项目资金；自治区财政厅负责审核项目资金分配建议方案，根据审核情况下达年度预算资金，督促指导市、县（区）做好资金监管等工作。市、县（区）林业和草原主管部门负责项目资金使用管理；市、县（区）财政部门对项目资金使用情况进行跟踪监管，开展监督评价，发现问题及时督促整改；项目实施单位要严格项目资金管理，规范资金使用，确保资金安全高效。

（四）严格绩效管理

建立项目资金督查和评价机制，加强预算绩效管理，自治区林业和草原局会同财政厅对项目资金使用情况开展绩效评价，评价结果作为分配扶持资金的参考因素。市、县（区）林业和草原主管部门会同同级财政部门开展预算绩效管理，实施预算绩效监控，并会同资金使用单位开展绩效自评，由市、县（区）林业和草原主管部门会同财政部门审核汇总后，于每年3月30日前，向自治区林草局、自治区财政厅报送上年项目资金绩效自评表和绩效自评报告，并对自评结果和绩效评价相关材料的真实性、合规性、准确性负责。

本办法自2023年1月10日起执行，有效期至2027年12月31日。

自治区财政厅　教育厅　人力资源和社会保障厅　退役军人事务厅　军区动员局关于印发《学生资助资金管理办法》的通知

宁财规发〔2022〕25号

有关自治区所属单位，各市县（区）财政局、教育局、人力资源和社会保障局、退役军人事务局、征兵办公室：

为规范和加强学生资助资金管理，提高资金使用效益，确保资助工作顺利开展，我们制定了《学生资助资金管理办法》，现印发给你们，请遵照执行。

附件：宁夏回族自治区学生资助资金管理办法

附件

宁夏回族自治区学生资助资金管理办法

第一章　总　则

第一条　为规范和加强学生资助资金管理，提高资金使用效益，确保资助工作顺利开展，根据《财政部、教育部、人力资源和社会保障部、退役军人部、中央军委国防动员部关于印发〈学生资助资金管理办法〉的通知》（财科教〔2021〕310号）、《自治区教育厅等六部门关于印发〈宁夏家庭经济困难学生认定工作暂行办法〉的通知》（宁教学〔2019〕135号）、《教育部、财政部、中国人民银行、银保监会关于调整完善国家助学贷款有关政策的通知》（教财〔2020〕4号）等文件以及预算管理有关规定，制定本办法。

第二条　本办法所称学生资助资金是指中央、自治区财政用于支持落实高等教育（含本专科生和研究生教育）、中等职业教育、普通高中教育、学前教育等国家资助政策的资金，包括国家奖学金、国家励志奖学金、学业奖学金、国家助学金、免学（杂）费补助金、服兵役国家教育资助资金、基层就业学费补偿国家助学贷款代偿资金、生源地信用助学贷款、国家助学贷款奖补资金等。

第三条　本办法所称普通高校是指根据国家有关规定批准设立、实施全日制高等学历教育的普通本科学校、高等职业学校、高等专科学校；中等职业学校是指根据国家有关规定批准设立、实施全日制中等学历教育的各类职业学校（含技工学校，下同）；普通高中是指根据国家有关规定批准设立的普通高中学校（含完全中学和十二年一贯制学校的高中部）；学前教育是指全区取得合法办学资质的幼儿园（含村小附设的幼儿班，下同）。

以上所称各类学校包括民办普通高校（含独立学院）、民办中等职业学校、民办普通高中以及普惠性民办幼儿园。

第四条 学生资助资金由自治区财政厅、自治区教育厅、自治区人力资源和社会保障厅按职责共同管理。自治区财政厅负责学生资助资金分配和预算下达，组织自治区教育厅、自治区人力资源和社会保障厅等部门编制学生资助资金中期财政规划和年度预算草案。自治区教育厅、自治区人力资源和社会保障厅负责组织各地审核上报享受资助政策的学生人数、资助范围、资助标准等基础数据，提出预算分配建议方案，负责完善学生信息管理系统，加强学生学籍和资助信息管理，对提供的基础数据和预算分配建议方案真实性、准确性、及时性负责。自治区教育厅、自治区人力资源和社会保障厅会同自治区财政厅等部门对资金使用和政策执行情况进行监督管理。自治区退役军人事务厅负责组织各地做好自主就业退役士兵的身份认证工作。各地兵役机关负责组织做好申请学费资助学生入伍的相关认证工作。

自治区财政厅、自治区教育厅、自治区人力资源和社会保障厅负责明确各地财政、教育、人力资源和社会保障部门在学生资助基础数据审核、资金安排、使用管理等方面的责任，切实加强资金管理。

学校是学生资助资金使用的责任主体，应当切实履行法人责任，健全内部管理机制，具体组织预算执行。

第二章 资助范围和标准

第五条 普通高校资助范围及标准包括：

（一）本专科生国家奖学金。奖励特别优秀的全日制本专科生，每生每年 8000 元。

（二）本专科生国家励志奖学金。奖励资助品学兼优的家庭经济困难的全日制本专科生，本科生资助范围为全区普通高校全日制本科在校生总数的 3%，高职学生资助范围为全区普通高校全日制高职在校学生总数的 3.3%，每生每年 5000 元。

（三）本专科生国家助学金。资助家庭经济困难的全日制本专科生（含预科生，不含退役士兵学生），本科生资助范围为全区普通高校全日制本科在校生总数的 20%，高职学生资助范围为全区普通高校全日制高职在校学生总数的 22%，平均资助标准为每生每年 3300 元，具体标准由高校在每生每年 2000-4500 元范围内自主确定，可以分为 2-3 档。全日制在校退役士兵学生全部享受本专科生国家助学金，资助标准为每生每年 3300 元。

（四）研究生国家奖学金。奖励特别优秀的全日制研究生，其中：硕士生每生每年 20000 元，博士生每生每年 30000 元。

（五）研究生学业奖学金。奖励自治区属高校全日制研究生，由相关自治区高校负责组织实施。应统筹利用财政拨款、学费收入、社会捐助等，根据研究生学业成绩、科研成果、社会服务等因素，确定研究生学业奖学金的覆盖面、等级、奖励标准，并根据实际情况动态调整。

（六）研究生国家助学金。资助全日制研究生的基本生活支出，其中，硕士生每生每年 6000 元，博士生每生每年 15000 元。

（七）服兵役高等学校学生国家教育资助。对应征入伍服义务兵役、招收为军士、退役后复学或入学的高等学校学生实行学费补偿、国家助学贷款代偿、学费减免。学费补偿或国家助学贷款代偿金额，按学生实际缴纳的学费或用于学费的国家助学贷款（包括本金及其全部偿还之前产生的利息，下同）两者金额较高者执行。复学或新生入学后学费减免金额，按高等学校实际收取学费金额执行。

学费补偿、国家助学贷款代偿以及学费减免的标准，本专科生每生每年最高不超过 12000 元，研究生每生每年最高不超过 16000 元。超出标准部分不予补偿、代偿或减免。享受学费补偿、国家助学贷款代偿以及学费减免的退役士兵不得申请国家生源地助学贷款。

（八）基层就业学费补偿国家助学贷款代偿。对到区内县级以下基层单位就业的高校应届毕业生实行学费补偿或国家助学贷款代偿，本专科生每生每年最高不超过 12000 元，研究生每生每年最高不超过 16000 元。毕业生在校学习期间每年实际缴纳的学费或用于学费的国家助学贷款低于补偿代偿标准的，按照实际缴纳的学费或用于学费的国家助学贷款金额实行补偿代偿。毕业生在校学习期间每年实际缴纳的学费或用于学费的国家助学贷款超出补偿代偿标准的部分，不予补偿代偿。

（九）生源地信用助学贷款。国家开发银行等金融机构向高等教育阶段符合条件的家庭经济困难的学生（含预科生）发放的、在学生入学前户籍所在县（市、区）办理的助学贷款。每个借款人每年申请的贷款额度本专科学生最高不超过 12000 元，研究生最高不超过 16000 元。

（十）本科学费减免。对我区全日制普通本科学校招收的农林师范体育专业等享受国家专业奖学金的学生实行学费减免政策。减免标准：户籍为宁夏山区九县（区）（固原市原州区、西吉县、彭阳县、泾源县、隆德县、海原县、吴忠市红寺堡区、盐池县、同心县）的农村户口学生（不含国营农林牧场）按照学费的 70% 进行减免；其他学生按照学费的 30% 进行减免。

（十一）公费师范生国家教育资助。对自治区属相关全日制普通本科学校招收的公费师范生，按照自治区物价管理部门核准的普通高等学校收费标准免除学费，同时，每生每年免除住宿费 800 元、课本费 400 元，补助生活费 3000 元。延长修读年限期间，所有费用由学生自理。

（十二）高职学费减免。对在全区全日制高等职业学校（含民办院校）生源为宁夏籍脱贫家庭学生（原建档立卡学生）、脱贫不稳定家庭学生（原建档立卡学生）以及农林师范专业学生实行学费减免政策，减免标准为每生每年 4200 元。

第六条　国家助学贷款奖补资金。全部用于本地区全日制普通高校学生的资助。

第七条　中等职业学校资助范围及标准包括：

（一）国家奖学金。奖励学习成绩、技能表现等方面特别优秀的中等职业学校全日制在校生，每生每年 6000 元。

（二）免学费。对中等职业学校全日制学历教育正式学籍一、二、三年级在校生中所有学生免除学费（不含住宿费），免学费标准为戏曲表演专业（即戏曲表演、戏剧表演、曲艺表演、木偶与皮影表演及制作、戏曲音乐、民族音乐与舞蹈专业）（其他艺术类相关表演专业学生除外）学生每生每年 6000 元，其他专业学生每生每年 2000 元。

（三）国家助学金。资助中等职业学校全日制学历教育正式学籍一、二年级在校涉农专业学生和非涉农专业家庭经济困难学生。非涉农专业家庭经济困难学生是指脱贫家庭学生（原建档立卡学生）、脱贫不稳定家庭学生（原建档立卡学生）、残疾家庭及残疾学生、城乡低保家庭学生、城乡特困救助供养学生、孤儿、事实无人抚养儿童、烈士子女等家庭经济困难学生。就读我区中等职业学校，生源地属于六盘山区等 11 个原连片特困地区和西藏、四省涉藏州县、新疆南疆四地州的中等职业学校农村学生（不含县城）全部纳入享受国家助学金范围。我区固原市原州区、西吉县、彭阳县、泾源县、隆德县、海原县、同心县所属中等职业学校学生全部纳入享受国家助学金范围。平均资助标准为每生每年 2000 元，具体标准由各地各校在每生每年 1000 元 -3000 元范围内自主确定，可以分为 2-3 档。

（四）中等职业教育“两免一补”。对宁夏山区九县（区）所属中等职业学校全日制学历教育正式在籍一、二年级在校学生，每生每年免除住宿费 800 元、课本费 400 元，补助生活费 500 元。

第八条　普通高中资助范围及标准包括：

（一）国家免学杂费。对具有正式注册学籍的普通高中脱贫家庭学生（原建档立卡学生）、脱贫不稳定家庭学生（原建档立卡学生）、残疾学生、农村低保家庭学生、农村特困救助供养学生五类家庭经济困难学生免除学杂费（中央另有规定的按新规定执行）。按照每生每年 800 元标准（不含住宿费）补助学校。自治区财政对除享受国家免学杂费政策以外的宁夏六盘山高级中学、宁夏育才中学的正式注册学籍学生免除学费、住宿费。两项政策不能重复享受。

（二）国家助学金。资助具有正式注册学籍的普通高中在校生中的家庭经济困难学生。家庭经济困难学生是指脱贫家庭学生（原建档立卡学生）、脱贫不稳定家庭学生（原建档立卡学生）、残疾家庭及残疾学生、城乡低保家庭学生、城乡特困救助供养学生、孤儿、事实无人抚养儿童、烈士子女等家庭经济困难学生。平均资助标准为每生每年 2000 元，具体标准由各地各校在每生每年 1000

元-3000元范围内自主确定，可以分为2-3档。自治区财政对除享受国家助学金政策以外的宁夏六盘山高级中学、宁夏育才中学的正式注册学籍学生提供每生每年1000元生活费补助。两项政策不能重复享受。

第九条 学前教育资助范围及标准包括：对全区取得合法办学资质的幼儿园正式注册学籍的在园脱贫家庭儿童（原建档立卡儿童）、脱贫不稳定家庭儿童（原建档立卡儿童）、残疾家庭及残疾儿童、城乡低保家庭儿童、城乡特困救助供养儿童、孤儿、事实无人抚养儿童、烈士子女等家庭经济困难儿童实施“一免一补”政策。按照免除保教费每生每年1500元、补助生活费每生每年900元标准补助幼儿园。

第十条 国家奖学金、国家励志奖学金、学业奖学金、国家助学金、免学（杂）费补助资金、服兵役高等学校学生国家教育资助资金、基层就业学费补偿国家助学贷款代偿资金等标准，根据经济发展水平、财力状况、物价水平、相关学校收费标准等因素，实行动态调整。

第十一条 各地要对防止返贫动态监测中“边缘易致贫户”、“因病因灾因意外事故等刚性支出较大或收入大幅缩减导致基本生活出现严重困难户”家庭的学生予以关注，当家庭出现困难时要及时将学生纳入资助范围。

第三章 资金分担和预算安排

第十二条 学生资助资金采用因素法分配，根据学生人数、相关标准等进行测算。

第十三条 普通高校国家奖学金、国家励志奖学金、服兵役高等学校学生国家教育资助、国家助学贷款奖补资金由中央财政承担。自治区高校的基层就业学费补偿国家助学贷款代偿资金由自治区财政承担。高校的国家助学金由中央与自治区按8：2分担，博士研究生国家助学金由中央按标准予以补助，差额部分由自治区财政承担。研究生学业奖学金由高校承担。生源地信用助学贷款贴息，考入中央高校和考入地方高校跨省就读的，贷款贴息和风险补偿金由中央财政承担；在我区高校就读的，贷款贴息由自治区财政承担、风险补偿金由中央与自治区按5：5分担；毕业后利息全部由学生及家长（或其他法定监护人）承担。

第十四条 自治区实施的高职学费减免政策，所需资金由自治区承担。

对因免学费导致学校收入减少的部分，由财政按照免学费学生人数和免学费标准补助学校，弥补学校运转出现的经费缺口，由学校按规定管理和使用。

部分学校的部分专业按照物价部门核准的收费标准高于财政补助标准的，可以向学生收取差额部分。

第十五条 自治区实施的本科学费减免政策，所需资金由自治区财政承担。

对因免学费导致学校收入减少的部分，由财政按照享受免学费政策学生人数和免学费标准补助学校，弥补学校运转出现的经费缺口，由学校按规定管理和使用。

第十六条 自治区实施的公费师范生国家教育资助政策，所需资金由自治区财政承担。

对因免学费、住宿费、课本费导致学校收入减少的部分，由财政按照享受政策学生人数和标准补助学校，弥补学校运转出现的经费缺口，由学校按规定管理和使用。

第十七条 中等职业教育国家奖学金由中央财政承担。中等职业教育免学费和国家助学金由中央与自治区按8:2分担。

对因免学费导致学校收入减少的部分，由财政按照享受免学费政策学生人数和免学费标准补助学校，弥补学校运转出现的经费缺口，由学校按规定管理和使用。

对于戏曲表演专业以外的其他艺术类相关表演专业，经批准的学费标准高于补助的部分，学校按规定继续向学生收取。对在经教育行政部门、人力资源和社会保障部门依法批准的民办中等职业学校就读的一、二、三年级学生，与公办学校学生财政补助标准和范围一致，经批准的学费标准高于补助的部分，学校可以按规定继续向学生收取。

第十八条 国家统一实施的普通高中免学杂费和国家助学金政策，所需资金由中央与自治区按8:2分担。自治区实施的宁夏六盘山高级中学、宁夏育才中学教育资助政策，所需资金由自治区财政承担。

对因免学杂费导致学校收入减少的部分，由财政按照免学杂费学生人数和免学杂费标准补助学校，弥补学校运转出现的经费缺口，由学校按规定管理和使用。对在经教育行政部门依法批准的民办高中学校就读的符合免学杂费政策条件的学生，按照当地同类型公办学校标准给予补助。民办高中学校经批准的学杂费标准高于补助的部分，学校可以按规定继续向学生收取。

第十九条　自治区实施的中等职业教育“两免一补”资助政策，住宿费、课本费由自治区和固原市及山区九县（区）财政按5∶5分担，生活费由自治区财政承担。

对因住宿费、课本费减免导致学校收入减少的部分，由财政按照减免学生人数和标准补助学校，弥补学校运转出现的经费缺口，由学校按规定管理和使用。

第二十条　自治区实施的学前教育资助政策，所需经费由自治区承担，中央财政给予引导支持。后期随国家幼儿资助政策变化适时调整。

对因免补政策导致幼儿园收入减少的部分，由财政按照免补人数和标准补助幼儿园，弥补幼儿园运转出现的经费缺口，由幼儿园按规定管理和使用。收费标准高于财政补助部分，幼儿园按规定继续向幼儿收取。

第二十一条　自治区财政厅会同有关部门按照转移支付预算管理规定的时限等有关要求下达自治区对市县转移支付预算。市县财政会同有关部门在收到转移支付预算（含提前下达预计数）后，应当按规定合理分配、及时下达。市县财政部门应当加强预算管理，按有关规定及时足额拨付应负担的资金。自治区学校所需资金按照部门预算管理要求下达。

第四章　资金管理和监督

第二十二条　学生资助资金纳入各级政府预算管理，各级财政、教育、人力资源和社会保障等部门（单位）要按照预算管理有关规定加强学生资助资金预算编制、执行、决算等管理。

第二十三条　各级教育、人力资源和社会保障等部门要加强资金发放、执行管理，做好基础数据的审核工作，健全学生资助机构；组织学校做好家庭经济困难学生认定工作，确保应助尽助。各级各类学校要加强学生学籍、学生资助信息系统应用，规范档案管理，严格落实责任制，强化财务管理，制定学生资助资金管理使用办法。学校应将学生申请表、认定结果、资金发放等有关凭证和工作情况按学年建档备查。

第二十四条　各级财政、教育、人力资源和社会保障等部门要按照全面实施预算绩效管理的要求，建立健全全过程预算绩效管理机制，按规定科学合理设定绩效目标，对照绩效目标做好绩效监控、绩效评价，强化绩效结果运用，做好信息公开，提高资金使用效益。

第二十五条　各级财政、教育、人力资源和社会保障等部门（单位）及其工作人员在学生资助资金分配和审核过程中滥用职权、玩忽职守、徇私舞弊以及违反规定分配或挤占、挪用、虚列、套取学生资助资金的，依法追究相应责任。

申报使用学生资助资金的部门、单位和个人在资金申报、使用过程中存在违法违规行为的，依照《中华人民共和国预算法》及其实施条例、《财政违法行为处罚处分条例》等国家有关规定追究相应责任。

第五章　附　则

第二十六条　各地各校要结合实际，通过勤工助学、“三助”岗位、“绿色通道”、校内资助、社会资助等方式完善学生资助体系。公办普通高校、普通高中要从事业收入中分别足额提取4%-6%、3%-5%的经费用于资助学生，中等职业学校、幼儿园（学校）应从事业收入中提取一定比例的资金用于资助学生。民办学校应从学费收入中提取不少于5%的资金，用于奖励和资助学生。

第二十七条　各地要认真贯彻党中央、国务院关于实现巩固拓展脱贫攻坚成果同乡村振兴有效衔接等决策部署，在分配相关资金时，结合实际向脱贫地区倾斜。

第二十八条　科研院所、党校（行政学院）等研究生培养单位学生资助资金管理按照本办法执行，所需资金通过现行渠道解决。

第二十九条　各项学生资助政策涉及的申请、评审、发放、管理等工作按照《学生资助资金管理实施细则》执行。

第三十条　各校要根据本办法，结合实际制定校内资助资金实施办法。

第三十一条　本办法由自治区财政厅、自治区教育厅、自治区人力资源和社会保障厅、自治区退役军人事务厅、宁夏军区动员局按职责负责解释。

第三十二条　本办法自2023年2月1日起施行，有效期至2028年2月1日。《自治区财政厅、教育厅关于印发〈宁夏回族自治区普通本科高校、高等职业学校国家助学金管理暂行办法〉的通知》（宁财（教）发〔2007〕717号），《自治区财政厅教育厅关于印发〈宁夏回族自治区普通本科高校、高等职业学校国家励志奖学金管理暂行办法〉的通知》（宁财（教）发〔2007〕718号），《自治区财政厅 教育厅关于印发〈宁夏回族自治区普通本科高校、高等职业学校国家奖学金管理暂行办法〉的通知》（宁财（教）发〔2007〕719号），《自治区财政厅、教育厅转发〈财政部、教育部关于印发研究生国家奖学金管理暂行办法的通知〉的通知》（宁财（教）发〔2013〕40号），自治区财政厅、教育厅关于转发《财政部、教育部关于印发〈研究生国家助学金管理暂行办法〉的通知》的通知（宁财（教）发〔2014〕532号），《自治区财政厅、教育厅关于印发〈研究生学业奖学金管理暂行办法〉的通知》（宁财（教）发〔2014〕533号），自治区财政厅、自治区教育厅、宁夏军区司令部关于转发《财政部、教育部、总参谋部关于印发〈高等学校学生应征入伍服义务兵役国家资助办法〉的通知》的通知（宁财（教）发〔2013〕857号），《自治区教育厅、财政厅、扶贫开发办公室关于做好我区高等职业学院建档立卡经济困难家庭及农林师范专业学生学费减免工作的通知》（宁教学〔2017〕144号），自治区财政厅、教育厅、人力资源和社会保障厅关于转发《财政部、教育部、人力资源和社会保障部关于印发〈中等职业学校免学费补助资金管理办法的通知》的通知（宁财（教）发〔2013〕785号），自治区财政厅、教育厅、人力资源和社会保障厅关于转发《财政部、教育部、人力资源和社会保障部关于印发〈中等职业学校国家助学金管理办法〉的通知》的通知（宁财（教）发〔2013〕786号），《自治区教育厅办公室关于印发〈宁夏回族自治区中等职业学校国家助学金实施细则（修订）〉的通知》（宁教学办〔2017〕36号），《自治区财政厅、自治区教育厅关于印发〈宁夏回族自治区普通高中国家助学金管理办法〉的通知》（宁财（教）发〔2017〕308号），《自治区教育厅、自治区财政厅关于扩大全区学前教育资助范围的通知》（宁教学〔2015〕224号），《自治区教育厅、财政厅、扶贫开发办公室关于做好学前教育建档立卡家庭经济困难儿童和残疾儿童“一免一补”资助工作的通知》（宁教学〔2017〕88号）共14件文件同时废止。

第六部分
财经文选

财政厅突出“争创‘五个一流’，强化作风建设”实践探索与经验启示

为认真贯彻落实党的二十大精神和自治区第十三次党代会部署，按照自治区人民政府常务会议要求，弘扬“严细深实勤俭廉＋快”作风，财政厅在政府部门中率先创新开展“争创‘五个一流’，强化作风建设”活动，引领干部能力素质、担当精神全面提升，推动党的建设、财政业务取得突破，实现了多项探索创新，积累了一些有益经验。

一、背景概况

习近平总书记指出，党的作风就是党的形象，关系人心向背，关系党的生死存亡。党的二十大和自治区第十三次党代会都对加强作风建设做出部署，自治区人民政府第一百二十五次常务会议强调要弘扬“严细深实勤俭廉＋快”工作作风，要求财政等部门先行试点。财政厅党组高度重视、迅速行动，第一时间传达会议精神，主要领导同志亲自做部署、持续紧盯抓，班子成员多次带领处室单位同志深入市县部门了解实际情况、找准工作落点，制订出台系统化活动方案，确定在政治建设、思想解放、担当实干、服务保障、清正廉洁上争创一流的目标，提出 4 个方面 13 条具体措施，从 2022 年 8 月开始，利用近半年时间全力推动落实，一些突出问题不足得到有效整改，一批经验做法得以巩固深化，机关政治生态更加风清气正、干部精神面貌焕然一新，推动自治区党委和政府确定的各项目标任务高标准、高质量、高效率完成，财政收支、争取资金、减税降费等多项工作取得了近年来最好成绩，财政工作 50 余次得到自治区领导肯定，财政厅被评为“自治区文明单位”。

二、做法成效

紧扣中央和自治区决策部署，以站在“第一方阵”、努力争创一流的标准，抓好四个环节，有效整治“庸懒散浮脱”突出问题，大力弘扬“严细深实勤俭廉＋快”良好作风。

（一）坚持以学打头，在强化理论武装中明方向

将学懂弄通作为做实落细的前提，以常态常抓的韧劲推动贯穿始终。始终把“总书记怎么说，我们就怎么做”的绝对忠诚贯穿活动，结合开展党的二十大和习近平总书记视察宁夏重要讲话指示批示精神“大学习、大讨论、大宣传、大实践”活动等，建立党组会前“一刻钟学习”、党支部周学习、青年理论小组学习“三项制度”，组织党组理论学习中心组学习 14 次，班子成员和处室单位负责同志带头讲党课 33 次，引领各党支部集中学习 132 次，从中深刻领悟道理哲理学理、准确掌握立场观点方法，把坚定捍卫“两个确立”、坚决做到“两个维护”贯穿到各项工作、体现在每个动作。始终以自治区有部署、财政就抓落实的责任担当谋划活动，把落实自治区第十三次党代会重大决策和自治区人民政府部署要求作为重中之重，通过 2 次专题培训全面系统学习、邀请党代会代表和英模代表现场辅导解读、开展理论测试检验等深入把握精神实质，特别是聚焦作风建设要求，多次召开专题会议研究落实措施，对标制定活动方案，切实把“严细深实勤俭廉＋快”这一主线一贯到底，将《加强党的政治建设》《中国共产党章程》《中国共产党廉洁自律准则》《中国共产党纪律处分条例》等规定要求落实到位，为活动取得好效果打下坚实基础。始终以新时代抓

大发展、财政是排头兵的历史自觉抓实活动，聚焦新时带面临的新任务、带来的新挑战，创新开展“走好新时代长征路”宣传教育，推动高质量发展“学思行论坛”和服务中心大局“大调研”，组织主题交流研讨30余次，撰写高质量调研报告45篇，形成一批理论文章和心得体会，党员干部思想观念明显转变，干事眼界更加宽广，创新意识持续增强，在学思践悟中深化认识的自觉不断强化，在转变作风中服务发展的能力不断提升。

（二）坚持以改正风，在深查细照笃行中强作风

始终牢牢抓住问题整改，注重“点”和“面”有机结合、“查”和“改”一体推进，全力推动后进赶先进、先进再前进。完善对照检视模式，聚焦活动要求，以“八对标八查找”为抓手，组织全体党员干部通过专题会议“讲”，交流研讨“提”，分管领导“评”，“三会一课”“查”，主题党日“促”等方式，把自己摆进去、把职责摆进去、把工作摆进去，征求意见建议560余条，梳理机关、处室（单位）和个人存在的问题275条，做到既找实阻碍改革发展稳定事业的积弊烦苛，又挖深思想、能力、品格、作风、廉政等问题根源。创新整改落实措施，创建“台账式”管理模式，建立问题整改落实、意见建议办理、重大事项推进“三个清单”，针对查摆出的275条问题，细化制定整改措施326项，对属于处室（单位）的问题确定责任人、时间表，属于干部个人的督促主动认领、定期交账销号，推动机关面貌焕然一新，干部职工心更齐、气更顺、劲更足。健全常态长效机制，注重用制度管根本管长远，集中力量跟进新建和修订完善内控制度7方面65项，形成涵盖党建、人事、业务全过程的从严管理体系。坚持以强激励增动力，全面对标完善厅机关效能考核指标体系，建立健全以干部年度考核、业绩纪实考核、差异化考核为主体的广角度、立体化考评措施，创新建立落实重大任务党员干部“突击队”和“先锋岗”，全厅上下对标一流、深谋细研、实干快干、勤俭廉洁的局面不断巩固，19名干部在财政部和自治区考核评比中获奖，1名干部被评为全区“人民满意的公务员”。

（三）坚持以严促实，在持续传导压力中聚合力

注重以良好的作风抓作风，探索创建以“三抓三促”为牵引的管理机制，把“严”和“实”体现到活动全过程、各方面。坚持严密抓统筹，促思想行动统一。及时成立由党组主要领导同志任组长、班子成员任副组长、处室单位负责人任成员的活动领导小组，抽调精干力量设立工作专班和4个工作组，创新建立组织、联络、保障、宣传“四项机制”，逐级压实党组书记、机关党委书记、党支部书记、领导干部“一岗双责”等“四个责任”，确保方案制定到推进落实、理论学习到指导实践各项工作步调一致、有序推进。严肃抓督导，促浓厚氛围形成。建立活动全程督导检查机制，坚持每阶段召开1次专题推进会、下发1次任务通知书，先后3次开展集中督导、多次组织随机抽查，综合组每周定期听取工作进展、研究细化措施、协调解决问题，做到每项任务都有具体措施，每项工作都有督导跟进。创新重大任务“一月一督查”“亮实快新好”工作周动态通报和财政媒体宣传日等制度，把作风建设作为重点内容，印发动态通报24次、编发活动简报7期60余篇，通过编撰财政改革创新发展文集、邀请中国财经报采风等多种形式加大宣传力度，形成良好的活动氛围和浓厚的干事氛围。严格抓落实，促活动成效提升。充分总结借鉴党的十八大以来各项集中教育活动经验，坚持不分阶段、不分环节、不搞转段，推动学习教育、检视问题、整改落实、实践提升四个环节融会贯通，促进13项具体措施一以贯之，跟进评估效果、及时纠正偏差、持续巩固深化，严防浮在表面，力戒形式主义，杜绝学思、学用、学改脱节现象，实现各项重点举措穿插推进、循序加力。

（四）坚持以干为要，在服务中心大局中见成效

注重以工作成效展现作风建设成效，突出创新抓好“五大专题实践”，做好结合文章，推动学用相长，巩固提升效果。大力创新推进“强化政治担当，铸牢政治忠诚”专题实践，在筑牢赤诚忠心上做表率。持续巩固拓展党史学习教育成果，聚焦党的二十大胜利召开重大历史时刻，集中开展学习宣传活动10余项，深刻领悟党和国家事业伟大变革和辉煌成就，党员干部跟党走的信念更加坚定、奋进新征程的信心更为坚定。扎实推进模范机关建设，创新实施政治能力提升工程和铸魂工程，积极开展铸牢中华民族共同体意识教育，全厅上下拥戴核心、维护核心、忠诚核心的自觉和能力不断提升，财政党建工作跃居前列，经验做法在区直部门中交流学习，财政厅被评为“全区民族团结进步示范单位”。

大力创新开展“落实重大部署，组织出题、干部答卷”专题实践，在推动改革发展上强担当。积极应对经济“三重压力”，集中力量研究制定稳定经济、扩大消费、促进就业等多项财政政策措施，新增退税减税降费及缓税缓费233.9亿元，达到上年总规模的3倍多，发放消费券撬动消费43.5亿元，统筹资金213亿元支持自治区基础设施建设，为全区经济增速跃居全国前列作出积极贡献。主动服务高质量发展，探索建立生态补偿、山林资源回购、财政支持科技创新等机制，推动出台“六新六特六优”产业发展财政政策，有力支持调结构换动能转方式。坚决维护社会大局和谐稳定，在全国率先制定一揽子疫情防控财政政策措施，补助市县转移支付资金较上年增长15.7%，全区“三保”资金倍数始终保持在1.5倍以上，隐性债务增量有效遏制、存量化解任务超额完成。大力创新开展“强化财政实力、优化财政服务”专题实践，在提升保障能力上出实招。2022年财政收支创历史新高，地方一般公共预算收入460.1亿元，同口径增长13.7%，增幅全国第六；一般公共预算支出1583.5亿元，增长10.9%，增幅全国第七。累计争取中央转移支付资金1184.3亿元，超出上年规模166.3亿元，在全国竞争性评审中获得资金规模、入围项目数量、单项评比排名均创历史最好成绩，有力地确保自治区重大项目、重点工作资金需求。“放管服”改革纵深推进，行政审批事项办理时限整体由483个工作日减少为145个工作日，减少70%，办理环节压缩41%，申请材料精简35%，服务效率大幅提升。大力创新开展“激励干事创业精气神”和“转变作风，提升斗争精神”专题实践，在打造过硬队伍上下功夫。制定系统化选人用人方案和梯次化干部队伍建设计划，8次启动程序压茬推进实施，向地市和自治区推荐任用干部7名，厅内提拔交流轮岗聘用100人，选派26名干部参加驻村帮扶、交流挂职、巡视检查等实践锻炼，2次组织新任干部集体谈话，树立了鲜明用人导向，解决了一些遗留问题，干部队伍结构明显优化，干事创业氛围更加浓厚，共克时艰合力显著增强。

三、经验启示

近年来，财政厅坚决推动落实重大部署、持续转变提升作风，特别是创新开展“争创‘五个一流’，强化作风建设”活动以来，取得了显著成效，加深了对全面从严治党引领保障作用的认识，深化了对持续推动财政作风建设的思考，主要有以下四个方面：一是必须坚持党的创新理论指引。思想上同心同德，行动上才会同向同行。活动中，财政厅始终坚持习近平新时代中国特色社会主义思想的指导地位，一开始就建立起一套全员主动学、持续深入悟、严格对标杆的有效机制，自觉从习近平总书记重要讲话和重要指示批示精神中理思路、找方法，始终按照中央和自治区部署要求搞活动、强作风，这是有效防止出现偏差落差、提高各项工作质效的根本保证。二是必须坚持深入实际突出特色。注重理论联系实际是马克思主义学风，也是重要工作方法。为扎实谋划开展好活动，厅党组成立专班，在深入细致调研论证、广泛听取意见建议基础上，提出目标任务和具体措施，切实把规定要求摆进去、把重点任务摆进去、把财政干部摆进去，这是确保落点实、见成效、有亮点的关键所在。三是必须坚持拓宽视野守正创新。只有把握规律积极创新，才能不断顺应形势、取得突破。财政厅坚持开门搞活动，多渠道学习借鉴其他省区和兄弟部门经验做法，严格落实“规定动作”的同时，鼓励支持处室单位和党员干部积极探索、创建载体、创新方法，坚决不搞“一刀切”、防止“一般粗”，这是始终展现活力、不断凝聚合力的有效措施。四是必须坚持问题导向标本兼治。问题就是方向、差距就是动力。活动开展以来，全厅上下始终聚焦突出问题，充分结合巡视审计、专项检查等反馈情况，深入举一反三，积极建章立制，力求查改一个问题、纠治一类现象、健全一套机制，这是确保取得实效、不断形成长效的重要方法。

作风建设永远在路上。财政厅将始终保持清醒和坚定，坚持以习近平新时代中国特色社会主义思想为指导，认真学习贯彻党的二十大和自治区第十三次党代会精神，进一步深入总结经验、对标完善措施、坚持常态常抓，不断巩固提升“争创‘五个一流’，强化作风建设”活动成效，带头大力弘扬“严细深实勤俭廉＋快”作风，为推进新时代财政事业、全面建设社会主义现代化美丽新宁夏凝心聚力增劲、提供有力保障。

（执笔人：张化）

关于宁夏城市建设重点项目的调研报告

为深入贯彻党的十九届五中全会精神和习近平总书记关于城市工作的重要论述，认真落实自治区政府关于城市更新相关工作要求，充分发挥财政资金的引导撬动作用，全力推动我区城市更新行动实施，促进城市高质量发展，自治区财政厅对5个地级市2021年、2022年实施城市建设的相关情况进行了摸底调研，了解重点建设项目的基本情况，分析存在问题，提出政策建议。

一、城市建设重点项目的基本情况

经粗略统计，5个地级城市2021年—2022年已实施及计划实施的重点项目共60个，总投资额81.56亿元。从资金来源看，争取上级转移支付及中央预算内投资22.53亿元，占总投资27.6%；使用债券资金12.99亿元，占比15.9%；企业等社会资本投资9.06亿元，占比11.1%；本级财政需兜底配套36.98亿元，占比45.3%。详见表1。

从项目类别看，市政道路及相关配套基础设施（以下简称市政道路）项目27个，投资概算36.29亿元；排水防涝项目7个，投资概算4.26亿元；生态修复项目7个，投资概算8.98亿元；教育设施建设项目7个，投资概算12.34亿元；城市污水处理项目3个，投资概算3.74亿元；2个以下的重点项目有：保障性安居工程、公共卫生、体育场馆、城市垃圾处理、历史文化保护、消防设施。

从项目分布看，5个地级市均将市政道路建设列入重点项目，4个城市将排水防洪项目列入重点项目，3个城市将污水处理、生态修复、教育设施建设列入重点项目。

（一）银川市重点项目基本情况

2021年，共实施城市建设项目91个，总投资

表1 2021年、2022年全区城市建设重点项目资金来源统计表

金额单位 :亿元

资金来源	2021年		2022年（预计数）		合计	
	金额	占比	金额	占比	金额	占比
上级转移支付	6.61	22.5%	9.48	18.2%	16.09	19.7%
中央预算内支付	2.2	7.5%	4.24	8.1%	6.44	7.9%
一般债券资金	5.34	18.2%	4.17	8%	9.51	11.7%
专项债券资金	0	0	3.48	6.7%	3.48	4.3%
社会资金	0	0	9.06	17.3%	9.06	11.1%
需配套自有财力	15.19	51.8%	21.79	41.7%	36.98	45.3%
小计	29.34		52.22		81.56	

概算107.8亿元，政府计划投资91.1亿元。重点实施的项目5个，总投资概算10.83亿元，均为政府投资项目。从项目看，涉及市政道路的重点项目3个，共投资9.4亿元；城市污水处理和排水防涝项目各1个，分别投资1.02亿元、0.41亿元。从资金来源看，中央和自治区财政转移支付0.33亿元，占总投资3%；中央预算内投资0.53亿元，占比4.9%；一般债券资金投入2.16亿元，占比19.9%，本级财力需投入7.81亿元，占比72.1%。

2022年，计划实施城市建设项目105个，投资概算88.18亿元，其中政府计划投资38.63亿元，剩余资金均采用PPP模式、企业投资等方式筹集。重点实施交通疏堵提畅工程项目5个，均为市政道路建设，投资概算8.26亿元。从资金来源看，预计中央预算内投资1.1亿元，占总投资13.3%；计划使用一般债资金1.6亿元，占比19.4%；计划使用专项债资金1.48亿元，占比17.9%；本级财力需投入4.08亿元，占比49.4%。

（二）石嘴山市重点项目基本情况

2021年，共实施重点项目5个，总投资6.33亿元，均为政府投资项目。从项目看，涉及生态修复项目2个，共投资3.43亿元；排水防涝、公共卫生、教育设施项目各1个，分别投资0.85亿元、0.8亿元、1.25亿元。从资金来源看，中央和自治区财政转移支付3.08亿元，占总投资48.7%；一般债券资金投入0.8亿元，占比12.6%，本级财力需投入2.45亿元，占比38.7%。

2022年，计划实施城市建设项目35个，投资概算27.29亿元，其中政府计划投资16.27亿元，剩余资金由企业投资方式筹集。重点实施的项目8个，投资概算15.89亿元。从项目看，涉及教育项目3个，投资5.74亿元；市政道路建设项目2个，投资1.51亿元；保障性安居工程、城市垃圾处理、消防安全项目各1个，投资分别为2亿元、6.34亿元、0.3亿元。从资金来源看，预计中央和自治区财政转移支付1.88亿元，占总投资11.8%；预计中央预算内投资0.76亿元，占比4.8%；计划使用一般债券资金1.58亿元，占比9.9%；计划使用专项债资金1亿元，占比6.3%；预计企业投资2.94亿元，占比18.5%；预计市辖区财政投入1.14亿元，占比7.2%；本级财力需投入6.59亿元，占比41.5%。

（三）吴忠市重点项目基本情况

2021年，共实施重点项目5个，总投资8.44亿元，均为政府投资项目。从项目看，涉及市政道路、教育设施、城市污水处理、排水防涝和生态修复项目各1个，分别投资0.99亿元、3.81亿元、2.52亿元、0.47亿元、0.65亿元。从资金来源看，中央和自治区财政转移支付2.3亿元，占总投资27.3%；中央预算内投资1.21亿元，占比14.3%；一般债券资金投入2.38亿元，占比28.2%；本级财力需投入2.55亿元，占比30.2%。

2022年，计划实施城市建设项目37个，投资概算20亿元，其中政府计划投资7.28亿元，剩余资金由企业投资等方式筹集。计划实施重点项目6个，投资概算17.98亿元。从项目看，涉及市政道路项目2个，投资8.32亿元；生态修复项目2个，投资4.72亿元；保障性安居工程、公共卫生项目各1个，投资分别为4.1亿元、0.84亿元。从资金来源看，预计中央和自治区财政转移支付4.99亿元，占总投资27.9%；预计中央预算内投资0.25亿元，占比1.4%；计划使用一般债券资金0.99亿元，占比5.5%；计划使用专项债资金1亿元，占比5.5%；预计企业投资4.93亿元，占比27.4%；本级财力需投入5.82亿元，占比32.3%。

（四）中卫市重点项目基本情况

2021年，共实施重点项目5个，总投资2.15亿元，均为政府投资项目。从项目看，涉及生态修复项目2个，共投资0.18亿元；市政道路、教育设施、体育场馆项目各1个，分别投资0.14亿元、1.31亿元、0.52亿元。从资金来源看，中央和自治区财政转移支付0.9亿元，占总投资41.9%；本级财力需投入1.25亿元，占比58.1%。

2022年，计划实施重点项目4个，投资概算5.23亿元。从项目看，涉及市政道路项目2个，投资4.55亿元；教育设施、体育场馆项目各1个，投资分别为0.23亿元、0.45亿元。从资金来源看，预计中央和自治区财政转移支付0.75亿元，占总投资14.3%；计划使用一般债券资金0.1亿元，占比1.9%；预计企业投资1.19亿元，占比22.8%；本级财力需投入3.19亿元，占比61%。

（五）固原市重点项目基本情况

2021年，共实施重点项目8个，总投资1.59亿元，均为政府投资项目。从项目看，涉及市政道路项目7个，共投资1.44亿元；排水防涝项目1个，投资0.15亿元。从资金来源看，中央预算内投资0.46亿元，占总投资28.9%；本级财力需投入1.13亿元，占比71.1%。

2022年，计划实施重点项目9个，投资概算4.86亿元。从项目看，涉及市政道路项目4个，投资1.68亿元；排水防涝项目3个，投资2.38亿元；历史文化保护和城市污水处理项目各1个，投资分别为0.6亿元、0.2亿元。从资金来源看，预计争取中央和自治区财政转移支付0.76亿元，占总投资15.6%；中央预算内投资共计3.13亿元，占比64.4%；本级财力需投入0.97亿元，占比20%。

二、当地财政支持城市建设现状

（一）银川市

2021年本级可支配财力132.5亿元，用于城市建设的实际支出28.7亿元，占比21.7%。2022年预计本级可支配财力177.4亿元，预算安排59.6亿元支持“九大产业”、全市重点项目、乡村振兴等领域，城市建设资金已到位5亿元，占比2.8%，后期将通过预算调整继续安排资金支持城市建设。

（二）石嘴山市

2021年本级可支配财力6.6亿元，用于城市建设的实际支出0.3亿元，占比4.5%。2022年预计本级可支配财力6.6亿，预算安排0.09亿元用于城市建设，占比1.4%。

（三）吴忠市

2021年本级可支配财力13.3亿元，因财力紧张，未安排城市建设资金。2022年本级可支配财力11.8亿元，预算未安排城市建设资金。

（四）中卫市

2021年本级可支配财力15亿元，用于城市建设的实际支出1.2亿元，占比8%。2022年预计本级可支配财力24.6亿元。预算未安排城市建设资金。

（五）固原市

2021年本级可支配财力12.3亿元，用于城市建设的实际支出0.2亿元，占比1.6%。2022年预计本级可支配财力11.7亿元。预算安排0.9亿元用于城市建设，占比7.7%。

三、2022年财政支持城市建设的相关情况

（一）中央和自治区专项资金支持情况

经统计，2022年涉及城市建设的专项资金13项，资金约为20亿元，主要用于保障性安居工程、海绵城市建设、教育设施（高中）、群众体育健身、养老、助残、城市垃圾处理、绿色建筑、第三产业发展等方面。

（二）中央预算内投资支持情况

经了解，2022年自治区发改委在支持城市建设中，主要聚焦市政设施提升、智慧城市建设、城市品质提升等方面，推动老旧小区改造、市政交通管网、城市排水防涝、应急防灾减灾、智慧街区社区、公共充电设施等基础设施建设，投资额度约为11亿元。其中，棚户区改造基础设施0.91亿元；保障性租赁住房基础设施1.6亿，因缺少项目储备，预计投资额度0.8亿元；老旧小区改造基础设施投资额5.76亿元；燃气管道改造4亿元；排水防涝投资额度国家发改委尚未下达，2021年为0.4亿元。

（三）债券资金相关政策

截至3月底，宁夏可发行一般债额度为90亿元，专项债额度为98亿元。专项债券资金投向领域中，涉及城市建设有：市政基础设施、保障性安居工程、城市停车场、天然气管网、电网、城镇污水处理、公共卫生设施、养老、冷链物流基础设施等。

（四）其他财政优惠政策

宁夏PPP基金以股权、担保两种方式，对PPP项目进行投资，投资期限与项目生命周期保持一致，最长不超过30年，单个项目投资额累计不超过1.1亿元。PPP项目奖补资金专项用于支持区内各市、县（区）推广应用PPP模式的奖励资金，支持范围包括：前期工作奖励、项目落地奖励、自治区级示范项目奖励、存量项目转PPP项目奖励，每实施1个项目，市县最高可获得810万元奖励资金，且最多不能超过3个项目。

四、宁夏城市建设中存在的问题

（一）城市发展规划缺位，财政资金效益发挥低

5个城市开发建设方式缺乏系统性、整体性，没有成熟的专项城市发展规划，只有银川市正在着手制订发展规划。一是城市建设“碎片化”问题突

出。由于缺少规划引领，造成各部门只能根据自身职能及面临的城市发展问题，各自为战，头疼医头，脚疼医脚。如石嘴山、吴忠、中卫，2021 年重点项目均为 5 个，但项目类别都在 4 个以上；2022 年重点项目分别为 8 个、6 个、4 个，项目类别分别为 5 个、4 个、3 个。反映了城市发展方向不明确，重点不突，城市建设摊大饼，摊薄了财政资金，建设效果不明显。二是各类项目建设统筹不够。城市建设中存在重复施工现象，如供暖、市政道路等项目施工时有"打架"的情况发生；个别城市因雨污分流排水体系中初期雨水处理设施不完善，造成雨水也进入污水处理厂，增加污水处理厂的负荷和运行成本，未发挥已建成的雨污分流管网作用，形成财政资金浪费。

（二）城市底子差，改造资金需求量大

一是市政基础设施急需新建改造。随着近年来宁夏城镇化提速，现有的市政基础设施难以满足城市需求，市政基础设施新建、更新、扩容需求大，加之此类项目投资建设成本高，收益低，给本级财政带来较重负担。近两年，5 个城市共开展市政道路、排水防涝、污水处理等 37 个市政项目，投资概算 44.29 亿元，占 5 个城市可用财力的 10.7%。剔除银川市，其他 4 个市仅此一项就占可支配财力的 24.7%，严重制约着其他建设项目的实施。近五年来，银川市每年城市基础设施建设的总投资都在 30亿元以上，随之给本级带来较重的资金配套压力。二是历史欠账较多。在早期的城市建设中，部分城市在环保等方面存在历史遗留问题，当前为解决这些问题，占用了大量的财政资金，如石嘴山市为星海湖水质提升工程配套资金 1.56 亿元，占 2021 年可用财力 23.6%；固原市的海绵城市 PPP 项目政府欠费约 2 亿元，六盘山机场航线补贴每年需补贴近 1 亿元，仅此 2 项应付款就占固原市 2022 年度可用财力的 25.6%。历史遗留问题严重制约部分城市实施城市建设项目。三是城市建设需求多样化、高标准化。为满足人民群众对美好生活的需要，城市建设不仅要解决基本住行问题，还要满足教育、医疗、健身、养老、托幼等多元化需求，不仅要补齐基础设施短板，还要解决公共服务设施短板，进而推动城市结构调整优化，提升城市品质，让群众在城市生活得更方便、更舒心、更美好。综上所述，城市建设资金需求呈上升趋势。

（三）财政收入规模小，难以支撑城市建设

资金保障不足成为对全区实施城市建设最根本、最直接的制约因素。一是自有财力支持城市建设力度小。各市财政收支压力比较大，对中央财政依赖性强，刚性支出占财政收入大头，可支配财力捉襟见肘，随着用于环境保护、生态修复、衔接乡村振兴等方面支出不断增加，本级财政用于城市建设的资金更是凤毛麟角。吴忠市近年来均未安排本级财力用于城市建设；石嘴山 2021 年本级配套的城市建设资金仅占可支配财力的 4.5%，2022 年占 1.4%；固原市 2021 年本级配套的城市建设资金占可支配财力 1.6%；2021—2022 年，除银川市外其余 4 个城市，本级配套的城市建设资金，最高不超过其可支配财力的 8.8%，建设资金严重依赖中央和自治区专项转移支付及中央预算内投资。二是城市建设项目难以全部落地。部分城市在推进城市建设中，投资大，超过自身能力，自有财力无法满足建设需求，存在一定隐患。以银川市为例，近五年来，每年在城市基础设施建设方面投入的自有财力只有 3 亿元，但每年其总投资都在 30 亿元以上，较大的建设力度与较低的资金配比形成较大反差。2021 年，除银川外的其他 4 市重点项目，需配套的自有财力为 7.38 亿元，占 4 市当年可支配财力的 15.6%；2022 年则占 32.4%，占比过大，配套难度较大。城市建设在财政收入总量有限的背景下，项目难以全部落地，建设内容难以全部实施。

（四）债务率居高不下，制约城市建设资金的筹集

全区全口径债务率约为 220%，政府举债受限，通过筹措债券资金开展城市建设的空间不足。2021 年，五市仅筹集 5.34 亿一般债券资金支持重点项目建设，未筹集到专项债券资金，债券资金占投资概算的 18.2%；2022 年，五市计划筹集一般债券资金 4.17 亿元、专项债券资金 3.48 亿元，用于重点项目建设，占投资概算 14.6%。在自有财力难以支撑城市建设的情况下，无法通过加大债券资金筹集力度，解决城市建设资金短缺问题。

（五）社会资本薄弱，城市建设过度依赖政府投资

政府主导，多方参与，是实现城市建设高质量、可持续发展的重要方式。当前，城市建设资金来源较为单一，主要是政府投资。一是社会资本参与度不够。2021 年，5 个市重点项目没有企业参与；2022 年，计划实施的 32 个重点项目，企业等社会资本参与 4 个，社会资本占总投资概算的 17.3%。以社会资本相对雄厚的银川市为例，2021 年城市建设项目 91 个，企业等社会资本参与的 19 个（含房地产开发项目 7 个），投资额占全部投资概算 15.5%。城市建设 80% 以上依赖政府投资，财政负担过重。二是国企需进一步发挥社会责任。2021 年银川市城市建设项目中，国企共参与 11 个项目，除电力公司新建供电线路项目 3 个外，市属国企参与 8 个。其中，城市垃圾处理、停车场建设、充电桩安装、公共交通等项目 5 个，公益项目 3 个，国企应本着“取之于民，用之于民”的原则，进一步发挥社会责任，加大参与城市建设的力度。

五、下一步财政政策重点支持方向

为推动重点项目落地落实，补齐民生短板，提升城市品质，建议财政支持政策重点从以下几个方向支持：

（一）重视城市专项规划

对根据城市定位，结合历史文化等城市特色及发展中面临的主要矛盾，聘请专业机构编制城市发展专项规划，明确城市发展方向，合理安排城市建设时序的城市，以奖补资金形式给予一次性支持，引导城市科学、合理开展城市建设。

（二）重点推进市政基础设施建设

抢抓政策窗口期，利用国家大力支持老旧燃气管道、排水防涝体系升级改造的机遇，集中部分财力，与中央预算内投资形成合力，重点支持财政困难、管网老化、存在安全隐患的城市，开展老旧管网改造工程，进一步完善城市给水、排水、燃气等基础设施，推动城市燃气、排水防涝系统建设，提升城市安全保障能力，加速推进韧性城市建设。

（三）加大老旧小区改造支持力度

依托老旧小区改造实施单元化城市建设，便于统筹相关部门资金，形成资金合力，能够避免重复建设，发挥财政资金“1+1〉2”的效果，有效提升城市建设的整体性、系统性。适当加大自治区财政老旧小区补助资金额度，结合中央财政资金下达情况，合理、平缓提升老旧小区改造户均补助水平，保持财政政策平稳，稳定市县预期，增强实施老旧小区改造信心，稳妥有序加大改造任务，进而促进城市建设高质量。

（四）有效发挥财政职能作用

牵头做好中央财政资金争取工作，会同 5 个城市及相关区直部门，以城市为单元，筛选、整合优质重点项目，集合各方资源，主动对接财政部等部委，争取更多中央财政支持的重大项目、试点工作在宁夏落地，为宁夏城市建设发展带来更多的真金白银。

（五）鼓励多主体参与城市建设

按照“肥瘦搭配”的原则，选取部分城市建设项目，利用现有宁夏 PPP 基金、PPP 项目以奖代补专项资金等财政优惠政策，鼓励 5 个地级市的市属国企成立平台公司，深度参与到城市建设设计、投资、建设、开发、运营等全生命周期的各项工作中，有效分担本级政府财政负担。

（执笔人：聂来健）

关于 2022 年 1—7 月财政经济运行分析暨全力保持经济增速全国排头兵的报告

8 月 13 日，在全区重大项目建设观摩推进会上，自治区党委书记梁言顺指出："开弓没有回头箭，宁夏必须全力保持第一，继续为全国经济发展做贡献。"自治区主席张雨浦要求："全面加强项目建设工作，充分发挥项目支撑作用、投资关键作用。"7 月，宁夏经济主要指标延续了上半年快速增长态势，1—7 月全区固定资产投资增速居全国第四，规上工业增加值增速居全国第五，财政收入增速居全国第六。同时，宁夏财经运行暴露出一些新的问题，需要及时关注。当前要置于"两个大局"的背景下正确认识宁夏所具备的发展优势，坚定必争第一的信心。展望今后发展，随着国民经济延续恢复态势，地区间竞争将更加激烈长远走向"拼后劲，拼质量"的阶段，将坚决落实好自治区重大项目建设观摩会议要求，抓紧谋划利于长远发展的好项目大项目，财政部门将在进一步解放思想中创新举措，有效动员资源资金，加快培育新的增长点形成增长极。

一、不断加大财政支持力度，1—7 月宁夏财政经济运行呈现巩固提升接续向好的态势

（一）全区财政收支保持快速增长，财政支出进一步提速进位

1—7 月，全区地方一般公共预算收入完成 285.4 亿元，同口径增长 23.6%，高于全国平均水平 19.5 个百分点，居全国第 6 位，为 2012 年以来最高水平，其中税收收入同口径增长 30.4%，居全国第 6 位。按自然口径测算，同比增长 1.1%，较上半年增速提高 0.3 个百分点，为 4 月落实大规模留抵退税政策以来首次转正。

1—7 月，争取中央一般公共预算转移支付 1153.1 亿元，同比增加 201.6 亿元，增长 21.2%，超过上年全年规模 135.1 亿元。全区一般公共预算支出 975.9 亿元，同比增长 12.7%，高于全国平均水平 6.3 个百分点，居全国第 5 位，比 1—6 月提升一个位次，为多年来最快增长、最好名次。市县支出 723.7 亿元，增长 13.2%，银川市、石嘴山市、吴忠市、中卫市、固原市支出增长分别为 25.8%、16.2%、10.7%、8.0%、3.5%。财政收支持续保持"双位数"增长，为稳住全区经济运行，促进各项重点事业发展提供了有力保障。

（二）退税减税降费继续扩围，重点惠及批发零售等困难行业

7 月，国家决定将留抵退税扩围至批发和零售业、农林牧渔业、住宿和餐饮业等 7 个行业，自治区财政厅有效贯彻落实，1—7 月全区累计新增退税减税降费及缓税缓费 187 亿元，是上年新增减税降费规模的 3 倍。其中，为 1.3 万户纳税人办理增值税留抵退税 151.3 亿元，新增减税降费 19.8 亿元，制造业中小微企业缓缴税费 15 亿元，缓缴社会保险费 0.9 亿元，政策措施落地见效，有效推动全区经济较快增长。

（三）增值税回补效应显现，财政收入质量稳步提升

截至 7 月底，全区增值税留抵退税已完成"大头落地"任务，财政收入质量进一步提升。从收入结构看，1—7 月份，全区地方一般公共预算收入完成 285.4 亿元，其中，税收收入 86.7 亿元，非税

收入98.7亿元，税收占比65.4%，较上半年提高4.6个百分点，收入结构进一步优化。从税种看，三大主体税种中，增值税同口径增长45.7%，增速较上半年提高10.3个百分点，留抵退税后新形成的销项税开始做出税收贡献，退税政策回补效应初步显现。受规模以上工业企业利润增长较好带动，企业所得税同比增长55.5%，完成39.1亿元。受能源矿产开采销售量增加拉动，资源税同比增长69.1%，增收9.8亿元。从行业看，采矿业、煤炭石油加工、有色金属冶炼3个行业税收分别增长126.1%、9.5%、26%；金融业税收小幅增长6.9%；房地产业税同比下降12.3%；部分服务性行业税收降幅逐步收窄，批发和零售业、租赁和商业服务业税收降幅较1—6月份分别收窄0.2个、11.8个百分点。从地区收入看，市县财政收入同口径增长15.4%，银川市（含宁东）、石嘴山市、吴忠市、中卫市、固原市收入同口径增长分别为16.1%、20.5%、16.7%、9.3%、6.3%，持续保持稳定增长。

（四）财政支持投资与消费取得新进展，有效促进经济增长

在扩大投资方面，截至7月末，全区发行新增政府债券资金52亿元，其中，一般债券44亿元，专项债券8亿元，重点保障棚户区改造、城市基础设施提升等自治区重点项目建设。1—7月下达车购税等资金69.8亿元，同比增长91.8%；拨付铁路建设及运营资金15亿元，同比增长50%；下达水利工程建设资金46.7亿元，同比增长21%，有效推动银川都市圈城乡供水等水利工程。财政支持扩大投资，带动全区基础设施投资同比增长35.9%，高于全国28.5个百分点。在促进消费方面，7月1—30日，新增发放各类消费券83万张，核销消费券65万张，形成扩大消费有效支出0.54亿元，促进消费加快恢复。促消费政策实施以来，累计发放各类消费券579万张，核销消费券369万张，形成有效财政支出1.58亿元，撬动社会消费23.5亿元。1—7月全区社会消费品零售总额同比增长1.6%，比全国高1.8个百分点。

（五）持续加强民生保障，筑牢兜实“三保”底线

坚持在发展中保障和改善民生，持续加大民生投入。一是加大“三农”领域投入。1—7月全区各级财政安排财政支农预算230亿元，比上年增长14.1%，形成实际支出150亿元，同比增长18.1%，支出进度达65.3%，及时安排一次性种粮补贴、小麦扩种补贴与大豆玉米带状复合种植补贴，有效保障粮食安全，促进农业经济发展。二是民生重点领域保障有力。1—7月全区民生支出743.7亿元，增长14.7%，民生支出占比76.2%，较上年同期提高1.3个百分点，其中，教育、卫生健康、社会保障和就业、节能环保领域财政支出分别增长14.0%、13.5%、23.9%、58.1%，推动解决好创业就业、教育公平、优质医疗资源下沉，扎牢织密民生保障网。三是扎实做好“三保”工作。加大财力下沉，1—7月共下达市县各类转移支付资金802.6亿元，超过上年全年补助资金规模4.4亿元，同比增长15.7%；加大国库资金调度，累计9次提前调度市县国库资金73.6亿元，切实兜牢兜实“三保”底线。

二、密切关注当前财政经济运行出现的问题，及时把握全国各省区间竞争格局与态势

1—7月份，宁夏各项经济指标表现亮眼，同时，进入7月份出现了一些苗头性倾向性变化，对可能存在的困难要有充分的估计准备，而且随着国民经济延续恢复态势，预计各省区间竞争更趋激烈。

（一）部分先行指标下滑，规上工业增加值回落

7月份制造业新订单指数仅为41.5%，下降2.3个百分点，反映出市场需求不足。7月份工业用电量同比增长4.7%，环比下降3.7个百分点。全区制造业采购经理指数（PMI）回落到46.3%，比上月回落0.6个百分点，连续4个月呈回落态势，低于全国平均2.7个百分点。虽然1—7月规上工业增加值增长率继续上升（从8.5%上升至9.1%），但7月当月规上工业增加值增速较上半年回落2.6个百分点，同时，工业生产者出厂价格环比下降2%，如剔除价格指数下降因素，7月当月规上工业增加值增速降幅会进一步降低。宁夏工业税收占比达60%，且税收收入是按现价计算，工业增加值的回落及PPI指数的下降，将影响财政收入的增长。

（二）大宗工业品价格下行，影响企业利润及税收

7月份，重点监测的11种大宗工业品价格环

比2升9降，聚氯乙烯、焦炭、硅铁、钢材降幅明显，甚至硅锰、硅铁、电石、钢铁价格倒挂，全区18户重点企业停产、减产，月减少产值30亿元以上，冶金行业、有色金属等行业利润下降。其中，宁钢集团1580立方米高炉停产、建龙特钢降负荷运行、云耀再生资源等再生铜企业阶段性停产。有色金属冶炼等传统产业对全区地方级税收贡献较大，占比达10%，有色金属冶炼当月税收下降45%，1—7月工业税收总收入同比下降2.4%。

（三）房地产持续低迷，土地出让收入降幅较大

1—7月房地产投资下降6.5%，全区商品房销售面积下降26%。房地产交易低迷引发土地流拍较多。1—7月全区国有土地使用权出让收入完成44.1亿元，下降26%，仅完成年初预算的24.3%（固原市本级、海原县分别完成年度预算的3.5%、4.9%），按序时进度短收62亿元（银川市本级短收31亿元，永宁县短收10亿元）。土地出让收入是市县财政收入的重要组成部分，土地出让收入短收较多，加大债务还本付息难度。

（四）世界能源价格波动将是常态，对宁夏经济增长产生不确定性

宁夏产业结构仍较为单一，从税收贡献看，自治区前20户重点税源企业主要集中于采矿业、石油焦煤制造业、房地产业以及电、热力行业，占地方级收入48%，比往年提高20个百分点。能源价格波动将对我区经济影响大，1—7月份仅宁煤一家在全区地方级税收收入中占比为23.5%，比上年同期提高了13个百分点，煤炭、石油对全部税收贡献超过四成。近期，国际油价从123.68美元/桶回落至90美元/桶，长期看，油价波动将是常态，煤炭、石油价格很难持续高位运行，将为宁夏经济增长、税收收入带来较大的不确定性。

（五）经济大省逐渐恢复，资源型省份增长加快，正在对宁夏呈现追赶态势

今后几个月，宁夏将面临更加激烈的竞争局面。从全国范围看，7月份受疫情多点散发影响，经济恢复势头边际放缓。全国规模以上工业增加值同比增长3.8%，比上月回落0.1个百分点，全国服务业生产指数同比增长0.6%，比上月回落0.7个百分点。预计随着疫情得到有效控制，国民经济将持续恢复。从经济大省看，近期李克强总理召开经济大省政府主要负责人经济形势座谈会，要求经济稳定恢复中经济大省要勇挑重任。随着产业链供应链畅通与稳定，东南沿海省份经济活跃度将明显恢复，东南沿海省份服务业占比高（北京81.7%，上海73.3%，天津61.3%，宁夏仅为47.2%），经济活跃度的提升，第三产业的恢复，将明显提高经济增速。从资源型省份看，上半年经济增速排名靠前的山西、新疆、内蒙古等增长速度较快，如山西，也呈现经济增速稳步回升，7月份规模以上工业增加值增长9.5%，比宁夏高出0.4个百分点。

三、认清自身发展优势，坚定必争第一信心，在解放思想中创新举措

在分析上述困难的同时，我们也要看到具备的有利条件与因素，对保持宁夏全国经济增速第一，坚定发展信心。

（一）在解放思想中统一思想，将拓展巨大的增长空间极大激发增长潜能

今年上半年，宁夏取得了二季度与上半年经济增长双第一，把原来想都不敢想的事情变成了现实，极大地鼓舞了士气，提振了信心。自治区党委、政府及时召开会议，做出了部署安排，要求全区上下将思想和行动统一到中央的要求上来，“力争实现最好结果”，及时明确了下半年奋斗目标与任务，将全力争取经济增速第一，进一步引领全区思想解放，鼓舞敢想敢干，凝聚团结奋斗的力量。

（二）当前经济形势错综复杂，在危机中开新局于宁夏更加有利

当前复杂严峻的国际环境与国内结构性矛盾交织，对任何省份都是考验。总体上来讲，目前自治区面临的难题其他省份也都面临，如房地产问题，1—7月份全国商品房销售额下降28%，宁夏同比下降24.4%。宁夏以重工业为主，对房地产的依赖小于其他省份，而且“船小好调头”，具备条件消除不利影响。能源价格上涨是把双刃剑，对各省影响不同，俄乌冲突仍在持续，预计高油价、高煤价持续到年底将是大概率事件，宁夏作为能源资源富集省区，形成了阶段性的比较发展优势。

（三）在激烈的省区竞争中，宁夏发展动能强劲，具备增速一马当先的潜质

宁夏经济总量小，按2021年基数测算，实现7%预期目标，要完成GDP316.6亿元增量，相较于东

部大省10万亿元左右的GDP体量，宁夏完全具备条件与能力实现增速第一。目前我们有较好的项目储备，上半年宁东晓星氨纶、国电投宁夏青铜峡新材料、中环光伏材料等17户企业入统直接拉动规上工业总产值增长1.9个百分点。预计到年底前江苏润阳、五恒氨纶、鲲鹏乙二醇、五恒氨纶配套原料、百川精细化工、国能宁煤费托蜡、晓星氨纶二期等一批重大项目陆续投产，将为完成7%经济目标奠定扎实基础。

（四）面临世纪疫情考验，宁夏统筹疫情防控和经济社会发展，将不断巩固与扩大发展优势

奥密克戎病毒具有相当的复杂性，短期内将难以根除。疫情对接触式消费产生直接影响，宁夏服务业占比不高，疫情对宁夏影响相对有限，上半年扩大消费政策取得明显成效，积累了经验，形成了政策储备。今后几个月将继续发挥全区疫情防控的优势，以最小的成本取得最大的疫情防控成效，为宁夏经济增长创造良好环境。

（五）国家部委政策密集支持，宁夏将乘势而上决胜全年目标任务

在自治区领导梁言顺、张雨浦的协调推动下，今年以来国家部委给予宁夏很多的支持，使得宁夏积蓄了足够的能量。截至7月底，中央财政对宁夏转移支付资金已达到1153亿元，同比增加201.6亿元，增长21.2%。发改委、水利部、农业农村部都对宁夏给予了很多政策支持，宁夏承接高密度的国家部委、中央企业支持，将在下半年冲刺中展现出巨大能量。

四、下一步工作安排

在深入分析宁夏面临困难，正确认识所具备优势基础之上，做好下半年财政经济工作，关键是深入贯彻自治区党委决策部署，按照政府工作安排，敢为善为，敢打敢拼，敢于胜利，聚精会神做好自己的事，一心一意谋划好项目，用系统观念、战略思维和创新办法，提高谋划项目的水平和能力，以重大项目实施、重点企业引进，带动经济持续快速增长。财政部门将在进一步解放思想中创新举措，充分发挥财政职能，推动财政经济发展，为争取宁夏做全国经济增长排头兵做出贡献。

（一）充分发挥财政职能，加强对“稳保促”与重点产业高质量发展的财政支持

贯彻落实中央会议精神，对标对表自治区党委常委会、政府常务会做出的各项工作安排，加强财政政策支持，促进稳保促深入开展。针对不同行业所处的发展阶段与所具备的特点，分别制定支持“六新六特六优”产业发展的财政政策。以上将投入财政资金242亿元，其中统筹资金渠道调整使用结构173亿元，新增69亿元，新增资金主要通过新争取中央财政资金以及债券资金安排，并将留有适当政策空间，持续推动我区经济增长。

（二）优化调整财政支出结构，将资金更多用于重点项目与重要产业

大力压缩一般性支出，腾出更多的资金用于发展产业与项目建设上。牢固树立“过紧日子”思想，以政府“过紧日子”换取百姓的“好日子”与支持企业更加有力的发展环境。坚持勤俭办一切事业，按照中央有关要求，严控会议、论坛等支出，严禁新建扩建政府楼堂馆所。研究制定政策，支持市县引入落户优质企业、优质项目，在确保“三保”的前提下，将财政资金更多用于生产建设性支出，这是我区发展阶段所处的历史方位决定的，使得宁夏在与周边省份争取优质产业中，更具竞争力；在寻找经济增长点、打造增长极过程中争得先机。

（三）大力推动创新驱动发展，增强经济增长动能

持续加大财政资金投入，将科技研发经费年均增长10%的要求落到实处。支持培育壮大科技创新主体，厚植科技创新力量，切实提高科技进步对经济增长的贡献率。在培育高科技企业中，寻找新的增长点。健全投入机制，引导企业加大技术改造，推动传统产业转型升级，形成新的增长点。狠抓科技创新，项目引进、产业发展都要紧紧围绕提升科技含量增加附加值，敢于善于挣高科技的钱，打造宁夏产业核心竞争力。

（四）抢抓重要窗口机遇期，争分夺秒大力推动产业振兴

在巩固传统产业扩大优势及产业转型升级的同时，抢抓新兴产业发展新机遇，努力培育新的增长极。一是抢抓能源价格上涨的重要窗口期，推动“原

字头”煤炭石油采掘业发展，加快释放煤炭产能，推动符合条件的资源项目加快开发，确保到2025年煤矿产量达到1亿吨；加快推动重大型气田开发，发挥“原字头”产业支撑作用，促进资源优势转化为经济优势。二是抢抓国家大力发展煤制油战略机遇，推动宁夏现代煤化工大发展，推动建设煤制油高质量发展示范，全力争取新的煤制油获批；大力延伸煤化工产业链条，提升价值链。三是抢抓能源替代的重大战略，大力推动新能源产业、储能电池产业尽快形成新的增长极。四是大力提高产业附加值与推进技术改造升级，研究制订“东数西算”支持政策，财政重点支持数据的运算与应用，形成新的产业业态。立足现有产业结构，推动有色金属深加工发展，提高附加值与企业利润税收水平。

（五）切实扩大投资与消费，增强对经济增长的拉动力

在扩大消费方面，据统计，目前可用于扩大消费的资金仍有超过1亿元，将由市县制订扩大消费的资金使用方案，切实发挥消费券政策效能。同时，通过市场化手段扩大消费长效机制。在扩大投资方面，紧盯自治区重大项目，对近期具备实施条件的项目，加快制订项目融资方案，将建立重点建设项目清单对接支持机制，统筹各类资金渠道，加大对重点项目的支持力度。

（六）进一步完善财政体制，切实调动市县抓增长点抓财源建设积极性

贯彻落实国务院办公厅《关于进一步推进省以下财政体制改革工作的指导意见》，研究制订宁夏改革方案，更好发挥财政在统筹调控、资源配置、财力保障等方面的作用。研究调整完善自治区与市县收入体制划分，进一步理顺政府间财政事权和支出责任，完善共同财政事权分级分担机制，增强市县发展县域经济的积极性。健全重点税源企业分析监测机制，统筹产业引导基金、财政专项资金、债券资金，集中支持地方优势特色产业提质增效，对财源建设好、增长点增长极培育有成效的县区给予政策奖励，激励市县大抓项目、抓大项目、抓高质量项目。

（执笔人：徐佳、杨丽）

关于“寻找增长点，打造经济增长极”的研究报告

6月16日，自治区主席张雨浦在自治区政府第七次全体（扩大）会议上提出：“寻找经济增长点，打造经济增长极，所有经济工作都要往这方面努力。”就充分发挥财政职能，促进经济增长进行了安排部署。财政厅认真贯彻落实，结合宁夏重点产业税收贡献、发展态势做了分析，就寻找经济增长点、打造经济增长极进行了认真研究。总的来看，当前宁夏经济结构仍较为单一，同煤炭、石油直接相关的产业税收贡献超过40%，今年以来价格上涨带来了财政收入的高增长，但如果未来能源价格形势发生变化，将对宁夏经济发展产生重大影响。当前应未雨绸缪、争分夺秒，抢抓重要窗口期，在持续巩固煤基产业基础上，结合宁夏资源禀赋及已形成的产业基础，努力培育硅基材料、锂电池正负极材料等新的增长点、打造增长极，争取在不长的时间能够塑造形成宁夏经济发展新优势。现将有关情况汇报如下：

一、今年以来宁夏经济增长态势良好，财政收入更是呈现多年未有较快增长

今年1—6月经济运行呈现总体平稳、稳中向好发展态势，全区规模以上工业增加值同比增长8.5%，高于全国5.1个百分点。1—6月，全区地方一般公共预算收入完成231.9亿元，同口径增长23.6%（扣除留抵退税因素），居全国第5位，为自2012年来最高水平。税收收入140.9亿元，同口径增长28.4%。上半年已争取中央一般公共预算转移支付1140.2亿元，同比增加221.5亿元，增长24.1%，超过上年全年规模122亿元。全区一般公共预算支出875.4亿元，同比增长12.5%，为自2015年财政部建立财政支出考核制度以来的最快增长，市县支出647.4亿元，增长14.3%，银川市、石嘴山市、吴忠市、固原市、中卫市支出增幅分别为31.8%、17.7%、7.2%、3.2%、9.1%。上半年财政收支快速增长，为稳住全区经济运行，促进各项重点事业发展提供了有力保障。

全区收入呈现良好的增长态势，得益于自治区党委、政府高度重视财税工作，对组织财政收入、税收收入，加强财政收支管理作出明确指示；得益于近年狠抓财源建设，正在展现出积极成效。同时，税收增减可以清晰地反映全区产业景气程度，折射出当前主导产业发展态势。

二、拉动宁夏经济增长的重点产业及税收贡献分析

（一）煤炭价格同比上涨，采矿业强势增长，对全区税收贡献达20%，成为拉动宁夏税收的最主要因素

全区煤炭开采业税收入库29.4亿元，同比增长近133.3%，增收16.8亿元，行业税收对全区税收的贡献率达20.9%，比上年同期提高10个百分点。从行业看，煤炭开采行业为一次性投资行业，为不可再生能源销售行业，进项较小，销项较大，留抵税额较小。1—6月全区原煤产量同比增长12.4%，销售量同比增长2.3%，叠加动力煤（692元/吨）和焦炭（3167元/吨）价格同比上涨分别为26%和42%，“量价齐升”是拉动煤炭行业税收增长的主要因素。后期，由于俄乌战争影响能源价格输入性

通胀压力仍很大，煤炭价格环比上涨虽放缓，但同比仍处于近年高位，预计全区全年煤炭行业税收仍将实现较快增长。从重点税源看，国家能源集团宁夏煤业公司、王洼煤业、银星煤业、灵信煤业、庆华韦二矿煤业等5家企业煤炭开采量预计达7600万吨，占全区煤炭开采量90%以上，其中仅宁煤集团预计达6200万吨（销售结构：50%供煤制油、40%供电厂、10%外销）；1—6月，宁煤集团、灵信煤业等上述5家企业地方级税收入库25.6亿元，占该行业地方级税收的比重达87.1%。其中，宁煤集团（煤炭板块）地方级税收入库16.5亿元，同比增长32%，增收4亿元，表现出大企业很强的集聚效应。

（二）受石油价格上涨拉动，煤制油相关产品保持较高行业景气，占地方级税收的11%，为全区收入增长做出积极贡献

宁煤集团煤制油项目主要产品为油品（柴油、石脑油）、油基产品（烯烃，主要包括聚乙烯、聚丙烯）、副产品（甲醇、液化气等），烯烃等油基产品价格与油品价格密切相关，烯烃价格涨幅达10%，由于成品油价格的持续上涨，企业效益持续向好的态势比较明显。1—6月，煤制油项目实现地方级税收15.5亿元，同比增长1.6倍，增收9.5亿元，占全区地方级税收收入11%左右，呈现较大幅度的上涨态势。煤制油通过产业链延伸创新发展，进一步促进高端精细化工产业发展，4月晓星氨纶企业入规增加产值6.1亿元，占行业总产值超过40%，随着泰和氨纶二期生产线、五恒化学BDO项目陆续建成投产，大量留抵税额退还后，预计成为稳定增长税源。

（三）石油行业原油开采利税较快增长，加工板块利润收窄，整体行业保持平稳发展

原油开采和石油加工占地方级税收的10%，重点企业是中石油天然气股份有限公司长庆油田分公司、宁夏石化分公司。从原油开采产业看，主要是中国石油天然气股份有限公司长庆油田分公司，1—6月份地方级税收入库2.6亿元，同比增长85%，增收1.2亿元。该企业属于分税企业，增值税及其附加税采取按月预缴、按年清算的征收方式缴纳，且产量较稳定，2022年上半年产量大约为260万吨，与去年基本持平，随着原油价格持续上涨（涨幅22%左右），拉动石油开采行业税收收入增长。在企业产量较为稳定，原油油价不下跌的情况下，预计下半年税收收入实现2.75亿元，全年预计实现税收收入5.35亿元，同比增长28.6%。从石油加工产业看，我区最大的原油加工企业是中石油天然气股份有限公司宁夏石化分公司，企业年产能在500万吨，但达不到满负荷生产，预计产能在80%以上，3月份以来由于受全国疫情多点散发以及成品油价格高位因素的叠加影响，成品油市场需求出现明显下降，1—6月增值税入库2.8亿元，同比下降3.0%，预计下半年随着交通运输逐步顺畅、需求回升，企业税收将保持平稳运行态势。

（四）有色金属、化工产品价格同比增长，但产量稳中趋降，后期发展将呈现分化

有色金属、冶金、化工是宁夏传统行业，占宁夏地方级税收的10%。从金属铝、金属锰、单晶硅、硅锰、硅铁的价格看，其中单晶硅和硅锰环比、同比均呈增长态势，同比分别增长155%、28%；金属铝、金属锰、硅铁5月产品价格均呈现环比下降态势，但同比增幅分别为5.6%、2.2%和21.8%，拉动有色金属行业税收出现较大幅度的增长。1—6月青铜峡铝业、宁创新材料、云耀再生能源等前10家有色金属冶炼企业合计入库税收6.3亿元，同比增长61.8%，增收2.4亿元。但后期行业税收增长并不乐观，由于我国有色金属冶炼行业所需的铝土矿、锰矿、铜精矿等均进口，对外部依赖度过高；同时，随着全球疫情防控的全面放开，中国以外国家开始开足马力生产，金属产品价格已经出现环比下降态势，有色金属冶炼行业景气度将有所下降，利润空间明显压缩，税收将呈现稳中趋降的态势。

（五）新材料行业税收增势显著，在宁夏呈现快速发展态势，预计成为新的增长点

一是光伏制造业前端价格高速上涨，中后端盈利能力受限。硅料环节：受到下游光伏发电装机大幅增长及供应链各环节扩产周期不匹配等因素叠加影响，硅料市场出现供应失衡，硅料价格一路上涨，1—5月硅料价格同比上涨超过150%，并传导至整个产业链，下游环节成本承压。目前看光伏原材料在区内还没有布局。硅棒、硅片环节：单晶硅硅棒、

硅片行业产能进入快速扩张阶段（隆基、中环等传统龙头新扩产规模占比较大），单晶硅棒价格大幅上涨同比增长超过100%，而硅片行业价格竞争激烈，价格传导受阻，远低于硅料价格涨幅，硅片生产企业毛利率普遍回落。银川隆基硅材料、宁夏隆基硅材料分别实现地方级税收0.83亿元、0.22亿元，同比下降36.1%左右。组件环节：受光伏终端市场景气影响，组件企业销售结构持续优化，盈利能力较硅片生产企业具有较大修复弹性。组件加工企业宁夏隆基乐叶科技有限公司，地方级税收0.26亿元，同比增长59%。从整个光伏产业链情况看，随着后期硅料市场扩产，硅料等主辅材价格回落，硅片、电池、组件盈利能力将显著提升。且当前隆基光伏科技、乐叶科技及中环等新投光伏企业为新投产企业，享受“三免三减半”优惠政策，预计后期将逐渐实现税收大幅增长。二是锂电池材料已经形成一定规模，发展潜力较大。电池材料是链接上游有色金属产业（硫酸镍、硫酸钴、硫酸锰等）和下游新能源产业的关键关节。宁夏重点产业中，锂电池产业链包含3个，其中，电池制造属于电子信息产业，正负极材料属于新材料产业，锂电储能属于清洁能源产业。2022年在“双碳”政策的带动下，三元正极材料、磷酸铁锂等新能源电池材料价格呈现持续上升，三元材料涨幅超过100%，磷酸铁锂涨幅超过300%，宁夏企业正在加速建成投产，杉杉能源、中化锂电、汉尧石墨烯纷纷调增产能规划，天元锰业100万吨高纯度硫酸锰已经立项，区内锰产业即将融入锂电产业链，预计未来将产生良好效益。剔除留抵退税因素，1—6月百川新材料、中化锂电、巴斯夫杉杉等锂电池企业地方级税收近1亿元，同比增长25%。随着光伏新材料大型企业的投产，新型材料产业不断壮大，将逐渐成为税收的一个新的增长点。

（六）装备制造业受原材料价格上涨，以及产成品价格下行的挤压，行业税利收窄，贡献度不高

一是总体税收规模偏小。从总体税收情况看，1—6月装备制造业税收3.8亿元，同比下降30.9%，税收占地方级税收3%，总体税收规模较小。共享集团地方级税收入库20万元，宁夏力成电气集团税收入库不足1万元，卧龙电气税收入库568.1万元。二是部分企业发展迅速，增长较快。近年来，自治区大力发展先进机械、智能铸造、仪器仪表等装备制造产业，小巨人、吴忠仪表、天地奔牛、舍弗勒（宁夏）、运达风电、天地重型装备、重工起重设备等企业发展迅速，1—6月7家企业地方级均税收入库千万以上，合计1.5亿元，同比增幅达53.6%以上，起到明显拉动作用。尤其是吴忠仪表，已成为国内规模较大的自动调节阀生产企业，实现税收2052.8万元，同比增长53.6%。三是受价格上涨影响，行业利润受到挤压。自治区积极推动装备制造业及配套产业协调发展，1—6月装备制造业规上工业增加值同比增长19.5%，环比加快0.3个百分点。但由于整体行业受工业出厂品价格指数低于购进价格指数，购销“剪刀差”，物流成本大幅攀升，终端消费市场不景气，利润受到挤压。1—5月装备制造业中重点行业通用设备制造业、专用设备制造业利润下降13.5%、60.4%。

（七）房地产业、电力、金融业等传统行业税收总体趋降

房地产业、金融业、电力行业是我区地方级税收收入的重要组成部分，占地方级税收20%左右。分行业看，金融业税收小幅增长。地方级税收入库12.9亿元，同比增长7.1%，总体保持协调增长。国家开发银行宁夏区分行、人保财险宁夏分公司地方级税收入库2.75亿元，同比增长6.8%。房地产业税收下降。受需求收缩影响，1—6月房地产投资下降2.7%，全区商品房销售面积同比下降24.5%，商品房月度销售面积连续13个月下降，预计今年房地产市场仍将进入低迷期。受上年房地产业利润增加企业所得税汇算增收2亿元以及调整上年部分税款今年入库的因素，房地产业地方级税收入库23.7亿元，同比下降13.8%，随着房地产市场各项指标持续下降，今年房地产税收下降幅度将在10%以上。电力行业税收下降。1—6月电力行业地方级税收入库为-11.4亿元，同比下降217.1%。我区电力行业税收主要以火电为主，由于煤炭价格的不断上涨，能耗较高、费用较大，火电长期处于亏损状态，2021年出台上浮电价政策，原则上在原有电价的基础上浮20%，高耗能企业用电价格不受限制，火电企业逐渐复苏，国家电投集团宁夏能

源铝业有限公司临河发电分公司入库增值税5641万元，同比增长2.7倍。但由于部分火电企业留抵进项较大以及光伏、风电行业异军突起，发展很快，多数处于投建期，前期集中留抵退税，4月以来电力行业留抵退税达57.6亿元，新能源发电留抵退税后即将产生税收，但体量很小，全年税收总量不到10亿元，难以填补巨大留抵退税额。后期仍有退税，全年电力行业税收预计仍为负值。

（八）“六特”行业主要是涉农产业，葡萄酒、奶产业、肉牛等税收总量相对较小

宁夏葡萄酒、枸杞、奶、肉牛、滩羊、冷凉蔬菜，产业间融合度较高，带动了住宿餐饮、房地产、物流、制造业、服务等相关产业发展，对提高宁夏经济含税量也起到了促进作用。但总体税收规模较小，上述6个重点产业2021年综合产值2467亿元，税收3.57亿元，占税收收入0.61%。其中葡萄酒产业产值300亿元，税收0.6亿元，在税收收入中占比为0.1%；枸杞产业产值250亿元，税收0.7亿元，在税收收入中占比为0.1%；奶产业产值610亿元，税收1.6亿元，在税收收入中占比为0.3%；肉牛和滩羊产值646亿元，税收0.07亿元，在税收收入中占比为0.01%；绿色食品产业产值661亿元，税收0.6亿元，在税收收入中占比为0.1%。

三、寻找新的经济增长点，打造增长极的措施

下一步，自治区财政厅将坚决贯彻落实自治区第十三次党代会精神，树立“大抓发展，抓大发展，抓高质量发展”理念，紧紧围绕自治区党委、政府关于“三区建设，‘四新’任务，五大战略”等一系列新任务、新要求，充分发挥财政职能作用，强化财政资源统筹，加大新能源、新材料等“六新六特六优”产业税源建设力度，构建一个结构合理、高效发展的地方财源体系，为先行区建设提供强有力的财力保障。

（一）抢抓能源价格上涨的重要窗口期，乘势而上，推动“原字头”煤炭石油采掘业发展，进一步夯实能源产业压舱石作用

总体看，今年能源价格将保持在一个较高水平，预计下半年石油价格趋稳上涨是大概率事件，国家做出能源保供的战略部署，宁夏应充分利用市场机遇与政策机遇叠加，乘势而上，做足“原字头”文章，尽快扩大产能释放产能。一是加快释放煤炭产能。抢抓能源保供战略机遇期，加大煤炭地质勘探力度，保障资源持续供给，推动符合条件的资源项目加快开发。深入摸排生产煤矿产能释放潜力，加快释放先进产能，确保到2025年煤矿产量达到1亿吨。二是加快推动重大型气田开发。积极推进中石油长庆红井子、盐池黄138区等油田CCUS项目建设，千亿方级大型气田开发。充分发挥同煤炭、石油大宗商品价格走势密切相关的“原字头”产业支撑作用，促进资源优势转化为经济优势。

（二）抢抓国家大力发展煤制油战略机遇，加快推动宁夏现代煤化工大发展，实施宁东二次创业

现代煤化工产业经济效益与油价波动密切相关，当前国际油价仍在高位运行，以石油为原料的化工行业成本压力较大，与此相对，在一系列保供稳价政策作用下，以煤炭为原料的煤化工行业成本优势逐渐显现，为现代煤化工产业发展带来了机遇。一是推动建设煤制油高质量发展示范。进一步加强同国家发改委、工信部等国家部委对接，争取国家将新部署的煤制油基地放在宁东，发挥宁夏煤制油技术先进、产业链条完整的优势，全力争取800万吨煤制油获批，形成以技术创新带动资源集聚，推动成为全国煤制油产业高质量发展的示范。二是大力延伸煤化工产业链条。合理有序建设煤制烯烃、煤制乙二醇等现代煤化工示范项目，支持煤制油气等现代煤化工企业积极发展煤基特种燃料、煤基生物可降解材料、高端精细化学品等产业链后端低能耗延链补链强链项目，打造全产业链条，提高煤炭作为化工原料的综合利用效能。三是重大项目带动现代煤化工产业集群发展。积极推动晓星2.28万吨碳纤维、宁煤费托蜡等项目落地开工，大力引进平煤神马、杉杉股份、浙江科元等大企业，重点推动光伏、氢能等新能源与现代煤化工融合发展，实现规模化开发、多能互补；推动现代煤化工与高性能纤维、电子材料及专用化学品、生物医药、节能环保等新材料、新业态相结合，促进“以煤为头，以化为尾”的现代煤化工产业集群加快发展。

（三）抢抓能源替代的重大战略，大力推动新能源产业尽快形成新的增长极

一是加快推进光伏全产业链发展。积极推进传

统能源替代和绿色低碳转型，当前新能源产业市场前景良好，光伏产业龙头企业隆基股份在银川经济开发区投资的银川隆基硅材料、银川隆基光伏科技和宁夏隆基乐叶科技以及本土创新企业宁夏小牛自动化设备有限公司，已成长为大型骨干企业。加快推进隆基乐叶年产5GW单晶电池、中晶新型碳纤维复合材料达产达效，支持光伏基地建设，推动新能源成为能源增量，培育具有替代作用的新的税收增长极，形成以光伏硅材料为核心，辅材耗材和配套设备企业集聚发展的全产业链体系。二是大力发展电池正负极及电池储能增长极。锂电池行业在新能源汽车高速发展刺激下，发展潜力巨大。产业发展在我区已具有一定资源优势、产业基础优势、政策优势、企业布局优势，且宁夏风电光伏产业积累了大量的储能需求，为锂电池储能领域开发应用提供了重要的消纳市场。一方面，持续延链补链壮链，积极发展上下游配套产业。重点发展电解质和电解液加工制造、液流电池储能电站、锂电池组装、锂电池资源化回收利用项目等配套产业，建成锂电池产业正/负极材料—动力/储能电池—电池资源利用优势特色产业链条。另一方面，加大龙头企业培育力度，形成集聚发展良好态势。全力推进宝丰储能电池材料、奥能瑞拉钠盐储能电池项目建设，支持百川锂电、中化锂电等龙头企业加快发展，努力形成“引进一个，跟进一批，带动一片”的良好效果，促进形成新的增长极。

（四）充分利用金属等大宗产品价格处于相对高位的优势，大力推进技术改造升级，提升产业附加值

有色金属产业是我区传统产业，也是制造业的重要基础产业，在制造业税收中占比近20%。工业现代化、国防和科学技术现代化都离不开有色金属，需求空间很大。针对我区有色金属产业“两头在外”，产业链短，附加值不高的问题，积极引导走集约化、规模化、高端化发展路径。一是推动铝业精深加工发展。依托青铜峡铝业、宁创新材料电解铝资源，加大同中电投等央企磋商，持续引进电解铝深加工项目，重点发展高性能铝板带、铝挤压材、管材及铝合金制品，推动宁创和铭岛铝业再生铝项目加快落地。二是推动锰业拓展使用领域。充分发挥电解金属锰产能优势，围绕纵向延伸、横向耦合，推进低硒锰片、脱氢锰片、低氧化锰片等高技术产品产业化，积极开发高纯硫酸锰、高锰酸钾、锰酸锂、锂离子电池等涉锰产品，加快海外锰矿资源投资开发，加强金属锰废渣资源综合利用技术研究，力促天元锰业高纯硫酸锰等重大项目尽早落地，将锰业发展融入电池产业。三是引导硅铁、铁合金行业转型升级。硅铁、铁合金属于高耗能行业，进一步发挥创新驱动作用，加快发展循环经济，推动硅铁、硅锰等普通合金材料节能降耗，提高硅系、锰系、稀土合金等特殊多元合金生产比重，保持铁合金行业竞争优势。

（五）促进生产、生活服务业加快发展，发挥中小微企业量大面广稳经济的基础作用

第三产业在宁夏地方级税收中占比约为40%，税收贡献较高的批发零售、金融业、房地产业三个行业占地方级税收30%，也是中小微企业相对比较集中的行业，对于吸纳就业和提高经济贡献具有重要作用。下一步，将完善促进中小微企业和个体工商户发展的财税政策体系，继续落实减税降费、援企稳岗等纾困解难政策举措，推动发挥科技和人才引领作用，促进规模大、信誉高、服务质量好的生产、生活服务企业做大做强，充分发挥其行业辐射和带动作用，增加有效供给，带动行业向价值链高端提升，形成龙头企业支撑引领，中小企业众星拱月的集聚圈。促进生产性服务业发展，支持主辅分离，大力发展仓储物流、劳务外包、检验检测等生产性服务业。整合财政资源积极培育发展消费新业态，扩大消费需求，提高生产、生活服务业在经济结构中的比重。

（执笔人：杨丽）

关于退税减税降费政策落实情况的报告

退税减税降费政策是稳定宏观经济运行，落实“六稳”“六保”，激发市场主体活力的重大举措。自治区党委、政府高度重视，自治区党委书记梁言顺专门进行批示，要求充分运用退税减税降费政策支持市场主体加快发展。强调减税降费是稳经济保增长促发展的重要举措。自治区常务副主席陈春平主持召开全区减税降费领导小组会议暨减税降费推进会，自治区副主席赵永清多次调度减税降费工作。截至5月31日，全区退税减税降费规模突破百亿元。近期，中央对留抵退税政策再度扩围，财政部下达宁夏第三批专项资金41.99亿元，我们对近期减税降费工作进行了全面梳理，现将有关情况汇报如下：

一、退税减税降费政策基本情况

2022年国家实施新的大规模减税降费政策，全年退税减税2.5万亿元，其中，留抵退税1.5万亿元，减税1万亿元。主要加大中小微企业、制造业、困难行业扶持力度，对小微企业、制造业等6个行业实行留抵税额全额退还，实施小规模纳税人阶段性免征增值税，小微企业再减半征收企业所得税，减免“六税两费”，中小微企业、个体工商户、特困行业阶段性缓缴社会保险费等税费优惠政策。5月23日，国务院常务会议决定在退税1.5万亿元基础上再增加1400亿元，将批发零售业等7个行业纳入留抵退税范围，并减征部分乘用车购置税，全年退税减税总量将达到2.64万亿元。

宁夏产业结构以投资密集型产业为主，而且区内重点产业与适用留抵退税政策的“六个行业”契合度高，进项留抵税额较高，享受政策红利大。预计我区退税减税总规模为170亿元以上，其中，新增留抵退税139亿元，减税31亿元，以上退税减税额度为我区历史规模最大。

二、加大组织实施力度，采取过硬措施，确保政策应享尽享早享快享

减税降费是保市场主体的重要举措，可以直接增加企业现金流，增强企业内生动力，自治区财政厅抢抓政策机遇，积极采取有效措施，确保政策直达快享、速享尽享。

（一）领导重视高位推动

梁言顺在全区一季度经济形势分析会上强调，要落实好中央减税降费各项政策，帮助企业特别是中小微企业纾困解难、渡过难关。张雨浦主持召开政府党组会议、常务会议、专题会议，强调要加快实施大规模减税降费，最大限度降低企业运行成本，支持市场主体更好发展。陈春平、赵永清组织召开全区减税降费领导小组会议暨减税降费推进会，研究部署减税降费工作。

（二）健全完善机制措施

自治区政府办公厅印发《自治区深入推进减税降费工作实施方案》，从工作目标、工作任务、工作步骤和工作要求进行谋划安排。财政厅联合税务、人民银行印发《关于全面落实2022年增值税留抵退税政策工作方案》，摸清底数、分批分次、稳妥推进留抵退税工作，做到方向明、任务清、分工细、责任实。健全市县保障机制，根据市县财力不同状况，实行“一县一策”，加大对留抵退税规模大和财力困难市县的倾斜支持，确保留抵退税资金足额

退付，确保“三保”支出足额保障。

（三）加大组织实施力度

根据中央授权，在全国率先扩围顶格出台小微企业“六税两费”减免政策和退役士兵、重点群体创业就业税收优惠政策，释放“顶格＋叠加”政策效应。开展形式多样的宣传活动，组织召开新闻发布会，送政策上门入户进企业，向企业发放减税降费政策选编3万余册，组织开展减税降费网络答题累计5万余人次参与，通过“获得”平台向企业直推政策电子书，已覆盖全区40万户市场主体。积极争取退税减税一次性转移支付，提早与财政部对接，自治区主要领导亲自推动，得到中央财政倾斜支持。

三、退税减税降费在我区有效落实，政策红利逐步释放，财政运行平稳健康

（一）退税减税降费过百亿，远超去年全年规模

全区1—5月为市场主体减轻税费负担105亿元，比2021年（62.4亿元）增加42.6亿元。一是留抵退税83.3亿元，其中，小微企业退税38.3亿元，大中型企业退税45亿元。“六个行业”退税61亿元，其他行业退税22.3亿元。其中，电力热力燃气业退税30亿元，占49%；制造业退税18.2亿元，占30%（截至6月15日，留抵退税106.5亿元，其中小微企业退税38.1亿元；“六个行业”退税84.7亿元，其中电力热力燃气业50亿元、占46.9%，制造业21.4亿元、占20.1%）。二是减税6.5亿元，其中减免“六税两费”2.4亿元，小规模纳税人增值税减免1.3亿元，小微企业“再减半”税收优惠0.7亿元，其他减免2.1亿元。三是缓税11亿元，其中制造业小微企业缓税2.6亿元，中型企业缓税8.4亿元。四是减免社保费4.2亿元，其中，减免工伤保险1.4亿元，减免失业保险2.8亿元。

（二）退税减税阶段性效果显现

各级财税部门积极引导企业用足用好用活退税减税资金，及早释放政策红利。一是促进宏观经济平稳运行。1—5月全区减税降费105亿元，相当于去年全年规模的1.7倍，占一季度GDP的近10%，成为经济发展的“稳定剂”，1—5月全区固定资产投资增长10.8%，规上工业增加值同比增长7.2%，经济运行总体平稳，好于预期。二是帮助小微企业渡难关。此次减税降费的重点是针对小微企业，全区38万户的小微企业和个体工商户，均可覆盖享受相应的退、减、免、缓税费优惠政策，其中已享受退税政策的小微企业1.2万户，退税金额38.3亿元，平均每户获得退税资金32万元。有效减轻企业资金压力，帮助受疫情影响较大的道路交通、餐饮住宿、文化旅游等行业的小微企业和个体工商户纾困解难。三是支持企业扩大有效投资。及时有序退还634户大中型企业留抵税额45亿元，其中8户企业获得亿元以上退税资金，如宁夏交通投资集团退税5.4亿元，国网电力2.8亿元，宁夏鲲鹏清洁能源1.5亿元，宝丰新能源1.2亿元，百川科技1亿元，极大地改善了企业现金流，提升了投资动能，加快设备升级，增强企业发展内生动力。已退还的83.3亿元退税款中有近一半用于投资扩大再生产，未来投入边际效益将逐渐扩大。四是有利于促进稳岗就业。在疫情反复和经济下行的情势下，企业工资支出压力尤显突出，导致部分企业通过减薪裁员缓解工资支出压力，据统计3.3%的留抵退税款用于企业支付员工工资，有效缓解人力成本压力，保障员工岗位和就业稳定。五是有利于降低金融杠杆率。大规模留抵退税政策通过“现金流效应”有效缓解企业融资压力，据统计17%的退税款用于企业偿还贷款，有效降低企业金融杠杆率，也一定程度上防范和化解了金融风险。5月末，全区短期贷款余额同比下降0.9%，企业经营性贷款环比下降2.5%。六是加快科技创新与经济结构调整。“六个行业”退税61亿元，据统计其中6%以上资金用于科技研发和技术升级，同时，叠加组合适用企业购置设备器具加速折旧和研发费用加计扣除等政策，帮助企业加快研发和设备更新，提高科技创新力和市场竞争力，推进宁夏产业结构进一步优化，不断夯实经济稳定运行、质量提升的基础。七是进一步优化营商环境。减税降费是最直接、最公平、最有效率的宏观支持政策，可以有效提振市场主体信心，促进更多市场主体进驻，带动当地就业、拉动消费和投资，促进经济增长，1—5月全区新增市场主体2.6万户，比上年同比增长36.8%，形成营商环境优化与经济持续向好的循环效果。八是形成了税收增长的正向预期。上半年集中退还企

业的存量留抵，逐月退还增量留抵，有效解决企业长期抵扣进项不产生税收的问题，只要下半年市场稳定向好、企业正常生产经营、原材料价格稳定，很快会形成新的税收增长点，初步测算享受退税的企业下半年将形成新增税收 13 亿元。

（三）有效争取中央财政资金支持，保持财政平稳运行

2022 年，中央财政安排 1.2 万亿元一次性退税减税降费转移支付资金，自治区财政紧盯政策动向，积极争取资金支持。截至目前，中央财政共分三批（每批 4000 亿元）下达宁夏补助资金 101.6 亿元，其中支持增值税留抵退税资金 66.23 亿元；支持其他减税降费专项资金 5.86 亿元；补充县区财力专项资金 29.51 亿元，相比较以往财力性补助宁夏在全国占比，此次资金分配占比明显上升，由 0.7% 提高到 1.1%，提高 0.4 个百分点，增幅为 57%，为西北五省区最高。将留抵退税转移支付资金纳入直达范围，目前已下达市县 68.2 亿元，重点向留抵退税规模大和财力困难市县倾斜，确保基层财政平稳运行，有效保障退税减税降费政策的落实。

加强财政收支统筹，坚持积极财政政策靠前发力，确保全区重点支出需要，兜牢兜实“三保”底线。1—5 月全区地方一般公共预算收入 186.8 亿元，按照财政部通知要求，剔除留抵退税因素，同口径增长 18.2%，增幅居全国第 5 位，税收收入 126.2 亿元，同口径增长 25.7%，增幅居全国第 6 位；统筹一般公共预算和债券资金，加大民生领域投入，加快推进重点项目建设，财政支出增长 10%，增速为近三年来最快，增幅居全国第 8 位，全区财政收支继续保持稳健增长态势。

四、下一步工作安排

财政厅将按照自治区党委部署安排，贯彻落实自治区稳经济保增长促发展电视电话会议精神，进一步加大工作力度，更好地推动各项退税减税降费政策落地见效。

（一）确保上半年全面完成存量留抵退税任务

坚决贯彻中央留抵退税加力提速有关要求，紧盯关键节点，集中退还小微和大中型企业存量留抵税额，推动相关企业应享尽享、早享快享，确保上半年基本完成全年存量留抵退税任务，并突出对重点领域、重点产业的支持，力争在宁夏实现减税退税政策效应最大化。

（二）有效落实中央扩围出台的退税减税降费政策

按照中央关于留抵退税扩围 1400 亿元、车购税减免 600 亿元、餐饮零售旅游等特困行业及中小微企业缓缴基本养老保险、工伤保险、失业保险费的要求，做好数据测算、资金保障等工作，加大政策宣传，采用“线上、线下”双轨并行宣传模式，使得纳税缴费人第一时间知晓最新政策，将加强同税务、人民银行、社保等部门协调配合，确保国家新出台的政策在宁夏第一时间落实落细。

（三）确保政策规范有效实施

坚持“依法征管，应收尽收”的组织收入原则，开展财经秩序专项整治行动，规范组织财政收入，杜绝清查乱收费、乱罚款、乱摊派、征收“过头税费”。运用直达资金监控系统，密切跟踪留抵退税资金下达使用情况，保障资金安全高效使用。严厉查处打击骗取留抵退税的违法行为，确保减税降费及时、公平、有效实施。

（四）及时放大政策效果

督促帮助企业用足用好用活退税款，促进企业扩大有效投资，加快设备更新升级，提升科技研发水平，为企业发展蓄力赋能。将货币、金融、社保等政策与税费支持政策协同实施，发挥叠加效应，努力把退税减税政策转化为促进增收的正向效应，积极做好退税减税“下半篇”文章，尽早实现“放水养鱼”“水深鱼归”“水多鱼多”的良性循环。

（执笔人：陈懿新）

关于谋划重大项目持续推进重点产业财源建设的研究报告

近期，自治区党委常委会、全区重大项目建设观摩推进会和政府常务会对当前和今后一个时期经济工作进行了全面部署。自治区党委书记梁言顺提出：“抓发展必须抓项目，要用系统观念、战略思维和创新办法，谋准谋实谋好一批大项目好项目。”自治区主席张雨浦要求：“围绕国家导向、比较优势、市场主体、三次产业、‘三驾马车’等培育新的增长点、打造新的增长极。”贯彻落实上述指示要求，财政厅组织力量，认真梳理区内相关产业税收贡献，从国内国际市场统筹分析我区发展重点产业所具备的比较优势，形成培育重点产业，持续推进财源建设的政策措施。

一、从财源建设角度分析当前宁夏重点产业结构

2022 年 1—7 月税收收入 186.7 亿元，同口径增长 30.4%，居全国第 6 位。税收是经济的晴雨表，从各产业税收贡献可以反映相关产业在我区经济结构中地位与发挥的作用。

（一）煤炭、石油开采税收贡献 30% 左右，对宁夏税收收入“压舱石”作用显著

一是煤炭开采业税收占 22%。宁夏规上原煤产量约 8630 万吨 / 年，2022 年 1—7 月全区原煤产量近 5500 万吨，同比增长 11.9%，叠加煤炭价格上涨，“量价齐升”拉动煤炭行业税收增长。宁夏煤炭开采行业税收同比增长 115%，税收占比达 22%。二是石油开采和石化行业税收占 7%。宁夏原油开采企业主要是中国石油天然气股份有限公司长庆油田分公司。1—7 月石油开采行业税收 3.3 亿元，同比增长 91.5%，占地方级税收 2%；宁夏最大的原油加工企业是中石油宁夏石化分公司，1—7 月石油炼化行业税收 7.8 亿元，同比增长 13.4%，占地方级税收 5%。宁煤集团、中石油长庆油田分公司、宁夏石化税收大幅增长，重点企业拉动作用显著，对税收增收贡献达 90%。

（二）煤化工相关产品税收占 14%，税收贡献显著提升，且呈全年持续向好态势

宁夏煤化工主要产品为油品（柴油、石脑油）、油基产品（烯烃，主要包括聚乙烯、聚丙烯）、副产品（甲醇、液化气等）及焦炭等，原油价格上涨带动成品油及烯烃等产品呈上涨态势，宁夏煤化工企业效益呈现持续向好的态势，产值占化工行业比重达到 48%。1—7 月煤化工产业地方级税收 22.8 亿元，同比增长 78%，税收占比达 14%，较去年同期提高 10 个百分点。其中，宁煤集团煤化工板块地方级税收 16 亿元，同比增长 98%，宝丰能源煤焦化税收 3.6 亿元，同比增长 36.5%。煤化工产业通过产业链延伸创新发展，进一步促进高端精细化工产业发展，税收呈现良好增长态势。

（三）房地产业、金融业等部分服务业税收占比 40%，为自治区带来稳定税收来源

房地产业、金融业、批发零售业是我区地方级税收收入的重要组成部分，总体税收规模与去年持平，对地方级税收贡献为 40%。一是金融业税收稳定增长。1—7 月金融业地方级税收入库 17.3 亿元，同比增长 6.9%，总体保持协调增长。二是批发零售业税收稳步增长。1—7 月宁夏社会消费品零售总额增长 1.6%，比全国高 1.8 个百分点，批发零

售业剔除留抵退税因素，税收同比增长25.6%。三是房地产业税收下降。受需求收缩影响，1—7月房地产投资下降6.5%，全区商品房销售面积同比下降26%，商品房月度销售面积连续14个月下降，预计今年房地产市场仍将进入低迷期，房地产税收下降幅度将在10%以上。

（四）有色金属冶炼等传统产业税收占10%，是宁夏税收收入的重要组成部分

有色金属、冶金、化工是宁夏传统行业，上半年大宗工业产品价格上涨，高附加值企业贡献突出，拉动有色金属冶炼等传统行业税收增长，实现地方级税收15.6亿元，青铜峡铝业、宁创新材料云耀再生能源等前10家重点企业税收近7亿元，同比增长36.6%，增收1.9亿元。但6月份以来，金属铝、金属锰、硅铁产品价格均呈现环比下降态势，硅锰、硅铁、电石、钢铁价格倒挂，税收呈现稳中趋降的态势。

（五）新兴产业虽目前税收规模不大，但呈现快速发展态势

一是新型材料、清洁能源产业在税收收入中占比为6%。近几年自治区培育的隆基光伏科技、中环、百川等晶硅、锂电池材料企业，现处于建成投产初期，享受“三免三减半”优惠政策，税收规模较小，仅占6%，预计后期将逐渐实现税收大幅增长，形成新的增长点。二是装备制造业税收体量较小。近年，自治区积极推动先进机械、智能铸造、仪器仪表等先进制造业发展，小巨人、吴忠仪表、天地奔牛等先进制造企业成长迅速，税收增幅较大，但装备制造业整体行业总体规模较小，税收贡献度不高，1—7月装备制造业地方级税收1.5亿元，占0.8%。三是“六特”行业主要是涉农产业，葡萄酒、奶产业、肉牛等税收总量相对较小。宁夏葡萄酒、枸杞、奶、肉牛、滩羊、冷凉蔬菜6个重点产业2021年地方级税收1.8亿元，占税收收入0.6%。其中，奶产业0.8亿元，枸杞产业0.4亿元，葡萄酒产业0.3亿元，绿色食品0.3亿元。

二、深入分析宁夏相关产业比较优势，形成宁夏培育产业发展的战略选择

宁夏实现二季度与上半年经济增速全国“双第一”。要完成全年经济增长目标任务，保持经济增长排头兵位置，必须按照党委、政府的决策部署，放眼全球范围，深入分析宁夏重点产业发展所具备的优势，谋准谋实谋好项目，形成宁夏重点产业发展战略选择，在激烈的省区竞争中继续领先。

（一）宁夏煤化工产业发展基础得天独厚，技术优势明显，集聚效应凸显，必须牢牢把握战略机遇乘势而上

经过多年建设，煤化工逐渐成为宁夏化工行业的支柱产业，当前具备条件加快发展。一是发展煤化工是国家战略所需。我国能源结构富煤贫油少气，保障国家能源安全，必须立足调整能源结构，推进煤制油工程，是实施石油替代、保障国家能源安全的重大举措。当前面临严峻复杂的国际形势，迫切需要加快煤制油进程，保障国家能源安全做出贡献。二是技术优势明显。我区400万吨/年煤制油、320万吨/年煤制烯烃的产能分别位于全国第一、第二，能耗、水耗等部分节能指标处于国内领先水平。煤炭间接液化项目为全球单套规模最大，多项技术水平国内首创、世界领先，并获得中国专利金奖、科技进步奖特等奖等多个奖项。通过技术创新与攻关，成功打破国外企业技术垄断，使产业结构更趋优化，质量效益显著提升。三是产业集聚效应凸显。宁夏煤化工产业产值过100亿元的企业3家，过50亿元的6家，过10亿元的29家。宁东能源化工基地被国家列为4个现代煤化工产业示范区之一，是西北首个过千亿元化工园区，跻身中国化工园区30强前10位。宁东百万吨级“中国氨纶谷”、石嘴山“氰胺之都”正在加速建设；万华、晓星、泰和等头部企业相继落地入园，延链融合带动作用明显，产业规模效应、集群效应显现。四是煤炭、水等煤化工所需资源相对可得。宁夏是全国煤炭最富集的地区之一，煤炭已探明储量超过340亿吨，居全国第8位，预计2025年煤矿产量将达到1亿吨，随着疆煤入宁等能源保供战略的实施，为发展现代煤化工奠定了坚实基础。同时，发展煤化工必须“量水而行”，宁夏是沿黄唯一全境属于黄河流域的省区，与国内其他煤炭富集的省区相比，具有煤水结合的相对优势。

（二）宁夏光伏制造产业综合要素成本优势明显，产业链初步形成，抢抓国家重大发展机遇正逢其时

光伏产业是国家新能源战略重要组成部分，在

“3060”“双碳”目标、俄乌冲突加速能源转型、产业发展推动成本降低的背景下，光伏产业正在爆发式增长，具有广阔发展前景，宁夏大力发展光伏产业正逢其时。一是宁夏综合要素成本优势明显。光伏制造对电力供应较为敏感，宁夏电力供应充沛，电价低于东部地区，虽然略高于周边的甘肃、内蒙古、新疆，但包括劳动力、营商环境等在内的综合要素优势明显，对国内光伏龙头企业具有很强的吸引力。二是宁夏光伏产业战略布局初步形成。作为全国首个新能源综合示范区，宁夏已基本形成硅棒（硅片）切片—电池片—光伏基板玻璃—组件—逆变器—光伏电站等较为完整的光伏产业链，隆基、中环、润阳等国内光伏产业龙头企业相继在我区落户布局。2021 年，全区 29 户光伏产业企业工业总产值大幅提高。三是正在形成一定的产业链优势。隆基 P 型单晶 PERC 电池转化效率达到 24.06%，打破世界纪录，保持全行业领先地位；宁夏中欣晶圆拥有世界最先进的集成电路大尺寸硅片生产线，填补了国内空白；中环股份直拉单晶及硅片技术和产销规模方面居国内前列。截至 2021 年底，全区单晶硅棒产能达到 91GW，约占全球单晶硅棒产能的 1/5。

（三）锂电池产业需求空间巨大，技术进步加快，需在产业加速发展的关键阶段尽快在宁夏完善布局

在我国推动新能源发展的战略部署下，锂电池行业迅速发展且具备广阔的前景与巨大的市场空间，宁夏已经拥有了较好的发展基础，应抢抓机遇，尽快布局，链入全国发展快车道。一是锂电池行业市场需求空间大。随着风光等新能源占比逐步提高，新能源消纳利用、储能调峰调频、稳定运行迫在眉睫，储能电池需求巨幅增加。同时，新能源汽车正处于高速发展阶段，动力电池需求仍在增大。二是在宁夏已经拥有相当规模优势企业。宁夏已经吸引了国内正极材料龙头企业巴斯夫杉杉、百川新材料、中化锂电入住，负极材料龙头企业深圳贝特瑞参股宁夏瑞鼎，宁夏星凯、宁夏中泰新能等本地企业也逐渐生根发芽。宁夏天元锰业 100 万吨高纯度硫酸锰已开工建设，即将为全球锂电池三元正极材料提供基础原料。宁夏能源龙头企业宝丰能源斥资 692 亿元进军锂电子产业，将为宁夏打造锂电池全产业链高地。宁夏汉尧石墨烯成为全球首家实现富锂锰基材料产业化的企业。三是宁夏正负极材料上下游配套具备明显优势。发展磷酸铁锂正极材料，宁夏具备传统的金属冶炼等方面的技术优势与人才储备，资源获取相对便捷。负极材料生产可利用宁东煤化工产品形成资源优势互补，三元正极材料生产将充分利用锰资源丰富的优势。

（四）宁夏有色金属产业作为传统优势产业，当前技术改造转型升级与提升附加值空间巨大

有色金属是国民经济发展的基础材料，航空、航天、汽车、机械制造等绝大多数行业都需要高品质的有色金属材料。作为传统支柱产业，宁夏已经构建了“煤—电—铝—铝合金—铝板带箔—铝型材—零部件”的有色金属产业链模，建成铝板带加工、铝棒加工、板带材、铝棒材、铝型材加工等大批生产线，中色东方等龙头企业不断实现稀有金属技术新跨越，组织实施的一批高技术产业化示范工程，提升了我国钽铌铍钛等稀有金属领域的世界话语权。在“双碳”目标基础上，作为传统高耗能产业，在加快有色金属产业转型升级、绿色低碳发展，提升产业附加值等方面大有可为。

（五）宁夏装备制造业在细分行业领域处于领先地位，差异化特色化优势明显

装备制造业是宁夏智能制造重点实施领域，经济总量不大，但产品技术智能化水平高，精细化特色化鲜明，现已形成以矿山机械、清洁能源装备、仪器仪表、铸件铸造、数控机床、电工电气等为主的产业结构，培育成长了天地奔牛、共享集团、吴忠仪表、小巨人机床、小牛自动化、威力传动等一批细分行业龙头企业，涌现了 10 多家国家级“专精特新”企业，突破增材制造、高端铸造、精密加工、智能制造等核心技术 70 余项，多个产品应用于高铁、西气东输等关键国家战略项目，生产的数控机床、刮板输送机、大型铁路轴承等产品，技术水平处于国内领先，有较高的市场占有率和知名度，在全国同行业中具有一定的比较优势。

（六）宁夏发展服务业具备巨大潜力，将不断拓展形成新的增长空间

服务业发展对于优化宁夏经济结构、提高经济发展质量和效益具有重要意义。宁夏城镇化率仍具

有一定提升空间，近年宁夏第三产业保持较快的增长速度。银川作为西北地区重要的中心城市，将吸引带动周边地区人口流入，进一步繁荣城市经济，带动餐饮、批发零售行业持续增长，稳定拓展税源。而且，随着重点项目推进，大企业落户，将促进更多的小微企业发展壮大，提供更加稳定持久的税收贡献。

三、积极推动重大项目建设，促进宁夏重点财源产业发展

在深入分析宁夏重点产业所具备的比较优势基础上，将坚定信心、集中资源重点培育优质企业，尽快推动相关产业做强做优做大，形成新的增长极。

（一）推动“原字头”煤炭石油采掘业发展，进一步夯实能源产业压舱石作用

总体看，2022年能源价格将保持在较高水平是大概率事件，国家做出能源保供的战略部署，宁夏应充分利用市场机遇与政策机遇，做足“原字头”文章，尽快扩大产能释放产能。一是加快释放煤炭产能。抢抓能源保供战略机遇期，加大煤炭地质勘探力度，推动符合条件的资源项目加快开发。深入摸排生产煤矿产能释放潜力，加快释放先进产能，确保到2025年煤矿产量达到1亿吨。二是加快推动重大型气田开发。积极推进中石油长庆红井子、盐池黄138区等油田CCUS项目建设，千亿方级大型气田开发。充分发挥同煤炭、石油大宗商品价格走势密切相关的“原字头”产业支撑作用，促进资源优势转化为经济优势。

（二）加快推动宁夏现代煤化工大发展，实施宁东二次创业

进一步发挥宁夏在煤化工发展方面已形成的优势，做大能级提升量级。一是推动建设煤制油高质量发展示范。进一步加强同国家发改委、工信部等国家部委对接，争取国家将新部署的煤制油基地放在宁东，发挥宁夏煤制油技术先进、产业链条完整的优势，以技术创新带动资源集聚。二是大力延伸煤化工产业链条。合理有序建设煤制烯烃、煤制乙二醇等现代煤化工示范项目，支持发展煤基特种燃料、煤基生物可降解材料、高端精细化学品等延链补链强链项目，不断提升产业附加值。三是重大项目带动现代煤化工产业集群发展。积极推动晓星2.28万吨碳纤维、宁煤费托蜡等项目落地开工，大力引进平煤神马、杉杉股份等大企业；推动现代煤化工与高性能纤维、电子材料及专用化学品、生物医药、节能环保等新材料、新业态相结合，促进“以煤为头，以化为尾”的现代煤化工产业集群加快发展。

（三）大力推动光伏产业发展，尽快形成新的增长极

要进一步调动资源，支持宁夏太阳能晶硅产业巩固与扩大优势。一是抓紧多晶硅产业布局。上年以来，受供需关系影响，多晶硅价格上涨较多，是整条光伏产业链条中利润最高的环节。积极推动以宝丰能源、东方希望、江苏润阳为代表的40万吨改良西门子法提纯硅料项目建设投产，使得宁夏尽快完成多晶硅产业布局。二是继续挖掘宁夏单晶硅产业潜力。加快推进隆基乐叶年产5GW单晶电池、中晶新型碳纤维复合材料达产达效，支持推进银川隆基和宁夏乐叶拉晶切片生产线技术升级和拉晶、电池工艺提效降本关键技术攻关。

（四）加快锂电池产业发展，链入新能源汽车发展快车道

鉴于锂电池产业展现的良好发展前景与目前所形成的产业基础，将锂电池产业摆在宁夏优先发展的位置。一是推动重点项目建设。全力推进宝丰储能电池材料、奥能瑞拉钠盐储能电池项目建设，支持百川锂电、中化锂电等龙头企业加快发展，努力形成“引进一个，跟进一批，带动一片”的良好效果，加大龙头企业培育力度，形成集聚发展良好态势。二是持续对产业进行延链补链壮链。重点发展电解质和电解液加工制造、液流电池储能电站、锂电池组装、锂电池资源化回收利用项目等配套产业，建成锂电池产业正/负极材料—动力/储能电池—电池资源利用优势特色产业链条，促进形成新的增长极。

（五）大力推进技术改造升级，提升有色金属产业附加值

针对宁夏有色金属产业链条短，附加值不高的问题，积极引导走集约化、规模化、高端化发展路径。一是推动铝业精深加工发展。依托青铜峡铝业、宁创新材料电解铝资源，加强同中电投等央企磋商，

持续引进电解铝深加工项目，重点发展高性能铝板带、铝挤压材、管材及铝合金制品，推动宁创和铭岛铝业再生铝项目加快落地。二是推动锰业拓展使用领域。充分发挥电解金属锰产能优势，围绕纵向延伸、横向耦合，推进低氧化锰片等高技术产品产业化，加强金属锰废渣资源综合利用技术研究，力促天元锰业高纯硫酸锰等重大项目尽早落地，将锰业发展融入电池产业。三是引导硅铁、铁合金行业转型升级。硅铁、铁合金属于高耗能行业，进一步加快技术改造，推动硅铁、硅锰等普通合金材料节能降耗，加快发展循环经济，形成行业竞争优势。

（六）促进生产、生活服务业加快发展，发挥中小微企业量大面广稳经济的基础作用

第三产业在宁夏地方级税收中占比约为40%，其中批发零售、金融业、房地产业三个行业占地方级税收30%，也是中小微企业相对比较集中的行业，对于吸纳就业和提高经济贡献具有重要作用。下一步，将完善促进中小微企业和个体工商户发展的财税政策体系，继续落实减税降费、援企稳岗等纾困解难政策举措，促进具备良好发展前景的生产、生活服务企业做大做强，形成龙头企业支撑引领，中小企业众星拱月的集聚圈。支持主辅分离，大力发展仓储物流、劳务外包、检验检测等生产性服务业。围绕大企业落户，促进培育中小微企业，提升经济活跃度。

财政部门将坚决贯彻落实自治区党委、政府决策部署，资金投入向重点产业、重点企业、重点项目倾斜，支持培育新的增长点、增长极，为宁夏经济发展做出财政贡献。一是大力推动科技创新，促进创新驱动发展。持续加大财政资金投入，将科技研发经费年均增长10%的要求落到实处，支持厚植科技创新力量，培育高科技企业。二是研究支持政策，推动更多优质企业落户宁夏。优化调整支出结构，对抢抓机遇落户宁夏的优质企业依法依规给予资金支持。三是发挥政府产业引导基金作用，完善基金运作机制。通过“政府产业基金＋重大项目”方式，切实发挥好政府基金在推进重点项目建设方面的积极作用。四是完善财政体制，切实调动市县抓财源建设的积极性。对财源较好、增长点增长极培育有成效的县区给予政策奖励，形成各方共同培育重点产业、促进高质量发展的合力。

（执笔人：韩阳、杨丽）

关于财政支持中小微企业纾困发展的专报

针对民革宁夏区委会《疫情期间我区中小微企业生产经营状况调查报告》中反映的问题，财政厅高度重视、认真梳理研究分析支持中小微企业和个体工商户纾困发展的财政政策情况，有针对性地提出进一步做好相关工作的具体措施并全力抓好落实。现将有关情况汇报如下：

一、宁夏中小微企业基本情况

截至10月底，全区共有市场主体75.2万户，其中，私营企业和个体工商户72.4万户，占市场主体的96.3%。以中小微企业和个体工商户为主的民营经济贡献了50%以上的税收和GDP、60%以上的技术创新成果，吸纳就业超过150万人（占全区城镇就业人口的68%），对稳经济、保增长、促发展具有重要作用。

二、财政支持中小微企业发展情况

坚决贯彻落实习近平总书记关于“疫情要防住，经济要稳住，发展要安全”重要指示精神，全力推进自治区党委、政府“稳经济保民生百日行动”决策部署落实，最大限度地减少疫情对经济冲击和民生影响，不断巩固提升支持力度，持续为中小微企业纾困解难。

（一）实施组合式退税减税降费

中央和自治区高度重视中小微企业发展，历次减税降费都将其作为重点支持对象。2022年，中小微企业享受的“退减免缓”组合式退税减税降费优惠政策重点集中在增值税、企业所得税及附加税费上，基本涵盖了所有税种。一是全额退还留抵税额。对中小微企业实施全额退还增值税留抵税额，在退税进度上优先安排，在上半年全面完成。1—10月，共为1.35万户小微企业退税45.8亿元，占市场主体90%以上，户均获得退税资金33.9万元。二是落实普惠型小微企业优惠政策。通过实施提高小规模纳税人起征点，小规模纳税人阶段性免征增值税，小微企业再减半征收企业所得税，研发费用加计扣除等税收优惠政策，叠加扩大降费缓缴政策范围，延续实施阶段性降低社会保险费率政策，实施中小微企业、个体工商户、困难行业阶段性缓缴社保费政策，税费负担降至历史最低。三是顶格出台“六税两费”政策。率先扩围顶格将“六税两费”减免政策适用主体范围扩大至全部小型微利企业和个体工商户，并按照50%的减征额度顶格减免“六税两费”。

截至10月底，共为全区中小微企业减轻税费负担118.9亿元，其中，中小微企业留抵退税85.2亿元，减免“六税两费”8.1亿元，小规模纳税人减征增值税优惠8.1亿元，加大小微企业所得税减免力度优惠2.6亿元，制造业中小微企业缓缴税费优惠14.9亿元。

（二）加大财政专项资金支持力度

实施财政惠企专项行动，积极统筹各类财政资金，优化专项资金支出结构，向中小微企业倾斜，实现财政惠企资金直达快享。一是强化中小企业发展专项资金支持。安排中小企业专项资金8000万元，重点用于引导制造业企业在关键领域扩大投资、创新攻关，实施工业企业贷款贴息、制造业融资租赁补贴、首台（套）重大技术装备补助示范企业奖励、揭榜攻关补助等项目，着力培育一批龙头骨干企业、关联配套企业，促进重点产业做大量级、做强能级、做优评级。二是激发企业创新活力。对研发投入大、实施技改积极的中小微企业，采取启动资金支持、后期以奖代补等多种方式给予支持。对研发新认定为自治区“专精特新”示范企业、“小巨人”企业，分别给予30万元、100万元奖励补助。2022年自治区安排“专精特新”资金3710万元，国家奖励1775万。三是落实援企稳岗返还政策。对不裁员、少裁员的企业继续实施普惠性失业保险稳岗返还政策，中小微企业返还比例从60%提高至90%，返还提高比例较大型企业增加10%，最大限度地给予中小微企业支持。截至10月底，共为20569户企业发放稳岗返还1.67亿元，惠及职工55.09万人。四是上下联动活跃消费市场。通过发放消费券、代金券、商超和电商促销奖励等方式，支持餐饮、零售、文化旅游、交通运输、制造业等困难中小微企业和个体工商户纾困发展。三季度以来，各级财政累计投入资金2.91亿元，发放各类消费券695万张1.83亿元，形成有效财政支出2.4亿元。

（三）减轻企业经营负担

一是实行房屋租金减免。对承租行政事业单位和事业单位所办企业国有房屋的小微企业和个体工商户，采取未缴租金抵扣、直接返还、办理退库等方式减免租金，切实帮助小微企业和个体工商户减轻生产经营负担。据统计，自治区本级已减免租金1144.35万元，受惠小微企业（个体工商户）430多家。二是减轻参与政府采购负担。大力推广政府采购电子化交易平台应用，积极探索远程开标和“不见面”评审。2022年以来，共为企业节省投标文件制作费、差旅费等各类费用约9400万元。实行政府采购基本资格条件“承诺信用制”，对信用评价等级较高的市场主体免收投标保证金，免收投标保证金超过4000万元。

（四）打好“财政+金融”组合拳

进一步提高金融服务中小微企业能力，优化金融政策供给，积极解决中小微企业“融资难”问题。一是强化担保体系建设专项资金支持。落实融资担保降费奖补政策，对符合条件的担保业务给予1%~2%的财政补贴。全年累计争取国家融资担保降费补贴资金6697万元，自治区配套1.4亿元对担保机构进行奖补，推动小微企业融资担保费率持续下降。截至9月末，小微企业贷款加权平均利率4.92%、比上年末降低0.45个百分点。二是完善融资担保风险补偿机制。2022年宁夏与国家融资担保基金合作业务授信额度达到100亿元。另外，设立9000万元小微企业融资担保风险补偿资金。向国担基金报备的小微企业和“三农”等业务规模从2019年的19亿元增加至85亿元，累计报备业务达到200亿元。宁夏政府性融资担保机构享受国担基金风险分担额度从2019年的2800万元增加至8000万元。三是加大对受疫情影响行业的支持力度。在融资担保风险分担、保费补贴、损失补偿、绩效考核等全方位的配套机制引导下，全区担保机构年化担保费率由2019年的2.5%左右下降至2022年的0.64%，累计为小微企业和“三农”主体减免担保费超过3亿元。

三、助企纾困政策取得的积极成效

2022年，财政政策靠前发力，自治区先后出台“稳保促”35条、金融支持“稳保促”18条等，特别是下半年针对中小微困难实际，自治区组织实施中小微企业纾困解难“十大专项行动”，有力地促进小微企业纾困发展，取得显著成效。一是企业经营负担显著降低。减税降费、租金减免、稳岗返还等政策帮助小微企业和个体工商户负担持续降低，享受优惠政策的企业数量不断增加，减免金额大幅提升，企业税费负担持续降低，增强小微企业和个体工商户应对疫情影响及经济下行压力的信心。前三季度，中小微企业增加值同比增长10.6%，环比提升0.6个百分点，分别高于全部工业、大型工业企业1.8和3.8个百分点；营收、利润总额分别增长28.6 %和26.2%。二是就业和市场活力实现“双提升”。小微企业和个体工商户主要分布于批发零售、交通运输、住宿餐饮等和百姓民生密切相关的行业。今年密集出台的系列惠企政策帮助中小微企业克服疫情冲击的负面影响，促进小微企业数量持续增加，创造了更多的就业机会。9月末，全区中小微企业从业人员17.4万人（占工业企业从业人员的54.5%），同比增长3.1%，高出大型企业4.7个百分点。市场主体总量达74.9万户，增长6.8%，其中，私营企业、个体工商户分别为18.9万户、53.2万户，同比增长4.5%和8.2%，中小微经济活动日趋活跃。三是科技创新力度不断加大。中央将现行适用研发费用税前加计扣除比例从75%提高至100%，优惠政策延续适用至年底。自治区加大对科技型中小企业支持力度，按年度研发费用给予15%以内补助，促进中小企业加大科技创新力度。

四、中小微企业发展存在的困难

当前疫情多点散发频发，经济下行压力依然较大，市场主体特别是中小微企业和个体工商户在经营中还存在一系列的困难和问题：

（一）市场需求下降，经营收益减少

受市场需求萎缩，新增订单不足，中小微企业营业收入大幅减少。加之大宗商品原材料价格上涨、用工难用工贵致使生产经营成本增加，最终导致企业营业利润断崖式下降。10月，新订单指数仅为42%，环比下降5.7个百分点；9月末，中小微企业成品存货234亿元（占工业企业成品存货的70.7%），同比增长50.1%。根据民革宁夏区委会及数据统计公司调研结果，受“9·20”疫情影响，调查样本中的99家中小微企业，营业收入减少30%以上的占51.5%，生产经营难以维持的占16.7%。

（二）运营资金短缺，生存压力加大

中小微企业缺乏充足的资本应对突发性风险。疫情期间部分中小微企业业务量下降甚至停工停产，但员工工资、厂房租金、贷款利息等刚性支出不减，企业资金支付压力进一步加大。另外，应收账款周期拉长，短期融资能力下降等，企业面临较大生存压力。9月末，中小微企业应收账款809亿元，同比增长17.4%，增速较8月末上升0.9个百分点。据调查，受疫情影响，存在资金压力的中小微企业比例高达82.6%，面临抽贷或断贷风险的占31.2%。

（三）原材料供给不足，生产经营受阻

受全国疫情多点散发频发影响，外围交通物流不够通畅，产业链供应链受阻，部分生产所需的原材料、配件、辅件、零件、燃料等无法及时供给到位，极大地制约了中小微企业的生产经营。10月，制造业采购经理指数（PMI）仅为45.4%，低于全国平均3.8个百分点；9月末，1397户中小微企业亏损面34.2%（478户），同比、环比分别扩大3.2和0.1个百分点，比同期大型企业（27%）高出7.2个百分点。

五、进一步支持中小微企业发展的对策建议

本次疫情对中小微企业影响较大，支持中小微企业纾困发展短期重在使其“活下去”，长期重在使其“好起来”，在短期救企的基础上，还需要持续推进劳动力、资本、技术等关键要素向中小微企业流动，促进中小微企业由“数量”优势转变为“质量”优势，在疫情冲击下，真正转危为机，实现长期可持续健康发展。

（一）狠抓接续政策落实，为中小微企业持续发展“赋力蓄能”

一是政策落实要加力。近期，国务院陆续出台加力振作工业经济17条，研发费用税前加计扣除企业投入基础研究税收优惠政策等，自治区出台稳经济保民生政策措施45条，强力推行“百日双保攻坚战”，从税费减免、资金支持、金融引导、就业创业等多个方面共同发力，用实打实的举措帮助市场主体纾困解难，各地各部门要及时跟进、全力推动，切实将各项惠企利民政策落实落细。二是政策宣传要及时。要深化宣传培训，不断加大对中小微企业和个体工商户法人政策宣传的力度，通过发放宣传资料、线上解读答疑、政策实地“督帮一体”等措施，帮助企业知晓政策、了解政策、适用政策，实现政策辅导从“大水漫灌”向“精准滴灌”转变，进一步提升政策支持覆盖面，巩固政策执行传导效果。三是政策服务要精准。聚焦关键领域和重点行业，为中小微企业量身定制、精准施策，提高中小微企业疫后复工复产的信心，大力扶持中小微企业的新业态、新消费、新零售，将创业创新的小额贷款贴息、创业培训补贴等“真金白银”的扶持政策落实到位，切实解决制约中小微企业发展的突出问题和困难，不断提高企业满意度。

（二）强化融资支持举措，为中小微企业运转注入“源泉活水”

一是有效提升金融供给。加大财政金融政策研究力度，大力发展现代金融产业，切实增强财政金融工具的引导撬动作用。加强对中小微企业信贷供给，尤其是对生产经营出现暂时性困难的企业“不抽贷，不断贷”，有效减轻企业经济负担，促进金

融更好地服务于实体经济发展。二是完善担保体系建设。充分发挥自治区担保体系建设专项资金和自治区级小微企业融资担保风险补偿金作用，有效调动区内融资担保机构服务小微企业的积极性，在可持续经营的前提下，引导担保机构将担保费率降至1%以下，缓解小微企业融资难融资贵问题。增加自治区本级小微企业融资担保风险补偿金7000万元，使宁夏融资担保机构能持续享受国家融资担保基金分险分担红利。鼓励融资担保机构对缺乏抵质押资产但信用良好的小微企业提供融资担保服务。三是提高金融精准服务能力。深入研究中小微企业升级发展的新需求，建立健全多层次中小微企业和差异化金融监管机制，实行“量身定制”金融扶持政策，以降成本和风险定价为导向推进中小微企业融资服务改革。增加宁夏融资担保机构的年度补贴预算，保障担保机构开展的业务能足额获得补贴。

（三）建立良性循环机制，为中小微企业稳步前行“保驾护航”

一是加强监督检查。尽快建立常态化监督长效机制，加强对中小微企业普惠性支持政策落实情况的监督检查，定期分级分类跟进了解政策落实情况，以查促改，以查促效，确保政策落实不打折扣，最大限度发挥政策红利。二是强化政策评估。全方位开展政策评估，引入第三方评估机制，从政策制定是否符合需求、政策宣传是否及时到位、政策落实是否精准有效，全面客观公正科学地评价中小微企业普惠性政策落实情况，尤其重视和反映中小企业对各项惠企政策的获得感和满意度。三是畅通反馈渠道。要拓宽和畅通中小企业需求反馈渠道，及时听取中小微企业的意见和建议，将企业诉求和支持政策有机结合，修补“政策短板”，有效衔接政策的各个环节，帮助企业稳定发展信心。

（四）引导扶持自主发展，为中小微企业提档升级“铺路架桥”

一是提高中小微企业抗风险能力。通过落实科研资助、奖励激励、专项资金支持等政策措施，帮助中小微企业招才引智，引导企业进行产业升级和技术改造。加强科技创新力度，不断提升产品质量优化服务。同时，企业积极改进营销模式，完善内部管理制度体系，注重全面提升领导及员工的能力素质，增强发展后劲。二是不断优化中小微企业营商环境。持续推进“放管服”改革，全面落实公平竞争审查制度，严厉打击行业垄断和限制竞争等行为，开展涉企违规收费专项检查，坚决扫除阻碍中小微企业发展的隐性壁垒，切实降低中小企业进入市场的制度性成本，为中小微企业参与市场竞争营造公平公正的良好氛围。三是支持保护市场主体自由交易。坚持自愿原则和鼓励交易原则，充分发挥中小微企业的能动性，鼓励和引导中小微企业依法依规开拓市场。防止利用行政权力干预市场行为。通过加强信用体系建设，“双随机，一公开”“互联网＋监管”等方式，做好中小微企业的监督管理与服务工作，促进提升市场经济活力。

（执笔人：贾佩芸）

当前宁夏财政经济运行存在的问题与思考

2022年国际形势错综复杂，面临百年未有之大变局的严峻考验，受多重超预期因素影响，宁夏工业生产成本上升，第三产业发展全面受限，经济社会发展面临的不确定性明显增多，部分市县财政收支困难明显加剧。结合当前财政经济运行情况，认真总结财政在稳经济大盘中发挥的支撑作用，深入分析当前地方财政收支存在的突出问题，宁夏财政提出“提信心，抓产业，扩投资，促消费，惠民生，稳运行”一体推进经济提振恢复与改进保障民生的工作思路与措施。

一、当前财政收支运行情况

宁夏财政坚决贯彻自治区党委、政府部署要求，积极主动在研究政策、吃透政策上下功夫，在配套政策、落实政策上想办法，千方百计采取措施“抓收入，保支出，促增长”。财经运行呈现稳中求进、稳中向好的态势。

（一）收入持续向好增长

随着稳经济一揽子政策成效继续显现，经济延续恢复发展态势，财政收入增长态势良好。2022年前三季度，全区地方一般公共预算收入完成357.9亿元，其中增值税留抵退税减少地方级收入80.6亿元，扣除留抵退税因素后同口径增长22.5%，高于全国17.3个百分点，居全国第五位。大规模留抵退税任务基本完成后，退税冲减收入效应明显减弱，全区财政收入同比增长3.8%，较上半年提升4.6个百分点。其中，税收收入同口径增长28.7%，居全国第5位；同比增长1.4%，增幅较上半年提升9.8个百分点，为4月份留抵退税以来首次实现自然口径正增长。

（二）支出快速精准发力

全区一般公共预算支出完成1254.5亿元，同比增长13.3%，增速高于全国7.2个百分点，跃居全国第三位，为近年来最快增长。各级财政统筹财政资源，加大盘活存量资金力度，切实将宝贵的资金用于民生事业发展。全区民生支出946.8亿元，增长14.3%，民生支出占比75.5%，教育、社会保障和就业、农林水、住房保障等、生态环保等重点领域支出分别增长9.4%、25.2%、13%、27.4%、48.5%。

（三）重点税源产业展现了量的提升与质的优化

全区财政收入结构进一步优化，税收占比为66.1%，较上半年提升5.3个百分点。2022年前三季度，全区规模以上工业增加值同比增长8.8%，拉动工业税收快速增长，实现地方级税收收入111亿元，同比增长7.2%。全区煤炭、石油开采冶炼业、煤化工业、有色金属加工业、金融房地产业以及新材料业五大重点税源行业占总税收比重超八成，其中，在前期价格高位运行利好形势带动下，“原字头”煤炭石油行业继续发挥能源产业压舱石作用，煤炭、石油相关税收对地方收入贡献达42.6%，累计完成86.9亿元，税收增长78.7%；随着消费回暖拉动第三产业发展积极效应显现，部分服务性行业税收增速回升，房地产业、金融业、批发零售和住宿餐饮业总体税收规模相对稳定，对地方收入贡献近34%，金融业增长7.5%、房地产业降幅环比收窄1.4个百分点。有色金属冶炼等传统行业受重要工业产品价格回落影响，税收增速放缓，有色金属、黑色金属行业税收增幅环比分别下降9.4、9.5个百分点，冶金、化工行业税收下降33.8%。新兴行业税收贡献快速增长，清洁能源、新材料、先进装备制造业展现良好发展态势，相关税收剔除留抵退税因素后增长30%。

二、财政在稳经济大盘中发挥作用情况

财政部门认真落实自治区经济“补短板”工作部署，逐项深耕细作，有效促进宁夏消费需求持续恢复，转型升级步伐加快，发展动能不断增强，质量效益稳步提升，民生福祉持续改善。

（一）持续加大民生领域投入

千方百计筹措资金，主动研究出台“硬核”财政政策，全力支持筑牢民生保障屏障。聚焦卫生领域短板弱项，宁夏财政迅速统筹资金，紧急预拨市县专项资金，重点向困难市县倾斜，有效增强市县应对突发卫生防控保障能力。加大困难群众生活保障，加大资金调拨支持调度，全力支持市县做好基本民生、工资发放、机构运转等重点领域保障工作。

（二）精准支持困难企业纾困

聚焦全区部分行业企业生产经营困难加重问题，采取精准有效措施，惠企纾困。2022年1—9月，共为市场主体减轻税费负担206.9亿元，其中增值税留抵退税161.2亿元，惠及企业30.3万户。加大政策扶持力度，以纾困基金为抓手，建立重点纾困企业项目库，综合运用贷款、担保、保险等金融工具，带动更多资金资源投入，力争发挥更大效应。发挥“财政＋金融”组合拳作用，有效降低企业融资成本。

（三）加力扩大有效投资稳定增长

抢抓国家对部分设备更新改造贷款给予阶段性贴息政策，充分发挥政府专项债券限额政策，支持扩大有效投资。持续加大交通运输、农业水利、城乡建设、生态环保等重点领域投入，2022年1—9月，交通运输支出增长61.7%，重点支持银昆高速、乌玛高速等国家高速公路建设项目；水利支出增长12.8%，有力推动银川都市圈东线供水等自治区重点水利项目建设，带动全区基础设施投资保持高位增长。

（四）加快刺激消费市场提升活力

发挥消费券对消费恢复的刺激作用，切实加大工作力度，扩大城乡居民消费。加大汽车、家电促消费力度，以国际汽车博览会为引领，掀起汽车消费市场新热潮，促进智能家电消费，启动全区家电消费季活动。累计投入资金2.91亿元，发放各类消费券695万张1.83亿元，形成有效财政支出2.4亿元，直接撬动社会消费35.23亿元，带动汽车、家电、商品房等大宗商品销售额22.84亿元，占比65%，为宁夏经济发展贡献财政力量。

（五）全力保障非营利性服务业支出增长

全区非营利性服务业增加值占全区生产总值的17%，占第三产业增加值的36%，对拉动经济增长有着积极促进作用。着力落实调增工资、津补贴纳入社保、住房公积金缴费基数等相关政策，全区累计拨付城乡居民养老保险、城乡居民医疗保险、机关事业单位、企业职工养老保险资金达137.5亿元，较上年增长14.4%。全面完成取暖费、年终一次性奖金、应休未休年休假和10月份工资等4项资金发放，带动非营利性服务业工资总额增长7.4%。

（六）加快改善困难群体生活

加大政策保障与资金支持，研究出台困难群体一次性生活补贴政策，落实民生政策提标增资，城市和农村低保补贴每人每月分别增长50元、80元，统筹困难群众救助补助资金29.2亿元，城乡低保、临时救助资金、特困供养和孤儿养育津贴等全部发放到位。全力做好稳就业工作，聚焦重点群体就业、优化创业环境、培育创业主体等关键环节，加大财政支持力度，支持困难人员就业，加快培育创业实体，实现城镇零就业家庭动态清零。

（七）筑牢兜实“三保”底线

始终把“三保”放在更加突出的位置，采取有效措施，确保基层运行平稳。全面评估预判市县财政运行风险状况，通过财力分析、数据对比、实地核查、抗压测试等途径，重点对市县可用财力和“三保”等重点支出情况进行评估。密切关注财政运行风险较大市县，加大监测分析密度，重点关注永宁县、青铜峡市、西夏区、大武口区等收支矛盾较为突出市县的财政状况，督促制订应对方案，细化实化解决措施，通过转移支付资金倾斜、国库资金调度等方式，帮助其缓解压力，渡过难关。

三、当前财经形势面临的困难分析

宁夏经济社会发展中仍存在产业结构较为单一，经济结构不均衡等深层次的问题，同时，受多重超预期因素影响，使得宁夏经济社会发展矛盾与问题相互交织，面临的困难体现在以下方面：

（一）部分行业税收增速放缓，财政收入稳定增长难度加大

受突发因素影响，地区间交通管制继续从严，产业链供应链受阻，人员到岗受限，经济活跃度下降，市场需求收缩，终端购买力下降，工业及部分行业下行压力明显加大，相关税收增速明显放缓。全区住宿餐饮、批发零售、文化旅游、交通运输等行业相关税收减少近 4 亿元。受工业产品价格回落影响，2022 年 1—9 月，全区有色金属、黑色金属行业税收增幅环比分别下降 9.4、9.5 个百分点，冶金、化工行业税收仍呈下降态势，同比下降 33.8%。2022 年 9 月，工业生产者购进价格指数（MPI）高于出厂价格指数（PPI），持续倒挂 11 个月，预计购销“剪刀差”短期内难以收窄。当月天元锰业、宝丰能源、金昱元化工、蒙牛乳业和宁化等 39 家重点企业停产或降负荷生产，企业税收贡献能力减弱。

（二）重点领域支出大幅增加，部分市县收支矛盾加剧

一方面，受房地产市场回暖放缓，县域产业结构分布等因素影响，个别县区财政收入增速放缓，5 个市县财政收入呈下降态势。土地出让收入形势依然严峻，2022 年 1—9 月，市县国有土地使用权出让收入下降 29.7%，降幅较 1—6 月扩大 12.6 个百分点。另一方面，2022 年市县财政增支需求大幅增加，仅工资一项预计支出需求 306.6 亿元，较上年增加 55 亿元。同时，市县医疗卫生领域投入较大，2022 年 1—9 月，全区应对突发卫生领域实际支出 15.6 亿元，随着工作推进，市县相关支出需求还将超过 20 亿元。加上债务还本付息等刚性支出需求较多，市辖区财力保障倍数持续处于较低水平，财政收支紧平衡状态愈加明显。

（三）基础设施资金压力较大，影响固定资产投资增长

基础设施投资在固定资产投资中占比 20%，其中交通、水利对基础设施投资带动影响作用较大。当前，在一定程度上存在着项目储备不足，资金压力较大等困难。在公路建设方面，宁夏规划建设的 46 个项目中仅有 9 个高速公路和 14 个国省道路纳入中长期国家公路网规划，分别占全国 278 个高速公路线路和 301 个普通国道线路的 3.2% 和 4.6%，影响国家项目补贴额度。水利方面，列入国家重大水利工程的项目较少，对一般水利工程项目中央投资补助比例较低，如固海扩灌扬水更新改造工程总投资 25.7 亿元，中央投资补助 11.5 亿元，补助比例占 45%。黄河宁夏段河道治理、贺兰山东麓防洪治理等项目中央补助资金尚未落实。水利项目的公益性难以引入社会资本投入，资金不足制约项目实施，对基础设施建设形成影响。

（四）消费不足的矛盾依然存在，宁夏消费恢复不及预期

2022 年第三季度社会消费品零售总额同比增长 3.9%，比第二季度高 4.3%，政府促消费政策效果持续显现，但消费不足的短板依然存在。服务消费恢复受限，“十一黄金周”等活动促消费活动效果不及预期，接触式消费将产生明显抑制作用。而且，居民收入增长放缓，居民消费信心不足，消费意愿不强。从消费结构看，衣着、居住、食品烟酒、生活用品和服务等八大类消费中，全区教育文化和娱乐消费、交通通信、医疗保健消费复苏不及预期。

（五）多重因素制约，财政收入增速将明显放缓

受上年同期收入基数较高，叠加增值税回补形势不及预期等因素影响，今年第四季度财政收入增速放缓趋稳。一是 PPI 下行将对税收增长产生较大压力。能源行业对宁夏税收贡献大，2022 年 10 月煤炭价格虽保持高位运行，但动力煤价格 2021 年呈现前低后高态势，预计 2022 年第四季度煤价将出现同比下降，当季煤炭行业税收难以高于上年同期。二是增值税回补效应较弱。宁夏电力行业和交通运输业退税额较大，占全区退税总额 57.4%，且电力行业长期处于电煤倒挂，交通运输业投入大、收入小，短期内很难实现回补。2022 年 1—9 月，全区增值税回补地方收入 4 亿元，其中 75% 集中在制造业，目前宁夏制造业退税 28.2 亿元，占退税总额 18%，低于全国 8.4 个百分点，预计第四季度增值税仅回补地方收入 3 亿元，宁夏回补进度将

远低于全国平均水平，增收不及预期。三是非税收入挖潜空间有限。受市场需求与供给量减弱影响，宁夏矿业权出让收益、水权转让等一次性资产处置收入逐年收窄，预计 2022 年第四季度矿业权出让收入 4 亿元，比上年同期减少 3 亿元，非税收入增收空间不足，拉动财政收入增长作用减弱。

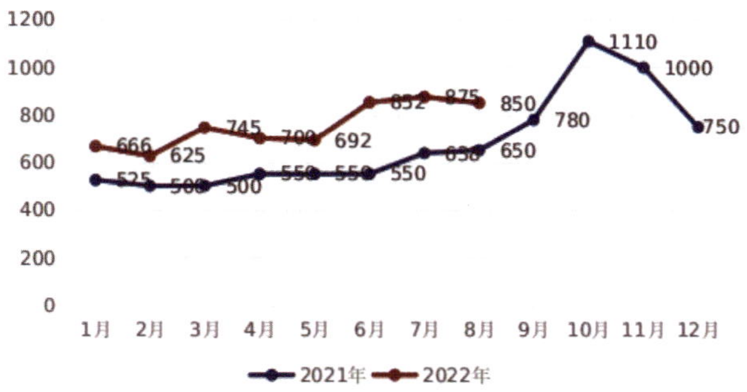

图1 2021—2022年动力煤价格对比图

四、下一步工作思路及建议

深入学习贯彻党的二十大精神，要以干出来、拼出来、奋斗出来的精神状态，朝着建设现代化美丽新宁夏而努力，当前要高效统筹经济社会发展，充分发挥财政职能，“提信心，抓产业，扩投资，促消费，惠民生，稳运行”一体推进，狠抓关键环节与重点领域，加快推动稳保促纵深发展。

（一）努力推进尽快恢复生产生活，提振发展信心

有针对性地解决企业复工复产过程中遇到的困难，出台一批更加精准的政策措施，提振信心。一是该减免的减免到位，对国务院出台的部分企业可按规定申请缓缴住房公积金政策落实到位；及时落实减免部分行政事业性收费和保证金阶段性缓缴政策；落实阶段性减免收费公路货车通行费政策；不折不扣地落实各项减税免税缓税政策，最大程度释放政策红利。二是该支持的支持到位，及时启动纾困基金，有效运用担保、贴息等政策工具，将更多金融活水信贷资源投向重点领域。三是该增补的增补到位，研究支持保供企业，增强企业信心，服务政府调控；坚持“一企一策”，动员财税金融系统，围绕重点税源企业与具有发展潜力的企业，更有针对性地给予政策资金支持。

（二）促进产业向好发展，夯实经济发展动能基础

充分发挥财政职能作用，积极培育产业，壮大财源基础。一是推动重点企业挖掘潜力增加产值。针对部分重点项目未及时投产达产，部分重点企业产值环比下降的态势，有针对性地加强生产要素供给，落实对重点企业的税收优惠政策与财政支持政策，合理满足重点企业诉求，促进重点税源企业扩大销售增加产值，拉动自治区工业增加值增长。二是努力扩大重点领域设备更新改造投资。紧盯设备更新改造专项贷款事宜，通过国家重要项目协调机制推动全国性商业银行增加对宁夏更新设备贷款投放，争取足额享受财政贴息政策，力争增加重点领域设备更新改造投资。三是创新综合运用多种方式手段，加快完善政府性投资基金模式，坚持“政府引导，市场化运作，专业化管理”；充分运用政策性担保、投贷联动等方式，放大政策效应，充分体现政府战略意图，动员更多资源，投向重点产业。

（三）突出重点项目建设，持续扩大有效投资

按照自治区党委常委会议部署，及早着手谋划明年的重大项目。一是全力保障 20 项重大工程，并围绕交通、能源、水利等重点领域，梳理建设任务与重点项目，千方百计筹集项目资本金，争取将更多的项目列入国家重大项目，保证全区基础设施投资稳定增长。二是用足用好支持性政策工具。用好专项债券限额政策，选准选好专项债券项目，加快专项债券结存限额安排使用，重点向园区基础设施、市政基础设施、高效农业项目倾斜，发挥好专项债券扩大有效投资的作用。三是提前谋划明年项目与申请专项债额度。根据宁夏债务空间与建设需要，科学测算全区债务发行需求并及时向财政部提出申请，用足用好专项债用作项目资本金政策，及时补充机场、公路、铁路等重点领域项目资本金，充分发挥扩大投资重要作用。

（四）补齐消费短板，持续激发潜在消费动能

在补齐消费短板上久久为功，持续用力。一是适时启动新一轮扩大消费工作，抢抓“双 11”等消费时机，积极协调金融企业、平台型企业、生产厂家、商户企业、网络运营商投入资金参与扩大消费。引导支持线上消费，重点支持农产品销售，帮

助农户降低滞销损失，加大非接触式消费力度，充分挖掘潜力。二是在扩大大宗商品消费上持续用力，细化扩大汽车消费和促进绿色智能家电消费等政策措施。支持新能源汽车消费，继续实施汽车以旧换新政策。在继续落实好绿色家电消费政策基础上，实施“家电下乡”惠民行动，加快补齐乡村市场短板。研究支持具备条件的地区实行购房补贴，促进房地产市场持续回暖。三是创新消费模式，大力推动线上线下融合消费，推进技术创新、模式创新、业态创新，引进更多有实力的电商落户宁夏，做到“买全国销全国”，努力改善全区批发业商品销售额与零售业商品销售额两项关键指标。

（五）增进民生福祉，切实保障和改善民生

对基本民生政策进行全面梳理，坚持做到尽力而为、量力而行，该保的必须保住，同时不透支财力，不做过高的民生承诺。一是重点关注困难群众生活保障，特别是关注未纳入社保体系的灵活就业等困难群体，加大临时救助政策力度，加快速度，加大力度，加强精度，精准救助困难群众。二是推动养老、医疗、社会保障体系正常运行，抓紧制定养老保险全国统筹方案。三是保障就业、教育等基本民生，多办让人民群众满意的实事，增强人民群众获得感与幸福感。

（六）全力稳住财经运行，牢牢守住风险底线

扎实推进2023年预算编制工作，全面落实“过紧日子”要求，持续压减非必要支出，严控一般性支出、“三公”经费只减不增。加力盘活存量资金，避免财政资金沉淀，加大预算统筹调度，确保2022年度预算平衡。强化基层“三保”管理，硬化预算约束，加强运行监测，督促市县严格落实“两个支出优先”，确保资金优先用到“三保”上，兜牢兜实“三保”底线。严控债务限额，加强隐性债务源头管控，坚决遏制隐性债务增量，积极稳妥化解债务存量。强化财政管理，聚焦基层财政运行薄弱环节，进一步规范财经纪律，坚决防止资金使用不规范的政策风险。强化预算绩效管理，提升财政管理水平，推动全区财政经济平稳运行。

（执笔人：虎玉宝、徐佳）

关于宁夏财源建设有关情况的调研报告

近年来，在自治区党委和政府坚强领导下，财政厅加大重点产业支持力度，积极落实减税降费政策，培育壮大优势企业，全区财源建设取得积极进展。为贯彻落实自治区大抓发展、抓大发展、抓高质量发展的决策部署，财政厅对全区财源建设情况进行深入调研，针对存在的总量不大、质量不高、结构不优等突出问题，从建立重点税源动态监测机制、重点产业培育扶持机制、财源扶持培育激励机制提出具体举措。现将调研情况报告如下：

一、宁夏财源建设基本情况

2017—2021 年，全区地方一般公共预算收入从 417.6 亿元增长到 460 亿元，年均增长 2.4%。其中，税收收入从 270.3 亿元增长到 300.7 亿元，年均增长 2.7%；非税收入从 147.3 亿元增长到 159.3 亿元，年均增长 1.1%。2022 年 1—10 月，全区一般公共预算收入 396.3 亿元，自然口径增长 4.0%，剔除增值税留抵退税因素同口径增长 20.5%，其中，税收收入 269.8 亿元，自然口径增长 2.7%，同口径增长 26.3%。

从收入级次看，中央级和地方级收入占比大体为 40∶60，2021 年中央级收入 335 亿元，占 42.1%；地方级收入 460 亿元，占 57.9%。自治区本级和市县级收入占比大体也为 40∶60，2021 年自治区本级收入 187.9 亿元，占 40.8%；市县级收入 272.1 亿元，占 59.2%。

从收入质量看，宁夏税收收入占地方一般公共预算收入的比重较低，2017—2021 年分别为 64.7%、68.3%、63.2%、62.9%、65.4%，分别低于全国平均水平 10.4、9.2、13、11.7、10.1 个百分点，收入质量需要进一步提高。

从税收结构看，增值税、企业所得税、资源税、契税、城市维护建设税 5 个税种是地方主体税种，约占税收总额的 75%。其中，增值税规模最大，2021 年完成 121.5 亿元，占地方税收的 40.4%；企业所得税是我区第二大税种，2021 年完成 33.6 亿元，占地方税收的 11.2%；2021 年资源税、契税、城市维护建设税分别完成 25.5 亿元、23.1 亿元、17.5 亿元，合计占地方税收的 22%。

从区域分布看，银川地区占据大头，占比超过 60%，2021 年完成 171.2 亿元，占市县收入总额的 62.9%，石嘴山、吴忠、固原、中卫地区分别完成 24.8 亿元、37.5 亿元、15.8 亿元、22.9 亿元，合计完成 100.9 亿元，占市县收入总额的 37.1%。地方一般公共预算收入超过 10 亿元的市县有 6 个，占 21.4%，包括银川市本级（90.8 亿元）、宁东管委会（25.7 亿元）、贺兰县（13.2 亿元）、吴忠市本级（11.7 亿元）、石嘴山市本级（10.6 亿元）、永宁县（10.3 亿元）；5 亿~10 亿元的市县有 9 个，占 32.2%，包括灵武市（9.3 亿元）、兴庆区（8.9 亿元）、中卫市本级（8.7 亿元）、中宁县（8.7 亿元）、金凤区（8.3 亿元）、盐池县（8.3 亿元）、平罗县（8.2 亿元）、青铜峡市（8.2 亿元）、固原市本级（6.4 亿元）；低于 5 亿元的市县有 13 个，占 46.4%，包括西夏区（4.6 亿元）、彭阳县（4.2 亿元）、利通区（3.8 亿元）、同心县（3.6 亿元）、沙坡头区（3.1 亿元）、大武口区（3 亿元）、惠农区（3 亿元）、海原县（2.4

亿元）、红寺堡区（1.9 亿元）、原州区（1.7 亿元）、西吉县（1.7 亿元）、隆德县（0.9 亿元）、泾源县（0.8 亿元）。

二、存在的主要问题及原因分析

（一）存在的主要问题

1. 财政收入低速增长且总量不大。2017—2021 年，宁夏地方一般公共预算收入分别为 417.6 亿元、436.5 亿元、423.6 亿元、419.4 亿元、460 亿元，年均增长 2.4%，增长呈现“先增后降再升”态势，财政收入受煤炭、石油等大宗商品价格波动影响非常明显。近五年财政收入总规模 2157.1 亿元，财政支出累计完成 7138.4 亿元，财政收入总量不大，只占财政支出的 30%，其余 70% 依靠中央转移支付及政府债券资金。

2. 财源基础薄弱结构不够优化。从行业看，宁夏产业倚重倚能特点突出，采矿业、石油焦煤制造以及电、热力业是地方税收的主要来源。这些税源极易受到国际能源市场价格波动影响，抗风险能力不足。从企业看，税收增长主要依靠少数大型企业支撑。近三年，前 20 名企业税收占地方级税收的平均占比为 27.1%。2021 年，国能宁煤集团和中石油宁夏石化公司两家企业税收贡献在前 20 名企业税收总额中的占比达到 52.4%，在全部地方级税收中占比为 15.6%。

3. 市县财源建设滞后收入增长乏力。2017—2021 年，市县财政收入分别为 273.9 亿元、271.6 亿元、251.2 亿元、250 亿元、272.1 亿元，年均下降 0.2%，市县财政收入较五年前“不增反降”。从地级市看，仅石嘴山市、吴忠市实现低速增长，年均分别增长 1.8%、3.5%，银川市、中卫市、固原市年均分别下降 0.9%、1.2%、1.3%。从县区看，22 个县区中，有 14 个县区呈现低速增长态势，8 个县区“不增反降”，有 6 个县区年均降幅超过 5%，其中泾源县 -13.9%、兴庆区 -9.3%、原州区 -7.9%、中宁县 -6.1%、永宁县 -5.1%、西夏区 -5.0%。

（二）问题的原因分析

1. 农业特色产业产值大税收贡献小。近年来，自治区加快葡萄酒、枸杞等农业特色产业发展，推动一二三产业融合，取得了良好的经济效益和社会效益。2021 年宁夏第一产业增加值 364.5 亿元，占地区生产总值的比重为 8.1%，但由于农业生产经营绝大多数为免税项目，产业链短、附加值低，税收贡献相对较小。以“六特”产业为例，2021 年“六特”产业综合产值 2467 亿元，税收仅 3.57 亿元。其中，葡萄酒产业综合产值 300 亿元，税收 0.6 亿元；枸杞产业综合产值 250 亿元，税收 0.7 亿元；奶产业产值 610 亿元，税收 1.6 亿元；肉牛和滩羊产值 646 亿元，税收 0.07 亿元；绿色食品产值 661 亿元，税收 0.6 亿元。

2. 传统工业企业税收贡献大但受价格波动影响大。总体看，宁夏经济结构仍较为单一，与煤炭、石油直接相关的产业税收贡献超过 40%。2021 年以来，受煤炭、石油价格上涨拉动，采矿业、原油开采、煤制油等利税增长较快，相关重点税源企业国家能源宁夏煤业公司、中石油宁夏石化公司、宝丰集团、王洼煤业等企业税收增长较快，为全区税收较快增长作出积极贡献。相关产品价格受外部环境影响大，2022 年 8 月份以来，已呈现同比下降态势，相关行业税收高速增长不可持续。

3. 新兴行业发展势头良好税收贡献还未体现。近年来，自治区狠抓新兴产业培育，新材料、新能源行业呈现快速发展态势，产值实现快速增长，但相关企业正处于税收优惠期，税收贡献还不够。比如新材料行业隆基光伏科技、乐叶科技及中环等新投产企业享受“三免三减半”政策，税收贡献相对较小，百川新材料、中化锂电、巴斯夫杉杉等新能源企业陆续投产，将在未来形成新的税收增长点。

4. 税收优惠力度大政策性减税较多。为促进招商引资，我区除享受西部大开发税收优惠政策外，依据《民族区域自治法》自行出台企业所得税地方分享部分“三免三减半”、城镇土地使用税和房产税“三免三减半”、“六税两费”扩围顶格减免等政策，是全国税收政策最为优惠的省区之一，在 5 个民族自治区中也是优惠力度最大的。比如西部大开发优惠政策执行企业所得税 15% 税率，较中东部地区税收直接减收 10%；“三免三减半”政策主要对企业所得税地方留成部分、房产税、城镇土地使用税给予“三免三减半”，新办企业前三年没有税收，后三年税收很少；“六税两费”减免政策适用主体范围扩大至全部小型微利企业和个体工商户，并顶格按税额的50%予以减免，政策减收明显。

5. 市县产业基础薄弱、抢抓发展机遇主动性不强。大部分市县对财源建设重视不够，抓产业谋发展的氛围不浓，对政府主导的建设项目兴趣大，对聚焦产业链增链补链、大力开展招商引资方法不多、动力不足，存在畏难情绪，在发展产业上存在重产值不重税收、重当前不重长远等问题，对于培育新的税收增长点，谋划得不深不细，宁可多要钱，不愿多挣钱，只看一时，不看长远，对产业培育缺乏长期规划，久久为功、持续用力还不够。2021年，全区市县财政自给率26.2%，22个县区中有16个县区低于30%，其中有7个县区低于10%，最低的西吉县和隆德县仅有2.7%。市县对上级转移支付的依赖重，自身“造血”功能差。

三、实施财源建设工程的方案设计

加强财源建设是做大财政规模、壮大财政实力、增强内生动力的有效途径，是推动宁夏经济高质量发展的重要抓手。

（一）总体考虑

实施财源发掘与培育机制，根据重点税源企业不同发展阶段的特点和资金需求，统筹现有资金渠道，调整优化财政专项资金支持方向，综合运用产业引导基金、纾困基金、贷款贴息等财税金融工具，按照“发现培育一批，巩固提升一批，引入发展一批，纾困保住一批”的原则，有针对性地提出培育壮大的技术路径，扶持培育重点产业，将财政收入增长建立在产业发展基础上。力争从2023年开始，通过五年持续不断加强财源建设，使全区财政收入实现稳定增长，年均增长达到5%以上，力争到2027年全区地方一般公共预算收入达到600亿元，财政收入质量进一步提高，实现财政与经济全面协调可持续的良性互动。

（二）基本原则

1. 坚持发挥市场决定性作用和更好地发挥政府作用并重。既要充分发挥市场在资源配置中的决定性作用，强化企业市场主体地位，激发企业的积极性、创造性和内生动力，又要发挥政府在政策引导、规划布局、资金扶持、政务服务等方面的积极作用，创造良好的营商环境，实现“有效市场”与“有为政府”有机统一、相互协调，增强经济发展的动力活力。

2. 坚持提升优化现有财源和培育扶植后续财源并重。既要加快传统产业转型升级、提质增效，使现有财源发展壮大，又要加强项目建设和招商引资，引进和发展高附加值、高成长性、高技术含量产业，培植一批新的财源增长点。

3. 坚持着力涵养优质税源和积极加强税收征管并重。正确处理“取”与“予”、“收”与“扶”的关系，既要减税降费，加大政府扶持力度，减轻企业负担，释放经济活力和创造力，又要坚持依法征税、科学治税，做到应收尽收，维护税收征管秩序。

4. 坚持加快推进机制创新和防范化解重大风险并重。明确市县（区）政府和综合经济管理部门在财源建设中的主体责任，既要研究破解经济发展瓶颈制约的新途径、新方法，不断创新体制机制，又要妥善处理各种复杂矛盾，及时有效地防范和化解存在的风险，通过多维联动协同发力，形成财源建设齐抓共管的新局面。

（三）具体举措

1. 建立重点税源动态监测机制。按照“重点税源+重点产业”，根据全区地方级税收收入占比情况和各产业行业重点企业分布情况，确定全区地方级纳税前200名企业名单，建立重点税源数据库。强化税收数据分析管理与监测，通过重点税源企业所属行业主要产品及价格、产量变动情况，企业年度税收预计完成及增减变化情况等指标，全面掌握重点税源企业税收情况全貌，分析产业、企业发展态势。

2. 建立重点产业培育扶持机制。一是发现培育一批。支持高新技术企业聚焦实业、专注主业，在细分领域精耕细作、协同创新，打造更多单打冠军。构建多渠道投融资体系。发挥政府投资基金作用，加大对科技型企业初创、成长等全生命周期投融资支持。有效地使用科技创新再贷款，支持银行机构为科技型企业提供“宁科贷”“工业知助贷”等专属金融产品。通过自治区担保贴息资金，对符合条件的科技型中小微企业贷款给予贴息补助、担保费补助、风险补偿补助。加大“专精特新”企业培育力度。积极申报国家级专精特新“小巨人”和重点“小巨人”企业，争取政策资金支持。统筹自治区专项资金，健全完善培育体系，对新认定的自治区

“专精特新”中小企业、“小巨人”企业给予一次性奖补。着力提升科技创新能力。调整优化科技创新资金支持方向，完善科技型企业梯次培育体系和支持体系，大力培育高新技术企业，挖掘规上企业研发投入潜能，培育创新型示范企业、“瞪羚”企业。全面落实企业研发费用加计扣除政策，加大对企业科技创新后补助力度，推动产学研深度合作。

二是巩固提升一批。支持传统优势企业优化资源配置，加快转型升级步伐，再造发展新优势。构建链式发展生态。通过工业信息化专项资金，支持重点产业链“链主”企业培育，给予“链主”企业一次性资金奖励，推动以“链主”企业为核心，推动产业链相关企业优化资源配置、推动技术研发创新、延链强链壮链补链、加快产业集群建设，支持更多优势企业嵌入国家级、世界级优势产业链。加快技术改造升级步伐。调整优化工业信息化专项资金支持方向，支持企业大力实施结构改造、绿色改造、智能改造、技术改造行动，对企业实施的技术改造项目按照设备和软件投资金额，按比例给予奖励；鼓励企业绿色化转型，对企业退出落后产能的，按照退出生产线资产评估值一定比例给予补贴；对企业年新增综合利用一般工业固废给予综合奖补。支持重点企业上市融资。通过自治区资本市场建设及债券贴息专项资金，对在沪深北及境外交易所成功上市的企业，分阶段给予奖励，对上市公司所在地政府给予专项转移支付奖励，对辅导企业成功上市、实现“新三板”挂牌的中介机构给予奖励。

三是引入发展一批。调整优化财政支出结构，支持市县引入落户优质企业、优质项目，推动形成新的经济增长点。增强招商引资实效。通过自治区招商引资专项资金，加大对完成或超额完成年度招商引资任务市县的奖励力度，对引进项目落地总投资和当年固定资产投资达到自治区确定标准的开发区给予奖励，支持企业参加区内外重点展会和推介活动。提升产业引导效能。用足用好政府产业引导基金，逐步增加产业引导基金政府出资规模，支持企业融资渠道，支持“六新六特六优”产业高质量发展。参股国家黄河流域生态保护和高质量发展基金，综合运用“财政＋金融＋社会资本”等模式，加大对宁夏先行区建设重大基础设施建设支持力度。加强要素配套保障。支持市县统筹上级转移支付和自有财力，加大用能、用水、用地等要素保障，支持企业、项目尽快落地、投产达效。加大与各市县（区）招商引资项目的对接力度，统筹区市县三级资源及力量，重点支持新能源、新材料、数字信息、现代化工等重大招商引资项目落地。

四是纾困保住一批。对受疫情影响较大的相关行业以及发展面临阶段性困难的优质企业，加大政策支持和纾困力度，支持企业渡过难关。加大困难企业纾困力度。用足用好自治区政策性纾困基金，对符合经济结构优化升级方向、有发展前景、面临一时困难的民营企业进行财务纾困。各市、县（区）综合考虑企业纳税金额、就业情况、对当地经济社会发展贡献程度等因素，梳理上报本地区纾困企业名单。全力稳住重点特困行业。通过普惠金融发展专项资金等，对受疫情影响较大的批发零售、住宿餐饮、交通运输等困难行业，引导银行机构通过中长期贷款、降低利率、展期、续贷、再融资、调整还款计划等给予支持。降低企业融资担保成本。加强与国家融资担保基金合作，增加自治区小微企业融资担保准备金规模，引导政府性融资担保机构降低担保费率，自治区对符合规定的担保业务给予保费补贴；引导宁夏融资再担保集团减收再担保费，引导担保机构扩大对小微企业和“三农”的担保规模。

3. 建立财源扶持培育激励机制。从2023年起，自治区财政每年拟设立扶持培育财源建设奖励资金5亿元，依据各市县产值、工业增加值、规上企业数量、主营业务收入、固定资产投资、招商引资实际到位资金等因素，区分不同权重，按照与上年同期比较的考核方式，实行一个季度一奖励，每季度奖励1亿元，年底再实施综合奖励，对产业培育贡献大的市县区给予奖励。通过加大扶持激励力度，提高市县培育财源的积极性，增强发展后劲，全力助推宁夏经济高质量发展。

（执笔人：冯爱钧）

宁夏人才工作现状分析及今后财政支持主要方向和重点

中央和自治区人才工作会议召开以来，作为自治区党委人才工作领导小组成员单位之一，自治区财政将支持人才工作作为当前和今后工作的主要任务，主动思考分析、深入调查研究，立足人才工作全局和宁夏经济社会发展现状，充分利用有关机构和专家调查数据，全面分析研究并查找工作中存在的突出问题，提出了今后工作思路和支持方向、重点。

一、近年来财政支持人才工作情况

自治区第十二次党代会以来，自治区财政深入贯彻习近平总书记关于人才工作一系列重要论述和指示精神，认真落实中央和自治区各项部署要求，以支持实施重大人才项目为抓手，以人才培养、引进、使用和服务保障为主线，大力支持实施人才强区工程，助推创新驱动发展。

（一）财政投入情况

按照自治区党委办公厅、政府办公厅印发《关于实施人才强区工程助推创新驱动发展战略的意见》（宁党办〔2018〕1号）精神，2018年以来，自治区财政逐年加大投入力度，共计安排人才专项资金11.2亿元，其中，2018—2022年分别安排专项资金2.17亿元、2.17亿元、2.18亿元、2.18亿元和2.5亿，资金使用范围主要包括人才引进、培养、人才表彰奖励、服务保障及平台建设等。2022年安排自治区本级人才专项经费2.5亿元，较上年增长14.7%。逐步建立起了人才引进、培养、使用和奖励等全方位的资金支持体系，有效保证了自治区引才育才用才等各项人才工作的顺利实施。

（二）做法及成效

一是支持全方位引进高层次人才。按照全职引才和柔性引才兼顾、引进团队和引进个人结合的原则，依托中央“博士服务团”、东中部省市“院士专家宁夏行”和自治区高层次人才引进计划等渠道，自2018年以来，共兑现自治区人才补贴2.88亿元，柔性引进科技创新团队63个、两院院士148人、国内知名专家521人，全职引进培养博士人才881名，为宁夏科技创新、产业发展提供了重要人才支撑。

二是支持建立人才梯次培养体系。通过支持实施院士后备人才和行业领军、青年拔尖、青年托举（后备人才）人才培养计划，建立起覆盖各行业领域、各年龄阶段、各学术技术层面的自治区高层次人才培养机制，累计投入人才专项资金3.4亿元，选拔培养院士后备人才5名、领军人才131名、青年拔尖人才872名、青年托举人才814名。截至2021年，近半数培养对象获得国家自然科学基金项目和自治区科技奖项。2021年宁夏推荐的4名中国工程院院士增选候选人均为原院士后备培养计划的支持对象，其中吴忠仪表有限责任公司马玉山顺利当选中国工程院院士，宁夏宝丰能源集团股份有限公司姚敏领衔团队完成的“400万吨/年煤间接液化成套技术创新开发及产业化”项目获国家科技进步奖一等奖，这标志着宁夏人才专项资金支持院士后备人才培养计划实现历史性突破。

三是支持优势特色产业人才创新平台建设。累计支持资金近1.2亿元，围绕自治区优势特色产业挂牌成立了煤化工、现代纺织、葡萄酒产业等7个产业人才高地，围绕“九个重点产业”“四大提升行动”创建58个人才小高地、136个科技创新团队等人才创新载体，初步形成“产业围绕人才建人才依托产业干”的良性互动。

四是支持建立三级人才奖励体系。支持自治区建立“宁夏杰出人才”“塞上英才”“塞上名家”三级人才奖励体系，累计奖励院士培养单位（吴忠仪表）1家，奖励300万元，评选表彰“宁夏杰出人才奖”3名，每人奖励100万元，“塞上英才”85名，每人奖励50万元，“塞上名家”298名，每人奖励5万元，奖励资金总计6300万元，使优秀人才示范引领作用得到有效发挥。

二、当前宁夏人才工作形势及存在的突出问题

习近平总书记在中央人才工作会议上的重要讲话，做出人才是实现民族振兴、赢得国际竞争主动的战略资源的重大判断，做出全方位培养、引进、使用人才的重大部署，讲话高屋建瓴、视野宏大、内涵丰富、思想深刻，具有很强的政治性、思想性、指导性、针对性，是指导新时代人才工作的纲领性文献，为我们做好人才工作指明了前进方向、提供了根本遵循。

近年来，宁夏人才工作取得了长足进展，特别是自治区第十二次党代会以来，在自治区党委、政府的高度重视下，大力实施重大人才工程，着力构建体系完备、导向鲜明、保障有力的人才工作格局，发展是第一要务、创新是第一动力、人才是第一资源的理念深入人心。坚持引、培、用并举，人才队伍规模进一步壮大，人才整体效能进一步增强，人才发展环境进一步优化，各级各类人才服务宁夏建设、投身宁夏发展的热情和干劲显著提高，为我们不断优化人才政策，加大人才工作支持力度增强了自信心和责任感。

宁夏人才工作虽取得了一些成绩，但还存在人才总量小、质量不高，人才引进难、留不住，高层次人才缺乏，人才资金使用精准度不高，“拳头”效应发挥不明显等问题，具体表现为：

（一）人才政策宣传不够、知晓率低

根据《宁夏人才发展体制机制问卷调查报告》中通过线上线下方式调研的12860份问卷分析，人才对宁夏人才政策的了解率不足38%，关注率不足31%，40.3%的认为宁夏人才政策宣传不理想，说明无论是政策解读还是政策培训都欠缺，相关人才主管部门需要持续加强政策宣传和培训力度。

（二）人才的量较小、质较低，人才结构和分布不均衡

截至2020年底，宁夏人才资源总量占人力资源总量的比重仅为13.5%，低于《国家中长期人才发展规划纲要（2010—2020年）》提出的16%的目标。特别是高技能人才较为匮乏，高技能人才占技能人才的比重仅为8.85%，比全国平均水平低19.15个百分点，严重制约了经济社会发展。各行业和产业领域的领军人才、骨干人才缺乏，研发能力和科研成果转化能力较弱。现有专业技术人才主要集中在教育、医疗卫生、农业等行业，能源化工、新材料研发、机械制造等重点产业集聚的技术人才仅占专业技术人才总量的22.6%。《宁夏人才发展体制机制问卷调查报告》中有关数据显示，宁夏大学、宁夏医科大学、宁夏师范学院、自治区人民医院、宁夏农林科学院等人才密集单位集聚了全区90%以上的全日制博士和重点院校重点学科硕士研究生，这些单位同时也是全区高层次人才集聚和入选人才工程、人才项目最多的。

（三）人才引进难，存在边引边流的问题

骨干人才因“外部待遇吸引”和“内部平台受限”等原因，流向经济发展水平较高省份的情况时有发生。根据《宁夏人才发展体制机制问卷调查报告》中有关数据显示，人才对当地经济发展环境的满意率低于40%。据有关专家学者调查，在调研的77家科技型企业和单位中，年度离职率1%~5%的单位和企业有61家，占79%；年度离职率5%~15%的单位和企业有13家，占17%；年度离职率15%~25%的单位和企业有3家，占4%，主要原因是事业发展的平台对科技人才的黏性不够，需要进一步优化经济发展环境，为人才发展提供良好平台。

（四）用人单位主体作用发挥不到位

一些高层次人才密集单位存在“重引轻用”现象，有的单位人才引进后岗位安排不匹配，人才专长和潜能不能很好地发挥。如，在绩效评价中发现宁夏大学引进的高层次人才中绝大多数在入职的第一年到第二年承担了所在院系相当程度的行政工作，压占了个人科研时间。还有一些企事业单位将人才平台建设当成荣誉，注重设立挂牌，轻视后续建设及作用发挥。

（五）人才专项资金管理不规范

人才专项资金管理方面存在资金支付进度慢、使用和财务管理不规范，对项目实施情况和资金使

用缺乏协同监管机制以及人才项目和资金分散、使用精准度不高等问题。

三、今后财政支持人才工作思路和措施

自治区党委、政府已出台有关实施新时代人才强区战略的意见，“意见”坚持问题导向，借鉴发达省区人才工作先进经验，结合宁夏区情和人才现状，以及现有人才政策实施情况，对人才工作和政策进行全面谋划。进一步健全工作机制，完善人才支持政策体系，统筹人才、科技等渠道资金，紧紧围绕重点建设好“四支人才队伍”、抓好“四大人才工程”，努力打造人才成长的“沃土”、人才汇聚的“洼地”、人才创业的“乐园”，注重引培并举，着力改革人才管理、评价、科研成果转化、人才流动和人才使用等制度机制，注重使用好人才，发挥人才作用，激发人才活力。“意见”将进一步提升人才政策的系统性和整合度，解决人才建设资金分散、低效、重复等弊端和问题。

为贯彻落实好自治区人才工作会议精神，把“意见”确定的各项目标任务落到实处。下一步，我们将以自治区人才工作会议精神为指引，深化对人才事业发展规律性的认识，切实提高财政部门政治站位，坚决贯彻落实人才投资优先保障的要求，加大力度，全力支持人才事业高质量发展。

（一）总体思路

1. 坚持党的领导，形成工作合力。在自治区党委人才工作领导小组的统一领导下，充分发挥财政职能，落实工作责任，聚焦主责主业，优化保障机制，深度参与政策设计、配套改革、工作推进、政策宣传、监督管理等环节，使得财政支持人才工作遵循正确的方向。

2. 坚持系统谋划，科学配置资源。围绕自治区人才工作会议提出的搭建“三个战略平台”、建设“四支人才队伍”、抓好“四大人才工程”的任务要求，聚焦自治区“九个重点产业”高质量发展，科学合理配置财政资金。

3. 坚持引育并举，健全政策体系。坚持以中央和自治区人才工作会议精神为指引、以实施新时代人才强区战略意见为总纲，健全完善相关配套政策措施，抓好重要人才政策制度集成，高质量推动人才工作有序开展。

4. 坚持问题导向，提升政策效果。用足用好用活人才支持政策，加强部门联动，积极主动服务，及时兑现人才待遇，大力提升人才保障水平，打通人才服务“最后一公里”。

（二）具体措施

1. 强化人才投入。坚决贯彻落实自治区人才工作会议要求，加大人才投入力度，优化资金支出结构，瞄准人才培养、引进、使用等关键环节，集中财力保重点，集中精力办大事，提高财政支持的精准性，克服人才建设资金分散、低效、重复等弊端，保障各类人才政策、人才待遇及时有效落实。

2. 突出支持重点。把贯彻落实自治区人才工作会议精神和实施新时代人才强区战略意见，作为财政保障的方向和重点，全力支持打造西部地区具有吸引力、竞争力、影响力的人才高地。一是紧紧围绕自治区“九个重点产业”“四大提升行动”，全方位引进和培养一批急需紧缺人才。瞄准“高精尖”，进一步加大对杰出科技人才、领军人才和创新团队支持力度。重点支持科技创新、医疗卫生、乡村振兴、社会治理等领域专门人才，破解宁夏人才制约经济社会高质量发展的瓶颈。二是支持建设创新型科技人才、领军型企业人才、技能型产业人才和战略型党政人才“四支人才队伍”，实现人才数量持续扩大、质量稳步提升。三是五内年通过奖补政策，有计划分层次支持高质量打造100个自治区重点实验室、工程技术中心等科研平台，提升打造100个高质量院士工作站、人才小高地、专家服务基地等有影响力和带动力的人才载体平台，推动形成“平台聚集人才”和“人才成就平台”的良性互动。

3. 加强资金管理。进一步优化人才专项资金和项目结构，分类、分层次建立全区人才项目库，实现人才项目申报时间与自治区年度项目支出预算申报时间相衔接。优化资金拨付方式，切实加快资金支出进度。以重点绩效评价为抓手，强化项目和资金监督管理，提高人才投入效益。

4. 健全完善政策体系。积极配合自治区人才管理部门编制人才发展中长期规划和各专项制度管理办法，建立一整套人才工作政策体系并印制成册，切实解决人才普遍反映的人才政策分散的突出问题。牵头修订完善《宁夏回族自治区人才专项资金管理办法》，深入分析研究人才资金使用规律，以规范管理、提高效益和为人才减负、“松绑”为主要目的，结合有关规定，对原制度进行全面修订，为宁夏人才工作高质量发展提供资金和政策保障。

（执笔人：杨治财）

对政府采购支持中小企业发展的调研与思考

中小企业是稳经济的重要基础、稳就业的主力支撑，也是保市场主体的关键。习近平总书记指出，要千方百计把市场主体保护好，为经济发展积蓄基本力量。2020年以来，受新冠肺炎疫情和严峻复杂的国际环境影响，中小企业发展遭遇重大冲击，党中央出台一系列中小企业纾困政策，着眼于保就业、保市场主体，帮助中小企业渡过难关。政府采购作为重要的宏观经济调控手段，具有天然的“风向标”作用，更应积极发挥帮助中小企业纾困解难、稳住经济大盘的示范效应。宁夏政府采购聚焦中小企业政策落地，精准发力，为企业发展保驾护航，但在政策作用发挥方面还存在一些问题，急需在工作中不断改进和完善。

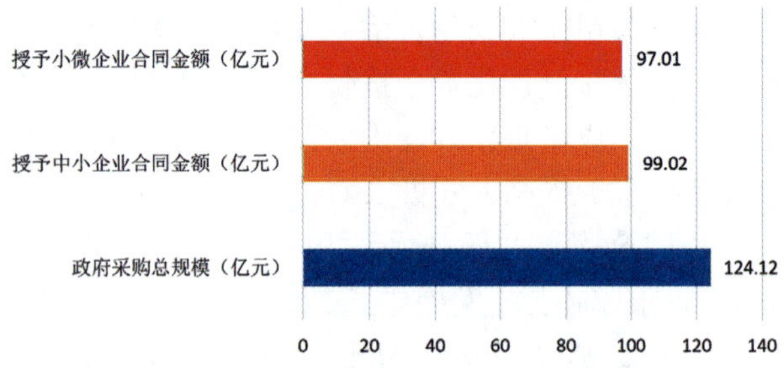

图1　2021年宁夏政府采购授予中小企业合同规模情况

一、宁夏政府采购支持中小企业发展基本情况

宁夏一直高度重视发挥政府采购政策作用支持中小企业（含中型、小型、微型企业）发展，持续扩大中小企业市场份额。2021年，宁夏政府采购共授予中小企业合同金额99.02亿元（因工程招标投标领域企业划分类型统计数据不完全，该数据不包含适用《招标投标法》的政府采购工程），占总采购规模的79.78%，同比上升1.68个百分点，其中授予小微企业合同金额占比78.16%，同比上升17.7个百分点（见图1）。

（一）政策领航，支持中小企业落地见效

一是完善配套制度。2021年7月，率先在全国配套出台政府采购支持中小企业管理办法实施细则，以预算份额预留、价格评审优惠、同等优先采购、信息公开透明为抓手，结合宁夏实际，将预算预留比例从30%提标至40%，价格评审优惠下限从6%提标至8%，从政策制度层面给予中小企业更大的市场空间。二是强化技术保障。形成从采购预算、采购意向、采购计划到采购执行、采购合同全链条的中小企业政策落实信息化管理，特别是在采购意向环节增设面向中小企业预留份额公开，在采购计划环节从严把控不适宜情形适用，实时公布预算预留比例情况，在采购执行和合同环节加大中小企业信息公开力度，运用好社会监督力量。三是落地效果显著。从政策落地情况看，除不适宜中小企业提供情形外，200万元以下货物、服务及400万元以下工程项目均全部面向中小企业采购，超过200万元的货物、服务及400万元工程项目预留66.24%面向中小企业采购，超出规定预留比例26.24个百分点（见表1）；从评审优惠情况看，对不适宜中小企业提供情形及未专门预留给中小企业的项目或采购包，货物、服务均给予8%以上的价格评审优惠，工程给予4%以上的价格

表 1　2021 年宁夏政府采购促进中小企业发展政策执行情况

区域	200 万元以下的货物和服务及 400 万元以下的工程			超过 200 万元的货物和服务及超过 400 万元的工程					
	预算总额（亿元）	适宜由中小企业提供	中小企业预算总额	预算总额（亿元）	适宜由中小企业提供	中小企业预算总额	中小企业预留比例（%）	小微企业预算总额	小微企业预留比例（%）
全区	34.14	17.7	17.7	89.98	45.27	33.38	73.74	4.55	13.63
区本级	11.3	5.76	5.76	28.2	7.48	4.95	66.18	0.84	16.97
市本级	9.29	4.65	4.65	16.77	8.78	5.71	65.03	1.0	17.51
县区级	13.55	7.29	7.29	45.01	29.01	22.72	78.32	2.71	11.93

评审优惠；从实际授予中小企业地域分布情况看，本地中小企业是获得宁夏政府采购合同的“主力军”，共 13855 家，占比 91.12%，授予的合同金额 81.48 亿元，占比 82.29%，外地中小企业 1351 家，占比仅 8.88%，授予的合同金额 17.54 亿元，占比 17.71%（见图 2）。

在政府采购活动中的运用，通过构建政府、金融机构与中小企业合作平台，2021 年为企业提供各类保证金保函 8 亿元，有效缓解了资金压力；全面清理整顿政府采购活动中的涉企收费，对除 CA 电子认证、投标、履约及代理服务费外的其他没有法律法规规定的收费行为予以规范。

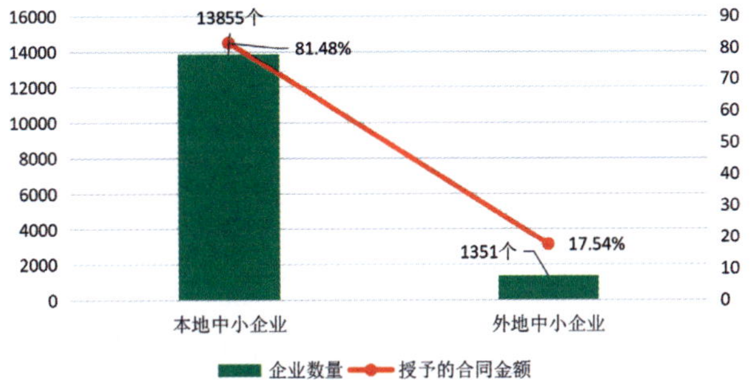

图 2　2021 年宁夏授予中小企业地域分布情况

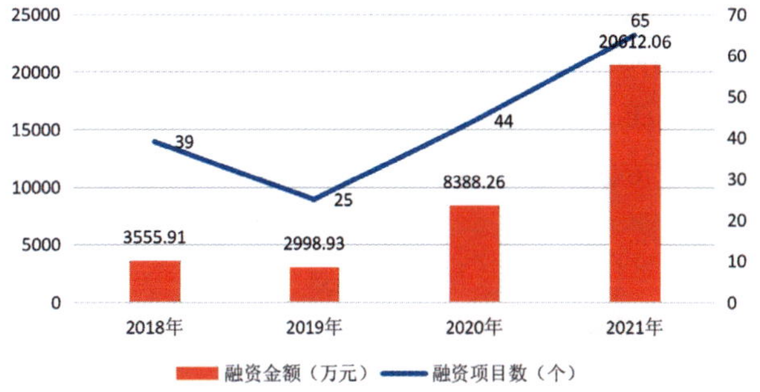

图 3　2021 年全区政府采购合同信用融资情况

（二）创新驱动，减轻中小企业资金负担

一是建立电子化交易机制。在疫情防控常态化的形势下，宁夏大力推广政府采购电子化交易平台应用，积极探索远程开标和“不见面”评审，降低企业参与成本。据不完全统计，2021 年宁夏电子化交易共为企业节省投标文件制作费、差旅费等各类费用 9400 万元。二是打造信用融资新模式。在“降成本”的基础上延伸“易融资”，以合同融资模式为中小企业拓宽融资渠道，通过建立绿色通道、简化审批流程、提供优惠利率，为中小企业输送血液，2021 年 11 家金融机构面向有融资需求的 65 家中小企业共发放融资贷款 2.06 亿元，占融资项目合同总额的 79.84%（见图 3）。三是规范涉企收费行为。鼓励对诚信状况良好的中小企业免收投标保证金或降低投标和履约保证金收取比例，建立公共资源交易场所投标保证金自动退还机制；探索保证金保函

（三）降低门槛，激发中小企业市场活力

一是扩大市场信息知晓度。依托政府采购地方分网、公共资源交易平台及宁夏 168 企业公共服务平台，最大限度地扩展政府采购公告信息知晓范围，免费向社会公众提供采购文件在线预览和下载服务；严格落实采购意向公开制度，提前 30 天向社会公开采购标的、采购预算和采购需求，保障中小企业平等参与政府采购活动的权利。二是创新资格承诺信用制。以资格承诺函形式替代传统纸质财务报表、缴纳税收和社会保障资金证明等，在集中采购目录内项目试点成功的基础上，分步有序推广到全区范围。三是破除采购文件隐形壁垒。规范政府采购各类采购方式标准文本，形成全区一套体系、一套模板，从源头上杜绝采购主体利用采购文件设置隐形门槛，限制中小企业参与竞争。

（四）服务保障，维护中小企业合法权益

一是加大督导落实力度。开展排查设置不合理条件对中小企业实行差别待遇或者歧视待遇专项清理行动，将政府采购支持中小企业政策执行情况纳入代理机构监督检查范围，2021 年至今对发现的相关违法违规问题共处理处罚各类主体 350 个、罚款 222.16 万元，禁止 49 个主体在一定期限内参与政府采购活动（见图 4）。二是建立权益保护机制。充分运用“政府采购电子质疑投诉系统”，打造“企业不跑路，数据多跑路”的维权新模式，为供应商提供标准统一、高效便捷的“一站式”维权服务；探索与投诉裁决并行的非强制性纠纷化解模式，以当事人双方自愿为基础，通过约谈、调解、提供法律意见等方式化解纠纷。三是创新服务新路径。开通政府采购政策咨询专栏，及时回应市场主体关切，对一些重大、热点的政策咨询，汇编专题予以政策解读；开展“送政策上门”服务活动，通过座谈会、实地调研、现场解答、集体培训等多方式解读政府采购政策，让更多的中小企业了解政策、享受红利。

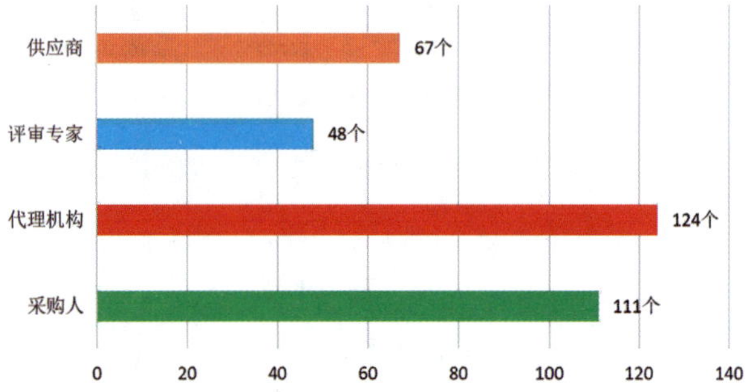

图 4　2021 年以来宁夏政府采购行政处罚情况

二、政府采购支持中小企业发展中的短板和问题

2021 年以来，宁夏大力落实政府采购支持中小企业发展政策，取得了良好的效果，但仍然存在一些短板和问题，主要表现在以下七个方面：

（一）政府采购交易机制增加中小企业成本

一是 CA 电子认证尚不兼容互认。全国范围内尚未形成统一的政府采购交易大市场，各地在开展政府采购活动时，要求企业使用相应的 CA 电子认证参与投标，由于政策层面及技术底层逻辑不互通等多因素影响，各地使用的 CA 电子认证大部分不相同且不互认，据不完全统计，全国获得相关部门电子认证服务行政许可的认证机构超过 30 余家，多个 CA 电子认证显著增加中小企业投标成本。二是电子化交易方式产生额外费用。在推进电子化交易过程中，由于公共资源交易场所无法容纳所有政府采购项目，部分采购项目转向市场经营的第三方交易平台，企业参与投标时需额外向第三方交易平台缴纳固定金额或按预算金额比例计算的平台服务费用。

（二）采购操作环节还需进一步规范和改进

一是文件制作费用有待降低。宁夏所有的招标文件均免费向企业提供，但企业仍需制作相应的纸质文件参与投标，即使在电子化交易中，采购人、采购代理机构及公共资源交易场所因电子交易系统风险或档案留存工作需要，仍需企业提供相应的纸质文件，据座谈了解，一份纸质投标文件的制作费用一般均超过百元。二是保证金按最高比例收取。政府采购法对投标保证金和履约保证金仅约定最高限额，采购人及采购代理机构通常以采购预算金额或采购合同金额乘以最高限额计算收取额度，特别是履约保证金，通常在采购人尚未支付任何合同资金前就要求中标或成交企业按照采购合同的 10% 提交，企业前期资金周转压力较大。三是合同支付不合理。政府采购合同资金支付虽然有财政兜底保障，但仍存在合同约定最后一期付款期限至一年甚至几年后变相作为货物、服务和工程的质量保证金、采购人履约验收不及时导致资金无法按时支付、中标供应商支付履约验收专家论证费用等情形。四是代理服务费无标准可依。全国尚无可参照执行的代理服务费费率标准，采购实践中，实际费率由采购人及采购代理机构在签订委托协议时协商确定，但由于代理服务费的支付主体一般为中标或成交企业，采购人没有协商降低费率的主动性和积极性，费率主要由采购代理机构单方确定，参与投标的企业没有任何可议价空间，只能被动接收，特别是对一些预算金额较小的采购项目，利润空间被进一步压缩可能会导致企业后期履约积极性不高，无法确保采购目的的实现。

（三）采购人落实中小企业支持政策顾虑较多

采购人多对中小企业持不信任或怀疑态度，从主观上更倾向于大企业或大品牌，违规设置一些限制或排斥中小企业条款，如滥用不适宜中小企业提供情形，将应专门面向中小企业采购的项目定义为不适宜，削弱中小企业竞争力；在采购文件中设置独立法人、特定金额业绩、审计报告盈利、在本地设立分支机构或注册等资格条件或评审因素；对不适宜中小企业提供情形或未预留给中小企业的采购项目采取“一刀切”方式，不允许企业以联合体或合同分包形式参与，变相限制小微企业市场竞争等。在排查设置不合理条件对中小企业实行差别待遇或者歧视待遇专项清理行动中，各采购人就自查发现2020年以来设置排他性或限制性条款达到529个，涉及采购金额12.91亿元。

（四）中小企业内在竞争力不强

中小企业本身能力不足，普遍存在资金实力不够、融资能力差、抗风险能力弱、信息不畅通、生产成本较高、产品服务质量有差距、品牌建设及运作能力不足等问题，直接制约中小企业参与政府采购活动；有些中小企业缺乏诚信，存在侥幸心理，伪造资质、恶意压价谋取中标或成交，后期提供的产品和服务不符合投标文件承诺和合同约定，严重影响中小企业声誉。

（五）中小企业政策衔接不到位

主要表现在工程采购领域，由于我国《招标投标法》和《政府采购法》“两法分立”，而《招标投标法》及其实施条例并未对政府采购政策功能作出规定，履行招标投标流程的政府采购工程及参照执行政府采购流程的PPP项目基本没有落实预算份额预留及价格评审优惠等政策，使之成为大型企业“圈地跑马”的主阵地；国家相关部委推行的工程总承包（EPC）项目模式将很多小型项目汇总打包以综合评估法方式开展招标工作，也进一步降低了中小企业中标的概率。

（六）中小企业政策落实仍有堵点

一是中小企业政策扶持对象难认定。采购实践中，中小企业的界定和确认通常以企业自我书面声明为主，且中小企业从业人员、营业收入及资产总额均属动态指标，采购人、采购代理机构和评审专家很难在短暂的开评标时间内进行甄别核实，可能导致不符合资格条件的企业参与政府采购活动或中标，符合资格条件的企业反而被排除在外；个别供应商特别是经销商对货物的实际生产商信息不够了解，出具的中小企业承诺函中存在遗漏内容或虚假陈述，影响政府采购活动质量。二是政府采购信用融资支持力度仍显不够。由于中小企业融资具有“薄本微利”特征，加之市县财政资金紧张、资金管理不规范，金融机构向市县推广信用融资的风险较大、积极性不高。三是政策理解执行存在偏差。个别评审专家或采购代理机构知识更新不及时，仍以废止的中小企业文件作为评判依据，否定相关中小企业投标资格或未给予价格评审优惠；对专门面向中小企业采购的项目，对其中的小微企业重复给予价格评审优惠政策，影响政府采购活动的公平公正性。四是小微企业政策支持力度突显不足。从2021年政府采购预留给小微企业政策执行情况来看，宁夏超过200万元的货物和服务及超过400万元的工程采购项目专门预留给小微企业的采购项目总预算为4.55亿元，仅占面向中小企业采购项目总预算的13.63%，与60%的规定标准差距较大。

三、加强政府采购支持中小企业发展的对策建议

提升中小企业竞争力是构建新发展格局、推动高质量发展的重要基础，要进一步压实政府采购促进中小企业政策落地，以政府采购的“减法”换取中小企业效益的“加法”和市场活力的“乘法”，不断提振市场信心、稳定市场主体，增强经济发展后劲和可持续性。

（一）完善制度，为中小企业发展提供政策加持助力

建议联合相关部门从招标投标法律法规层面制定政府采购支持中小企业政策，加大工程招标投标领域的政策落实力度；在全国范围内建立CA电子认证兼容互通机制，实现“一把CA走遍全国”；规范第三方交易平台，将政府采购项目全部纳入公共资源交易平台，统一数据，统一监管，实现“平台之外无交易”；规范政府采购电子交易档案管理，鼓励对以电子化交易方式开展的政府采购项目不再留档纸质档案，督导采购人加强电子交易档案的管理和规范。

（二）探索试点，为中小企业发展提供创新政策洼地

建议允许在一定范围内试点取消投标保证金或降低保证金法定最高限额标准；建立政府采购合同预付款制度，对适宜开展预付款的政府采购项目，鼓励提高对中小企业的预付款比例；建立中小企业统一大市场数据平台，加强与各部门对中小企业在参与政府采购活动、合同信用融资、信用评价中的数据归集和运用，为金融机构向中小企业融资提供更多数据支撑；建议研究制定关于代理服务费收取指导标准，在公平公正的基础上开展市场化定价，修改完善《政府采购代理机构管理办法》，由采购人按照采购代理机构的服务质量支付代理服务费，激发采购人议价积极性。

（三）强化服务，为中小企业发展提供良好外部环境

通过媒体和各种途径大力宣传政府采购促进中小企业政策，让政府采购各方主体认识到支持中小企业发展的重要性，营造思想共识；搭建大企业与中小企业优势互补、共同提高的合作平台，鼓励小微企业与大中型企业组成联合体投标或大中型企业向小微企业分包参与政府采购活动，发挥各自特长，鼓励采购人对适宜的项目允许企业组成联合体投标或以合同分包形式参加投标；规范不适宜中小企业提供情形的适用范围，对不适宜情形要进行充分的市场调研或邀请第三方专业机构、专家进行咨询论证；从严审批政府采购进口产品，为中小企业提供更大市场空间。

（四）内强筋骨，为中小企业发展提供强劲内生动力

打铁还须自身硬。中小企业要想在激烈的市场竞争中占有一席之地，既要在提升自身创新能力和专业化水平上“苦练内功”，在开发面向市场需求的产品与服务、提供产业链供应链多元化配套服务、参与解决关键核心技术“卡脖子”问题等方面下更大功夫，也要眼光向外，认真学习政府采购法律法规，熟悉政府采购流程，及时关注政府采购信息，合理选择政府采购目标市场，严格按照采购文件要求进行响应，中标后保质保量履行合同约定，维护自身良好的市场声誉。

（五）加强监管，为中小企业发展夯实基础保障

将政府采购支持中小企业发展政策作为采购执行和日常监管考核重要内容，按时公开政府采购政策执行具体方案及年度执行情况，对未按规定执行政府采购政策或未完成相关预算份额预留比例的严格问责追责。

（执笔人：舒心）

关于政府采购领域专项治理巩固深化情况的调研报告

为进一步巩固深化政府采购领域专项治理工作成果，按照专项治理“回头看”有关工作要求，今年5月，财政厅组成专项调研工作组，对宁夏20多家采购单位、30多家社会代理机构、15位评审专家、15家投标企业及市县财政部门巩固深化专项治理工作进行了专项调研。现将有关情况汇报如下：

一、政府采购领域专项治理巩固深化情况

从内控制度建设和执行情况来看，各级各单位内控管理制度逐步健全完善。自财政厅印发《关于加强政府采购活动内部控制管理的指导意见》后，各级采购单位逐步提高认识，进一步落实主体责任，共有2652家采购单位建立和完善单位内控管理制度，初步建立以制度管人管事的机制。如，农业农村厅印发《政府采购项目管理办法》，并建设与之配套的政府采购项目电子化内控管理系统，通过“制度+信息化”的方式全面规范政府采购项目内控管理。自治区教育厅设立专门机构，成立教育装备与风险管理中心，实行政府采购项目归口管理，进一步提升专业化水平。

从电子化交易推进及执行情况看，政府采购项目电子化交易率稳步提升。自《政府采购项目电子化交易管理暂行办法》印发后，政府采购项目电子化交易率逐年稳步提升，2021年全区审核采购项目计划数3988，实施电子交易项目1667个，电子化交易率达41 %，较上年提高30个百分点；2022年1—5月，全区审核采购项目1089个，实施电子交易项目880个，电子化交易率达81%，同比提高40个百分点。

从代理机构代理项目情况看，代理机构依法依规代理意识和执业能力逐步增强。自专项治理自查、重点检查、专项抽查等阶段性检查工作结束后，大部分代理机构法规意识和执业能力逐步增强，采购人选择代理机构方式也逐步由“人情关系网”方式向“注重业务质量”进行转变。如，采购量较大的一些单位普遍采取公开遴选、综合评比、实地考察等方式择优选择招标代理机构，很大程度上促使代理机构不断向专业化、规范化发展。

从评审专家参与评审情况看，评审专家参与评审的主体责任和法规意识逐步增强。自专项治理以来，各级财政部门对违法违规的评审专家进行严肃处理处罚，全区共处理处罚评审专家60多人，并对专家处理处罚情况向社会进行公开，对规范评审行为起到良好的惩治震慑作用。

从项目资格条件和评审因素设置情况看，采购人设置资格条件和评审因素排斥潜在投标人情形逐渐减少。2022年4月，财政厅印发《关于排查设置不合理条件对供应商实行差别待遇或者歧视待遇专项清理工作的通知》，从18个方面全面排查清理以不合理条件排斥限制潜在投标人的问题，从排查情况看，2021年政府采购项目排斥潜在投标人情况逐渐减少。如吴忠市抽取33个2021年政府采购项目，未发现项目存在设置门槛阻挠和限制中小企业自由进入政府采购市场，未发现以注册资本金，资产总额、营业收入、从业人员等规模条件对中小企业实行差别待遇等情形。

从项目履约验收管理制度执行情况看，大部分

采购单位履约验收管理意识逐步加强。自《关于开展政府采购履约验收信息公开工作的通知》印发后，各级各单位逐步规范项目履约验收管理工作，履约验收主体责任逐步加强。目前，政府采购网已公开 5315 个项目履约验收信息。如自治区公安厅，将内审机制延伸到政府采购项目履约验收环节，严格按照合同对中标人履约事项进行审计，累计审减中标人未按照合同履约各类项目费用 1300 多万元，既规范了采购各方主体责任，又节省了财政资金。

从行政监督和执法情况看，各级行政监督部门进一步强化监督管理职能，行政执法案件数量逐年上涨。自《政府采购项目电子化质疑投诉管理办法》印发执行后，各级财政部门行政执法程序及标准进一步规范，政府采购领域违法违规行为投诉举报渠道更为畅通，社会监督的效果进一步显现。截至 2022 年 5 月，系统接收市场主体各类项目质疑 1159 条，接收各类投诉 298 条，各级财政部门依法作出行政处理处罚案件 535 件。

二、巩固深化过程中存在的问题

调研中，有的供应商反映项目投标比以前更加便利了，中标的概率更大了；有的评审专家反映招标文件中设置的排斥性条件逐渐减少了，评审分值设置更合理了；有的采购人反映单位领导更重视项目管理了，管理规则逐步健全了；有的代理机构反映与采购人的交流更充分了，采购人更愿意接受他们提出的合理化建议了。但在大家普遍认可的同时，各类主体也反映了一些目前还存在的问题。

一是严格规范的内控管理制度尚未全面建立。虽然大部分采购单位都建立了项目内控管理制度，但通过调研发现，有的单位制定内控管理制度流于形式，存在制度建设责任不清、落实不到位或者管理手段不足等，并未实现切实用制度管人管事的目标。

二是项目电子化交易衍生出增加市场主体负担问题。推行政府采购项目电子化交易后，因未建立相应的电子档案管理标准，造成投标人既要提交纸质标书又要提交电子标书；未将所有限额以上项目纳入公共资源电子化交易系统，造成投标人参加场内场外项目必须办理多个 CA 数字证书和第三方交易平台违规收取电子化交易费等新问题，在一定程度上增加了市场主体投标成本和负担。

三是择优选择代理机构的良好机制尚未完全形成。各级采购单位逐步规范代理机构选择机制，但仍有部分单位对代理机构选择工作不重视，选择代理机构随意性和关系性较强，不利于代理机构择优选择机制的健全完善。

四是高水平的评审专家队伍尚未建立。专项治理以来，各级财政部门处理处罚了一批违法违规评审专家，但仍存在评审专家数量少、专业化水平不高、专家抽取频次异常等问题。

五是联合查处工作机制尚未健全完善。专项治理以来，各级行政监督部门严肃查处了一批违法违规主体，但在处理案件过程中，部门联合查处机制尚未健全完善，移送移交流程尚不顺畅，造成重大违法违规行为查处不及时或无法查处等问题。

六是进场交易标准及流程尚未全面统一规范。

虽然自治区公共资源交易管理局正在逐步规范自治区本级政府采购项目交易流程及标准，但仍存在与各市公共资源交易中心进场交易流程及标准不统一不规范的问题，不利于全区统一市场的形成。如中卫市公共资源交易中心，违法设置隐性壁垒，要求进场交易政府采购项目价格分值必须达到其规定要求方可进场。

七是诚信体系建设尚未全面铺开。发改委等二十几个部门联合印发联合惩戒制度以来，对各类主体的诚信评价数据正处于初步建立阶段，部门之间诚信评价数据尚未实现互联互通，对各类主体的联合惩戒仍然停留在纸面上。

三、持续推进政府采购领域专项治理对策

按照自治区专治办《2022 年巩固深化工程建设政府采购等领域专项治理工作要点》要求，建议从以下几方面持续推进政府采购领域专项治理工作：

一是督促建立严格规范的内控管理制度，切实用制度管人管事。积极推动各级领导层面提升对单位项目管理的重视程度，切实强化一把手责任，将项目管理与党风廉政建设相结合，切实压实采购单位主体责任，有效提升项目执行力。

二是推进电子化交易减负增效，切实减轻市场主体负担。尽快规范公共资源交易项目电子档案存档技术及规范标准，完善电子档案管理模块，推进电子标项目全面实行电子档案管理。加快推动分散

采购限额标准以上政府采购项目全部纳入公共资源电子化交易系统管理，场地能容纳的尽量进场完成电子化交易，不能容纳的为社会代理机构开通电子化交易账号，由代理机构在场外实现统一平台电子化交易，并做好实时监控数据传输。

三是建立代理机构择优选择机制，切实推进代理机构守法合规经营。当前我们已开展政府采购代理机构清理工作，对已在工商注销及长期不从业且不接受继续教育培训的代理机构进行清理，正在制定代理机构执业管理办法，通过制度规定强化代理机构人员执业能力提升，推动形成依法依规代理秩序。

四是严格专家入库出库及抽取管理，切实提升评审专家质量层次。我们已起草《重新征集政府采购评审专家的通知》，于近期集中开展评审专家清理工作，对已注册登记但不符合评审专业要求的专家进行全面清理。下一步，在强化在库专家在线教育培训的基础上，积极与自治区发改委等部门协作，实现与工程建设专家库专家资源整合共享、联合惩戒。同时，重点关注专家抽取频次异常、信用评价等问题，严格规范专家库管理。

五是健全完善联合查处工作机制，切实推动违法违规行为查处。推动联合查处及案件移送移交制度建设，尽快建立纪检监察机关、公安机关及行政监督部门之间联合查处及移送移交长效机制。

六是统一进场交易流程及标准，切实提升项目执行效率。全面推动各市公共资源交易与自治区公共资源交易业务流程、进场标准及备案手续统一规范，提升项目进场交易效率，有效促进统一大市场建设。

七是建立健全诚信体系配套制度，切实建立起互联互通的信用管理机制。加快实现各部门数据互通共享，切实将数据分析结果运用在市场主体招投标过程中，逐步推动形成守信激励、失信受罚的诚信管理机制。

（执笔人：宋晓雨）

关于财政预算执行动态监控工作的调研报告

为进一步加强预算执行的约束力，增强宁夏预算执行动态监控工作的针对性和有效性，提高财政资金使用管理的安全性和规范性，2022 年，国库支付中心通过座谈交流、查阅资料、现场查看等方式对各市县财政部门预算执行动态监控工作情况进行深入调研，就加强宁夏预算执行动态监控工作提出对策和建议。现将具体情况报告如下：

一、基本情况

2021 年，宁夏纳入预算执行动态监控单位 2933 家（其中兴庆区、金凤区、永宁县、灵武市、平罗县、青铜峡市、原州区、隆德县、泾源县 9 个县（区）因预算一体化系统改造升级等原因未开展预算执行动态监控工作），全区预算执行动态监控发现疑似违规申请支付 11.5 万笔，涉及资金 88.27 亿元，取消预警 10.5 万笔，涉及资金 54.63 亿元，确认违规并退回支付 9453 笔，涉及资金 33.64 亿元。

2022 年 1—8 月，全区纳入预算执行动态监控单位 3375 家（其中兴庆区、金凤区、永宁县、灵武市、隆德县、泾源县、沙坡头区 7 个县（区）因预算一体化系统改造升级等原因未开展预算执行动态监控工作），全区预算执行动态监控发现疑似违规申请支付 7.8 万笔，涉及资金 54.95 亿元，取消预警 7.3 万笔，涉及资金 37.04 亿元，确认违规并退回支付 5162 笔，较上年同期增加 823 笔，涉及资金 17.91 亿元，较上年同期增长 4.8%（主要原因是 2022 年自治区本级财政对预算执行动态监控规则进行细化调整，同时 2022 年较 2021 年增加 2 个县（区）开展预算执行动态监控工作）。

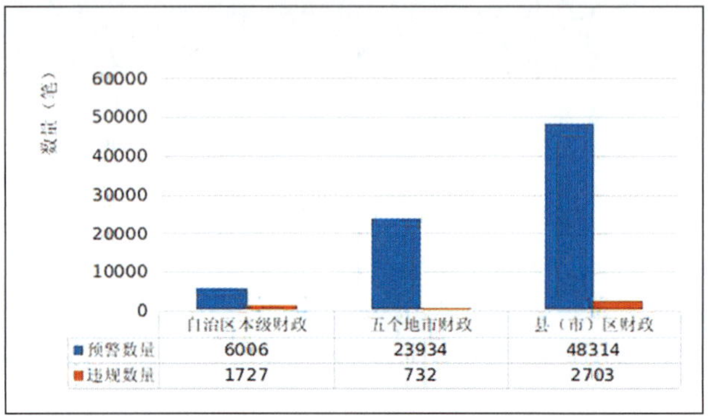

图1　2022年1—8月全区预算执行动态监控情况

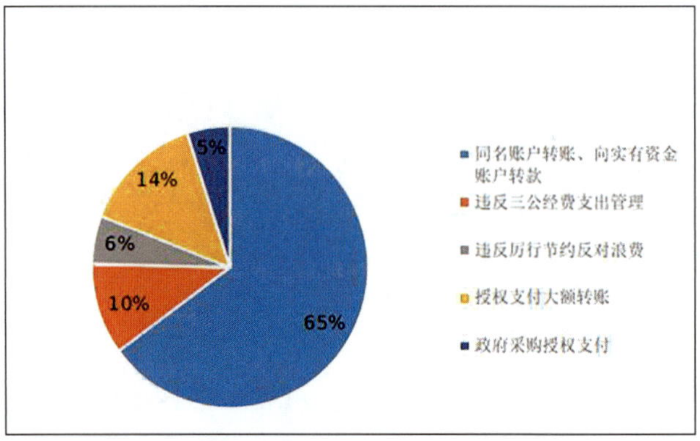

图2　自治区本机财政预算执行动态监控违规事项占比情况

其中，自治区本级纳入预算执行动态监控系统单位共 461 家，监控发现疑似违规申请支付 6006 笔，涉及资金 19.11 亿元，确认违规并退回支付 1727 笔，涉及资金 15.55 亿元，主要类型是向同名账户转账、向实有资金账户转款、违反“三公”经费支出管理、违反厉行节约反对浪费、授权支付大额转账、政府采购授权支付。5 个地级市监控单位 855 家，监控发现疑似违规申请支付 2.4 万笔，涉及资金 4.25 亿元，确认违规并退回支付 732 笔，涉及资金 6494

万元；22 个县（区）监控单位 2059 家，监控发现疑似违规申请支付 4.8 万笔，涉及资金 31.59 亿元，确认违规并退回支付 2703 笔，涉及资金 1.71 亿元。市县（区）财政监控违规主要类型是向基本户转账、向同名账户转账、向实有资金账户转款。

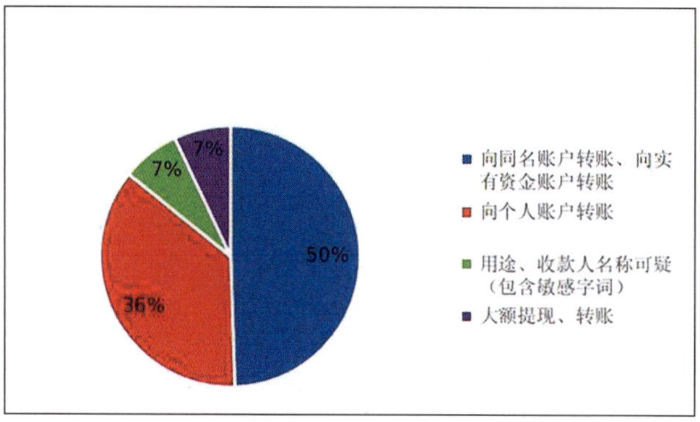

图3 市县区财政预算执行动态监控违规事项占比情况

二、主要做法

近年来，自治区财政厅按照“覆盖全面，突出重点，控制有力”的原则，充分利用“制度＋信息＋技术”优势，通过健全工作机制、完善监控规则、严把审核事项等举措，着力推进预算执行动态监控管理。

（一）加强制度建设，促进规范管理

自治区财政厅先后制定印发《自治区本级预算执行动态监控管理暂行办法》（宁财（库）发〔2021〕299 号）和《自治区本级预算执行动态监控内部操作规程》（宁财便函〔2021〕219 号），对监控主体、监控内容、监控方式、违规处理、管理职责等方面作出明确规定，形成从监控预警、疑点核实、结果反馈到预警分析的规范化流程。各市县（区）财政局分别制定印发本市县财政预算执行动态监控管理办法、操作规程等文件，强化制度对工作的引领作用，确保动态监控工作有章可循、有规可依。自治区本级财政预算执行动态监控实行初审、复审两级审核制，降低资金支付风险，保证工作质量。

（二）搭建监控平台，提高运行效率

自治区本级财政积极推进预算执行动态监控与预算管理一体化系统有效衔接，依托财政预算管理一体化系统设置监控预警信息处理初审、复审、查询等模块以及事中预警统计分析模块，实现预算执行动态监控与国库集中支付数据信息互联互通。科学设置系统预警监控规则、内部审核流程、自动关联支付信息，触发预警规则系统自动阻止，监控结果实时反馈，设置“附件上传”功能保障信息交互，监控数据实时获取，监控信息平台的高效运行支撑工作规范开展。

（三）设置预警规则，拓宽监控内容

自治区本级财政将预算单位全部纳入预算执行动态监控管理，同时不断拓宽监控事项，先后开展违规购买名贵特产资金支付、违反“三公”经费使用管理行为等监控，研究设置向实有资金账户转款、授权支付大额转账、违反厉行节约反对浪费、政府采购授权支付等监控规则。重点监控是否按照年度预算要求支付资金、是否按照国库集中支付方式支付资金、是否执行政府采购管理规定、是否违反现金和公务卡管理规定等内容；部分市县（区）财政结合当地实际设置向同名账户转账、向基本户转账、收款人名称可疑等监控规则，构建有效监控网格，全面跟踪财政资金支付活动。

（四）强化监控管理，规范支付行为

自治区财政充分利用预算执行动态监控系统平台，将国库集中支付管理的所有财政性资金均纳入监控范围，监控事项覆盖财政资金支付活动的全过程，在对资金用途、收款账户、经济分类科目填报等常规内容监控的基础上，加强政府采购、大额资金支付等重点资金的支付监控，预警疑似违规问题通过人工电话核实，及时了解有关情况对疑点问题做出初步判断，并给予确认违规或取消预警反馈，确属违规督促预算单位进行整改，进一步强化预算单位的预算执行主体责任，严格规范支付行为，促进预算执行更加规范高效。

三、存在的问题

（一）动态监控整体工作仍需有力推进

一是监控规则设置较为单一。自治区本级监控规则相对完善，但确认违规问题仅占疑似预警信息的 20% 左右，监控规则仍需进一步细化；市县（区）监控规则设置普遍较少，监控范围较窄，确认违规问题仅占疑似预警信息的 4% 左右，监控工作基本上处于“监而不控”的状态，没有真正发挥动态监控系统对财政资金运行监督作用。

二是疑似违规问题核实不够深入。动态监控疑似违规预警信息量大，日常人工判断多采取电话核

实或对预算单位上传的审批资料做简单人工审核，没有采取调阅资料、实地核证、部门协查等更深入的方式对疑似违规问题进行核实并给予处理，没能有效发挥对预算单位的纠偏、警示作用。

三是监控结果运用不够充分。各级财政日常动态监控预警结果多通过信息系统或电话反馈预算单位，自治区本级虽建立了监控结果定期分析通报制度，但仅限于财政部门内部分析使用，没能真正将其作为编制预算、预算调剂或绩效评价等工作的重要参考，未切实发挥其在改进和加强预算管理方面的重要作用。

四是预算执行与预算编制缺乏有效衔接。在预算执行具体过程中，涉及部门残疾人保障金等资金尚未纳入部门预算中，但部门预算单位会议费、培训费等单项定额资金因疫情原因大部分仍有结余，且目前还未建立预算调剂、整合使用的相关制度规定，导致部门预算执行不够顺畅，尚未形成预算编制与执行双向反馈机制。

（二）市县（区）动态监控工作开展较为滞后

一是工作机构尚不健全。全区仅有银川市、石嘴山市、吴忠市及所属部分县（区）财政成立了国库支付中心，配备了专职或兼职人员开展预算执行动态监控日常工作。固原市、中卫市及所属县区财政均由预算科（股）或国库科（股）兼职承担相应工作，没有设置独立机构或安排专职人员开展预算执行动态监控日常初审、复审工作，或因人员缺少存在支付岗、审核岗、监控岗多岗合一的问题。

二是职能作用发挥不充分。大部分县（区）因财力薄弱，90%以上资金实行财政支付（原财政直接支付），单位支付（原财政授权支付）比例较小，纳入监控的“授权支付”资金有限，没能真正建立预算执行动态监控工作机制，未能充分发挥预算执行动态监控系统保障财政资金支付的安全性、规范性、有效性的作用。

四、对策建议

预算执行动态监控是现代财政国库管理体系的重要组成部分，是深化国库集中支付制度改革、强化预算执行管理的重要举措，也是前移财政监督关口、防范资金支付风险的机制保障。下一步，国库支付中心将坚持“制度＋信息＋技术”深度融合，不断健全机构职能，优化监控规则，强化监控力度，提升监管效能，充分发挥好预算执行动态监控在严肃财经纪律和规范预算执行方面的重要保障作用。

（一）健全组织机构，推动动态监控工作制度化、规范化

严格执行《会计法》《预算法》及其实施条例、《关于加快建立地方预算执行动态监控机制的指导意见》等规定要求，结合各级财政国库支付机构设置、人员编制和地方财力等实际情况，参照自治区本级国库支付中心职能职责，建立健全市、县（区）财政国库支付机构，完善内控管理制度，合理划分财政支付、单位支付资金额度或比例，理清预算执行动态监控岗位权责，切实压实预算单位资金使用、财务管理、会计核算主体地位和责任，同时发挥好市县（区）国库支付机构在规范预算执行、防范财政资金支付使用风险方面承担的动态监控职能职责，推动预算执行动态监控工作制度化、规范化、高效化开展。

（二）优化预警规则，提高动态监控工作针对性、有效性

结合预算执行动态监控系统运行实际情况，因地制宜，不断优化监控规则，自治区本级财政应动态调整监控预警规则，实行精准监控、高效监控；各市、县（区）财政应制定适合本地实际情况的监控规则，保证制度与操作相结合，实质性开展动态监控工作。针对现有“大而广”的监控事项，逐步细化监控规则到部门经济分类、资金用途、支付方式等内容，不断提升系统预警能力，减少人工审核干预，增强监控精准度；针对科研、教育经费使用管理，根据经费管理规律和特点，适度放宽单位支付权限，确保监控规则既满足于一般性监控需要，又符合预算单位用款自主权要求；针对重点监控预算级次多、下级单位数量多、财政资金数额大的单位，加大监控力度，确保资金合法合规使用；针对“三公”经费管理，强化监控规则，扩大监控覆盖面，严把监控尺度，防范违规列支问题的发生。

（三）强化监管措施，提升动态监控工作纠偏力、警示力

加大疑似违规问题信息核查力度，对预算执行动态监控系统运行中预警发现的疑似违规问题，在

日常采取系统查询、电话核实的基础上，涉及大额资金、重点项目等事项，建立约谈、实地核证、现场检查、部门协查等核查机制，经核查确认违规事项，联合财政监督评价局，通过下达书面通报、处理意见书等途径督促部门严格落实整改。同时，加强监管力量形成监督合力，对预算执行动态监控中查实的严重违反财政纪律的事项，在追回资金、调整账目、补办手续的情况下，主动将监控数据信息反馈公安、纪检、审计等部门进行多部门联合查处，发挥监督效力，真正形成监管“一张网”，保障财政资金管理使用的安全性、合法合规性。

（四）畅通反馈渠道，增强动态监控工作精准性、实效性

强化预算执行数据分析，建立预算执行动态监控“月统计、季分析、年报告”制度和及时反馈机制，定期印发监控分析报告及内部通报，将预算执行中的共性问题、典型案例、潜在风险等反馈各预算单位，确保问题发现及时、反馈及时、整改及时，促进各单位预算执行更加规范合理。有效运用动态监控结果，对监控发现的问题及新情况、新动态进行分类梳理、综合分析，深挖违规事项问题原因、提出对策建议，及时向预算管理部门反馈预算执行中的堵点、难点，明确预算执行中对单位支出预算在不同预算科目、预算级次或项目之间变动的规定，为提高预算编制水平提供改进方向，切实发挥动态监控结果助推精细化预算管理的作用。加大业务培训力度，依据动态监控结果、预警问题，有针对性地开展财经法规、业务操作等培训，提高财务人员综合素质和专业水平，从源头上杜绝违规行为的发生。

（执笔人：雷卿）

宁夏多双边贷款交通领域在建项目实施情况调研报告

根据财政厅工作安排，分管厅领导带领政府债务管理中心等相关处室人员赴银川市、固原市所辖县（区）与同心县相关人员进行座谈交流，了解在建交通项目建设成果和进展情况，特别就新时期如何更好地利用多双边贷款支持宁夏高质量发展进行了探讨。现将调研情况汇报如下：

一、外债项目基本情况

（一）宁夏多双边贷赠款项目总体概况

宁夏自1984年利用政府外债以来，先后与世界银行、亚洲开发银行、科威特基金会、北欧投资银行等国际金融组织和10多个国家达成合作，宁夏结合自身特点和发展需求，聚焦交通、节水农业、医疗卫生、扶贫、教育生态农业发展和生态保护等领域，积极开展外债资金支持项目建设，外债项目覆盖全区所有市、县（区），累计签约实施多双边贷赠款项目100个，签约额合计约21.73亿美元，按当期汇率折合人民币137.96亿元。外债项目实施为当地发展引进了先进理念和技术，有力地促进了全区基础设施建设、民生保障和改善、经济高质量发展。截至2022年3月，全区仍在对外偿还贷款的项目共20个。

（二）宁夏多双边贷款交通领域项目基本概况

外债项目交通领域主要涉及区内航空机场、高速公路、城市交通和农村公路建设。截至2022年3月，交通领域共实施项目7个，签约额合计约9.56亿美元，按当期汇率折合人民币60.70亿元。其中，“世行高速公路”“亚行宁夏公路发展”等项目建设182.18公里同沿（同心—沿川子）高速、250公里盐兴（盐池—兴仁）公路和94公里古王（古窑子—王圈梁）公路等重要通道，为联通区内“三环四纵六横”高速公路网奠定了坚实基础；“新开发银行银川市一体化绿色交通项目”支持低碳交通体系建设，推动了银川市公交体系智能化、绿色化；“六盘山扶贫公路项目”为宁夏中南部六盘山集中连片特困地区7个县（区）建设和改造总长458公里干线道路和支线公路，支持巩固脱贫攻坚成果，打通农村公路“最后一公里”。这些项目不仅拓宽了建设资金的来源和规模，也引进和借鉴了国际上先进的技术和设计、管理理念。

二、调研情况

本次重点调研在建的2个交通领域项目，分别是新开发银行贷款银川市一体化绿色交通项目和亚洲开发银行贷款宁夏六盘山扶贫公路项目。

（一）新开发银行贷款银川市一体化绿色交通项目

1. 基本情况。该项目于2019年2月被国家发改委、财政部批准列入我国利用新开发银行贷款备选项目规划。项目总投资26.66亿元人民币，申请新开发银行贷款21亿元。贷款期限为19年（含宽限期3年）。2019年6月，自治区发改委批复项目可行性研究报告，后项目获得新开发银行董事会批准。2019年8月，国家发改委批复了项目资金申请报告。2020年4月，项目贷款协定、项目协议签署。2020年6月，财政部与自治区人民政府签署项目转贷协议。2020年9月，财政厅与银川市人民政府签署项目再转贷协议。项目主要通过购置新能源纯电动公交车、建设充电桩、公交场站、交通运行监管服务、应急指挥中心等系统以及智能公交站牌终端，助力打造高效率、高品质、高智能的绿色一体化新能源公共交通系统，为银川市绿色低碳交通体系建设打下坚实基础。

2. 进展情况。2020 年 12 月，项目初步设计获得正式批复。设备采购及安装方面：600 辆新能源纯电动公交车于 2022 年 1 月顺利开标。294 个充电桩、330 套电子站牌已编制完成招标文件，正在内审，完成后将报新开发银行前审，待获得不反对意见后挂网招标。公交场站建设方面：6 座公交车场站建设工作正在陆续开展，其中，西夏广场停车场、永宁县陆坊小镇公交首末站、银川经济技术开发区公交停车场已完成合同签订工作；会展中心公交停车场改建项目已开标，正在开展合同谈判工作。冬休期间准备建筑材料，待天气回暖后全面开工建设。智慧交通系统建设方面：智能交通系统一期工程已完成初步验收工作；智能交通系统二期工程（第一批次）已完成合同签订工作；智能交通系统二期工程（第二批次）已挂网招标。其他能力提升方面：中心城区线网优化调整、城乡公交一体化发展规划编制、项目管理咨询服务、公交企业管理体系建设、公交企业安全生产标准化等相关工作已全面展开。按照工期计划，项目预计于 2022 年第二季度开始提款报账支付，2023 年 4 月前完成竣工并投产运营。项目建成后，新能源公交车将实现 100% 电动化，可以大幅降低对天然气的需求，降低交通碳排放。经测算，项目建成运营后每年可节约 3000 万立方米天然气，每年减少约 44929 吨二氧化碳排放。同时，全新架构的智慧公交平台，将促进实现“四网融合”型新能源公交系统建立，助力银川公交系统数字化转型升级，提供更加完善的公交基础设施体系和更加便捷的公众出行信息服务系统，助力城市交通实现高质量发展。

（二）亚洲开发银行贷款宁夏六盘山扶贫公路项目

1. 基本情况。该项目于 2014 年 3 月获批列入我国利用国际金融组织贷款 2016—2018 年备选项目规划清单，2015 年开始谈判。项目于 2017 年 4 月 10 日由财政部与亚洲开发银行签署贷款协议，自治区财政厅与项目县（区）签署再转贷协议，10 月 16 日正式启动实施。项目总投资 2.65 亿美元，其中亚洲开发银行贷款 1 亿美元，主要用于支持宁夏六盘山集中连片地区同心县、海原县等 7 个县项目（区）农村主线公路土建工程、咨询服务、妇女养护小组及培训等方面，支线公路利用国内资金建设。具体内容包括：农村公路改造升级（7 条干线农村公路 266.7 公里，配套 21 条支线农村公路 168.3 公里）；农村公路安全和可持续发展（道路安全审查、妇女养护小组等）；项目实施能力提升（项目管理咨询、培训、社会和性别影响评价等）。项目贷款期限 26 年，含宽限期 5 年，贷款关账日期为 2022 年 6 月 30 日。项目通过引进亚洲开发银行贷款资金管理理念，学习吸收在道路设施、安全保障、道路养护等方面的国际先进经验，改善六盘山地区农村交通道路现状，发挥公路交通“大动脉”及“微血管”的作用，带动沿线农民就业增收，缩小地区间差距，促进城乡一体化发展，达到巩固拓展脱贫攻坚成果目标。

2. 进展情况。截至 2022 年 3 月，项目支线公路全部完成，7 条干线公路中 3 条公路已完工，累计完成工程量 7.77 亿元人民币，占其合同总额的 88%；各县（区）共成立 21 个支线公路妇女养护小组，共有 100 名农村妇女参加公路养护工作，养护里程达 149.76 公里；项目实施能力提升进行 36 次、累计 664 人次的项目管理与实施、招标采购、道路维修养护、征地拆迁、移民安置计划等方面座谈、交流、讨论和培训。项目已向亚洲开发银行申请提款 8481.51 万美元，对外提款总进度为 84.82%。根据各项目区实施和提款报账进度，已下达项目区 7969.81 万美元，折合人民币 52242.93 万元，提款报账总进度为 79.7%。项目提升了 7 个项目县（区）农村公路的等级，惠及 179.65 万贫困人口，从时间上缩短了城乡之间的距离，使 84 个贫困自然村农民的出行更加便捷、畅通，增加了城乡商品流通的可能性，使公路沿线村庄能够获得更多的经济、信息、教育和医疗等服务机会。

三、项目实施存在的问题

（一）项目进展缓慢，且部分建设用地手续尚不完善

2 个项目均存在前期进展缓慢问题，尤其新开发银行贷款银川市一体化绿色交通项目，自 2020

年协议签署到2021年底才开始挂标。亚洲开发银行贷款宁夏六盘山扶贫公路项目部分项目区存在建设用地手续不完善问题，其中原州区C07及西吉项目由于涉及占用永久基本农田及生态保护红线，需要国家重新进行用地预审、批复建设用地。截至2022年3月，项目已临近贷款关账，2个项目手续正在自然资源厅审查。此外，同心县王团至预旺公路于2019年7月开工，同时办理建设用地报批手续，项目于2020年11月完工，但截至2022年3月，仍未取得建设用地批复。

（二）配套资金问题

亚洲开发银行贷款宁夏六盘山扶贫公路项目经过前期各相关部门共同努力，通过发行地方一般债和提升贷款资金土建类别支付比例，缓解了配套资金不足相关问题，但截至2022年3月，部分项目县（区）仍存在配套资金缺口问题，主要表现在：同心县土建部分存在合同工程量清单价约10%的配套资金缺口，原州区、泾源县等大多项目县（区）不同程度存在前期费、征地拆迁费等配套资金未到位问题。调研过程中各项目县（区）已明确配套资金均列入部门预算。

四、有关思考和工作建议

（一）紧盯项目进度，提高财务支付效率

加大项目监督力度，督促区级项目办协调相关交通运输局密切沟通对接自然资源部门，尽快完成项目永久基本农田报批审查工作，并报自然资源部审批。同时，积极联合区级项目办根据项目批复进度及实施进度，积极组织已获批项目合同根据实施进度开展提款报账工作，争取做到财务支付进度与项目建设进度齐头并进，尽力完成年度提款报账目标任务，缓解项目建设资金压力。

（二）齐抓共管，多方合力落实配套资金

督促项目县（区）交通部门发挥主观能动性，采取有效措施，盘活自有资金，积极对接地方财政部门，协调整合财政资金，按照要求继续筹措落实配套资金，确保项目顺利完工。

（三）多方沟通协调，确保如期完成任务

鉴于该项目总体建设进度和贷款支付进度较为滞后，且个别类别项下节余贷款金额较大，以及宁夏土建项目可施工时间较短（每年4—10月）和政府债务外贷项目预算管理流程需求等情况，我们已与财政部和亚行初步沟通，计划将关账日期申请延期到2023年6月30日，并调整相应类别额度。

（四）多管齐下，发挥多双边贷款平台作用

首先，在未来统筹考虑地方政府性债务管理和外债的相关需求的前提下，继续发挥多双边贷款资金支持地方建设作用，充分利用多双边开发机构的技术和平台资源，重点加大在中央统借统还、赠款方面外债项目的探索力度，在项目规划中努力争取行业主管部委牵头的统借统还、跨省域的行业打包项目，缓解我区的财力保障困难。其次，及时掌握申报项目的市、县（区）债务情况，严格按照地方政府关于债务管理的要求，在前期申报中把严配套资金和还款资金来源关，积极推动将项目配套资金提前纳入预算或进行行业项目资金配套，防范申报风险。最后，发挥不同多双边开发机构的比较优势，进一步加强与世亚行、新开发银行等国际组织的知识、技术、资金等全方位合作，引导其通过赠款、知识合作和非主权业务的支持力度，加大项目实施产出和成果的共享和传播力度，发挥多双边贷赠款资金的撬动作用。

（自治区政府债务管理中心）

聚焦宁夏肉牛产业 为乡村振兴贡献“宁夏农担力量”

——“同心肉牛担”托起同心肉牛产业新希望

国内的消费者对肉牛的需求远远大于产业的发展趋势。近年来，国家持续印发一系列关于支持肉牛产业的政策，并投入资金用于发展肉牛产业。肉牛产业是宁夏的农业特色优势产业，是自治区九大重点产业之一，其中同心县被列入自治区九大产业实施方案中的中南部地区优质肉牛产区，由于肉牛产业具有生产周期长、投资回报慢、市场风险大等特点，同时能提供的抵质押物少，新型农业经营主体扩大经营的能力受到了制约。

宁夏农业信贷融资担保有限责任公司（以下简称“宁夏农担公司”）作为全区唯一一家专注服务农业、专注支持农业适度规模经营主体的政策性融资担保公司，为助力同心地区肉牛产业发展，深入当地进行为期3个月的产业调研，结合肉牛产业的整体现状以及同心肉牛养殖户的实际状况和养殖业的融资状态形成了产业调研报告，并以同心县韦州为试点制订产业价值链创新引导下的金融服务体系方案，助力乡村振兴。

一、同心县肉牛产业现状研究

同心县地处宁夏中部干旱带核心区，总面积4433.34平方公里，辖七镇四乡1个开发区，142个行政村，11个社区，总人口38.55万人。年均降水量259毫米左右，年均蒸发量2325毫米以上。

根据宁夏统计年鉴数据，截至2020年末，全县肉牛饲养量达到23万头，同比增长13.7%，其中存栏10.6万头，同比增长11.2%；出栏12.4万头，同比增长16.1%；建成肉牛规模养殖场103家，培育自治区级标准化肉牛场6个；肉牛全产业链产值达到38亿元，占全县畜牧业总产值的58.5%。

肉牛产业是同心县传统产业，也是同心县重点特色产业。近年来，同心县依托扬黄灌区丰富的秸秆资源和较好的肉牛养殖基础，按照“品种优化，技术配套，机制创新，综合示范，产业升级”的发展思路，坚持“政府引导、科技支撑，信贷支持，项目入户，以奖代补，整村推进”的原则，以扬黄灌区为重点，强力推进肉牛生产基地建设，先后建成标准化肉牛养殖棚圈39.32万平方米，青贮池19.35万立方米，建成黄牛冷配改良点6个，年冷配改良肉牛2.4万头。推广肉牛品种改良、快速育肥、饲草料加工调制、疫病防治等技术，发展肉牛养殖户1.47万户。建设牛羊活畜交易市场6个，屠宰加工龙头企业2家，建立和完善良种繁育体系，市场体系和县、乡、村三级动物防疫体系，提高全县重大动物疫病的防控能力，为肉牛产业稳步发展奠定坚实基础。

二、同心县肉牛产业SWOT分析

（一）优势分析

1. 肉牛生长环境适宜。同心地区日照时间长，日照充分，昼夜温差大，四季分明，寒冷时间较长，年降水量270毫米，对于肉牛的生长环境来说无疑是最佳的。

2. 肉牛养殖文化优势明显。同心县有着肉牛养殖的天然资源条件和优势，作为宁夏地区回族的聚集地区，同心回族主要以牛（羊）肉为主要食物的来源；在饲草特别密集和特殊的养殖环境下，同心牛肉以“绿色食品”之名在宁夏响当当。

3. 肉牛产业基础扎实。同心县肉牛养殖户占农户数量的68%，养殖户基本都会种植玉米，而且几乎家家都会养殖肉牛。养殖肉牛的规模、技术，整体上得到消费者的青睐，也占据了我国肉牛消费地区的主要地区之一。在政策的支持下，养牛设施、牛棚建设标准化牛舍、青贮池、信息数据登记、良种繁育体系、技术创新等方面趋于完善。

（二）劣势分析

1. 品牌建设亟待加强。同心县有着丰富的文化底蕴，还享有"绿色同心"的称号，但是这些品牌效应都不能与该地区的肉牛产业有机结合，融会贯通，品牌转换效果较不足，且对于全国农业产品消费者来说其知名度较低。

2. 同心地区肉牛一二三产业融合能力较弱。相较于中东部地区，品牌效应不强，对于养殖技术、养殖规模的前端较为重视，但是对于产业链的顶端未能形成有效的市场机制。同心县地区的肉牛初级加工主要集中在屠宰、分割中，对于二次加工的行业涉及较少，养殖副产品基本处于未开发利用状态，多发送至其他地区进行深度加工并进行销售。同时，对于养殖户一级市场来说，分割、屠宰等环节使得其受益降低，导致部分规模小的散户养殖对于养殖的欲望不高。

（三）机会分析

1. 政策扶持力度持续增强。一是自2004年起，连续十九年的中央一号文件均提出了扶持农业发展、强农惠农的政策措施，宁夏本地以及同心地区一系列政策文件的出台，促使宁夏特别是同心县肉牛产业成为脱贫攻坚、经济增长的主要措施和新突破点。二是为落实中央一号文件的精神，农业农村部、财政部印发《关于开展优势特色产业集群建设的通知》，同心县政府印发《同心县肉牛产业高质量发展"十四五"规划（2021—2025年）》，推动产业形态由"小特产"升级为"大产业"，空间布局由"平面分布"转型为"集群发展"，主体关系由"同质竞争"转变为"合作共赢"，形成结构合理、链条完整的优势特色产业集群，使之成为实施乡村振兴的新支撑、农业转型发展的新亮点和产业融合发展的新载体。其中六盘山地区的肉牛产业也被列入产业集群，为肉牛产业的发展提供了强有力的保障。三是自治区九大产业实施方案将肉牛产业列入自治区重点产业，文件明确全区肉牛产业在五年内总体要求养殖良种化率达到90%，规模化养殖比重达到55%。同时，同心县为中南部地区优质肉牛产区，推广家庭经营"50"模式，具体体现为养殖户全部以家庭为单位，培养种植和养殖有机结合、推广自繁自育的模式、扩大牛群规模和数量，完善养殖的设施建设以及匹配的机械设备，进一步提升养殖水平。为了打破肉牛产业资金瓶颈，文件明确要求，必须进一步发挥政府引导作用，同时将政府、企业、民间资本等均可投入到肉牛产业。

2. 人民日益增长的需求与肉牛品质不匹配。现在大家对于物质的要求更加高，人民的生活水平的进一步提高，消费观念进行改变，越来越多的人追求健康和绿色的食品，然而同心地区的肉牛也享有"绿色食品"之称，牛肉产品需求迅速扩大。

三、同心县肉牛产业发展的典型模式

由于缺少产业龙头企业，规模化的养殖场屈指可数，小规模的且都是散养的养殖模式依旧是主要的养殖模式。在发展过程中，一些资金比较紧缺的养殖户以及养殖技术和养殖水平的困境的小户渐渐地发展出了"基地＋合作社＋养殖户"的合作模式，最终发展成为当地的主要生产模式。具体模式如下：

一是合作社主动协调银行，贷款的模式主要以合作社名下的资产和合作社的负责人（也就是法定代表人）进行担保、其他村民进行N户联保的方式向银行申请贷款融资，户均约收到6万~10万元的贷款。

二是合作社通过政府补贴购买青贮收割机，以比较低的价位给成员提供收割；设立青贮配送中心，提供饲草种植辅导服务，实现部分青贮的集中采购和配送。

三是当地畜牧中心的专业技术人员为合作社的成员提供技术指导。但是从产业的发展来看，这种模式不能成为规模产业形成的基础。由于养殖户抗风险能力较弱，若发生牛的疫病或者其他养殖风险等，则将面临大量的财务危机。完全依靠政府补贴和部门资金支撑，会使得发展陷入瓶颈。合作社作为产业价值链的其中的一环，还是处于产业链的劣势地位，对于利润的增长和产业的带动的发展帮助较少，不能形成有机的整体，组合拳的效果较弱。同心县唯有通过对产业链的资源配置和价值分配机制的调整，才能实现肉牛产业链的整体提升，才能实现以产业发展带动农户致富，构建基于整体产业价值链之上的“产业发展模式”而非单纯的“养殖模式”势在必行。

四、宁夏农担公司产业链引导下的担保模式

（一）方案背景

韦州镇肉牛养殖园区项目位于韦一村王沙窝，占地面积1000亩，一期占地595亩，投资1.16亿元，其中政府投资2600万元（主要用于水、电、路、门、围墙等基础设施和村集体圈棚、综合服务中心、饲草料配送中心建设），农户自筹9000万元（主要用于围棚建设、肉牛补栏），该园区第一期于2020年5月中旬开工建设，现已完工。

该养殖园区突出党组织领导，坚持市场化运作、按照“抓扩繁，打基础，增后劲；抓育肥，出效益，强实力”的发展思路，以肉牛良种繁育、标准化饲养、秸秆加工调制等技术为支撑，创新“村集体+合作社+大户+贫困户”肉牛养殖联合体发展模式，由村集体、合作社、养殖大户按照“六统一”（即统一物业服务、统一技能培训、统一检疫防疫、统一饲草配送、统一抱团发展、统一粪污处理）要求，自主经营，抱团发展，联合体提供购销信息中介、饲草配送、防疫、培训等有偿服务，实现村集体、合作社、养殖大户、贫困户四方利益联结，共同发展。

政府建设养殖园区目的为通过发展园区养殖业，带动零散养殖户向集中化养殖发展，集中化养殖向规模化养殖发展，实现农牧业生产方式、农牧业经营方式、农民思维方式和农民生活方式的“四大转变”。实现年存栏6000头、收入1800万元；辐射带动575户群众发展养殖，户均年收入达到3万元以上，逐步提升肉牛养殖的科学化水平，促进群众增收致富。

宁夏农担公司选取同心这一优质肉牛产区，联合同心县畜牧业协会、合作银行，按照“抱团取暖、利益共享，相互监督，责任分担，风险共担，共建诚信”的发展思路，最终打造出专业性强、操作简便的特色产业担保产品——“同心肉牛担”。

（二）产品方案详细介绍

1. 产品定义：解决肉牛养殖经营主体“融资难，融资贵，融资慢”问题，保障肉牛产业健康快速发展，推广“低成本，少环节，成批量，可持续”的支农担保产品。

2. 担保对象：从事肉牛经营活动的养殖户、专业合作社、家庭牧场、企业等各类新型农业经营主体，对其提供融资担保服务。

3. 担保准入条件：取得政府关于同心县韦州镇肉牛养殖园区（一期）项目建设方案的批复。取得政府提供的同心县韦州镇肉牛养殖园区土地流转证明。借款人已自筹资金在园区内建设肉牛养殖场地，已经可以投入使用，且养殖棚圈面积达到或超过1500平方米。

（三）监管措施

1. 由农担公司、同心县畜牧业协会、合作银行共同监管。

2. 担保贷款发放后，由农担公司、同心县畜牧业协会与合作银行三方共同对借款人贷款用途进行监管，由借款人提出申请，提供购牛协议或合同，合作银行先行审核，并向农担公司及畜牧业协会备案后，采取受托支付的方式发放担保贷款。

（四）风险防控措施

1. 风险审查内容、分析及模式：

（1）风险审查内容：审查产品的政策背景、产业发展方向、产品设计情况、园区整体经营情况、准入对象及条件等；

（2）风险审查分析：一是养殖风险分析，包括肉牛及饲草的来源、饲养技术、疫病防治、销售渠道、资金情况等。二是行业风险分析，包括养殖成本、消费状况、国内外竞争等。三是市场风险分析，包括肉牛供应市场变动和饲料市场价格变动等方面风险。四是项目风险分析，包括养殖园区项目建设进度、监管效力等方面。

2. 风险管控：单个合作银行在本项目项下合作贷款不良率超过3%时，政府、农担公司、合作银行、畜牧业协会四方应协商暂停办理新的担保贷款业务。业务暂停后，已发生的担保贷款责任继续有效，各方积极配合进行清收清缴工作。当贷款不良率降至3%以内，可协商继续开展业务。

3. 退出机制：担保贷款结清及担保责任解除后，借款人自动退出保证联合体。

（五）产品运行效果

通过该模式下产品的落地，提高了同心县畜牧业协会会员贷款的可能性和额度，降低了融资成本。截至目前，宁夏农担公司共计在“同心肉牛担”产品下为 22 户养殖户授信贷款担保 4050 万元。是目前自治区肉牛养殖项目中单体授信额度最大的担保资金。

宁夏农担公司积极发挥政策引导作用，创新产业链增收模式，利用金融资本撬动更多社会资本投向同心肉牛产业，通过“协会 + 合作社 + 移民”的模式，以产业园区为支撑、以特色发展为目标、以市场需求为导向，引导新型农业经营主体与小农户建立了利益共同体，让肉牛养殖户从农业产业链增值中分享更多收益，促进小农户与现代农业有机衔接。经过一年多的支持，养殖园区从最初的 1650 头牛发展到现在 6800 头，带动就业人口 60 余人。支持扩大了同心肉牛养殖规模，着力推进了同心肉牛产业结构调整和优化升级，促进了新型农业经营主体增收，提升综合效益，推动产业融合，助力乡村振兴。

（执笔人：刘洋、郝路游、陆金龙、罗福龙）

第七部分
财税机构人员

宁夏回族自治区财政厅 2022 年
机构设置、人员构成和副处级及以上干部名单

一、机构和人员

宁夏回族自治区财政系统共有自治区财政厅（现设 20 个机关处室，11 个事业单位）和银川市财政局、石嘴山市财政局、吴忠市财政局、固原市财政局、中卫市财政局 5 个市级财政局以及 22 个县（市、区）级财政局，共有在职干部 1671 人。

二、副处级及以上干部和县（市、区）财政局局长名单

表1　宁夏回族自治区财政厅副处级及以上干部名单

工作部门	正职	副处级及以上干部
厅领导	喜清江 孙　志	白德东（党组成员、纪检监察组长）、杨冬梅（党组成员、副厅长）（女）、何天文（党组成员、副厅长）、党进平（党组成员、总会计师）、商艳臣（二级巡视员）、孙海慧（二级巡视员）（女）、侯江华（二级巡视员）、谢伟（二级巡视员）、陈佳元（二级巡视员）
办公室		丁洪俊（副主任）、李永波（副主任）、冉德向（副主任）
人事与老干部处	马春梅（女）	刘园园（副处长）（女）、张化（副处长）、宋彦登（二级调研员）
综合处	杨海林	王航（副处长）、杨子楠（三级调研员）（女）、聂来健（四级调研员）
税政与条法处（行政审批办公室）	陈晓曦	柳静（副处长）（女）、杨丽（副处长）（女）、薛创华（一级调研员）、李金红（四级调研员）、许丽芳（四级调研员）（女）
预算处	虎玉宝	冯爱钧（副处长、三级调研员）、杨欢（副处长）（女）
绩效管理处	李时珍	杜荣丽（副处长）（女）、邵凌翾（副处长）（女）、吴金兰（一级调研员）（女）、缑小平（一级调研员）
债务管理处	夏艳华（女）	赵虎（副处长）、刘洋（副处长）、黄金燕（一级调研员）（女）、胡静（四级调研员）（女）、王辉（四级调研员）（女）

续表

工作部门	正职	副处级及以上干部
国库处	郭向阳	罗红娟(副处长)(女)、滕立萍(一级调研员)(女)、计红(二级调研员)(女)
行政政法处	徐志云	杨治财(副处长)、刘兆伯(一级调研员)、孙平(二级调研员)、李民权(二级调研员)、冯榆霞(四级调研员)(女)
教科文处	杨彦聪(女)	赵睿广(副处长)、李培毅(副处长)、康娟(副处长)(女)、赵毅(三级调研员)、冯彦寅(四级调研员)、罗静雯(四级调研员)(女)
经济建设处	李晓燕(女)	黄蓉(副处长)(女)、白岚(二级调研员)(女)、马学霞(三级调研员)(女)、韩阳(四级调研员)
自然资源与生态环境处		王博(副处长)、王海源(副处长)、林艳青(三级调研员)(女)
农业农村处	李国强	沈娟(副处长)(女)、陈亮(副处长)、万自龙(二级调研员)、张云凤(三级调研员)(女)、张吉峰(三级调研员)、兰雪耻(四级调研员)(女)
社会保障处		赵晓毅(副处长)、陈彬(副处长)、彭惠珍(一级调研员)(女)、张跃华(四级调研员)(女)、张垲铭(四级调研员)(女)
金融处	陈建全	孙亮(副处长)、张虹(一级调研员)(女)、王春香(二级调研员)(女)
会计处	盖　忠	水莉莉(副处长)(女)、吕文(一级调研员)、韦海青(二级调研员)、张卫琦(二级调研员)、梁琪(三级调研员)(女)、王少红(四级调研员)
政府采购管理处	刘　鹏	马涛(副处长)、李东锋(二级调研员)、李文化(二级调研员)、庞晶(三级调研员)(女)
监督评价局		张波(二级调研员)、马斌(副局长)、于国忠(一级调研员)、白玉栋(二级调研员)、任建军(四级调研员)、张昶(四级调研员)
资产管理处		白雪娟(副处长)(女)、常保阳(副处长)、陈君山(二级调研员)、许崴(二级调研员)(女)
机关党委	王永贵	冯玲(一级调研员)(女)
纪检监察组		李敏(副组长)(女)
非税收入管理中心	刘学军	梁涛(副主任)、董毅(一级调研员)、俞生和(二级调研员)、陈琴(二级调研员)(女)、刘红莉(四级调研员)(女)、强蕾(四级调研员)(女)
国库支付中心	吴　峰	曹志锋(副主任)、马茹(副主任)(女)、宁如(副主任)(女)、李锐(三级调研员)、李涛(四级调研员)、王都(四级调研员)、韩巍(四级调研员)、王太平(四级调研员)
政府债务管理中心	马　路	李红松(副主任)、吴文华(副主任)
财政政策研究中心	李海宁	吕晓燕(副主任)(女)

续表

工作部门	正职	副处级及以上干部
财政宣传教育中心	吴永鹏	王进（副主任）、唐夕建（六级职员）
财会函授学校	杨文林	马东宏（副校长）
财政信息中心	胡　涛（女）	胡憬晗（副主任）
注册会计师和资产评估师管理中心	王梦慧（女）	徐恒辉（副主任）、马刚（副书记）
财政预算评审中心	曹振军	马国栋（副主任）
社会保险基金管理中心	陈懿新	黄娟（副主任）（女）、武涛（副主任）、杨军（五级职员）

表2　各市、县（区）财政局局长名单

单位名称	局　长
银川市	吴　静
兴庆区	金永芳
金凤区	张　军
西夏区	朱立红
永宁县	谢丽丽
贺兰县	桂韶华
灵武市	刘希刚
石嘴山市	吴香荣
大武口区	苏丽华
惠农区	张文惠
平罗县	沙占友
吴忠市	黄　培

续表

单位名称	局　长
利通区	涂　娜
红寺堡区	马秀荣
青铜峡市	夏建军
同心县	马　顺
盐池县	卢星明
固原市	马　瑾
原州区	罗小宁
泾源县	仇晓辉
隆德县	许学军(兼)
西吉县	陈贵祥
彭阳县	王永贤
中卫市	杨树春(兼)
沙坡头区	赵爱东
中宁县	方　强
海原县	罗发强

（财政厅人事与老干部处供稿）

国家税务总局宁夏回族自治区税务局 2022年机构设置、人员构成和副处级及以上干部名单

一、机构和人员

国家税务总局宁夏回族自治区税务局现设23个内设机构，4个派出机构，5个事业单位，下辖银川市税务局、石嘴山市税务局、吴忠市税务局、固原市税务局、中卫市税务局、银川经济技术开发区税务局、宁东能源化工基地税务局7个市级局以及26个县级局、118个税务分局（所），共有在职干部职工4432人，主要承担全区税收及社会保险费、有关非税收入的征收管理工作。截至2022年底，全区税务系统共管理各类纳税人44.7万户，其中，单位纳税人17.82万户，个体工商户26.23万户；社会保险费缴费人663万人。

二、副处级及以上干部和县（区）税务局班子成员名单

表1　国家税务总局宁夏回族自治区税务局副处级及以上干部名单

工作部门	姓　名	行政职务	备　注
局领导	孙　群	党委书记、局长	2022年4月20日任
	马建民	党委书记、局长	2022年4月20日免
	李　戈	党委委员、副局长、一级巡视员	
	王金平	党委委员、副局长、一级巡视员	
	王豫青	党委委员、副局长	
	韩振平	党委委员、副局长	2022年3月28日免
	张　晔	党委委员、副局长	2022年7月12日任
	于　洋	党委委员、纪检组长	
	贺满国	党委委员、总经济师	
	于琬河	党委委员、总审计师	2022年3月20日退

续表

工作部门	姓　名	行政职务	备　注
局领导	韩桂锦	党委委员、总会计师	2022年3月28日免
	韩铁伟	党委委员、总审计师	2022年8月31日任
区局二级巡视员	刘　晨	二级巡视员	
	姚明军	二级巡视员	
区局二级巡视员	刘　成	二级巡视员	2022年8月19日退
	刘中华	二级巡视员	2022年3月16日退
	周　晔	二级巡视员	2022年3月16日退
	杨建忠	二级巡视员	2022年12月26日退
	杨源伟	二级巡视员	2022年1月18日退
	王德全	二级巡视员	2022年2月21日退
	武　林	二级巡视员	2022年6月27日任
	高　山	二级巡视员	2022年6月27日任
	张宏伟	二级巡视员	2022年6月27日任
办公室（党委办公室）	刘鹏国	主任、一级调研员	2022年10月21日免
	石文刚	副主任	
	马国柱	副主任	
	李　磊	副主任	
政策法规处	何志远	处长、一级调研员	
	吴少东	副处长、三级调研员	2022年8月18日免
	张艳芳	副处长	
货物和劳务税处（进出口税收管理处）	李进来	处长	
	李铁琼	副处长	

续表

工作部门	姓　名	行政职务	备　注
货物和劳务税处（进出口税收管理处）	赵　懿	副处长	
	肖　立	副处长	
企业所得税处	孙晓军	处长	
	侯江卫	副处长	
	杨泗斌	副处长	
个人所得税处	白晓明	处长	
	宋　钰	副处长、三级调研员	2022 年 8 月 18 日免
	王紫薇	副处长	
财产和行为税处	王嘉栋	处长、一级调研员	
	王　言	副处长	
	武志伟	副处长	
资源和环境税处	王建功	副处长、三级调研员	
	马奕舸	副处长	
社会保险费处	周　华	处长、一级调研员	
	朱春杰	副处长、三级调研员	2022 年 8 月 18 日免
	王　萍	副处长	
非税收入处	佘建华	处长	
	张利峰	副处长	
	谭　丽	副处长	
收入规划核算处	杨广萍	处长	
	王　迎	副处长	
	秦怀忠	副处长	

续表

工作部门	姓　名	行政职务	备　注
纳税服务处	陈　波	处长	
	张　辉	副处长	
	李大恺	副处长	
征管和科技发展处	雷兴水	处长	
	赵晓南	副处长	
	郭瑞年	副处长	
国际税收管理处	张　绚	处长	
	王　丽	副处长	
税收经济分析处	武　林	处长、一级调研员	2022 年 10 月 20 日免
	姜　珊	副处长、三级调研员	
财务管理处（装备和采购处）	马泰山	处长、一级调研员	
	马文旭	副处长	
	麦雪娟	副处长	
督察内审处	呼彦忠	处长、一级调研员	
	易红林	副处长	
	张　滨	副处长	
人事处（党委组织部）	郑　荣	处长（部长）、一级调研员	
	周利苹	副处长（副部长）、三级调研员	2022 年 8 月 18 日免
	高　强	副处长（副部长）	
	魏剑楠	副处长（副部长）	
考核考评处	尹　虎	处长、一级调研员	
	石柏林	副处长	
	杨娟娟	副处长	

续表

工作部门	姓 名	行政职务	备 注
教育处	王铭钊	处长	
	温学福	副处长	
党建工作处（党委宣传部、巡察工作办公室）	谭学亮	处长	2022 年 4 月 27 日任
	冯 平	副处长（副部长、副主任）	
	马 静	副处长（副部长、副主任）	
机关党委	顾德仓	机关党委副书记（正处长级）	
	高 琛	机关党委副书记（副处长级）	
老干部处	马东波	处长	
	任玉来	副处长	
党委纪检组	耿宗一	副组长（正处长级）	
	张雪峰	副组长（副处长级）	
	强韶东	副组长（副处长级）	
第一税务分局（大企业税收服务和管理局）	王少山	局长	
	李 翾	副局长、三级调研员	
	祁晓倩	副局长	
	安学鑫	副局长	
第二税务分局	骆 静	局长、一级调研员	
	金文涛	副局长	
	芮学功	副局长	
第三税务分局（税收大数据和风险管理局）	关泰鸿	局长	2022 年 10 月 21 日免
	袁 涛	副局长	
	项红芳	副局长	
	赵 鑫	副局长	

续表

工作部门	姓 名	行政职务	备 注
稽查局	高 山	局长、一级调研员	2022年10月20日免
	潘晓林	副局长	
	曹 席	副局长	
纳税服务和宣传中心	王高荣	主任	
	缑艳阳	副主任	
信息中心	党一文	主任	
	王国军	副主任	
	曹松岭	副主任	
机关服务中心	谭学亮	主任	2022年4月27日免
	刘建斌	副主任	
税收科学研究所	李文芳	所长	
	李 丹	副所长	
宁夏税务干部学校	张建勋	校长	
	王晓英	副校长	
	朱松涛	副校长	

表2 国家税务总局宁夏回族自治区税务局各市、县（区）税务局领导干部名单

单位名称	局 长	副局长	纪检组组长	总经济师	总会计师
银川市税务局	张 熙	王正强、毕文平、马林、张瞳瞳	鞠海燕	雍 欣	王晓军
银川市兴庆区税务局	吴永川	陈洵、肖占华、赵伟、张钰、刘慧	张铁涛		
银川市金凤区税务局	卢震桓	舒博佳、高涛、张炜、吉宁卫、顾志宁	李崇平		
银川市西夏区税务局	李思杨	梁培盈、黄金荣、张红京、王力、张鹏	王 泉		

续表

单位名称	局　长	副局长	纪检组组长	总经济师	总会计师
永宁县税务局	刘文荣	蒋志凤、马健、张志刚、张文	毛　龙		
贺兰县税务局	崔华巍	于长东、杨凯、张国强、李卫卫	李雅男		
灵武市税务局	王晓明	曾玉荣、苏文义、杨丽娟、马林贵	李　龙		
银川综合保税区税务局	丁国庆	罗洪武、张晓东、贾滨、张维立、杨国华	黄　飞		
石嘴山市税务局	桂树斌	马克己、李杰	丁　鹏	孙　岸 任学文	林志莉
大武口区税务局	赵江龙	闫学圣、吴良辉、郭文平、王瑞	苏建才		
惠农区税务局	李恒东	杨立宁、付斌、赵永生、孙晓辉	韦小荣		
平罗县税务局	苏　诚	张庆生、李鼎陶、王强、孙敏	于洪勇		
吴忠市税务局	唐　睿	崔健、马勇、李竹林、谭仲昆	张西军		田　娟
利通区税务局	苏吉生	李鑫、来建斌、罗京、王虎	王　慧		
青铜峡市税务局	马维国	李克琳、陈虎、柴少华、李旭清	张亚萍		
盐池县税务局	宗　飞	刘永宏、冒万军、刘仲东、金鑫	杨　军		
同心县税务局	李　瑾	薛涛、文学鹏、刘文成、李春燕	董　芝		
红寺堡区税务局	安　峰	赵春云、曹自林、武亮	郑　伟		
太阳山开发区税务局	李　煜	叶长青、王晓宇伟	高　伟		
固原市税务局	韩轶伟（2022年10月21日免） 关泰鸿（2022年10月21日任）	秦福贵、晁晓东	徐长锋	段永刚	虎正武
原州区税务局	张万金	万红旗、王庆芳、程海东、朱明坤	王继虎		
西吉县税务局	台满平	代军军、席鹏昊	田春雷		
隆德县税务局	温　玻	姬强、杨晓敏、苟利渊	孙继平		
泾源县税务局	高秉坤	何炳义、刘相军 马文婷	杨　乐		

续表

单位名称	局　长	副局长	纪检组组长	总经济师	总会计师
彭阳县税务局	马红军	周光靖、王国海、王元元	杨显东		
宁夏固原经济开发区税务局	殷永兵	王文升、丁晓燕、马思义、马芮	屠　鹏		
中卫市税务局	曹雪峰	刘冰、徐少华、鲁雅仙	陈申然	张艺杰	邓小东
中卫市沙坡头区税务局	肖明亮	王学林、何晓宁、景晓欣、田娜	王学礼		
中宁县税务局	王建新	冯晓春、陈建斌、马栋、韩瑞	董子诚		
海原县税务局	张绪东	周文礼、马瑜、张莎莎、黑艳丽	李亚宁		
海兴开发区税务局	万志鹏	张荣军、裴涛	蒋佳佳		
银川经济技术开发区税务局	李海富	鲁斌、郑国强(2022年8月18日免) 郑建华(2022年8月18日任) 吕德基、陈磊	刘　鸿	原晓云	周　浩
宁东能源化工基地税务局	司　平 (2022年10月21日免) 刘鹏国 (2022年10月21日任)	包海东、李力、马波、杨思斌	马清洁	刘向阳 马　勇	刘　军

(国家税务总局宁夏回族自治区税务局供稿)

中央驻宁单位财务负责人名单

序号	单位名称	财务部门负责人
1	银川海关	文　东
2	国家税务总局宁夏回族自治区税务局	马泰山
3	国家粮食和物资储备局宁夏局	海　林
4	宁夏邮政管理局	杨丽霞
5	宁夏气象局	戴小笠
6	宁夏地震局	杜文勇
7	国家林业和草原局西北华北东北防护林业建设局	李鸿军
8	国家矿山安全监察局宁夏局	王永生
9	宁夏通信管理局	胡　杨
10	国家统计局宁夏调查总队	李振弼
11	财政部宁夏监管局	刘东宁
12	中国人民银行银川中心支行	刘韶辉
13	中国银保监会宁夏监管局	朱振龙
14	中国证监会宁夏监管局	缑丽萍
15	民航宁夏安全监督管理局	蒋广宁
16	民航宁夏空管局	李　伟
17	宁夏出入境边防检查总站	张小龙
18	宁夏回族自治区消防救援总队	刘立祥
19	国家计算机网络与信息安全管理中心宁夏分中心	马瑞祥
20	人民日报社宁夏分社	米　莎

续表

序号	单位名称	财务部门负责人
21	新华通讯社宁夏分社	张海霞
22	北方民族大学	万自如
23	中央人民广播电台宁夏记者站	许新霞
24	中国新闻社宁夏分社	冯万丽
25	兰州铁路公安局银川公安处	吴　昕
26	中国建筑材料工业地质勘查中心宁夏总队	王银平
27	国家开发银行宁夏分行	张旭媛
28	中国农业发展银行宁夏分行	王　锐
29	中国工商银行宁夏分行	张建桥
30	中国农业银行宁夏分行	高新中
31	中国银行宁夏分行	季　银
32	中国建设银行宁夏分行	龚　伟
33	中国交通银行宁夏分行	陶志平
34	中国邮政储蓄银行股份有限公司宁夏回族自治区分行	蒯　辉
35	招商银行银川分行	韩　冰
36	中信银行银川分行	邵　强
37	光大银行银川分行	蔡　晋
38	中国人民人寿保险股份有限公司宁夏分公司	何　娟
39	中国人民财产保险股份有限公司宁夏分公司	李　坚
40	中国人寿保险股份有限公司宁夏分公司	张　洁
41	中国人寿财产保险股份有限公司宁夏分公司	刘运涛
42	建信财产保险有限公司宁夏分公司	张　琦

续表

序号	单位名称	财务部门负责人
43	新华人寿保险股份有限公司宁夏分公司	陈　力
44	中邮人寿保险股份有限公司宁夏分公司	黄旭虎
45	大地财产保险股份有限公司宁夏分公司	路军艳
46	中国太平人寿保险有限公司宁夏分公司	王　利
47	中国信达资产管理股份有限公司宁夏分公司	高宝科
48	中国华融资产管理股份有限公司宁夏分公司	徐　莹
49	中国长城资产管理股份有限公司宁夏分公司	刘润胜
50	中信证券宁夏分公司	吴立刚
51	银河证券宁夏分公司	冯凌华
52	中信期货宁夏分公司	刘曲臻

（财政部宁夏监管局供稿）

第八部分 获奖一览表

2022年获省部级及以上表彰奖励的集体一览表

序号	获奖主体	奖项名称	颁授单位	获奖时间	获奖证明	获奖处室
1	宁夏财政厅	2021年度城镇住房保障工作通报表扬	宁夏回族自治区推进新型城镇化领导小组	2022年5月	宁城领发〔2022〕1号	综合处
2	宁夏财政厅	地方债卓越贡献发行人	中央国债登记结算公司	2022年1月	获奖证书	债务处
3	宁夏财政厅	地方财政预算执行分析和决算工作	财政部	2022年11月	财办库〔2022〕264号	国库处
4	宁夏财政厅	2021年度国有企业财务会计决算报告工作通报表扬	财政部	2022年10月	财资〔2022〕119号	资产管理处
5	宁夏财政厅	第十一批全区民族团结进步示范单位	自治区党委统一战线工作领导小组	2022年4月	宁统组发〔2022〕6号	机关党委
6	宁夏回族自治区财政厅	2021年卷《中国财政年鉴》稿件三等奖	中国财政年鉴编辑委员会	2022年6月	获奖证书	财政政策研究中心
7	宁夏财政厅	2021年度“数字政府”建设工作荣获自治区政府部门组二等奖	自治区推进“数字政府”建设领导小组	2022年8月	宁数发〔2022〕1号	信息中心
8	宁夏财政厅	“护网2022”网络安全实战攻防对抗演习优秀防守单位	自治区网络安全等级保护工作领导小组办公室	2022年12月	宁公(网安)通〔2022〕85号	信息中心
9	宁夏财政厅	2022年区直机关网络安全等级保护工作先进单位	自治区网络安全等级保护工作领导小组办公室	2022年12月	宁公(网安)通〔2022〕86号	信息中心
10	宁夏财政厅办公室	平安宁夏建设先进集体	自治区党委 人民政府	2022年8月	宁党发〔2022〕23号	办公室
11	宁夏财政厅社会保障处	自治区就业创业工作先进集体	自治区就业工作领导小组	2022年1月	宁就业工作领导小组发〔2022〕1号	社会保障处
12	自治区政府债务管理中心	以色列政府贷款宁夏农田水利建设项目	财政部	2022年3月	财政部多双边贷款项目案例集	自治区政府债务管理中心
13	自治区政府债务管理中心	国际农发基金贷款优势特色产业发展示范项目列入中国与国际农业发展基金合作40周年项目展示	财政部、国际农发基金	2022年6月	国际农发基金《四十年携手同行 共促农村减贫发展》四十周年纪念展示册	自治区政府债务管理中心
14	银川市财政局	自治区国家贫困地区重大专项普查先进集体	宁夏回族自治区脱贫攻坚普查领导小组	2022年1月	宁脱普组字〔2022〕1号	银川市财政局
15	盐池县财政局	继续确为“自治区文明单位”	自治区文明委	2022年4月	宁文明委发〔2022〕4号	盐池县财政局

续表

序号	获奖主体	奖项名称	颁授单位	获奖时间	获奖证明	获奖处室
16	中卫市财政局	全国节约型机关	国家机关事务管理局、中共中央直属机关事务管理局、中华人民共和国国家发展和改革委员会、中华人民共和国财政部	2022 年 10 月	国管节能〔2022〕334 号	中卫市财政局
17	中卫市财政局	自治区就业创业工作先进集体	自治区就业工作领导小组	2022 年 1 月	获奖证书	中卫市财政局
18	中卫市财政局	自治区国家贫困地区重大专项普查先进集体	自治区脱贫攻坚普查领导小组	2022 年 1 月	获奖证书	中卫市财政局
19	固原市财政局	自治区国家贫困地区重大专项普查先进集体	自治区脱贫攻坚普查领导小组	2022 年 1 月	获奖证书	固原市财政局
20	原州区财政局	自治区国家贫困地区重大专项普查先进集体	自治区脱贫攻坚普查领导小组	2022 年 1 月	获奖证书	原州区财政局
21	彭阳县财政局	自治区国家贫困地区重大专项普查先进集体	自治区脱贫攻坚普查领导小组	2022 年 1 月	获奖证书	彭阳县财政局

2022 年获厅局级表彰奖励的集体一览表

序号	获奖主体	奖项名称	颁授单位	获奖时间	获奖证明	获奖处室
1	宁夏财政厅	中央政法资金管理使用绩效考评获优胜奖	财政部行政政法司	2022 年 4 月	文件	行政政法处
2	宁夏财政厅预算处	支部党建品牌“聚焦预算抓党建 抓好党建促预算”入选区直机关支部党建品牌	区直机关工委	2022 年 8 月	区直机关 2022 年首批“党建示范名录”	预算处
3	宁夏财政厅	宁夏 2021 年农业保险保费补贴综合绩效评价得分处于第一档	财政部办公厅	2022 年 11 月	财办金〔2022〕85 号	农业农村处
4	宁夏财政厅	中央水库移民扶持基金绩效评价(良)	财政部办公厅、水利部办公厅	2022 年 12 月	财办农〔2022〕48 号	农业农村处
5	宁夏财政厅国库处	自治区三八红旗集体	自治区妇联	2022 年 7 月	宁妇发〔2022〕3 号	国库处
6	宁夏财政厅农业农村处	微宣讲二等奖	区直机关工委	2022 年 2 月	宁直党发〔2022〕3 号	农业农村处
7	宁夏财政厅	宁夏农业相关转移支付绩效评价 3 项优秀,2 项良好	农业农村部计划财务司	2022 年 11 月	《农业农村部计划财务司关于 2021 年度中央财政农业相关转移支付绩效评价情况的通报》	农业农村处
8	宁夏财政政策研究中心	二〇二二年度财政科研宣传工作年度进步奖	中国财政科学研究院	2022 年 9 月	获奖证书	财政政策研究中心

续表

序号	获奖主体	奖项名称	颁授单位	获奖时间	获奖证明	获奖处室
9	宁夏财政厅	社会保险基金预算绩效管理工作二等奖	财政部办公厅	2022 年 8 月	财办社〔2022〕59 号	社保基金管理中心
10	自治区政府债务管理中心	世行贷款宁夏黄河东岸防沙治沙项目绩效评价	财政部国际财金合作司	2022 年 10 月	财政部国际金融组织和外国政府贷款赠款项目绩效评价典型案例汇编（2020 年度）	自治区政府债务管理中心
11	银川市财政局	全国首批基层财政新闻宣传工作示范点	中国财经报社	2022 年 3 月	财报函〔2022〕5 号	银川市财政局
12	灵武市财政局	2022 年度财政科研宣传工作优秀奖	中国财政科学研究院	2022 年 9 月	获奖证书	灵武市财政局
13	惠农区财政局	第七届“万步有约”健走激励大赛全国优秀健走组织单位	中国疾病预防控制中心慢性非传染性疾病预防控制中心“万步有约”健走激励大赛组委会	2022 年 12 月	获奖证书	惠农区财政局
14	吴忠市财政局	全区人力资源和社会保障工作先进集体	自治区人力资源和社会保障厅	2022 年 12 月	宁人社发〔2022〕195 号	吴忠市财政局
15	中卫市财政局	全国首批基层财政新闻宣传工作示范点	中国财经报社	2022 年 3 月	财报函〔2022〕5 号	中卫市财政局
16	中卫市财政局	政府采购先进监管单位	政府采购信息报	2022 年 12 月	获奖证书	中卫市财政局

2022 年获省部级及以上表彰奖励的个人一览表

序号	单　位	个　人	表彰项目	颁授单位	颁授时间	获奖证明
1	税政与条法处（行政审批办公室）	杨　丽	记三等功	自治区党委组织部	2022 年 5 月	宁组发〔2022〕33 号
2	行政政法处	李民权	平安宁夏建设先进个人	中共宁夏回族自治区委员会，宁夏回族自治区人民政府	2022 年 9 月	宁党发〔2022〕23 号
3	行政政法处	张博文	自治区国家贫困地区重大专项普查先进个人	宁夏回族自治区脱贫攻坚普查领导小组	2022 年 1 月	获奖证书
4	教科文处	马海涛	全区群众体育先进个人	宁夏回族自治区全民健身领导小组	2022 年 11 月	获奖证书
5	经济建设处	赵晓毅	2021 年度自治区安全生产工作成绩突出个人	自治区安全生产委员会	2022 年 5 月	宁安委〔2022〕6 号

续表

序号	单 位	个 人	表彰项目	颁授单位	颁授时间	获奖证明
6	农业农村处	李国强	第六届全区“人民满意的公务员”	中共宁夏回族自治区委员会 宁夏回族自治区人民政府	2022 年 11 月	宁党发〔2022〕37 号
7	社会保障处	张跃华	自治区就业创业工作先进个人	自治区就业工作领导小组	2022 年 1 月	宁就业工作领导小组发〔2022〕1 号
8	会计处	梁 琪	全国先进会计工作者	财政部	2022 年 12 月	财办〔2022〕46 号
9	机关党委	马晓双	记三等功	自治区党委组织部	2022 年 5 月	宁组发〔2022〕33 号
10	非税收入管理中心	马 禾	记三等功	自治区党委组织部	2022 年 5 月	宁组发〔2022〕33 号
11	财政政策研究中心	李海宁	记三等功	自治区党委组织部	2022 年 5 月	宁组发〔2022〕33 号
12	政府债务管理中心	穆战鹏	记三等功	自治区党委组织部	2022 年 5 月	宁组发〔2022〕33 号
13	固原市财政局	邵 菁	自治区国家贫困地区重大专项普查先进个人	自治区脱贫攻坚普查领导小组	2022 年 1 月	获奖证书

2022 年获厅局级表彰奖励的个人一览表

序号	单位	个人	表彰项目	颁授单位	颁授时间	获奖证明
1	人事与老干部处	马春梅	自治区三八红旗手	宁夏回族自治区妇女联合会	2022 年 7 月	宁妇发〔2022〕3 号
2	教科文处	康 娟	通报表扬	自治区“双减”工作协调推进工作小组办公室	2022 年 3 月	宁党教办〔2022〕3 号
3	农业农村处	兰雪耻	2021 年度新闻宣传工作先进个人	中国财经报社	2022 年 1 月	获奖证书
4	社会保障处	张跃华	全区人力资源和社会保障工作先进个人	自治区人力资源和社会保障厅	2022 年 12 月	宁人社发〔2022〕195 号
5	政府采购管理处	舒 心	2022 年中国政府采购奖实战精英奖	中国政府采购、中国政府采购新闻网	2022 年 12 月	获奖证书
6	机关党委	李 莹	全区优秀共青团干部	共青团宁夏回族自治区委员会	2022 年 5 月	获奖证书
7	国库支付中心	强海峰	“更好按经济规律办事 财政青年怎么办”主题征文活动优秀奖	中共财政部机关委员会、中国财政杂志社	2022 年 9 月	财党委〔2022〕50 号
8	财政政策研究中心	王富强	2022 年度《财政研究》《财政科学》通讯员优秀论文	《财政研究》编辑部《财政科学》编辑部	2022 年 12 月	获奖证书
9	财政政策研究中心	袁海龙	2022 年度《财政研究》《财政科学》通讯员优秀论文	《财政研究》编辑部《财政科学》编辑部	2022 年 12 月	获奖证书

续表

序号	单位	个人	表彰项目	颁授单位	颁授时间	获奖证明
10	财政政策研究中心	梁　强	2022年度《财政研究》《财政科学》通讯员优秀论文	《财政研究》编辑部《财政科学》编辑部	2022年12月	获奖证书
11	财政政策研究中心	刘晓娟	2022年度《财政研究》《财政科学》通讯员优秀论文	《财政研究》编辑部《财政科学》编辑部	2022年12月	获奖证书
12	信息中心	刘　洋	2022年区直机关网络安全等级保护工作先进个人	自治区网络安全等级保护工作领导小组办公室	2022年12月	宁公(网安)通〔2022〕86号
13	注册会计师和资产评估师管理中心	石镇海	2022年优秀工会工作者	宁夏农林水财轻工工会委员会	2022年12月	宁农财工发〔2022〕31号
14	社保基金管理中心	武　涛	社会保险基金预算绩效管理工作	财政部办公厅	2022年8月	财办社〔2022〕59号
15	社保基金管理中心	王　荷	社会保险基金预算绩效管理工作	财政部办公厅	2022年8月	财办社〔2022〕59号
16	平罗县财政局	刘俊荣	全区人力资源和社会保障工作先进个人	自治区人力资源和社会保障厅	2022年12月	宁人社发〔2022〕195号
17	固原市财政局	刘文功	全区人力资源和社会保障工作先进个人	自治区人力资源和社会保障厅	2022年12月	宁人社发〔2022〕195号
18	固原市财政局	王　莉	2016—2020年度全区实施妇女儿童发展规划先进个人荣誉称号	宁夏回族自治区人民政府妇女儿童工作委员会	2022年1月	宁政妇儿工委发〔2022〕3号
19	原州区财政局	马　静	自治区三八红旗手	宁夏回族自治区妇女联合会	2022年7月	宁妇发〔2022〕3号

第九部分
财经统计资料

表 1　2022 年度宁夏回族自治区政府性收支总表

单位 :万元

项目	金额	项目	金额
一、一般公共预算收入	4,601,477	一、一般公共预算支出	15,878,471
二、政府性基金收入	1,292,426	二、政府性基金支出	1,340,405
三、国有资本经营收入	34,144	三、国有资本经营支出	28,722
四、社会保险基金收入	5,493,447	四、社会保险基金支出	4,585,456
五、财政专户管理资金收入	-	五、财政专户管理资金支出	-
六、扣除收入中重复计算部分	-	六、扣除支出中重复计算部分	-
本年收入小计	11,421,494	本年支出小计	21,833,054
上级补助收入	11,905,346	上解上级支出	71,546
一般公共预算补助收入	11,857,919	一般公共预算上解支出	71,546
政府性基金补助收入	45,054	政府性基金上解支出	-
国有资本经营上级补助收入	2,373	国有资本经营上解支出	-
财政专户管理资金补助收入	-		
省补助计划单列市收入	-	计划单列市上解省支出	-
接受其他地区援助收入	62,500	援助其他地区支出	-
债务收入	2,635,829	债务还本支出	1,897,957
债券转贷收入	-	债券转贷支出	-
本年收入合计	26,025,169	本年支出合计	23,802,557
国债转贷收入	-	补充预算周转金	-1,838
国债转贷资金上年结余	-	拨付国债转贷资金数	-
国债转贷转补助	-	国债转贷资金结余	
动用预算稳定调节基金	1,103,758	安排预算稳定调节基金	1,929,454
调入资金	39,365	调出资金	31,863
上年结余	6,927,518	年终结余	8,333,774
一般公共财政预算上年结余	1,650,592	一般公共财政预算年终结余	2,137,249
政府性基金上年结余	339,614	政府性基金年终结余	360,419
国有资本经营预算上年结余	14,158	国有资本经营预算年终结余	4,961
社会保险基金上年结余	4,923,154	社会保险基金年终结余	5,831,145
财政专户管理资金上年结余	-	财政专户管理资金年终结余	-
按规定冲减上年结余			
收入总计	34,095,810	支出总计	34,095,810

表2 2022年度宁夏回族自治区一般公共预算收支决算总表

单位：万元

预算科目	预算数	调整预算数	决算数	预算科目	预算数	调整预算数	决算数
一、税收收入	3,307,187	3,294,947	3,068,257	一、一般公共服务支出	903,074	1,038,436	983,446
增值税	1,441,359	1,432,292	1,029,887	二、外交支出			
企业所得税	375,184	380,398	509,253	三、国防支出	7,818	20,180	11,117
个人所得税	139,694	139,922	131,287	四、公共安全支出	556,745	702,595	668,336
资源税	250,000	250,000	365,474	五、教育支出	1,573,080	2,374,753	2,123,454
城市维护建设税	195,789	195,379	213,652	六、科学技术支出	220,185	296,965	255,637
房产税	152,593	152,199	165,486	七、文化旅游体育与传媒支出	168,932	307,265	257,579
印花税	80,168	80,608	78,389	八、社会保障和就业支出	1,757,933	2,872,282	2,758,999
城镇土地使用税	139,219	137,011	123,530	九、卫生健康支出	679,538	1,535,750	1,374,433
土地增值税	135,599	135,619	110,027	十、节能环保支出	233,712	925,652	582,049
车船税	59,430	59,520	61,168	十一、城乡社区支出	557,604	1,410,035	1,174,703
耕地占用税	92,042	87,265	68,404	十二、农林水支出	691,250	2,818,805	2,448,793
契税	222,055	220,513	195,329	十三、交通运输支出	938,686	1,278,957	1,211,014
烟叶税	40	52	206	十四、资源勘探工业信息等支出	253,512	386,270	315,469
环境保护税	17,315	17,501	16,013	十五、商业服务业等支出	19,764	127,557	74,660
其他税收收入	6,700	6,668	152	十六、金融支出	12,697	3,020	2,920
二、非税收入	1,514,373	1,536,188	1,533,220	十七、援助其他地区支出			
专项收入	436,174	438,141	411,834	十八、自然资源海洋气象等支出	116,282	176,035	138,833
行政事业性收费收入	217,046	220,774	208,207	十九、住房保障支出	368,135	813,239	728,631
罚没收入	135,834	135,414	139,727	二十、粮油物资储备支出	26,161	62,636	52,315
国有资本经营收入	15,330	16,488	33,836	二十一、灾害防治及应急管理支出	78,490	147,136	135,365
国有资源（资产）有偿使用收入	549,177	562,685	596,557	二十二、预备费	190,007		
其他收入	160,812	162,686	143,059	二十三、其他支出	1,468,805	192,750	55,316
				二十四、债务付息支出	518,052	523,525	523,525
				二十五、债务发行费用支出	2,700	1,877	1,877
本年收入合计	4,821,560	4,831,135	4,601,477	本年支出合计	11,343,162	18,015,720	15,878,471

表 2-1　2022 年度宁夏回族自治区一般公共预算收支决算总表

单位：万元

项目	决算数	项目	决算数
本年收入合计	4,601,477	本年支出合计	15,878,471
上级补助收入	11,857,919	上解上级支出	71,546
返还性收入	484,206		
一般性转移支付收入	10,307,650		
专项转移支付收入	1,066,063		
待偿债再融资一般债券上年结余	2,280		
上年结余收入	1,648,312		
调入资金	33,655	调出资金	
债务(转贷)收入	2,105,829	债务还本支出	1,400,848
		补充预算周转金	-1,838
国债转贷收入、上年结余及转补助数		国债转贷拨付数及年终结余	
动用预算稳定调节基金	1,103,758	安排预算稳定调节基金	1,929,454
区域间转移性收入	62,500	区域间转移性支出	
省补助计划单列市收入		计划单列市上解省支出	
		待偿债再融资一般债券结余	
		年终结余	2,137,249
		减：结转下年的支出	2,137,249
		净结余	
收入总计	21,415,730	支出总计	21,415,730

表 3 2022 年度宁夏回族自治区政府性基金预算收支决算总表

单位 :万元

预算科目	预算数	调整预算数	决算数	预算科目	预算数	调整预算数	决算数
政府性基金收入	1,963,906	1,850,398	1,184,211	科学技术支出			
专项债务对应项目专项收入	118,790	121,314	108,215	文化旅游体育与传媒支出	1,298	1,080	1,186
				社会保障和就业支出	1,678	15,568	7,997
				节能环保支出			
				城乡社区支出	1,782,677	1,153,126	976,689
				农林水支出	8,500	16,802	-256
				交通运输支出	8,313	19,590	8,313
				资源勘探工业信息等支出			
				其他支出	41,461	256,520	161,606
				债务付息支出	158,660	185,000	185,000
				债务发行费用支出	700	492	492
				抗疫特别国债安排的支出		3,000	-622
本年收入合计	2,082,696	1,971,712	1,292,426	本年支出合计	2,003,287	1,651,178	1,340,405
上级补助收入			45,054	上解上级支出			
政府性基金转移支付收入			45,054				
科学技术							
文化旅游体育与传媒			292				
社会保障和就业			13,183				
节能环保							
城乡社区							
农林水							
交通运输			4,203				
资源勘探工业信息等							
其他收入			27,376				
待偿债再融资专项债券上年结余			5,187				
上年结余收入			334,427				
调入资金			5,710	调出资金			14,871
债务(转贷)收入			530,000	债务还本支出			497,109
省补助计划单列市收入				计划单列市上解省支出			
				待偿债再融资专项债券结余			
				年终结余			360,419
收入总计			2,212,804	支出总计			2,212,804

表4 2022年度宁夏回族自治区国有资本经营预算收支决算总表

单位:万元

预算科目	预算数	调整预算数	决算数	预算科目	预算数	调整预算数	决算数
利润收入	8,341	8,527	12,468	解决历史遗留问题及改革成本支出	1,481	4,948	2,471
股利、股息收入	6,206	6,059	5,645	国有企业资本金注入	28,149	25,800	25,800
产权转让收入	5,486	5,486	5,486	国有企业政策性补贴	300	200	200
清算收入	10,682	10,682	10,514	其他国有资本经营预算支出	5,668	251	251
其他国有资本经营预算收入	79	94	31				
本年收入合计	30,794	30,848	34,144	本年支出合计	35,598	31,199	28,722
上级补助收入			2,373	上解上级支出			
上年结余收入			14,158				
省补助计划单列市收入				计划单列市上解省支出			
				调出资金			16,992
				年终结余			4,961
收入总计			50,675	支出总计			50,675

表 5　2022 年度宁夏回族自治区社会保险基金预算收支情况表

项目	合计	企业职工基本养老保险基金	城乡居民基本养老保险基金	机关事业单位基本养老保险基金	职工基本医疗保险（含生育保险）基金	城乡居民基本医疗保险基金	工伤保险基金	失业保险基金
一、收入	5,493,447	2,419,940	200,120	1,057,617	1,163,026	513,197	57,695	81,852
其中：社会保险费收入	3,708,524	1,846,404	48,787	615,004	893,487	173,465	52,878	78,499
财政补贴收入	1,380,709	496,725	139,427	428,872	378	314,305	1,002	
利息收入	92,556	35,347	9,570	6,438	29,497	6,848	1,972	2,884
委托投资收益	898	341	557					
转移收入	43,401	35,242	470	7,035	559			95
其他收入	266,859	5,381	1,309	268	239,105	18,579	1,843	374
全国统筹调剂资金收入	500	500						
二、支出	4,585,456	2,449,462	134,648	868,378	581,484	413,611	57,343	80,530
其中：社会保险待遇支出	4,488,954	2,433,130	134,359	867,707	577,389	376,938	57,055	42,376
转移支出	15,205	14,064	243	603	250			45
其他支出	26,980	2,268	46	68	3,845	1,110	63	19,580
全国统筹调剂资金支出								
三、本年收支结余	907,991	-29,522	65,472	189,239	581,542	99,586	352	1,322
四、年末滚存结余	5,831,145	2,036,737	577,076	430,645	1,988,808	474,977	90,401	232,501

表 6-1 2022 年度银川市本级一般公共预算收支决算总表

单位 :万元

预算科目	预算数	调整预算数	决算数	预算科目	预算数	调整预算数	决算数
一、税收收入	678,575	678,575	532,334	一、一般公共服务支出	99,805	89,431	77,030
增值税	287,100	287,100	146,438	二、外交支出			
企业所得税	71,300	71,300	78,765	三、国防支出		2,130	322
个人所得税	31,700	31,700	29,526	四、公共安全支出	78,249	91,467	80,395
资源税				五、教育支出	88,396	109,205	86,387
城市维护建设税	89,100	89,100	94,878	六、科学技术支出	34,818	59,026	47,115
房产税	17,350	17,350	14,925	七、文化旅游体育与传媒支出	21,027	44,182	36,414
印花税	9,100	9,100	8,629	八、社会保障和就业支出	128,244	156,150	151,163
城镇土地使用税	5,600	5,600	5,155	九、卫生健康支出	58,333	189,360	153,303
土地增值税	42,620	42,620	38,183	十、节能环保支出	70,996	157,163	107,867
车船税			2	十一、城乡社区支出	214,231	257,189	188,727
耕地占用税	4,000	4,000	888	十二、农林水支出	30,630	45,970	24,344
契税	120,300	120,300	114,470	十三、交通运输支出	32,281	45,574	38,497
烟叶税				十四、资源勘探工业信息等支出	162,148	202,707	191,250
环境保护税	405	405	379	十五、商业服务业等支出	3,153	30,823	17,282
其他税收收入			96	十六、金融支出	11,500	1,756	1,656
二、非税收入	302,325	302,325	242,892	十七、援助其他地区支出			
专项收入	142,600	142,600	73,028	十八、自然资源海洋气象等支出	13,103	10,032	9,107
行政事业性收费收入	25,025	25,025	15,294	十九、住房保障支出	15,557	46,669	45,789
罚没收入	20,600	20,600	14,758	二十、粮油物资储备支出	2,043	2,691	2,450
国有资本经营收入				二十一、灾害防治及应急管理支出	10,354	13,827	13,226
国有资源(资产)有偿使用收入	41,200	41,200	80,905	二十二、预备费	23,000		
其他收入	72,900	72,900	58,907	二十三、其他支出	66,270	5,114	3,226
				二十四、债务付息支出	60,293	59,963	59,963
				二十五、债务发行费用支出			
本年收入合计	980,900	980,900	775,226	本年支出合计	1,224,431	1,620,429	1,335,513

续表

项目	决算数	项目	决算数
本年收入合计	775,226	本年支出合计	1,335,513
上级补助收入	504,308	上解上级支出	1,511
返还性收入	185,256		
一般性转移支付收入	259,986		
专项转移支付收入	59,066		
待偿债再融资一般债券上年结余			
上年结余收入	175,172		
调入资金	11,982	调出资金	
债务(转贷)收入	235,018	债务还本支出	133,279
		补充预算周转金	-1,838
国债转贷收入、上年结余及转补助数		国债转贷拨付数及年终结余	
动用预算稳定调节基金	78,473	安排预算稳定调节基金	26,798
区域间转移性收入		区域间转移性支出	
省补助计划单列市收入		计划单列市上解省支出	
		待偿债再融资一般债券结余	
		年终结余	284,916
		减:结转下年的支出	284,916
		净结余	
收入总计	1,780,179	支出总计	1,780,179

表 6–2　2022 年度兴庆区一般公共预算收支决算总表

单位：万元

预算科目	预算数	调整预算数	决算数	预算科目	预算数	调整预算数	决算数
一、税收收入	83,639	83,639	70,328	一、一般公共服务支出	20,751	29,987	29,987
增值税	35,634	35,634	17,912	二、外交支出			
企业所得税	4,800	4,800	6,011	三、国防支出		85	85
个人所得税	2,800	2,800	2,410	四、公共安全支出	6,314	8,389	8,389
资源税				五、教育支出	54,841	119,279	87,924
城市维护建设税				六、科学技术支出	2,021	3,785	2,124
房产税	15,500	15,500	17,429	七、文化旅游体育与传媒支出	471	4,833	4,833
印花税	9,700	9,700	10,620	八、社会保障和就业支出	23,389	58,414	56,651
城镇土地使用税	4,900	4,900	4,721	九、卫生健康支出	6,786	30,470	28,068
土地增值税	5,500	5,500	4,481	十、节能环保支出		21,499	3,503
车船税	4,800	4,800	6,727	十一、城乡社区支出	10,613	69,154	41,172
耕地占用税				十二、农林水支出	1,920	47,743	41,233
契税				十三、交通运输支出	307	3,375	879
烟叶税				十四、资源勘探工业信息等支出		41	41
环境保护税				十五、商业服务业等支出		3,339	2,394
其他税收收入	5	5	17	十六、金融支出			
二、非税收入	10,000	10,000	27,220	十七、援助其他地区支出			
专项收入	500	500	2,500	十八、自然资源海洋气象等支出	784	913	913
行政事业性收费收入	4,000	4,000	3,959	十九、住房保障支出	5,036	37,147	37,056
罚没收入	500	500	462	二十、粮油物资储备支出		1	
国有资本经营收入				二十一、灾害防治及应急管理支出	1,833	5,490	5,408
国有资源(资产)有偿使用收入	4,700	4,700	20,299	二十二、预备费	3,000		
其他收入	300	300		二十三、其他支出	962	22,833	22,833
				二十四、债务付息支出	9,330	7,273	7,273
				二十五、债务发行费用支出			
本年收入合计	93,639	93,639	97,548	本年支出合计	148,358	474,050	380,766

续表

项目	决算数	项目	决算数
本年收入合计	97,548	本年支出合计	380,766
上级补助收入	307,721	上解上级支出	3,104
返还性收入	14,325		
一般性转移支付收入	213,915		
专项转移支付收入	79,481		
待偿债再融资一般债券上年结余			
上年结余收入	63,431		
调入资金		调出资金	
债务(转贷)收入	27,700	债务还本支出	16,535
		补充预算周转金	
国债转贷收入、上年结余及转补助数		国债转贷拨付数及年终结余	
动用预算稳定调节基金	1,198	安排预算稳定调节基金	3,909
区域间转移性收入		区域间转移性支出	
省补助计划单列市收入		计划单列市上解省支出	
		待偿债再融资一般债券结余	
		年终结余	93,284
		减:结转下年的支出	93,284
		净结余	
收入总计	497,598	支出总计	497,598

表 6-3　2022 年度金凤区一般公共预算收支决算总表

单位：万元

预算科目	预算数	调整预算数	决算数	预算科目	预算数	调整预算数	决算数
一、税收收入	70,313	70,313	60,510	一、一般公共服务支出	23,677	46,053	43,074
增值税	23,405	23,405	17,826	二、外交支出			
企业所得税	5,053	5,053	6,057	三、国防支出		84	84
个人所得税	6,319	6,319	1,232	四、公共安全支出	3,604	5,343	5,107
资源税				五、教育支出	28,305	84,574	61,465
城市维护建设税				六、科学技术支出	1,080	2,543	1,079
房产税	8,442	8,442	12,533	七、文化旅游体育与传媒支出	529	1,799	1,429
印花税	6,669	6,669	5,331	八、社会保障和就业支出	15,742	33,293	31,409
城镇土地使用税	3,481	3,481	3,124	九、卫生健康支出	5,142	27,203	21,639
土地增值税	5,314	5,314	3,437	十、节能环保支出		8,478	2,320
车船税	11,630	11,630	10,948	十一、城乡社区支出	14,628	81,746	73,139
耕地占用税				十二、农林水支出	2,255	18,790	14,470
契税				十三、交通运输支出		1,072	557
烟叶税				十四、资源勘探工业信息等支出		904	904
环境保护税				十五、商业服务业等支出		2,005	1,136
其他税收收入			22	十六、金融支出			
二、非税收入	16,887	16,887	28,112	十七、援助其他地区支出			
专项收入	563	563	1,226	十八、自然资源海洋气象等支出		15	15
行政事业性收费收入	2,284	2,284	3,777	十九、住房保障支出	2,361	15,829	10,940
罚没收入	2,106	2,106	874	二十、粮油物资储备支出		3	3
国有资本经营收入				二十一、灾害防治及应急管理支出	1,159	1,609	1,568
国有资源(资产)有偿使用收入	10,194	10,194	22,062	二十二、预备费	2,000		
其他收入	1,740	1,740	173	二十三、其他支出	6,193	3,086	3,080
				二十四、债务付息支出	2,500	2,499	2,499
				二十五、债务发行费用支出			
本年收入合计	87,200	87,200	88,622	本年支出合计	109,175	336,928	275,917

续表

项目	决算数	项目	决算数
本年收入合计	88,622	本年支出合计	275,917
上级补助收入	215,942	上解上级支出	2,093
返还性收入	9,429		
一般性转移支付收入	134,397		
专项转移支付收入	72,116		
待偿债再融资一般债券上年结余			
上年结余收入	35,261		
调入资金		调出资金	
债务(转贷)收入		债务还本支出	5,444
		补充预算周转金	
国债转贷收入、上年结余及转补助数		国债转贷拨付数及年终结余	
动用预算稳定调节基金	6,062	安排预算稳定调节基金	1,422
区域间转移性收入		区域间转移性支出	
省补助计划单列市收入		计划单列市上解省支出	
		待偿债再融资一般债券结余	
		年终结余	61,011
		减 :结转下年的支出	61,011
		净结余	
收入总计	345,887	支出总计	345,887

表 6-4　2022 年度西夏区一般公共预算收支决算总表

单位：万元

预算科目	预算数	调整预算数	决算数	预算科目	预算数	调整预算数	决算数
一、税收收入	37,800	37,800	31,662	一、一般公共服务支出	16,402	32,095	31,293
增值税	20,100	20,100	14,519	二、外交支出			
企业所得税	950	950	1,283	三、国防支出		89	89
个人所得税	700	700	699	四、公共安全支出	4,291	5,035	4,649
资源税				五、教育支出	23,400	67,602	44,392
城市维护建设税				六、科学技术支出	454	5,692	1,636
房产税	4,200	4,200	3,573	七、文化旅游体育与传媒支出	339	3,325	2,562
印花税	2,800	2,800	2,999	八、社会保障和就业支出	11,614	39,461	37,694
城镇土地使用税	3,200	3,200	2,600	九、卫生健康支出	5,737	19,188	16,715
土地增值税	850	850	466	十、节能环保支出		21,089	3,477
车船税	5,000	5,000	5,522	十一、城乡社区支出	3,342	36,009	13,236
耕地占用税				十二、农林水支出	701	19,006	14,675
契税				十三、交通运输支出	656	4,168	2,120
烟叶税				十四、资源勘探工业信息等支出		100	100
环境保护税				十五、商业服务业等支出	242	1,399	1,149
其他税收收入			1	十六、金融支出			
二、非税收入	16,154	16,154	12,702	十七、援助其他地区支出			
专项收入	263	263	612	十八、自然资源海洋气象等支出	436	759	759
行政事业性收费收入	525	525	3,259	十九、住房保障支出	3,285	57,665	14,234
罚没收入	100	100	578	二十、粮油物资储备支出			
国有资本经营收入				二十一、灾害防治及应急管理支出	832	1,902	1,258
国有资源(资产)有偿使用收入	10,541	10,541	6,579	二十二、预备费	1,000		
其他收入	4,725	4,725	1,674	二十三、其他支出		670	186
				二十四、债务付息支出	5,227	3,938	3,938
				二十五、债务发行费用支出			
本年收入合计	53,954	53,954	44,364	本年支出合计	77,958	319,192	194,162

续表

项目	决算数	项目	决算数
本年收入合计	44,364	本年支出合计	194,162
上级补助收入	178,880	上解上级支出	1,845
返还性收入	3,666		
一般性转移支付收入	109,692		
专项转移支付收入	65,522		
待偿债再融资一般债券上年结余			
上年结余收入	86,887		
调入资金	303	调出资金	
债务(转贷)收入	14,900	债务还本支出	4,297
		补充预算周转金	
国债转贷收入、上年结余及转补助数		国债转贷拨付数及年终结余	
动用预算稳定调节基金		安排预算稳定调节基金	
区域间转移性收入		区域间转移性支出	
省补助计划单列市收入		计划单列市上解省支出	
		待偿债再融资一般债券结余	
		年终结余	125,030
		减:结转下年的支出	125,030
		净结余	
收入总计	325,334	支出总计	325,334

表 6-5　2022 年度永宁县一般公共预算收支决算总表

单位:万元

预算科目	预算数	调整预算数	决算数	预算科目	预算数	调整预算数	决算数
一、税收收入	50,000	50,000	40,934	一、一般公共服务支出	21,130	20,904	20,324
增值税	17,000	17,000	7,906	二、外交支出			
企业所得税	2,000	2,000	3,941	三、国防支出		88	75
个人所得税	1,700	1,700	2,155	四、公共安全支出	9,479	9,673	8,473
资源税				五、教育支出	43,486	65,343	59,379
城市维护建设税	3,500	3,500	2,239	六、科学技术支出	363	510	354
房产税	3,400	3,400	3,423	七、文化旅游体育与传媒支出	2,195	4,778	3,684
印花税	2,500	2,500	2,172	八、社会保障和就业支出	46,030	71,227	67,371
城镇土地使用税	4,500	4,500	4,793	九、卫生健康支出	18,156	31,594	28,678
土地增值税	2,500	2,500	3,206	十、节能环保支出	2,552	10,831	6,858
车船税	1,500	1,500	1,446	十一、城乡社区支出	12,681	54,895	52,948
耕地占用税	200	200	27	十二、农林水支出	8,778	50,318	38,329
契税	11,000	11,000	9,562	十三、交通运输支出	1,834	5,766	2,997
烟叶税				十四、资源勘探工业信息等支出		3,819	1,431
环境保护税	200	200	137	十五、商业服务业等支出	65	4,907	1,399
其他税收收入			-73	十六、金融支出			
二、非税收入	52,300	52,300	64,277	十七、援助其他地区支出			
专项收入	14,000	14,000	10,104	十八、自然资源海洋气象等支出	1,194	2,211	2,031
行政事业性收费收入	1,700	1,700	2,297	十九、住房保障支出	4,605	12,496	12,211
罚没收入	2,000	2,000	2,075	二十、粮油物资储备支出	56	2,360	2,273
国有资本经营收入	10,000	10,000	25,974	二十一、灾害防治及应急管理支出	1,654	2,140	1,976
国有资源(资产)有偿使用收入	24,000	24,000	22,995	二十二、预备费	2,600		
其他收入	600	600	832	二十三、其他支出	10,045	29,162	-1
				二十四、债务付息支出	20,000	27,397	27,397
				二十五、债务发行费用支出			
本年收入合计	102,300	102,300	105,211	本年支出合计	206,903	410,419	338,187

续表

项目	决算数	项目	决算数
本年收入合计	105,211	本年支出合计	338,187
上级补助收入	244,481	上解上级支出	2,433
返还性收入	40,821		
一般性转移支付收入	183,524		
专项转移支付收入	20,136		
待偿债再融资一般债券上年结余	2,280		
上年结余收入	51,345		
调入资金		调出资金	
债务(转贷)收入	57,500	债务还本支出	60,011
		补充预算周转金	
国债转贷收入、上年结余及转补助数		国债转贷拨付数及年终结余	
动用预算稳定调节基金	15,000	安排预算稳定调节基金	2,954
区域间转移性收入		区域间转移性支出	
省补助计划单列市收入		计划单列市上解省支出	
		待偿债再融资一般债券结余	
		年终结余	72,232
		减 :结转下年的支出	72,232
		净结余	
收入总计	475,817	支出总计	475,817

表 6-6 2022 年度贺兰县一般公共预算收支决算总表

单位：万元

预算科目	预算数	调整预算数	决算数	预算科目	预算数	调整预算数	决算数
一、税收收入	110,232	110,232	76,393	一、一般公共服务支出	17,700	20,758	20,560
增值税	31,500	31,500	8,678	二、外交支出			
企业所得税	10,400	10,400	8,562	三、国防支出		98	89
个人所得税	3,000	3,000	2,245	四、公共安全支出	7,725	11,054	10,510
资源税				五、教育支出	40,175	65,894	54,856
城市维护建设税	5,900	5,900	4,088	六、科学技术支出	3,520	8,200	7,495
房产税	5,600	5,600	7,864	七、文化旅游体育与传媒支出	1,946	3,087	2,503
印花税	3,232	3,232	2,944	八、社会保障和就业支出	33,028	63,222	61,741
城镇土地使用税	7,000	7,000	8,369	九、卫生健康支出	14,438	32,440	29,924
土地增值税	15,500	15,500	11,489	十、节能环保支出	8,535	17,417	8,169
车船税	5,400	5,400	5,244	十一、城乡社区支出	8,999	28,631	24,191
耕地占用税	1,000	1,000	415	十二、农林水支出	14,522	86,772	56,653
契税	21,600	21,600	16,369	十三、交通运输支出	1,400	9,587	7,491
烟叶税				十四、资源勘探工业信息等支出	4,862	24,637	24,265
环境保护税	100	100	125	十五、商业服务业等支出	1,152	6,132	1,278
其他税收收入			1	十六、金融支出			
二、非税收入	26,000	26,000	45,170	十七、援助其他地区支出			
专项收入	4,000	4,000	3,752	十八、自然资源海洋气象等支出	1,607	1,519	1,282
行政事业性收费收入	12,000	12,000	17,506	十九、住房保障支出	10,963	25,174	25,155
罚没收入	4,700	4,700	4,232	二十、粮油物资储备支出	101	59	54
国有资本经营收入				二十一、灾害防治及应急管理支出	1,191	1,674	1,641
国有资源(资产)有偿使用收入	4,800	4,800	18,864	二十二、预备费	2,400		
其他收入	500	500	816	二十三、其他支出	32,935	19,088	2,983
				二十四、债务付息支出	10,503	11,099	11,099
				二十五、债务发行费用支出			
本年收入合计	136,232	136,232	121,563	本年支出合计	217,702	436,542	351,939

续表

项目	决算数	项目	决算数
本年收入合计	121,563	本年支出合计	351,939
上级补助收入	240,876	上解上级支出	4,026
返还性收入	35,756		
一般性转移支付收入	180,631		
专项转移支付收入	24,489		
待偿债再融资一般债券上年结余			
上年结余收入	45,375		
调入资金	88	调出资金	
债务(转贷)收入	47,100	债务还本支出	29,346
		补充预算周转金	
国债转贷收入、上年结余及转补助数		国债转贷拨付数及年终结余	
动用预算稳定调节基金	15,000	安排预算稳定调节基金	88
区域间转移性收入		区域间转移性支出	
省补助计划单列市收入		计划单列市上解省支出	
		待偿债再融资一般债券结余	
		年终结余	84,603
		减:结转下年的支出	84,603
		净结余	
收入总计	470,002	支出总计	470,002

表 6-7 2022 年度灵武市一般公共预算收支决算总表

单位：万元

预算科目	预算数	调整预算数	决算数	预算科目	预算数	调整预算数	决算数
一、税收收入	324,434	315,134	369,597	一、一般公共服务支出	51,689	54,983	50,344
增值税	172,406	167,484	196,970	二、外交支出			
企业所得税	20,762	23,362	32,006	三、国防支出		116	93
个人所得税	6,172	6,062	6,512	四、公共安全支出	10,390	13,978	13,441
资源税				五、教育支出	56,659	77,412	67,909
城市维护建设税	34,251	32,651	50,664	六、科学技术支出	14,309	20,884	19,225
房产税	18,010	17,600	17,838	七、文化旅游体育与传媒支出	2,794	7,812	6,743
印花税	11,347	12,000	13,023	八、社会保障和就业支出	50,114	82,435	78,881
城镇土地使用税	23,010	20,800	21,596	九、卫生健康支出	32,745	48,675	43,990
土地增值税	1,145	1,145	1,157	十、节能环保支出	23,903	48,784	29,775
车船税	2,555	2,620	2,681	十一、城乡社区支出	87,898	156,689	151,303
耕地占用税	24,240	20,800	15,545	十二、农林水支出	19,375	71,060	65,262
契税	6,710	6,210	7,392	十三、交通运输支出	3,601	34,718	27,613
烟叶税				十四、资源勘探工业信息等支出	22,787	52,556	43,994
环境保护税	3,826	4,400	4,213	十五、商业服务业等支出	50	6,420	2,606
其他税收收入				十六、金融支出	5	5	5
二、非税收入	49,716	65,616	86,472	十七、援助其他地区支出			
专项收入	22,564	23,464	31,450	十八、自然资源海洋气象等支出	3,998	10,357	10,357
行政事业性收费收入	16,900	16,900	25,467	十九、住房保障支出	25,559	32,496	32,218
罚没收入	5,951	5,471	6,237	二十、粮油物资储备支出	54	680	678
国有资本经营收入				二十一、灾害防治及应急管理支出	9,122	9,144	8,994
国有资源（资产）有偿使用收入	3,251	16,851	20,317	二十二、预备费	7,000		
其他收入	1,050	2,930	3,001	二十三、其他支出	6,525	1,392	280
				二十四、债务付息支出	32,807	35,352	35,352
				二十五、债务发行费用支出			
本年收入合计	374,150	380,750	456,069	本年支出合计	461,384	765,948	689,063

续表

项目	决算数	项目	决算数
本年收入合计	456,069	本年支出合计	689,063
上级补助收入	397,703	上解上级支出	65,387
返还性收入	-44,403		
一般性转移支付收入	392,478		
专项转移支付收入	49,628		
待偿债再融资一般债券上年结余			
上年结余收入	67,620		
调入资金	7,985	调出资金	
债务(转贷)收入	107,200	债务还本支出	117,085
		补充预算周转金	
国债转贷收入、上年结余及转补助数		国债转贷拨付数及年终结余	
动用预算稳定调节基金	15,562	安排预算稳定调节基金	103,719
区域间转移性收入		区域间转移性支出	
省补助计划单列市收入		计划单列市上解省支出	
		待偿债再融资一般债券结余	
		年终结余	76,885
		减:结转下年的支出	76,885
		净结余	
收入总计	1,052,139	支出总计	1,052,139

表 6–8　2022 年度石嘴山市本级一般公共预算收支决算总表

单位 :万元

预算科目	预算数	调整预算数	决算数	预算科目	预算数	调整预算数	决算数
一、税收收入	78,000	78,000	69,557	一、一般公共服务支出	69,268	35,885	31,621
增值税	37,000	37,000	31,910	二、外交支出			
企业所得税	8,200	8,200	5,467	三、国防支出	316	1,682	900
个人所得税				四、公共安全支出	21,290	35,060	32,585
资源税				五、教育支出	19,120	62,529	54,848
城市维护建设税	14,500	14,500	14,670	六、科学技术支出	1,378	19,594	17,748
房产税	7,000	7,000	7,965	七、文化旅游体育与传媒支出	3,217	8,009	7,328
印花税				八、社会保障和就业支出	29,223	79,470	72,191
城镇土地使用税	8,500	8,500	7,549	九、卫生健康支出	16,605	59,570	54,062
土地增值税	800	800	366	十、节能环保支出	2,640	42,648	15,369
车船税				十一、城乡社区支出	745	6,662	4,121
耕地占用税				十二、农林水支出	5,955	24,790	15,797
契税				十三、交通运输支出	22,052	45,629	42,636
烟叶税				十四、资源勘探工业信息等支出	1,320	13,705	10,123
环境保护税	2,000	2,000	1,617	十五、商业服务业等支出		8,652	3,557
其他税收收入			13	十六、金融支出			
二、非税收入	36,000	36,000	52,586	十七、援助其他地区支出			
专项收入	6,300	6,300	7,543	十八、自然资源海洋气象等支出	1,624	8,187	-8,329
行政事业性收费收入	5,000	5,000	5,700	十九、住房保障支出	11,940	21,344	15,283
罚没收入	7,000	7,000	9,633	二十、粮油物资储备支出	983	777	774
国有资本经营收入	130	130		二十一、灾害防治及应急管理支出	3,676	4,569	4,551
国有资源(资产)有偿使用收入	2,970	2,970	11,114	二十二、预备费	2,430		
其他收入	14,600	14,600	18,596	二十三、其他支出		20,847	
				二十四、债务付息支出		16,652	16,652
				二十五、债务发行费用支出			
本年收入合计	114,000	114,000	122,143	本年支出合计	213,782	516,261	391,817

续表

项目	决算数	项目	决算数
本年收入合计	122,143	本年支出合计	391,817
上级补助收入	307,960	上解上级支出	2,685
返还性收入	9,678		
一般性转移支付收入	435,959		
专项转移支付收入	-137,677		
待偿债再融资一般债券上年结余			
上年结余收入	80,198		
调入资金	884	调出资金	
债务(转贷)收入	74,500	债务还本支出	60,088
		补充预算周转金	
国债转贷收入、上年结余及转补助数		国债转贷拨付数及年终结余	
动用预算稳定调节基金	1,644	安排预算稳定调节基金	8,295
区域间转移性收入		区域间转移性支出	
省补助计划单列市收入		计划单列市上解省支出	
		待偿债再融资一般债券结余	
		年终结余	124,444
		减 :结转下年的支出	124,444
		净结余	
收入总计	587,329	支出总计	587,329

表 6-9　2022 年度大武口区一般公共预算收支决算总表

单位：万元

预算科目	预算数	调整预算数	决算数	预算科目	预算数	调整预算数	决算数
一、税收收入	22,000	22,000	20,589	一、一般公共服务支出	6,877	9,303	9,119
增值税	8,200	8,200	6,393	二、外交支出			
企业所得税	1,300	1,300	1,165	三、国防支出	62	331	331
个人所得税	2,200	2,200	2,063	四、公共安全支出	1,957	2,857	2,426
资源税				五、教育支出	24,069	46,769	42,295
城市维护建设税	300	300	393	六、科学技术支出	165	2,812	2,195
房产税	200	200	315	七、文化旅游体育与传媒支出	317	5,800	4,390
印花税	2,500	2,500	2,804	八、社会保障和就业支出	16,797	39,395	37,470
城镇土地使用税	300	300	432	九、卫生健康支出	5,468	12,393	12,251
土地增值税				十、节能环保支出	2,101	22,500	12,506
车船税	3,000	3,000	3,031	十一、城乡社区支出	8,755	20,901	17,225
耕地占用税			350	十二、农林水支出	1,260	30,830	25,638
契税	4,000	4,000	3,637	十三、交通运输支出		2,220	1,775
烟叶税				十四、资源勘探工业信息等支出	111	3,620	2,224
环境保护税				十五、商业服务业等支出	20	1,192	913
其他税收收入			6	十六、金融支出			
二、非税收入	5,200	5,200	8,488	十七、援助其他地区支出			
专项收入	553	553	853	十八、自然资源海洋气象等支出	87	3,666	1,757
行政事业性收费收入	1,100	1,100	2,042	十九、住房保障支出	5,586	24,288	19,037
罚没收入	250	250	273	二十、粮油物资储备支出		103	103
国有资本经营收入				二十一、灾害防治及应急管理支出	499	911	909
国有资源(资产)有偿使用收入	2,900	2,900	5,016	二十二、预备费	650		
其他收入	397	397	304	二十三、其他支出	3,858	6,439	412
				二十四、债务付息支出	3,820	5,045	5,045
				二十五、债务发行费用支出			
本年收入合计	27,200	27,200	29,077	本年支出合计	82,459	241,375	198,021

续表

项目	决算数	项目	决算数
本年收入合计	29,077	本年支出合计	198,021
上级补助收入	169,599	上解上级支出	487
返还性收入	10,032		
一般性转移支付收入	15,948		
专项转移支付收入	143,619		
待偿债再融资一般债券上年结余			
上年结余收入	32,099		
调入资金		调出资金	
债务(转贷)收入	20,600	债务还本支出	7,636
		补充预算周转金	
国债转贷收入、上年结余及转补助数		国债转贷拨付数及年终结余	
动用预算稳定调节基金		安排预算稳定调节基金	1,877
区域间转移性收入		区域间转移性支出	
省补助计划单列市收入		计划单列市上解省支出	
		待偿债再融资一般债券结余	
		年终结余	43,354
		减:结转下年的支出	43,354
		净结余	
收入总计	251,375	支出总计	251,375

表 6–10　2022 年度惠农区一般公共预算收支决算总表

单位 :万元

预算科目	预算数	调整预算数	决算数	预算科目	预算数	调整预算数	决算数
一、税收收入	23,500	17,404	17,511	一、一般公共服务支出	11,035	14,846	14,507
增值税	11,376	6,128	7,284	二、外交支出			
企业所得税	1,270	486	202	三、国防支出			
个人所得税	1,370	1,520	1,492	四、公共安全支出	1,812	2,429	2,276
资源税				五、教育支出	18,467	32,637	29,899
城市维护建设税				六、科学技术支出	356	1,649	1,360
房产税				七、文化旅游体育与传媒支出	1,571	7,426	5,509
印花税	5,642	5,089	4,199	八、社会保障和就业支出	15,699	43,198	40,451
城镇土地使用税				九、卫生健康支出	7,175	13,065	12,446
土地增值税				十、节能环保支出		29,257	10,685
车船税	1,456	1,201	1,347	十一、城乡社区支出	4,934	24,073	20,587
耕地占用税	14	760	1,141	十二、农林水支出	14,352	47,601	39,295
契税	2,372	2,220	1,846	十三、交通运输支出	201	7,554	5,502
烟叶税				十四、资源勘探工业信息等支出	320	3,669	3,669
环境保护税				十五、商业服务业等支出		951	480
其他税收收入				十六、金融支出		15	15
二、非税收入	10,814	8,980	9,011	十七、援助其他地区支出			
专项收入	80	691	545	十八、自然资源海洋气象等支出	86	4,304	2,459
行政事业性收费收入	1,314	2,269	2,192	十九、住房保障支出	4,092	16,067	15,095
罚没收入	598	714	833	二十、粮油物资储备支出			
国有资本经营收入		1,158	2,538	二十一、灾害防治及应急管理支出	844	1,433	1,237
国有资源(资产)有偿使用收入	8,715	3,782	2,467	二十二、预备费	1,000		
其他收入	107	366	436	二十三、其他支出	13,728	7,578	7,333
				二十四、债务付息支出	5,203	5,025	5,025
				二十五、债务发行费用支出			
本年收入合计	34,314	26,384	26,522	本年支出合计	100,875	262,777	217,830

续表

项目	决算数	项目	决算数
本年收入合计	26,522	本年支出合计	217,830
上级补助收入	186,195	上解上级支出	630
返还性收入	3,217		
一般性转移支付收入	23,116		
专项转移支付收入	159,862		
待偿债再融资一般债券上年结余			
上年结余收入	28,905		
调入资金	1,486	调出资金	
债务(转贷)收入	24,200	债务还本支出	10,889
		补充预算周转金	
国债转贷收入、上年结余及转补助数		国债转贷拨付数及年终结余	
动用预算稳定调节基金	7,126	安排预算稳定调节基金	138
区域间转移性收入		区域间转移性支出	
省补助计划单列市收入		计划单列市上解省支出	
		待偿债再融资一般债券结余	
		年终结余	44,947
		减:结转下年的支出	44,947
		净结余	
收入总计	274,434	支出总计	274,434

表 6-11　2022 年度平罗县一般公共预算收支决算总表

单位 :万元

预算科目	预算数	调整预算数	决算数	预算科目	预算数	调整预算数	决算数
一、税收收入	68,000	68,000	60,597	一、一般公共服务支出	30,020	34,990	34,676
增值税	32,250	32,250	23,612	二、外交支出			
企业所得税	5,200	5,200	7,441	三、国防支出		95	95
个人所得税	1,350	1,350	2,144	四、公共安全支出	11,840	13,066	12,654
资源税				五、教育支出	46,280	74,393	65,249
城市维护建设税	5,600	5,600	5,472	六、科学技术支出	482	6,798	5,828
房产税	4,500	4,500	3,609	七、文化旅游体育与传媒支出	2,036	5,816	4,537
印花税	3,800	3,800	4,286	八、社会保障和就业支出	40,831	78,176	76,580
城镇土地使用税	8,100	8,100	5,951	九、卫生健康支出	18,668	33,596	28,080
土地增值税	700	700	1,387	十、节能环保支出	1,460	26,937	20,647
车船税	1,900	1,900	1,856	十一、城乡社区支出	9,383	20,211	19,889
耕地占用税	50	50	409	十二、农林水支出	14,842	79,609	61,563
契税	3,200	3,200	3,342	十三、交通运输支出	2,187	13,791	10,880
烟叶税				十四、资源勘探工业信息等支出		9,635	5,580
环境保护税	1,250	1,250	1,227	十五、商业服务业等支出		995	601
其他税收收入	100	100	-139	十六、金融支出			
二、非税收入	19,300	19,300	21,738	十七、援助其他地区支出			
专项收入	3,150	3,150	3,973	十八、自然资源海洋气象等支出	2,662	5,004	4,879
行政事业性收费收入	3,925	3,925	3,077	十九、住房保障支出	14,209	37,228	36,106
罚没收入	4,028	4,028	5,045	二十、粮油物资储备支出	40	3,248	1,695
国有资本经营收入	200	200	294	二十一、灾害防治及应急管理支出	2,685	2,933	2,897
国有资源(资产)有偿使用收入	7,155	7,155	6,937	二十二、预备费	2,500		
其他收入	842	842	2,412	二十三、其他支出	23,935	4,762	3,332
				二十四、债务付息支出	15,416	14,977	14,977
				二十五、债务发行费用支出			
本年收入合计	87,300	87,300	82,335	本年支出合计	239,476	466,260	410,745

续表

项目	决算数	项目	决算数
本年收入合计	82,335	本年支出合计	410,745
上级补助收入	336,915	上解上级支出	3,204
返还性收入	20,091		
一般性转移支付收入	256,886		
专项转移支付收入	59,938		
待偿债再融资一般债券上年结余			
上年结余收入	39,366		
调入资金		调出资金	
债务(转贷)收入	33,000	债务还本支出	22,152
		补充预算周转金	
国债转贷收入、上年结余及转补助数		国债转贷拨付数及年终结余	
动用预算稳定调节基金		安排预算稳定调节基金	
区域间转移性收入		区域间转移性支出	
省补助计划单列市收入		计划单列市上解省支出	
		待偿债再融资一般债券结余	
		年终结余	55,515
		减:结转下年的支出	55,515
		净结余	
收入总计	491,616	支出总计	491,616

表 6-12 2022 年度吴忠市本级一般公共预算收支决算总表

单位:万元

预算科目	预算数	调整预算数	决算数	预算科目	预算数	调整预算数	决算数
一、税收收入	82,600	82,600	68,009	一、一般公共服务支出	27,605	27,296	25,784
增值税	26,960	26,960	17,312	二、外交支出			
企业所得税	7,200	7,200	11,372	三、国防支出		816	566
个人所得税	3,400	3,400	2,344	四、公共安全支出	26,517	33,560	29,917
资源税				五、教育支出	61,440	76,372	67,745
城市维护建设税	8,425	8,425	7,451	六、科学技术支出	6,031	10,621	9,084
房产税	2,600	2,600	4,643	七、文化旅游体育与传媒支出	5,201	8,892	7,848
印花税	5,300	5,300	5,192	八、社会保障和就业支出	58,169	76,194	71,657
城镇土地使用税	4,500	4,500	3,674	九、卫生健康支出	14,651	104,935	101,940
土地增值税	4,300	4,300	1,080	十、节能环保支出	27,563	51,114	30,597
车船税	3,850	3,850	2,852	十一、城乡社区支出	11,454	46,929	35,822
耕地占用税			432	十二、农林水支出	16,866	36,909	33,164
契税	15,500	15,500	10,774	十三、交通运输支出	3,455	15,178	11,739
烟叶税				十四、资源勘探工业信息等支出	2,655	14,651	7,018
环境保护税	565	565	852	十五、商业服务业等支出	1,118	7,507	4,861
其他税收收入			31	十六、金融支出	136	120	120
二、非税收入	34,500	34,500	37,786	十七、援助其他地区支出			
专项收入	11,500	11,500	13,771	十八、自然资源海洋气象等支出	3,116	3,339	2,780
行政事业性收费收入	4,200	4,200	3,911	十九、住房保障支出	15,467	42,725	38,947
罚没收入	8,100	8,100	8,617	二十、粮油物资储备支出	642	658	657
国有资本经营收入				二十一、灾害防治及应急管理支出	3,235	7,079	5,041
国有资源(资产)有偿使用收入	2,600	2,600	4,623	二十二、预备费	3,100		
其他收入	8,100	8,100	6,864	二十三、其他支出	9,140	5,599	331
				二十四、债务付息支出	10,000	18,349	18,349
				二十五、债务发行费用支出			
本年收入合计	117,100	117,100	105,795	本年支出合计	307,561	588,843	503,967

续表

项目	决算数	项目	决算数
本年收入合计	105,795	本年支出合计	503,967
上级补助收入	376,364	上解上级支出	1,857
返还性收入	23,216		
一般性转移支付收入	395,610		
专项转移支付收入	-42,462		
待偿债再融资一般债券上年结余			
上年结余收入	54,965		
调入资金	55	调出资金	
债务(转贷)收入	138,943	债务还本支出	89,267
		补充预算周转金	
国债转贷收入、上年结余及转补助数		国债转贷拨付数及年终结余	
动用预算稳定调节基金	5,000	安排预算稳定调节基金	1,155
区域间转移性收入		区域间转移性支出	
省补助计划单列市收入		计划单列市上解省支出	
		待偿债再融资一般债券结余	
		年终结余	84,876
		减:结转下年的支出	84,876
		净结余	
收入总计	681,122	支出总计	681,122

表 6-13　2022 年度利通区一般公共预算收支决算总表

单位 :万元

预算科目	预算数	调整预算数	决算数	预算科目	预算数	调整预算数	决算数
一、税收收入	26,670	26,670	20,194	一、一般公共服务支出	16,448	19,121	18,247
增值税	13,900	13,900	9,048	二、外交支出			
企业所得税				三、国防支出			
个人所得税				四、公共安全支出	1,676	4,773	4,085
资源税				五、教育支出	30,312	55,906	48,464
城市维护建设税	7,150	7,150	7,132	六、科学技术支出	983	2,775	1,730
房产税	2,200	2,200	1,999	七、文化旅游体育与传媒支出	353	6,211	5,089
印花税				八、社会保障和就业支出	12,980	34,566	31,620
城镇土地使用税				九、卫生健康支出	9,857	29,383	27,425
土地增值税				十、节能环保支出	2,524	20,448	14,165
车船税	1,400	1,400	1,219	十一、城乡社区支出	13,555	37,342	33,732
耕地占用税	2,000	2,000	775	十二、农林水支出	12,588	85,424	63,057
契税				十三、交通运输支出		2,629	2,281
烟叶税				十四、资源勘探工业信息等支出	15	407	276
环境保护税				十五、商业服务业等支出	75	1,307	276
其他税收收入	20	20	21	十六、金融支出			
二、非税收入	12,020	12,020	14,581	十七、援助其他地区支出			
专项收入	220	220	417	十八、自然资源海洋气象等支出			
行政事业性收费收入	1,350	1,350	2,119	十九、住房保障支出	8,260	20,253	18,042
罚没收入	250	250	479	二十、粮油物资储备支出		86	79
国有资本经营收入				二十一、灾害防治及应急管理支出	297	1,053	766
国有资源(资产)有偿使用收入	9,200	9,200	10,830	二十二、预备费	1,200		
其他收入	1,000	1,000	736	二十三、其他支出	5,087	4,866	
				二十四、债务付息支出	4,700	7,267	7,267
				二十五、债务发行费用支出			
本年收入合计	38,690	38,690	34,775	本年支出合计	120,910	333,817	276,601

续表

项目	决算数	项目	决算数
本年收入合计	34,775	本年支出合计	276,601
上级补助收入	216,442	上解上级支出	276
返还性收入	8,309		
一般性转移支付收入	63,222		
专项转移支付收入	144,911		
待偿债再融资一般债券上年结余			
上年结余收入	56,557		
调入资金		调出资金	
债务(转贷)收入	30,200	债务还本支出	6,337
		补充预算周转金	
国债转贷收入、上年结余及转补助数		国债转贷拨付数及年终结余	
动用预算稳定调节基金	2,456	安排预算稳定调节基金	
区域间转移性收入		区域间转移性支出	
省补助计划单列市收入		计划单列市上解省支出	
		待偿债再融资一般债券结余	
		年终结余	57,216
		减:结转下年的支出	57,216
		净结余	
收入总计	340,430	支出总计	340,430

表 6-14　2022 年度青铜峡市一般公共预算收支决算总表

单位 :万元

预算科目	预算数	调整预算数	决算数	预算科目	预算数	调整预算数	决算数
一、税收收入	70,000	70,000	49,100	一、一般公共服务支出	21,347	23,945	23,634
增值税	27,500	27,500	13,394	二、外交支出			
企业所得税	5,500	5,500	4,975	三、国防支出		107	71
个人所得税	2,000	2,000	1,866	四、公共安全支出	10,434	13,854	11,833
资源税				五、教育支出	41,160	58,951	47,879
城市维护建设税	4,500	4,500	3,331	六、科学技术支出	1,374	6,804	5,279
房产税	3,000	3,000	3,467	七、文化旅游体育与传媒支出	4,027	12,577	9,693
印花税	2,300	2,300	2,888	八、社会保障和就业支出	42,753	73,781	71,245
城镇土地使用税	5,500	5,500	5,365	九、卫生健康支出	17,400	29,136	27,066
土地增值税	400	400	88	十、节能环保支出	577	30,991	20,005
车船税	1,500	1,500	1,514	十一、城乡社区支出	4,903	28,004	23,478
耕地占用税	14,000	14,000	9,071	十二、农林水支出	11,340	105,001	79,707
契税	2,600	2,600	1,864	十三、交通运输支出	1,847	12,703	8,026
烟叶税				十四、资源勘探工业信息等支出	966	11,062	4,408
环境保护税	1,200	1,200	1,276	十五、商业服务业等支出	63	3,068	1,044
其他税收收入			1	十六、金融支出			
二、非税收入	30,000	30,000	29,304	十七、援助其他地区支出			
专项收入	5,000	5,000	6,895	十八、自然资源海洋气象等支出	1,854	3,976	3,380
行政事业性收费收入	1,800	1,800	2,914	十九、住房保障支出	10,086	27,471	23,269
罚没收入	3,500	3,500	2,296	二十、粮油物资储备支出	95	8,434	2,271
国有资本经营收入				二十一、灾害防治及应急管理支出	1,008	1,414	1,316
国有资源(资产)有偿使用收入	18,300	18,300	15,098	二十二、预备费	2,327		
其他收入	1,400	1,400	2,101	二十三、其他支出	2,400	4,330	1,948
				二十四、债务付息支出	13,000	13,203	13,203
				二十五、债务发行费用支出			
本年收入合计	100,000	100,000	78,404	本年支出合计	188,961	468,812	378,755

续表

项目	决算数	项目	决算数
本年收入合计	78,404	本年支出合计	378,755
上级补助收入	282,275	上解上级支出	2,801
返还性收入	-721		
一般性转移支付收入	246,943		
专项转移支付收入	36,053		
待偿债再融资一般债券上年结余			
上年结余收入	102,025		
调入资金	228	调出资金	
债务(转贷)收入	36,000	债务还本支出	22,544
		补充预算周转金	
国债转贷收入、上年结余及转补助数		国债转贷拨付数及年终结余	
动用预算稳定调节基金	6,750	安排预算稳定调节基金	11,525
区域间转移性收入		区域间转移性支出	
省补助计划单列市收入		计划单列市上解省支出	
		待偿债再融资一般债券结余	
		年终结余	90,057
		减:结转下年的支出	90,057
		净结余	
收入总计	505,682	支出总计	505,682

表 6–15　2022 年度盐池县一般公共预算收支决算总表

单位：万元

预算科目	预算数	调整预算数	决算数	预算科目	预算数	调整预算数	决算数
一、税收收入	56,500	56,500	44,098	一、一般公共服务支出	20,126	29,557	29,167
增值税	21,000	21,000	18,992	二、外交支出			
企业所得税	3,000	3,000	4,277	三、国防支出		73	73
个人所得税	1,500	1,500	1,712	四、公共安全支出	7,733	10,737	10,349
资源税				五、教育支出	28,268	54,719	50,619
城市维护建设税	3,100	3,100	4,706	六、科学技术支出	572	5,027	2,842
房产税	1,200	1,200	818	七、文化旅游体育与传媒支出	1,486	6,841	6,267
印花税	1,500	1,500	1,889	八、社会保障和就业支出	32,774	63,103	60,162
城镇土地使用税	4,300	4,300	1,038	九、卫生健康支出	13,887	27,083	25,754
土地增值税	1,200	1,200	293	十、节能环保支出	4,642	17,434	14,431
车船税	1,400	1,400	1,575	十一、城乡社区支出	16,061	39,847	36,400
耕地占用税	15,000	15,000	6,150	十二、农林水支出	10,443	131,800	117,363
契税	2,800	2,800	2,243	十三、交通运输支出	2,083	12,664	11,783
烟叶税				十四、资源勘探工业信息等支出	1,752	11,971	9,678
环境保护税	500	500	405	十五、商业服务业等支出	170	1,618	999
其他税收收入				十六、金融支出			
二、非税收入	36,200	36,200	34,152	十七、援助其他地区支出			
专项收入	2,850	2,850	3,900	十八、自然资源海洋气象等支出	1,914	4,869	4,369
行政事业性收费收入	4,300	4,300	4,106	十九、住房保障支出	8,216	13,552	12,861
罚没收入	4,200	4,200	2,933	二十、粮油物资储备支出	21	264	264
国有资本经营收入				二十一、灾害防治及应急管理支出	1,415	3,539	3,254
国有资源(资产)有偿使用收入	12,650	12,650	16,831	二十二、预备费	4,200		
其他收入	12,200	12,200	6,382	二十三、其他支出	23,690	329	329
				二十四、债务付息支出	7,403	8,359	8,359
				二十五、债务发行费用支出			
本年收入合计	92,700	92,700	78,250	本年支出合计	186,856	443,386	405,323

续表

项目	决算数	项目	决算数
本年收入合计	78,250	本年支出合计	405,323
上级补助收入	317,266	上解上级支出	618
返还性收入	10,024		
一般性转移支付收入	252,573		
专项转移支付收入	54,669		
待偿债再融资一般债券上年结余			
上年结余收入	34,660		
调入资金		调出资金	
债务(转贷)收入	24,000	债务还本支出	10,172
		补充预算周转金	
国债转贷收入、上年结余及转补助数		国债转贷拨付数及年终结余	
动用预算稳定调节基金		安排预算稳定调节基金	
区域间转移性收入		区域间转移性支出	
省补助计划单列市收入		计划单列市上解省支出	
		待偿债再融资一般债券结余	
		年终结余	38,063
		减:结转下年的支出	38,063
		净结余	
收入总计	454,176	支出总计	454,176

表 6–16　2022 年度同心县一般公共预算收支决算总表

单位 :万元

预算科目	预算数	调整预算数	决算数	预算科目	预算数	调整预算数	决算数
一、税收收入	29,660	29,660	27,928	一、一般公共服务支出	24,201	30,040	29,470
增值税	12,060	12,060	6,751	二、外交支出			
企业所得税	3,000	3,000	6,231	三、国防支出		63	63
个人所得税	1,100	1,100	632	四、公共安全支出	10,275	13,755	13,059
资源税				五、教育支出	57,856	106,603	100,105
城市维护建设税	1,600	1,600	1,123	六、科学技术支出	969	2,423	1,543
房产税	600	600	497	七、文化旅游体育与传媒支出	2,625	10,019	6,787
印花税	850	850	855	八、社会保障和就业支出	38,216	102,970	100,136
城镇土地使用税	600	600	416	九、卫生健康支出	24,090	47,211	45,221
土地增值税	1,000	1,000	1,708	十、节能环保支出	3,277	27,710	18,043
车船税	1,150	1,150	1,595	十一、城乡社区支出	9,694	25,995	22,961
耕地占用税	5,800	5,800	6,186	十二、农林水支出	19,435	166,025	137,575
契税	1,800	1,800	1,803	十三、交通运输支出	2,723	26,909	21,402
烟叶税				十四、资源勘探工业信息等支出	269	3,441	1,305
环境保护税	100	100	132	十五、商业服务业等支出	62	6,693	6,028
其他税收收入			-1	十六、金融支出			
二、非税收入	9,500	9,500	11,306	十七、援助其他地区支出			
专项收入	2,000	2,000	1,347	十八、自然资源海洋气象等支出	3,499	7,028	5,520
行政事业性收费收入	1,250	1,250	2,042	十九、住房保障支出	16,884	33,609	32,966
罚没收入	2,600	2,600	2,082	二十、粮油物资储备支出	208	2,507	1,119
国有资本经营收入				二十一、灾害防治及应急管理支出	1,291	2,569	2,208
国有资源(资产)有偿使用收入	2,500	2,500	3,546	二十二、预备费	3,000		
其他收入	1,150	1,150	2,289	二十三、其他支出	7,093	344	344
				二十四、债务付息支出	7,660	7,975	7,975
				二十五、债务发行费用支出			
本年收入合计	39,160	39,160	39,234	本年支出合计	233,327	623,889	553,830

续表

项目	决算数	项目	决算数
本年收入合计	39,234	本年支出合计	553,830
上级补助收入	551,493	上解上级支出	441
返还性收入	4,740		
一般性转移支付收入	475,193		
专项转移支付收入	71,560		
待偿债再融资一般债券上年结余			
上年结余收入	18,071		
调入资金	882	调出资金	
债务(转贷)收入	29,575	债务还本支出	14,851
		补充预算周转金	
国债转贷收入、上年结余及转补助数		国债转贷拨付数及年终结余	
动用预算稳定调节基金		安排预算稳定调节基金	74
区域间转移性收入		区域间转移性支出	
省补助计划单列市收入		计划单列市上解省支出	
		待偿债再融资一般债券结余	
		年终结余	70,059
		减:结转下年的支出	70,059
		净结余	
收入总计	639,255	支出总计	639,255

表 6-17 2022 年度红寺堡区一般公共预算收支决算总表

单位:万元

预算科目	预算数	调整预算数	决算数	预算科目	预算数	调整预算数	决算数
一、税收收入	12,000	12,000	15,712	一、一般公共服务支出	14,465	20,181	19,604
增值税	3,556	3,556	6,124	二、外交支出			
企业所得税	1,600	1,600	3,087	三、国防支出		126	126
个人所得税	400	400	469	四、公共安全支出	6,489	8,844	8,083
资源税				五、教育支出	41,270	75,019	69,064
城市维护建设税	900	900	955	六、科学技术支出	159	2,966	2,009
房产税	200	200	197	七、文化旅游体育与传媒支出	1,183	6,507	4,191
印花税	300	300	498	八、社会保障和就业支出	15,458	43,435	40,801
城镇土地使用税	280	280	197	九、卫生健康支出	8,248	21,384	19,183
土地增值税	600	600	928	十、节能环保支出		12,146	7,589
车船税	900	900	930	十一、城乡社区支出	3,017	13,566	9,968
耕地占用税	1,600	1,600	-31	十二、农林水支出	3,080	135,786	115,433
契税	1,600	1,600	2,205	十三、交通运输支出	323	6,718	4,827
烟叶税				十四、资源勘探工业信息等支出		898	883
环境保护税	64	64	95	十五、商业服务业等支出		668	172
其他税收收入			58	十六、金融支出			
二、非税收入	8,000	8,000	7,317	十七、援助其他地区支出			
专项收入	1,300	1,300	971	十八、自然资源海洋气象等支出	1,118	5,423	3,891
行政事业性收费收入	1,600	1,600	1,383	十九、住房保障支出	6,984	25,891	25,505
罚没收入	800	800	2,278	二十、粮油物资储备支出	50	1,105	1,015
国有资本经营收入				二十一、灾害防治及应急管理支出	733	1,641	1,240
国有资源(资产)有偿使用收入	300	300	1,367	二十二、预备费	1,000		
其他收入	4,000	4,000	1,318	二十三、其他支出	192		
				二十四、债务付息支出	6,107	6,778	6,778
				二十五、债务发行费用支出			
本年收入合计	20,000	20,000	23,029	本年支出合计	109,876	389,082	340,362

续表

项目	决算数	项目	决算数
本年收入合计	23,029	本年支出合计	340,362
上级补助收入	293,104	上解上级支出	327
返还性收入	4,205		
一般性转移支付收入	239,489		
专项转移支付收入	49,410		
待偿债再融资一般债券上年结余			
上年结余收入	51,228		
调入资金		调出资金	
债务(转贷)收入	35,100	债务还本支出	10,023
		补充预算周转金	
国债转贷收入、上年结余及转补助数		国债转贷拨付数及年终结余	
动用预算稳定调节基金		安排预算稳定调节基金	3,029
区域间转移性收入		区域间转移性支出	
省补助计划单列市收入		计划单列市上解省支出	
		待偿债再融资一般债券结余	
		年终结余	48,720
		减:结转下年的支出	48,720
		净结余	
收入总计	402,461	支出总计	402,461

表 6-18　2022 年度中卫市本级一般公共预算收支决算总表

单位：万元

预算科目	预算数	调整预算数	决算数	预算科目	预算数	调整预算数	决算数
一、税收收入	53,530	53,530	52,087	一、一般公共服务支出	25,948	35,675	24,446
增值税	18,000	18,000	13,100	二、外交支出			
企业所得税	5,400	5,400	6,112	三、国防支出		91	65
个人所得税	1,800	1,800	1,741	四、公共安全支出	18,022	25,415	23,722
资源税				五、教育支出	25,792	53,688	41,015
城市维护建设税	3,600	3,600	3,036	六、科学技术支出	4,547	16,027	13,072
房产税	2,700	2,700	2,961	七、文化旅游体育与传媒支出	5,164	13,867	10,658
印花税	2,250	2,250	2,304	八、社会保障和就业支出	44,511	72,343	56,119
城镇土地使用税	6,950	6,950	5,243	九、卫生健康支出	17,800	153,473	129,583
土地增值税	750	750	1,541	十、节能环保支出	2,046	36,675	24,285
车船税	2,100	2,100	1,919	十一、城乡社区支出	707	112,724	78,270
耕地占用税	4,000	4,000	9,789	十二、农林水支出	3,585	26,884	15,175
契税	4,500	4,500	3,588	十三、交通运输支出	3,365	4,850	3,967
烟叶税				十四、资源勘探工业信息等支出	2,701	16,499	10,031
环境保护税	950	950	749	十五、商业服务业等支出		9,033	6,278
其他税收收入	530	530	4	十六、金融支出	212	232	232
二、非税收入	36,000	36,000	38,882	十七、援助其他地区支出			
专项收入	7,500	7,500	19,515	十八、自然资源海洋气象等支出	3,367	11,148	3,519
行政事业性收费收入	5,000	5,000	2,220	十九、住房保障支出	7,377	7,532	7,532
罚没收入	7,000	7,000	4,995	二十、粮油物资储备支出	809	985	985
国有资本经营收入				二十一、灾害防治及应急管理支出	2,893	3,596	3,456
国有资源（资产）有偿使用收入	12,000	12,000	2,406	二十二、预备费	3,000		
其他收入	4,500	4,500	9,746	二十三、其他支出	100	1,285	261
				二十四、债务付息支出	53,268	30,795	30,795
				二十五、债务发行费用支出			
本年收入合计	89,530	89,530	90,969	本年支出合计	225,214	632,817	483,466

续表

项目	决算数	项目	决算数
本年收入合计	90,969	本年支出合计	483,466
上级补助收入	457,792	上解上级支出	2,708
返还性收入	28,584		
一般性转移支付收入	445,454		
专项转移支付收入	-16,246		
待偿债再融资一般债券上年结余			
上年结余收入	52,138		
调入资金		调出资金	
债务(转贷)收入	130,694	债务还本支出	94,629
		补充预算周转金	
国债转贷收入、上年结余及转补助数		国债转贷拨付数及年终结余	
动用预算稳定调节基金		安排预算稳定调节基金	1,439
区域间转移性收入		区域间转移性支出	
省补助计划单列市收入		计划单列市上解省支出	
		待偿债再融资一般债券结余	
		年终结余	149,351
		减:结转下年的支出	149,351
		净结余	
收入总计	731,593	支出总计	731,593

表 6-19 2022 年度沙坡头区一般公共预算收支决算总表

单位:万元

预算科目	预算数	调整预算数	决算数	预算科目	预算数	调整预算数	决算数
一、税收收入	26,044	26,044	25,139	一、一般公共服务支出	13,369	16,920	16,157
增值税	11,138	11,138	7,678	二、外交支出			
企业所得税	2,980	2,980	4,075	三、国防支出		100	100
个人所得税	936	936	1,161	四、公共安全支出	1,945	2,661	2,596
资源税				五、教育支出	42,837	57,892	56,705
城市维护建设税	2,353	2,353	2,024	六、科学技术支出	470	1,919	1,863
房产税	1,451	1,451	1,974	七、文化旅游体育与传媒支出	926	2,951	2,376
印花税	1,344	1,344	1,536	八、社会保障和就业支出	19,080	45,619	43,113
城镇土地使用税				九、卫生健康支出	14,159	26,944	25,704
土地增值税	1,450	1,450	1,028	十、节能环保支出	594	35,358	34,428
车船税	819	819	822	十一、城乡社区支出	6,982	12,941	12,191
耕地占用税	800	800	2,447	十二、农林水支出	13,996	109,318	97,132
契税	2,773	2,773	2,392	十三、交通运输支出	686	5,285	4,352
烟叶税				十四、资源勘探工业信息等支出	116	2,955	2,955
环境保护税				十五、商业服务业等支出		1,840	829
其他税收收入			2	十六、金融支出			
二、非税收入	2,406	2,406	7,264	十七、援助其他地区支出			
专项收入			1,734	十八、自然资源海洋气象等支出	294	10,721	10,721
行政事业性收费收入	2,056	2,056	2,317	十九、住房保障支出	6,054	14,229	13,378
罚没收入	154	154	939	二十、粮油物资储备支出	100	87	87
国有资本经营收入				二十一、灾害防治及应急管理支出	1,561	2,759	2,759
国有资源(资产)有偿使用收入	196	196	2,274	二十二、预备费	1,400		
其他收入				二十三、其他支出	5,844	9,733	
				二十四、债务付息支出	3,780		
				二十五、债务发行费用支出			
本年收入合计	28,450	28,450	32,403	本年支出合计	134,193	360,232	327,446

续表

项目	决算数	项目	决算数
本年收入合计	32,403	本年支出合计	327,446
上级补助收入	265,571	上解上级支出	
返还性收入			
一般性转移支付收入	106,000		
专项转移支付收入	159,571		
待偿债再融资一般债券上年结余			
上年结余收入	49,978		
调入资金	10	调出资金	
债务(转贷)收入	14,300	债务还本支出	3,567
		补充预算周转金	
国债转贷收入、上年结余及转补助数		国债转贷拨付数及年终结余	
动用预算稳定调节基金	5,500	安排预算稳定调节基金	3,963
区域间转移性收入		区域间转移性支出	
省补助计划单列市收入		计划单列市上解省支出	
		待偿债再融资一般债券结余	
		年终结余	32,786
		减 :结转下年的支出	32,786
		净结余	
收入总计	367,762	支出总计	367,762

表 6-20 2022 年度中宁县一般公共预算收支决算总表

单位 :万元

预算科目	预算数	调整预算数	决算数	预算科目	预算数	调整预算数	决算数
一、税收收入	57,500	57,500	49,562	一、一般公共服务支出	25,518	28,161	28,151
增值税	17,500	17,500	13,952	二、外交支出			
企业所得税	5,700	5,700	6,480	三、国防支出		116	99
个人所得税	1,350	1,350	920	四、公共安全支出	9,603	14,341	14,329
资源税				五、教育支出	52,796	81,989	81,242
城市维护建设税	2,450	2,450	2,156	六、科学技术支出	610	3,341	3,016
房产税	2,400	2,400	5,871	七、文化旅游体育与传媒支出	1,682	5,821	5,327
印花税	5,650	5,650	2,707	八、社会保障和就业支出	36,478	74,044	73,331
城镇土地使用税	3,600	3,600	3,858	九、卫生健康支出	22,943	38,222	38,191
土地增值税	1,100	1,100	1,204	十、节能环保支出	12,498	35,147	33,518
车船税	1,700	1,700	1,900	十一、城乡社区支出	41,729	65,066	65,066
耕地占用税	12,000	12,000	6,687	十二、农林水支出	14,465	130,604	115,950
契税	3,000	3,000	3,209	十三、交通运输支出	1,287	14,540	12,362
烟叶税				十四、资源勘探工业信息等支出	227	4,333	3,294
环境保护税	1,050	1,050	618	十五、商业服务业等支出	99	2,397	1,915
其他税收收入				十六、金融支出			
二、非税收入	31,554	31,554	20,654	十七、援助其他地区支出			
专项收入	3,800	3,800	4,947	十八、自然资源海洋气象等支出	1,421	6,426	6,426
行政事业性收费收入	2,800	2,800	2,844	十九、住房保障支出	26,740	30,124	26,552
罚没收入	2,450	2,450	3,039	二十、粮油物资储备支出	130	2,055	2,055
国有资本经营收入				二十一、灾害防治及应急管理支出	1,343	2,905	2,839
国有资源(资产)有偿使用收入	18,004	18,004	7,214	二十二、预备费	2,700		
其他收入	4,500	4,500	2,610	二十三、其他支出			
				二十四、债务付息支出	12,222	15,152	15,152
				二十五、债务发行费用支出			
本年收入合计	89,054	89,054	70,216	本年支出合计	264,491	554,784	528,815

续表

项目	决算数	项目	决算数
本年收入合计	70,216	本年支出合计	528,815
上级补助收入	434,318	上解上级支出	2,228
返还性收入	17,093		
一般性转移支付收入	368,455		
专项转移支付收入	48,770		
待偿债再融资一般债券上年结余			
上年结余收入	38,267		
调入资金		调出资金	
债务(转贷)收入	39,700	债务还本支出	25,489
		补充预算周转金	
国债转贷收入、上年结余及转补助数		国债转贷拨付数及年终结余	
动用预算稳定调节基金		安排预算稳定调节基金	
区域间转移性收入		区域间转移性支出	
省补助计划单列市收入		计划单列市上解省支出	
		待偿债再融资一般债券结余	
		年终结余	25,969
		减:结转下年的支出	25,969
		净结余	
收入总计	582,501	支出总计	582,501

表6-21　2022年度海原县一般公共预算收支决算总表

单位：万元

预算科目	预算数	调整预算数	决算数	预算科目	预算数	调整预算数	决算数
一、税收收入	14,100	14,100	12,451	一、一般公共服务支出	30,461	31,381	30,861
增值税	4,300	4,300	3,186	二、外交支出			
企业所得税	1,700	1,700	1,650	三、国防支出		102	102
个人所得税	600	600	528	四、公共安全支出	10,620	15,044	14,780
资源税				五、教育支出	73,760	116,315	107,241
城市维护建设税	700	700	636	六、科学技术支出	422	1,428	998
房产税	200	200	255	七、文化旅游体育与传媒支出	1,844	4,266	3,104
印花税	350	350	551	八、社会保障和就业支出	43,098	123,971	120,193
城镇土地使用税	150	150	171	九、卫生健康支出	24,651	37,066	35,899
土地增值税	800	800	801	十、节能环保支出		21,198	19,791
车船税	1,200	1,200	1,280	十一、城乡社区支出	10,283	53,393	52,919
耕地占用税	1,600	1,600	2,542	十二、农林水支出	17,448	169,382	157,590
契税	2,500	2,500	849	十三、交通运输支出	3,550	19,064	16,828
烟叶税				十四、资源勘探工业信息等支出		1,635	1,634
环境保护税			2	十五、商业服务业等支出	78	1,819	1,681
其他税收收入				十六、金融支出			
二、非税收入	9,400	9,400	12,554	十七、援助其他地区支出			
专项收入	3,700	3,700	1,235	十八、自然资源海洋气象等支出	2,808	5,120	5,120
行政事业性收费收入	1,300	1,300	5,249	十九、住房保障支出	20,618	37,398	35,865
罚没收入	1,400	1,400	1,756	二十、粮油物资储备支出	152	2,355	2,001
国有资本经营收入				二十一、灾害防治及应急管理支出	1,072	4,548	3,784
国有资源(资产)有偿使用收入	1,000	1,000	1,651	二十二、预备费	4,500		
其他收入	2,000	2,000	2,663	二十三、其他支出	300	1,404	1,404
				二十四、债务付息支出	22,000	9,862	9,862
				二十五、债务发行费用支出			
本年收入合计	23,500	23,500	25,005	本年支出合计	267,665	656,751	621,657

续表

项目	决算数	项目	决算数
本年收入合计	25,005	本年支出合计	621,657
上级补助收入	585,463	上解上级支出	205
返还性收入	5,803		
一般性转移支付收入	524,165		
专项转移支付收入	55,495		
待偿债再融资一般债券上年结余			
上年结余收入	39,990		
调入资金		调出资金	
债务(转贷)收入	27,699	债务还本支出	13,681
		补充预算周转金	
国债转贷收入、上年结余及转补助数		国债转贷拨付数及年终结余	
动用预算稳定调节基金		安排预算稳定调节基金	7,520
区域间转移性收入		区域间转移性支出	
省补助计划单列市收入		计划单列市上解省支出	
		待偿债再融资一般债券结余	
		年终结余	35,094
		减:结转下年的支出	35,094
		净结余	
收入总计	678,157	支出总计	678,157

表 6-22　2022 年度固原市本级一般公共预算收支决算总表

单位 :万元

预算科目	预算数	调整预算数	决算数	预算科目	预算数	调整预算数	决算数
一、税收收入	46,400	46,400	32,569	一、一般公共服务支出	27,483	32,263	30,203
增值税	16,400	16,400	8,818	二、外交支出			
企业所得税	2,600	2,600	2,584	三、国防支出	40	83	42
个人所得税	1,300	1,300	1,851	四、公共安全支出	19,238	27,164	22,767
资源税				五、教育支出	47,602	50,128	43,454
城市维护建设税	4,700	4,700	4,267	六、科学技术支出	2,720	3,215	2,512
房产税	3,000	3,000	2,247	七、文化旅游体育与传媒支出	8,941	10,721	8,418
印花税	750	750	735	八、社会保障和就业支出	46,656	51,481	49,526
城镇土地使用税	2,500	2,500	1,729	九、卫生健康支出	36,243	108,066	103,713
土地增值税	2,000	2,000	2,493	十、节能环保支出	12,217	38,601	25,731
车船税	200	200	207	十一、城乡社区支出	12,700	44,822	42,500
耕地占用税	900	900	816	十二、农林水支出	20,021	22,959	18,207
契税	12,000	12,000	6,741	十三、交通运输支出	6,825	10,263	8,226
烟叶税				十四、资源勘探工业信息等支出	3,419	7,072	5,716
环境保护税	50	50	62	十五、商业服务业等支出	1,423	4,890	3,410
其他税收收入			19	十六、金融支出	844	629	629
二、非税收入	25,000	25,000	13,220	十七、援助其他地区支出			
专项收入	10,000	10,000	3,573	十八、自然资源海洋气象等支出	1,778	3,630	3,165
行政事业性收费收入	600	600	864	十九、住房保障支出	13,669	23,006	22,129
罚没收入	2,000	2,000	2,073	二十、粮油物资储备支出	314	391	374
国有资本经营收入				二十一、灾害防治及应急管理支出	4,201	6,514	5,683
国有资源(资产)有偿使用收入	9,000	9,000	3,963	二十二、预备费	2,000		
其他收入	3,400	3,400	2,747	二十三、其他支出		197	96
				二十四、债务付息支出	18,460	19,125	19,125
				二十五、债务发行费用支出			
本年收入合计	71,400	71,400	45,789	本年支出合计	286,794	465,220	415,626

续表

项目	决算数	项目	决算数
本年收入合计	45,789	本年支出合计	415,626
上级补助收入	359,789	上解上级支出	822
返还性收入	19,561		
一般性转移支付收入	533,096		
专项转移支付收入	-192,868		
待偿债再融资一般债券上年结余			
上年结余收入	60,685		
调入资金	1,021	调出资金	
债务(转贷)收入	41,497	债务还本支出	42,277
		补充预算周转金	
国债转贷收入、上年结余及转补助数		国债转贷拨付数及年终结余	
动用预算稳定调节基金	355	安排预算稳定调节基金	817
区域间转移性收入		区域间转移性支出	
省补助计划单列市收入		计划单列市上解省支出	
		待偿债再融资一般债券结余	
		年终结余	49,594
		减:结转下年的支出	49,594
		净结余	
收入总计	509,136	支出总计	509,136

表 6–23　2022 年度原州区一般公共预算收支决算总表

单位 :万元

预算科目	预算数	调整预算数	决算数	预算科目	预算数	调整预算数	决算数
一、税收收入	12,390	9,306	9,369	一、一般公共服务支出	19,484	20,981	20,657
增值税	4,574	2,317	2,378	二、外交支出			
企业所得税	1,649	1,167	1,167	三、国防支出		77	77
个人所得税	444	355	355	四、公共安全支出	1,877	3,784	3,589
资源税				五、教育支出	57,556	105,282	100,652
城市维护建设税				六、科学技术支出	249	2,305	1,477
房产税				七、文化旅游体育与传媒支出	1,765	7,923	4,488
印花税	984	1,169	1,172	八、社会保障和就业支出	32,643	100,748	91,846
城镇土地使用税				九、卫生健康支出	19,442	35,124	33,453
土地增值税				十、节能环保支出	50	25,866	17,346
车船税	3,346	3,370	3,369	十一、城乡社区支出	9,051	30,027	29,990
耕地占用税	1,288	864	864	十二、农林水支出	23,867	167,067	149,602
契税				十三、交通运输支出	2,339	10,875	9,982
烟叶税				十四、资源勘探工业信息等支出		774	314
环境保护税	60	51	51	十五、商业服务业等支出	171	1,559	766
其他税收收入	45	13	13	十六、金融支出		49	49
二、非税收入	5,822	7,506	7,528	十七、援助其他地区支出			
专项收入	856	840	844	十八、自然资源海洋气象等支出	8	5,854	5,854
行政事业性收费收入	1,705	1,218	1,218	十九、住房保障支出	15,405	38,048	38,043
罚没收入	680	1,044	1,044	二十、粮油物资储备支出	89	234	234
国有资本经营收入				二十一、灾害防治及应急管理支出	1,165	2,279	1,965
国有资源(资产)有偿使用收入	2,148	4,339	4,357	二十二、预备费	2,000		
其他收入	433	65	65	二十三、其他支出			
				二十四、债务付息支出	6,446	7,307	7,307
				二十五、债务发行费用支出			
本年收入合计	18,212	16,812	16,897	本年支出合计	193,607	566,163	517,691

续表

项目	决算数	项目	决算数
本年收入合计	16,897	本年支出合计	517,691
上级补助收入	483,454	上解上级支出	63
返还性收入	5,445		
一般性转移支付收入	171,306		
专项转移支付收入	306,703		
待偿债再融资一般债券上年结余			
上年结余收入	47,900		
调入资金		调出资金	
债务(转贷)收入	25,841	债务还本支出	7,808
		补充预算周转金	
国债转贷收入、上年结余及转补助数		国债转贷拨付数及年终结余	
动用预算稳定调节基金	27	安排预算稳定调节基金	85
区域间转移性收入		区域间转移性支出	
省补助计划单列市收入		计划单列市上解省支出	
		待偿债再融资一般债券结余	
		年终结余	48,472
		减:结转下年的支出	48,472
		净结余	
收入总计	574,119	支出总计	574,119

表 6-24　2022 年度西吉县一般公共预算收支决算总表

单位：万元

预算科目	预算数	调整预算数	决算数	预算科目	预算数	调整预算数	决算数
一、税收收入	12,600	12,600	9,482	一、一般公共服务支出	29,750	39,217	39,076
增值税	4,900	4,900	2,788	二、外交支出			
企业所得税	1,600	1,600	947	三、国防支出		79	79
个人所得税	700	700	553	四、公共安全支出	13,828	15,380	15,122
资源税				五、教育支出	78,407	115,060	112,814
城市维护建设税	700	700	700	六、科学技术支出	839	1,978	1,920
房产税	300	300	199	七、文化旅游体育与传媒支出	2,807	6,411	6,298
印花税	300	300	236	八、社会保障和就业支出	40,954	112,968	110,351
城镇土地使用税	50	50	92	九、卫生健康支出	24,895	40,487	39,719
土地增值税	600	600	937	十、节能环保支出	3,248	20,712	19,901
车船税	990	990	1,206	十一、城乡社区支出	10,711	51,896	51,888
耕地占用税	1,420	1,420	591	十二、农林水支出	18,741	175,519	172,012
契税	1,000	1,000	1,218	十三、交通运输支出	4,073	33,411	33,411
烟叶税				十四、资源勘探工业信息等支出	20	1,970	1,042
环境保护税	40	40	15	十五、商业服务业等支出	169	3,028	1,584
其他税收收入				十六、金融支出		20	20
二、非税收入	6,950	6,950	10,119	十七、援助其他地区支出			
专项收入	700	700	1,387	十八、自然资源海洋气象等支出	1,874	4,631	3,606
行政事业性收费收入	700	700	137	十九、住房保障支出	19,816	26,101	26,101
罚没收入	2,200	2,200	5,482	二十、粮油物资储备支出	30	1,410	1,410
国有资本经营收入				二十一、灾害防治及应急管理支出	478	3,307	2,279
国有资源(资产)有偿使用收入	2,000	2,000	1,894	二十二、预备费	5,000		
其他收入	1,350	1,350	1,219	二十三、其他支出	1,000	4,918	3,567
				二十四、债务付息支出		9,902	9,902
				二十五、债务发行费用支出			
本年收入合计	19,550	19,550	19,601	本年支出合计	256,640	668,405	652,102

续表

项目	决算数	项目	决算数
本年收入合计	19,601	本年支出合计	652,102
上级补助收入	608,189	上解上级支出	94
返还性收入	5,778		
一般性转移支付收入	536,117		
专项转移支付收入	66,294		
待偿债再融资一般债券上年结余			
上年结余收入	20,333		
调入资金		调出资金	
债务(转贷)收入	22,340	债务还本支出	6,854
		补充预算周转金	
国债转贷收入、上年结余及转补助数		国债转贷拨付数及年终结余	
动用预算稳定调节基金	4,941	安排预算稳定调节基金	51
区域间转移性收入		区域间转移性支出	
省补助计划单列市收入		计划单列市上解省支出	
		待偿债再融资一般债券结余	
		年终结余	16,303
		减:结转下年的支出	16,303
		净结余	
收入总计	675,404	支出总计	675,404

表 6-25 2022 年度隆德县一般公共预算收支决算总表

单位 :万元

预算科目	预算数	调整预算数	决算数	预算科目	预算数	调整预算数	决算数
一、税收收入	5,850	5,850	6,006	一、一般公共服务支出	15,584	19,967	19,892
增值税	2,300	2,300	1,135	二、外交支出			
企业所得税	300	300	177	三、国防支出	49	55	55
个人所得税	280	280	275	四、公共安全支出	6,431	7,859	7,628
资源税				五、教育支出	43,415	53,077	53,027
城市维护建设税	300	300	249	六、科学技术支出	1,339	1,948	1,452
房产税	240	240	259	七、文化旅游体育与传媒支出	2,422	4,505	4,044
印花税	350	350	99	八、社会保障和就业支出	36,883	55,903	51,533
城镇土地使用税	180	180	104	九、卫生健康支出	15,509	17,950	17,673
土地增值税	245	245	130	十、节能环保支出	1,769	20,811	15,293
车船税	750	750	713	十一、城乡社区支出	3,935	25,189	23,404
耕地占用税	270	270	2,342	十二、农林水支出	39,671	98,292	92,729
契税	600	600	495	十三、交通运输支出	1,915	11,769	10,623
烟叶税				十四、资源勘探工业信息等支出	100	2,551	1,304
环境保护税	35	35	28	十五、商业服务业等支出		846	273
其他税收收入				十六、金融支出			
二、非税收入	3,780	3,780	4,026	十七、援助其他地区支出			
专项收入	330	330	184	十八、自然资源海洋气象等支出	1,525	8,139	6,979
行政事业性收费收入	612	612	132	十九、住房保障支出	10,527	15,115	15,115
罚没收入	767	767	395	二十、粮油物资储备支出	21	656	656
国有资本经营收入				二十一、灾害防治及应急管理支出	935	2,326	2,009
国有资源(资产)有偿使用收入	1,003	1,003	1,425	二十二、预备费	1,000		
其他收入	1,068	1,068	1,890	二十三、其他支出			
				二十四、债务付息支出	9,712	7,331	7,331
				二十五、债务发行费用支出			
本年收入合计	9,630	9,630	10,032	本年支出合计	192,742	354,289	331,020

续表

项目	决算数	项目	决算数
本年收入合计	10,032	本年支出合计	331,020
上级补助收入	305,771	上解上级支出	68
返还性收入	4,713		
一般性转移支付收入	259,675		
专项转移支付收入	41,383		
待偿债再融资一般债券上年结余			
上年结余收入	24,048		
调入资金		调出资金	
债务(转贷)收入	32,718	债务还本支出	17,813
		补充预算周转金	
国债转贷收入、上年结余及转补助数		国债转贷拨付数及年终结余	
动用预算稳定调节基金	3	安排预算稳定调节基金	402
区域间转移性收入		区域间转移性支出	
省补助计划单列市收入		计划单列市上解省支出	
		待偿债再融资一般债券结余	
		年终结余	23,269
		减:结转下年的支出	23,269
		净结余	
收入总计	372,572	支出总计	372,572

表 6–26　2022 年度泾源县一般公共预算收支决算总表

单位 :万元

预算科目	预算数	调整预算数	决算数	预算科目	预算数	调整预算数	决算数
一、税收收入	6,350	4,590	4,052	一、一般公共服务支出	13,773	18,004	15,985
增值税	1,520	1,550	613	二、外交支出			
企业所得税	800	800	885	三、国防支出		46	46
个人所得税	250	300	214	四、公共安全支出	4,609	6,968	6,430
资源税				五、教育支出	20,226	42,573	33,513
城市维护建设税	300	350	147	六、科学技术支出	691	2,493	1,135
房产税	150	200	174	七、文化旅游体育与传媒支出	760	6,118	4,656
印花税	300	250	123	八、社会保障和就业支出	11,640	38,936	34,535
城镇土地使用税	60	70	35	九、卫生健康支出	8,986	22,229	16,746
土地增值税	200	250	203	十、节能环保支出	200	22,848	17,500
车船税	350	300	389	十一、城乡社区支出	13,745	26,810	19,711
耕地占用税	1,300	200	967	十二、农林水支出	25,522	72,167	60,034
契税	1,100	300	298	十三、交通运输支出	1,363	8,120	5,981
烟叶税				十四、资源勘探工业信息等支出	100	2,540	1,310
环境保护税	20	20	4	十五、商业服务业等支出	61	477	85
其他税收收入				十六、金融支出			
二、非税收入	5,045	4,110	4,701	十七、援助其他地区支出			
专项收入	245	250	223	十八、自然资源海洋气象等支出	100	1,254	923
行政事业性收费收入	1,800	1,500	1,577	十九、住房保障支出	6,487	10,254	8,855
罚没收入	750	800	377	二十、粮油物资储备支出	53	68	1
国有资本经营收入				二十一、灾害防治及应急管理支出	404	2,520	2,049
国有资源(资产)有偿使用收入	800	500	387	二十二、预备费	2,000		
其他收入	1,450	1,060	2,137	二十三、其他支出		5,063	
				二十四、债务付息支出	4,340	5,444	5,444
				二十五、债务发行费用支出			
本年收入合计	11,395	8,700	8,753	本年支出合计	115,060	294,932	234,939

续表

项目	决算数	项目	决算数
本年收入合计	8,753	本年支出合计	234,939
上级补助收入	218,741	上解上级支出	32
返还性收入	3,438		
一般性转移支付收入	182,605		
专项转移支付收入	32,698		
待偿债再融资一般债券上年结余			
上年结余收入	54,657		
调入资金		调出资金	
债务(转贷)收入	17,956	债务还本支出	5,090
		补充预算周转金	
国债转贷收入、上年结余及转补助数		国债转贷拨付数及年终结余	
动用预算稳定调节基金		安排预算稳定调节基金	53
区域间转移性收入		区域间转移性支出	
省补助计划单列市收入		计划单列市上解省支出	
		待偿债再融资一般债券结余	
		年终结余	59,993
		减:结转下年的支出	59,993
		净结余	
收入总计	300,107	支出总计	300,107

表 6–27　2022 年度彭阳县一般公共预算收支决算总表

单位：万元

预算科目	预算数	调整预算数	决算数	预算科目	预算数	调整预算数	决算数
一、税收收入	21,500	29,500	31,591	一、一般公共服务支出	22,108	27,735	26,394
增值税	11,980	15,310	16,535	二、外交支出			
企业所得税	2,920	6,800	7,099	三、国防支出		58	
个人所得税	323	550	546	四、公共安全支出	6,650	8,710	7,897
资源税				五、教育支出	44,746	68,575	62,500
城市维护建设税	1,860	3,000	3,202	六、科学技术支出	1,516	3,826	3,180
房产税	750	716	805	七、文化旅游体育与传媒支出	1,282	9,069	6,860
印花税	350	555	597	八、社会保障和就业支出	25,321	71,030	62,062
城镇土地使用税	258	250	259	九、卫生健康支出	15,885	33,494	27,496
土地增值税	425	395	413	十、节能环保支出	2,426	24,770	19,469
车船税	534	840	874	十一、城乡社区支出	5,430	34,530	25,071
耕地占用税	560	1	1	十二、农林水支出	20,250	143,147	126,013
契税	1,100	1,010	1,032	十三、交通运输支出	3,264	22,289	18,836
烟叶税	40	52	206	十四、资源勘探工业信息等支出	365	7,532	7,229
环境保护税	400	21	22	十五、商业服务业等支出	56	3,705	2,485
其他税收收入				十六、金融支出		15	15
二、非税收入	4,500	11,500	11,766	十七、援助其他地区支出			
专项收入	1,600	2,067	2,323	十八、自然资源海洋气象等支出	1,662	2,430	2,270
行政事业性收费收入	200	3,760	3,756	十九、住房保障支出	14,228	19,760	18,579
罚没收入	1,150	680	695	二十、粮油物资储备支出	60	3,780	3,676
国有资本经营收入				二十一、灾害防治及应急管理支出	1,719	3,545	2,955
国有资源（资产）有偿使用收入	1,050	4,000	3,985	二十二、预备费	4,000		
其他收入	500	993	1,007	二十三、其他支出	7,068	1,377	1,146
				二十四、债务付息支出	7,555	9,041	9,041
				二十五、债务发行费用支出			
本年收入合计	26,000	41,000	43,357	本年支出合计	185,591	498,418	433,174

续表

项目	决算数	项目	决算数
本年收入合计	43,357	本年支出合计	433,174
上级补助收入	387,395	上解上级支出	192
返还性收入	5,228		
一般性转移支付收入	330,246		
专项转移支付收入	51,921		
待偿债再融资一般债券上年结余			
上年结余收入	56,532		
调入资金		调出资金	
债务(转贷)收入	23,752	债务还本支出	10,069
		补充预算周转金	
国债转贷收入、上年结余及转补助数		国债转贷拨付数及年终结余	
动用预算稳定调节基金		安排预算稳定调节基金	2,357
区域间转移性收入		区域间转移性支出	
省补助计划单列市收入		计划单列市上解省支出	
		待偿债再融资一般债券结余	
		年终结余	65,244
		减:结转下年的支出	65,244
		净结余	
收入总计	511,036	支出总计	511,036

表 7　2022 年宁夏国有及国有

项目	全区企业合计		区属企业合计	
	2021 年	2022 年	2021 年	2022 年
	2	1	4	3
一、汇编企业户数	927	891	398	335
补贴前盈利企业户数	503	460	280	228
补贴前亏损企业户数	424	431	118	107
补贴后亏损企业户数	411	418	114	107
二、营业总收入	4,049,644.00	4,287,300.86	3,108,019.80	3,231,005.78
营业总成本	4,322,523.29	4,558,287.34	3,003,301.64	3,106,040.55
营业税金及附加	53,225.04	63,231.71	26,288.10	29,653.35
销售费用	56,286.82	43,485.83	30,363.57	19,364.60
管理费用	379,490.95	375,648.55	205,775.65	198,716.41
财务费用	400,468.21	449,255.92	221,494.98	253,062.56
利息费用	438,855.62	463,324.91	265,449.61	281,709.01
利息收入	59,756.47	45,639.17	43,060.10	32,833.02
投资收益	195,358.61	312,227.71	184,708.44	284,619.86
营业利润	97,230.17	312,281.82	364,673.90	478,125.28
政府补助(补贴收入)	24,877.85	21,826.07	4,165.76	1,869.26
利润总额	103,107.43	312,777.55	364,647.14	471,215.84
所得税费用	59,108.14	72,183.36	46,967.25	45,479.67
净利润	43,999.29	240,594.19	317,679.88	425,736.17
三、应上交及应弥补款项	—	—	—	—
本年税费总额 本年应交数 / 应补数	211,819.51	310,617.72	142,952.92	236,012.95
本年税费总额 本年已交数 / 已补数	188,222.45	301,617.29	128,692.83	217,176.15
增值税 本年应交数 / 应补数	90,401.98	170,034.81	64,704.18	142,544.08
增值税 本年已交数 / 已补数	82,806.79	161,651.93	60,470.10	129,826.67
消费税 本年应交数 / 应补数	4,104.83	449.51	630.80	413.14
消费税 本年已交数 / 已补数	2,240.58	373.24	510.77	340.15
资源税 本年应交数 / 应补数	8,398.56	10,448.34	5,504.93	7,502.39
资源税 本年已交数 / 已补数	8,300.00	8,744.38	5,438.28	5,849.87
城建税 本年应交数 / 应补数	5,610.12	6,251.42	4,238.08	4,510.84
城建税 本年已交数 / 已补数	5,211.83	6,239.61	3,949.75	4,481.03
企业所得税 本年应交数 / 应补数	64,796.39	59,012.86	49,154.08	46,820.45
企业所得税 本年已交数 / 已补数	54,605.41	64,749.05	40,801.62	48,687.60
教育费附加(含地方教育费附加)本年应交数 / 应补数	4,269.93	4,681.22	3,259.48	3,418.88
教育费附加(含地方教育费附加)本年已交数 / 已补数	3,857.38	4,900.45	3,020.13	3,348.55

控股企业主要财务指标表

宁夏交通投资集团公司		宁夏国有资本运营集团公司		宁夏农垦集团公司	
2021 年	2022 年	2021 年	2022 年	2021 年	2022 年
6	5	8	7	10	9
19	14	77	102	46	54
18	12	67	89	38	35
1	2	10	13	8	19
1	2	10	13	8	19
359,705.73	372,380.51	787,312.76	1,069,750.30	414,265.94	517,011.33
309,715.62	324,050.33	762,776.45	1,015,602.53	405,965.73	500,829.51
2,949.57	4,192.63	8,443.82	8,939.48	2,328.88	8,216.49
42.65	213.79	5,788.03	5,990.36	8,202.62	6,420.90
11,319.78	15,112.99	53,455.38	58,324.94	33,052.11	47,165.03
142,656.91	151,823.56	41,808.19	61,934.94	21,584.59	22,024.63
148,926.07	150,214.83	71,824.11	86,159.80	22,728.31	23,127.31
6,866.34	2,466.38	29,922.51	24,783.55	1,230.07	1,335.43
1,999.84	2,534.46	170,630.97	267,519.13	4,371.28	3,211.22
59,248.98	58,915.25	239,390.79	347,521.54	21,182.63	31,850.95
239.99	123.93	2.42	0.00	1,621.45	164.58
54,300.15	59,150.47	243,207.55	344,827.89	20,153.31	25,246.52
2,391.46	-719.63	22,141.85	22,616.51	4,594.25	8,079.79
51,908.69	59,870.10	221,065.70	322,211.38	15,559.06	17,166.74
—	—	—	—	—	—
15,306.94	62,252.22	54,595.34	69,926.65	13,678.56	51,059.05
16,622.73	62,832.79	53,398.76	63,609.84	11,789.54	33,814.78
9,854.47	59,674.57	19,213.49	27,826.86	6,217.30	26,273.80
10,007.50	57,814.32	18,094.03	24,741.89	5,783.15	17,127.41
0.00	0.00	105.68	42.00	156.26	327.70
0.00	0.00	115.51	42.00	318.91	274.48
0.00	0.00	4,791.44	6,841.52	349.75	431.55
0.00	0.00	4,700.10	5,194.18	336.62	430.75
735.73	1,017.66	887.04	1,399.21	334.31	510.17
763.89	1,021.97	857.91	1,223.11	286.42	313.84
2,639.75	-647.22	23,283.12	23,353.33	5,075.75	8,319.37
3,831.78	1,178.53	23,095.66	23,497.24	3,652.54	6,992.99
513.24	524.67	870.19	1,199.05	249.93	375.29
533.10	572.26	849.59	1,043.07	218.20	244.13

续表

项目	全区企业合计		区属企业合计	
	2021 年	2022 年	2021 年	2022 年
其他税费 本年应交数 / 应补数	34,050.08	59,480.66	15,461.36	30,803.17
其他税费 本年已交数 / 已补数	31,027.80	54,702.97	14,502.17	24,642.28
四、资产总额	49,325,643.34	51,708,547.39	25,232,031.26	26,569,330.40
流动资产	15,489,293.03	15,236,786.27	4,592,617.66	4,727,170.16
存货	3,241,687.45	2,949,134.18	854,781.65	847,299.29
原材料	179,113.03	210,188.01	154,092.67	179,713.65
库存商品(产成品)	1,093,576.20	1,035,238.03	299,615.65	330,634.48
非流动资产	33,836,350.31	36,471,761.13	20,639,413.60	21,842,160.24
长期股权投资	4,879,854.28	4,802,043.60	2,476,657.60	2,619,875.42
固定资产	10,315,165.79	11,980,844.74	7,627,056.30	9,025,220.97
固定资产原价	12,300,375.76	14,117,512.81	8,836,473.32	10,355,085.10
累计折旧	2,094,221.66	2,360,072.12	1,213,448.32	1,340,367.11
固定资产减值准备	46,951.17	54,728.04	46,735.35	53,209.11
无形资产	4,142,763.32	4,072,224.12	2,258,890.78	2,286,715.43
长期待摊费用	58,216.74	61,048.22	28,340.16	25,922.77
五、负债总额	25,335,280.86	26,488,764.58	12,789,538.92	13,544,808.80
流动负债	8,341,310.90	8,823,657.03	3,755,735.14	3,785,327.92
短期借款	1,026,799.32	1,129,994.66	691,873.06	784,696.60
非流动负债	16,993,969.96	17,665,107.55	9,033,803.78	9,759,480.88
长期借款	11,010,811.44	11,480,768.03	6,708,669.00	7,065,814.57
六、所有者权益(或股东权益)	—	—	—	—
实收资本(股本)	14,222,310.68	13,660,447.29	6,988,721.55	6,864,961.62
资本公积	8,203,755.35	9,365,230.14	3,102,712.72	3,250,355.47
盈余公积	156,033.26	179,808.51	131,509.67	154,949.12
七、工资及福利	—	—	—	—
全年应发工资总额 *	574,097.28	600,196.87	352,283.67	367,697.59
企业提取的工资总额 *	396,799.21	389,860.37	231,533.56	229,450.74
非工挂企业工资总额 *	368,224.29	368,976.46	220,313.05	223,756.98
支付的离退休人员养老金及福利性补助 *	484.06	188.29	395.50	79.43
八、产值	—	—	—	—
工业总产值 *	546,988.53	679,378.50	343,585.25	459,496.97
劳动生产总值 *	1,164,947.65	1,569,803.75	998,257.35	1,255,985.94
九、职工人数(人)	—	—	—	—
全年平均从业人员人数 *	63,920.00	61,289.00	35,334.00	32,080.00
年末离退休人数 *(需要写公式增加)	15,215.00	2,430.00	14,912.00	2,010.00
年末退休人数 *	60.00	2,411.00	55.00	1,993.00
年末离休人数 *	15,155.00	19.00	14,857.00	17.00
十、人均工资(万元 / 年、人)*	8.78	9.79	9.83	11.46

宁夏交通投资集团公司		宁夏国有资本运营集团公司		宁夏农垦集团公司	
2021 年	2022 年	2021 年	2022 年	2021 年	2022 年
1,563.75	1,682.55	5,444.37	9,264.67	1,295.26	14,821.17
1,486.45	2,245.72	5,685.97	7,868.34	1,193.69	8,431.18
9,288,290.07	9,620,648.51	9,021,964.74	10,157,339.45	2,127,497.48	2,372,856.68
438,467.16	315,973.04	1,575,754.67	2,069,882.68	537,938.04	560,995.84
1,258.50	293.82	118,417.94	228,623.14	287,165.24	292,900.82
173.02	130.75	26,234.36	28,214.01	112,677.18	146,397.91
1,084.61	161.71	2,585.98	19,730.67	63,843.44	94,936.98
8,849,822.91	9,304,675.48	7,446,210.07	8,087,456.76	1,589,559.45	1,811,860.84
62,669.71	68,133.13	2,041,424.74	2,196,170.16	21,303.29	42,589.86
4,914,666.58	5,999,126.17	1,865,817.73	2,168,869.73	392,603.30	459,474.79
5,086,726.13	6,171,847.77	2,552,828.06	2,960,782.92	540,865.85	656,713.17
141,289.63	141,953.91	706,054.14	805,605.89	146,711.30	194,398.58
30,772.24	30,772.24	8,490.57	13,841.67	1,551.25	2,839.80
96,561.30	95,366.86	1,269,916.58	1,312,012.03	764,865.29	769,889.96
328.06	313.42	12,794.15	11,440.70	10,408.22	9,085.31
5,323,222.18	5,500,258.94	3,744,479.42	4,184,379.71	1,132,665.79	1,341,643.25
474,251.53	437,730.30	1,092,965.18	1,181,620.69	645,284.94	832,859.54
62,555.62	85,000.00	164,535.25	223,188.70	291,656.00	319,930.94
4,848,970.64	5,062,528.64	2,651,514.24	3,002,759.02	487,380.86	508,783.71
4,562,653.10	4,712,750.90	1,520,781.50	1,632,614.68	307,003.21	320,051.16
—	—	—	—	—	—
2,000,000.00	2,000,000.00	3,000,018.31	3,000,018.31	515,600.00	527,708.07
1,751,069.42	1,828,721.88	309,409.17	478,073.89	322,577.93	334,464.56
49,719.59	55,488.11	57,197.46	83,816.44	7,970.96	11,554.69
—	—	—	—	—	—
54,256.51	63,446.84	119,885.80	136,942.62	48,764.91	62,967.96
36,543.14	38,401.85	78,248.85	87,253.13	34,128.50	39,422.62
36,543.14	38,401.85	78,248.85	87,253.13	34,128.50	39,422.62
23.64	23.60	0.00	0.00	0.00	0.00
—	—	—	—	—	—
0.00	0.00	309,219.86	415,966.18	1,512.35	3,044.82
132,190.32	190,879.23	482,404.08	674,957.10	101,461.90	176,736.45
—	—	—	—	—	—
5,127.00	5,060.00	7,614.00	8,574.00	10,506.00	9,485.00
36.00	41.00	62.00	71.00	12,841.00	684.00
1.00	40.00	0.00	71.00	20.00	668.00
35.00	1.00	62.00	0.00	12,821.00	16.00
10.75	12.54	15.43	15.97	4.66	6.64

续表

项目	宁夏建设投资集团公司		宁夏国有资产投资控股集团公司	
	2021 年	2022 年	2021 年	2022 年
	12	11	14	13
一、汇编企业户数	38	49	13	11
补贴前盈利企业户数	28	39	11	7
补贴前亏损企业户数	10	10	2	4
补贴后亏损企业户数	10	10	2	4
二、营业总收入	1,019,766.91	990,680.49	14,861.90	19,983.18
营业总成本	985,465.03	982,316.80	9,325.42	12,410.88
营业税金及附加	7,179.88	4,587.42	323.44	579.37
销售费用	474.14	494.25	0.70	0.03
管理费用	26,111.81	31,573.05	6,891.92	6,621.52
财务费用	4,373.49	4,964.19	1,656.59	1,981.96
利息费用	4,887.80	5,697.20	2,241.42	2,451.53
利息收入	821.50	953.79	602.48	508.33
投资收益	2,250.79	5,280.77	1,346.35	2,764.02
营业利润	14,905.74	12,280.49	7,150.54	7,979.91
政府补助(补贴收入)	13.66	20.00	19.34	0.65
利润总额	14,849.04	10,936.62	6,942.54	8,895.06
所得税费用	9,873.58	3,805.82	1,705.02	2,585.29
净利润	4,975.45	7,130.80	5,237.52	6,309.76
三、应上交及应弥补款项	—	—	—	—
本年税费总额 本年应交数 / 应补数	38,440.29	32,437.03	2,148.94	3,563.03
本年税费总额 本年已交数 / 已补数	26,631.89	41,711.17	2,493.93	2,122.54
增值税 本年应交数 / 应补数	21,642.53	23,772.10	792.59	554.04
增值税 本年已交数 / 已补数	18,540.23	25,075.81	426.61	914.25
消费税 本年应交数 / 应补数	0.00	0.00	0.00	0.00
消费税 本年已交数 / 已补数	0.00	0.00	0.00	0.00
资源税 本年应交数 / 应补数	2.44	4.04	0.00	0.00
资源税 本年已交数 / 已补数	0.00	5.56	0.00	0.00
城建税 本年应交数 / 应补数	1,707.11	1,400.39	46.14	48.45
城建税 本年已交数 / 已补数	1,470.99	1,747.66	26.39	62.71
企业所得税 本年应交数 / 应补数	10,567.42	3,950.79	1,022.90	2,567.28
企业所得税 本年已交数 / 已补数	2,791.02	10,261.25	1,824.70	782.73
教育费附加(含地方教育费附加)本年应交数 / 应补数	1,276.44	1,172.88	33.02	34.56
教育费附加(含地方教育费附加)本年已交数 / 已补数	1,074.27	1,354.06	18.80	44.75
其他税费 本年应交数 / 应补数	3,244.34	2,136.83	254.29	358.70
其他税费 本年已交数 / 已补数	2,755.38	3,266.83	197.42	318.10

宁夏农业投资集团有限公司		宁夏旅游投资集团公司		宁东管委会（财政局）	
2021 年	2022 年	2021 年	2022 年	2021 年	2022 年
16	15	18	17	38	37
12	12	18	18	13	13
7	6	12	12	6	6
5	6	6	6	7	7
5	6	6	6	7	7
21,954.68	7,754.29	35,867.46	15,275.13	112,404.63	139,992.72
30,262.39	14,831.72	37,794.15	17,522.31	103,566.31	119,874.82
671.89	687.77	322.95	240.33	1,300.36	1,522.17
414.82	595.51	649.22	526.57	0.00	0.00
8,360.92	6,807.82	3,986.12	4,049.68	9,293.63	9,342.06
589.96	257.80	-866.30	-909.91	4,108.72	5,559.82
805.86	461.64	41.69	0.61	6,491.69	7,077.30
220.29	207.20	919.58	910.32	289.22	500.83
4,539.89	3,317.22	1,538.65	1,505.89	-2,402.44	-1,559.49
773.61	-1,739.98	497.07	501.48	14,497.47	25,254.76
15.44	2.48	0.00	0.00	1,822.42	1,324.98
1,063.66	-1,491.10	493.97	373.88	16,811.32	27,591.80
64.99	23.47	150.26	187.69	4,843.95	7,636.00
998.67	-1,514.57	343.70	186.19	11,967.37	19,955.80
—	—	—	—	—	—
917.04	464.28	1,532.91	762.11	6,687.34	11,012.42
392.95	457.16	863.40	756.54	5,071.76	8,140.09
69.76	61.43	933.56	249.03	410.28	1,913.98
78.16	64.42	250.19	247.17	99.22	2,077.47
31.19	28.56	0.00	0.00	0.00	0.00
28.89	6.06	0.00	0.00	0.00	0.00
0.00	0.08	0.00	0.00	354.53	220.95
0.00	0.06	0.00	0.00	398.35	215.10
3.04	3.29	29.90	8.74	5.22	11.42
4.05	3.42	17.31	10.16	4.96	5.19
68.51	28.30	197.45	263.34	4,843.95	7,511.26
48.51	47.97	232.26	233.51	3,588.51	4,559.95
3.20	2.97	24.10	6.23	5.22	11.42
3.75	2.55	12.19	7.23	4.96	5.19
741.34	339.65	347.90	234.77	1,068.13	1,343.39
229.59	332.67	351.45	258.47	975.77	1,277.20

续表

项目	宁夏建设投资集团公司		宁夏国有资产投资控股集团公司	
	2021 年	2022 年	2021 年	2022 年
四、资产总额	998,336.16	1,093,125.72	311,111.99	324,863.56
流动资产	872,662.15	920,796.44	265,502.85	267,399.31
存货	166,869.96	164,368.04	2,717.13	7,412.90
原材料	6,415.48	1,399.37	0.00	0.00
库存商品(产成品)	85,145.60	81,887.48	1,621.66	7,412.90
非流动资产	125,674.01	172,329.28	45,609.14	57,464.25
长期股权投资	45,755.50	66,723.27	11,980.59	11,779.65
固定资产	26,252.51	29,838.24	3,881.52	3,636.47
固定资产原价	51,929.28	61,600.51	6,828.28	6,887.94
累计折旧	24,413.30	30,544.55	2,408.37	2,713.09
固定资产减值准备	1,377.03	1,356.71	539.23	539.23
无形资产	5,741.14	5,169.17	88.48	267.61
长期待摊费用	144.59	46.59	46.66	5.94
五、负债总额	900,649.08	974,628.12	142,512.46	151,808.24
流动负债	870,401.16	885,634.26	46,503.84	57,957.36
短期借款	32,694.92	6,251.66	0.00	18,540.00
非流动负债	30,247.92	88,993.85	96,008.62	93,850.89
长期借款	22,788.26	88,556.20	13,800.00	26,288.00
六、所有者权益(或股东权益)	—	—	—	—
实收资本(股本)	114,200.81	125,766.05	194,587.44	195,595.44
资本公积	7,942.80	8,823.80	1,021.33	997.33
盈余公积	0.00	0.00	0.00	0.00
七、工资及福利	—	—	—	—
全年应发工资总额 *	50,783.90	55,875.75	5,035.39	4,721.57
企业提取的工资总额 *	37,787.55	41,545.85	3,653.12	3,400.82
非工挂企业工资总额 *	37,787.55	41,545.85	3,653.12	3,019.06
支付的离退休人员养老金及福利性补助 *	0.00	0.00	0.00	0.00
八、产值	—	—	—	—
工业总产值 *	0.00	0.00	0.00	0.00
劳动生产总值 *	96,188.88	100,981.83	8,238.63	14,001.89
九、职工人数(人)	—	—	—	—
全年平均从业人员人数 *	4,826.00	5,001.00	196.00	207.00
年末离退休人数 *(需要写公式增加)	73.00	92.00	1.00	0.00
年末退休人数 *	0.00	92.00	0.00	0.00
年末离休人数 *	73.00	0.00	1.00	0.00
十、人均工资(万元/年、人)*	10.09	11.17	23.96	22.81

宁夏农业投资集团有限公司		宁夏旅游投资集团公司		宁东管委会（财政局）	
2021 年	2022 年	2021 年	2022 年	2021 年	2022 年
226,773.69	218,896.58	129,705.77	132,652.31	2,039,555.07	2,163,006.53
40,799.25	37,630.26	68,692.67	71,137.89	210,908.52	233,391.11
3,382.74	2,735.61	246.39	188.66	10,142.06	8,650.98
2,015.17	1,406.09	163.17	56.82	2,539.00	1,677.00
757.58	602.60	51.79	52.91	0.00	0.00
185,974.44	181,266.32	61,013.09	61,514.42	1,828,646.54	1,929,615.41
67,119.28	67,109.59	23,762.46	24,036.82	137,201.04	141,358.21
72,557.25	69,781.24	21,141.08	20,527.97	168,718.71	173,948.71
129,470.28	128,780.80	29,676.26	29,705.30	192,573.66	211,189.44
56,827.95	58,828.47	8,389.89	9,032.04	23,854.95	37,240.74
172.16	172.16	145.28	145.28	0.00	0.00
6,615.05	6,488.93	2,811.30	2,628.96	91,855.25	89,202.68
363.64	731.28	1,338.87	1,065.23	347.41	507.19
50,245.64	46,003.21	14,919.72	17,190.08	886,043.44	972,167.82
27,470.38	24,021.98	13,567.41	13,360.70	189,283.21	158,783.81
5,143.00	5,186.00	0.00	0.00	11,440.21	3,567.00
22,775.26	21,981.24	1,352.31	3,829.38	696,760.24	813,384.02
3,100.00	3,100.00	0.00	1,443.49	164,278.11	196,620.19
—	—	—	—	—	—
192,553.75	192,553.75	112,180.54	112,180.54	560,365.00	582,965.00
41,390.09	41,390.87	14.76	14.76	543,903.48	542,526.88
0.00	0.00	0.00	0.00	1,810.67	1,819.55
—	—	—	—	—	—
3,985.33	3,464.97	4,263.81	4,416.48	9,598.17	10,596.98
2,963.32	2,454.12	2,991.83	3,116.19	5,290.07	4,830.88
2,963.32	2,454.12	2,991.83	3,116.19	1,054.17	1,104.75
0.00	0.00	0.00	0.00	0.00	0.00
—	—	—	—	—	—
0.00	0.00	0.00	0.00	20,935.14	28,150.94
10,152.43	6,033.07	7,008.25	6,087.46	71,422.80	52,457.51
—	—	—	—	—	—
279.00	278.00	309.00	297.00	664.00	712.00
0.00	2.00	1.00	3.00	0.00	0.00
0.00	2.00	0.00	3.00	0.00	0.00
0.00	0.00	1.00	0.00	0.00	0.00
12.81	12.46	13.15	14.87	14.27	14.88

续表

项目	市县		银川市	
	2021 年	2022 年	2021 年	2022 年
	40	39	42	41
一、汇编企业户数	529	556	194	205
补贴前盈利企业户数	223	232	82	83
补贴前亏损企业户数	306	324	112	122
补贴后亏损企业户数	297	311	109	120
二、营业总收入	941,624.20	1,056,295.08	426,248.33	453,397.01
营业总成本	1,319,221.65	1,452,246.79	700,005.80	743,836.05
营业税金及附加	26,936.94	33,578.36	18,294.14	24,664.17
销售费用	25,923.25	24,121.23	9,395.53	8,329.20
管理费用	173,715.29	176,932.14	70,339.61	71,127.34
财务费用	178,973.23	196,193.37	160,339.33	173,468.29
利息费用	173,406.01	181,615.91	148,991.83	152,571.05
利息收入	16,696.37	12,806.15	5,623.06	3,741.69
投资收益	10,650.17	27,607.86	9,796.02	25,584.30
营业利润	-267,443.73	-165,843.46	-207,136.85	-109,950.30
政府补助(补贴收入)	20,712.08	19,956.81	2,324.42	1,971.65
利润总额	-261,539.71	-158,438.29	-207,105.47	-113,407.82
所得税费用	12,140.89	26,703.70	6,796.31	21,494.87
净利润	-273,680.59	-185,141.99	-213,901.78	-134,902.69
三、应上交及应弥补款项	—	—	—	—
本年税费总额 本年应交数 / 应补数	68,866.59	74,604.76	39,959.54	45,416.12
本年税费总额 本年已交数 / 已补数	59,529.62	84,441.15	31,602.34	54,602.49
增值税 本年应交数 / 应补数	25,697.80	27,490.73	12,295.32	15,019.48
增值税 本年已交数 / 已补数	22,336.69	31,825.27	9,786.17	18,389.56
消费税 本年应交数 / 应补数	3,474.02	36.37	3,446.33	22.44
消费税 本年已交数 / 已补数	1,729.81	33.09	1,700.58	19.65
资源税 本年应交数 / 应补数	2,893.63	2,945.95	39.50	75.58
资源税 本年已交数 / 已补数	2,861.71	2,894.52	21.41	119.36
城建税 本年应交数 / 应补数	1,372.04	1,740.58	716.10	1,197.10
城建税 本年已交数 / 已补数	1,262.07	1,758.58	690.58	1,232.75
企业所得税 本年应交数 / 应补数	15,642.31	12,192.42	9,849.53	5,681.77
企业所得税 本年已交数 / 已补数	13,803.79	16,061.45	7,601.44	9,579.73
教育费附加(含地方教育费附加)本年应交数 / 应补数	1,010.46	1,262.34	538.75	857.11
教育费附加(含地方教育费附加)本年已交数 / 已补数	837.26	1,551.90	427.04	1,171.38
其他税费 本年应交数 / 应补数	18,588.71	28,677.49	13,074.00	22,514.85
其他税费 本年已交数 / 已补数	16,525.63	30,060.70	11,375.12	24,041.59

固原市		吴忠市		石嘴山市		中卫市	
2021 年	2022 年	2021 年	2022 年	2021 年	2022 年	2021 年	2022 年
44	43	46	45	48	47	50	49
85		86	93	83	77	81	90
35		40	43	38	41	28	32
50	0	46	50	45	36	53	58
49		42	47	45	36	52	57
92,857.73	87,474.48	102,379.62	113,547.93	228,210.53	273,800.16	91,927.98	128,075.49
124,195.95	125,895.94	128,902.34	140,251.90	246,572.14	290,174.72	119,545.43	152,088.18
1,288.21	1,173.76	1,109.89	1,113.74	5,073.04	5,315.60	1,171.66	1,311.09
4,516.16	4,261.35	3,504.95	3,279.90	3,757.09	4,618.27	4,749.52	3,632.52
36,266.74	38,415.59	19,461.48	18,371.48	30,110.97	30,849.54	17,536.48	18,168.20
5,158.04	4,482.40	8,298.15	10,230.60	3,711.00	4,016.63	1,466.71	3,995.44
1,528.07	2,177.11	10,041.98	11,117.91	3,976.68	4,700.27	8,867.44	11,049.57
493.87	225.51	1,854.10	972.71	676.65	763.78	8,048.68	7,102.46
169.24	138.12	403.35	236.25	179.18	1,998.67	102.37	-349.48
-27,373.92	-32,992.51	-15,340.33	-13,052.71	3,480.32	2,462.57	-21,072.96	-12,310.51
6,599.38	9,822.11	8,292.98	5,808.52	854.04	49.31	2,641.27	2,305.22
-18,629.86	-22,012.82	-10,710.82	-7,841.77	-371.16	2,341.74	-24,722.40	-17,517.62
821.32	481.77	1,141.33	851.96	2,154.31	2,280.06	1,227.61	1,595.03
-19,451.18	-22,494.58	-11,852.15	-8,693.74	-2,525.47	61.68	-25,950.01	-19,112.66
—	—	—	—	—	—	—	—
6,424.45	6,137.81	5,275.86	3,325.05	12,185.60	12,571.72	5,021.14	7,154.06
6,559.72	6,698.30	4,398.72	4,019.47	11,930.35	12,934.91	5,038.49	6,185.97
3,287.00	3,018.68	2,873.03	1,509.67	4,845.57	3,824.06	2,396.87	4,118.85
3,528.33	3,484.68	2,236.52	2,062.82	4,419.55	4,705.78	2,366.12	3,182.44
27.69	12.81	0.00	0.00	0.00	0.00	0.00	1.11
28.76	11.56	0.00	0.00	0.00	0.00	0.48	1.87
113.85	73.01	262.66	192.43	2,459.62	2,593.61	17.99	11.32
122.88	75.97	284.14	192.35	2,416.93	2,492.02	16.36	14.81
102.61	112.55	182.46	49.03	302.12	244.82	68.76	137.09
94.55	108.59	137.94	95.08	281.69	221.42	57.31	100.75
1,093.30	536.67	1,141.32	1,017.83	2,320.20	3,315.56	1,237.96	1,640.58
1,203.83	663.69	963.35	1,174.79	2,605.53	2,771.19	1,429.63	1,872.04
75.90	73.64	129.26	46.21	217.81	184.39	48.73	101.00
68.47	69.17	98.12	77.09	203.24	161.00	40.39	73.26
1,536.47	2,099.56	687.13	509.68	2,040.28	2,409.29	1,250.83	1,144.11
1,340.25	2,078.81	678.64	415.99	2,003.40	2,583.51	1,128.21	940.80

续表

项目	市县		银川市	
	2021 年	2022 年	2021 年	2022 年
四、资产总额	24,093,612.09	25,139,216.99	15,030,297.32	16,213,367.39
流动资产	10,896,675.37	10,509,616.10	6,142,459.03	6,123,460.48
存货	2,386,905.80	2,101,834.89	1,133,175.71	921,730.39
原材料	25,020.36	30,474.36	3,955.55	10,017.72
库存商品(产成品)	793,960.56	704,603.55	688,131.40	604,729.69
非流动资产	13,196,936.71	14,629,600.88	8,887,838.29	10,089,906.92
长期股权投资	2,403,196.68	2,182,168.18	2,018,970.29	1,824,071.69
固定资产	2,688,109.49	2,955,623.77	1,133,932.97	1,177,468.61
固定资产原价	3,463,902.43	3,762,427.72	1,510,691.72	1,568,430.48
累计折旧	880,773.33	1,019,705.01	393,221.48	450,546.51
固定资产减值准备	215.83	1,518.92	11.54	346.59
无形资产	1,883,872.54	1,785,508.68	1,318,311.11	1,167,533.68
长期待摊费用	29,876.59	35,125.46	19,413.85	21,884.86
五、负债总额	12,545,741.94	12,943,955.77	7,568,504.71	8,033,266.43
流动负债	4,585,575.76	5,038,329.11	3,004,807.44	3,623,051.73
短期借款	334,926.26	345,298.06	235,189.51	262,160.81
非流动负债	7,960,166.18	7,905,626.67	4,563,697.27	4,410,214.70
长期借款	4,302,142.43	4,414,953.46	2,443,654.87	2,563,020.23
六、所有者权益(或股东权益)	—	—	—	—
实收资本(股本)	7,233,589.13	6,795,485.67	4,750,821.45	4,357,216.15
资本公积	5,101,042.63	6,114,874.68	3,353,149.51	4,317,001.09
盈余公积	24,523.59	24,859.39	18,417.87	19,825.47
七、工资及福利	—	—	—	—
全年应发工资总额 *	221,813.61	232,499.29	107,904.09	116,310.36
企业提取的工资总额 *	165,265.66	160,409.63	76,641.68	83,154.67
非工挂企业工资总额 *	147,911.24	145,219.48	76,196.53	76,655.50
支付的离退休人员养老金及福利性补助 *	88.56	108.86	0.00	6.00
八、产值	—	—	—	—
工业总产值 *	203,403.29	219,881.53	25,428.19	39,971.14
劳动生产总值 *	166,690.30	313,817.82	-16,420.16	124,297.16
九、职工人数(人)	—	—	—	—
全年平均从业人员人数 *	28,586.00	29,209.00	14,326.00	14,505.00
年末离退休人数 *(需要写公式增加)	303.00	420.00	49.00	143.00
年末退休人数 *	5.00	418.00	0.00	143.00
年末离休人数 *	298.00	2.00	49.00	0.00
十、人均工资(万元/年、人)*	7.47	7.96	7.35	8.02

固原市		吴忠市		石嘴山市		中卫市	
2021 年	2022 年	2021 年	2022 年	2021 年	2022 年	2021 年	2022 年
2,921,798.78	2,876,157.81	2,600,070.02	2,468,744.75	1,665,664.93	1,593,542.04	1,875,781.03	1,987,404.99
1,791,956.96	1,699,697.11	1,125,110.34	990,182.54	800,508.91	702,849.10	1,036,640.13	993,426.88
334,398.71	351,380.53	155,543.26	92,094.73	259,889.10	237,353.11	503,899.03	499,276.13
490.86	741.79	5,687.44	7,615.36	7,073.51	9,169.96	7,813.00	2,929.54
4,796.14	4,733.11	7,788.38	8,806.21	84,016.15	77,007.48	9,228.49	9,327.05
1,129,841.82	1,176,460.70	1,474,959.68	1,478,562.21	865,156.02	890,692.94	839,140.91	993,978.12
51,674.59	54,211.76	138,568.61	107,713.42	77,414.20	76,382.46	116,568.99	119,788.86
431,024.49	564,710.75	404,694.99	435,931.77	314,855.46	381,565.85	403,601.59	395,946.79
545,628.95	617,074.36	443,966.89	484,834.72	526,173.61	629,143.43	437,441.26	462,944.72
123,402.18	154,333.39	66,018.51	75,193.16	217,703.62	246,844.89	80,427.54	92,787.06
204.29	309.36	0.00	0.00	0.00	862.97	0.00	0.00
169,671.16	217,227.27	306,106.14	306,318.94	50,942.40	48,634.11	38,841.73	45,794.68
2,065.60	2,292.43	2,189.08	3,142.32	5,019.80	4,843.55	1,188.26	2,962.30
1,676,964.70	1,661,125.90	1,387,984.78	1,307,452.63	1,016,833.96	983,834.73	895,453.79	958,276.08
639,570.87	579,180.04	291,919.89	263,342.43	390,342.89	356,725.07	258,934.66	216,029.84
36,816.03	21,543.36	15,872.01	21,501.13	32,426.76	20,967.23	14,621.96	19,125.53
1,037,393.83	1,081,945.86	1,096,064.89	1,044,110.20	626,491.07	627,109.66	636,519.13	742,246.24
761,290.61	783,630.17	611,787.82	558,483.33	183,360.49	217,118.26	302,048.64	292,701.47
—	—	—	—	—	—	—	—
1,051,038.46	1,038,424.40	801,277.62	789,147.47	341,545.16	297,988.01	288,906.44	312,709.65
371,814.70	381,527.88	452,307.06	427,807.89	278,003.40	289,351.75	645,767.97	699,186.07
1,646.91	1,226.14	1,029.60	893.76	2,844.27	2,116.54	584.93	797.48
—	—	—	—	—	—	—	—
30,996.43	25,935.23	31,834.44	33,962.27	36,711.38	38,717.45	14,367.27	17,573.98
20,815.69	15,368.15	36,090.09	24,290.94	24,662.88	26,489.86	7,055.32	11,106.01
19,770.83	7,778.84	20,776.43	23,696.65	24,255.63	26,489.86	6,911.82	10,598.62
11.41	21.25	77.03	78.70	0.00	0.00	0.12	2.90
—	—	—	—	—	—	—	—
10,928.82	8,872.50	17,181.84	13,426.20	117,107.42	146,141.60	32,757.02	11,470.10
42,658.43	37,330.91	41,076.68	42,514.47	77,892.57	77,647.66	21,482.78	32,027.62
—	—	—	—	—	—	—	—
4,525.00	4,105.00	4,427.00	4,630.00	3,765.00	3,685.00	1,543.00	2,284.00
160.00	142.00	28.00	44.00	55.00	81.00	11.00	10.00
2.00	142.00	3.00	42.00	0.00	81.00	0.00	10.00
158.00	0.00	25.00	2.00	55.00	0.00	11.00	0.00
6.50	6.32	6.88	7.34	9.29	10.51	8.75	7.69

第十部分 大事记

大事记

1月

1 日，财政厅委托第三方机构宁夏天华会计师事务所，对全区 2021 年度棚改、老旧小区改造、租赁补贴发放、公租房配租等工作开展为期 1 个半月的全覆盖财政资金绩效评价。

7 日，全区财政工作视频会议在银川召开。会议由财政厅党组副书记、副厅长、一级巡视员刘守保主持，财政厅党组副书记、厅长孙志做大会讲话，5 个市县财政局做大会交流发言。区直机关相关单位负责同志，财政厅领导、各处室（单位）负责人、驻厅纪检监察组负责同志在主会场参会。自治区人大财经委、宁夏税务局、财政部宁夏监管局负责同志应邀参加会议。

20 日，财政厅举办“奋进新时代 一起向未来”迎新春趣味运动会。

25 日，财政厅举办“领导干部报告个人有关事项”辅导讲解。厅党组副书记、副厅长、一级巡视员刘守保主持并提出要求，各处室（单位）主要负责人及相关人员参加辅导讲解。

26 日，财政厅党组以“深入学习贯彻习近平新时代中国特色社会主义思想和党的十九届六中全会精神，大力弘扬伟大建党精神，坚持和发展党的百年奋斗历史经验，坚定历史自信，厚植为民情怀，勇于担当作为，团结带领人民群众走好新的赶考之路”为主题召开 2022 年度第一次理论学习中心组学习会议。厅党组书记、机关党委书记喜清江主持会议并讲话，厅党组班子成员、厅级领导参加会议，相关处室负责人列席会议。

27 日，财政厅召开 2021 年度党支部书记抓党建述职评议考核大会，党支部书记通过 PPT 盘点回顾了一年来的工作，厅领导逐一点评党支部书记履行“一岗双责”情况。会议由厅党组书记、机关党委书记喜清江主持，厅级领导、各处室（单位）及厅属企业负责人参加会议。

27 日，财政厅二级巡视员侯江华带领人事与老干部处、办公室人员到惠农区育才路街道银河苑社区看望驻社区工作队员并调研社区发展情况。

28 日下午，按照自治区党委统一部署，财政厅党组召开党史学习教育专题民主生活会。自治区党史学习教育领导小组第十巡回指导组、自治区纪委机关有关领导出席指导会议。厅党组书记喜清江主持会议，厅党组副书记、厅长孙志，厅党组班子成员及厅级领导干部参加会议，办公室、人事与老干部处、机关党委、驻厅纪检监察组相关人员列席会议。

29 日，财政厅开展春节前走访慰问离退休干部活动。厅党组书记喜清江，厅党组副书记、厅长孙志，二级巡视员商艳臣，代表厅党组和全厅干部职工看望慰问了厅机关离退休老党员、老干部代表。

29 日，财政厅党组副书记、厅长孙志，党组成员、副厅长何天文到宁夏惠民投融资有限公司调研指导工作，听取惠民公司工作情况汇报，金融处陪同参加。

30 日，财政厅召开申报 2022 年中央财政国土绿化试点示范项目推进会。厅党组成员、副厅长何天文参加并讲话，自治区林草局总工程师徐忠、吴忠市副市长潘建宁和自治区财政厅、林草局以及吴忠市相关部门的负责同志参加会议。

2月

3日，自治区财政厅向自治区住房资金管理中心收缴2021年廉租住房建设补充资金9598.8万元。

9日，财政厅二级巡视员商艳臣主持召开专题会议，研究2022年财政厅干部教育培训计划事宜。各处室（单位）负责人及相关人员参加会议。

10日，自治区党委统战部无党派人士和知识分子工作处处长闫世宝一行2人，到财政厅开展无党派人士认定工作调研。厅党组副书记、副厅长、一级巡视员刘守保主持召开会议，人事与老干部处、机关党委、宁夏注册会计师行业和资产评估行业党委相关人员及无党派人士推荐人选参加会议。

10日上午，财政部、国家林草局召开2022年国土绿化试点示范项目竞争性评审视频会，对宁夏吴忠罗山地区防沙治沙综合治理2022年中央财政国土绿化试点示范项目进行评审。自治区林草局局长徐庆林、财政厅副厅长何天文、吴忠市常务副市长潘建宁带队参加并进行现场答辩。

10日，宁夏注册会计师行业和资产评估行业举办“中国梦·劳动美——永远跟党走 奋进新征程”职工线上运动会开幕式。自治区财政厅二级巡视员侯江华参加开幕式并致开幕词。此次线上运动会共报名56家执业机构和855名运动员参赛。

15日，财政厅举办“奋进新时代 一起向未来”元宵节猜灯谜活动。现场精心准备了300条灯谜，谜面内容丰富新颖，涵盖民俗、党建、财经等内容。

16日，财政厅召开“智慧党建”优化升级推进会议。厅党组成员、副厅长杨冬梅参加会议并对进一步优化升级“智慧党建”提出要求，机关党委、信息中心及宁夏计算机软件与技术服务公司主要负责人及工作人员参加会议。

16日，财政厅二级巡视员侯江华带领人事与老干部处、办公室人员，冒雪来到固原市原州区张易镇大店村、官厅镇薛庄村，督查指导驻村工作，看望驻村工作队员，并调研乡村产业和村集体发展情况。

22日，财政部国际财金合作司召开与全国“两会”宁夏代表委员年初视频座谈会议，该司副司长程智军主持会议。陈春平、喜清江、王东新、方敏、马慧娟等5名在宁全国人大代表，杨培君、冀永强、蒋齐、李保平等4名住宁全国政协委员参加会议并发表意见建议。自治区财政厅党组副书记、厅长孙志，财政部宁夏监管局局长王国航参加会议并发言。

23日，财政厅组织召开2022年全区财政党建暨党风廉政建设工作（视频）会议。会议由厅党组副书记、厅长孙志主持。会上，厅党组书记喜清江做了工作报告，厅党组成员、驻厅纪检监察组组长白德东做了讲话。厅党组成员和厅领导列席会议，厅机关80余人参会。市、县财政局全体同志在分会场参会。

24日，财政厅党组成员、副厅长杨冬梅带领教科文处，赴中卫市调研自治区第十六届运动会开闭幕式场地、射击馆、足球场、田径场等场馆建设。同时，调研了中卫市图书馆、沙坡头景区等文化旅游项目。

25日，财政厅组织召开驻外工作人员赴任前谈心谈话。厅党组副书记、副厅长、一级巡视员刘守保主持会议并对财政厅驻外工作人员黄蓉驻外工作提出明确要求，办公室、人事与老干部处、机关党委、驻厅纪检监察组分别对黄蓉进行了工作提醒。经济建设处主要负责同志参加了会议。

25日，宁夏注册会计师行业和资产评估行业党委召开2021年度党支部书记抓基层党建工作述职评议考核会，行业党委委员、纪委委员、各基层党支部书记参加会议，邀请行业内自治区党代表、政协委员参加评议，执业机构负责人代表列席会议。财政厅党组成员、副厅长、行业党委书记杨冬梅出席会议并讲话。

25日，财政厅党组副书记、副厅长、一级巡视员刘守保主持召开专题会议，研究厅属企业薪酬管理及领导班子和领导人员考核相关事宜。办公室、人事与老干部处、农业农村处、金融处、宁夏财政干部教育中心、宁夏惠民投融资有限公司、宁夏农业信贷担保有限责任公司和宁夏沙湖假日酒店主要负责同志和相关工作人员参加会议。

27日，财政厅组织召开新增专项债项目管理座谈会。厅党组副书记、厅长孙志参加会议，并对做好专项债券项目谋划储备管理提出工作要求。银川市财政局、石嘴山市财政局、吴忠市财政局、固原市财政局、中卫市财政局，宁夏农垦、宁国运、宁夏建投、宁夏旅投、宁夏交投、宁夏农投、宁国投、宁夏电投、宁夏水投等9家区属投资公司、部分银行主要负责人以及厅债务管理处、金融处、资产管理处参加会议。

28日，财政部组织召开地方预算管理一体化建设工作视频会议。财政部副部长许宏才通报了1月份地方预算管理一体化建设情况，并对下一阶段工作提出要求。财政厅二级巡视员杨金忠、预算处、国库处、支付中心和信息中心相关同志参加视频会议。

28日，财政厅党组理论学习中心组以深入学习领会党的十九届六中全会精神、深刻认识“两个确立”的决定性意义为主题开展集中学习。厅党组书记、机关党委书记喜清江主持会议并讲话，厅级领导、各处室（单位）负责人参加会议。

28日，人事与老干部处党支部召开2021年度组织生活会。厅党组书记喜清江参加会议并讲话，厅党史学习教育第一督导组成员王永贵、王梦慧列席会议并进行了督导点评。会上还开展了2021年度民主评议党员工作。

3月

4日，财政厅团委组织青年干部配合西关社区开展志愿服务活动，对西桥南巷路段及周边老旧小区、背街小巷等卫生重点、难点区域进行集中整治。

7日，区直机关工委召开“实干型”机关建设观摩推进会。财政厅预算处代表厅机关作为6个先进典型之一做经验交流发言，自治区党委常委雷东生在会上指出“财政厅预算处党支部抢机遇、争项目、挖潜力”，对财政工作经验做法表示肯定。

8日，财政厅组织女职工赴闽宁镇参观学习葡萄酒产业发展情况，参观葡萄酒生产车间，了解葡萄酒发展史，学习品鉴葡萄酒方法，通过实地观摩的方式激发财政厅女职工“奋进新征程，建功新时代”的爱国之情。

8—11日，财政厅二级巡视员商艳臣带领会计处相关人员，赴固原市原州区、隆德县、中卫市、吴忠市、银川市调研会计考试考务经费使用管理情况，同时调研了代理记账机构审批监管等相关工作。

9日，财政厅组织召开区属文化企业有关工作推进会议。会议由厅党组成员、副厅长杨冬梅主持，自治区党委宣传部、自治区纪委监委第三督查室相关领导出席会议并讲话。自治区党委宣传部、自治区财政厅、自治区文化和旅游厅、宁夏广播电视台、宁夏日报报业集团有关同志参会，6户区属文化企业负责人参会并就专项工作开展情况做了专题汇报。

10日，财政厅工会举办女职工健康知识讲座，邀请银川市妇幼保健院康复科副主任医师赵翠娥为大家授课。

12日，财政厅办公室组织开展国土绿化和生态建设宣传活动，积极倡导文明健康、绿色环保生活方式。

14日，财政厅召开党组（扩大）会议。全国人大代表、财政厅党组书记喜清江传达“两会”精神，各位厅领导、各处室（单位）负责人参加会议。

14日，财政厅印发《宁夏回族自治区跨县域补充耕地指标交易管理暂行办法》，明确跨县域补充耕地指标交易原则、交易价格、收支管理、监管职能等。

15日，财政厅党组成员、副厅长杨冬梅主持召开财政直达资金工作专题会议。会上通报1—2月全区直达金预算执行情况，并讨论研究相关制度。办公室、综合处、预算处等处室相关同志参加会议。

17日，驻厅纪检监察组组长白德东、副厅长何天文、二级巡视员孙海慧带领相关处室人员到固原市原州区、彭阳县调研生态环保和居家养老项目，并看望驻村工作队员。资环处、社保处、纪检组相关人员参加调研。

18日，为认真总结自治区第十二次党代会以来各项重点工作完成情况，分析研判当前形势，科学谋划今后五年工作思路，财政厅副厅长杨冬梅主持召开专题会议，听取机关党委、行政政法处、教科文处、国库处、国库支付中心、注管中心重点工作调研进展情况，并对今后工作做出进一步安排部署。

18日，财政厅二级巡视员商艳臣主持召开企业会计准则实施问题收集机制协调工作会，对建立健全宁夏企业会计准则实施问题收集机制做出工作部署和任务分工。教科文处、金融处、会计处、监督评价局、注管中心相关人员参加会议。

20日，经财政部宁夏监管局审核评定，宁夏2021年度租赁住房保障和棚户区改造财政资金绩效评价得分分别为92.37分、97.1分，属优秀等级；老旧小区改造财政资金绩效评价得分为86.93，属良好等级。

22日，财政厅工会举办女职工形象礼仪培训班，为干部职工培训关于职业女性形象管理方面的专业知识。

23日，财政厅二级巡视员商艳臣主持召开专题会议，研究《财政厅干部教育培训学员管理规定》。相关处室（单位）负责人及工作人员参加会议。

24日，财政厅会同自治区卫生健康部门，在石嘴山市大武口区、惠农区17家卫生服务站、卫生院等基层医疗机构率先试点并成功上线，迈出宁夏基层医疗收费电子票据改革的第一步。

25日，财政厅党组成员、副厅长杨冬梅与国库处、行政政法处、教科文处、机关党委、国库支付中心、注管中心负责人开展廉政谈心谈话，并对分管领域2022年度重点工作进行安排部署。

25日，财政厅制定印发《自治区财政厅直达资金支出考核暂行办法》（宁财（办）发〔2022〕122号）、《全区市县财政直达资金支出考核暂行办法》（宁财（库）函〔2022〕46号），明确直达资金支出考核对象、考核内容、考核安排、考核职责、考核结果运用。

28日，财政厅召开全区财政直达资金预算执行工作（视频）会议。会上通报全区财政直达资金预算执行情况，并进行相关制度业务培训，4个市县（区）财政局做了交流发言，财政厅党组成员、副厅长杨冬梅安排部署全区直达资金常态化管理工作。各市县（区）财政局、厅有关处室同志参加此次会议。

29日，财政厅党组理论学习中心组以“深入学习领会习近平总书记关于坚持自我革命、全面从严治党的重要论述”为主题开展2022年第三次集中学习。参会人员集中学习了习近平总书记在十九届中央纪委六次全会上的重要讲话精神、习近平总书记在参加2022年全国“两会”内蒙古代表团审议时的重要讲话精神，以及陈润儿同志在自治区纪委十二届六次全会上的讲话精神，观看廉政警示教育片《交易之警》，厅党组班子成员进行交流研讨重点发言，厅党组书记、机关党委书记喜清江主持会议并讲话。厅级领导、各处室（单位）负责人参加会议。

29日，财政厅组织发行销售福利彩票、体育体票的管理机构开展了2021年彩票市场调控资金绩效自评。经自评，2021年，全区彩票共销售28.52亿元，同比增长15%，筹集中央和自治区彩票公益金8.55亿元，同比增长17%。

29日，财政厅召开全区财政运行暨地方财经秩序专项整治工作推进视频会。厅党组副书记、副厅长、一级巡视员刘守保就进一步做好财政运行暨地方财经秩序专项整治工作进行安排部署。厅相关处室负责同志在主会场参加会议，各市、县（区）财政局班子成员、相关科（股）室人员在分会场参加会议。

29日，财政厅下达2022年铁路护路工作经费2480万元，专项用于保障铁路沿线治安秩序稳定，确保铁路运输安全畅通。

29日，自治区人社、财政、卫健、医保四部门联合印发《关于深化公立医院薪酬制度改革的实施意见》。

29日，财政厅转发并执行财政部《关于延长部分行政事业性收费、政府性基金优惠政策执行期限的公告》和《关于进一步实施小微企业“六税两费”减免政策的公告》，继续免征相关防疫药品和医疗器械注册费至2023年12月31日；自2022年1月1日至2024年12月31日对增值税小规模纳税人、小型微利企业和个体工商户可以在50%的税额幅度内减征教育费附加、地方教育费附加。

4月

1日，预算处党支部开展“强化廉政警示教育 长鸣廉洁自律警钟”主题党日活动。厅党组副书记、厅长孙志以普通党员身份参加本次活动。

2日，财政厅组织干部职工参加2022年全民义务植树活动。

6日，中国注册会计师行业党委召开全国行业党委扩大会议（视频）。财政部党组成员、副部长、全国行业党委书记朱忠明出席会议并讲话。自治区财政厅二级巡视员侯江华，宁夏注册会计师和资产评估行业党委委员、纪委委员、注管中心相关人员参加会议。

11—15日，自治区财政厅先后赴吴忠市、固原市、中卫市及其所辖县（区）财政局开展直达资金动态监控工作调研，持续督导加快直达资金分配支付进度。

12日上午，2022年度全国会计专业技术资格考试考务会议召开。财政部会计司司长李先忠、财政部会计资格评价中心主任林启云出席会议并讲话，财政厅二级巡视员商艳臣、会计处相关同志通过视频方式参加会议。

12日，财政厅召开拓展优化“宁夏财政智慧党建”功能专题会议，厅党组成员、副厅长杨冬梅主持会议并讲话，各党支部书记（党务工作者）参加会议并交流讨论。

15日上午，自治区财政厅召开2022年度全国会计专业技术资格考试宁夏考区考务工作视频会议，财政厅二级巡视员商艳臣就做好2022年度会计资格考试考务工作进行了安排部署，厅会计处同志在主会场参加会议，各市财政局分管领导、相关科室人员在分会场参加会议。

19日，自治区财政厅召开新任职干部集体谈话会。会议由厅党组书记喜清江主持，厅党组班子成员、厅级干部和新任职干部及各处室（单位）主要负责人参加了会议。党组副书记、副厅长、一级巡视员刘守保宣读任职文件，5名新任职干部代表进行表态发言。党组书记喜清江和党组副书记、厅长孙志分别做了讲话。

20日，财政厅党组成员、副厅长杨冬梅对自治区图书馆经费保障及短板弱项等情况进行调研。教科文处相关人员参加调研。

21日，按照《财政部办公厅关于做好机构编制与预决算数据比对核查工作的通知》（财办综〔2021〕15号）有关要求，自治区财政厅会同自治区党委编办有序开展第二次机构编制核查工作，顺利完成宁夏机构编制与预决算数据比对核查工作。

22日，财政厅修订印发《自治区本级住房公积金住房补贴预算资金管理办法》（宁财（综）发〔2022〕170号），将基础绩效奖、年度考核奖计入住房公积金缴存基数。下发《关于报送追加2022年度差额部分住房公积金预算的通知》，同步开展区直部门、单位住房公积金预算追加审核工作。住房公积金缴存基数的调整，可为自治区本级机关事业在职人员增加年人均收入5500元左右。

24日，财政厅党组理论学习中心组以“深入学习领会习近平总书记关于维护意识形态安全和国家安全的重要论述”为主题开展2022年第4次集中学习。参会人员集中观看了中央党校制作的《全面落实意识形态工作责任制》专题辅导讲座视频资料。厅党组书记、机关党委书记喜清江主持会议并讲话，厅级领导、各党支部书记、处室（单位）负责人参加会议。

26日，财政部组织召开地方预算管理一体化建设工作视频会议，财政部副部长许宏才听取了地方财政厅（局）工作进展情况汇报，并对下一阶段工作提出了要求。财政厅二级巡视员杨金忠，预算处、国库处、支付中心和信息中心相关同志参加视频会议。

5月

9日，宁夏承担的8个国家统筹补充耕地任务，纳入2021年第一批跨省域国家统筹范围，获土地指标跨省域调剂收入5.7亿元。

10日，党进平总会计师主持召开自治区财政厅2021年度重点绩效评价项目遴选专题会，安排部署2021年度重点项目绩效评价工作。厅办公室、预算处、税政条法处、行政政法处、绩效管理处、教科文处、经济建设处、自然资源与生态环境处、农业农村处、社会保障处、金融处、监督评价局等相关处室参会。

12—18日，根据财政部安排部署，财政厅二级巡视员商艳臣带队赴宁夏部分市县对会计管理工作体系建设情况进行调研。会计处、监督评价局、注管中心相关同志参加调研。

13日，财政厅二级巡视员商艳臣主持召开厅机关内部管理制度修订工作专班第一次会议，明确人员分工，详细安排部署，全面启动厅内部管理制度修订工作。专班相关人员参加会议。

14日，自治区财政厅会同自治区人力资源和社会保障厅组织召开全区公共就业服务能力提升示范项目竞争性评审会议。党组成员、副厅长何天文主持会议，党组副书记、厅长孙志出席并做讲话。厅二级巡视员孙海慧出席，评审专家、五市人民政府领导、财政局和人社局等部门相关人员参加会议。

16—24日，财政厅二级巡视员商艳臣带队赴固原市、中卫市、吴忠市及教育厅等相关预算单位开展政府采购政策落实情况调研。

17日，国库司司长王小龙主持召开《财政总预算会计制度》改革试点工作动员会。厅党组成员、副厅长杨冬梅及国库处全体人员参加会议。

17日，厅党组副书记、副厅长、一级巡视员刘守保主持召开全区财政收入执行工作专题会，对做好全区财政收入执行工作提出了总体要求。厅党组成员、总会计师党进平对相关工作进行安排部署。厅各部门预算处、国库处、非税收入管理中心主要负责同志和相关工作人员参加会议。

18日，财政厅厅长孙志同石嘴山市市长王伟一行座谈交流。石嘴山市常务副市长孙锋彪、市财政局负责同志，财政厅党组副书记、副厅长、一级巡视员刘守保及相关处室负责人参加座谈。

18日，财政厅一级巡视员李守银带领农业农村处，赴同心县开展“下农村 送政策 办实事 促发展”活动。同心县组织相关部门、乡镇，人大、政协委员，村委会、合作社、企业及农民代表等参加本次活动。

18日，财政厅党组理论学习中心组以“深入学习领会习近平总书记关于稳步促进全体人民共同富裕和中国式现代化道路的重要论述”为主题开展2022年第5次集中学习。参会人员集中学习了习近平总书记在中央财经委员会第十次会议上关于“扎实推动共同富裕”、在中央经济工作会议上关于“正确认识和把握我国发展重大理论和实践问题”的重要讲话以及《信访工作条例》。厅党组书记、机关党委书记喜清江主持会议并讲话。厅级领导、各党支部书记、处室（单位）负责人参加会议。

18—20日，财政厅一级巡视员李守银带领农业农村处，赴中卫市所辖各县区、同心县，就巩固拓展脱贫攻坚成果、粮食生产（小麦套种、大豆玉米带状复合种植）、产业发展、村集体经济、硒砂瓜退出政策落实、农业保险、乡村振兴基金运行及农民增收等财政支农工作进行调研。

19日，财政部预算司召开地方财政运行分析工作视频会，预算司司长王建凡讲话并部署相关工作。厅党组副书记、副厅长、一级巡视员刘守保，厅二级巡视员杨金忠，预算处、债务处、绩效处、国库处、税政与条法处在宁夏分会场参加会议。

20日，财政厅党组成员、副厅长、行业党委书记杨冬梅参加天华（宁夏）会计师事务所（特殊普通合伙）成立活动，颁发执业资格证书并讲话。

24日，财政厅二级巡视员商艳臣为厅内各处室（单位）保密负责同志和涉密专管人员进行保密专题授课。

24日，财政厅通过政府采购方式委托宁夏华俊会计师事务所对自治区本级2021年基本支出核拨事项申报的合规性、资料的完整性、流程的规范性和拨付的及时性等方面开展风险评审。

24—28日，财政厅赴各市县及相关预算单位调研政府采购政策落实情况。

26日，宁夏天元锰业集团董事局常务副主席黄河一行6人来财政厅就涉锰战略性新兴产业发展座谈交流。财政厅党组副书记、副厅长、一级巡视员刘守保，财政厅党组成员、副厅长杨冬梅出席会议，宁夏天元锰业集团相关部门领导和财政厅相关处室同志参加会议。

26日，财政厅二级巡视员商艳臣主持召开宁夏财政干部教育中心资产移交协调会议，国资委、农垦集团和财政厅相关处室（单位）负责人参加会议。

27日，财政厅二级巡视员商艳臣主持召开“宁夏财政干部教育培训”平台升级改造研讨会议，对新增的培训考试功能模块进行观摩研讨，并为下一步做好政府采购管理政策培训考试提出工作要求。信息中心、干教中心、政府采购管理处负责人及相关工作人员参加会议。

27日，宁夏首次成功争取中央小微企业融资担保业务降费奖励资金6000万元。这是中央自2018年实施小微企业融资担保业务降费奖励政策以来，宁夏首次争取到的奖励资金。

27日，下达宁夏2022年中央财政城镇保障性安居工程补助资金4.8608亿元，其中，租赁补贴0.195亿元，保障性租赁住房2.3101亿元，城市棚户区改造补助资金0.4242亿元，城镇老旧小区改造补助资金1.9315亿元。

29日，财政部下达宁夏2022年土地指标跨省域调剂收入56968万元，并全部下达相关地区部门。其中，向相关市县下达2.29亿元；安排1.7亿元重点用于支持春小麦种植补贴、枸杞、葡萄酒、肉牛和滩羊、奶产业等五个涉农重点产业；安排1.7亿元用于支持符合乡村振兴战略范围的“三山”生态保护修复项目。

30日，财政部组织召开全国财政支持稳住经济大盘工作视频会议，财政部部长刘昆传达了全国稳住经济大盘电视电话会议精神并对财政落实政策进行了安排部署。财政厅党组书记喜清江、各位厅领导及各处室(单位)负责人在宁夏分会场参加会议。

30日，西吉县、贺兰县、石嘴山市惠农区3个县区荣获“中央财政支持普惠金融发展示范区”称号，获得示范区奖补资金7500万元。

31日上午，财政厅组织召开政府性融资担保政策座谈会，传达学习国家和自治区用好政府性融资担保政策，着力帮助中小微企业纾困解难的精神，就进一步加强与国家融资担保基金合作等事项进行交流座谈。

31日，财政厅二级巡视员商艳臣组织召开厅专项治理办公室工作会议，按照自治区专治办工作要求，对财政厅专项治理工作提出新的要求。

6月

1日上午，“宁夏名优特色农产品促消费活动”正式启动。自治区党委副书记陈雍出席启动仪式，自治区副主席王和山做动员讲话，财政厅厅长孙志介绍了促消费相关政策。通过开展本地特色农产品促销活动，助力企业发展、促进农民增收，不断激活市场消费活力。

2日，财政厅党组理论学习中心组以“深入学习领会习近平总书记视察宁夏重要讲话精神”为主题开展2022年第6次集中学习。邀请自治区宣讲团成员、区直机关工委常务副书记刘成孝开展“全面深入学习贯彻习近平新时代中国特色社会主义思想暨习近平总书记视察宁夏重要讲话和重要指示批示精神”宣讲。处级以上领导干部集中观看了严肃换届纪律教育警示录《警钟长鸣》。厅党组书记、机关党委书记喜清江主持会议并讲话。厅级领导、各党支部书记、处室（单位）负责人以及党务工作者参加专题宣讲。

4—8日，财政厅党组成员、副厅长何天文带领全区稳经济保增长促发展政策措施落实第一督导组对银川市落实稳经济的政策措施进行督导。第一督导组先后到银川市三区和灵武市、永宁县、贺兰县督导，深入企业、工矿、商超、农村实地了解政策措施落实情况。

7—16日，按照中组部决策部署和自治区党委、政府统一安排，财政厅一级巡视员李守银率领自治区党委农办、组织、财政、审计、农业农村部门组成的全区扶持壮大村级集体经济项目综合评估工作第二调研督导组，赴吴忠市和石嘴山市所辖8个县（市、区），对2019年以来实施的扶持壮大村级集体经济项目评估工作开展调研督导。

8日，财政厅举办“宁夏财政大讲堂”，邀请自治区党校法学部周晓军主任做《中华人民共和国民法典》专题讲座。财政厅二级巡视员商艳臣主持，厅机关各处室（单位）参加讲座。

9日，财政厅二级巡视员商艳臣主持召开厅机关内部管理制度修订工作专班第三次会议，部署安排当前阶段制度修订工作。厅机关部分处室负责人、专班工作人员参加会议。

9日，自治区财政厅会同自治区住房和城乡建设厅，转发国家关于实施住房公积金阶段性支持政策，对受疫情影响的企业按国家规定申请缓缴住房公积金，到期后补缴。

10日，中国共产党宁夏回族自治区第十三次代表大会开幕。财政厅组织厅领导、处室（单位）主要负责人和党务工作者集中观看开幕大会实况，其他人员通过网络直播同步收看开幕大会实况。

10日，财政厅下达自治区财政城镇保障性安居工程补助资金 1.8846 亿元。其中，用于保障性租赁住房 0.1 亿元、城市棚户区改造 1.1505 亿元、城镇老旧小区改造 0.6 亿元，向相关市县下达 2021 年住房保障奖励经费 341 万元。

13 日，宁夏注册会计师协会和宁夏资产评估协会召开宁夏“两师”行业落实支持稳住经济大盘工作部署会，财政厅党组成员、副厅长、行业党委书记杨冬梅出席会议并讲话，“两师”行业全体理事、监事及各执业机构负责人参加会议。

14 日，财政厅召开党组（扩大）会议。财政厅党组副书记、厅长孙志传达自治区第十三次党代会精神，财政厅党组书记喜清江主持会议并提出贯彻落实意见。各位厅领导、各处室（单位）负责人参加会议。

14 日，财政厅组织召开贯彻落实《自治区支持扩大消费若干政策措施》调度视频会议。财政厅党组副书记、厅长孙志，党组副书记、副厅长、一级巡视员刘守保，自治区商务厅副厅长陈志伟分别出席会议并讲话。五市财政、商务部门通过视频方式分别汇报落实情况。

15 日，财政厅党组理论学习中心组以“科技创新推动高质量发展实现新突破”为主题赴吴忠集中观摩宁夏宁杨食品有限公司、宁夏伊利乳业有限责任公司、宁夏君星坊食品有限公司、宁夏法福来食品有限公司、宁夏红山河食品有限公司、吴忠仪表有限责任公司，聆听中国工程院院士马玉山“创新与高质量发展”专题辅导讲座，并与企业负责人和科技工作者进行座谈交流。厅党组成员、副厅长杨冬梅主持并讲话。

20 日，自治区财政厅组织召开贯彻落实《自治区支持扩大消费若干政策措施》调度视频会议（第二次）。自治区财政厅党组副书记、厅长孙志，党组副书记、副厅长、一级巡视员刘守保，党组成员、总会计师党进平出席会议并讲话。五市财政、商务部门通过视频汇报近期促消费财政支持和消费券发放落实情况。

20—24 日，为了推进全区上半年经济“双过半”，根据自治区统一部署，财政厅副厅长何天文带领自治区第五督导组对中卫市及中宁县、海原县、沙坡头区上半年主要经济指标完成情况进行督导。

21 日，财政厅召开自治区本级部门预算支出执行工作座谈会。会议由党组成员、总会计师党进平主持，自治区财政厅党组副书记、副厅长、一级巡视员刘守保出席会议并讲话，自治区本级 14 个重点部门（单位）代表分别发言。厅有关处室负责同志参加会议。

21 日，财政部组织为期 15 天的全国财政系统业务专网网络安全联合攻防演习。财政厅二级巡视员杨金忠现场督导检查财政厅防守工作准备情况。

22 日，财政部、住建部、生态环境部、国家能源局通过视频方式召开全国财政支持北方地区冬季清洁取暖工作推进会。会上，银川市政府代表宁夏做表态发言，副厅长刘守保对高质量推进清洁取暖项目实施提出具体要求。财政厅党组书记喜清江，党组副书记、副厅长刘守保及生态环境厅、住建厅、发改委和银川市、吴忠市、固原市、中卫市政府分管领导在宁夏分会场参加会议。

23 日，财政厅召开 2023 年部门预算工作启动会。财政厅党组副书记、副厅长、一级巡视员刘守保围绕自治区第十三次党代会精神，就切实组织实施好区本级预算编制工作提出意见，党组成员、总会计师党进平就 2023 年预算编制要点及重点事项进行明确。厅机关各部门预算处、相关处室（单位）负责人及业务骨干参加会议。

23 日，财政厅召开党组（扩大）会议，传达学习自治区党委《关于深入学习宣传贯彻自治区第十三次党代会精神的通知》、自治区党委组织部《关于深入开展学习贯彻自治区第十三次党代会精神教育培训的通知》和《关于深入学习宣传贯彻自治区第十三次党代会精神的通知》、区直机关工委《关于深入学习宣传贯彻自治区第十三次党代会精神的通知》精神，审议《自治区财政厅深入学习宣传贯彻自治区第十三次党代会精神工作方案》，持续推动厅机关学习宣传贯彻自治区第十三次党代会精神引向深入。

23 日，国家融资担保基金对宁夏再担保风险分担合作业务授信额度增至 100 亿元。

24 日，为认真贯彻落实自治区党委和人民政府决策部署，深入推进山林权改革，财政厅党组成员、副厅长何天文主持召开专题会，研究制定《关于探索建立山林资源政府回购机制的指导意见》有关事项。厅相关处室负责人参加。

25日，财政厅组织召开贯彻落实《自治区支持扩大消费若干政策措施》视频调度会议(第三次)。财政厅党组副书记、厅长孙志，商务厅党组成员、副厅长陈志伟以及农业农村厅、体育局相关同志出席会议并讲话。五市财政、商务部门通过视频参加会议。

26日，财政厅党组副书记、厅长孙志到德胜汽车工业园区，调研近期银川市汽车促消费活动开展情况。商务厅党组成员、副厅长陈志伟、银川市相关同志参加调研。

26日，“物通四海，流润万家”首届宁夏物流节在银川开幕。自治区党委常委、秘书长、现代物流产业包抓领导雷东生宣布物流节正式启幕，自治区副主席王道席出席开幕式。财政厅党组副书记、厅长孙志和自治区商务厅党组书记、厅长徐晓平共同为宁夏回族自治区标准化托盘循环共建、共用、共享示范中心揭牌。

26日，财政厅组织召开关于宁夏铁路项目融资座谈会。财政厅党组副书记、厅长孙志，党组副书记、副厅长、一级巡视员刘守保出席会议，自治区发改委、宁夏国有资本运营集团有限责任公司、宁夏城际铁路有限责任公司、中国铁路兰州局集团有限公司银川铁路办事处相关领导和财政厅相关处室同志出席会议。

27—28日，财政厅开展轮岗干部任前宣布。会议由厅党组副书记、副厅长、一级巡视员刘守保主持，涉及轮岗干部的分管厅领导、相关处室人员参加会议。会上，人事与老干部处马春梅宣读了任职文件，涉及轮岗的7名干部依次做表态发言，分管厅领导分别做了讲话。

28日—7月1日，财政厅在宁夏财政干部教育中心举办2023年自治区本级部门预算编制培训班。区直各部门、单位财务人员、市县（区）财政局分管副局长、厅机关相关处室680余人参加培训。

28日，宁夏注册会计师和资产评估行业党委在六盘山干部学院，举办深入学习宣传贯彻自治区第十三次党代会精神专题培训班。财政厅党组成员、副厅长、行业党委书记杨冬梅做开班动员讲话，并为全体学员和全区行业学习宣传贯彻党代会精神进行了再动员、再解读、再部署。行业党委委员、支部书记及职工，厅机关相关处室党支部党员等67人参训。

30日，财政部组织召开公安网络安全攻防演习防守工作启动视频会议。财政部网信办副主任、信息网络中心主任王建勋讲话并部署相关工作。自治区财政厅二级巡视员杨金忠，信息中心相关人员在宁夏分会场参加会议。

30日，预算处党支部开展“深入学习贯彻自治区第十三次党代会精神全力做好自治区重大决策部署财力保障”主题党日活动。党组副书记、厅长孙志以普通党员身份参加本次活动。

7月

1日，财政厅牵头组织税务、人民银行等部门召开留抵退税会商协调会。自治区财政厅厅长孙志、宁夏回族自治区税务局局长孙群、人民银行银川中心支行副行长李文靖出席会议并讲话，就进一步做好留抵退税工作进行部署安排。自治区财政厅总会计师党进平主持会议。财政厅、宁夏区税务局、人民银行银川中心支行相关业务处室负责同志参会并通报相关情况。

1日，财政厅召开驻村第一书记和工作队员任前集体谈话暨培训会。党组副书记、副厅长、一级巡视员刘守保勉励新选派人员积极担当作为，并提出工作要求。办公室、人事与老干部处、监督评价局、驻厅纪检监察组、自治区财会函授学校、宁夏惠民投融资担保有限公司主要负责人参加会议。

2日，2022“夜宁夏 潮生活”主题系列活动暨第三届“宁夏夜绽生活节”在银川启幕。自治区副主席王道席出席并宣布活动正式启幕，自治区财政厅党组成员、总会计师党进平出席启动仪式。

4日，财政厅二级巡视员商艳臣带领相关处室（单位）负责人及工作人员，在厅后院欢送新选派驻村干部。随后，人事与老干部处送新选派驻村干部前往驻村点报到。

6—8日，财政厅在宁夏税务干部学校举办为期3天的深入学习贯彻自治区第十三次党代会精神专题培训班。通过邀请党代会报告起草组成员、自治区党校教授、自治区第十三次党代会代表、党的二十大代表等作辅导解读，以及座谈讨论、大会交流、集中观影和学习成果测试等方式，认真学习研讨梁言顺书记《在中国共产党宁夏回族自治区第十三次代表大会上的报告》及《自治区第十二届纪委向自治区第十三次党代会的工作报告》，进一步促进厅机关党员干部群众深刻领会准确把握自治区第十三次党代会精神。财政厅机关、各事业单位党员干部群众240余人参加培训。

15日，财政厅二级巡视员商艳臣主持召开厅内部管理制度工作专班会议，听取制度修订工作进展情况，安排部署下步工作，并结合厅人事工作变动，调整制度专班工作人员。

18日，财政厅召开新任职干部集体谈话会。会议由厅党组书记喜清江主持，厅党组班子成员、厅级干部、新任职干部及厅机关、事业单位全体干部参加会议。党组成员、副厅长杨冬梅宣布任职文件，9名新任职干部代表进行表态发言。党组成员、驻厅纪检监察组组长白德东开展任前廉政谈话，党组副书记、厅长孙志和党组书记喜清江分别做了讲话。

18日，由预算评审中心牵头组织，创新开展新增项目政策事前绩效评估试点工作。经征集、遴选、报审确定《自治区疾病防控中心实验室能力提升项目》等3个项目，会同部门预算处室、预算部门、第三方机构高效协同，于12月5日完成全部评估工作。

20日，财政厅组织召开支持“六优”产业政策座谈会，研究财政支持“六优”产业若干政策措施。自治区财政厅党组副书记、厅长孙志出席会议并讲话，自治区民政厅、商务厅、文化和旅游厅、卫生健康委员会相关领导和财政厅相关处室同志出席会议。

21日，自治区政府新闻办举行“以先行区建设为牵引，推动高质量发展实现新突破”系列新闻发布会·打造改革开放热土专题，自治区财政厅党组成员、副厅长何天文出席发布会，并就进一步推进省以下财政体制改革、推动提高预算管理水平回答记者提问。

22—26日，由国家网信办、国家发展改革委、工业和信息化部、国务院国资委和福建省人民政府共同主办的第五届数字中国建设成果展览会在福州举办。按照自治区政府办公厅相关要求，财政厅信息中心积极报名参加宁夏展馆的布展展示工作。

22日上午，自治区副主席买彦州带队参观财政厅的“数字财政”展台，全面了解财政信息化建设成效。

26日，为深入学习宣传贯彻自治区第十三次党代会精神，财政厅召开全区财政学习宣传贯彻自治区第十三次党代会精神宣讲视频会，自治区宣讲团成员、财政厅党组副书记、厅长孙志为全区财政系统党员干部进行了宣讲。厅领导、处级以上领导干部、四级调研员以上职级干部、厅属企业领导班子成员在主会场参加宣讲会，各市、县（区）财政局中层以上干部通过视频方式在分会场参加宣讲会。

27日，财政部通过视频方式召开全国历史遗留废弃矿山生态修复示范工程推进会。财政厅党组成员、副厅长何天文及自然资源厅、中卫市政府领导在宁夏分会场参加会议。中卫市政府代表宁夏做表态发言。

28日，财政厅召开违规收送红包礼金和不当收益及违规借转贷或高额放贷专项整治工作动员会议，专题传达学习自治区有关文件要求，安排部署财政厅专项整治具体工作。厅党组书记、机关党委书记喜清江主持会议并讲话。厅领导、厅机关和事业单位处级以上干部、厅属企业中层以上管理人员参加会议。

29日，财政厅召开驻村干部期满荣归座谈会。二级巡视员商艳臣主持会议并讲话，驻村期满返岗干部及相关处室负责人参加会议。

29日，财政厅党组成员、副厅长杨冬梅召集厅人事与老干部处、行政政法处、教科文处、经济建设处、金融处、会计处、机关党委、注册会计师和资产评估师管理中心，宁夏惠民投融资有限公司负责人开展了集体廉政谈话，并对分管领域开展专项整治及下半年重点工作进行再动员、再部署、再要求。

29日，财政部召开专题视频会议，财政部党组成员、副部长许宏才讲话并部署相关工作。财政部预算司、国库司、社保司、资产管理司、教科文司、监督评价局等10个司局的负责人在主会场参会；厅党组成员、副厅长何天文，预算处、债务处、各部门预算处以及相关处室单位负责人在宁夏分会场参加会议。

8月

1日上午，财政厅召开2022年度全国会计专业技术初、高级资格考试宁夏考区巡考培训工作会议，安排部署巡考五市考试组织工作。财政厅党组成员、副厅长杨冬梅参加会议并讲话，会计处对巡考工作进行培训。

1日，自治区政府新闻办举行“以先行区建设为牵引，推动高质量发展实现新突破”系列新闻发布会·打造文化兴盛沃土专题。自治区财政厅党组成员、副厅长何天文出席发布会，并就今后五年宁夏财政如何支持文化繁荣发展回答记者提问。

2日，财政厅一级巡视员李守银主持召开专题会议，研究审议2022年度预算绩效重点监控工作方案。厅绩效管理处、教科文处、经济建设处、自然资源与生态环境处、财政预算评审中心相关人员参加会议。

3—7日，2022年度全国会计专业技术初高级资格考试在五市举行。财政厅二级巡视员侯江华带领会计处人员先后赴固原、吴忠、银川等市巡视考试考务组织工作。

4—5日，自治区财政厅举办2022年市县预算绩效管理工作培训班。自治区财政厅一级巡视员李守银出席培训班并讲话。各市、县（区）财政局负责预算绩效管理工作的分管领导和工作人员，以及财政厅预算评审中心和遴选第三方机构相关人员参加培训。

5日，财政厅党组理论学习中心组以“深入学习领会习近平新时代中国特色社会主义思想的基本精神、基本内容、基本要求”为主题开展2022年第9次集中学习。厅党组书记、机关党委书记喜清江主持会议并讲话，厅级领导、各党支部书记、处室（单位）负责人参加会议。

7日上午，2022年度全国会计专业技术高级资格考试在宁夏财经职业技术学院顺利举行。财政厅党组成员、驻厅纪检监察组组长白德东，财政厅党组成员、副厅长杨冬梅，财政厅二级巡视员侯江华同人力资源和社会保障厅相关领导赴考点巡视考试考务工作，随后一并巡视会计专业技术初级资格考试考点。

10日，财政厅副厅长杨冬梅主持召开青年干部理论学习小组调研工作推进会。她分别听取了各小组学习贯彻落实自治区第十三次党代会精神、围绕五市定位开展调研工作情况的汇报，并对下一步形成调研报告、提出政策建议等工作进行安排部署。

10—12日，财政厅举办2022年全区财政系统政府采购业务培训班。自治区财政厅二级巡视员商艳臣参加培训班并讲话。各市、县（区）财政局负责政府采购监管工作的分管领导和工作人员参加培训。

11日，自治区党委统战工作领导小组办公室采取现场测试、谈话了解、查阅资料等方式督查调研财政厅统战工作。厅党组书记喜清江，厅党组成员、副厅长杨冬梅参加会议。

11日，财政厅召开新冠肺炎疫情防控工作培训会议。党组成员、副厅长杨冬梅主持会议并讲话，各处室（单位）、厅属企业负责人参加会议。

12日，注册会计师和资产评估师新一届考试委员会在财政厅二楼多功能厅召开会议。厅党组成员、副厅长、行业党委书记杨冬梅参加会议并讲话。厅机关相关处室负责人参加会议。

12日，农业农村处召开支部党员大会，认真组织学习《全区违规收送红包礼金和不当收益及违规借转贷或高额放贷专项整治相关问题解答》《财政厅党组关于开展违规收送红包礼金和不当收益及违规借转贷或高额放贷专项整治的补充通知》等相关文件，对下一步落实好专项整治工作进行安排部署。一级巡视员李守银以普通党员身份参加会议。

12日，财政厅召开乡村振兴领导小组第1次会议，传达学习中央农办副主任、国家乡村振兴局局长刘焕鑫来宁调研讲话精神和自治区党委副书记陈雍在全区巩固拓展脱贫攻坚成果同乡村振兴有效衔接考核评估问题整改工作推进会上的讲话，安排部署近期财政支持巩固拓展脱贫攻坚成果同乡村振兴有效衔接工作。一级巡视员李守银受厅长孙志委托主持会议并讲话。厅乡村振兴领导小组成员处室负责人参加会议。

12 日，厅党组成员、驻厅纪检监察组组长白德东带领组内工作人员对财政厅监督评价局开展调研督查，了解监督评价局党风廉政建设工作、惠民惠农财政资金“一卡通”专项整治、地方财经秩序专项整治、政府隐性债务防控和化解等工作进展情况，就下步工作中抓好党风廉政建设工作、加强财政监督评价工作以及违规收送红包礼金和不当收益及违规借转贷或高额放贷专项整治工作提出了要求。

13 日，财政厅组织召开宁夏重点产业项目发展情况座谈会。自治区财政厅党组副书记、厅长孙志，财政厅党组成员、总会计师党进平参加会议并讲话，自治区工业和信息化厅与财政厅相关处室同志参加会议。

15 日，财政厅召开 PPP 项目审计问题核查整改工作会议，厅党组成员、副厅长杨冬梅参加并讲话。银川市、石嘴山市、吴忠市、灵武市、永宁县、中宁县、大武口区、利通区财政部门相关负责人，宁夏国有资本运营集团有限公司相关部门负责人参加会议。

16 日，财政部召开地方财政内控工作视频会议。河北等六省区财政厅负责同志进行了交流发言，财政部监督评价局局长杨瑞金讲话并对下一步地方财政内控工作提出了要求。厅一级巡视员李守银以及办公室、人事与老干部处、驻厅纪检监察组、机关党委等处室相关人员在宁夏分会场参加会议。

16 日，财政厅二级巡视员商艳臣主持召开自治区财政宣传教育中心资产移交协调会议，财政厅、农垦集团相关处室（单位）负责人参加会议。

16—19 日，社保基金管理中心在全区范围针对职业年金“虚转实”、工伤预防费使用等情况进行督导调研。

17 日，厅党组成员、副厅长杨冬梅按照开展专项整治工作有关要求，与人事与老干部处（老干部室）、行政政法处、教科文处、经济建设处、金融处、会计处、机关党委、注册会计师和资产评估师管理中心、宁夏惠民投融资有限公司中层党员干部职工进行了集体廉政谈话，对分管领域扎实开展专项整治学习教育、自查自纠、深入整改工作进一步提出明确要求。

17—20 日，宁夏农林水财轻工工会系统职工篮球比赛在亲水体育馆举办。财政厅共组织 14 名干部职工参赛，其间共参加小组赛 4 场，获优秀组织奖。

18 日，为进一步贯彻落实全面实施预算绩效管理的要求，实现预算和绩效管理一体化，着力提高财政资源配置效率和使用效益，财政厅一级巡视员李守银主持召开专题会议，研究审议《宁夏回族自治区项目支出绩效评价管理暂行办法》《宁夏回族自治区财政支出事前绩效评估管理指南》有关事宜，厅各部门预算处室及相关处室参加会议。

19 日，财政厅举办“宁夏财政大讲堂”，邀请宁夏国防教育讲师团主要成员、海军退役“银川舰”原政委索德胜做《充分认清国家安全形势，切实扛起民族复兴重任》专题讲座。财政厅二级巡视员商艳臣主持。厅机关各处室（单位）、厅属企业代表参加。

19 日，财政厅党组成员、驻厅纪检监察组组长白德东、副组长李敏及相关工作人员，专题调研督查预算处党风廉政建设、财政经济运行、落实大规模组合式退税减税降费政策、基层“三保”保障和地方财经秩序专项整治等重点工作推进情况。

20 日、29 日，自治区党委宣讲团成员，自治区财政厅党组副书记、厅长孙志分别到青铜峡市、宁夏国有资本运营集团有限责任公司宣讲自治区第十三次党代会精神。

22 日，宁夏财政厅获得全国社会保险基金预算绩效管理工作考核二等奖。

22 日，自治区财政厅会同自治区党委组织部等部门制定《深入推进城市基层党建引领基层治理的具体措施》，进一步健全完善城市社区网格经费保障机制，大力提升城市基层组织服务社会治理的能力和水平。

22—23 日，财政厅在沙湖培训中心举办全区国库支付综合业务暨直达资金监控管理培训班。自治区本级预算单位财务人员、市县区财政局国库支付业务工作人员及财政厅国库支付中心、厅机关各预算处室 500 余人参加培训。

23 日，财政厅农业农村处党支部开展以“认真开展习近平总书记视察宁夏重要讲话和重要指示批示精神‘大学习、大讨论、大宣传、大实践’活动，确保方向不偏离、任务不落空、成效不打折”为主题的支部党日活动，认真学习《习近平谈治国理政》第四卷等相关材料，组织每名党员签订专项整治承诺书，并对下一步活动开展进行安排部署。一级巡视员李守银以普通党员身份参加本次活动。

25 日，财政厅党组成员、副厅长何天文带领资产管理处、专项治理专班工作人员，赴银川市、石嘴山市财政局，督导检查行政事业性国有资产产权交易突出问题专项治理工作。

25 日，自治区财政厅面向社会发布 2021 年《宁夏福利彩票社会责任报告》。全区销售福利彩票 129188.71 万元，筹集福利彩票公益金 41790.02 万元，贡献地方税收 4101 万元。

25—26 日，财政厅举办 2022 年市、县（区）法院、检察院预算绩效管理工作培训班。财政厅党组成员、副厅长何天文出席培训班并做开班动员讲话。各市、县（区）法院、检察院负责预算绩效管理工作的分管领导或财务人员参加培训。

26 日，财政厅党组成员、副厅长杨冬梅组织实施党外干部职工（第一组）专项整治工作专题会，驻厅纪检监察组开展全程督导。

26 日，财政厅党组书记喜清江，党组副书记、厅长孙志，二级巡视员商艳臣，党组成员、总会计师党进平参加由预算处、国库处、信息中心和自治区人大常委会预算工委、人大常委会办公厅行政处、人大常委会办公厅信息中心 6 个党支部联合举办的“加强预算监督管理，助推宁夏高质量发展”主题党日活动。自治区人大财经委主任委员马云海，人大财经委副主任委员、常委会预算工作委员会主任贾红邦，人大财经委副主任委员李鸿儒，人大常委会预算工作委员会副主任曹斌一行 19 人参加本次活动。厅机关党委专职副书记列席活动。

26 日，财政部注册会计师考试委员会办公室召开 2022 年注册会计师全国统一考试巡考工作视频会议。中国注册会计师协会秘书长舒惠好汇报全国考试工作情况，财政部副部长朱忠明以线上、视频方式随机巡视各地考点考场并发表讲话，进一步对今年考试工作提出要求。厅二级巡视员孙海慧、注管中心相关人员在宁夏分会场参加会议。

26 日，自治区财政厅组织召开地方政府专项债券项目储备申报工作会议。会议由厅党组成员、总会计师党进平主持，财政厅党组副书记、厅长孙志参加会议并就专项债项目谋划储备工作提出具体要求。各市县财政部门、工业园区，相关金融机构参加会议。

27 日，财政厅综合处党支部召开专题组织生活会。党组成员、副厅长何天文参加组织生活。财政厅专题组织生活会第三督导组马春梅到会督导。

28 日，按照财政厅专项整治工作部署，财政厅党组成员、副厅长何天文指导党外干部职工（第二组）召开专项整治专题会，财政厅专项整治第二督导组列席会议开展全程督导。

29 日，自治区财政厅编制并由自治区党委办公厅、人民政府办公厅印发《关于调整完善土地出让收入使用范围优先支持乡村振兴的实施意见》。《意见》表示，从 2021 年起，各市、县（区）土地出让收入用于农业农村比例应达到 10.75%，每年提高 0.05 个百分点，到 2025 年末达到 11%。

30 日，财政厅党组成员、副厅长何天文主持召开专题会，研究审议《关于深化生态保护补偿制度改革的实施意见（送审稿）》，讨论通过了建立黄河流域上下游横向生态保护补偿机制的有关事项。厅相关处室负责人参加。

30 日，财政厅党组成员、副厅长何天文，二级巡视员商艳臣召开专题会议，研究加强财政新闻宣传相关事宜。办公室、综合处、资产处、机关党委、信息中心、宣教中心等处室负责人和相关人员参加会议。

30 日，财政厅召开全区市县财政运行视频座谈会。会议由总会计师党进平主持。财政厅厅长孙志参加会议并讲话，副厅长杨冬梅及预算处、各部门预算处主要负责人在主会场参加会议，各市、县（区）政府分管领导，财政局长及相关工作人员在分会场参加会议。

30 日，财政厅人事与老干部处党支部召开违规收送红包礼金和不当收益及违规借转贷或高额放贷专项整治专题组织生活会。厅党组书记喜清江参加会议并讲话，督导组王永贵列席会议并进行督导点评。

30日，财政部国际财金合作司召开与宁夏部分全国“两会”代表委员2022年年中视频座谈会。司长程智军主持会议。喜清江、马恒燕、王东新、马慧娟4名在宁全国人大代表，杨培君、冀永强2名住宁全国政协委员参加会议并发表意见建议。自治区财政厅厅长孙志、财政部宁夏监管局局长王国航参加会议并做汇报。

31日，财政厅党组成员、总会计师党进平指导党外干部职工（第三组）召开专项整治工作专题会。人事与老干部处处长、第三督导组组长马春梅开展全程督导。

31日，预算处党支部召开专题组织生活会。财政厅厅长孙志以普通党员身份参会，并对党员干部自查自纠情况进行点评。厅机关党委专职副书记、第四督导组组长王永贵列席会议。

31日，财政厅组织召开《国家（中卫）新型互联网交换中心流量补助资金管理办法》研讨会，研究财政支持国家（中卫）新型互联网交换中心流量补助若干政策措施。财政厅党组成员、副厅长杨冬梅出席会议并讲话。自治区发改委、工信厅、通信管理局，中卫大数据局、互联网交换中心相关业务负责人和财政厅相关处室同志出席会议。

9月

1日下午，财政厅召开2022年度全国会计专业技术中级资格考试宁夏考区考务工作视频会议暨巡考工作会议，听取各市考前工作准备情况汇报，安排部署考试组织及巡考工作。财政厅党组成员、总会计师党进平参加会议并讲话。巡考人员在财政厅主会场、各市会计考试管理机构人员及主管局领导在分会场参加会议。

1日，财政厅党组成员、驻厅纪检监察组组长白德东带领办公室、人事与老干部处、机关党委、驻厅纪检监察组，对财政厅11个党支部贯彻落实自治区第十三次党代会报告中的牵头任务、配合任务以及开展违规收送红包礼金和不当收益及违规借转贷或高额放贷专项整治工作进行第二轮督导检查。

2日，财政厅召开“争创‘五个一流’，强化作风建设”活动专题会，部署推进“争创‘五个一流’，强化作风建设”活动。厅党组成员、副厅长杨冬梅主持会议并讲话，二级巡视员孙海慧、二级巡视员侯江华、办公室、人事与老干部处、机关党委、债务中心、宣教中心、信息中心负责同志及活动工作专班人员参加会议。

3—5日，宁夏考区全国会计专业技术中级资格考试顺利举行。自治区财政厅党组成员、驻厅纪检组组长白德东，党组成员、副厅长杨冬梅，二级巡视员商艳臣，二级巡视员候江华分别赴五市考点进行巡考。

6日，财政厅组织召开“保交楼”视频工作会，研究部署“保交楼”有关事宜。总会计师党进平主持会议并讲话。债务处、综合处、经建处有关负责同志在主会场参加会议，五市财政局、住建局相关工作人员在分会场参加会议。

6—7日，财政厅组织召开地方政府专项债券项目储备申报座谈会。会议由厅党组成员、总会计师党进平主持，财政厅党组副书记、厅长孙志参加会议并就专项债项目谋划储备工作提出具体要求。9家区属投资公司及相关部门、单位参加会议。

6—7日，财政厅举办2022年全区财政网络和信息安全培训班。财政厅二级巡视员商艳臣出席培训班并讲话。厅机关各处室（单位)、各市、县（区）财政局网络安全工作负责同志参加培训。

6—8日，财政部资产评估中心党委成员、副主任王文虎一行赴宁夏开展国有资产管理情况调研。其间，赴固原市和同心县进行革命文物资产管理工作实地调研。财政厅党组成员、副厅长何天文参加座谈调研。

9日，根据《关于印发〈涉企违规收费专项整治行动方案〉的通知》（发改价格〔2022〕964号）精神，为进一步优化宁夏营商环境，推动降费减负政策落到实处，支持助企纾困，自治区财政在全区开展涉企违规收费专项整治工作。

13日，财政厅2021年度重点绩效评价工作启动会顺利召开。财政厅党组成员、副厅长何天文主持会议并讲话。绩效管理处、行政政法处、经济建设处，农业农村处、自然资源与生态环境处、社保处、预算评审中心和8家第三方机构参加会议。

14 日，财政厅组织机关干部到自治区廉政警示教育中心开展警示教育活动，厅领导、各党支部书记、处室（单位）负责人、党支部委员会委员、党务工作者及厅属企业职工 90 余人参加活动。

16 日，财政厅下达彩票公益金 3300 万元，用于支持宁夏体育职业学院图书综合楼及宁夏青少年篮球排球基地建设。

17 日，宁夏考区 2022 年资产评估师职业资格全国统一考试顺利举行。财政厅二级巡视员侯江华、驻厅纪检监察组副组长李敏到财经职业技术学院巡视考试工作。

19 日，财政部信息网络中心召开“加强网络安全管理，迎接党的二十大胜利召开”网络安全专题视频会议。财政部副部长许宏才出席并讲话，对财政网络安全工作提出要求。厅二级巡视员侯江华、信息中心相关人员在宁夏分会场参加会议。

20 日，财政厅党组理论学习中心组以“深入学习领会习近平总书记关于完整准确全面贯彻新发展理念和在社会主义市场经济条件下发挥资本积极作用的重要论述”为主题开展第 10 次专题学习。厅党组书记、机关党委书记喜清江主持会议并讲话。厅级领导、各党支部书记、处室（单位）负责人参加会议。

21 日下午，财政部召开会计管理工作体系建设东部、西部片区调研视频座谈会。自治区财政厅党组成员、副厅长杨冬梅代表宁夏财政厅做重点交流发言。

21 日，自治区财政厅组织召开国库现金管理工作座谈会。会议由厅党组成员、总会计师党进平主持，财政厅党组副书记、厅长孙志参加会议并就国库现金管理工作提出具体要求。部分商业银行主要负责同志参加会议。

22 日，自治区纪委监委第四监督检查室第一协作区第三检查小组组长、驻政府办公厅纪检监察组组长郎治钧一行三人莅临财政厅，通过听取汇报、查阅资料等方式开展政治监督检查。财政厅党组副书记、厅长孙志，党组成员、驻厅纪检监察组组长白德东，党组成员、副厅长杨冬梅及相关处室负责人参加会议。

23 日，财政厅召开机关党委会议专题研究部署厅机关党支部换届选举、改选补选及发展党员工作。厅党组书记、机关党委书记喜清江主持会议，厅党组成员、副厅长杨冬梅及机关党委委员参加会议。

27 日，财政厅组织开展 2022 年宁夏财政网络安全应急演练。厅二级巡视员商艳臣参加并对宁夏财政网络安全工作提出要求。信息中心、运维公司相关人员参加演练。

27 日，为加强和规范引进国（境）外人才项目和经费管理，提升引进国（境）外人才工作科学化水平，自治区财政厅牵头修订并印发了《宁夏回族自治区引进国（境）外人才项目和经费管理办法》。

27 日，自治区财政厅、发改委、交通厅重新修订《宁夏回族自治区损坏公路路产赔（补）偿办理办法》，进一步明确了征收主体、征收范围、征收对象等内容。

28 日，区直机关工委副书记蔡旭东一行督导财政厅疫情防控工作。厅党组成员、副厅长杨冬梅，机关党委、办公室、人事与老干部处相关负责人陪同督导。

29 日，财政部国库司召开全国财政系统预算指标核算管理改革专题视频会议。财政部党组成员、副部长许宏才讲话并指导部署相关工作。厅党组成员、总会计师党进平及相关处室负责人在宁夏分会场参加会议。

29 日，财政厅召开机关干部职工下沉社区工作会议。厅党组成员、副厅长杨冬梅主持会议并讲话。各处室（单位）负责人参加会议。

29 日，自治区财政厅安排自治区本级体育彩票公益金 2750 万元，支持市、县（区）新建健身步道，半程马拉松赛道，推动全民健身运动发展。

29 日，永宁县、青铜峡市、隆德县基层乡镇卫生院、村卫生室、社区卫生服务中心（站）医疗收费电子票据正式上线使用，实现基层医疗缴费获票“零接触”。

30 日，财政部召开财政系统做好部分领域设备更新改造贷款财政贴息工作视频会议。财政部副部长夏先德出席并讲话。自治区财政厅厅长孙志、副厅长杨冬梅，自治区发改委、工信厅、教育厅、审计厅、卫健委、人民银行银川中心支行、宁夏银保监局等12个行业主管部门和11家银行业金融机构分管负责人参加会议。各市、县（区）人民政府分管领导，财政局、发改委、教育、工信等部门负责人在分会场参加会议。

30日，自治区财政厅安排部署基层一线疫情防控力量保障工作。会议由厅党组成员、副厅长杨冬梅主持。人事与老干部处、办公室、机关党委主要负责同志参加会议。

30日，预算处党支部开展“学讲话，悟思想，见行动，当先锋——社会主义是干出来的”主题党日活动，支部书记做专题授课，党员干部结合“争创‘五个一流’，强化作风建设”活动，对标“严细深实勤俭廉 快”要求，对表“八对标八查找”具体内容，开展专题研讨。厅党组副书记、厅长孙志以普通党员身份参加本次活动。

10月

1日0时—12月31日24时，宁夏将对通行收费公路的所有货车在继续执行现有各类通行费减免政策的基础上，对其通行费再减免10%，预计将为宁夏企业减负6000万元。

5—6日，财政厅副厅长何天文带领自治区第三督导组深入盐池县督导经济发展“补短板”工作，听取盐池县政府经济发展“补短板”工作情况汇报，并进行座谈交流。何天文一行先后到盐池县宁鲁石化、众源天然气公司、滩羊集团、中民光伏发电基地、天然气“千亿气田”开采现场实地察看，了解企业发展、生产经营和存在的实际困难。

9日，财政部信息网络中心召开财政部下发地方应用软件整合工作专题视频会议。会上，海南、河北等8个省财政厅汇报了整合情况，财政部预算司、国库司、资产司、信息网络中心分别指导部署相关工作，信息网络中心主任王建勋受许宏才副部长委托进行总结发言。厅党组成员、总会计师党进平、二级巡视员商艳臣及相关处室负责人在宁夏分会场参加会议。

16日上午10时，财政厅组织值班值守的厅领导和处室（单位）负责人在二楼多功能厅集中收听收看了党的二十大开幕大会。其他值班值守干部职工在办公室收听收看。集中隔离、居家隔离、居家健康监测的干部职工单独收听收看。下沉防疫干部随同下沉社区收听收看。厅属企业组织全体员工收听收看，做到了全覆盖。

19日上午，财政厅召开学习党的二十大报告研讨交流会议。财政厅党组副书记、厅长孙志主持并讲话。在家厅领导和处室负责人参加会议，5名党组成员和13名党支部书记结合学习和工作实际畅谈感受、热议党的二十大精神。

22日，自治区财政厅印发《宁夏回族自治区城镇保障性安居工程补助资金管理办法》宁财（综）发〔2022〕453号），对资金管理和绩效评价两项工作进行了明确。

25日，自治区财政厅召开党组（扩大）会议。厅党组书记喜清江主持会议，厅党组副书记、厅长孙志学习传达党的二十大报告和习近平总书记重要讲话，以及自治区贯彻党的二十大精神，喜清江就学习贯彻落实提出具体要求。全体厅领导和各处室（单位）负责人参加会议。

25日，转发并落实财政部、国家发展改革委《关于缓缴涉及企业、个体工商户部分行政事业性收费的公告》（2022年第29号），决定自2022年10月1日至2022年12月31日期间，对宁夏企业、个体工商户应缴纳的耕地开垦费等14项行政事业性收费，自应缴之日起缓缴一个季度，不收滞纳金。

27日，预算处党支部开展“原原本本学报告，深入学习党的二十大精神”主题党日活动，厅党组副书记、厅长孙志以普通党员身份参加本次活动。

27日，财政厅党组理论学习中心组以“深入学习领会党的二十大报告精神实质，深刻领悟‘两个确立’的决定性意义，进一步增强‘四个意识’、坚定‘四个自信’、做到‘两个维护’，把思想和行动统一到党的二十大精神上来，为全面建设社会主义现代化美丽新宁夏而努力奋斗”为主题开展第11次专题学习。厅党组书记、机关党委书记喜清江主持会议并讲话。厅级领导、各党支部书记、处室（单位）负责人参加会议。

28日，厅党组成员、副厅长何天文会同二级巡视员孙海慧，召集分管的7个处室、代管的6个处室单位的负责人，开展廉政集体谈话。带领大家学习十九届中央纪律检查委员会的工作报告的同时，何天文从学习贯彻党的二十大精神、推进年度工作、严守制度规定、提高工作标准、加强党风廉政建设等方面进行谈话提醒，提出工作要求。

11月

1日，财政部召开全国非税收入电子化管理工作视频推进会，国库司司长王小龙出席并讲话。自治区财政厅副厅长何天文及非税收入管理中心、综合处、国库处、信息中心的相关同志在宁夏分会场参加会议。

2日，财政厅组织召开水资源税改革协调会，商议研究水资源税改革试点实施办法修订意见。厅党组成员、总会计师党进平主持会议并讲话，自治区发改委、水利厅、宁夏回族自治区税务局有关负责同志以及部分城镇公共供水企业代表参加会议。

2日，自治区政府专题研究部署加强基层“三保”工作。自治区党委副书记、自治区主席张雨浦主持召开政府专题会议，研究部署保障财政平稳运行、兜牢基层“三保”底线等有关工作。

3日，为顺利完成国家、自治区党委和政府2022年度医疗保障重点任务部署，自治区财政厅党组成员、副厅长何天文同自治区医保局党组成员、主管副局长王晓光及相关处室负责人，就银川市申请国家长期护理保险试点工作、职工医保个人账户改革及门诊共济保障机制建立和《宁夏医疗救助办法》等重点工作进行会商，提出相关建议。财政厅社保处、社保中心、预算处参加会议。

4日，财政厅二级巡视员孙海慧组织召开专题会议，对《关于深化生态保护补偿制度改革的实施意见（送审稿）》开展社会稳定风险专家评估。会议聘请自治区重大决策社会稳定风险评估专家库5位专家参会评审，厅办公室、预算处、经建处等相关处室人员列席。

9日，财政厅召开无党派人士集体谈话会。会议由厅党组成员、副厅长杨冬梅主持，无党派人士及相关处室负责人参加会议。会上，人事与老干部处马春梅宣读了认定文件，无党派人士依次进行表态发言，杨冬梅做讲话。

9日，为全面践行习近平生态文明思想，加快推进自治区第十三次党代会任务和2022年改革任务落实，财政厅党组成员、副厅长何天文主持召开专题会议，研究审议《关于加快推进山林权改革促进林下经济高质量发展的财政扶持政策及实施办法（送审稿）》和《关于财政支持做好碳达峰碳中和工作的实施方案（送审稿）》，预算处、综合处、经建处、绩效管理处等相关处室人员列席会议。

10日，财政厅集中收看全国财政学习宣传贯彻党的二十大精神动员部署（视频）会议。厅党组成员、厅级领导、处级领导干部、二级调研员以上职级干部参加视频会议。

10日，宁夏注册会计师行业和资产评估行业召开第四次行业党委会。会议由自治区财政厅二级巡视员、行业党委书记侯江华主持，自治区财政厅党组成员、副厅长杨冬梅，行业党委委员参加会议，注管中心负责人列席。会上，侯江华全文领学党的二十大报告，杨冬梅宣读行业党委书记、专职副书记调整文件。会议还研究了其他相关事宜。

11日，驻财政厅纪检监察组组织召开政府采购领域创新反腐败监管机制工作研讨会。会议传达学习《政府采购领域创新反腐败监管机制工作方案》，针对采购人采购信息公开、招标文件审核、投标评标管理、评审专家管理、代理机构管理五个环节研究梳理出十个方面的防范措施，探索创新政府采购领域“制度+信息化技术”的反腐败监督机制。厅党组成员、驻财政厅纪检监察组组长白德东主持会议并讲话。相关处室关负责同志参会。

15日，财政厅修订完善《宁夏回族自治区人才专项资金管理办法》（宁财（行）发〔2022〕475号），将专项资金划分为人才培养、引进、使用、激励和服务保障等几个方面，推动资金使用与人才项目有机衔接，明确资金使用范围和用途，创新“支持范围”+“负面清单”双重管理模式，以有力有效的财政政策措施，从制度层面更好地保障人才工作高质量发展，进一步激发人才的创新创造活力，提高专项资金使用效益。

17日，厅党组成员、副厅长杨冬梅组织召开专题会议，研究审议《宁夏回族自治区属文化企业国有资产监督管理实施细则（试行）》《自治区属文化企业负责人薪酬管理暂行办法》等4项制度。教科文处、税政与条法处、资产处、金融处和会计处相关人员列席会议。

17日，驻财政厅纪检监察组牵头财政厅和自治区公共资源交易管理局，组织召开政府采购领域创新反腐败监管机制项目论证会，深入论证创新政府采购领域“制度信息化技术”的反腐败监管机制。厅党组成员、驻财政厅纪检监察组组长白德东主持会议并讲话，厅二级巡视员商艳臣、公共资源交易管理局副局长杨有贤及相关处室负责同志参会。

26日，财政厅党组成员、总会计师党进平主持召开审计工作协调会。相关处室负责同志参会。

29日，财政厅党组理论学习中心组以“深入学习领会党的二十大精神，深刻领会二十大党章修正案的重大意义和重要内容，深刻领悟‘两个确立’的决定性意义，进一步增强‘四个意识’、坚定‘四个自信’、做到‘两个维护’”为主题开展第12次专题学习。厅党组书记、机关党委书记喜清江主持会议并讲话，厅级领导、各党支部书记、处室（单位）负责人参加会议。

30日，为进一步加强区本级党政机关会议管理，根据中央和自治区关于党政机关会议定点管理有关规定，自治区财政厅委托宁夏政府采购中心通过公开招标，确定了59家2023—2024年区本级党政机关会议定点场所。

12月

1日，财政厅围绕党的二十大和自治区第十三次党代会精神，依据中期财政规划编制基本原则，编制《2022—2024年自治区本级中期财政规划草案（送审稿）》，报自治区人民政府审批。

1日，自治区财政厅联合自治区司法厅修订印发《宁夏回族自治区法律援助案件质量评定及补贴管理办法》。新办法结合《中华人民共和国法律援助法》以及司法部、财政部《关于完善法律援助补贴标准的指导意见》等精神，对宁夏法律援助的范围、形式、标准、程序、保障、监督等方面进行全面规范。确保与上位法相适应，保证法律制度的统一性和一致性。

2日，自治区财政厅对历年财政票据库存进行了清查盘点，将符合销毁条件的行政事业性收费定额票据、当场处罚罚款收据等55种财政票据按规定程序统一进行监督销毁。

6日，财政厅党组成员、副厅长何天文以“踔厉奋发，勇毅前行，为建设社会主义美丽新宁夏贡献财政力量”为主题做了专题党课辅导。分管代管处室（单位）的党员干部参会。

6日，自治区财政厅联合自治区妇女联合会研究制定印发《宁夏回族自治区低收入妇女“两癌”救助项目管理办法》和《宁夏回族自治区“两癌”患病及特殊、困难妇女关爱服务项目管理办法》，重点围绕城乡低收入妇女“两癌”救助资金的救助范围、救助对象、救助标准及项目申报、资金管理等几个方面，进一步加强项目和资金管理、规范救助程序、提高资金使用效益，切实做好我区低收入妇女“两癌”救助及关爱服务工作，守护妇女健康。

8日，财政厅党组理论学习中心组以“深入学习领会习近平法治思想”为主题开展第13次专题学习。厅党组书记喜清江围绕“学习贯彻习近平法治思想，推动法治财政建设迈上新台阶”主题辅导授课。厅级领导、各党支部书记、处室（单位）负责人参加会议。

9日，宁夏注册会计师行业和资产评估行业召开行业党委（扩大）会议。会议由财政厅二级巡视员、行业党委书记侯江华主持，行业党委委员、纪委委员、无党派、民主党派代表人士参加会议，注管中心负责人列席。会议传达了近期有关统一工作战线的会议和文件精神，侯江华与行业无党派、民主党派代表人士进行谈话。

9日，宁夏注册会计师行业和资产评估行业以线上＋线下方式开展党的二十大精神宣讲活动，由自治区财政厅二级巡视员、行业党委书记侯江华为全行业进行宣讲，来自4家宣讲点的执业机构负责人作表态发言。本次活动共开设宣讲点及分会场63个点，各执业机构负责人、党支部书记、党务工作者、基层工会主席、团支部书记、无党派及民主党派人士、群众等共380余人参加学习宣讲活动。

12日，财政厅党组成员、总会计师党进平以“深入贯彻二十大精神，着力健全现代预算制度”为主题做了专题党课辅导。分管处室（单位）的党员干部参会。

13日，在积极争取中央财政资金3.33亿元的基础上，统筹安排自治区财政资金1.62亿元，全部提前下达至相关市县。其中，安排0.19亿元向城镇低收入住房困难家庭发放租赁补贴，安排0.77亿元用于保障性租赁住房筹集，安排2.67亿元用于城镇老旧小区改造，安排1.32亿元用于城市棚户区改造。

14—18日，财政厅集中5天时间举办深入学习宣传贯彻党的二十大精神培训班。邀请党的二十大代表马玉山、姬秀花、杨彦锋、赵耐香先后为财政厅干部宣讲党的二十大精神。财政厅副处级以上干部参加。

15日，在财政厅深入学习宣传贯彻党的二十大精神培训班上，自治区财政厅党组书记喜清江以“深入学习宣传贯彻党的二十大精神，奋力谱写宁夏财政事业新篇章”为主题做了宣讲辅导。宣讲通过线下和视频相结合的方式进行。财政厅副处级以上干部130余人参加。

16日，自治区非公经济组织和社会组织工委对宁夏注册会计师行业和资产评估行业党委进行实地考核，自治区财政厅二级巡视员、行业党委书记侯江华参加，注管中心负责人列席。

16日，厅机关举办“全面贯彻二十大 踔厉奋发新时代”主题演讲比赛。10名选手进入决赛，获一等奖1名，二等奖2名，三等奖4名，优秀奖3名。厅机关处级以上干部参加活动。

17日，财政厅党组理论学习中心组以“深入学习领会党的二十大精神”为主题开展第14次专题学习，中心组成员进行交流研讨。厅党组书记、机关党委书记喜清江主持会议并讲话，厅级领导、各党支部书记、处室（单位）负责人参加会议。

27日，自治区人民政府第一百四十四次常务会议通过《关于2022年全区及区本级预算执行情况和2023年全区及区本级预算草案的报告（送审稿）》，按会议意见修改完善后报自治区党委常委会审议通过。

28日，经自治区人民政府授权，财政厅代表宁夏与亚洲开发银行签署亚洲开发银行贷款“黄河流域绿色农田建设和农业高质量发展项目”。

29日，自治区财政厅会同区直机关工委出台《宁夏回族自治区直属机关基层党组织党建活动经费管理办法》，从计划管理、开支范围和标准、活动组织、报销结算及监督检查等五个方面首次对自治区直属机关基层党组织使用财政资金开展党建活动进行规范，有效填补了基层党组织党建活动经费管理制度建设的空白。

31日，全区各类直达资金总规模400.94亿元（含地方配套40.04亿元），累计形成支出378.3亿元，支出进度94.4%，快于全区一般公共预算支出进度6.5个百分点。其中，中央直达资金累计支出进度94.9%，快于全国平均进度1.3个百分点，切实实现了财政资金直达基层、惠企利民。